prépabrevet

TOUT-EN-UN
COURS • SUJETS • CORRIGÉS

3e
NOUVEAU BREVET

Français
Christine Formond
Louise Taquechel

Histoire-Géo / EMC
Marielle Chevallier
Christophe Clavel
Guillaume D'Hoop

Maths
Marie-Caroline et Jean-Pierre Bureau

Physique-Chimie
Joël Carrasco
Gaëlle Cormerais

SVT
Fabien Madoz-Bonnot

Technologie
Nicolas Nicaise

Anglais
Jeanne-France Bignaux

Hatier

Maquette de principe : Frédéric Jély
Mise en pages : Nord Compo
Cartographie et schémas : Légendes cartographie, Nord Compo, Corédoc
Illustrations : Mathieu de Muizon, Jean-Yves Grall et Juliette Baily
Iconographie : Hatier illustration
Édition : Luce Camus, Clothilde Diet, Jean-Marc Cheminée, Raphaël Tomas, Anne Panaget et Delphine Delefosse

ISBN 978-2-401-04729-7

MODE D'EMPLOI

Votre Prépabrevet

- Conforme aux **nouveaux programmes** de 3e entrés en vigueur à la rentrée 2016, ce Prépabrevet « Tout-en-Un » vous propose un **outil de travail** très complet et sur mesure, faisant une large place à la préparation du **nouveau brevet**.

- Pour chaque matière, vous sont proposés des fiches de **cours** et de **méthode**, des **exercices**, des **sujets de type brevet** et leurs **corrigés** détaillés.

- Toutes ces ressources, assorties de **commentaires** et de **conseils** des auteurs, vous permettent d'aborder en confiance tous vos contrôles durant l'année et de vous préparer efficacement à la nouvelle épreuve du brevet.

COURS | **EXERCICES & SUJETS** | **CORRIGÉS**

Votre site de révision

- L'achat de ce Prépabrevet vous permet de bénéficier d'un **ACCÈS GRATUIT*** à toutes les ressources d'**annabac.com** pour le niveau 3e : résumés audio, fiches de cours, quiz interactifs, sujets d'annales corrigés…

- Pour profiter de cette offre, rendez-vous sur **www.annabac.com**, dans la rubrique « Vous avez acheté un ouvrage Hatier ? »

* Selon les conditions précisées sur le site.

SOMMAIRE

FRANÇAIS

Lire, analyser, rédiger

Étudier la langue

Corrigés des exercices

HISTOIRE-GÉO EMC

Histoire

Géographie

Enseignement moral et civique

Corrigés des exercices

MATHS

Algorithmique

Nombres et calculs

Organisation et gestion de données – Fonctions

Géométrie – Grandeurs et mesures

Corrigés des exercices

PHYSIQUE-CHIMIE

Organisation et transformations de la matière

Mouvements et interactions

L'énergie et ses conversions

Des signaux pour observer et communiquer

Corrigés des exercices

SVT

Le vivant et son évolution

Le corps humain et la santé

La planète Terre, l'environnement et l'action humaine

Corrigés des exercices

TECHNOLOGIE

Corrigés des exercices

ANGLAIS

L'oral

L'écrit

Corrigés des exercices

BREVETS BLANCS

FICHE

SUJETS

CORRIGÉS

FRANÇAIS

Lire, analyser, rédiger

Étudier la langue

Corrigés

1 Caractériser un récit

Robinson Crusoé, Bel-Ami, À l'ouest rien de nouveau : récit d'aventures, récit d'apprentissage, récit de guerre... Le récit peut revêtir de multiples formes.

I Identifier les composantes du récit

Un récit est un texte narratif, c'est-à-dire un texte où un narrateur raconte une **histoire**.

1. Les temps employés

Les récits sont souvent aux temps du passé, dont voici les valeurs :

- l'**imparfait** est le temps de l'arrière-plan. Il est utilisé pour le décor, les circonstances, les descriptions ;
- le **passé simple** est le temps des actions de premier plan. Il est utilisé pour une action soudaine, une action ponctuelle (qui n'a lieu qu'une fois) ou une action limitée dans le temps ;
- le **passé antérieur** et le **plus-que-parfait** sont utilisés pour les actions antérieures à celles exprimées par les verbes au passé simple et à l'imparfait.

> « Quand Georges Du Roy et sa femme furent sortis, ils se mirent à marcher côte à côte, pour rentrer chez eux. Ils se taisaient, préoccupés.
>
> Guy de Maupassant, *Bel-Ami* (1885).

2. Narration, description, dialogue et commentaires

Un récit s'enrichit de passages qui ne sont pas purement narratifs :

- la **description** sert à peindre des lieux ou à faire le portrait des personnages ;
- le **dialogue** permet d'animer le récit et de créer un effet de réel puisque les personnages s'expriment directement ;
- les **commentaires** du narrateur, en général au présent, interrompent parfois le récit.

> « Il avait maintenant une allure, une tenue, un costume d'homme posé, sûr de lui, et un ventre d'homme qui dîne bien.
>
> Guy de Maupassant, *ibid.*

II Analyser la structure d'un récit

Un récit est une succession d'événements, visant à résoudre un problème que l'on appelle **intrigue**.

1. L'intrigue

Dans les récits courts, l'intrigue du récit suit souvent un même schéma narratif :

- le début présente le **cadre** (le lieu et l'époque) et les **personnages** ;
- un élément survient qui **bouleverse l'équilibre initial** ;
- des **aventures** s'ensuivent ;
- une dernière aventure annonce la **résolution du problème** survenu au début ;
- la fin, heureuse ou malheureuse, marque le **retour à une situation d'équilibre**.

Mot-clé

Le **schéma narratif** compte cinq étapes : la situation initiale, l'élément perturbateur, les péripéties, l'élément de résolution et la situation finale.

2. La chronologie

Les faits sont souvent racontés dans l'**ordre chronologique**. Mais certaines variations sont possibles :

- le **retour en arrière** permet de mentionner un événement qui a eu lieu dans le passé ;

> « Il avait pris, **un peu plus tôt**, les précautions nécessaires en changeant le code de son coffre.
>
> Guy de Maupassant, *ibid.*

- l'**anticipation** permet d'annoncer des événements qui n'ont pas encore eu lieu.

> « Je me tenais à ses côtés, sans me douter de l'heureuse nouvelle qu'**on allait m'annoncer**.
>
> Guy de Maupassant, *ibid.*

III Comprendre la fonction des personnages

- Un personnage est une créature imaginée qui pense, parle et agit. **Chaque personnage remplit un rôle** dans l'intrigue. Le héros ou personnage principal fait évoluer l'action en fonction de ce qu'il recherche, de sa **quête**.

  Georges Duroy est le héros du roman de Maupassant *Bel-Ami* ; l'objet de sa quête est la richesse et l'ascension sociale.

Attention !

Le **héros** n'est pas forcément héroïque, c'est-à-dire digne d'admiration : il peut être faible et méprisable.

- Le héros rencontre des **personnages qui l'aident** à obtenir ce qu'il souhaite.

  Ce sont surtout les femmes qui aident Duroy : Mme Forestier, Mme de Marelle, Mme Walter et Suzanne lui procurent amour, argent et reconnaissance sociale.

- D'autres **personnages font obstacle** au héros.

  Le ministre Laroche-Mathieu et M. Walter s'opposent à Georges Duroy mais doivent s'incliner devant ses succès.

2 Déterminer qui raconte et qui voit dans un récit

Le narrateur n'est pas toujours identifiable. Mais la manière dont il raconte l'histoire traduit sa présence.

I Qui raconte ?

1. Le narrateur personnage

Lorsque le narrateur est un personnage, on parle de récit à la première personne. Le narrateur est interne à l'histoire.

Je le vis qui s'approchait de moi en me tendant la main.

2. Le narrateur extérieur

Lorsque le narrateur est extérieur à l'histoire et qu'on ne sait rien de lui, on parle de récit à la troisième personne. Hormis dans les dialogues, il n'y aucune marque de première personne.

Il s'approcha de son camarade et lui tendit la main.

II Qui voit ?

La présence du narrateur se traduit par son point de vue.

Attention !
Le **point de vue** utilisé n'est pas forcément le même du début à la fin du récit. Le cas le plus fréquent est le passage d'un point de vue interne à un autre point de vue interne.

1. Le point de vue interne

L'histoire est racontée à travers les yeux ou les pensées d'un personnage. Le narrateur **en sait autant** que ce personnage. Le lecteur peut s'identifier au personnage.

La femme avançait. Pressée, elle s'arrêta néanmoins à la porte. Y aurait-il quelqu'un pour lui ouvrir la porte ? Elle l'espérait de tout cœur.

2. Le point de vue omniscient

Le narrateur **connaît tout** de ses personnages (leur passé, leur présent, leurs pensées) et peut raconter ce qui se passe au même moment dans différents lieux. Il en sait plus que les personnages.

La femme avançait. Bien que pressée, elle s'arrêta à la porte, dans l'espoir que quelqu'un lui ouvrît. Derrière le battant, Sonia hésitait : saurait-elle lui avouer la vérité ? Les deux femmes partageaient, sans le savoir, les mêmes hésitations.

3. Le point de vue externe

Le narrateur est extérieur à l'histoire. Il ne raconte que ce qu'il voit ou entend. Il **en sait moins** que les personnages. Il semble objectif et impartial.

La femme avançait. Elle semblait pressée. Elle s'arrêta à la porte. On lui ouvrit.

3 Définir la vitesse d'un récit

Pendant quinze jours, il vécut d'une vie économe, réglée et chaste, l'esprit plein de résolutions énergiques.

Guy de Maupassant, *Bel-Ami* (1885).

Dans un récit, la vitesse peut varier. Ici, le narrateur résume quinze jours en une phrase.

I Accélérer le récit

1. L'ellipse

Un épisode est **passé sous silence**. L'ellipse est suivie d'un indice temporel comme *le lendemain, trois mois plus tard...*

Il partit fâché. Dix mois plus tard, on apprenait qu'il était en Chine.

2. Le sommaire

Le narrateur **résume un épisode** : il raconte rapidement ce qui a duré un certain temps. Le sommaire comporte souvent une indication temporelle comme *pendant dix ans, des mois passèrent...*

Marco voyagea longtemps. Il connut bien des aventures et bien des chagrins. Il revint, calme et assagi.

Conseil

Les **indications temporelles** sont de bons indices pour analyser le rythme d'un récit. Entraîne-toi à les repérer systématiquement.

II Ralentir le récit

1. La pause

Le récit **marque un temps d'arrêt**. L'action est suspendue le temps que le narrateur procède à une description ou à un commentaire. La pause peut créer du suspense.

L'homme pointa son revolver sur moi. C'était une arme lourde et peu maniable. Je me souvenais d'en avoir vu une semblable dans le bureau de mon oncle quand, petit, on m'envoyait en vacances à la campagne…

2. La scène

- Le narrateur **raconte longuement un épisode important**. La durée des événements racontés semble égale au temps nécessaire pour lire la scène : on a l'impression que les événements se déroulent en temps réel. La scène est souvent introduite par des indications comme *or, un soir, ce jour-là...*
- La scène comporte souvent des **dialogues**.

Ils se rencontrèrent par hasard, un soir. Il osa l'aborder :
– Vous souvenez-vous du dernier jour où nous nous sommes vus ?
– Bien sûr ! répondit-elle. Et je me rappelle aussi notre conversation…

4 Distinguer différents types de récits

Le Seigneur des anneaux et *Notre-Dame de Paris* appartiennent à des types de récits différents. Saurais-tu les distinguer précisément ?

I Différencier roman et nouvelle

C'est essentiellement le critère de la longueur qui permet de les différencier.

1. Le roman

Le roman est un récit d'imagination **long** et écrit **en prose**. L'intrigue principale est accompagnée d'intrigues secondaires. On caractérise parfois les romans par leur thématique : roman d'aventures, roman policier, roman historique, roman d'amour, roman de science-fiction...

2. La nouvelle

La nouvelle est un récit plus **bref** que le roman. Il y a moins de personnages, et l'intrigue est plus simple. La fin s'apparente souvent à une **chute**, brutale et surprenante pour le lecteur.

II Différencier les types de récits

Qu'il s'agisse d'un roman ou d'une nouvelle, le récit s'inscrit dans un registre.

Mot-clé

En littérature, le terme **registre** désigne l'ensemble des moyens d'expression visant à faire naître une émotion ou une réaction chez le lecteur. Le registre comique vise à susciter le rire ; le registre tragique, à provoquer la terreur et la pitié.

1. Le récit réaliste

Il se propose d'**imiter le réel**, et s'efforce de peindre la société avec ses différentes classes sociales et leur environnement. Les personnages principaux ne sont pas héroïques. Le récit réaliste a connu un **grand essor au XIXe siècle**.

2. Le récit fantastique

Il se caractérise par le surgissement d'**événements étranges** que le personnage essaie de comprendre. Le lecteur ne sait pas lui non plus s'il s'agit d'événements surnaturels, ou si le personnage est devenu fou. Pour maintenir cette hésitation, les récits fantastiques sont souvent écrits à la première personne et utilisent des **modalisateurs** (*il semble que, sans doute, je crains, serait-ce...*) qui permettent au narrateur d'exprimer ses doutes, ses angoisses.

3. Le récit merveilleux

Les personnages évoluent dans un monde où le merveilleux, c'est-à-dire la présence d'êtres et d'éléments **surnaturels**, est admis. L'histoire se déroule dans un passé ancien non défini (« Il était une fois »), sans situation géographique précise. Les **contes de fées**, les **fables** et les **mythes** sont des récits merveilleux.

III Connaître des récits célèbres

Tristan et Iseult (XIIe siècle)

Ce récit, composé au XIIe siècle, dévoile les amours malheureuses du chevalier Tristan, le neveu du roi Marc, et d'Iseult, l'épouse du roi.

La Princesse de Clèves, de Mme de La Fayette (XVIIe siècle)

Ce premier grand roman d'analyse (1678) relate la passion impossible de madame de Clèves pour monsieur de Nemours.

Les Misérables, de Victor Hugo (XIXe siècle)

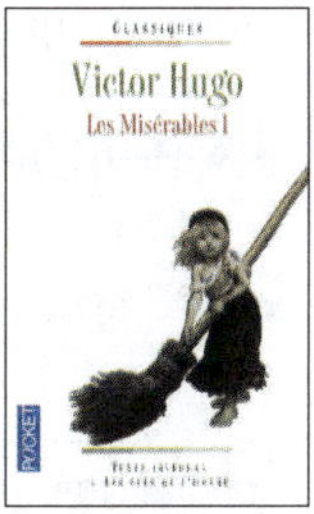

Ce roman historique et social (1862) décrit la vie des pauvres à travers les personnages de Jean Valjean, Gavroche et Cosette.

Les Trois Mousquetaires, d'Alexandre Dumas (XIXe siècle)

Ce roman « de cape et d'épée » (1844) raconte les aventures de d'Artagnan et de ses amis Athos, Porthos et Aramis, à la cour du roi Louis XIII.

L'Étranger, d'Albert Camus (XXe siècle)

Meursault, le héros de *L'Étranger* (1942), mène à Alger une vie indifférente que n'affectent ni la mort de sa mère ni son amour pour Marie. Jusqu'au jour où, sur une plage déserte, il tue un Arabe…

L'Écume des jours, de Boris Vian (XXe siècle)

Publié en 1947, ce roman, qui mêle fantaisie et cruauté, fait évoluer les personnages dans un univers à la fois poétique et absurde.

Se tester QUIZ

Vérifie que tu as bien compris les points clés des **fiches 1 à 4.**

Pour chaque quiz, coche la ou les bonne(s) réponse(s). Vérifie ta réponse à l'aide du corrigé et consulte les fiches de cours si nécessaire.

1 La chronologie dans un récit

→ CORRIGÉ P. 100

Dans quel ordre ces faits sont-ils rapportés ?

1. On me conduisit dans une grande salle, où je fus reçue par une jeune dame.
☐ a. ordre chronologique ☐ b. retour en arrière ☐ c. anticipation

2. Alors qu'il montait dans le taxi, il reconnut les chaussures vernies et les jolies jambes qui s'étaient enfuies, la veille, à son approche.
☐ a. ordre chronologique ☐ b. retour en arrière ☐ c. anticipation

3. Elle se consacra à cette sculpture qui devait la rendre si célèbre un jour.
☐ a. ordre chronologique ☐ b. retour en arrière ☐ c. anticipation

2 Narrateur et point de vue

→ CORRIGÉ P. 100

Vrai ou faux ?

	vrai	faux
1. Le narrateur est interne s'il fait partie des personnages.	☐	☐
2. Le point de vue est interne quand l'histoire est racontée à travers les yeux ou les pensées d'un personnage.	☐	☐
3. Le point de vue interne n'existe que dans un récit à la première personne.	☐	☐
4. Le point de vue est omniscient quand le narrateur en sait plus que ses personnages.	☐	☐

3 Le point de vue dans un récit

→ CORRIGÉ P. 100

Pour chacun des trois textes ci-dessous, indique le point de vue adopté.

1. Inquiète, Véra ne savait quelle décision prendre. Elle était torturée par le doute. Il fallait pourtant qu'elle se décide, et vite. Mais quel parti choisir ?
☐ a. interne ☐ b. externe ☐ c. omniscient

2. La rencontre formidable entre les deux équipes était imminente. Mais, pour l'un comme pour l'autre camp, les véritables enjeux de l'affrontement n'étaient pas encore connus.
☐ a. interne ☐ b. externe ☐ c. omniscient

3. L'homme se tient immobile, les mains croisées, depuis un bon moment déjà. Son visage ne laisse pas deviner ses pensées. Soudain ses épaules s'affaissent. Il a l'air vieux maintenant.
☐ a. interne ☐ b. externe ☐ c. omniscient

4 La vitesse d'un récit

→ CORRIGÉ P. 100

Coche le mot qui convient pour caractériser la vitesse du récit.

1. Des années passèrent, toutes pareilles.

☐ **a.** pause ☐ **b.** scène ☐ **c.** sommaire ☐ **d.** ellipse

2. Ce fut une soirée exceptionnelle. Le lendemain, il plut sans discontinuer.

☐ **a.** pause ☐ **b.** scène ☐ **c.** sommaire ☐ **d.** ellipse

3. Un soir, il aperçut de nouveau l'étrange individu sur le trottoir d'en face.

« Et vous ! bredouilla-t-il. Que cherchez-vous ?
– Passez votre chemin », répondit l'homme mystérieux.

☐ **a.** pause ☐ **b.** scène ☐ **c.** sommaire ☐ **d.** ellipse

5 Les différents types de récits

→ CORRIGÉ P. 100

Vrai ou faux ?

	vrai	faux
1. Dans un roman, l'intrigue principale est associée à des intrigues secondaires.	☐	☐
2. Dans une nouvelle, on a également des intrigues secondaires.	☐	☐
3. Un conte correspond, de nos jours, à un récit relevant du registre merveilleux.	☐	☐
4. Dans un récit fantastique, le lecteur est invité à conclure que le narrateur est fou.	☐	☐

Vers le brevet

Exerce-toi en vue du brevet et révise les **fiches 1 à 4.**

Pour chaque exercice, aide-toi des conseils donnés et compare ta réponse à celle du corrigé.

6 Comprendre un texte littéraire et un document artistique

1 h

→ CORRIGÉ P. 100

Document A Les quatre Villes Hautes

Dans ce roman qui se déroule en 2050, Barjavel imagine une ville où certains principes architecturaux de Le Corbusier ont été appliqués, parfois de manière extrême.

« Les studios de Radio-300 étaient installés au 96e étage de la Ville Radieuse, une des quatre Villes Hautes construites par Le Cornemusier[1] pour décongestionner Paris. La Ville Radieuse se dressait sur l'emplacement de l'ancien quartier du Haut-Vaugirard, la Ville Rouge sur l'ancien bois de Boulogne, la Ville Azur sur l'ancien bois de Vincennes, et la Ville d'Or sur la Butte-Montmartre. […]

Quelques érudits[2], amoureux du vieux Paris, se sont penchés sur les souvenirs du Montmartre disparu, et nous ont dit ce qu'était cet étrange quartier de la capitale. À l'endroit même où devait plus tard s'élancer vers le zénith la masse dorée de la Ville Haute, un entassement de taudis abritait autrefois une bien pittoresque population. Ce quartier sale, malsain, surpeuplé, se trouvait être, paradoxalement, le « lieu artistique » par excellence de l'Occident. Les jeunes gens qui, à Valladolid, Munich, Gênes ou Savigny-sur-Braye, sentaient s'éveiller en eux la passion des beaux-arts savaient qu'il se trouvait une seule ville au monde et, dans cette ville, un seul quartier – Montmartre – où ils eussent quelque chance de voir s'épanouir leur talent. Ils y accouraient, sacrifiaient considération, confort, à l'amour de la glaise ou de la couleur. Ils vivaient dans des ateliers, sortes de remises ou de greniers dont les vitres fêlées remplaçaient un mur, parfois le plafond. […] Ce vieux quartier fut rasé. Un peuple d'architectes et de compagnons édifia la Ville d'Or. […]

François Deschamps, restauré, prit le chemin de son domicile. Montparnasse sommeillait, bercé d'un océan de bruits. L'air, le sol, les murs vibraient d'un bruit continu, bruit des cent mille usines qui tournaient nuit et jour, des millions d'autos, des innombrables avions qui parcouraient le ciel, des panneaux hurleurs de la publicité parlante, des postes de radio qui versaient par toutes les fenêtres ouvertes leurs chansons, leur musique et les voix enflées des speakers. Tout cela composait un grondement énorme et confus auquel les oreilles s'habituaient vite, et qui couvrait les simples bruits de vie, d'amour et de mort des vingt-cinq millions d'êtres humains entassés dans les maisons et dans les rues. Vingt-cinq millions, c'était le chiffre donné par le dernier recensement de la population de la capitale. […] À Paris sévissait une crise du logement que la construction des quatre Villes Hautes n'avait pas conjurée. Le Conseil de la ville avait décidé d'en faire construire dix autres pareilles.

René Barjavel, *Ravage*, © Éditions Denoël (1943).

1. **Le Cornemusier** : déformation volontaire du nom de l'architecte Le Corbusier.
2. **Érudits** : personnes très cultivées.

Document B Le Corbusier, plan pour la reconstruction de Paris, 1925

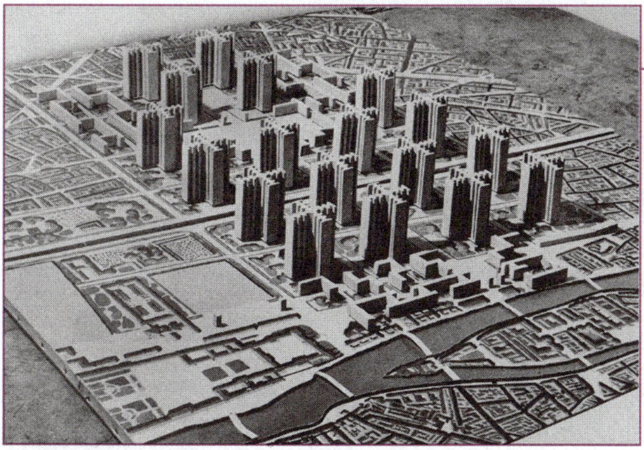

Ce plan, appelé « plan Voisin », vise à répondre aux besoins de logements de la population active. L'architecte le présente ainsi : « Ce plan s'attaque aux quartiers les plus infects, aux rues les plus étriquées… Il ouvre au point stratégique de Paris un étincelant réseau de communication. »

Sur le texte littéraire (document A)

1. Quels sont les deux lieux et les deux époques qui s'opposent dans le texte de Barjavel ?

2. a. Quel est le temps majoritairement employé ? Pourquoi est-il utilisé ?

b. « Quelques érudits […] capitale » (l. 6-8). Comment peux-tu expliquer l'emploi du passé composé dans cette phrase ?

3. « des innombrables avions qui parcouraient le ciel » (l. 23).

a. Expliquez la formation du mot « innombrable », en nommant les différentes parties qui le composent.

b. Que signifie ce terme ?

c. De quels autres mots employés dans le texte peut-on le rapprocher ?

4. Selon toi, quel rapport ce texte entretient-il avec la réalité ? Que peux-tu en déduire sur le genre de l'œuvre dont il est extrait ?

5. Aimerais-tu vivre dans la ville décrite par Barjavel ? Pourquoi ?

Sur le texte et l'image (documents A et B)

6. Quelle impression produit sur toi la photographie ?

7. Comment peut-on rapprocher la photographie et le texte ?

5 Raconter une expérience personnelle en exprimant ses sentiments

Vous raconterez ce souvenir heureux... Vous rapporterez cette expérience difficile... De nombreux sujets de rédaction te demandent de relater une expérience personnelle en suivant certaines consignes.
Même quand le sujet ne le précise pas explicitement, l'expression des sentiments devra occuper une place importante dans ton récit.

I Relater une expérience

1. L'événement

- L'expérience à raconter n'a pas à être vraie, mais seulement **vraisemblable**, c'est-à-dire **crédible**. Il est parfaitement possible d'inventer une mésaventure. Mais tu peux également t'inspirer d'événements qui te sont réellement arrivés.

Lorsque j'avais dix ans, mes parents m'annoncèrent que j'allais avoir une petite sœur. Je fus anéantie sur le champ par cette nouvelle.

Conseil
Dans ce cas, veille bien à rester à l'intérieur du cadre du sujet et à ne pas te laisser entraîner par des souvenirs qui s'écarteraient trop des consignes.

- Il n'est pas indispensable que l'événement raconté soit extraordinaire. C'est la **manière de le présenter** qui fera l'originalité de ton récit, même s'il ne s'agit que d'une expérience banale.

Tous mes amis avaient des frères et sœurs, mais pas moi, et cela m'apparut comme une horreur absolue : des cris de bébé résonneraient en permanence dans la maison, et mes parents auraient forcément moins de temps pour s'occuper de moi.

2. Le mode de narration

- On te demande d'écrire un **récit à la première personne**. Le narrateur emploie le pronom *je*, et l'on doit pouvoir supposer que c'est réellement de toi qu'il s'agit. Tu dois donc prêter à ce *je* fictif tes grandes caractéristiques : le narrateur est un collégien, qui vit à notre époque.

Je me souviens du jour fabuleux où mes parents ont enfin accepté que j'aie un téléphone portable. J'étais la seule de ma classe, et peut-être même du collège, à ne pas en avoir.

- Le récit s'inscrit la plupart du temps dans le **passé**. Si tel n'est pas le cas, des consignes précises attireront ton attention sur les temps à employer.

Je me sentais très isolée quand, pendant la récréation, toutes mes copines pianotaient sur le clavier de leur smartphone.

III Exprimer des sentiments

1. Employer le vocabulaire approprié

Pour exprimer des sentiments, il est nécessaire d'employer le **champ lexical** qui convient. Voici un choix de mots pour les sentiments les plus communs.

Sentiment	Noms	Adjectifs
peur	malaise, horreur, terreur, panique, frisson, angoisse, épouvante	horrifié, terrifié, angoissé, livide, pâle
joie	bonheur, contentement, plaisir, allégresse, enthousiasme	émerveillé, content, heureux, satisfait, enchanté, ravi, transporté, agréable
tristesse	chagrin, désespoir, détresse, amertume, souffrance, peine, douleur	désespéré, amer, déçu, accablé, morne, maussade
surprise	étonnement, stupéfaction, incrédulité, ébahissement, ahurissement	inattendu, surpris, intéressé, stupéfait, ébahi
colère	indignation, haine, courroux, irritation, rage	furieux, désagréable, tranchant, aigri, exaspéré

2. Varier la construction des phrases

- Tandis que les phrases **courtes** marquent la **vivacité** du sentiment, les phrases plus **longues** décrivent des **sentiments mêlés ou opposés**.
- Pour traduire la complexité des sentiments, pense à utiliser tous les **types de phrases** (déclarative, interrogative, injonctive, exclamative) car chacun d'eux exprime des émotions différentes.
- La phrase se terminant par un point d'exclamation traduit des sentiments ou des émotions fortes comme la colère, l'impatience, mais aussi la joie, le plaisir.

Attention !
Dans tes rédactions, veille à ne pas multiplier et à **ne pas juxtaposer** point d'exclamation et point d'interrogation. Un seul signe doit te suffire pour exprimer le sentiment voulu.

« Je venais de comprendre qu'il n'y avait plus pour moi de bonheur sur terre !

Théophile Gautier, *La Cafetière* (1831).

- Les **points de suspension** rendent un énoncé plus expressif : ils peuvent exprimer le doute, le regret, l'effroi, le plaisir...

« J'ai encore froid jusque dans les ongles... j'ai encore peur jusque dans les moelles... j'ai vu !...

Guy de Maupassant, *Le Horla* (1887).

6 Écrire une suite de récit

Écrire la suite d'un récit est un sujet de rédaction courant au brevet.

I Respecter les données du texte initial

Pour écrire la suite d'un récit, il faut **analyser avec soin le texte support** : la suite doit présenter les mêmes caractéristiques. Prenons un exemple : un extrait de la nouvelle *Comment servir l'homme*, de Damon Knight.

Venus d'une autre planète, les Kanamites débarquent sur la Terre. Pacifiques, ils sont accueillis favorablement par les humains.

« Les Kanamites n'étaient pas très beaux, il est vrai. Ils ressemblaient un peu à des gorets et un peu à des hommes. […]

C'est peut-être la raison pour laquelle ils inspirèrent semblable dégoût lorsqu'ils atterrirent dans leurs immenses astronefs et qu'on vit quel était leur véritable aspect. Ils déclaraient très simplement qu'ils désiraient nous venir en aide, et je les croyais. Évidemment en tant que traducteur aux Nations unies, mon opinion ne comptait guère. […]

Je vis fréquemment Grégori à la suite de cette rencontre et il me tenait au courant de ses progrès. […] Il avait réussi à se procurer un livre des Kanamites et s'efforçait de le déchiffrer.

Nous passâmes quelques soirées ensemble à cette étude. Nous réussîmes à réinterpréter le titre en quelques semaines. C'était : *Comment servir l'homme*.

Damon Knight, *Comment servir l'homme* (1953), DR.

1. Identifier le genre du récit

- Identifier le genre du récit (récit d'enfance, policier, réaliste…) est primordial, car la suite doit reprendre le **cadre** (époque, lieux), les **thèmes** et le **niveau de langue** du texte initial.
- Dans l'exemple proposé, il s'agit d'un récit d'anticipation. Tu dois donc reprendre les thèmes de la **science-fiction** (extraterrestres, technologies inconnues sur Terre…) et le **lexique spécialisé** (*interstellaires, astronefs…*).

> **Attention !**
> Il ne faut pas faire d'**anachronismes** : ne mentionne pas des inventions du XXe siècle pour écrire la suite d'un texte du XIXe siècle, comme la voiture motorisée, le téléphone, …

2. Identifier le narrateur et le point de vue

- Si le texte initial est mené par un narrateur extérieur, la suite est écrite à la troisième personne ; si le narrateur est un personnage de l'histoire, la suite est rédigée à la première personne. Le point de vue demeure le même.
- Dans l'exemple proposé, le récit est mené à la **première personne** : le **point de vue** est **interne**.

3. Identifier le temps de la narration

- Le système de temps de la narration doit être respecté.
- Dans cet exemple, le système du **passé** est utilisé. Tu dois écrire la suite en employant à ton tour le passé simple, l'imparfait et le plus-que-parfait.

4. Identifier les caractéristiques des personnages

- Le texte support fournit des **indices** qu'il faut respecter et utiliser, comme le caractère des personnages et leurs comportements.
- Le texte de Damon Knight présente une information à exploiter : le narrateur et son ami sont traducteurs de métier ; il est donc vraisemblable qu'ils réussiront à déchiffrer le livre.

Attention !
Tu ne peux pas, par exemple, **transformer un personnage** doux et timide en un individu puissant et agressif.

II Faire progresser l'histoire

1. Imaginer des péripéties

- L'histoire doit avancer vers une **chute** ; il faut donc imaginer les péripéties qui y conduisent.
- Le début de la nouvelle de Damon Knight présente les éléments suivants : description des Kanamites, accueil des humains, découverte du livre et traduction de son titre. La suite, structurée par des **connecteurs temporels** qui en précisent le déroulement chronologique (*alors, après, ensuite, puis, enfin*...), doit logiquement raconter comment le narrateur aide son ami Grégori dans son projet de traduction.

2. Conclure son récit

- Il faut apporter **beaucoup de soin** à la conclusion du récit afin de laisser le correcteur sur une impression favorable : le contenu (la chute) et l'expression doivent être bien travaillés.
- Voici la fin de la nouvelle : Grégori explique pourquoi il a mauvaise mine.

> « – J'ai déchiffré le premier paragraphe de ce livre, dit-il. Pourquoi donc croyez-vous que je ne dors plus depuis une semaine ? [...]
> Il eut un curieux sourire de travers, comme s'il avait eu envie de pleurer.
> – C'est un livre de cuisine, dit-il.
>
> Damon Knight, *ibid.*

La **chute** est **inattendue** car le titre de la nouvelle joue sur le double sens du mot *servir* : « rendre service » et « accommoder un aliment ». Ce n'est qu'à la fin que le lecteur comprend que l'homme est l'aliment à servir.

7 Rapporter des paroles dans un récit

Il existe trois façons de rapporter des paroles : le discours direct, le discours indirect et le discours indirect libre. Chacun de ces discours rapportés offre des avantages. Sais-tu comment les utiliser ?

I Utiliser le discours direct

1. Définition

- Le discours direct rapporte les **paroles telles qu'elles ont été prononcées**, au mot près.
- Il permet de retranscrire les défauts d'élocution, les hésitations, les prononciations particulières, et le niveau de langue, ce qui rend le discours **plus vivant** et **plus expressif**.

Il se mit à bafouiller : « Bon, eh bien, je… je veux bien ! Je… je signerai demain les doc… documents. »

Grâce au discours direct, on perçoit que l'émetteur bégaie, qu'il a du mal à s'exprimer puisque certains de ses mots sont hachés. Tu n'aurais pas pu rendre compte de ces hésitations avec le discours indirect.

2. Introduire le discours direct

- Le discours direct se caractérise par l'emploi d'un **verbe introducteur** suivi du **deux-points** et des **guillemets** qui encadrent les paroles prononcées.
- Le nom du personnage qui parle et le verbe de parole peuvent être introduits sous forme d'incise.

Peut-être, conclut-il, pourrons-nous trouver un arrangement.

Mot-clé

Une **incise** est une courte proposition insérée au milieu de paroles rapportées. Elle est composée d'un verbe de parole, d'un sujet inversé et éventuellement d'un complément de manière.

3. Changer d'interlocuteur

Dans un dialogue, le changement d'interlocuteur est marqué par l'emploi de **tirets**.

La pression se fit plus forte : l'homme était de plus en plus menaçant.
Paul finit par céder et murmura :
– J'accepte vos conditions. Je signerai les documents demain.
– C'est une décision sage, approuva son agresseur.

II Recourir au discours indirect

■ Le discours indirect permet d'intégrer les paroles dans la phrase, sous forme de narration. Le **récit n'est donc pas rompu**, il reste fluide.

■ Les paroles sont rapportées indirectement, par la **subordination**. Un certain nombre de **modifications** sont nécessaires.

Éléments à modifier ou à supprimer	**Exemples**
subordination et ponctuation	*Il murmura : « J'accepte vos conditions ! »* → discours direct *Il murmura qu'il acceptait leurs conditions.* → discours indirect
pronoms et déterminants	*Il murmura : « J'accepte vos conditions ! »* → discours direct *Il murmura qu'il acceptait leurs conditions.* → discours indirect
indicateurs de lieu et de temps	*Il murmura : « Je signerai demain les documents. »* → discours direct *Il murmura qu'il signerait le lendemain les documents.* → discours indirect
temps des verbes	*Il murmura : « J'accepte vos conditions ! Je signerai demain les documents. »* → discours direct *Il murmura qu'il acceptait et qu'il signerait le lendemain les documents.* → discours indirect
marques de l'oral	*Il murmura : « Bon, ça va, j'accepte vos conditions ! »* → discours direct *Il murmura qu'il acceptait leurs conditions.* → discours indirect

III Opter pour le discours indirect libre

■ Le discours indirect libre est un **compromis entre les discours direct et indirect**. Les pronoms, le temps des verbes sont les mêmes qu'au discours indirect mais la subordination disparaît : les paroles sont rapportées avec **liberté** et **naturel**.

Il accepta leurs conditions dans un murmure. C'était d'accord, il signerait les documents le lendemain.

■ Le discours indirect libre permet de rapporter de manière fluide le discours intérieur d'un personnage.

Il se mit à réfléchir : il voulait bien accepter la proposition ; il signerait les documents dès le lendemain ; après tout, que risquait-il ?

Mot-clé

Le **discours** (ou **monologue**) **intérieur** désigne le flux d'impressions et de pensées qui traversent l'esprit d'un personnage.

Se tester QUIZ

Vérifie que tu as bien compris les points clés des **fiches 5 à 7.**

Pour chaque quiz, coche la ou les bonne(s) réponse(s). Vérifie ta réponse à l'aide du corrigé et consulte les fiches de cours si nécessaire.

1 L'expression des sentiments

→ CORRIGÉ P. 101

Quel sentiment correspond à chacune des expressions suivantes ?

1. broyer du noir
☐ **a.** le désespoir ☐ **b.** la peur ☐ **c.** la honte

2. voir la vie en rose
☐ **a.** le désespoir ☐ **b.** le bonheur ☐ **c.** la peur

3. être blanc comme un linge
☐ **a.** le bonheur ☐ **b.** la peur ☐ **c.** la honte

4. avoir le rouge au front
☐ **a.** le désespoir ☐ **b.** la peur ☐ **c.** la honte

2 Une suite de récit

→ CORRIGÉ P. 101

Vrai ou faux ?

Depuis quelques jours, Alex se demandait ce qu'il allait faire de tout l'argent qu'il avait trouvé. Il devait y réfléchir calmement…

	vrai	faux
1. Les données initiales du récit sont : la découverte par Alex d'une grosse somme d'argent qui ne lui appartient pas.	☐	☐
2. On peut imaginer qu'à la fin du récit, Alex décide de restituer l'argent trouvé.	☐	☐
3. La suite du récit doit être écrite au présent.	☐	☐
4. La suite du récit doit être écrite selon un point de vue externe.	☐	☐

3 Le point de vue dans un récit

→ CORRIGÉ P. 101

Dans chacune des phrases ci-dessous, indique le point de vue adopté.

1. Elle l'attendait et s'impatientait. Que faisait-il donc ?
☐ **a.** interne ☐ **b.** externe ☐ **c.** omniscient

2. La chambre était vide. Nulle trace de ses occupants.
☐ **a.** interne ☐ **b.** externe ☐ **c.** omniscient

3. Les deux hommes ignoraient encore la surprise qui les attendait.
☐ **a.** interne ☐ **b.** externe ☐ **c.** omniscient

4. Je refusai tout net sa proposition. Qu'il trouve une autre solution !
☐ **a.** interne ☐ **b.** externe ☐ **c.** omniscient

4 Les connecteurs spatiaux

→ CORRIGÉ P. 101

Dans cette description composée de quatre phrases, retrouve la place de ces connecteurs spatiaux :

a. sur les côtés b. au loin c. devant moi d. au centre

1. …, dans le cadre de la fenêtre, se dressait un superbe paysage.
2. …, on apercevait le hameau qui prenait des teintes roses.
3. Il était entouré, …, de petits bois de sapins.
4. …, le glacier commençait à cacher la lumière du soleil couchant.

5 Discours direct et discours indirect

→ CORRIGÉ P. 101

Pour passer du discours direct au discours indirect, il faut :

- ☐ a. ajouter des guillemets et des tirets
- ☐ b. subordonner les paroles rapportées au verbe de parole
- ☐ c. si le verbe de parole est au passé, transformer le temps des verbes selon les règles de concordance des temps
- ☐ d. transformer les pronoms des 1re et 2e personnes
- ☐ e. conserver les marques de l'oral

Vers le brevet

Exerce-toi en vue du brevet et révise les **fiches 5 à 7.**

Pour chaque exercice, aide-toi des conseils donnés et compare ta réponse à celle du corrigé.

6 Raconter une expérience personnelle en exprimant ses sentiments

1 h 30

→ CORRIGÉ P. 101

Un de tes proches doit partir pour un long voyage qui doit durer pendant plusieurs mois. Tu raconteras l'annonce de ce départ en évoquant tes sentiments et tes réactions. Ta rédaction comportera des passages narratifs et des passages dialogués.

8 Connaître les caractéristiques du genre théâtral

Lorsque tu penses au théâtre, tu imagines des acteurs, un décor, des costumes, la scène, la salle... Mais peux-tu définir exactement ce qu'est le genre théâtral ?

I Connaître les particularités du genre théâtral

1. Un texte

- Une pièce de théâtre se différencie d'un roman en ce qu'elle n'est constituée que de dialogues et de didascalies.
- Le **dialogue** doit apporter les informations, faire progresser l'action, mettre en lumière le caractère des personnages, préciser les relations qui les unissent, les sentiments qu'ils éprouvent. Le dialogue est constitué d'un échange de répliques.
- Chaque réplique est précédée du nom du personnage qui parle. Les paroles ne sont ni introduites par un verbe de parole ni placées entre guillemets.

Mot-clé

Les **didascalies** sont des indications de lieu, de jeu et de mise en scène. Elles sont généralement mises en italique et entre parenthèses pour les distinguer des dialogues.

2. Un spectacle

- Une pièce de théâtre est écrite pour **être jouée**. Selon Molière, « le théâtre n'est fait que pour être vu ».
- Chaque mise en scène offre un **spectacle différent** : on peut voir et revoir une pièce sans assister au même spectacle.

Attention !

La longueur des **répliques** est très variable : d'un mot à plusieurs dizaines de vers ou de lignes. Une longue réplique est une **tirade**.

II Connaître les conventions théâtrales

- Le théâtre, lorsqu'il est représenté, repose sur un certain nombre de conventions entre les spectateurs, le metteur en scène et les comédiens : il s'agit de créer l'**illusion du réel** à partir d'éléments factices (décor, costumes, etc.).
- Le théâtre repose sur la règle de la **double énonciation** : les paroles prononcées par un personnage ont pour destinataires les autres personnages présents sur la scène mais aussi les spectateurs. Prenons deux exemples :

– l'**aparté** est une réplique qu'un personnage s'adresse à lui-même, dit à part soi. Censé ne pas être entendu par les autres personnages présents sur scène, l'aparté s'adresse directement au public qui entre ainsi dans la confidence ;

– le **monologue** est une scène où un personnage, seul, s'adresse à lui-même mais aussi aux spectateurs auxquels il fait partager ses pensées les plus intimes. Il pense à voix haute, ce qui ne serait pas crédible dans la réalité.

9 Analyser la structure d'une pièce de théâtre

Sais-tu ce que sont un acte, une scène ? Peux-tu dire ce qui différencie les premières scènes des dernières ?

I Distinguer les actes et les scènes

1. Les actes

- Une pièce de théâtre comporte entre un et cinq actes. L'acte est une **subdivision principale** de la pièce.
- Lors d'une représentation, la fin de chaque acte correspond à une **pause** plus ou moins longue.

2. Les scènes

Chaque acte est divisé en scènes. Au début de chacune d'elles, il est fait mention du nom des personnages présents. S'il y a entrée ou sortie d'un personnage, on passe à la scène suivante.

Remarque
À l'époque classique, le découpage en **actes**, et donc la fréquence des entractes, permettait de remplacer à intervalle régulier les bougies éclairant la scène.

II Distinguer les différentes étapes de l'intrigue

L'histoire racontée dans une pièce de théâtre est appelée **intrigue**. L'ensemble des problèmes rencontrés par les personnages crée le **nœud de l'intrigue**, qui devra être résolu à la fin de la pièce, dans le **dénouement**.

1. L'exposition

La ou les premières scènes de la pièce sont appelées « scènes d'exposition ». Elles servent en effet à **apporter** au public **les informations nécessaires** à la compréhension de l'action et à lui faire connaître l'identité des personnages.

2. Le nœud de l'intrigue

- Il est créé par l'**enchevêtrement** des événements et des relations qui porte l'action à son plus haut degré de tension. Les scènes s'enchaînent, apportant leur lot de surprises (péripéties, coups de théâtre, rebondissements…).
- Cependant, en rupture avec ces règles, certaines pièces modernes sont **dépourvues d'intrigue**. Ainsi, dans *En attendant Godot*, de Beckett (1953), l'action se résume à l'attente d'un certain Godot, qui ne viendra pas.

3. Le dénouement

- Il intervient à la **fin de la pièce**, lorsque l'intrigue nouée dans l'exposition **se dénoue**, c'est-à-dire trouve sa solution. Souvent funeste dans les tragédies, le dénouement est heureux dans les comédies.
- Dans *En attendant Godot*, il n'y a pas de dénouement. À la fin de la pièce, les personnages en sont au même point qu'au début.

10 Reconnaître une comédie

Qu'est-ce qu'une comédie ? Quels sont les procédés employés par un auteur pour faire rire ?

I Connaître les principales caractéristiques d'une comédie

1. Des personnages et des thèmes quotidiens

- Contrairement aux tragédies, les comédies mettent en scène des personnages ordinaires (bourgeois, serviteurs, paysans ou employés).
- Les comédies traitent des **rapports sociaux** (mariage, argent), des **ridicules**, des **défauts psychologiques** (avarice, ambition, jalousie, snobisme...). Molière, par exemple, s'attaque à des sujets de société comme le mariage forcé ou les méfaits de la médecine de son temps.
- Les auteurs de comédie n'hésitent pas à faire parler certains de leurs personnages dans un **langage courant**, voire populaire, et même en patois.
- Le plus souvent, le dénouement d'une comédie classique est **heureux**. Toutefois, le théâtre moderne tend à abolir la frontière entre le comique et le tragique.

  La Leçon, de Ionesco, par exemple, commence comme une comédie, puis dérape peu à peu vers un dénouement d'une noirceur inquiétante. Ionesco qualifie d'ailleurs sa pièce de « drame comique ».

Attention !
Il y a des **exceptions.** Ainsi, à la fin du *Misanthrope*, de Molière, le personnage principal, Alceste, quitte sa maîtresse Célimène et tourne le dos aux hommes et au monde, qu'il méprise.

2. Un objectif : faire rire

- Une comédie a toujours pour fonction de **provoquer le rire**, même si les sujets traités sont souvent graves.

  Lorsque Molière, dans *Le Malade imaginaire*, fait la satire de la médecine, il est concerné au premier chef : il est en effet très malade alors même qu'il joue Argan, le malade imaginaire.

- Le **choix de la mise en scène** et le jeu des comédiens sont essentiels pour provoquer le rire. Pour susciter un **effet de décalage** par rapport à ce que le public attend d'une pièce classique, un metteur en scène peut transposer l'action à l'époque contemporaine.

II Identifier les procédés comiques

1. Les comiques de gestes et de mots

- Le **comique de gestes** consiste à faire rire par des déguisements, des grimaces, des poursuites, des coups de bâton, des disputes... C'est le propre de la **farce**.

L'exemple le plus connu de ce type de comique est la scène où, dans *Les Fourberies de Scapin*, le valet frappe son maître enfermé dans un sac. Molière s'inspire alors de la commedia dell'arte.

Mot-clé

La **commedia dell'arte**, genre théâtral né en Italie au XVIe siècle, est fondée sur l'improvisation à partir de canevas comiques et sur le jeu des masques.

- Le **comique de mots** s'appuie sur le langage : jeux de mots, mots inventés, détournés, déformés, mal prononcés... Ce type de comique est le ressort principal de certaines pièces contemporaines.

Ainsi, dans *La Cantatrice chauve*, de Ionesco, le langage se dérègle jusqu'à l'**absurdité**. De même, dans *Un mot pour un autre*, Jean Tardieu remplace les mots par d'autres mots de la même classe grammaticale, créant ainsi un dialogue absurde. C'est au spectateur de retrouver le mot d'origine et de donner du sens au dialogue.

« IRMA, *annonçant*. – Madame la Comtesse de Perleminouze !
MADAME, *fermant le piano et allant au-devant de son amie*. – Chère, très chère peluche ! Depuis combien de trous, depuis combien de galets n'avais-je pas eu le mitron de vous sucrer !

Jean Tardieu, *Un mot pour un autre*, © Éditions Gallimard (1951).

***La Cantatrice chauve*, mise en scène de Jean-Luc Lagarce**, théâtre de l'Athénée (2009, reprise de la mise en scène créée en 1991). Avec Mireille Herbstmeyer, Jean-Louis Grinfeld, Olivier Achard et Emmanuelle Brunschwig.

2. Les comiques de caractère et de situation

- Le **comique de caractère** naît des manies, défauts, comportements étranges des personnages.

Dans *L'Avare*, de Molière, les extravagances d'Harpagon dues à son avarice relèvent de ce type de comique.

- Le **comique de situation** repose sur des malentendus, des quiproquos ou des retournements soudains de situation.

Dans *L'Avare* toujours, à la scène 3 de l'acte V, le malentendu entre Harpagon et Valère qui parlent d'une chose différente en croyant parler de la même, relève du comique de situation.

Mot-clé

Un **quiproquo** est un malentendu, une erreur qui fait prendre une personne pour une autre, ou une chose pour une autre. La méprise peut porter sur un personnage, une situation, un mot ou un objet.

11 Reconnaître une tragédie

Qu'est-ce qu'une tragédie ? Qu'est-ce qui la différencie de la comédie ?

I Connaître les principales caractéristiques d'une tragédie classique

1. Des personnages et des thèmes graves

- La tragédie **classique** présente les caractéristiques suivantes :

– elle comporte **cinq actes** ;

– les personnages s'expriment dans une **langue soutenue**, et en vers de douze syllabes appelés **alexandrins** ;

– les personnages sont **nobles** : ce sont des héros légendaires, des rois ou des reines. Ils sont accompagnés de leurs confidents (nourrice, gouverneur, suivante) à qui ils peuvent confier leurs tourments ;

– l'action prend place dans une situation historique remontant souvent à l'**Antiquité grecque** ou **romaine**, la guerre de Troie par exemple ;

– les personnages, jouets du **destin**, sont presque toujours condamnés au malheur.

Dominique Blanc dans le rôle de Phèdre, mise en scène de Patrice Chéreau, théâtre de l'Odéon, Paris (2003).

- Tandis que les héros de **Racine** sont la proie d'une passion qui les dévore, d'un amour souvent contre-nature, ceux de **Corneille** sont déchirés entre l'amour et l'honneur.

2. Un objectif : susciter la pitié et l'émotion

- Les personnages tragiques sont en proie aux **angoisses de la passion** ou à de douloureux dilemmes. Dans les tragédies, les amours sont rarement partagées.

  Ainsi, dans *Andromaque*, de Racine, Oreste aime Hermione qui aime Pyrrhus qui aime Andromaque, qui aime encore le souvenir de son mari, Hector, tué pendant la guerre de Troie. Aucun de ces amours n'est réciproque.

- Le dénouement des tragédies est souvent **funeste**, marqué par la **mort** d'un ou de plusieurs personnages.

  Par exemple, chez Racine, Phèdre et Hermione se suicident (*Phèdre* et *Andromaque*), Pyrrhus est assassiné (*Andromaque*).

Mot-clé

Un **dilemme** est un choix entre deux solutions également fâcheuses. Ainsi, dans *Le Cid* (Corneille, 1637), Rodrigue veut venger l'honneur de son père, souffleté par le père de Chimène, mais, s'il tue ce dernier, il perd Chimène, dont il est amoureux.

- *Le Cid* est un cas particulier puisque son dénouement est heureux : Rodrigue pourra épouser Chimène, malgré le duel qui a entraîné la mort du père de son amante. Cette pièce est souvent présentée comme une **tragi-comédie**, même si le rire n'y a aucune place.

II Le théâtre moderne : une autre conception de la tragédie

1. Les mythes antiques revisités

- Dans la première moitié du XXe siècle, les dramaturges reprennent et revisitent les mythes antiques, déjà développés par les trois grands tragiques grecs, Eschyle, Sophocle et Euripide. Ainsi, la légende d'Électre inspire Jean Giraudoux (*Électre*, 1937), tandis que Jean Anouilh adapte celle d'Antigone (*Antigone*, 1944), tout en rompant avec les conventions de la tragédie classique.

> **Mot-clé**
> **Électre** veut venger la mort de son père Agamemnon, assassiné par sa mère et son amant. **Antigone** veut donner une sépulture à son frère Polynice, accusé de traîtrise, alors que les lois de la cité l'interdisent.

- Ces tragédies modernes se caractérisent par :

– les **anachronismes** ;

– le mélange de situations **tragiques et comiques** ;

– l'alternance entre **langue poétique et langage trivial** ;

– des héros qui baignent dans la **banalité du monde quotidien** et sont en même temps confrontés à des destins funestes.

2. Un nouveau thème tragique : l'absurdité de la vie et la perte du sens

- Après le traumatisme de la Seconde Guerre mondiale, plusieurs dramaturges, comme Samuel Beckett ou Eugène Ionesco, traitent de l'absurdité de la vie et de la mort. C'est ce que l'on appelle le **théâtre de l'absurde**.

- Dans les pièces de **Beckett**, comme *En attendant Godot* (1953) ou *Oh les beaux jours* (1963), les personnages sont réduits à l'état de pantins, sans passé ni avenir, dépourvus d'objectif et de libre arbitre. Seul le langage leur permet de continuer à exister.

- Dans les pièces de **Ionesco**, comme *La Cantatrice chauve* (1950) ou *La Leçon* (1951), le langage se délite, il perd son sens, devient absurde, dévoilant l'impossibilité de toute communication.

> **Mot-clé**
> Le terme **absurde** désigne ce qui n'a pas de sens, ce qui est contraire à la raison. Le thème de l'absurde est abordé après la Seconde Guerre mondiale dans le théâtre du même nom.

Se tester QUIZ

Vérifie que tu as bien compris les points clés des **fiches 8 à 11.**

Pour chaque quiz, coche la ou les bonne(s) réponse(s). Vérifie ta réponse à l'aide du corrigé et consulte les fiches de cours si nécessaire.

1 Les caractéristiques du genre théâtral

→ CORRIGÉ P. 102

De ces deux dialogues, lequel est un dialogue théâtral ?

☐ **a.**

« PERRICHON. – Henriette n'aime pas… ne peut pas aimer M. Armand !
MADAME PERRICHON. – Qu'en sais-tu ?
PERRICHON. – Dame, je suppose…
MADAME PERRICHON. – Il y a un moyen de le savoir : c'est de l'interroger… et nous choisirons celui qu'elle préférera.

Eugène Labiche, *Le Voyage de Monsieur Perrichon* (1860).

☐ **b.**

« Dieu, que je suis bête ! dit Madame Lepic. Je n'y pensais plus. Poil de Carotte, va fermer les poules ! […]
– Mais, maman, j'ai peur aussi, moi.
– Comment ? répond Madame Lepic, un grand gars comme toi !

Jules Renard, *Poil de Carotte* (1894).

2 La structure d'une pièce de théâtre

→ CORRIGÉ P. 102

« LÉANDRE. – Je ne prétends point vous voler votre fille, et ce n'est que de votre main que je veux la recevoir. Ce que je vous dirai, Monsieur, c'est que je viens de recevoir des lettres par où j'apprends que mon oncle est mort, et que je suis héritier de tous ses biens.
GÉRONTE. – Monsieur, votre vertu m'est tout à fait considérable, et je vous donne ma fille avec la plus grande joie du monde.

Molière, *Le Médecin malgré lui* (1666).

1. Le dialogue ci-dessus évoque :

☐ **a.** la situation initiale des personnages
☐ **b.** le dénouement de la pièce

2. Il est donc extrait :

☐ **a.** de la scène d'exposition ☐ **b.** de la dernière scène

3 Comédie et tragédie

→ CORRIGÉ P. 102

1. Quels sont les quatre mots correspondant à l'univers de la comédie ?

☐ **a.** nobles ☐ **b.** bourgeois ☐ **c.** ridicules
☐ **d.** mariage ☐ **e.** fatalité ☐ **f.** mort
☐ **g.** terreur ☐ **h.** pitié ☐ **i.** rire

2.

« IRMA, *entrant et apportant le courrier.* – Madame, la poterne vient d'élimer le fourrage…
(Elle tend le courrier à Madame, puis reste plantée devant elle, dans une attitude renfrognée et boudeuse.)
MADAME, *prenant le courrier.* – C'est tronc !... Sourcil bien !... (*Elle commence à examiner les lettres puis, s'apercevant qu'Irma est toujours là*) Eh bien, ma quille ! Pourquoi serpez-vous là ? (*geste de congédiement*) Vous pouvez vidanger !

Jean Tardieu, *Un mot pour un autre*, © Éditions Gallimard (1951).

Quel est le type de comique employé dans cette scène ?

☐ **a.** comique de situation ☐ **b.** comique de gestes
☐ **c.** comique de caractère ☐ **d.** comique de mots

Vers le brevet

Exerce-toi en vue du brevet et révise les **fiches 8 à 11.**

Pour chaque exercice, aide-toi des conseils donnés et compare ta réponse à celle du corrigé.

4 Comprendre un texte littéraire et un document artistique

1 h

→ CORRIGÉ P. 102

Document A **Braver l'interdit**

Anouilh revisite le mythe antique d'Antigone, fille d'Œdipe, déjà raconté par le dramaturge grec Sophocle. Les deux frères d'Antigone, Étéocle et Polynice, se sont entretués pour accéder au pouvoir. Créon, le nouveau roi, refuse que Polynice, le cadet, soit enterré. Quiconque bravera cet interdit sera condamné à mort.

« CRÉON (*à Antigone*). – Où t'ont-ils arrêtée ?
LE GARDE. – Près du cadavre, chef.
CRÉON. – Qu'allais-tu faire près du cadavre de ton frère ? Tu savais que j'avais interdit de l'approcher.
LE GARDE. – Ce qu'elle faisait, chef ? C'est pour ça qu'on vous l'amène. Elle grattait la terre avec ses mains. Elle était en train de le recouvrir encore une fois.
CRÉON. – Sais-tu bien ce que tu es en train de dire, toi ?
LE GARDE. – Chef, vous pouvez demander aux autres. On avait dégagé le corps à mon retour ; mais avec le soleil qui chauffait, comme il commençait à sentir, on s'était mis sur une petite hauteur, pas loin, pour être dans le vent. On se disait qu'en plein jour on ne risquait rien. Pourtant on avait décidé, pour être plus sûrs, qu'il y en aurait toujours un de nous trois qui le regarderait. Mais à midi,

en plein soleil, et puis avec l'odeur qui montait depuis que le vent était tombé, c'était comme un coup de massue. J'avais beau écarquiller les yeux, ça tremblait comme de la gélatine, je voyais plus. Je vais au camarade lui demander une chique pour passer ça… Le temps que je me la cale à la joue, chef, le temps que je lui dise merci, je me retourne : elle était là à gratter avec ses mains. En plein jour ! Elle devait bien penser qu'on ne pouvait pas ne pas la voir. Et quand elle a vu que je lui courais dessus, vous croyez qu'elle s'est arrêtée, qu'elle a essayé de se sauver peut-être ? Non. Elle a continué de toutes ses forces aussi vite qu'elle le pouvait, comme si elle ne me voyait pas arriver. Et quand je l'ai empoignée, elle se débattait comme une diablesse, elle voulait continuer encore, elle me criait de la laisser, que le corps n'était pas encore recouvert…

CRÉON (*à Antigone*). – C'est vrai ?

ANTIGONE. – Oui, c'est vrai.

LE GARDE. – On a découvert le corps, comme de juste, et puis on a passé la relève, sans parler de rien, et on est venu vous l'amener, chef. Voilà.

CRÉON. – Et cette nuit, la première fois, c'était toi aussi ?

ANTIGONE. – Oui. C'était moi. Avec la petite pelle de fer qui nous servait à faire des châteaux de sable sur la plage, pendant les vacances. C'était justement la pelle de Polynice. Il avait gravé son nom au couteau sur le manche. C'est pour cela que je l'ai laissée près de lui. Mais ils l'ont prise. Alors, la seconde fois, j'ai dû recommencer avec mes mains.

LE GARDE. – On aurait dit une petite bête qui grattait. Même qu'au premier coup d'œil, avec l'air chaud qui tremblait, le camarade dit : « Mais non, c'est une bête. » « Penses-tu, je lui dis, c'est trop fin pour une bête. C'est une fille. »

CRÉON. – C'est bien. On vous demandera peut-être un rapport tout à l'heure. Pour le moment, laissez-moi seul avec elle. […]

Les gardes sont sortis […]. *Créon et Antigone sont seuls l'un en face de l'autre.* […] *Un silence. Ils se regardent.*

CRÉON. – Pourquoi as-tu tenté d'enterrer ton frère ?

ANTIGONE. – Je le devais.

CRÉON. – Je l'avais interdit.

ANTIGONE. – Je le devais tout de même. Ceux qu'on n'enterre pas errent éternellement sans jamais trouver de repos. Si mon frère vivant était rentré harassé d'une longue chasse, je lui aurais enlevé ses chaussures, je lui aurais fait à manger, je lui aurais préparé son lit… Polynice aujourd'hui a achevé sa chasse. Il rentre à la maison où mon père et ma mère, et Étéocle aussi l'attendent. Il a droit au repos. […]

CRÉON. – Tu savais le sort qui était promis à celui, quel qu'il soit, qui oserait lui rendre les honneurs funèbres ?

ANTIGONE. – Oui, je le savais.

Jean Anouilh, *Antigone*, © Éditions de La Table ronde (1944).

Document B Créon et Antigone

Bruno Raffaelli et Françoise Gillard dans la mise en scène de la pièce d'Anouilh par Marc Paquien, théâtre du Vieux-Colombier (Comédie-Française), septembre-octobre 2012.

Sur le texte littéraire (document A)

1. À quel genre littéraire ce texte appartient-il ? Sois le plus prévis possible et justifie ta réponse à l'aide du texte.

2. a. Quelle tâche Antigone s'impose-t-elle ?

b. Pourquoi ?

c. Quelle peine encourt-elle ?

3. Quel est le niveau de langage employé par le garde ? Justifie ta réponse au moyen d'éléments relevés dans le texte.

4. « Le camarade dit : "Mais non, c'est une bête." "Penses-tu, je lui dis, c'est trop fin pour une bête. C'est une fille. " (l. 35-36)

De quelle façon les paroles échangées par les deux gardes sont-elles rapportées ? À ton avis, pourquoi ce choix ?

5. Que penses-tu de l'attitude d'Antigone ? A-t-elle raison, selon toi, de refuser d'obéir au pouvoir en place ? Justifie ta réponse en t'appuyant sur le texte mais aussi sur une réflexion personnelle et des exemples historiques.

Sur le texte et l'image (documents A et B)

6. Observe la photographie. Quels sont les choix du metteur en scène concernant le décor, les costumes, l'attitude des personnages ?

7. Ces choix correspondent-ils à l'idée que tu te fais des personnages et de la scène entre Antigone et Créon ?

12 Définir la poésie

Le mot *poésie* vient du verbe grec *poeien* qui signifie « créer ». Le poète est un créateur, un artiste qui joue avec les mots pour exprimer, de manière personnelle, originale et souvent inattendue, sa vision du monde.

I La poésie à forme fixe ou régulière

Longtemps la poésie s'est imposé des **contraintes** et a dû obéir aux règles très strictes de la versification, dont elle ne se libère qu'à la fin du XIXe siècle.

1. Les différents types de vers

- Un vers est une **unité poétique** qui ne correspond pas nécessairement à une phrase. À la fin d'un vers, il faut aller à la ligne. Le vers commence généralement par une majuscule et se termine souvent par une **rime**.
- Les vers peuvent être de même longueur ou de longueur irrégulière. On distingue les **vers pairs** et les **vers impairs**. L'alexandrin est le vers classique par excellence.
- Pour identifier un vers, tu dois **compter les syllabes**. Retiens qu'on ne compte pas le *e* muet à la fin d'un vers ni devant une voyelle.

« De/ la/ mu/si/qu(e) a/vant/ tou/te/ chos(e)

Paul Verlaine, « Art poétique », *Jadis et naguère* (1881).

Mots-clés

Un vers de huit syllabes est un **octosyllabe** ; un vers de dix syllabes, un **décasyllabe**, et un vers de douze syllabes, un **alexandrin**.

2. Une forme particulière : le sonnet

- Le sonnet a été introduit en France au XVIe siècle. C'est un poème à forme fixe, composé de deux quatrains et de deux tercets. Son dernier vers est censé créer un effet (de surprise, par exemple) : c'est ce que l'on appelle la **chute**.
- « Le Dormeur du val », sonnet d'Arthur Rimbaud, décrit un soldat endormi dans un paysage calme et serein. Ce n'est qu'à la fin du dernier vers que la réalité s'impose.

Mots-clés

Un **quatrain** est une strophe de quatre vers, un **tercet** est une strophe de trois vers.

« Tranquille. Il a deux trous rouges au côté droit.

Arthur Rimbaud, « Le Dormeur du val », *Poésies* (1895).

Ce paysage idyllique est en réalité un champ de bataille et le soldat est mort.

II Vers une poésie libérée des contraintes

1. Le poème en prose

Le poème en prose, **poème non versifié**, écrit en prose, est apparu au XIXe siècle. **Aloysius Bertrand** est considéré comme son créateur avec *Gaspard de la nuit* (1842). Charles **Baudelaire** s'est lui aussi illustré dans ce genre avec *Le Spleen de Paris ou Petits Poèmes en prose* (1869).

2. Le vers libre

- La poésie moderne, dès la fin du XIXe siècle, a souvent adopté les vers libres qui peuvent être de longueur irrégulière, ne pas rimer et ne pas commencer par une majuscule.
- Elle s'est aussi souvent **libérée des contraintes de la ponctuation,** donnant une plus grande liberté de lecture.

« Mes mains brûlantes glissent sur les murs glacés
J'ai peu d'espoir peu de mémoire
Déjà j'ai tout perdu [...]

Paul Éluard, « Deux voix en une », in *Le Livre ouvert*, recueilli dans *Œuvres complètes*, Bibliothèque de la Pléiade © Éditions Gallimard (1938-1940).

III L'importance de la mise en page dans la poésie moderne

1. La disposition des vers

La disposition des vers dans la page est parfois un élément important de l'écriture poétique. Il faut, avant de lire le poème, l'observer dans son ensemble.

2. Le calligramme

Un calligramme est un poème dont les vers sont disposés de manière à former un dessin.
Le calligramme ci-contre esquisse le portrait de Lou, une femme qu'Apollinaire aime passionnément.

Guillaume Apollinaire, « 9 février 1915 », *Poèmes à Lou.*

Mot-clé

Apollinaire est l'inventeur du mot **calligramme**, mot-valise formé par le télescopage de *calligraphie* (art de bien former les caractères d'écriture) et *idéogramme* (symbole graphique représentant un mot ou une idée).

13 Étudier un poème

Dans son « Art poétique », Paul Verlaine s'exclame : « De la musique avant toute chose ». En effet, si la poésie repose sur des images, elle naît aussi des sonorités et des rythmes.

I Repérer les images

Pour faire naître des images, le poète utilise des figures de style.

Mot-clé

Une **figure de style** est un procédé qui donne une plus grande expressivité au propos et permet de créer des effets susceptibles d'agir sur la sensibilité ou l'imagination du lecteur.

1. La comparaison et la métaphore

■ La **comparaison** établit une ressemblance entre le comparé (ce que l'on compare) et le comparant (ce à quoi on compare) par l'intermédiaire d'un outil de comparaison (*comme, tel*...).

« Mon verre s'est brisé comme un éclat de rire.

Guillaume Apollinaire, « Nuit rhénane », *Alcools* (1913).

■ La **métaphore** est une comparaison à laquelle il manque l'outil de comparaison. Une métaphore qui se poursuit sur plusieurs lignes ou plusieurs vers est une **métaphore filée**.

« Les sanglots longs
Des violons
De l'automne ◆ Paul Verlaine, « Chanson d'automne », *Poèmes saturniens* (1866).

2. La personnification et l'allégorie

■ La **personnification** consiste à attribuer des **propriétés humaines** à un animal, à une idée, à une chose.

« Le soleil s'est noyé dans son sang qui se fige.

Charles Baudelaire, « Harmonie du soir », *Les Fleurs du Mal* (1857).

■ L'**allégorie** est la **représentation concrète d'une idée**. Ainsi, la justice est souvent représentée par une balance, la République par Marianne, etc.

II Percevoir la musique des vers : les sonorités

Lire de la poésie, c'est être capable d'entendre les sonorités des vers.

1. Les rimes

■ La rime est la reprise de sons identiques à la fin de deux ou plusieurs vers. Cette répétition crée un effet d'écho sonore. On distingue :

- les rimes **féminines** (terminées par un *e* muet) et les rimes **masculines** ;

– les rimes **pauvres** (qui ont un son vocalique en commun : *matin/chagrin*), les rimes **suffisantes** (qui ont deux sons en commun : *matin/satin*) et les rimes **riches** (qui ont plus de deux sons en commun : *crépuscule/minuscule*).

- Les rimes peuvent se combiner entre elles de différentes façons : rimes **suivies** (AABB), rimes **croisées** (ABAB) et rimes **embrassées** (ABBA).

2. Les allitérations et les assonances

- L'**allitération** est la répétition d'un **même son consonne** dans un ou plusieurs vers. Elle vise souvent à créer un effet d'imitation sonore.

« Mon verre s'est brisé comme un éclat de rire. ◆ Guillaume Apollinaire, *ibid.*

L'allitération évoque la brutalité d'un verre qui se casse et permet un rapprochement avec celle d'un éclat de rire.

- L'**assonance** est la répétition d'un **même son voyelle**.

« Il dort dans le soleil, la main sur sa poitrine,
Tranquille. Il a deux trous rouges au côté droit.

Arthur Rimbaud, « Le Dormeur du val », *Poésies* (1895).

L'homme endormi est un soldat mort au champ de bataille : l'assonance crée un écho sonore entre *trous* et *rouges* et suscite une impression douloureuse.

III Percevoir la musique des vers : le rythme

1. Les coupes

Les coupes sont des **pauses** dans le vers. Elles se situent après chaque syllabe accentuée et marquent la cadence des vers. En fonction de leur place dans le vers, elles en modifient le rythme.

« Le fatal / couperet / relevé / triomphait.

Victor Hugo, « L'Échafaud », *La Légende des siècles* (1859).

2. Enjambement, rejet et contre-rejet

	Définition	Exemple
Enjambement	Proposition commencée dans un vers qui se poursuit dans le vers suivant	*Depuis huit jours, j'avais déchiré mes bottines* *Aux cailloux des chemins. J'entrais à Charleroi.* Arthur Rimbaud, « Au Cabaret-Vert », *ibid.*
Rejet	Rejet d'un mot ou d'un groupe de mots bref au début du vers suivant	*Le colchique couleur de cerne et de lilas* *Y fleurit tes yeux sont comme cette fleur-là* Guillaume Apollinaire, « Les Colchiques », *ibid.*
Contre-rejet	Rejet en fin de vers d'un mot ou d'un groupe de mots bref appartenant, par le sens, au vers suivant	*Et de longs corbillards, sans tambour ni musique,* *Défilent lentement dans mon âme ; l'Espoir,* *Vaincu, pleure, et l'Angoisse atroce, despotique,* *Sur mon crâne incliné plante son drapeau noir.* Charles Baudelaire, « Spleen », *ibid.*

14 Reconnaître la poésie lyrique

Chez les Anciens, la poésie lyrique est une poésie chantée que l'on accompagne du son de la *lyre*. Aujourd'hui, la poésie lyrique se définit par l'expression des sentiments et par l'exaltation du moi.

I Connaître les caractéristiques

Il s'agit de repérer les thèmes, les procédés et le lexique qui permettent l'expression souvent exaltée des sentiments, des angoisses, des obsessions du poète.

Thème	Procédé	Lexique
• la nature • la mort • le temps qui passe • l'amour	• intervention du poète à la première personne • phrases exclamatives, interrogatives • interjections, apostrophes	• verbes de perception • sentiments, émotions • religieux, mystique

II Les repérer dans un poème

Dans cet extrait du « Lac », Lamartine évoque son retour, seul, après la mort de la femme aimée, au bord du lac témoin de leur amour.

apostrophes
interventions à la 1re personne
sentiment

« Ô lac ! l'année à peine a fini sa carrière,
Et près des flots chéris qu'elle devait revoir,
Regarde ! je viens seul m'asseoir sur cette pierre
Où tu la vis s'asseoir ! […]

Ô temps ! suspends ton vol, et vous, heures propices !
Suspendez votre cours :
Laissez-nous savourer les rapides délices
Des plus beaux de nos jours !

Alphonse de Lamartine, « Le Lac », *Méditations poétiques* (1820).

Dans les quatre premiers vers, le poète exprime son désespoir. Dans les quatre derniers, il dit son angoisse devant la fuite du temps.

Caspar David Friedrich, *Voyageur au-dessus de la mer de nuages* (1818). Kunsthalle de Hambourg.

15 Reconnaître la poésie engagée

Le poète engagé considère l'écriture poétique comme un moyen de lutte.

I Connaître les thèmes

- Selon les époques, le poète engagé peut choisir de dénoncer différents maux : le **fanatisme religieux**, la **guerre**, la **dictature**, les **injustices sociales** – comme le fait Hugo quand il s'attaque au travail des enfants dans « Melancholia » – ou encore la **colonisation** et l'**esclavage**, thèmes auxquels Aimé Césaire, le poète de la « négritude », consacre son écriture.

Mot-clé
Terme forgé par Aimé Césaire, la **négritude** désigne l'ensemble des valeurs culturelles, intellectuelles, morales, artistiques propres aux Noirs.

- Les poètes engagés du XXe siècle comme Robert Desnos, Louis Aragon, Paul Éluard choisissent de **lutter contre le nazisme** et l'occupation allemande, aux côtés de la Résistance.

« Pourtant ce cœur haïssait la guerre et battait au rythme des saisons,
Mais un seul mot : Liberté a suffi à réveiller les vieilles colères [...]

Robert Desnos, « Ce cœur qui haïssait la guerre », in *Destinée arbitraire*, © Éditions Gallimard (1943).

II Identifier les procédés utilisés

Pour convaincre, le poète engagé recourt à différents procédés :

- des **personnifications** et des **allégories** ;

« Celui qui croyait au ciel / Celui qui n'y croyait pas
Tous deux adoraient la belle / Prisonnière des soldats

Louis Aragon, « La Rose et le Réséda », *La Diane française*, © Seghers (1946, 2006).

« la belle prisonnière des soldats », c'est la France occupée par l'Allemagne, c'est la patrie. Il s'agit d'une personnification.

- des **métaphores** et des **comparaisons** ;

« Mon bel amour mon cher amour ma déchirure,
Je te porte dans moi comme un oiseau blessé.

Louis Aragon, « Il n'y a pas d'amour heureux », *ibid.*

- des anaphores.

« Au nom des hommes en prison
Au nom des femmes déportées
Au nom de tous nos camarades

Paul Éluard, « Les Sept Poèmes d'amour en guerre », *Au rendez-vous allemand*, © 1945 by Les Éditions de Minuit.

Mot-clé
Une **anaphore** est la répétition d'un mot ou d'un groupe de mots au début de plusieurs vers.

Se tester QUIZ

Vérifie que tu as bien compris les points clés des **fiches 12 à 15.**

Pour chaque quiz, vérifie ta réponse à l'aide du corrigé et consulte les fiches de cours si nécessaire.

1 Qu'est-ce que la poésie ?

→ CORRIGÉ P. 103

1. Vrai ou faux ?

	vrai	faux
a. Un poème est toujours écrit en vers.	☐	☐
b. Les vers se terminent nécessairement par des rimes.	☐	☐
c. Certains poètes ont écrit des poèmes en prose.	☐	☐
d. Il existe des vers libres.	☐	☐

2. Associe à chaque vers le nom qui correspond à sa mesure.

a. « Le pré est vénéneux mais joli [en automne » (Apollinaire) •   • décasyllabe

b. « Ce toit tranquille où marchent [les colombes » (Valéry) •   • alexandrin

c. « Mignonne, allons voir si la rose » (Ronsard) •   • octosyllabe

2 La versification

→ CORRIGÉ P. 103

1. Vrai ou faux ?

	vrai	faux
a. Les rimes créent un effet d'écho à la fin des vers.	☐	☐
b. Les rimes embrassées correspondent au schéma « abab ».	☐	☐
c. L'anaphore est la répétition d'un mot ou d'un groupe de mots au début d'un vers.	☐	☐
d. La répétition d'un même son voyelle dans un vers est appelée « allitération ».	☐	☐

2. Comment caractériser ces rimes ? Coche la bonne réponse.

« Voici venir les temps où vibrant sur sa tige
Chaque fleur s'évapore ainsi qu'un encensoir ;
Les sons et les parfums tournent dans l'air du soir ;
Valse mélancolique et langoureux vertige ! »

Charles Baudelaire, « Harmonie du soir », *Les Fleurs du mal* (1857).

☐ a. suivies   ☐ b. croisées   ☐ c. embrassées

3 Poésie lyrique et poésie engagée

→ CORRIGÉ P. 103

Les vers suivants sont-ils extraits d'un poème lyrique ou d'un poème engagé ?

1. « Ô servitude infâme imposée à l'enfant !
Rachitisme ! travail dont le souffle étouffant
Défait ce qu'a fait Dieu ; qui tue, œuvre insensée,
La beauté sur les fronts, dans les cœurs la pensée.

Victor Hugo, « Melancholia », *Les Contemplations* (1856).

☐ **a.** poème lyrique ☐ **b.** poème engagé

2. « Les plus désespérés sont les chants les plus beaux,
Et j'en sais d'immortels qui sont de purs sanglots.

Alfred de Musset, *La Nuit de mai* (1835).

☐ **a.** poème lyrique ☐ **b.** poème engagé

Vers le brevet

Exerce-toi en vue du brevet et révise les **fiches 12 à 15.**

Pour chaque exercice, aide-toi des conseils donnés et compare ta réponse à celle du corrigé.

4 Comprendre un texte littéraire et un document artistique

1 h

→ CORRIGÉ P. 103

Document A « Courage »

Paul Éluard, poète surréaliste engagé, a écrit ce poème en 1942, pendant la Seconde Guerre mondiale, alors que Paris est occupée par l'armée allemande et que les Parisiens souffrent de nombreuses privations.

« Paris a froid Paris a faim
Paris ne mange plus de marrons dans la rue
Paris a mis de vieux vêtements de vieilles
Paris dort tout debout sans air dans le métro
[…]
Ne crie pas au secours Paris
Tu es vivant d'une vie sans égale
Et derrière la nudité
De ta pâleur de ta maigreur
Tout ce qui est humain se révèle en tes yeux
Paris ma belle ville

Fine comme une aiguille forte comme une épée
Ingénue et savante
Tu ne supportes pas l'injustice
Pour toi c'est le seul désordre
Tu vas te libérer Paris
Paris tremblant comme une étoile
Notre espoir survivant
Tu vas te libérer de la fatigue et de la boue
Frères ayons du courage
Nous qui ne sommes pas casqués
Ni bottés ni gantés ni bien élevés
Un rayon s'allume en nos veines
Notre lumière nous revient
Les meilleurs d'entre nous sont morts pour nous
Et voici que leur sang retrouve notre cœur
Et c'est de nouveau le matin un matin de Paris
La pointe de la délivrance
L'espace du printemps naissant
La force Idiote a le dessous
Ces esclaves nos ennemis
S'ils ont compris
S'ils sont capables de comprendre
Vont se lever.

Paul Éluard, « Courage », *Au rendez-vous allemand*,

Document B Barricade rue de la Huchette, août 1944

Cette photographie a été prise par Robert Doisneau (1912-1994) au cours des combats pour la libération de Paris, en août 1944.

Sur le texte littéraire (document A)

1. À qui le poète s'adresse-t-il successivement ? Justifie ta réponse à l'aide d'éléments relevés dans le texte.

2. a. Au moyen de quelle figure de style Éluard évoque-t-il Paris ?

b. Relève les comparaisons employées par le poète aux vers 11 et 16, puis coche le ou les adjectifs qui les caractérisent :

☐ valorisantes ☐ dévalorisantes ☐ contradictoires

3. Quels sentiments le poète éprouve-t-il pour sa ville ?

4. Comment comprends-tu les groupes nominaux suivants : « un matin de Paris » (v. 27) et « L'espace du printemps naissant » (v. 29) ?

5. a. Quelles sont, selon toi, les intentions de Paul Éluard lorsqu'il écrit ce poème ?

b. Comment cherche-t-il à rendre son poème convaincant ?

6. Penses-tu que l'art (la poésie, la peinture, le dessin, la musique...) puisse être un moyen de lutte ?

Sur le texte et l'image (documents A et B)

7. Observe la photographie.

a. À quels vers du poème fait-elle écho ?

b. Quelles impressions suscite-t-elle en toi ?

16 Reconnaître et construire une argumentation

« À la rentrée des classes, regarde tous les élèves et remarque qu'ils sont tous différents, que cette diversité est une belle chose. C'est une chance pour l'humanité. […] Le mélange est un enrichissement mutuel.

Tahar Ben Jelloun, *Le Racisme expliqué à ma fille*,
© Éditions du Seuil (1998, nouv. éd. 2009).

Dans cet extrait, Tahar Ben Jelloun cherche à défendre l'idée de diversité. Quels arguments et quels exemples donne-t-il pour soutenir sa thèse ?

I Reconnaître un texte argumentatif

Dans un texte argumentatif, l'émetteur cherche à **convaincre** le destinataire de quelque chose.

> **Mot-clé**
> L'**argumentation** peut se rencontrer dans des textes très variés : articles de journaux, débats politiques, littérature d'idées, mais aussi dans les récits et les pièces de théâtre.

1. Un énoncé faisant référence à la situation d'énonciation

Gardons l'exemple du *Racisme expliqué à ma fille*, de Tahar Ben Jelloun.

« La lutte contre le racisme doit être un réflexe quotidien. Notre vigilance ne doit jamais baisser. Il faut commencer par donner l'exemple et faire attention aux mots qu'on utilise. Les mots sont dangereux. Certains sont employés pour blesser et humilier, pour nourrir la méfiance et même la haine. […] D'autres sont beaux et heureux. Il faut renoncer aux idées toutes faites, à certains dictons et proverbes qui vont dans le sens de la généralisation et par conséquent du racisme.

- Pour convaincre, l'**émetteur s'implique** dans son discours : les marques de la première personne sont nombreuses.

« Notre vigilance ne doit jamais baisser.

Il **s'adresse au destinataire** en recourant aux marques de la deuxième personne.

« […] regarde tous les élèves et remarque qu'ils sont tous différents.

- Le **présent** de l'indicatif est le temps de référence.

« Les mots sont dangereux.

- Dans un texte argumentatif, l'émetteur exprime une **opinion personnelle** : c'est un discours subjectif. Les marques de la subjectivité sont variées : verbes d'opinion, modalisateurs, vocabulaire mélioratif ou péjoratif.

« Cette diversité est une belle chose…

2. Une visée : convaincre

- L'émetteur peut chercher à **faire partager une opinion**. Ainsi, dans son ouvrage, Tahar Ben Jelloun détaille les mécanismes du racisme ; il veut convaincre les enfants de ne pas avoir de préjugés envers ceux qui sont différents.
- L'émetteur peut aussi vouloir **pousser** le destinataire **à agir**.

« Il faut aussi agir, ne pas laisser passer une dérive à caractère raciste. Ne jamais se dire : "Ce n'est pas grave !" [...] En ne réagissant pas, en n'agissant pas, on rend le racisme banal et arrogant. ◆ Tahar Ben Jelloun, *ibid.*

II Organiser une argumentation

Un texte argumentatif, pour être convaincant, doit être construit autour d'une thèse argumentée et illustrée par des exemples.

1. La thèse

- La thèse est l'**opinion défendue** par le locuteur à propos d'une réalité donnée, d'un sujet de discussion. Elle est souvent mentionnée clairement.

  Dans son livre, Tahar Ben Jelloun affirme que le racisme repose sur la peur.
- La thèse s'oppose à une **thèse adverse**, qui peut être mentionnée par un autre personnage dans un dialogue ou par l'émetteur pour mieux la contredire. Ainsi, la thèse opposée à celle de Tahar Ben Jelloun serait que certains sont supérieurs à d'autres en raison de leur couleur de peau.

2. Les arguments

Les arguments sont les **raisonnements** permettant de justifier la thèse défendue. Ils sont souvent abstraits, c'est-à-dire qu'ils ont une portée générale. Voici un argument soutenant les bienfaits de la diversité.

« Le mélange est un enrichissement mutuel.

3. Les exemples

Les exemples **illustrent** les arguments et permettent de mieux les comprendre. Ce sont des faits concrets, vérifiables.

Je suis heureux d'avoir des amis issus de cultures différentes. En effet, l'été dernier, j'ai été invité au Maroc, où j'ai découvert une autre façon de vivre.

4. Les connecteurs logiques

Pour convaincre, l'émetteur **structure son discours** à l'aide de connecteurs logiques, qui explicitent les liens entre les différentes idées : *pourtant, mais, de plus...*

Dans l'exemple précédent, le connecteur *en effet* introduit une cause, qui explique l'intérêt d'avoir des amis issus de cultures différentes.

17 Écrire un dialogue argumentatif

Les réseaux sociaux font partie intégrante de la vie des adolescents.

À partir de cette affirmation, on peut imaginer un dialogue entre deux personnes argumentant sur l'intérêt ou non des réseaux sociaux pour les adolescents.

I Repérer la situation de communication

Pour écrire un dialogue argumentatif, il faut se poser les questions suivantes : où et quand a-t-il lieu, qui sont les interlocuteurs et quelle est leur position ?

1. Le thème et le cadre

- Commence par **définir le thème** : de quoi est-il question ? Ici, il s'agit de l'utilisation des réseaux sociaux par les adolescents.
- Repère à quelle **époque** se déroule le dialogue : le vocabulaire et les idées ne seront pas les mêmes si le dialogue se situe à notre époque ou au siècle des Lumières. Ici, évidemment, le dialogue se déroule à notre époque.

2. Les interlocuteurs

- Tu dois définir précisément qui sont les interlocuteurs. Dans l'exemple choisi, on peut imaginer un dialogue entre un père et son fils.
- Quelles **thèses** défendent-ils ? Ils peuvent défendre des thèses opposées. Mais ce n'est pas obligatoire : l'un des interlocuteurs peut chercher à convaincre l'autre, qui n'a pas d'idée arrêtée. Ce dernier peut alors soulever des objections. Ici, le père peut défendre l'idée que les réseaux sociaux sont dangereux pour les adolescents, tandis que le fils en démontrera les avantages.

> **Mot-clé**
> Une **objection** est un argument contradictoire, opposé.

II Prévoir la progression de l'échange

Pour éviter qu'un dialogue ne tourne en rond, avec des interlocuteurs campés sur leur position, il faut prévoir la progression de l'échange.

1. Chercher des arguments

- La thèse de chaque interlocuteur doit être soutenue par des arguments, développés parfois par des exemples.
- Le fils peut mentionner les **arguments** suivants :

– les réseaux sociaux permettent de partager des textes, de la musique, des expériences avec des gens qui nous sont proches, même s'ils sont éloignés géographiquement ;

– ils sont interactifs et faciles à utiliser ;

– ils sont sécurisés car accessibles aux seuls « amis ».

2. Classer les arguments

- Les arguments doivent être présentés **du moins convaincant (qui recevra donc des objections) au plus convaincant**. Mais tous doivent être adaptés au destinataire.
- Le père présentera alors ses arguments dans cet ordre :

– les réseaux sociaux sont chronophages : ils occupent trop de temps ;

– c'est un système anonyme : on ne sait pas toujours à qui l'on s'adresse ;

– aucune information ne se perd : ce que l'on partage aujourd'hui pourra être encore accessible dans plusieurs années et causer du tort.

III Rédiger le dialogue

1. Personnaliser l'échange

Le dialogue ne doit pas se résumer à une énumération d'idées. Il faut le rendre vivant grâce :

– aux **adresses directes** à l'interlocuteur, qui rappellent que le dialogue s'inscrit dans une situation donnée ;

Écoute ce que j'ai à te dire…

– à la mention de **sentiments ressentis**, ou à des **types de phrases variés** qui donnent de l'épaisseur aux interlocuteurs.

Tu ne comprends pas que les réseaux sont importants pour moi ? J'y retrouve mes amis !

2. Utiliser des connecteurs

Buts	Connecteurs
énumérer, ajouter des idées	*d'abord, ensuite, enfin, et, de plus, par ailleurs, d'une part… d'autre part, non seulement… mais aussi…*
exprimer une opposition	*mais, or, cependant, néanmoins, pourtant, malgré, alors que, au contraire…*
exprimer la cause	*car, parce que, puisque, comme, en raison de…*
exprimer la conséquence	*donc, par conséquent, c'est pourquoi, si bien que…*

3. Conclure l'échange

À la fin du dialogue, le lecteur doit **savoir si l'argumentation a été efficace**. La position d'un des deux interlocuteurs a dû changer. On doit comprendre clairement quelle est la thèse victorieuse.

C'est vrai, je comprends qu'il y a certains dangers. Je ferai très attention dorénavant avant de publier des informations personnelles.

18 Écrire une lettre ouverte

Sais-tu ce qu'on entend par « lettre ouverte » ? S'agit-il d'une lettre non cachetée ? L'envoie-t-on par la poste ?

I Définir ce qu'est une lettre ouverte

1. Le destinataire

- Une lettre ouverte est un **texte argumentatif** qui, bien qu'adressé à une ou plusieurs personnes en particulier, est destiné à être **lu par un plus large lectorat**.
- Prenons un exemple : « J'accuse… ! » d'Émile Zola. Cette lettre est adressée au président de la République Félix Faure mais elle est rendue publique pour être lue par le plus grand nombre.

L'AURORE
Littéraire, Artistique, Sociale
J'Accuse...!
LETTRE AU PRÉSIDENT DE LA RÉPUBLIQUE
Par ÉMILE ZOLA

Émile Zola, « J'accuse… ! », *L'Aurore*, 13 janvier 1898.

> « Monsieur le Président,
>
> Me permettez-vous, dans ma gratitude pour le bienveillant accueil que vous m'avez fait un jour, d'avoir le souci de votre juste gloire et de vous dire que votre étoile, si heureuse jusqu'ici, est menacée de la plus honteuse, de la plus ineffaçable des taches ? […]
>
> Veuillez agréer, monsieur le Président, l'assurance de mon profond respect.
>
> Émile Zola, 13 janvier 1898.

2. Le support

- La lettre ouverte peut se présenter sous forme d'**article** de journal, d'**affiche**, de **chanson**, de **tract**.
- La lettre de Zola est publiée dans le quotidien *L'Aurore* du 13 janvier 1898.

II Analyser la visée et le ton d'une lettre ouverte

1. La visée

- L'objectif d'une lettre ouverte est de **propager une idée** auprès d'un large public ou bien de **se défendre contre des accusations**. La lettre ouverte expose une thèse et cherche à convaincre un très grand nombre de lecteurs.
- Dans « J'accuse… ! », Émile Zola prend la défense du capitaine Dreyfus, un officier juif condamné pour haute trahison alors qu'il est innocent et expédié au bagne de l'île du Diable, en Guyane française. C'est dans un contexte fortement antisémite que le procès s'est déroulé.

« Mais quelle tache de boue sur votre nom – j'allais dire sur votre règne – que cette abominable affaire Dreyfus ! [...] La vérité, je la dirai [...] Mon devoir est de parler, je ne veux pas être complice. Mes nuits seraient hantées par le spectre de l'innocent qui expie là-bas, dans la plus affreuse des tortures, un crime qu'il n'a pas commis.

Émile Zola, *ibid.*

2. Le ton et les procédés

- Le ton adopté est généralement polémique ou satirique (→ Fiche 19). L'auteur, pour convaincre, a recours à de nombreux procédés de style permettant de rendre son propos plus efficace.
- Dans sa lettre, Zola n'hésite pas à employer l'**emphase**, c'est-à-dire un style élevé et solennel, pour clamer l'innocence du capitaine Dreyfus.

Mot-clé
L'adjectif **polémique** qualifie une discussion violente ou passionnée dans le domaine politique ou intellectuel.

« Et l'acte que j'accomplis ici n'est qu'un moyen révolutionnaire pour hâter l'explosion de la vérité et de la justice. Je n'ai qu'une passion, celle de la lumière, au nom de l'humanité qui a tant souffert et qui a droit au bonheur. Ma protestation enflammée n'est que le cri de mon âme. Qu'on ose donc me traduire en cour d'assises et que l'enquête ait lieu au grand jour !

J'attends.

Émile Zola, *ibid.*

- Zola utilise différents procédés stylistiques :

- des **métaphores** : « tache de boue » (extrait 2), « la lumière », « cri de mon âme », « explosion de la vérité » (extrait 3) ;
- des **hyperboles** : « abominable affaire », « la plus affreuse des tortures » (extrait 2) ; « moyen révolutionnaire », « explosion », « protestation enflammée », « cri de mon âme » (extrait 3) ;
- une **ponctuation expressive** : le point d'exclamation.

- Ces différents procédés agissent avec force sur l'imagination du lecteur et cherchent à **susciter l'indignation** : l'objectif de Zola est de réveiller les consciences, de clamer qu'une grave injustice a été commise et qu'il est du devoir de tous de ne pas fermer les yeux et du devoir de chacun de faire entendre sa voix.

3. Quelques conseils pour t'aider à écrire une lettre ouverte

- Tu dois d'abord définir ton ou tes **destinataires** et ensuite préciser l'**objet de ta lettre** (rétablir la vérité, amener le lecteur à réagir...).
- Cherche à convaincre le lecteur par des **arguments logiques** mais aussi par l'**émotion**. Pour cela, n'hésite pas à utiliser des procédés stylistiques comme les métaphores et les comparaisons, ainsi qu'une ponctuation expressive.

19 Identifier un texte à visée satirique

Un texte satirique vise certes à faire rire mais aussi et surtout à attaquer les vices et les ridicules d'une personne ou d'une société, souvent dans un but argumentatif.

I Distinguer le genre et le registre satirique

1. La satire, un genre poétique de l'Antiquité

- La **satire**, au sens restreint du terme, est un poème qui dénonce un travers et le combat en s'en moquant. Dans l'Antiquité, les principaux auteurs de satires sont les Latins Horace et Juvénal.
- Le genre a perduré à travers les siècles. Ainsi, au XVIIe siècle, Boileau publie des *Satires* dans lesquelles il s'attaque aux défauts et aux ridicules de son temps.

2. La satire, un registre qui traverse les genres

- Le registre satirique donne au texte une tonalité particulière, dans le but de **moquer** et de **dénoncer les défauts des hommes ou de la société**. On le trouve dans tous les genres littéraires :

– dans la **fable** (XVIIe siècle) : celles de La Fontaine critiquent, entre autres, l'arbitraire royal et la vanité des courtisans ;

– dans la **comédie** (XVIIe siècle) : celles de Molière – *L'Avare, Tartuffe, Le Malade imaginaire* par exemple – s'attaquent aux problèmes et aux ridicules de la société ; chez Beaumarchais (XVIIIe siècle), *Le Mariage de Figaro* remet en question les privilèges de l'Ancien Régime ;

– dans le conte philosophique (XVIIIe siècle) : ceux de Voltaire (comme *Candide* ou *L'Ingénu*) dénoncent l'obscurantisme, l'intolérance religieuse, les préjugés ou encore l'absurdité de la guerre ;

– dans le **roman** : ainsi, ceux réunis par Balzac (XIXe siècle) sous le nom de *Comédie humaine* offrent, entre autres, une galerie de portraits satiriques de bourgeois provinciaux.

- Au XXe siècle, le registre satirique se retrouve dans les **chroniques télévisuelles** ou **radiophoniques** ainsi que dans les **spectacles d'humoristes**, tels ceux de Pierre Desproges qui se distinguent par un humour grinçant et un sens certain de l'absurde.

Mot-clé

Le **conte philosophique**, dont Voltaire est le créateur et le maître incontesté, met toutes les qualités du conte traditionnel (récit fictif bref et amusant) au service de questions philosophiques. Il unit la narration et l'argumentation.

II Connaître les procédés du registre satirique

■ L'**emphase** s'appuie sur des hyperboles, des superlatifs, des répétitions, des comparaisons et des métaphores, ou encore un lexique péjoratif.

Voici comment Boileau fustige les « embarras de Paris ».

« Tout conspire à la fois à troubler mon repos,
Et je me plains ici du moindre de mes maux :
Car à peine les coqs, commençant leur ramage,
Auront des cris aigus frappé le voisinage
Qu'un affreux serrurier, laborieux Vulcain,
Qu'éveillera bientôt l'ardente soif du gain,
Avec un fer maudit qu'à grand bruit il apprête,
De cent coups de marteau me va fendre la tête. ◆ Boileau, *Satire VI* (1660).

Boileau parodie le style épique pour traiter d'un sujet trivial. En comparant le serrurier à Vulcain, dieu romain du feu, il accentue l'idée de vacarme et de cacophonie.

■ L'**ironie** consiste à dire le contraire de ce que l'on pense. Elle est implicite : c'est au lecteur de décrypter ce que l'auteur sous-entend.

> **Mot-clé**
> Est **implicite** (par opposition à *explicite*) ce qui n'est pas formellement exprimé, ce qui n'est *pas dit* dans un énoncé, mais doit être lu « entre les lignes ».

« On dit qu'un célèbre janséniste a proposé un édit par lequel il sera défendu à tous les philosophes de parler [...].

Pour moi, je pense qu'il serait beaucoup plus utile et plus convenable de leur *couper la main droite* pour les empêcher d'écrire, et de leur *arracher la langue* de peur qu'ils ne parlent.

Voltaire, *lettre à M. le comte de Rochefort* (2 novembre 1768).

Il ne faut surtout pas prendre au premier degré ce que dit Voltaire en réponse à ce « célèbre janséniste » (adepte du *jansénisme*, mouvement religieux des XVIIe et XVIIIe siècles). L'auteur de *Candide*, ardent défenseur de la liberté d'expression, cherche ici à choquer pour mieux convaincre.

■ L'**éloge paradoxal**, variante de l'ironie, est une critique implicite.

Voici comment Sganarelle, dans Le Médecin malgré lui, *parle de la médecine.*

« Je trouve que c'est *le métier le meilleur de tous* ; car, soit qu'on fasse bien ou soit qu'on fasse mal, on est toujours payé de même sorte [...]. Les bévues ne sont point pour nous ; et *c'est toujours la faute de celui qui meurt*. Enfin le bon de cette profession est *qu'il y a parmi les morts une honnêteté, une discrétion la plus grande du monde ; et jamais on n'en voit se plaindre du médecin qui l'a tué.*

Molière, *Le Médecin malgré lui*, III, 1 (1666).

Derrière l'enthousiasme et le cynisme de Sganarelle, Molière dessine une violente satire de la médecine du XVIIe siècle.

20 Analyser un dessin satirique

Le dessin satirique possède les mêmes caractéristiques que le texte satirique, avec un avantage : il donne à *voir* immédiatement et peut s'afficher à la une des journaux ou sur les murs. Passée la première impression, il faut savoir se livrer à une lecture plus méthodique pour décrypter les intentions de l'auteur.

I Qu'est-ce qu'un dessin satirique ?

- Le dessin satirique cherche à dénoncer et à critiquer tout en se moquant. Il prend souvent la forme de la caricature.
- Le dessin satirique s'est développé à partir de la **Révolution française**. Son essor est lié à celui de la presse, qui en devient le principal canal de publication : au XIXe siècle, *La Caricature* ou *Le Charivari* ; au XXe siècle, *Le Canard enchaîné* ou *Hara-Kiri*, qui deviendra *Charlie Hebdo* en 1970.

Mot-clé

Une **caricature** (de l'italien *caricare*, « charger ») est la représentation grotesque d'un personnage, obtenue par l'exagération et la déformation des traits du visage ou des proportions du corps.

II Comment fonctionne-t-il ?

1. Les fonctions du dessin satirique

- Comme un texte, le dessin satirique cherche à se moquer et à ridiculiser, à accuser une personne ou à critiquer une situation, à affirmer ou à dénoncer une opinion politique.
- Mais il peut aussi être **mis au service du pouvoir à travers la propagande d'État**, comme ce fut le cas pendant la Seconde Guerre mondiale avec les caricatures antisémites destinées à diaboliser les Juifs.

2. Les procédés du dessin satirique

- Rapidité de lecture, caractère instantané du message (côté « coup de poing ») font la force du dessin satirique.
- Le dessin satirique s'appuie sur un certain nombre de procédés : **exagération** de particularités physiques, **animalisation**, **végétalisation** (ex. : Daumier métamorphosant le roi Louis-Philippe en poire, au XIXe siècle), **comparaison dévalorisante** (géant/nain) ou encore **diabolisation**.

III Un exemple : Victor Hugo par Benjamin Roubaud

1. Situer un dessin satirique dans son contexte

Observons cette caricature de Victor Hugo par Benjamin Roubaud, parue en 1841 dans *Le Charivari*. C'est l'écrivain prolifique qui est ici représenté, le chef de file du théâtre romantique. Il ne s'agit pas encore de l'homme politique.

Victor Hugo par Benjamin Roubaud,
Le Charivari, 1841.

2. Repérer les procédés employés

- Roubaud donne à Hugo une **grosse tête et** surtout un **front démesuré**, qui semblent bien lourds à soutenir.
- Le dessinateur accentue le **contraste** entre la taille de l'auteur juché sur ses livres et les monuments de Paris (Académie française, Théâtre-Français) qu'il domine de toute sa stature.
- Hugo est représenté une plume à la main, comme plongé dans les **affres de la création**. Mais une observation plus attentive laisse à penser que les yeux de l'écrivain sont dirigés vers son coffre à « rentes », posé à ses pieds.

3. Interpréter un dessin satirique

- Cette caricature hésite entre **éloge et critique**. Ce très haut front reprend une caractéristique physique de l'écrivain : Hugo avait bien, selon Théophile Gautier, « un front vraiment monumental qui couronnait comme un fronton de marbre blanc son visage d'une placidité sérieuse ». Mais il peut aussi suggérer le poids du génie créateur ou la « forte tête » romantique car un tel front, depuis l'Antiquité, est considéré comme le signe de l'inspiration divine.
- En montrant Hugo concentré sur son coffre, Roubaud le présente comme un homme intéressé par son enrichissement personnel. C'est là, semble-t-il, la **principale charge** qu'il dirige contre lui.

Se tester QUIZ

Vérifie que tu as bien compris les points clés des **fiches 16 à 20**.

Pour chaque quiz, vérifie ta réponse à l'aide du corrigé et consulte les fiches de cours si nécessaire.

1 La succession des arguments

→ CORRIGÉ P. 105

Voici un court texte argumentatif sur le thème du réchauffement climatique. Remets les phrases dans l'ordre.

- ☐ **a.** En effet, les émissions mondiales de CO_2 ont augmenté de 45 % depuis 1990.
- ☐ **b.** Limiter le réchauffement climatique reste une préoccupation majeure.
- ☐ **c.** Par conséquent, les engagements pris par les autres pays ne peuvent inverser la tendance.
- ☐ **d.** Mais certains États responsables de 40 % des émissions de CO_2 refusent toujours de réduire leurs émissions.

2 Les exemples illustrant les arguments

→ CORRIGÉ P. 105

Associe chaque argument (**1.**, **2.**, **3.**) à l'exemple qui l'illustre (**a.**, **b.**, **c.**). Indique le numéro correspondant devant la lettre.

1. La guerre est une véritable atrocité.
2. La guerre semble être une fatalité.
3. La guerre est perçue par certains comme répondant à des impératifs religieux.

- ☐ **a.** La conquête du Nouveau Monde devait révéler le christianisme aux indigènes.
- ☐ **b.** Il n'y a pas une région du monde ni une époque qui aient été épargnées par les conflits.
- ☐ **c.** L'explosion atomique a fait cent quarante mille morts à Hiroshima en 1945.

3 Les visées de la satire

→ CORRIGÉ P. 105

Parmi les affirmations suivantes, choisis celles qui sont vraies.
La satire a pour but de :

- ☐ **a.** faire rire, amuser
- ☐ **b.** faire l'éloge d'une personne
- ☐ **c.** se moquer de quelqu'un ou de quelque chose
- ☐ **d.** s'attaquer à une opinion

Vers le brevet

Exerce-toi en vue du brevet et révise les **fiches 16 à 20.**

Pour chaque exercice, aide-toi des conseils donnés et compare ta réponse à celle du corrigé.

4 1 h 30 Écrire une lettre ouverte

→ CORRIGÉ P. 105

En t'inspirant librement de la chanson de Boris Vian, écris, en prose, une lettre ouverte au président de la République pour l'alerter sur un problème qui te tient à cœur.

Document Le Déserteur

Cette chanson, composée par l'écrivain français Boris Vian en 1954, à la fin de la guerre d'Indochine, se présente comme une lettre ouverte au président de la République de l'époque, René Coty. C'est un cri de révolte contre la guerre, un refus de porter les armes et un appel à la désertion.

« Monsieur le Président
Je vous fais une lettre
Que vous lirez peut-être
Si vous avez le temps
Je viens de recevoir
Mes papiers militaires
Pour partir à la guerre
Avant mercredi soir
Monsieur le Président
Je ne veux pas la faire
Je ne suis pas sur terre
Pour tuer des pauvres gens
C'est pas pour vous fâcher
Il faut que je vous dise

Ma décision est prise
Je m'en vais déserter

Depuis que je suis né
J'ai vu mourir mon père
J'ai vu partir mes frères
Et pleurer mes enfants
Ma mère a tant souffert
Qu'elle est dedans sa tombe
Et se moque des bombes
Et se moque des vers
Quand j'étais prisonnier
On m'a volé ma femme
On m'a volé mon âme
Et tout mon cher passé
Demain de bon matin
Je fermerai ma porte
Au nez des années mortes
J'irai sur les chemins

Je mendierai ma vie
Sur les routes de France
De Bretagne en Provence
Et je dirai aux gens :
Refusez d'obéir
Refusez de la faire
N'allez pas à la guerre
Refusez de partir
S'il faut donner son sang
Allez donner le vôtre
Vous êtes bon apôtre
Monsieur le Président
Si vous me poursuivez
Prévenez vos gendarmes
Que je n'aurai pas d'armes
Et qu'ils pourront tirer

Boris Vian, « Le Déserteur », musique de Harold Berg,

21 Reconnaître les différentes formes de l'écriture de soi

Peut-être tiens-tu un blog où tu parles de ce que tu fais et de ce que tu aimes ? Si c'est le cas, tu perpétues une pratique littéraire que l'on appelle « l'écriture de soi », et qui peut prendre des formes variées.

I La situation d'énonciation

1. Qui parle ?

- Le texte est rédigé à la **1re personne** du singulier. L'auteur, l'énonciateur et le protagoniste sont une seule et même personne.
- L'énonciation est **subjective** : le *je* ne donne que son propre point de vue, qui peut être juste ou erroné.

« C'est un gosse qui parle. […] Ce gosse, c'est moi quand j'étais gosse, avec mes exacts sentiments de ce temps-là. Enfin, je crois.

Cavanna, *Les Ritals*, © 1978 Éditions Belfond/1996 Éditions Albin Michel.

2. De quoi et pour quelle raison ?

- Écrire sur soi repose sur l'**introspection**, c'est-à-dire l'observation méthodique de ce qui se trouve à l'intérieur de sa conscience. On prend la plume pour se présenter, raconter sa vie, mais aussi exposer ses pensées ou peindre ses sentiments.

Remarque
L'écriture de soi peut donc prendre la forme du poème lyrique → Fiche 14.

- Les **raisons** d'écrire sur soi sont **variées** : trouver un sens à son existence, s'interroger sur son identité... Il peut aussi s'agir d'une recherche de vérité (sans crainte d'un regard extérieur) ou d'une justification.

3. À qui ?

- Certains écrits ne sont **destinés**... qu'**à soi**. S'il arrive qu'ils donnent lieu ensuite à une publication, celle-ci n'était pas forcément voulue par l'auteur. Ainsi, le romancier Benjamin Constant (1767-1830) écrivait son journal pour lui seul, en utilisant des lettres grecques pour que personne ne le déchiffre.
- D'autres, **adressés à des proches**, ne sont pas non plus initialement destinés à être rendus publics. Rimbaud, par exemple, a envoyé beaucoup de ses poèmes à un ancien professeur.
- D'autres textes, enfin, sont clairement **écrits pour être publiés** : il s'agit de **léguer au public** une expérience particulière. Tel est l'objectif de Jean-Jacques Rousseau qui commence son autobiographie *Les Confessions* (1765-1770), en disant : « Je veux montrer à mes semblables un homme dans toute la vérité de la nature ; et cet homme, ce sera moi. »

II Les écrits privés

1. La lettre

Adressée à un proche, la lettre s'inscrit dans une **situation d'énonciation précise**. Dans les correspondances d'écrivains, souvent publiées après leur mort, on découvre leur intimité et le regard qu'ils portent sur leurs œuvres.

« Il m'est impossible, très impossible de vous dire, ma chère fille, la joie que j'ai reçue en ouvrant ce bienheureux paquet qui m'a appris votre heureux accouchement.

Mme de Sévigné, *Lettre* de l'année 1671.

2. Le journal

- Le journal est destiné à faire le point sur soi-même, et pour soi seul, **au jour le jour**. Il prend souvent la forme d'un **dialogue de l'auteur avec son double**. On parle de *journal intime* quand il est destiné à être gardé secret.

« Je vais pouvoir, j'espère, te confier toutes sortes de choses, comme je n'ai encore pu le faire à personne, et j'espère que tu me seras d'un grand soutien.

Anne Franck, *Journal*, © Calmann-Lévy (publié en 1947).

Remarque

Certains écrivains tiennent leur journal dans l'intention avouée de le faire publier. Le journal sort alors du cadre privé pour devenir une pratique littéraire.

- Jeune juive allemande réfugiée et cachée à Amsterdam, Anne tient son journal entre 1942 et 1944. Ce sont moins les faits (forcément peu variés) que **le regard que l'énonciatrice porte sur eux** qui est intéressant.

III Les écrits destinés à la publication

1. Les Mémoires

Les Mémoires (avec une majuscule, toujours au masculin pluriel), sont des écrits qui **mettent davantage l'accent sur l'Histoire** (les hommes célèbres, les grands événements) que sur la vie individuelle.

« Dès l'après-midi du 17 juin, j'exposai mes intentions à M. Winston Churchill. [...] Le lendemain, à 18 heures, je lus au micro le texte que l'on connaît.

Charles de Gaulle, *Mémoires de guerre, L'Appel* (1954).

2. L'autobiographie

- Dans l'autobiographie (→ Fiche 22), en revanche, c'est l'histoire de la **construction d'une personnalité** qui prime. Elle comporte un certain nombre de passages obligés, comme l'autoportrait.

« Je viens d'avoir trente-quatre ans, la moitié de la vie. Au physique, je suis de taille moyenne, plutôt petit.

Michel Leiris, *L'Âge d'homme*, © Éditions Gallimard (1939).

- Les **frontières** entre Mémoires et autobiographie ne sont **pas étanches**, et on parle plus largement d'« écrits ou de romans autobiographiques ».

22 Caractériser un récit d'enfance, un récit autobiographique

« J'avais déjà près de neuf ans lorsque je tombai amoureux pour la première fois. [...] Elle avait huit ans et s'appelait Valentine.

Romain Gary, *La Promesse de l'aube*, © Éditions Gallimard (1960).

À 46 ans, Romain Gary écrit un roman autobiographique, *La Promesse de l'aube,* dans lequel il commence par raconter son enfance. Dans la citation qui précède, il évoque son premier amour.

I Définir le récit d'enfance

■ Le récit d'enfance peut être un simple épisode à l'intérieur d'un roman ou bien constituer l'essentiel de l'histoire. Écrit par un adulte, il possède plusieurs caractéristiques :

- le personnage principal, réel ou imaginaire, est un **enfant** ou un **adolescent**. Le récit s'attarde sur cette période essentielle de la vie du personnage, et particulièrement sur les événements qui contribuent à la **formation de sa personnalité** ;
- le récit peut être mené à la **première** ou à la **troisième personne**.

■ Selon le récit, différents aspects du monde de l'enfance sont mis en avant : la **cruauté** (*Sa majesté des mouches,* de William Golding, 1954), le **goût de l'aventure** (*Tom Sawyer,* de Mark Twain, 1876), la **fantaisie** et le **rejet du monde** (*Le Baron perché,* d'Italo Calvino, 1957).

Prenons l'exemple de Vipère au poing, *le roman d'Hervé Bazin. Jean Rezeau, double de l'auteur, élevé jusqu'alors par sa grand-mère, se rend à la gare avec sa tante et son frère pour accueillir sa mère qui rentre de Chine.*

« Enthousiasmés, nous nous précipitâmes, dans ses jambes, à la portière.

– Allez-vous me laisser descendre, oui !

Nous écarter d'elle, à ce moment, nous eût semblé sacrilège. Mme Rezeau dut le comprendre et, pour couper court à toutes effusions, lança rapidement à droite, puis à gauche, ses mains gantées. Nous nous retrouvâmes par terre, giflés avec une force et une précision qui dénotaient beaucoup d'entraînement.

– Oh ! fit tante Thérèse.

Hervé Bazin, *Vipère au poing,* © Éditions Grasset & Fasquelle (1948).

Dans ce roman à la première personne, en grande partie autobiographique, la mère se révèle être une véritable marâtre. Cet extrait montre la crainte inspirée par une mère cruelle que le narrateur ne cessera par la suite de défier avec l'aide de ses frères, comme lui martyrisés.

II Reconnaître une autobiographie au sens strict

Dans un récit autobiographique, le récit d'enfance occupe généralement une place centrale. Bien souvent, l'auteur montre comment il a découvert son goût pour la lecture et l'écriture.

Mot-clé

Du grec *auto*, « soi-même », *bios*, « vie » et *graphein*, « écrire », l'**autobiographie** est un genre littéraire où l'auteur fait le récit de sa propre vie.

1. La narration

- L'autobiographie est un récit à la **première personne** dans lequel l'auteur raconte **sa propre vie** : auteur, narrateur et personnage principal sont une seule et même personne.
- Le **récit de la naissance et de l'enfance**, longuement développé, se trouve généralement au début de l'autobiographie, qui suit la chronologie des événements.
- C'est un récit ancré dans la réalité, qui relate des **faits réels**, des événements qui ont vraiment eu lieu. L'auteur s'engage à **être sincère**.

> « Le moment est peut-être venu de m'expliquer franchement sur un point délicat, au risque de choquer et de décevoir quelques-uns de mes lecteurs.
>
> Romain Gary, *ibid.*

- Romain Gary (1914-1980) est - entre autres - l'auteur d'un **roman autobiographique**, *La Promesse de l'aube* (1960) et d'un **récit d'enfance** imaginaire, *La Vie devant soi* (1976, sous le pseudonyme d'Émile Ajar). Dans *La Promesse de l'aube*, il consacre de longues séquences au récit de sa propre enfance. En revanche, dans *La Vie devant soi*, il invente un récit racontant l'enfance et l'adolescence du petit Momo, confié par sa mère à Mme Rosa, une ancienne prostituée.

Remarque

Romain Gary est à ce jour le seul écrivain français à avoir obtenu deux fois le prix Goncourt : en 1956 pour *Les Racines du ciel* et en 1976 pour *La Vie devant soi* (signé Émile Ajar).

2. Le système de temps

- L'autobiographie est un **récit rétrospectif** : le narrateur adulte se penche sur son passé et le recompose.
- Elle mêle donc **deux systèmes de temps** : le passé et le présent. Il y a un va-et-vient constant entre le ***je* adulte**, narrateur du récit et le ***je* enfant**, personnage.

> « En ce dimanche, ma mère et moi nous étions ridiculement bien habillés et je considère avec pitié ces deux naïfs d'antan, si inutilement bien habillés, car personne n'était avec eux, personne ne se préoccupait d'eux.
>
> Albert Cohen, *Le Livre de ma mère*, © Éditions Gallimard (1954).

Au moment de l'écriture, Albert Cohen adulte porte un jugement sur l'enfant qu'il était et sur la figure maternelle.

23 Analyser un autoportrait

Un autoportrait est la représentation qu'un artiste fait de lui-même. Qu'il s'agisse d'un texte, d'un tableau ou d'une photo, pour analyser un autoportrait, tu dois procéder avec ordre.

I Comprendre le contexte

Frida Kahlo,
Les Deux Frida (1939),
huile sur toile (1,73 x 1,73 m).
Musée national d'Art moderne, Mexico.

- Tu dois **chercher des informations** sur la nature de l'œuvre, sa date de création, sa place dans la vie de l'artiste.
- Prenons par exemple le tableau ci-dessus, qui a la particularité de présenter un double autoportrait.

De brèves recherches t'apprendront que l'artiste mexicaine **Frida Kahlo** (1907-1954) a peint cinquante-cinq autoportraits ; qu'elle a été longtemps immobilisée en raison de problèmes de santé dus à un très grave accident de la circulation ; et qu'en 1939, elle divorce du célèbre peintre Diego Rivera (1886-1957).

II Observer

- Identifie d'abord tout ce qui compose l'autoportrait. Pour que ta description soit complète, tu dois procéder de **manière ordonnée** : paragraphe par paragraphe pour un texte, plan par plan pour un tableau.
- Tu peux procéder de la manière suivante pour le tableau de Frida Kahlo :

– **au premier plan**, la toile offre deux représentations en pied de Frida Kahlo ; les deux Frida se tiennent la main et fixent le spectateur, sans sourire ;

– **à gauche**, Frida porte une robe blanche tachée de sang ; elle est pâle. Une lésion laisse voir son cœur blessé. Elle tient une pince chirurgicale qui réduit l'écoulement de sang d'une veine sortant du cœur ;

– **à droite**, Frida porte une robe mexicaine traditionnelle ; des couleurs vives sont utilisées pour les vêtements comme pour le visage. Son cœur, intact, est relié par une artère à celui de la Frida de gauche. Elle tient dans sa main gauche un petit médaillon qui représente son mari lorsqu'il était enfant ;

– de gros nuages sur fond gris et orageux occupent **l'arrière-plan**.

III Interpréter

1. L'impression d'ensemble

- Tu dois **partir de ta première impression**, et la mettre en rapport avec les éléments observés.
- Une impression de grande souffrance se dégage de ce tableau : le sang, la blessure, l'outil chirurgical nous montrent une **douleur physique**, dont on se doute qu'elle est tout autant **psychologique**. L'arrière-plan ténébreux, l'expression triste du visage, la taille des deux silhouettes provoquent un certain malaise chez le spectateur.

> **Remarque**
> Les **dimensions** du tableau (1,73 m sur 1,73 m) permettent d'affirmer que ces silhouettes sont presque « grandeur nature ».

2. Les pistes d'interprétation

- La figure de droite, plus forte et plus masculine, contrôle l'homme, représenté comme un enfant, et soutient la plus fragile, celle qui a « le cœur brisé ». La Frida forte saura prendre le pas sur la Frida fragile.
- Pourtant, on s'aperçoit que le petit portrait que tient dans la main la Frida forte est relié à une veine de son cœur : sans ce portrait, il ne reste qu'une Frida en train de se vider de son sang. La figure de droite n'est qu'une **image du passé** alors que la figure de gauche, la Frida mourante, représente l'**état actuel du peintre**, qui ne se remet pas de la séparation avec l'être aimé, son mari dont elle vient de divorcer : la robe blanche chevauche en effet la robe colorée.

> **Remarque**
> Il est fréquent que, pour l'analyse d'un autoportrait, **plusieurs interprétations** soient possibles. Tel est le cas ici.

3. L'intérêt de l'autoportrait

- Tu dois enfin t'interroger sur les raisons pour lesquelles l'artiste a fait le choix de l'autoportrait, et ne pas le réduire à une forme de narcissisme. En offrant une représentation de lui-même au public, l'artiste exprime ses doutes, extériorise le regard qu'il porte sur lui-même, **réfléchit à son identité**.
- C'est par le biais du corps que Frida Kahlo raconte ses pensées et ses états d'âme. L'autoportrait sert moins à reproduire la réalité qu'à **traduire une émotion intérieure**.

Se tester QUIZ

Vérifie que tu as bien compris les points clés des **fiches 21 à 23.**

Pour chaque quiz, coche la ou les bonne(s) réponse(s). Vérifie ta réponse à l'aide du corrigé et consulte les fiches de cours si nécessaire.

1 Les différentes formes de l'écriture de soi

→ CORRIGÉ P. 106

Journal, autobiographie ou lettre ?

1. Lundi 2 septembre 2005
Les vacances sont finies. Les longues journées passées à ne rien faire sont derrière moi. La nouvelle année scolaire commence. Je suis contente. J'entre en troisième. J'ai hâte de revoir mes amis.

☐ **a.** autobiographie ☐ **b.** lettre ☐ **c.** journal

2. Paris, le 9 janvier 1974
Alicia,
Je ne sais pas encore quand je te reverrai. Je suis bloqué en province pour quelques semaines encore, et je me languis de toi.

☐ **a.** autobiographie ☐ **b.** lettre ☐ **c.** journal

3.

« Je suis né le samedi 7 mars 1936, vers neuf heures du soir, dans une maternité sise 19, rue de l'Atlas, à Paris, 19e arrondissement. C'est mon père, je crois, qui alla me déclarer à la mairie. Il me donna un unique prénom – Georges – et déclara que j'étais français.

Georges Perec, *W ou le Souvenir d'enfance*,
© Éditions Denoël (1975).

☐ **a.** autobiographie ☐ **b.** lettre ☐ **c.** journal

2 Récit d'enfance et récit autobiographique

→ CORRIGÉ P. 106

1. De quel type de récit s'agit-il ?

« Il y a quinze ans, je ne savais pas encore si le sang d'où je sortais était noble ou non, si j'étais bâtarde ou légitime. Ce début paraît annoncer un roman : ce n'en est pas un pourtant que je raconte ; je dis la vérité comme je l'ai apprise de ceux qui m'ont élevée.

Marivaux, *La Vie de Marianne* (1731-1742).

☐ **a.** d'un récit rétrospectif ☐ **b.** d'un récit écrit par un enfant
☐ **c.** d'un récit autobiographique ☐ **d.** d'un récit d'enfance

2. Qu'est-ce qui caractérise ce texte ?

« J'ai failli m'appeler Félix, car je suis né le jour de la Saint-Félix. J'arrivais en septième position ; les prénoms se faisaient rares chez nous. Chez nous, c'est tout un programme. […] Le problème de mon prénom fut débattu dans le chœur familial. […] En fin de compte, on s'accorda sur Claude, avec cependant droit de regard sur les autres prénoms. Ce qui donne à l'état civil : Claude, Marie, Dominique, Antoine, Félix.

Claude Michelet, *Une fois sept*, © Pocket (1983).

- ☐ **a.** auteur ≠ narrateur
- ☐ **b.** auteur = narrateur = personnage principal
- ☐ **c.** ce texte est écrit dans le système du passé
- ☐ **d.** ce texte mêle les systèmes du passé et du présent
- ☐ **e.** il s'agit d'une autobiographie
- ☐ **f.** il s'agit d'un récit d'enfance

S'entraîner

Utilise les connaissances acquises dans les **fiches 21 à 23.**

Pour chaque exercice, compare ta réponse à celle du corrigé.

3 Analyser un autoportrait

→ CORRIGÉ P. 106

Observe le tableau de Francis Bacon, reproduit en p. 69. Puis complète l'analyse de cet autoportrait proposée ci-dessous.

1. Le lieu

Il s'agit d'une **(a)** …, lieu intime, voire trop intime pour être présenté publiquement. Le **(b)** … sur lequel s'appuie le personnage est disposé de manière étrange : il semble flotter dans l'espace. Les **(c)** … et les reflets eux aussi sont déroutants.

2. Le personnage

La couleur dominante du personnage, situé au centre de la toile, est le **(a)** … . Le teint, la forme des yeux, du nez et du visage lui donnent une apparence **(b)** … . La position du personnage, **(c)** … sur lui-même, peut trahir un sentiment : l'**(d)** … .

3. Les rapports entre le lieu et le personnage

Le spectateur est donc face à une vision **(a)** … de l'espace. Cet espace peut se lire comme une image de l'état intérieur du peintre, qui offre également une vision déformée de **(b)** … : le repli sur soi et le malaise sont évidents. Francis Bacon nous offre donc un autoportrait **(c)** …, valable à un moment donné et non de manière intemporelle, comme le suggère la montre au poignet du personnage, qui fixe le temps à un moment précis.

Vers le brevet

Exerce-toi en vue du brevet et révise les **fiches 21 à 23.**

Pour chaque exercice, aide-toi des conseils donnés et compare ta réponse à celle du corrigé.

4 Comprendre un texte littéraire et un document artistique

1 h

→ CORRIGÉ P. 106

Document A Un portrait surprenant

À trente-quatre ans, Michel Leiris écrit son autobiographie, qui débute par ce portrait de lui-même.

« Je viens d'avoir trente-quatre ans, la moitié de la vie. Au physique, je suis de taille moyenne, plutôt petit. J'ai des cheveux châtains coupés court afin d'éviter qu'ils ondulent, par crainte aussi que ne se développe une calvitie[1] menaçante. Autant que je puisse en juger, les traits caractéristiques de ma physionomie sont : une nuque très droite, tombant verticalement comme une muraille ou une falaise, marque classique (si l'on en croit les astrologues) des personnes nées sous le signe du Taureau, un front développé, plutôt bossué, aux veines temporales[2] exagérément noueuses et saillantes. Cette ampleur de front est en rapport (selon le dire des astrologues) avec le signe du Bélier ; et en effet je suis né un 20 avril, donc aux confins de ces deux signes : le Bélier et le Taureau. Mes yeux sont bruns, avec le bord des paupières habituellement enflammé ; mon teint est coloré ; j'ai honte d'une fâcheuse tendance aux rougeurs et à la peau luisante. Mes mains sont maigres, assez velues, avec des veines très dessinées ; mes deux majeurs, incurvés vers le bout, doivent dénoter quelque chose d'assez faible ou d'assez fuyant dans mon caractère.

Ma tête est plutôt grosse pour mon corps ; j'ai les jambes un peu courtes par rapport à mon torse, les épaules trop étroites relativement aux hanches. Je marche le haut du corps incliné en avant ; j'ai tendance, lorsque je suis assis, à me tenir le dos voûté ; ma poitrine n'est pas très large et je n'ai guère de muscles. J'aime à me vêtir avec le maximum d'élégance ; pourtant à cause des défauts que je viens de relever dans ma structure et de mes moyens qui, sans que je puisse me dire pauvre, sont plutôt limités, je me juge d'ordinaire profondément inélégant ; j'ai horreur de me voir à l'improviste dans une glace car, faute de m'y être préparé, je me trouve à chaque fois d'une laideur humiliante.

Michel Leiris, *L'Âge d'homme*,
in *L'Âge d'homme* précédé de *De la littérature comme une tauromachie*

1. **Calvitie** : absence de cheveux.
2. **Veines temporales** : veines des tempes.

Document B Francis Bacon, *Autoportrait* (1973)

Collection privée.

Sur le texte littéraire (document A)

1. S'agit-il d'un portrait physique ou d'un portrait moral ? Étudie sa construction.

2. Quels sont les outils de la description utilisés dans ce texte ? Coche la ou les bonnes réponses.

☐ imparfait ☐ métaphore
☐ comparaison ☐ adjectifs

3. a. Relève trois marques des sentiments ou du jugement du narrateur.

b. Expriment-elles le doute ou la certitude ?

4. Ce portrait te semble-t-il flatteur ? Comment l'auteur se juge-t-il ?

Sur le texte et l'image (documents A et B)

5. Quelle impression ce texte produit-il sur toi ?

6. a. Quelle impression suscite en toi le tableau de Francis Bacon ?

b. Quels sont les éléments qui rapprochent le texte et l'image ?

24 Accorder un verbe avec son sujet

« Enfin, il me guida jusqu'à une salle gigantesque dans laquelle travaillaient environ quarante personnes. Il me désigna ma place, qui était juste en face de celle de ma supérieure directe, mademoiselle Mori.

Amélie Nothomb, *Stupeur et Tremblements*,
© Albin Michel (1999).

Les trois verbes en couleur s'accordent chacun avec leur sujet souligné.

I Appliquer la règle d'accord

Le verbe s'accorde **en personne et en nombre** avec son sujet.

Remarque
On trouve le **sujet** en posant la question *Qui est-ce qui ?* ou *Qu'est-ce qui ?* devant le verbe.

1. Quelle que soit la place du sujet

- Le sujet est en général placé juste avant le verbe. Mais il peut être aussi placé après : on parle alors d'**inversion du sujet**.

« [...] une salle gigantesque dans laquelle travaillaient environ quarante personnes.

- Lorsque le sujet est un groupe nominal (GN) avec des expansions, il faut repérer le **nom noyau** du GN. C'est avec celui-ci que le verbe s'accorde.

Tandis que je rêve, les souvenirs de mon enfance et de ma jeunesse me reviennent un à un.

Le verbe *reviennent* s'accorde avec le nom noyau du GN sujet : *souvenirs*.

- Un complément peut s'intercaler entre le sujet et le verbe.

Mon bureau, situé près de la fenêtre, me convient parfaitement.

2. Quelle que soit la classe grammaticale du sujet

- Le sujet peut appartenir à différentes **classes grammaticales**.

Classe du sujet	Exemple
nom ou groupe nominal	*L'héroïne découvre le monde du travail au Japon.*
pronom (personnel, relatif, interrogatif, etc.)	*Il me désigna ma place qui était juste en face de la sienne.*
verbe à l'infinitif	*Démissionner n'était pas envisageable.*
proposition subordonnée	*Qui est jugé inutile est relégué dans un bureau isolé.*

- Si le sujet est un verbe à l'infinitif ou une proposition subordonnée, l'accord du verbe se fait toujours à la troisième personne du singulier.
- Quand le sujet est le pronom relatif *qui*, il faut prendre garde à identifier son antécédent (le nom ou le pronom qu'il remplace), pour accorder correctement le verbe de la relative.

Toi qui connais bien le Japon, qu'en penses-tu ?

II Connaître les cas particuliers

1. Le verbe a plusieurs sujets

- Si les sujets sont à la 3e personne, le verbe se met à la 3e personne du pluriel.

Le frère et la sœur se confondent dans mes souvenirs.

- Si l'un des sujets est à la 1re personne, le verbe se met à la 1re personne du pluriel.

Jules et moi (= nous) *sommes de vieux camarades.*

- Si l'un des sujets est à la 2e personne, le verbe se met à la 2e personne du pluriel.

Cécile et toi (= vous) *êtes de vraies amies.*

2. Troisième personne du singulier ou du pluriel ?

Sujet	Règle d'accord	Exemple
il dans une construction impersonnelle	accord avec le sujet grammatical *il* et non avec le sujet réel	*Il reste quelques personnes devant nous.*
chacun, aucun, nul, personne, rien…	accord à la 3e personne du singulier	*Chacun prépare son intervention.*
peu, plusieurs, beaucoup, la plupart, trop, combien…	accord à la 3e personne du pluriel	*La plupart sont arrivés en avance.*
un GN ayant pour noyau un nom collectif (*un groupe de…, la majorité de…*)	accord à la 3e personne du singulier ou du pluriel	*Une quarantaine de personnes travaillai(en)t dans cette salle.*

25 Accorder un adjectif qualificatif

« Giorgino était un monsieur très gros, orné de deux petites moustaches et de quelques cheveux. Mais il était extrêmement distingué et ses pieds plats ne parvenaient pas à lui ôter de sa naturelle dignité.

Giovanni Guareschi, *L'Extravagante Mademoiselle Troll*,

Quelle que soit leur fonction dans la phrase, tous les adjectifs surlignés en bleu s'accordent avec le nom ou le pronom auquel ils se rapportent.

I Appliquer la règle d'accord

Un adjectif qualificatif s'accorde toujours **en genre et en nombre** avec le nom ou le pronom auquel il se rapporte.

Mot-clé

On parle d'**épithète liée** lorsque l'adjectif est placé juste à côté du nom (ou du pronom) qu'il qualifie. Lorsque l'adjectif est séparé par une virgule du nom (ou du pronom) qu'il qualifie, on parle d'**épithète détachée** ; cette construction est aussi appelée **apposition**.

1. Quelle que soit la fonction de l'adjectif (épithète, attribut)

- L'adjectif épithète, qu'il soit en position liée ou en position détachée, s'accorde avec le nom noyau du groupe nominal (ou avec le pronom remplaçant le GN).

Pensif et préoccupé, le gros homme allait et venait dans la pièce.

L'adjectif *gros* (épithète liée) et les adjectifs *pensif* et *préoccupé* (épithètes détachées) s'accordent tous les trois au masculin singulier avec le nom *homme*.

- L'adjectif **attribut** s'accorde lui aussi avec le nom (ou le pronom) sujet ou complément d'objet direct (COD) (→ Fiche 32) auquel il se rapporte par l'intermédiaire d'un verbe.

Il était enveloppé. Mais on le trouvait extrêmement distingué.

L'adjectif attribut du sujet *enveloppé* s'accorde au masculin singulier avec le sujet *il*.
L'adjectif attribut du COD *distingué* s'accorde au masculin singulier avec le COD *le*.

2. Que l'adjectif se rapporte à un ou à plusieurs noms

Lorsque l'adjectif qualifie plusieurs noms, il s'accorde :

- au **féminin pluriel**, si les noms sont tous féminins ;

La mère et sa jeune sœur étaient également très élégantes.

- au **masculin pluriel**, dans les autres cas. Ainsi, si l'un des noms est au masculin et l'autre au féminin, l'adjectif s'accorde au masculin pluriel.

La femme et son enfant, grands et très blonds, attiraient le regard.

II Connaître les cas particuliers

Dans certains cas, l'adjectif qualificatif **ne s'accorde pas**.

Adjectif	Règle d'accord	Exemple
adjectif de couleur dérivé d'un nom	pas d'accord EXCEPTIONS : *rose, mauve, fauve, pourpre, écarlate*	*des livres orange* MAIS *des rubans roses*
adjectif de couleur composé	pas d'accord	*des sandales rose saumon* *des chaussures bleu marine*
nu et *demi*	• avant le nom → pas d'accord • après le nom → accord en genre et en nombre de *nu* ; accord en genre de *demi*	*sortir nu-tête* *une demi-part* MAIS *être pieds nus* *trois heures et demie*
possible	pas d'accord quand il est employé comme adverbe avec *le plus de…, le moins de…*	*Il fait le moins d'efforts possible.* MAIS *Il fait tous les efforts possibles.*

III Accorder ou non les formes verbales en *-ant*

- Quand la forme verbale en *-ant* a la valeur d'un adjectif (on parle d'**adjectif verbal**), elle **s'accorde** comme un adjectif qualificatif.

Cette couleur est trop voyante.

Elle s'est invitée à une soirée dansante.

- Sinon, il s'agit d'un participe présent ; celui-ci a la valeur d'un verbe et reste **invariable**.

Voyant venir les ennuis, elles se sont éclipsées.

- Attention ! L'orthographe de l'adjectif verbal diffère parfois de celle du participe présent, formé par l'ajout du suffixe *-ant* à l'infinitif.

Adjectif verbal (variable)	Participe présent (invariable)
fatigant	*fatiguant*
précédent	*précédant*
provocant	*provoquant*
convaincant	*convainquant*

26 Accorder le participe passé : cas simples

Les efforts que tu as fournis pour essayer d'apprendre ces règles compliquées sont enfin récompensés !

Ces trois participes passés s'accordent, mais pour des raisons différentes.

I Accorder le participe passé employé seul

Le participe passé employé seul, sans auxiliaire, fonctionne **comme un adjectif qualificatif**. Il s'accorde en genre et en nombre avec le nom auquel il se rapporte.

Les équipes, fatiguées par le voyage, firent une pause.

Attention !
Le **participe passé** de certains verbes du 3ᵉ groupe se termine par une consonne muette : *fait, offert, mis, pris*… Mets-le au féminin pour vérifier sa terminaison : *pris → prise*.

II Accorder le participe passé employé avec l'auxiliaire *être*

Les verbes *être* et *avoir* sont appelés **auxiliaires** quand ils servent à conjuguer les autres verbes en se joignant à leur participe passé.

- Le participe passé employé avec l'auxiliaire *être* **s'accorde en genre et en nombre avec le sujet** du verbe, aussi bien à la voix active qu'à la voix passive.

Les voisins sont partis (= voix active) sans nous dire au revoir.

Les voisins ont été obligés (= voix passive) de déménager.

- Si le sujet est un **verbe à l'infinitif** ou une **proposition subordonnée**, le participe passé s'accorde au masculin singulier.

Gagner était devenu sa seule raison de vivre.

- Lorsque le sujet est *on*, mis pour *nous* (niveau de langue familier), le participe passé s'accorde selon les personnes représentées.

Virginie et moi aimons le cinéma.
Samedi, on est allé(e)s ensemble voir deux films.

III Accorder le participe passé employé avec l'auxiliaire *avoir*

1. Première règle

Le participe passé employé avec l'auxiliaire *avoir* **ne s'accorde jamais avec le sujet**.

> *Les garçons ont perdu leur pari.*

2. Deuxième règle

- Le participe passé employé avec *avoir* s'accorde **avec le complément d'objet direct** (COD), si celui-ci est placé avant le participe passé (antéposé).
- Si le COD est un pronom, il faut trouver le GN que le pronom remplace pour bien accorder le participe passé.

> *J'ai trouvé ses lettres et je les ai **lues**.*
> Le participe passé *lues* s'accorde avec le pronom COD *les*, qui remplace *ses lettres*.
>
> *Les maquettes que tu as **fabriquées** sont très réussies.*
> Le participe passé *fabriquées* s'accorde avec le pronom relatif *que*, qui remplace *les maquettes*.

Conseil
Pour trouver le **COD**, pose la question *qui ?* ou *quoi ?* après le verbe. Pour trouver le COI, pose la question *à qui ? de qui ? à quoi ?...*
Je lui pardonne (*lui* = COI).

3. Cas particuliers

Dans certains cas, le participe passé employé avec *avoir* **ne s'accorde pas** avec le COD antéposé.

Cas	Exemple
Le COD est le pronom *l'* neutre, mis pour une proposition.	*La journée s'est passée comme on l'avait prévu.*
Le COD est le pronom *en*.	*Des histoires de ce type, j'en ai entendu beaucoup.*
Le participe passé de *faire* et *laisser* est suivi d'un infinitif.	*Ces pièces, elle les a fait repeindre en bleu.* *Ces rumeurs, il les a laissé se répandre.*

IV Récapitulons

Voici les trois cas de figure principaux de l'accord du participe passé.

Participe passé employé seul	Participe passé employé avec *être**	Participe passé employé avec *avoir*
accord avec le nom (ou le pronom)	accord avec le sujet	pas d'accord avec le sujet mais avec le COD s'il est placé avant le verbe

* mis à part les participes passés des verbes pronominaux (→ Fiche 27).

27 Accorder le participe passé : cas complexes

Tous se sont lavés ; les filles se sont lavé les cheveux.

Observe que le participe passé du verbe *se laver* ne s'accorde que lorsque *se* est COD.

I Accorder le participe passé d'un verbe suivi d'un infinitif

Quand le participe passé du verbe est suivi d'un infinitif et que le verbe est précédé d'un COD, deux cas se présentent.

1. Le COD complète le verbe à l'infinitif

Si le COD complète le verbe à l'infinitif, le participe passé **ne s'accorde pas**.

Je n'ai pas réussi à mener de front tous les projets que j'aurais souhaité réaliser.
Le COD *que* (qui reprend *tous les projets*) est placé avant le verbe, mais il complète l'infinitif *réaliser* et non le verbe *aurais souhaité*. Le participe passé ne s'accorde donc pas.

2. Le COD complète le verbe conjugué

Si le COD complète le verbe conjugué, le participe passé **s'accorde avec lui**.

Les enfants ont détruit les châteaux de sable, je les ai vus faire.
Le COD *les* (qui reprend *les enfants*) complète le verbe conjugué (*j'ai vu les enfants faire cela*) : le participe passé s'accorde avec le COD.

II Cas du participe passé de *faire* suivi d'un infinitif

- Le participe passé du verbe *faire* suivi d'un infinitif est toujours **invariable**, même si le COD est placé avant.

Je n'ai toujours pas reçu les places de théâtre que j'ai fait réserver par ma mère il y a un mois.
Le COD *que*, qui représente *les places de théâtre*, n'est pas COD du seul participe passé *fait* mais de la locution verbale *fait réserver* : je n'ai pas *fait* les places de théâtre mais je les ai *fait réserver*.

- À l'exemple du verbe *faire*, on recommande aujourd'hui l'invariabilité du participe passé du verbe ***laisser*** suivi d'un infinitif.

Ces rumeurs, le village les a laissé se propager durant tout l'été.
Le COD *les*, qui reprend *les rumeurs*, n'est pas COD de *laissé* mais de *laissé se propager* : le village n'a pas *laissé* les rumeurs mais il les a *laissé se propager*.

■ Quand *faire* et *laisser* sont employés seuls, on applique la règle générale : le participe passé s'accorde avec le COD placé avant.

*Te souviens-tu des promenades que nous avons **faites** le long de la plage ?*
*Ces vieux vêtements, nous les avons **laissés** à la Croix-Rouge.*

III Accorder le participe passé d'un verbe à la forme pronominale

■ Un verbe à la forme pronominale est toujours accompagné d'un **pronom personnel réfléchi**. Aux temps composés, il se conjugue avec l'auxiliaire *être*.

Je me suis levé(e).

■ L'accord du participe passé varie selon le type de verbe pronominal.

Verbe	Règle d'accord	Exemple
Verbes n'existant qu'à la forme pronominale : *s'écrier, s'évanouir, se souvenir…*	Accord du participe passé avec le sujet	*Elle s'est évanou**ie**.*
Verbes pronominaux de sens passif : *se construire, se vendre, s'ennuyer…*		*La maison s'est vendu**e** rapidement* (*a été vendue*).
Verbes pronominaux de sens réfléchi (le sujet exerce l'action sur lui-même) : *s'appeler, se laver, se regarder…*	Accord avec le COD uniquement si celui-ci est placé avant le verbe	*Elle s'est jeté**e** sur la voiture* (*s'* = COD, accord). *Elle s'est cogné la tête* (*s'* = COI, *tête* = COD placé après, pas d'accord).
Verbes pronominaux de sens réciproque (les sujets exercent leur action les uns sur les autres) : *s'embrasser, s'empoigner, se battre…*	Accord avec le COD uniquement si celui-ci est placé avant le verbe	*Ils se sont battu**s*** (ils ont battu eux-mêmes : *se* = COD, accord). *Ils se sont souri* (ils ont souri à eux-mêmes : *se* = COI, pas d'accord).

IV Un exemple pour récapituler

Retiens bien cet exemple qui réunit deux cas d'accord du participe passé un peu difficiles.

*Je les ai **vues** tomber : elles se sont tordu la cheville !*

Le COD antéposé *les* complète le verbe conjugué *ai vues* (et non l'infinitif *tomber*) → accord avec le COD.
Le COD *la cheville* est placé après le verbe → pas d'accord.

Se tester QUIZ

Vérifie que tu as bien compris les points clés des **fiches 24 à 27.**

Pour chaque quiz, vérifie ta réponse à l'aide du corrigé et consulte les fiches de cours si nécessaire.

1 L'accord sujet-verbe

→ CORRIGÉ P. 107

1. Vrai ou faux ?

	Vrai	Faux
a. Le verbe s'accorde toujours avec son sujet.	☐	☐
b. Le sujet est toujours un nom, un GN ou un pronom.	☐	☐
c. Le sujet est toujours placé avant le verbe.	☐	☐
d. Plusieurs verbes peuvent avoir le même sujet.	☐	☐
e. Dans une construction impersonnelle, le verbe s'accorde toujours à la 3e personne du singulier avec le sujet *il*.	☐	☐

2. Singulier ou pluriel ?

a. L'air vif du matin les … ☐ ranime ☐ raniment

b. Peu de parents … ☐ se déplace ☐ se déplacent

c. La plupart … au travail. ☐ est ☐ sont

3. Complète les phrases suivantes.

a. C'est moi qui … ☐ a gagné ☐ ai gagné

b. Je pense que c'est elle qui … ☐ a raison ☐ as raison

c. C'est bien eux qui … ☐ chante ☐ chantent

2 L'accord de l'adjectif qualificatif

→ CORRIGÉ P. 107

1. L'adjectif s'accorde-t-il ou non ?

a. des harmonies (*bleu clair*) •

b. des fleurs (*pourpre*) •

c. des rideaux (*orange*) •

d. des gilets (*blanc crème*) •

• s'accorde

• ne s'accorde pas

2. Dans les phrases ci-dessous, la forme en *-ant* est-elle un adjectif verbal ?

	Oui	Non
a. Il manque la page précédant la conclusion.	☐	☐
b. Ce regard provocant était inhabituel chez elle.	☐	☐
c. Jérémy, ramant de toutes ses forces, arrive bon dernier.	☐	☐

3 L'accord du participe passé

→ CORRIGÉ P. 107

1. Complète les phrases suivantes.

a. J'ai hâte de connaître les détails du voyage qu'il a...

☐ effectué ☐ effectués ☐ effectuées

b. Il a lu leurs lettres et leur a...

☐ répondu ☐ répondus ☐ répondues

c. Il a emprunté tous les livres que j'aurais...

☐ aimé lire ☐ aimés lire ☐ aimée lire

2. Choisis la bonne orthographe.

a. Ils se sont... ☐ regardé ☐ regardés

b. Ils se sont... ☐ souri ☐ souris

c. Ils se sont... ☐ parlé ☐ parlés

d. Ils se sont... ☐ réconcilié ☐ réconciliés

Vers le brevet

Exerce-toi en vue du brevet et révise les **fiches 24 à 27.**

Pour chaque exercice, aide-toi des conseils donnés et compare ta réponse à celle du corrigé.

4 Dictée : accorder les adjectifs

20 min

→ CORRIGÉ P. 107

Document **La pauvre Mathilde**

Le ménage Loisel s'est affreusement endetté pour faire refaire à l'identique une parure de diamants qui leur avait été prêtée pour un bal et que Mathilde Loisel a perdue.

« Madame Loisel semblait vieille, maintenant. Elle était devenue la femme forte, et dure, et rude, des ménages pauvres. Mal peignée, avec les jupes de travers et les mains rouges, elle parlait haut, lavait à grande eau les planchers. Mais parfois, lorsque son mari était au bureau, elle s'asseyait auprès de la fenêtre, et elle songeait à cette soirée d'autrefois, à ce bal où elle avait été si belle et si fêtée. Que serait-il arrivé si elle n'avait point perdu cette parure ? Qui sait ? qui sait ? Comme la vie est singulière, changeante ! Comme il faut peu de chose pour vous perdre ou vous sauver !

Guy de Maupassant, « La Parure », *Le Gaulois* (17 février 1884).

28 Maîtriser l'écriture d'un verbe au présent et au passé composé

je peux, je peins, je prends

Ces trois verbes sont conjugués au présent, mais tu vois que leurs terminaisons sont différentes. Quelles sont alors les règles à retenir ?

I Orthographier un verbe conjugué au présent

1. Comprendre le fonctionnement

- Le présent est un **temps simple** : il ne se compose que d'une seule forme verbale.

je lis, j'apprends, j'applique

- Le radical du verbe est suivi au singulier :

– des terminaisons *-e, -es, -e* pour les verbes du 1er groupe ;

je fabrique

-s, -s, -t pour les verbes du 2e groupe et de nombreux verbes du 3e groupe.

tu choisis, il voit

- Aux personnes du pluriel, les terminaisons sont les mêmes pour tous les verbes : *-ons, -ez, -ent*.

nous voulons, vous hésitez, ils croient

Remarque

Il existe toutefois des **exceptions**. Ainsi les verbes *être*, *dire* et *faire* prennent la terminaison *-tes* à la 2e personne du pluriel : *vous êtes*, *vous dites*, *vous faites*.

2. Connaître les difficultés

Aux trois personnes du singulier, certains verbes du 3e groupe présentent des terminaisons particulières.

- Les verbes *pouvoir*, *vouloir* et *valoir* ont pour terminaisons : *-x, -x, -t*.

je peux, tu veux, il vaut

- Les verbes qui ont un infinitif en *-dre* (sauf ceux qui ont un infinitif en *-indre* et *-soudre*) ont pour terminaisons : *-ds, -ds, -d*.

je comprends, tu défends, il attend

- Les verbes comme *cueillir* et *offrir* prennent, comme les verbes du 1er groupe, les terminaisons *-e, -es, -e*.

j'accueille, tu souffres, il offre

3. Mémoriser la conjugaison des verbes irréguliers

Certains verbes du 3e groupe prennent des formes particulières au présent. Le radical change à certaines personnes.

Infinitif	Formes particulières
avoir	*j'ai, tu as, il a, nous avons, vous avez, ils ont*
être	*je suis, tu es, il est, nous sommes, vous êtes, ils sont*
aller	*je vais, tu vas, il va, nous allons, vous allez, ils vont*
faire	*je fais, tu fais, il fait, nous faisons, vous faites, ils font*
dire	*je dis, tu dis, il dit, nous disons, vous dites, ils disent*

II Orthographier un verbe conjugué au passé composé

Le passé composé de l'indicatif est, comme son nom l'indique, un **temps composé**. Il se conjugue à l'aide de deux formes verbales : l'**auxiliaire** *être* ou *avoir* au **présent**, suivi du **participe passé** du verbe conjugué.

1. Choisir le bon auxiliaire

- Aux temps composés, la plupart des verbes se conjuguent avec l'auxiliaire *avoir*.

*j'**ai** espéré, j'**ai** réfléchi, j'**ai** retenu*

- Cependant les verbes intransitifs qui expriment un mouvement ou un changement d'état utilisent l'auxiliaire *être* aux temps composés.

*je **suis** parti, je **suis** venu, je **suis** mort*

> **Remarque**
> Un verbe **intransitif** est un verbe qui se construit sans complément d'objet.

2. Orthographier correctement le participe passé

- Les verbes du 1er groupe ont un participe passé en ***-é***.

*Tu as hésit**é** à partir.*

- Les verbes du 2e groupe ont un participe passé en ***-i***.

*Ils ont beaucoup vieill**i**.*

- Les participes passés des verbes du 3e groupe se terminent le plus souvent par ***-i*** (*parti, souri...*) ou ***-u*** (*connu, venu...*). Certains, cependant, se terminent par une consonne muette, ***-t*** ou ***-s***, au masculin singulier (*peint, compris...*). Pour **identifier la lettre finale** du participe passé, il faut mettre celui-ci au féminin.

*vous avez concl**u** → conclue*
*nous avons décri**t** → décrite*
*je me suis assi**s** → assise*

> **Attention !**
> Une fois que tu sais quelle est la forme du participe passé d'un verbe, tu dois **appliquer les règles d'accord** du participe passé → Fiches 26 et 27.

29 Employer des verbes à l'imparfait et au passé simple

« Un jour, comme je me promenais sur le quai, je rencontrai un homme que je crus reconnaître.

Guy de Maupassant, « Apparition » (1883).

Dans cet exemple, la prononciation des deux verbes en bleu est identique, mais l'orthographe est différente : le premier verbe est à l'imparfait, le second au passé simple.

I Orthographier un verbe conjugué à l'imparfait

1. Connaître les terminaisons

- À l'imparfait de l'indicatif, les terminaisons sont les mêmes pour tous les verbes, quel que soit leur groupe : ***-ais, -ais, -ait, -ions, -iez, -aient***.

*j'ét**ais**, tu racont**ais**, elle vieilliss**ait**,*
*nous ment**ions**, vous sav**iez**, ils promett**aient***

- Ces terminaisons s'ajoutent au radical de la 1re personne du pluriel du présent de l'indicatif.

*nous **écri**vons → j'écrivais ; nous **buv**ons → tu buvais ;*
*nous **croy**ons → il croyait*

Remarque

Cette règle est surtout utile pour les **verbes irréguliers**. Pour les verbes du 1er groupe, le radical est en général le même à tous les temps et à toutes les personnes.

2. Connaître les particularités

- Les verbes en ***-ier*** : la 1re et la 2e personnes du pluriel s'écrivent avec **deux *i*** (le *i* du radical + le *i* de la terminaison).

*nous ri**i**ons, vous ri**i**ez*

La prononciation est quasiment identique au présent de l'indicatif : *nous rions, vous riez*. Si tu as un doute, conjugue le verbe à la 2e personne du singulier : *tu ris* (présent) → *tu riais* (imparfait).

- Les verbes en ***-gner***, ***-ller***, ***-yer*** : il ne faut pas oublier le *i* aux personnes du pluriel, même si on ne l'entend pas.

*nous ga**gni**ons, nous cuei**lli**ons, vous bala**yi**ez*

- Les verbes en ***-cer*** et ***-ger*** : ils s'écrivent *ç* ou *ge* à certaines personnes pour obtenir la prononciation convenable.

*je lan**ç**ais, nous lan**c**ions*
*je man**ge**ais, nous man**g**ions*

II Orthographier un verbe conjugué au passé simple

Les terminaisons diffèrent selon le groupe du verbe, et il n'y a pas de règle absolue concernant les verbes du 3e groupe. L'emploi du passé simple est aujourd'hui réservé à la langue écrite, notamment littéraire.

1. Connaître les terminaisons

Personne	1er groupe + *aller*	2e groupe + 3e groupe (la plupart en *-ir* ou en *-re*)	Autres verbes du 3e groupe + *être* et *avoir*
je	*-ai*	*-is*	*-us*
tu	*-as*	*-is*	*-us*
il	*-a*	*-it*	*-ut*
nous	*-âmes*	*-îmes*	*-ûmes*
vous	*-âtes*	*-îtes*	*-ûtes*
ils	*-èrent*	*-irent*	*-urent*

2. Retenir quelques particularités

- Les verbes *tenir, venir* et leurs composés (*retenir, parvenir...*) ont des terminaisons particulières : ***-ins, -ins, -int, -înmes, -întes, -inrent***.

  *il rev**int**, nous interv**înmes**, ils parv**inrent***

- Le radical de certains verbes est modifié.

  *être → je **f**us ; avoir → tu **eu**s ; vivre → je **vé**cus ; naître → je **naqu**is*
  *devoir → il **d**ut ; savoir → il **s**ut ; pouvoir → il **p**ut*

III Choisir entre la 1re personne du singulier de l'imparfait et celle du passé simple

- *Je me promenais* (imparfait) et *je rencontrai* (passé simple) ont une terminaison qui se prononce de la même manière. Pour identifier de quel temps il s'agit, notamment dans une dictée, rappelle-toi que dans un récit :
  - le passé simple sert à mettre l'**action au premier plan** ;
  - l'imparfait sert à décrire ou à évoquer des **actions à l'arrière-plan**.

« Un jour, comme je me promenais sur le quai [action à l'arrière-plan], je rencontrai [action au premier plan] un homme que je crus reconnaître.

- Pour t'aider, tu peux également changer de personne.

  Un jour, comme il se promenait sur le quai, il rencontra un homme qu'il crut reconnaître.

  Un jour, comme nous nous promenions sur le quai, nous rencontrâmes un homme qui nous crûmes reconnaître.

30 Distinguer le futur simple du conditionnel présent

Je serai content si elle n'oublie pas encore une fois mon anniversaire.
Je serais content si elle m'offrait autre chose qu'un vilain pull.

Les deux verbes en bleu se confondent à l'oral, mais pas à l'écrit. Le premier est au futur simple de l'indicatif ; le second, au présent du conditionnel.

I Orthographier un verbe conjugué au futur simple

1. Connaître les terminaisons

Au futur simple de l'indicatif, les terminaisons sont les mêmes pour tous les verbes, quel que soit leur groupe : ***-ai, -as, -a, -ons, -ez, -ont***. Elles sont toujours précédées de la lettre ***r***.

j'aimerai, tu finiras, il cédera, nous croirons, vous parlerez, elles permettront

2. Écrire correctement le radical

- Les verbes du 1er et du 2e groupe font apparaître l'**infinitif entier** devant la terminaison.

danser → je danserai ; vieillir → je vieillirai

- Pour les verbes du 3e groupe qui ont un **infinitif en *-re***, le *e* de l'infinitif disparaît.

cuire → il cuira ; prendre → il prendra

- Certains verbes du 3e groupe présentent un radical spécifique au futur.

aller → j'irai ; faire → je ferai ; savoir → je saurai ; vouloir → je voudrai...

> **Attention !**
> Les **verbes en *-yer*** changent le ***y*** en un ***i*** à toutes les personnes du futur simple : *essuyer* donne *j'essuierai*. Le *e* de l'infinitif ne se prononce pas : *ils paieront*.

Il faut noter que certains verbes du 3e groupe **doublent le *r*** du radical à toutes les personnes.

Infinitif	Futur simple
pouvoir	*je pourrai, elles pourront*
courir	*je courrai, ils courront*
mourir	*je mourrai, elles mourront*
voir	*je verrai, ils verront*

II Orthographier un verbe conjugué au conditionnel présent

1. Connaître les terminaisons

Au conditionnel présent, les terminaisons sont les mêmes pour tous les verbes, quel que soit leur groupe : ***-rais, -rais, -rait, -rions , -riez, -raient***.

j'aimerais, tu finirais, il cèderait, nous croirions, vous parleriez, elles permettraient

2. Écrire correctement le radical

Si le radical du verbe a été modifié au futur, il le sera également au conditionnel présent.

vouloir → *je voudrai* [futur simple], *je voudrais* [conditionnel présent]
mourir → *il mourra* [futur simple], *il mourrait* [conditionnel présent]

III Choisir entre la 1re personne du singulier du futur simple et celle du conditionnel présent

- ***-rai*** est la terminaison de la 1re personne du singulier du futur alors que ***-rais*** est la terminaison de la 1re personne du singulier du conditionnel présent.

Pour distinguer ces deux formes identiques à l'oral, il faut les conjuguer à la 2e personne du singulier.

Je serai malade si je mange tous ces gâteaux.
→ *Tu seras malade si tu manges tous ces gâteaux.* [futur simple]

Je serais malade si je mangeais tous ces gâteaux.
→ *Tu serais malade si tu mangeais tous ces gâteaux.* [conditionnel présent]

- N'oublie pas, par ailleurs, que le futur pose un **fait à venir** comme certain, tandis que le conditionnel est utilisé lorsque le fait envisagé est soumis à une *condition*, lorsqu'il est **hypothétique**.

« ÉLISE. – Je suis très humble servante au seigneur Anselme ; mais *(faisant encore la révérence)*, avec votre permission, je ne l'épouserai point.

HARPAGON. – Je suis votre très humble valet *(contrefaisant Élise)* ; mais, avec votre permission, vous l'épouserez dès ce soir.

Molière, *L'Avare*, I, 4 (1668).

Élise est sûre de ne pas vouloir épouser Anselme : *je ne l'épouserai pas* ; la réponse d'Harpagon confirme l'emploi du futur : c'est une certitude, le mariage aura lieu.

31 Connaître les emplois et les formes du subjonctif

« Voilà où les jeunes gens sont réduits par la maudite avarice des pères ; et on s'étonne, après cela, que les fils souhaitent qu'ils meurent.

Molière, *L'Avare*, II, 1 (1668).

Ainsi que le montre cet exemple, le subjonctif présent (*meurent*) peut ressembler à un présent de l'indicatif (*souhaitent*).

I Connaître les emplois du subjonctif

Le subjonctif est le mode des actions présentées comme possibles.

- Dans les **propositions indépendantes**, le subjonctif peut exprimer l'ordre, la défense, le souhait.

Qu'elle revienne !

- On rencontre également le subjonctif dans de nombreuses propositions **subordonnées** :

– les subordonnées **complétives conjonctives** compléments d'un verbe de volonté, de sentiment ou de doute ;

Je voudrais tant qu'elle revienne pour les fêtes de fin d'année.

– les subordonnées **circonstancielles de but** (*pour que, afin que*), **de concession** (*bien que, quoique*), **de temps** introduites par *avant que, jusqu'à ce que.*

Préviens-moi avant qu'il soit minuit.

II Connaître les formes du subjonctif

- Le subjonctif a deux temps simples : le présent et l'imparfait.

Le subjonctif a deux temps composés : le passé et le plus-que-parfait.

Dans la langue courante, seuls le subjonctif présent et le subjonctif passé sont employés.

- Au **subjonctif présent**, tous les verbes (sauf *avoir* et *être*) prennent les terminaisons : ***-e, -es, -e, -ions, -iez, -ent*** ; ces terminaisons s'ajoutent au radical de la 1re personne du pluriel de l'indicatif présent.

que je chante, que tu finisses, qu'elle sorte

Remarque

Les **deux autres temps** du subjonctif, l'imparfait et le plus-que-parfait, relèvent d'un registre nettement plus littéraire.

■ Au **subjonctif passé**, le participe passé est précédé selon le cas :
- de l'auxiliaire ***avoir*** au subjonctif présent : *que j'aie, que tu aies, qu'il ait, que nous ayons, que vous ayez, qu'ils aient ;*

que j'aie pensé

- de l'auxiliaire ***être*** au subjonctif présent : *que je sois, que tu sois, qu'elle soit, que nous soyons, que vous soyez, qu'elles soient.*

que je sois parti(e)

■ Voici le tableau de conjugaison du verbe *voir* aux quatre temps du subjonctif.

Subjonctif présent	Subjonctif passé
que je voie	que j'aie vu
que tu voies	que tu aies vu
qu'il voie	qu'il ait vu
que nous voyions	que nous ayons vu
que vous voyiez	que vous ayez vu
qu'ils voient	qu'ils aient vu
Subjonctif imparfait	**Subjonctif plus-que-parfait**
que je visse	que j'eusse vu
que tu visses	que tu eusses vu
qu'il vît	qu'il eût vu
que nous vissions	que nous eussions vu
que vous vissiez	que vous eussiez vu
qu'ils vissent	qu'ils eussent vu

III Distinguer indicatif et subjonctif

■ Certaines formes se prononcent de la même manière à l'indicatif et au subjonctif présent.

j'ai ; que j'aie
il voit ; qu'il voie

■ Pour les différencier, il faut remplacer le verbe par un autre verbe dont la forme est différente au subjonctif et à l'indicatif.

Nous voulons que tu voies/vois (?) un médecin.
→ *Nous voulons que tu partes.*
Le présent de l'indicatif *tu pars* serait ici incorrect. Il s'agit donc du subjonctif présent du verbe *voir* : il faut écrire *voies.*

Se tester QUIZ

Vérifie que tu as bien compris les points clés des **fiches 28 à 31.**

Pour chaque quiz, vérifie ta réponse à l'aide du corrigé et consulte les fiches de cours si nécessaire.

1 Présent et passé composé

→ CORRIGÉ P. 108

1 On veut conjuguer les verbes au présent. Quelle est la forme correcte ?

a. ☐ je feins ☐ je feinds

b. ☐ tu résouds ☐ tu résous

c. ☐ vous faisez ☐ vous faites

2 Avec quel auxiliaire se conjugue chaque verbe ?

a. devenir • • avoir

b. être • • être

c. s'envoler •

2 Imparfait et passé simple

→ CORRIGÉ P. 108

1. Parmi ces verbes, lesquels sont conjugués au passé simple ?

☐ a. il écrit ☐ d. tu décidais

☐ b. je semblai ☐ e. j'apprendrai

☐ c. nous voulûmes ☐ f. ils vinrent

2. Pour chaque verbe, indique ses terminaisons au passé simple à la 3e personne du singulier et à la 3e personne du pluriel.

a. espérer ☐ -a, -èrent ☐ -it, -irent ☐ -ut, -urent

b. déplaire ☐ -a, -èrent ☐ -it, -irent ☐ -ut, -urent

c. retenir ☐ -a, -èrent ☐ -it, -irent ☐ -int, -inrent

3 Futur simple et conditionnel présent

→ CORRIGÉ P. 108

1. Futur ou conditionnel présent ? Choisis la forme qui convient.

a. Si j'avais su, je ne ... pas venu. ☐ serai ☐ serais

b. Nous ... ce qu'il deviendra. ☐ verrons ☐ verrions

c. Sans mon frère, je m'... ☐ ennuierai ☐ ennuierais

2. On veut conjuguer les verbes au futur simple. Quelle est la forme correcte ?

a. Je ne ... pas idiote. ☐ mourrai ☐ mourai

b. Il ... vite. ☐ s'ennuiera ☐ s'ennuyera

c. Nous ... toute la journée. ☐ couserons ☐ coudrons

4 Le subjonctif

→ CORRIGÉ P. 108

Parmi ces phrases, dans lesquelles le verbe en gras est-il au subjonctif ?

- ☐ **1.** Qu'elle **chantât** toute la nuit n'était pas pour lui déplaire.
- ☐ **2.** Il faut qu'il **ait** bien peu d'orgueil pour agir ainsi.
- ☐ **3.** Cela **aurait été** trop dommage de partir sans lui.
- ☐ **4.** Je doute qu'il **tienne** compte de mes avis.
- ☐ **5.** Et il faudrait que j'**accepte** de le revoir !

Vers le brevet

Exerce-toi en vue du brevet et révise les **fiches 28 à 31.**

Pour chaque exercice, aide-toi des conseils donnés et compare ta réponse à celle du corrigé.

5 Dictée : orthographier correctement des verbes

20 min

→ CORRIGÉ P. 108

Document Un monde perdu

Des scientifiques, parmi lesquels le docteur Simon et l'anthropologue Léonova, découvrent dans une sphère en or les membres d'une civilisation disparue.

« Avec mille précautions, Léonova poussa la porte métallique de la salle ronde. Elle s'ouvrit lentement. Léonova entra et s'effaça pour laisser passer Simon. Ils se tournèrent vers l'intérieur de la salle et regardèrent. La salle n'était éclairée que par les reflets que laissait entrer la porte ouverte. Dans cette pénombre d'or se tenaient six êtres humains. Deux étaient debout et les regardaient entrer. Celui de droite, dans un geste immobile, les invitait à venir s'asseoir sur une sorte de siège horizontal dont on n'apercevait pas le support. Celui de gauche ouvrait les bras comme pour une accolade de bienvenue. Tous deux étaient vêtus d'une lourde et ample robe rouge qui tombait jusqu'au sol et leur cachait les pieds.

René Barjavel, *La Nuit des temps*, © Presses de la Cité, un département de Place des Éditeurs, 1968, 2011.

Démarrons ensemble

- Deux sujets sont inversés : « les reflets que laiss**ait** entrer **la porte ouverte** » (l. 4) et « dans cette pénombre [...] se ten**aient six êtres humains** » (l. 4-5).
- Dans une des phrases, la négation *ne* ne s'entend pas. Mais la présence du mot *pas* te permet de reconnaître la forme négative : « on **n'**apercevait **pas** » (l. 7).

32 Repérer le sujet et les compléments du verbe

Ce groupe de rock compte trois musiciens et un chanteur.

Cette phrase comprend un sujet, bien sûr, mais aussi des compléments du verbe. Sais-tu les reconnaître ?

I Repérer le sujet

Le sujet accomplit l'action exprimée par le verbe à la forme active. Il est essentiel de le repérer car il commande l'**accord du verbe** → **Fiche 24**.

1. Comment procéder ?

Il te suffit de poser la question ***Qui est-ce qui ?*** ou ***Qu'est-ce qui ?*** suivie du verbe.
Tu peux aussi utiliser la formule ***c'est... qui...***

Ce groupe de rock a donné un concert mémorable.
Qui est-ce qui a donné un concert mémorable ?
Ce groupe de rock.
C'est ce groupe de rock qui a donné un concert mémorable.

2. Les pièges à éviter

Le sujet peut être **inversé** ou **séparé** du verbe par un complément.

La semaine prochaine, aura lieu à Paris un festival de rock international.
Ces morceaux, le groupe Nelson les joue à chaque concert.

II Identifier les compléments du verbe

1. Les compléments d'objet

- Certains verbes, dits transitifs, sont obligatoirement suivis d'un complément. Leur sens n'est pas complet sans ce complément appelé **complément d'objet**.
- Le complément d'objet peut être construit **directement** (COD) ou **indirectement** (COI ou COS), par l'intermédiaire d'une préposition, généralement *à* ou *de*.
- Pour identifier un complément d'objet, commence par observer la construction du verbe. Tu peux aussi **remplacer le complément par un pronom** : *le, la, les, en* (si c'est un COD) ; *lui, leur, en, y* (si c'est un COI) ; *lui, leur* (si c'est un COS).

Remarque
Le **COI** (complément d'objet indirect) ne peut pas être supprimé car il participe du sens du verbe. On parle de **COS** (complément d'objet second) quand le verbe a déjà un premier complément d'objet.

Verbe + complément	Exemple
jouer + COD	*Je joue ce morceau de rock. Je le joue.*
appartenir à + COI *s'inspirer de* + COI	*La guitare appartient à Tim. La guitare lui appartient.* *Les mélodies de ce guitariste s'inspirent de la musique country. Les mélodies de ce guitariste s'en inspirent.*
jouer + COD + COS	*J'ai joué ce morceau à mes amis. Je le leur ai joué.*

2. Le complément d'agent

Lorsqu'on transforme une phrase active en phrase passive, le sujet devient le complément d'agent. Ce complément est introduit par *de* ou *par*.

Les adolescents aiment beaucoup cette chanson.
→ *Cette chanson est très aimée par les adolescents.*

III Identifier les attributs du sujet et du COD

1. L'attribut du sujet

- Il permet de **caractériser le sujet** par l'intermédiaire du verbe *être* ou d'un verbe équivalent (*sembler, paraître, devenir…*).

La musique rock est devenue très populaire dans les années 1960.

- Attention aux confusions : certains verbes ont différents sens.

Cet album demeure (= est) inégalé.
C'est *cet album* (sujet) qui est *inégalé*.
Inégalé est un attribut du sujet.

Le guitariste demeure (= habite) rue de Maubeuge.
Rue de Maubeuge n'est pas un attribut du sujet mais un complément du verbe.

Remarque
Les verbes introduisant un attribut du sujet sont dits **attributifs**.
Une astuce pour les reconnaître : essaye de les remplacer par le signe =.

2. L'attribut du COD

- Il permet de **caractériser le COD** par l'intermédiaire d'un verbe exprimant le plus souvent un jugement : *trouver, considérer comme, tenir pour…*
- Il ne faut pas confondre l'adjectif attribut du COD et l'adjectif épithète appartenant au COD. Pour éviter la confusion, il te suffit de remplacer le COD par un des pronoms personnels *le, la, les.*

Je trouve le clip de ce groupe de rock très original. (Je le trouve très original.)
J'ai trouvé un enregistrement inédit de ce clip. (Je l'ai trouvé.)
Dans la première phrase, *très original* est bien un attribut du COD alors que, dans la seconde, *inédit* est un adjectif épithète qualifiant *un enregistrement*.

33 Analyser une phrase complexe

Tu sais ce qu'est une phrase : une suite de mots qui possède un sens complet et qui, à l'écrit, commence par une majuscule et se termine par un point. Mais qu'est-ce qu'une phrase complexe ?

I Repérer une phrase complexe

- Une phrase simple ne contient qu'**un seul verbe conjugué**.

La redoutable Milady veut tuer d'Artagnan.

- Une phrase complexe contient **plusieurs verbes conjugués**. Chaque verbe conjugué est le noyau d'une proposition.

« Pâle et terrible, Milady se redressa, et, repoussant d'Artagnan d'un violent coup dans la poitrine, elle s'élança hors du lit.

Alexandre Dumas, *Les Trois Mousquetaires* (1844).

Cette phrase compte deux verbes conjugués, donc deux propositions : c'est une phrase complexe.

Mot-clé

Une **proposition** est un ensemble de mots organisé grammaticalement autour d'un verbe afin de produire un sens cohérent.

II Analyser les liens entre les propositions

Dans une phrase complexe, les différentes propositions peuvent être juxtaposées, coordonnées, ou bien subordonnées.

1. Les propositions juxtaposées

Les propositions sont juxtaposées lorsqu'elles sont simplement séparées par un **signe de ponctuation** tel qu'une virgule, un point-virgule ou un deux-points.

« Et elle courut à un coffret de marqueterie posé sur la toilette, l'ouvrit d'une main fiévreuse et tremblante, en tira un petit poignard [...].

Alexandre Dumas, *ibid.*

La phrase comprend trois propositions séparées par des virgules : ce sont des propositions indépendantes juxtaposées.

Remarque

Une **proposition indépendante** est une proposition qui ne dépend d'aucune autre et dont aucune autre ne dépend. Elle se suffit à elle-même.

2. Les propositions coordonnées

Les propositions sont coordonnées lorsqu'elles sont reliées par une **conjonction de coordination** (*mais, ou, et, donc, or, ni, car*) ou un **adverbe de liaison** (*cependant, puis, en effet...*).

« D'Artagnan la retint par son peignoir de fine toile des Indes pour implorer son pardon mais elle, d'un mouvement puissant et résolu, elle essaya de fuir.

Alexandre Dumas, *ibid.*

3. Les propositions subordonnées

- Une proposition est subordonnée lorsqu'elle est reliée à une autre proposition, appelée proposition principale, par un **mot subordonnant**, le plus souvent une conjonction de subordination ou un pronom relatif.
- La proposition subordonnée ne peut exister sans la proposition principale.

« Il recula, [comme il eût fait à l'approche d'un serpent] [qui eût rampé vers lui].

Alexandre Dumas, *ibid.*

Dans cette phrase, il y a trois propositions, dont deux propositions subordonnées (délimitées par les crochets). L'une est introduite par la conjonction de subordination *comme*, l'autre par le pronom relatif *qui*.

III Connaître les différentes propositions subordonnées

Voici un tableau répertoriant les différentes subordonnées selon la fonction qu'elles ont dans une phrase. Les exemples sont issus ou inspirés des *Trois Mousquetaires*, d'Alexandre Dumas.

Proposition subordonnée	Fonction	Exemple
relative	complément de l'antécédent	*D'Artagnan* [...] *reconnut la fleur de lis, cette marque indélébile* [*qu'imprime la main infamante du bourreau*]. → subordonnée relative, complément de l'antécédent *cette marque indélébile*
complétive	complément d'objet	*Milady annonce à d'Artagnan* [*qu'elle va le tuer*]. → subordonnée COD du verbe *annonce*
circonstancielle	complément circonstanciel	[*Quoique le jeune homme fût brave*], *on le sait, il fut épouvanté de cette figure bouleversée.* → subordonnée CC de concession

34 Distinguer deux types d'énoncés

Un énoncé peut être ancré dans la situation d'énonciation ou coupé de la situation d'énonciation.

I Identifier un énoncé ancré dans la situation d'énonciation

1. Définitions

- On appelle « **énonciation** » le fait de produire un énoncé, c'est-à-dire un message, écrit ou oral, adressé à quelqu'un dans une situation précise. Pour déterminer cette situation, dite « **situation d'énonciation** », il faut répondre aux questions suivantes : *qui parle ? à qui ? où ? quand ?*
- On dit d'un énoncé qu'il est ancré dans la situation d'énonciation quand on a besoin de connaître la situation d'énonciation pour le comprendre.

Remarque
On dit aussi que l'énoncé **fait référence** à la situation d'énonciation. Les deux expressions sont synonymes.

2. Les indices de l'énonciation

- Un énoncé ancré dans la situation d'énonciation comporte des indices de l'énonciation. Parmi ceux-ci, on distingue :

– les **indices de personne**, qui font référence au locuteur ou au destinataire ;

– les **indices de lieu et de temps**, qui font référence au lieu et au moment de l'énonciation ;

– les différentes **traces de la subjectivité** du locuteur.

- Prenons un exemple.

Témoignage recueilli au commissariat du Xe arrondissement de Paris, le samedi 6 novembre, par le policier de garde, auprès d'un jeune témoin.

> Je promenais mon chien, aujourd'hui, vers quatre heures, lorsque j'ai vu un homme se faire violemment agresser par deux individus qui semblaient avoir une vingtaine d'années. Ils lui ont arraché son téléphone et se sont sauvés vers le métro. Je pense qu'ils sont entrés dans la station mais je ne peux pas vous l'affirmer. J'espère que vous pourrez les retrouver.

indices de personne
indice de temps
traces de subjectivité

Sans les informations sur la situation d'énonciation données en introduction, on a du mal à interpréter le témoignage. Celui-ci comprend en effet des mots faisant référence à la situation d'énonciation : des indices de personne (en rose), qui se rapportent au jeune témoin et au policier de garde, un indice de temps (en vert), qui fait référence à la journée du 6 novembre, et les modalisateurs (en bleu) qui révèlent la subjectivité du locuteur.

3. Les temps employés

Dans un énoncé ancré dans la situation d'énonciation, le temps de base est le présent d'énonciation qui exprime des faits se déroulant au moment de l'énonciation. Ce temps est associé :

– à l'**imparfait** et au **passé composé**, pour exprimer un fait antérieur ;

Je promenais mon chien, aujourd'hui, vers quatre heures, lorsque j'ai vu un homme.

– au **futur**, pour exprimer un fait postérieur.

J'espère que vous pourrez les retrouver.

> **Attention !**
> Ne confonds pas **présent d'énonciation** et **présent de narration**. Ce dernier est employé dans un énoncé coupé de la situation d'énonciation à la place d'un passé simple, pour créer un effet dramatique : *Il promenait tranquillement son chien, soudain deux hommes surgissent et lui arrachent son téléphone.*

II Identifier un énoncé coupé de la situation d'énonciation

1. Définition

- Un énoncé qui se comprend **sans qu'on ait besoin de connaître la situation d'énonciation** est dit « coupé de la situation d'énonciation ». Il ne comporte aucun indice de l'énonciation.
- Prenons un exemple.

Ce jour-là, un jeune garçon promenait son chien, lorsqu'il vit un homme se faire violemment agresser par deux individus d'une vingtaine d'années qui lui arrachèrent son téléphone et se sauvèrent vers le métro. Le jeune témoin espérait que la police pourrait retrouver rapidement ses agresseurs.

Ce récit se comprend sans qu'on ait besoin de savoir qui l'a produit, quand et où.

2. Les temps employés

- Dans un récit au passé coupé de la situation d'énonciation, le **passé simple** et l'**imparfait** sont les temps de base. Ils sont associés :

– au **plus-que-parfait** pour exprimer le passé dans le passé ;

– au **conditionnel présent** pour exprimer le futur dans le passé.

- Dans le récit ci-dessus, les temps dominants sont bien le passé simple (*vit, arrachèrent, se sauvèrent*) et l'imparfait (*promenait*). S'y ajoute le conditionnel présent (*pourrait*) qui exprime le futur dans le passé.

35 Identifier les éléments qui contribuent à la cohérence du texte

Certains procédés grammaticaux relient les phrases entre elles et donnent au texte son unité : il s'agit des procédés de reprise et des connecteurs.

I Repérer les procédés de reprise

Pour qu'un texte progresse, il doit apporter des informations nouvelles. Mais cette progression repose aussi sur la reprise d'éléments déjà mentionnés. On distingue la reprise par un pronom et la reprise par un groupe nominal.

1. Les reprises pronominales

Elles reposent sur l'emploi d'un **pronom** qui est le plus souvent :
- un pronom personnel de la 3e personne ;
- un pronom démonstratif (*celui-ci, celle-là, cela...*) ;
- un pronom possessif (*le sien, la sienne...*) ;
- un pronom indéfini (*certains, quelques-uns...*).

« Gavroche, fusillé, taquinait la fusillade. Il avait l'air de s'amuser beaucoup. [...] On le visait sans cesse, on le manquait toujours.

Victor Hugo, *Les Misérables* (1862).

Les pronoms personnels *il* et *le* reprennent le nom *Gavroche* sans le répéter. Ce sont des substituts du nom.

Mot-clé
Un **substitut** est un mot qui est employé à la place d'un autre.

2. Les reprises nominales

L'élément est repris à l'aide d'un **groupe nominal**, qui souvent apporte une information nouvelle ou précise le point de vue du locuteur. Il peut s'agir :
- d'un **synonyme**, avec parfois une différence d'intensité ou de niveau de langage ;

« Il jouait on ne sait quel effrayant jeu de cache-cache avec la mort ; chaque fois que la face camarde du spectre s'approchait, le gamin lui donnait une pichenette. ◆ Victor Hugo, *ibid.*

Gamin est un synonyme d'*enfant*, dans un niveau de langue plus familier.

- d'une **périphrase,** qui exprime en plusieurs mots ce qui peut l'être par un seul ;

« Une balle pourtant, mieux ajustée ou plus traître que les autres, finit par atteindre l'enfant feu follet. ◆ Victor Hugo, *ibid.*

- d'un **terme générique** qui englobe des termes plus spécifiques.

Jean Valjean, Gavroche, Cosette sont inoubliables : ces personnages tiennent une grande place dans l'imaginaire populaire.

II Repérer les connecteurs

On distingue trois grands groupes de connecteurs.

Mot-clé

Les **connecteurs** sont des mots de liaison : ils permettent d'établir une *connexion* entre les phrases dans un texte, et entre les propositions à l'intérieur d'une phrase complexe.

1. Les connecteurs spatiaux

Les connecteurs spatiaux organisent le texte par rapport à l'espace. Il peut s'agir d'adverbes ou de groupes nominaux **compléments circonstanciels de lieu**.

« L'homme avait à droite une palissade, quelque mur de grosses planches fermant une voie ferrée ; tandis qu'un talus d'herbe s'élevait à gauche, surmonté de pignons confus, d'une vision de village aux toitures basses et uniformes. [...] Mais, au ras du sol, un autre spectacle venait de l'arrêter.

Émile Zola, *Germinal* (1885).

2. Les connecteurs temporels

Les connecteurs temporels organisent le texte par rapport au temps. Ils précisent le déroulement chronologique du texte. Il peut s'agir d'adverbes ou de groupes nominaux **compléments circonstanciels de temps**.

« Alors, l'homme reconnut une fosse. [...] Maintenant, il entendait les moulineurs pousser les trains sur les tréteaux, il distinguait des ombres vivantes culbutant les berlines, près de chaque feu. ◆ Émile Zola, *ibid.*

3. Les connecteurs logiques

Les connecteurs logiques peuvent exprimer un rapport de **cause** (*car, en effet*...), de **conséquence** (*donc, ainsi, c'est pourquoi*...), d'**opposition** (*mais, pourtant*...) ou d'**addition** (*et, puis, ensuite, enfin*...).

« Si tu te crois autorisé à m'opprimer, **parce que** tu es plus fort et plus adroit que moi, ne te plains **donc** pas quand mon bras vigoureux ouvrira ton sein pour y chercher ton cœur.

Denis Diderot, « Sur l'esclavage », *Contribution à l'histoire des deux Indes de l'abbé Raynal* (1780).

Les connecteurs *parce que* (cause) et *donc* (conséquence) mettent en évidence la logique de l'argument de l'esclave.

Se tester QUIZ

Vérifie que tu as bien compris les points clés des **fiches 32 à 35.**

Pour chaque quiz, vérifie ta réponse à l'aide du corrigé et consulte les fiches de cours si nécessaire.

1 Deux types d'énoncés

→ CORRIGÉ P. 108

1. Indique à quel énoncé correspondent les types de textes cités ci-dessous. Relie les éléments entre eux.

a. lettre •	• énoncé faisant référence à la situation d'énonciation
b. article de dictionnaire •	• énoncé coupé de la situation d'énonciation
c. journal intime •	
d. dialogue •	

2. Indique dans quel type d'énoncé on trouve les temps cités ci-dessous. Relie les éléments entre eux.

a. présent d'énonciation •	• énoncé faisant référence à la situation d'énonciation
b. passé composé •	• énoncé coupé de la situation d'énonciation
c. passé simple •	
d. présent de narration •	

2 Les éléments de cohérence du texte

→ CORRIGÉ P. 108

1. Précise pour chaque reprise s'il s'agit d'un synonyme (S), d'un terme générique (G) ou d'une périphrase (P).

	S	G	P
a. J'ai lu *Les Fleurs du mal* : j'ai beaucoup aimé **ce recueil de poèmes de Baudelaire**.	☐	☐	☐
b. Je ne prends plus le train : **ce moyen de transport** est devenu trop cher.	☐	☐	☐
c. Je vais beaucoup au cinéma : je suis un adepte du **septième art**.	☐	☐	☐
d. J'ai égaré mon agenda : comment vais-je faire sans **ce carnet** ?	☐	☐	☐

2. Dans le texte ci-dessous, souligne en bleu les connecteurs temporels et en vert les connecteurs spatiaux.

« L'homme était parti de Marchiennes vers deux heures. [...] Depuis une heure, il avançait ainsi, lorsque sur la gauche, à deux kilomètres de Montsou, il aperçut des feux rouges, trois brasiers [...]. D'abord, il hésita, pris de crainte ; puis, il ne put résister au besoin douloureux de se chauffer un instant les mains.

Émile Zola, *Germinal* (1885).

S'entraîner

Utilise les connaissances acquises dans les **fiches 32 à 35.**

Pour chaque exercice, compare ta réponse à celle du corrigé.

3 Repérer les marques de la présence de l'émetteur et les niveaux de langue

→ CORRIGÉ P. 108

Document

Le narrateur, Ferdinand Bardamu, est plongé dans l'horreur de la Première Guerre mondiale…

« Notons qu'au début de la monstrueuse entreprise, c'est-à-dire au mois d'août, jusqu'en septembre même, certaines heures, des journées entières quelquefois, des bouts de routes, des coins de bois demeuraient favorables aux condamnés… On pouvait s'y laisser approcher par l'illusion d'être à peu près tranquille et croûter par exemple une boîte de conserve avec son pain, jusqu'au bout, sans être trop lancinés par le pressentiment que ce serait la dernière. Mais à partir d'octobre ce fut bien fini ces petites accalmies, la grêle devint de plus en plus épaisse, plus dense, mieux truffée, farcie d'obus et de balles. Bientôt on serait en plein orage et ce qu'on cherchait à ne pas voir serait alors en plein devant soi et on ne pourrait plus voir qu'elle : sa propre mort.

Louis-Ferdinand Céline, *Voyage au bout de la nuit*,

1. Dans l'extrait ci-dessus, relève les marques de la présence du narrateur et les modalisateurs, puis classe-les dans le tableau.

marques de la 1re personne	marques des sentiments	marques du jugement	marques du doute ou de la certitude

2. Relève dans le texte un mot appartenant au registre familier et traduis-le en langage courant.

Corrigés

I Lire des récits

1 1. a. • 2. b. • 3. c.

2 1. Vrai. • 2. Vrai. • 3. Faux. • 4. Vrai.

3 1. a. • 2. c. • 3. b.

4 1. c. • 2. d. • 3. b.

5 1. Vrai. • 2. Faux. • 3. Vrai. • 4. Faux : le lecteur hésite : le narrateur est-il fou ou y a-t-il intervention du surnaturel ?

6 1. Les **nouveaux immeubles**, baptisés « Villes Hautes », s'opposent aux **anciens quartiers de Paris**, sales et malsains, comme Montmartre. Les villes hautes sont présentées comme des innovations technologiques de **2050**, et bénéficient de noms connotés positivement (« masse dorée, ville radieuse »), tandis que les vieux quartiers correspondent à l'époque de publication du texte, soit la **première moitié du XXe siècle**. Le dernier paragraphe évoque le quartier de Montparnasse : c'est l'un des derniers anciens quartiers qui subsistent dans le Paris de 2050. Comme pour Montmartre, les connotations péjoratives semblent l'emporter : « océan de bruit, grondement énorme et confus ».

> **Rappel**
> La **dénotation** est le sens neutre d'un mot.
> La **connotation** est la valeur que le mot prend selon le contexte.

2. a. Le temps majoritairement employé dans le texte est l'**imparfait**, temps de la **description**.

b. Le passé composé exprime une action passée, mais qui s'interprète par rapport au présent du narrateur : celui-ci interrompt en effet son récit pour faire un commentaire personnel (« nous ont dit »). Cette phrase est donc **ancrée dans la situation d'énonciation**. Le reste du récit, lui, est coupé de la situation d'énonciation .

3. a. L'adjectif « innombrables » est formé du préfixe privatif *in-*, du radical *nombr-*, suivi du suffixe *-able* (qui indique l'idée de possibilité).

b. Étudier la formation du mot nous permet de comprendre précisément ce qu'il signifie : est « innombrable » ce qui ne peut pas être compté, car présent en trop grand nombre. Dans le texte, les avions sont trop nombreux pour être comptés.

c. On peut rapprocher ce terme de tous les nombres présents dans ce paragraphe, qui vont en augmentant : « cent mille » (usines), « millions » (d'autos), « vingt-cinq millions » (d'êtres humains).

4. Publié en 1943, le roman de Barjavel décrit le monde un siècle plus tard. Il s'agit donc d'un **roman d'anticipation**. Les progrès scientifiques et technologiques sont un thème essentiel de ce genre littéraire. Ici, les progrès mentionnés ont un caractère parfaitement plausible.

5. Le Paris du futur imaginé par Barjavel peut sembler moderne et plaisant. Cependant, l'auteur laisse entendre que plusieurs problèmes se posent. La très forte concentration humaine, par exemple, est effrayante (« vingt-cinq millions d'êtres humains entassés »). En outre, le progrès s'accompagne d'une certaine déshumanisation : le vacarme couvre « les simples bruits de vie, d'amour et de mort ».

Remarque

Le titre *Ravage* laisse à penser qu'il est impossible que la société décrite dans les premières pages du roman puisse perdurer sans conduire l'humanité à sa perte.

6. La photographie nous montre une maquette de Le Corbusier où de nombreux gratte-ciel sont répartis très géométriquement dans la ville de Paris. La photographie, qui rappelle le quartier de Manhattan à New York, peut provoquer une **impression positive** de modernité et de confort.

7. Le texte nous dévoile une ville où les principes de l'architecte (dont le nom est très reconnaissable) ont été appliqués. Mais l'auteur choisit de présenter cette application sous un jour déplaisant, car le progrès s'accompagne d'une certaine déshumanisation : « la passion », « le talent » et « l'amour » de l'art semblent absents de cette ville où le vacarme du monde moderne couvre « les simples bruits de vie, d'amour et de mort ».

II Écrire un récit

1 **1. a.** • **2. b.** • **3. b.** • **4. c.**

2 **1.** Vrai. • **2.** Vrai. • **3.** Faux. • **4.** Faux.

3 **1. a.** • **2. b.** • **3. c.** • **4. a.**

4 **1. c.** • **2. d.** • **3. a.** • **4. b.**

5 **b.**, **c.** et **d.**

6 Cela faisait déjà plusieurs mois que Gabriel, mon frère, plus vieux de huit ans, avait terminé ses études et ne trouvait pas de travail. Sa spécialité, c'était… le renard. Après son bac, il s'était consacré à l'étude du comportement de ce mammifère dans son milieu naturel. Je me souviens de lui juste après l'obtention de son diplôme de biologie : il paradait en donnant pompeusement le nom de son métier – éthologue –, nom que personne ne connaissait mais qui « faisait bien ». Cependant il n'y avait pas beaucoup, voire pas du tout d'offres d'emploi pour les éthologues. Le voir désormais abattu et inquiet me fendait le cœur.

« J'ai trouvé du travail ! Tu as devant toi l'éthologue en titre de la cité scientifique internationale du Spitzberg, chargé d'étudier l'*alopex lagopus* ! »
Devant mon air ahuri, il s'aperçut de la nécessité de s'exprimer plus clairement :
« Je pars après-demain pour six mois étudier le renard blanc de l'Arctique au Spitzberg !
– Pour six mois ! répétai-je, horrifié. Mais c'est très long... Et c'est loin le Spitzberg ?
– C'est dans l'océan Arctique, près du Groenland », précisa-t-il, les yeux brillants d'enthousiasme.
Il partait au pôle Nord ! Bien sûr, je comprenais ce que ça pouvait représenter pour lui. Mais je n'arrivais pas à cacher ma détresse. Mon grand frère, celui que j'aimais plus que tout, allait partir pour de bon !

vocabulaire des sentiments

C'était terrible de savoir qu'aujourd'hui encore il était là, mais qu'après-demain... L'incrédulité le disputait au chagrin. Mais je ne pouvais pas me permettre de pleurer. Seulement j'avais beau me raisonner, ma peine débordait. Je ne pus réussir à retenir une larme, et courus me réfugier dans ma chambre.

III Le théâtre

1 a.

2 1. b. • 2. b.

3 1. b., c., d. et i. • 2. d. • 3. b.

4 1. Ce texte est une **scène de théâtre**, comme le montrent le nom des personnages placés devant les répliques et les **didascalies** en italique.
Elle est extraite d'une **tragédie** antique revisitée par un auteur moderne. Les personnages sont de **condition royale**, à l'exception du garde.
Il y est question de **devoir**, de **vie** et de **mort**.

2. a. Antigone tente de recouvrir de terre le corps de son frère Polynice, laissé sans sépulture sur l'ordre du roi Créon.

b. Elle s'impose cette tâche car elle veut qu'il trouve le repos dans la mort.
c. Elle encourt la **peine de mort**.

3. Le garde s'exprime dans un niveau de langage **familier**. Il emploie des constructions et des expressions familières : « je voyais plus » à la place de « Je ne voyais plus » (l. 15), ou bien encore : « Je vais **au** camarade lui demander une chique pour passer ça » (l. 15-16).

4. Les paroles sont rapportées au **discours direct**, telles qu'elles ont été prononcées, entre guillemets. Cela rend la scène **plus vivante**, plus naturelle et conserve au dialogue des gardes toute sa truculence.

5. On peut bien sûr penser que le geste d'Antigone est inutile face à l'intransigeance de Créon : elle devrait plutôt choisir de vivre. Cependant, s'il n'existait pas des Antigones pour s'opposer à l'inacceptable, que serait le monde dans lequel nous vivons ? Ainsi, le sacrifice des résistants ou les risques pris par certains Français pour protéger des familles juives pendant la Seconde Guerre mondiale ne doivent pas être oubliés.
Sans aller jusqu'au sacrifice de sa vie, il faut être capable de ne pas se laisser aller à de petites lâchetés lorsque l'on est témoin d'une injustice.

6. Pour cette version d'*Antigone*, le metteur en scène a opté pour un **décor simple**, dépouillé, dans des teintes de gris.
Les **costumes** sont modernes : Antigone porte un pantalon gris, une chemise d'homme et les cheveux courts à la garçonne. Créon est en bras de chemise et bretelles. Rien ne rappelle qu'il est le roi, ni sceptre ni couronne.
Antigone, derrière Créon, semble révoltée et déterminée. Créon, lui, apparaît fatigué, accablé par sa tâche de roi et par son impuissance à faire entendre raison à la jeune insoumise.

7. Bien sûr, il existe bien d'autres possibilités de mise en scène : certains pourront préférer des costumes antiques, d'autres insisteront sur le contexte de l'occupation nazie. Cependant, cette version épurée, pleine de sobriété, semble à même d'emmener les spectateurs au plus proche de l'universalité du mythe.

IV La poésie

1 1. a. faux. b. faux. c. vrai. d. vrai • 2. a. alexandrin. b. décasyllabe. c. octosyllabe.

2 1. a. vrai. b. faux (schéma « abba »). c. vrai. d. faux (c'est la répétition d'un même son consonne). 2. rimes embrassées.

3 1. b. • 2. a.

4 1. Le poète s'adresse d'abord à **Paris** (v. 6 à 9) : « Ne crie pas au secours Paris / Tu es vivant d'une vie sans égale. »
Il s'adresse ensuite aux **Parisiens**, ses « frères » d'armes, qu'il appelle à la révolte (v. 20 à 34).

2. a. Éluard **personnifie** Paris qu'il décrit vêtu comme une « vieille » qui « ne mange plus de marrons dans la rue », « qui dort debout dans le métro », qui souffre des privations et a perdu toute joie de vivre. Par cette personnification, il rend la ville humaine et émouvante.

Mot-clé
La **personnification** est un procédé stylistique consistant à évoquer une chose, une idée comme s'il s'agissait d'un être vivant.

b. Les comparaisons employées par Éluard sont **valorisantes**, parfois **contradictoires** : Paris est à la fois « fine comme une aiguille » et « forte comme une épée », elle tremble « comme une étoile », fragile mais lumineuse.

3. Ce poème est une déclaration d'amour à Paris. Éluard éprouve à la fois de la **compassion** et de l'**admiration** pour sa « belle ville ».

4. Il s'agit de **métaphores** : le « matin », c'est la lumière qui succède à l'obscurité ; le « printemps », c'est la saison du renouveau. Par ces métaphores, Éluard évoque donc l'espoir qui renaît, celui de la libération.

5. a. « Courage » est un **poème engagé**, écrit en 1942, durant l'Occupation. Son titre l'annonce d'emblée : c'est un appel à la révolte, à la résistance.

b. Par l'anaphore des quatre premiers vers (« Paris... »), qui crée un sentiment d'urgence, par l'emploi des 1re et 2e personnes (« tu » et « nous ») et par ses **phrases injonctives**, Éluard vise à provoquer un élan fraternel et patriotique chez les Parisiens : « Tu vas te libérer Paris », « Frères ayons du courage ».
Au **champ lexical de la guerre** (« casqués », « bottés », « morts », « sang », « ennemis », etc.) il superpose celui de l'**espérance**, employé surtout de manière métaphorique : « espoir survivant », « un rayon s'allume en nos veines », « lumière », « matin », « délivrance », « printemps naissant ».

> **Mot-clé**
> Figure d'insistance, l'**anaphore** est la répétition, en tête de vers, de phrase ou de membres de phrases, d'un mot ou d'un groupe de mots.

6. Par le pouvoir des mots, des images, des sons, l'art peut agir sur l'imaginaire, il peut rendre espoir, communiquer force et élan, constituer un rempart contre la barbarie. En témoigne le *Chant des partisans* (1943), hymne de la Résistance que sifflotaient les combattants des maquis. En témoignent également les milliers de textes, de dessins, de fleurs, de bougies qui ont surgi dans les rues de Paris après les attentats terroristes de janvier et novembre 2015.

7. a. La photographie de Doisneau fait écho à la deuxième partie du poème d'Éluard : « Tu vas te libérer de la fatigue et de la boue... » Elle est une sorte de réponse à l'appel du poète : Paris a pris les armes, les Parisiens se sont soulevés.

b. La photographie évoque les scènes de barricades qui jalonnent l'histoire de Paris. Elle exprime la **vulnérabilité** face à « la force Idiote » : ces hommes en costume civil, armés seulement de fusils et sommairement protégés derrière des sacs de sable, évoquent ceux décrits par Éluard (« Frères ayons du courage / Nous qui ne sommes pas casqués / Ni bottés ni gantés ni bien élevés »). Sur leurs visages se lit la **détermination** de ceux qui luttent pour la liberté.

V L'argumentation, la satire

1 1. b., a., d., c.

2 1. c. • 2. b. • 3. a.

3 a., c., d.

4 Lettre ouverte au président de la République et à tous ceux qui aiment notre belle planète.

Marseille, le 2 décembre 2015

Monsieur le Président,

Je me permets de solliciter votre attention sur le sort de notre planète et de tous les êtres qui la peuplent.
Tout ce que les médias rapportent m'inquiète. Serait-il possible que l'homme saccage irrémédiablement notre merveilleuse planète bleue ?
Ces images d'ours blanc pris au piège de la banquise qui se disloque me poursuivent. Et comment admettre que tant d'îles du Pacifique pourraient disparaître sous les eaux, contraignant leurs habitants à s'exiler et à abandonner un mode de vie séculaire ? J'ai le sentiment d'un immense gâchis. L'homme serait-il un apprenti sorcier ?
Je ne suis pas climatologue, mais je pense avoir compris l'essentiel en ce qui concerne les dangers qui menacent la planète : c'est à cause de notre pollution que le climat se réchauffe de façon si alarmante ; c'est en raison de ce réchauffement que les glaciers ont commencé à fondre ; c'est parce que la disparition de la banquise s'accélère que l'ours blanc et d'autres espèces polaires sont menacés.
Bien sûr, Monsieur le Président, je n'ai que quinze ans, mais il me semble qu'il est de notre devoir à nous, les jeunes, d'imaginer et de proposer une autre vision du monde et de la politique, moins égoïste, plus généreuse.

Nous pouvons peu et pourtant cela pourrait être beaucoup si nous nous donnions tous le mot : trions nos déchets, marchons, faisons du vélo, limitons notre consommation et tournons-nous vers la nature… Y a-t-il plus beau programme de vie ?
Et c'est à vous qu'il revient, Monsieur le Président, en fonction des pouvoirs qui sont les vôtres, d'influer sur la politique mondiale, de promouvoir et d'imposer les énergies renouvelables, de privilégier l'écologie plutôt que les profits économiques, de devenir celui qui aura su défendre notre planète et toutes les espèces animales et végétales qui la rendent unique. Nous en avons hérité : pouvons-nous accepter de la laisser, appauvrie, aux générations futures ?

Attention !
N'oublie pas les **conventions épistolaires** : lieu et date, formule de politesse au début et à la fin de la lettre.

Conseil
Emploie des **connecteurs logiques** pour organiser tes arguments.

J'espère, Monsieur le Président, avoir su vous convaincre de l'urgence de lutter pour la planète, notre bien à tous.
Je vous prie d'agréer, Monsieur le Président, l'expression de ma très haute considération.

Un jeune terrien amoureux de notre planète bleue.

Attention !
Ne signe pas ta lettre car ton identité ne doit pas apparaître sur ta copie.

VI Les genres autobiographiques

1 1. c. • 2. b. • 3. a.

2 1. a. et d. • 2. b., d. et e.

3 1. a. salle de bain. b. lavabo. c. ombres
2. a. noir. b. monstrueuse. c. recroquevillé. d. anxiété
3. a. déformée. b. lui-même. c. psychologique

4 1. Le portrait est au premier abord essentiellement **physique**, et suit un certain ordre : il commence par des notations générales (taille, cheveux), puis s'intéresse au visage (nuque, front, yeux, teint), et enfin au corps (mains, jambes, épaules, hanches, posture, habillement). Mais les considérations physiques débouchent souvent sur des **caractéristiques morales ou psychologiques** : l'auteur a honte de sa tendance aux rougeurs, ses majeurs dénotent « quelque chose d'assez faible ou d'assez fuyant dans [son] caractère » (l. 14-15), et le choix de ses vêtements révèle des traits de caractère précis (« j'aime à..., j'ai horreur de... » (l. 19 et 22)).

2. La description repose principalement sur l'emploi d'**adjectifs**. On note également la présence d'une **comparaison** (« comme une muraille », l. 6).

3. a. Ces marques sont nombreuses : on peut notamment relever des verbes d'opinion (« Autant que je puisse en juger », l. 3-4) et des adverbes (« plutôt », l. 7, 16, 21 ; « trop », l. 17).

b. Ces modalisateurs expriment plus le doute que la certitude.

Mot-clé
On appelle **modalisateurs** les procédés utilisés pour dire l'adhésion plus ou moins grande de l'émetteur à son énoncé.

4. C'est un portrait **peu flatteur**, comme en témoignent de nombreux adjectifs péjoratifs : « front *bossué*, veines *saillantes*, peau *luisante*, mains *velues*, dos *voûté* ». Le champ lexical de la **petitesse** (« petit, maigres, courtes, étroites, guère de, pas très large ») insiste sur la faiblesse du corps. Les **notations psychologiques** sont elles aussi très **dévalorisantes** : « fuyant, faible, inélégant, humiliante ». Ce n'est donc pas un portrait nuancé.

5. On peut éprouver une certaine **pitié** pour cet homme qui se présente sous un jour si défavorable. Mais il faut également **s'interroger sur la sincérité** de ce portrait : l'auteur n'essaierait-il pas de désamorcer les critiques en les

devançant ? Ou peut-être essaie-t-il de surprendre son lecteur en proposant dès la première page une image si étonnante de lui-même ? Les références amusées à l'astrologie, qui offrent une **parenthèse humoristique** inattendue, indiquent qu'il ne faut peut-être pas prendre totalement au sérieux ce portrait aussi sombre.

6. a. L'autoportrait de Francis Bacon peut provoquer une **impression dérangeante** : la déformation des traits, des ombres, de l'espace accentue la tonalité triste de la représentation, sans pourtant éveiller la compassion.

b. Le texte de Michel Leiris peut **être rapproché** de l'autoportrait de Francis Bacon, puisqu'il s'agit dans les deux cas de montrer une intériorité laide et dérangeante, propre à frapper le lecteur ou le spectateur. Ces autoportraits sont donc à lire comme **la transcription fidèle d'un état d'esprit** (subjectivité) **et non comme la reproduction de la réalité** (objectivité).

> **Remarque**
> **Francis Bacon** (1909-1992) a peint un portrait de Michel Leiris, caractérisé lui aussi par la déformation des traits du visage.

VII Les règles d'accord

1 **1. a.** vrai. **b.** faux. **c.** faux. **d.** vrai. **e.** vrai. • **2. a.** ranime. **b.** se déplacent. **c.** sont. • **3. a.** ai gagné. **b.** a raison. **c.** chantent.

2 **1. a.** ne s'accorde pas. **b.** s'accorde (*pourpres*). **c.** et **d.** ne s'accorde pas. • **2. a.** faux (ne s'accorde pas avec *page*). **b.** vrai (pourrait s'accorder : *cette œillade provocante*). **c.** faux.

3 **1. a.** effectué. **b.** répondu. **c.** aimé lire (le COD *tous les livres* complète l'infinitif *lire*, et non le verbe conjugué) • **2. a.** regardés (*se* = eux-mêmes = COD). **b.** souri (*se* = à eux-mêmes = COI). **c.** parlé (*se* = à eux-mêmes = COI). **d.** réconciliés (*se* = eux-mêmes = COD).

4

« Madame Loisel semblait vieille, maintenant. Elle était devenue la femme forte, et dure, et rude, des ménages pauvres. Mal peignée, avec les jupes de travers et les mains rouges, elle parlait haut[1], lavait à grande eau les planchers. Mais parfois, lorsque son mari était au bureau, elle s'asseyait auprès de la fenêtre, et elle songeait à cette soirée d'autrefois, à ce bal où elle avait été si belle et si fêtée.

Que serait-il arrivé si elle n'avait point perdu cette parure ? Qui sait ? qui sait ? Comme la vie est singulière, changeante ! Comme il faut peu de chose pour vous perdre ou vous sauver !

> adjectifs se rapportant à madame Loisel
> autres adjectifs

1. **Haut** : ici, il ne s'agit pas ici de l'adjectif mais d'un adverbe (donc d'un mot invariable).

VIII L'orthographe des verbes

1 1. a. je feins. b. tu résous. c.vous faites. • 2. Avoir : b. Être : a. et c.

2 1. b., c. et f. • 2. a. *-a, -èrent.* b. *-ut, -urent.* c. *-int, -inrent.*

3 1. a. serais. b. partira. c. verrons. d. aimerais. e. ennuierais • 2. a. mourrai. b. s'ennuiera. c. courrez. d. coudrons. e. conduira.

4 Les phrases 1, 2, 4 et 5.

5

passé simple
imparfait

« Avec mille précautions, Léonova poussa la porte métallique de la salle ronde. Elle s'ouvrit lentement. Léonova entra et s'effaça pour laisser passer Simon. Ils se tournèrent vers l'intérieur de la salle et regardèrent. La salle n'était éclairée que par les reflets que laissait entrer la porte ouverte. Dans cette pénombre d'or se tenaient six êtres humains. Deux étaient debout et les regardaient entrer. Celui de droite, dans un geste immobile, les invitait à venir s'asseoir sur une sorte de siège horizontal dont on n'apercevait pas le support. Celui de gauche ouvrait les bras comme pour une accolade de bienvenue. Tous deux étaient vêtus d'une lourde et ample robe rouge qui tombait jusqu'au sol et leur cachait les pieds.

IX De la phrase au texte

1 1. a., c. et d. : énoncés faisant référence à la situation d'énonciation. b. : énoncé coupé de la situation d'énonciation. • 2. a. et b. : dans un énoncé faisant référence à la situation d'énonciation. c. et d. : dans un énoncé coupé de la situation d'énonciation.

2 1. a. : P – b. : G – c. : P – d. : S. • 2. connecteurs temporels : « vers deux heures, depuis une heure, d'abord, puis » ; connecteurs spatiaux : « de Marchiennes, sur la gauche, à deux kilomètres de Montsou ».

3 1.

Marques de la 1re personne	Marques des sentiments	Marques du jugement	Marques du doute ou de la certitude
notons • on (= nous) • soi • sa propre mort	être lancinés	monstrueuse	illusion • pressentiment

2. « croûter » = manger. L'écriture de Céline mêle continuellement un langage familier, voire trivial, et des passages soutenus d'une grande poésie.

HISTOIRE-GÉO EMC

HISTOIRE-GÉO EMC

Histoire

Géographie

Enseignement moral et civique

Corrigés

1 Civils et militaires dans la Première Guerre mondiale

Conflit d'une durée inattendue, la Première Guerre mondiale mobilise les populations entières et les confronte à une violence inédite (1914-1918).

I L'expérience combattante

1. Une guerre à l'ampleur inédite

- La Grande Guerre, déclenchée en août 1914, est **d'abord européenne**. Elle oppose les **empires centraux** (Allemagne et Autriche-Hongrie) et la **Triple Entente** (France, Russie et Royaume-Uni).
- Le conflit **s'étend au monde**. D'août à novembre 1914, l'échec des offensives révèle l'équilibre des forces. La guerre de mouvement se transforme en guerre de tranchées. Les métropoles font appel à leurs colonies et, en avril 1917, les États-Unis s'engagent aux côtés de l'Entente.
- L'année 1917 marque un **tournant**. Les offensives meurtrières sapent le moral des troupes et des mutineries éclatent. En octobre, la défection russe (→ Fiche 2) affaiblit l'Entente. Au printemps 1918, la dernière tentative allemande de rompre le front est brisée. L'armistice est signé le 11 novembre 1918.
- La guerre a fragilisé les empires centraux et leurs alliés. En 1918, quatre empires ont disparu : l'Empire allemand, l'Empire austro-hongrois, l'Empire russe et l'Empire ottoman.

> **Mots-clés**
> La **guerre de mouvement** se caractérise par des offensives rapides et un front mobile. La **guerre de tranchées** (ou de position) se distingue par le maintien de positions fortifiées dans les tranchées et un front presque immobile.

2. La violence de la guerre de masse

- Durant les quatre années de guerre, l'**armement** connaît de grandes évolutions. La puissance de feu est considérablement augmentée. La combinaison d'armes classiques (mitrailleuses) avec le moteur et l'avion élargit les champs de bataille. L'armement chimique (gaz utilisés pour la première fois en 1915) a des effets physiques et psychologiques très lourds.
- L'enlisement du conflit entraîne une **mobilisation sans précédent** des populations : 70 millions d'Occidentaux (entre 1914 et 1918).
- La vie des soldats dans les tranchées est difficile (froid, boue, vermine) et rythmée par les montées en première ligne. Les offensives (toujours vaines), par leur durée et les masses humaines qu'elles mobilisent, se transforment en boucheries. À l'issue de la **bataille de Verdun** (février-décembre 1916), on compte 770 000 morts, blessés ou disparus, à part égale entre Français et Allemands.

II Les civils dans la guerre totale

1. L'effacement de la séparation traditionnelle entre combattants et civils

- Les **civils** connaissent des **conditions de vie difficiles** (pénuries, rationnements). Ils subissent également les **violences de la guerre** (bombardements) et représentent 40 % du total des victimes.
- Des **populations entières** sont prises pour cibles. En 1915-1916, le pouvoir ottoman déporte et massacre les **Arméniens**, accusés de pactiser avec l'ennemi russe. Ce génocide, le premier du XXe siècle, fait 1,5 million de victimes.

Mot-clé
Un **génocide** est l'extermination systématique et planifiée de nations ou de groupes ethniques.

2. La mobilisation de l'arrière

- La guerre totale suppose la mobilisation de l'ensemble de la société : individus, entreprises, économie. La répartition des matières premières, les salaires et les prix sont fixés par l'État. L'arrière, zone éloignée du front et des combats, doit armer des millions de soldats et peupler les usines vidées par la mobilisation. L'**appel aux non-combattants** (femmes, travailleurs coloniaux) se généralise.

Mot-clé
La **guerre totale** désigne un conflit dont les conséquences touchent l'ensemble des sociétés des pays mobilisés.

- La **propagande** joue un rôle central pour contrôler les esprits. La censure (dans la presse, la correspondance des soldats), la diffusion des nouvelles contrôlée par les états-majors et le « bourrage de crâne » doivent empêcher le découragement des populations.
- Le **bilan** est lourd : la Première Guerre mondiale fait au total 9 millions de morts et 20 millions de blessés.

Soldats français durant la bataille de Verdun, lors d'un arrêt des combats.
La guerre de 1914-1918 plonge les hommes dans une expérience combattante inédite.

2 De la révolution bolchevique au régime stalinien

Avec la lassitude de la guerre et l'affaiblissement du régime tsariste, la Russie connaît deux révolutions, puis l'instauration par Staline d'un régime totalitaire (1917-1939).

I Les révolutions de 1917

1. La fin du tsarisme

En Russie, alors que les mutineries se multiplient sur le front et que l'arrière est épuisé par les pénuries, une **première révolution spontanée en février 1917** entraîne le renversement du régime et l'abdication du tsar Nicolas II. Mais le gouvernement provisoire, issu de cette révolution, décide de maintenir le pays dans la guerre, ce qui le discrédite auprès du peuple.

2. La prise du pouvoir par Lénine

- En **octobre 1917**, l'insurrection des **bolcheviks**, minutieusement préparée par Léon Trotski, entraîne un coup d'État et l'arrivée au pouvoir de Lénine. L'objectif des bolcheviks est de poursuivre la révolution jusqu'au triomphe du communisme.
- Après l'armistice de décembre, les bolcheviks signent à **Brest-Litovsk** une paix séparée avec les empires centraux en mars 1918.

Mot-clé

Le **communisme** est la doctrine politique qui s'appuie sur les principes marxistes-léninistes et vise l'instauration d'une société sans classes sociales.

3. La guerre civile

- Pendant trois ans, une guerre civile meurtrière oppose Rouges (communistes) et Blancs (anticommunistes). Victorieux, **le régime bolchevik s'impose** en 1921.
- L'Union des Républiques soviétiques socialistes (URSS) est proclamée en 1922.

II La prise du pouvoir par Staline

1. Un pouvoir personnel

- Secrétaire général du parti bolchevik depuis 1922, Joseph Staline concentre peu à peu **tous les pouvoirs**. Après la mort de Lénine en 1924, il s'impose progressivement en éliminant ses principaux adversaires politiques.
- La **propagande** construit dès lors l'image d'un guide du Parti et de l'État soviétique, héritier de Lénine. Bientôt, c'est un véritable **culte de la personnalité** qui se met en place autour de Staline, surnommé le « petit père des peuples ».

2. La terreur comme instrument de pouvoir

- Le régime stalinien repose sur un système de terreur, organisé par la police politique, le **NKVD**. Les opposants sont envoyés au Goulag.
- Entre 1936 et 1938, la **« Grande Terreur »** frappe 680 000 personnes et les procès de Moscou permettent à Staline d'éliminer plusieurs personnalités du Parti.

> **Mot-clé**
> Le **Goulag** désigne l'ensemble des camps de travail forcé en URSS.

HISTOIRE

III La construction de l'État soviétique

1. Naissance et reconnaissance officielle de l'URSS

- L'adoption de la Constitution de l'URSS (1924) renforce la **centralisation**.
- La réinsertion du pays dans le jeu diplomatique s'effectue dans les années 1930, grâce à son engagement antifasciste. L'URSS adhère à la SDN en 1934. Mais Staline signe un pacte de non-agression avec l'Allemagne nazie en août 1939.

2. 1929, « le grand tournant »

- Staline veut transformer l'URSS en **grande puissance industrielle**. La planification de l'économie, lancée en 1928, accompagne l'étatisation des moyens de production.
- La **collectivisation** qui prévoit la création de fermes collectives (kolkhozes et sovkhozes) met fin à la propriété privée des terres.
- **Ses effets sont désastreux** : le niveau de la production agricole régresse. La famine de 1932-1933 ainsi que la « liquidation » des koulaks (paysans riches), font plus de 5 millions de victimes.

> **Mot-clé**
> La **planification** est la définition par l'État d'objectifs de production que les entreprises sont chargées de mettre en œuvre.

3. Un régime totalitaire

- L'État poursuit l'objectif de forger un Homme nouveau. La propagande présente l'*Homo Sovieticus* sous les traits d'un jeune travailleur, héros du travail tel **Stakhanov**.
- Seules les organisations syndicales et politiques qui dépendent du parti sont autorisées.

« La bannière de Lénine. »
Affiche (photomontage avec le portrait de Staline) réalisée par Gustav Kluzis, 1933.

3 L'installation du régime nazi

Porté au pouvoir par les élections, Hitler instaure en Allemagne une dictature totalitaire et raciste (1933-1945).

I Une arrivée légale au pouvoir

1. Une république allemande fragile

- En 1918, l'Allemagne fait l'expérience de la **défaite**. Le sentiment qu'un *Diktat* a été imposé par les vainqueurs, avec le **traité de Versailles**, alimente la **contestation** contre la République de Weimar instaurée en 1918.
- Adolf Hitler, à la tête du parti nazi (NSDAP), contribue à la **violence politique** par le biais de sa milice, les Sections d'assaut (SA). Les multiples confrontations avec les communistes sont brutales.

Mot-clé
Le terme « **nazi** » est d'abord la contraction du nom du parti national-socialiste des travailleurs allemands, fondé en 1920. Il désigne ensuite le régime instauré en Allemagne de 1933 à 1945.

2. Hitler chancelier

- Dans le contexte de la **Grande Dépression** qui touche de plein fouet l'Allemagne – le chômage atteint 30,8 % de la population active en 1932 –, le NSDAP réussit une percée électorale sur un **programme nationaliste, belliciste** (tourné vers la guerre) **et raciste**. Il devient le premier parti au Reichstag (l'assemblée).
- Le **30 janvier 1933**, le président Hindenburg nomme Hitler chancelier.

II La dictature hitlérienne

1. La suppression de la démocratie

- La dictature hitlérienne interdit les partis et les syndicats. La loi du 29 mars 1933 supprime les libertés individuelles. Le « Führer et chancelier du Reich » dirige à la fois le **parti unique** et l'État.
- Hitler jouit d'une **autorité sans partage** et d'une **immense popularité**. Son ministre de la Propagande, Josef Goebbels, organise de grandioses mises en scène lors des congrès du NSDAP.

Mot-clé
Une **dictature** est un régime politique qui rassemble tous les pouvoirs aux mains d'un seul homme ou parti qui s'impose par la force.

2. Terreur et répression

Les opposants sont poursuivis par la police politique, la **Gestapo**. Dès 1933, 50 000 Allemands sont internés dans le camp de concentration de Dachau. Ils sont près d'un million en 1939, répartis dans une trentaine de camps sous contrôle des **SS** (*Schutzstaffel*, « escadrons de protection »).

III Le projet nazi

1. Un régime totalitaire

- L'État veut forger un « homme nouveau » prêt à tous les sacrifices pour la réalisation de l'**idéal hitlérien**. Le régime totalitaire nazi repose sur un **embrigadement** de la population, visant à contrôler l'opinion et le comportement du plus grand nombre. Au sein des **Jeunesses hitlériennes**, les adolescents sont soumis à une discipline militaire.

> **Mot-clé**
> Un régime **totalitaire** cherche à contrôler tous les aspects de la vie publique et privée des individus.

- Les **« asociaux »** (handicapés, prostituées, homosexuels...) sont retranchés de la communauté : 50 000 d'entre eux sont **internés** entre 1937 et 1939.

2. Le mythe de la « race pure »

- Les nazis ont une **vision raciste** du monde : la « race » supposée supérieure, les Aryens, doit dominer les « races inférieures » (Slaves, Juifs, Tziganes).
- La politique **antisémite** est centrale : les **lois de Nuremberg (1935)** excluent les Juifs de la communauté nationale. Les pogroms se multiplient. Lors de la **Nuit de cristal** (9-10 novembre 1938), une centaine de Juifs sont tués, autant de synagogues brûlées et des milliers de magasins pillés.

3. Un régime expansionniste

- Dans *Mein Kampf* (1924), Hitler affirme la nécessité de conquérir un **« espace vital »** (*Lebensraum*) vers l'est pour la « race aryenne ». Cette conquête est présentée comme une revanche sur le *Diktat* de Versailles.
- Hitler ordonne la **remilitarisation** de l'Allemagne dès 1935, puis **noue des alliances** avec l'Italie mussolinienne (axe Rome-Berlin, 1936) et avec le Japon (Pacte anti-Komintern, 1936).

Adolf Hitler au congrès du parti nazi à Nuremberg, en septembre 1935.

4 L'expérience du Front populaire et la montée des périls

À l'origine d'importantes conquêtes sociales en France, le Front populaire ne peut se maintenir longtemps, dans un contexte de crise économique et de menaces extérieures (années 1930).

I La IIIe République affaiblie

1. La crise économique et sociale

Depuis 1931, la France est touchée par la **dépression économique mondiale**. Les faillites se multiplient et le **chômage** augmente fortement pour atteindre 10 % des salariés en 1936.

2. La violence politique

- La multiplication des scandales politico-financiers alimente un fort antiparlementarisme. Des associations (ligues) d'extrême-droite maintiennent un climat d'agitation mêlé de **xénophobie** (rejet de l'étranger).
- Le **6 février 1934**, à Paris, une manifestation à l'appel des ligues dégénère en **émeute** quand la foule approche du palais Bourbon. La gauche y voit une tentative de coup de force fasciste.

Mots-clés

L'**antiparlementarisme** est le rejet du système parlementaire, rendu responsable d'un affaiblissement du pouvoir.
Le courant politique d'**extrême droite** revendique un pouvoir fort, des valeurs nationalistes et une vision traditionnelle de la société.

3. L'union de la gauche dans un front antifasciste

- Le parti communiste (PCF) prend l'initiative d'un **Front populaire** unissant les partis de gauche contre le fascisme. **Communistes, socialistes (SFIO) et radicaux** forment une alliance électorale qui leur apporte la victoire aux élections législatives d'avril 1936.
- **Léon Blum** forme le gouvernement dans lequel entrent pour la première fois des femmes. Le PCF le soutient sans y participer.

Mot-clé

Au sens large, le **fascisme** désigne les courants et groupements politiques qui se revendiquent de la dictature de Mussolini en Italie.

II Le Front populaire : espoirs et déceptions

1. « Tout est possible » ?

- Des **« grèves de la joie »** éclatent en mai dans tout le pays pour exprimer l'espoir des ouvriers de conquérir de nouveaux droits. Les **lois sociales** de l'été imposent une augmentation des salaires de 7 à 15 % (accords de Matignon). Les salariés obtiennent deux semaines de congés payés et la semaine de travail de 40 heures.

- Jean Zay, ministre de l'Éducation nationale, initie une ambitieuse **réforme scolaire** (l'âge de la scolarité obligatoire passe de 13 à 14 ans). Le gouvernement démocratise la **culture** en encourageant le cinéma et le théâtre populaires.
- La Banque de France, la SNCF et plusieurs industries de guerre passent sous le **contrôle de l'État**.

2. Difficultés et oppositions

- Mais le chômage et les prix augmentent. Les **difficultés financières** obligent le gouvernement à ralentir les réformes. Parallèlement, l'**extrême-droite** développe une propagande haineuse et violemment antisémite à l'égard de plusieurs membres du gouvernement.
- Le Front populaire est **divisé**. Le PCF critique le refus d'intervenir dans la guerre civile espagnole (qui éclate en juillet 1936) pour aider le gouvernement républicain contre Franco, soutenu par Mussolini et Hitler. Les radicaux se font l'écho des classes moyennes et des paysans qui se sentent oubliés des réformes. En juin 1937, Blum démissionne.

III La France à la veille de la guerre

1. La montée des périls

- Les gouvernements successifs restent passifs face aux **violations des clauses du traité de Versailles** par Hitler : occupation de la Rhénanie (mars 1936), rattachement avec l'Autriche (mars 1938).
- En septembre 1938 à Munich, la France et la Grande-Bretagne cèdent devant les exigences d'Hitler sur les Sudètes (Tchécoslovaquie).

2. Une société en crise

En 1939, la **crise économique** qui persiste et le **vieillissement de la population** font douter les Français de la puissance du pays. Le pacifisme domine.

Les premiers congés payés des Français vus par le magazine *Regards* du 29 juillet 1937.

Se tester QUIZ

Vérifie que tu as bien compris les points clés des **fiches 1 à 4.**

Pour chaque quiz, coche la ou les bonne(s) réponse(s). Vérifie ta réponse à l'aide du corrigé et consulte les fiches de cours si nécessaire.

1 La Première Guerre mondiale

→ CORRIGÉ P. 238

1. Combien de morts la Première Guerre mondiale a-t-elle causé ?
- ☐ a. 2 millions.
- ☐ b. 9 millions.
- ☐ c. 20 millions.

2. Que peut-on dire de la guerre 1914-1918 ?
- ☐ a. C'est d'abord une guerre européenne.
- ☐ b. C'est une guerre totale.
- ☐ c. C'est une guerre mondiale.

2 Les régimes totalitaires dans l'Europe de l'entre-deux-guerres

→ CORRIGÉ P. 238

1. La collectivisation des terres en URSS entraîne :
- ☐ a. la redistribution des terres aux paysans.
- ☐ b. la réunion forcée des terres et des paysans dans des fermes collectives.
- ☐ c. la récupération des terres par leurs anciens propriétaires.

2. Qu'appelle-t-on la « Grande Terreur » en URSS ?
- ☐ a. la collectivisation.
- ☐ b. l'arrivée au pouvoir de Staline.
- ☐ c. les procès et les déportations décidés par Staline pour se débarrasser de ses ennemis politiques.

3. La théorie nazie de « l'espace vital » vise à :
- ☐ a. rassembler tous les Allemands dans le Reich.
- ☐ b. s'allier avec l'URSS en prévision d'une guerre européenne.
- ☐ c. conquérir des territoires à l'est de l'Europe pour la race aryenne.

3 Le Front populaire

→ CORRIGÉ P. 238

1. Le Front populaire est une alliance politique entre des partis :
- ☐ a. de gauche.
- ☐ b. de droite.
- ☐ c. de droite et du centre.

2. Le gouvernement du Front populaire instaure :
- ☐ a. le suffrage universel.
- ☐ b. la journée de 8 heures.
- ☐ c. les premiers congés payés.

Vers le brevet

Exerce-toi en vue du brevet et révise les **fiches I à 4.**

Pour chaque exercice, aide-toi des conseils donnés et compare ta réponse à celle du corrigé.

4 Rédiger un développement construit

45 min

→ CORRIGÉ P. 238

En quoi l'expérience de la guerre vécue par les soldats durant la Première Guerre mondiale est-elle inédite ?

Démarrons ensemble

- Commence par analyser les termes de la question : le sujet porte-t-il sur l'arrière ? Le front ? Que signifie « inédite » ?
- Réfléchis au quotidien du soldat (« expérience de la guerre ») : quel est-il ?

5 Analyser et comprendre un document

45 min

→ CORRIGÉ P. 238

Document **Les lois de Nuremberg (1935)**

« Certain que la pureté du sang allemand est la condition nécessaire pour assurer la vie du peuple allemand et animé par la volonté inflexible d'assurer l'avenir de la nation allemande, le Reichstag a décidé unanimement la loi promulguée ici :

1. Les mariages entre Juifs et citoyens allemands ou assimilé sont interdits. Les mariages consentis malgré cette interdiction n'ont pas de valeur, même s'ils ont été conclus à l'étranger pour ne pas tomber sous le coup de la présente loi.
2. Les relations extra-conjugales entre Juifs et citoyens allemands ou assimilé sont interdites. [...]
3. Les Juifs ne peuvent pas utiliser au service de leur ménage des femmes de sang allemand ou assimilé âgées de moins de quarante-cinq ans.
4. Il est interdit aux Juifs de pavoiser[1] aux couleurs allemandes nationales. Par contre, ils peuvent pavoiser aux couleurs juives : l'exercice de ce droit est protégé par l'État.

1. **Pavoiser :** orner un bâtiment de drapeaux.

1. Quelle est la nature du document ?
2. Comment le préambule présente-t-il l'objectif des lois de Nuremberg ?
3. De quelles caractéristiques du régime hitlérien ce document témoigne-t-il ?
4. Montre que ces mesures excluent les Juifs de la communauté allemande.

5 La Deuxième Guerre mondiale : une guerre planétaire (1939-1945)

Par la longueur du conflit, l'extension des théâtres d'opération, l'ampleur de la mobilisation des hommes et des économies, la guerre de 1939-1945 a entraîné un engagement total des sociétés.

I Les victoires de l'Axe

1. Les succès de la guerre-éclair d'Hitler

- De septembre 1939 à 1941, l'**Axe**, alliance militaire entre l'Allemagne nazie, l'Italie fasciste et le Japon, connaît des **succès militaires rapides**. La stratégie de la **guerre-éclair** (*Blitzkrieg*) menée par la **Wehrmacht** (l'armée du IIIe Reich) combine l'utilisation des blindés et de l'aviation. Elle permet l'invasion de la Pologne en quelques semaines, en septembre 1939, puis au printemps 1940, du Danemark, de la Norvège, des Pays-Bas et de la France qui signe l'armistice le 22 juin.
- La Grande-Bretagne, qui résiste aux bombardements stratégiques, se retrouve seule dans la guerre.
- La Yougoslavie et la Grèce sont occupées au printemps 1941 par les forces italo-allemandes.

Mot-clé

On appelle **bombardements stratégiques** une stratégie fondée sur des bombardements massifs visant à détruire les bases économiques de l'ennemi et à saper le moral des civils pris pour cibles.

2. La rupture du pacte germano-soviétique

- Hitler peut dès lors **envahir l'URSS**, conformément au projet nazi de **conquête d'un « espace vital » à l'est**. Le 21 juin 1941, il lance l'opération *Barbarossa*. La progression de la Wehrmacht est rapide : en septembre, elle est aux portes de Leningrad et menace Moscou.
- Staline appelle alors les Soviétiques à se mobiliser pour la « **grande guerre patriotique** ».

3. L'expansion japonaise en Asie

- En Asie, après la conquête de la **Mandchourie** par le Japon en 1931, la guerre reprend contre la **Chine** dès juillet 1937.
- Profitant de la guerre en Europe, le Japon s'empare des **colonies européennes**. Au printemps 1942, il **contrôle toute l'Asie du Sud-Est**.
- Le bombardement de la flotte américaine à **Pearl Harbor**, le 7 décembre 1941, déclenche l'**entrée en guerre des États-Unis**.

II La victoire de la Grande Alliance

1. Les années 1942-1943 : le tournant de la guerre

En juin 1942, dans le Pacifique, les Japonais perdent une partie de leur flotte à Midway. En Afrique du Nord, les Britanniques arrêtent l'avancée allemande à El Alamein en octobre 1942. Un mois plus tard, les Alliés débarquent en Algérie et au Maroc. Sur le front Est, la **victoire soviétique à Stalingrad** en janvier 1943 marque le début d'une lente reconquête.

2. Une guerre totale sans précédent

- La guerre suppose la **mobilisation des industries**. La machine industrielle américaine devient l'« arsenal des démocraties ».
- Le conflit est **idéologique**. Les Alliés, réunis autour des principes de liberté et de démocratie, s'opposent à la vision totalitaire et raciste de l'Axe.
- Le conflit ne peut se gagner sans l'adhésion des populations. La **propagande de guerre** utilise massivement la presse, la radio et le cinéma.

3. À partir de 1944, la progression alliée s'accélère

- Les débarquements en Sicile (juillet 1943) et en Calabre (septembre) entraînent la **capitulation de l'Italie**. Après l'opération *Overlord* en Normandie (6 juin 1944), le territoire français est peu à peu libéré tandis que l'Armée rouge progresse en Europe orientale et centrale.
- Les Alliés prennent en tenaille l'Allemagne, qui **capitule le 8 mai**. Après le largage de deux bombes atomiques sur Hiroshima et Nagasaki (6 et 9 août), **le Japon capitule à son tour le 2 septembre 1945**.

La Seconde Guerre mondiale fut le **conflit le plus meurtrier de l'histoire**, faisant entre 60 et 80 millions de morts, dont 65 % de civils.

Prise de Berlin par l'Armée rouge. Cet événement marque la chute du IIIe Reich et la fin de la guerre en Europe.

6 Le génocide des Juifs et des Tziganes

Le régime nazi théorise et met en œuvre la destruction des Juifs et des Tziganes d'Europe.

I Le projet nazi : « purifier » l'Europe

1. L'antisémitisme « légal » dans l'Europe occupée

- Les Juifs représentent pour Hitler la « race inférieure » par excellence. L'occupation de l'Europe par les nazis s'accompagne d'abord de **lois visant à exclure les Juifs** de la communauté : interdiction de pratiquer certaines professions, d'accéder aux lieux publics, aryanisation de leurs biens.
- Puis vient le temps du **recensement**. Dans les pays occupés, les Juifs ont l'obligation de se faire inscrire sur des registres et de faire apposer la mention « juif » sur leur carte d'identité.

Mot-clé

L'**aryanisation** désigne la confiscation des biens juifs pour les confier ou les vendre à des « Aryens ».

- Le **port de l'étoile** est obligatoire en Pologne dès 1939, en Belgique, aux Pays-Bas et en France à partir de 1942.

2. Le rejet des Tziganes, « race hybride »

- Considérés comme « asociaux » du fait de leur mode de vie nomade, les Tziganes d'Allemagne sont soumis, à partir de 1937, à un examen « biologique ».
- Le régime nazi préconise leur rassemblement dans des **camps de travail forcé** et leur **stérilisation** en masse.

II Les étapes de l'extermination

1. Le regroupement dans des ghettos

- Les ghettos (quartiers réservés aux Juifs) sont conçus comme une **étape préalable à la déportation**. Des centaines sont ouverts de la Pologne à la Grèce. Des dizaines de milliers de Juifs y sont entassés dans des conditions très difficiles (sous-nutrition, épidémies…).
- Pour les nazis, les ghettos doivent s'autosuffire. La population y est louée aux entreprises qui travaillent pour l'armée.

2. Les premiers massacres collectifs à l'Est

L'invasion de l'URSS en juin 1941 marque le début du **génocide des Juifs européens**. Quatre *Einsatzgruppen* (« groupes mobiles d'intervention ») fusillent toutes les familles juives dans les territoires conquis.

Arrivée de déportés au camp d'Auschwitz-Birkenau. Les déportés sont divisés en deux groupes : à gauche, ceux qui seront immédiatement exterminés dans les chambres à gaz ; à droite, ceux qui sont « sélectionnés » pour le travail.

3. Les camps d'extermination : l'industrialisation de la mort

- Le 20 janvier 1942, à la conférence de Wannsee, est décidée la **« Solution finale »** de la question juive, c'est-à-dire l'extermination des Juifs. La mise à mort systématique est mise en œuvre dans six camps d'extermination installés en Pologne : Chelmno, Belzec, Sobibor, Treblinka, Auschwitz-Birkenau et Majdanek.
- **Auschwitz** est à la fois un camp de concentration et un camp d'extermination. Femmes, enfants, vieillards et malades sont soumis à un « traitement » immédiat : gazage et incinération des corps dans des fours crématoires. Les déportés les plus solides sont envoyés dans le camp de concentration où ils subissent l'extermination par le travail.
- En décembre 1942, les **familles tziganes** du Reich sont déportées à Auschwitz, avant leur « liquidation » décidée en mai 1944. De nombreux Tziganes sont soumis à des expérimentations médicales atroces.

Mots-clés

Dans les **camps de concentration**, opposants, « asociaux », résistants et Juifs subissent la mort par le travail. Les **camps d'extermination** sont voués à la destruction immédiate de populations entières.

III Le bilan

- Les camps de la mort sont organisés dans une **logique de secret** : les fours crématoires doivent faire disparaître les corps. À la Libération, les nazis tentent de cacher les preuves du génocide en détruisant les chambres à gaz.
- Au total, on considère que le génocide a fait **5,1 millions de victimes juives** et entre **200 000 et 500 000 victimes tziganes**.

7 Les résistances dans l'Europe nazie

D'abord minoritaire et éclatée, la résistance s'organise ensuite et joue un rôle non négligeable dans la libération de l'Europe.

I Les débuts de la résistance

1. La diversité des résistances intérieures

- En 1940, la résistance en Europe est d'abord le fait d'une minorité. Dans les pays occupés, des **civils** s'organisent spontanément pour faire face à l'occupant. Résistants du quotidien, ils cherchent à mobiliser la population pour la défense des libertés, la protection des proscrits.
- Peu à peu, une **résistance armée**, spécialisée dans la guérilla (attentats, sabotages, embuscades) et le renseignement, s'organise. En URSS, à partir de l'été 1941, les partisans mènent la guérilla contre l'occupant nazi.

Mot-clé
Les **partisans** sont les combattants clandestins qui opèrent derrière les lignes allemandes.

2. La clandestinité des résistants

- **Traqués par la Gestapo** (police politique allemande), **les SS et les États collaborateurs**, comme le régime de Vichy, les résistants sont plongés dans la clandestinité.
- Le décret *Nacht und Nebel*, de décembre 1941, permet de les arrêter et de les **déporter**. Beaucoup meurent sous la torture, fusillés ou en déportation.
- Pour empêcher les populations de soutenir la résistance, les nazis utilisent des otages ou pratiquent des représailles aveugles.

3. Les deux centres de la résistance extérieure

- La résistance extérieure est, dès 1940, constituée des gouvernements en exil à **Londres** – gouvernements polonais, hollandais, luxembourgeois, tchèque – ou d'individus isolés. Ainsi, **Charles de Gaulle** est reconnu par **Winston Churchill** comme le représentant légitime de la France. Tous cherchent à réunir des moyens humains et financiers pour lutter contre l'occupant.
- À l'Ouest, les Britanniques mettent sur pied les **SOE** (*Special Operations Executive*) en charge du soutien logistique à la résistance intérieure. Les contacts se font par la radio (BBC) et les filières d'évasion.
- À l'Est, après juin 1941, **Moscou** devient la deuxième capitale de la Résistance et abrite les *leaders* des partis communistes en exil.

II Le tournant de 1942-1943

1. La résistance s'organise

■ La radicalisation de la politique nazie gonfle les rangs de la résistance. À partir de 1943, les réfractaires au STO (Service du travail obligatoire) prennent le maquis.

■ Les mouvements s'organisent et s'unifient. Ainsi, la Résistance française se centralise autour de la figure du général de Gaulle, grâce à l'action de **Jean Moulin** et à la création, en mai 1943, du **Conseil national de la résistance** (CNR).

Mot-clé

On appelle **maquis** les lieux, peu accessibles, dans lesquels se réfugient les résistants pour mener la guérilla.

■ Dans d'autres pays (Yougoslavie, Grèce), les mouvements ne parviennent pas à s'unir et la Libération débouche sur des situations de guerre civile.

2. La résistance participe à la Libération

■ Après les **débarquements** (→ Fiche 5), les Alliés peuvent s'appuyer sur les « combattants de l'ombre ». Absorbés ensuite au sein de l'armée, ils participent à l'invasion de l'Allemagne. C'est le cas des Forces françaises de l'intérieur (FFI) qui rejoignent les **Forces françaises libres** (FFL).

■ Certains pays tentent de se libérer sans l'aide des Alliés. Si l'insurrection de Varsovie, en août 1944, est écrasée par les Allemands, l'**Armée de libération nationale** du communiste **Tito** reprend le contrôle de l'ouest de la Yougoslavie durant l'automne 1944.

■ Dans de nombreux pays, des résistants siègent dans les gouvernements d'après-guerre. En France, le **Gouvernement provisoire de la République** (GPRF), dirigé par de Gaulle, s'installe dans Paris libéré en août 1944. Il confirme l'élargissement du droit de vote aux femmes et met peu à peu en œuvre le programme du CNR (Sécurité sociale, allocations familiales).

Affiche du mouvement de libération nationale, 1945. Elle célèbre la victoire des Alliés et de la résistance en France avec en médaillon les portraits de Staline, de Gaulle, Roosevelt et Churchill.

8 La France défaite et occupée : collaboration et résistance (1940-1945)

La France, vaincue par l'Allemagne en 1940, voit s'installer un gouvernement qui rejette la République et collabore avec le régime hitlérien.

I La défaite de la France

1. La débâcle et l'exode

- Après plusieurs mois d'une **« drôle de guerre »**, l'armée française cède devant l'offensive lancée par la Wehrmacht le 10 mai 1940.
- Les combats se soldent par 95 000 morts et 1,8 million de prisonniers, tandis que 8 millions de Français, fuyant l'avancée allemande, prennent le chemin de l'exode.

2. Le choix du printemps 1940

- Le **maréchal Pétain**, nommé président du Conseil, demande l'armistice. Héros de Verdun, il apparaît comme un sauveur aux yeux des Français.
- L'**armistice**, signé le 22 juin 1940, impose l'occupation de la moitié du territoire, le désarmement des troupes et le paiement de 400 millions de francs par jour au Reich.

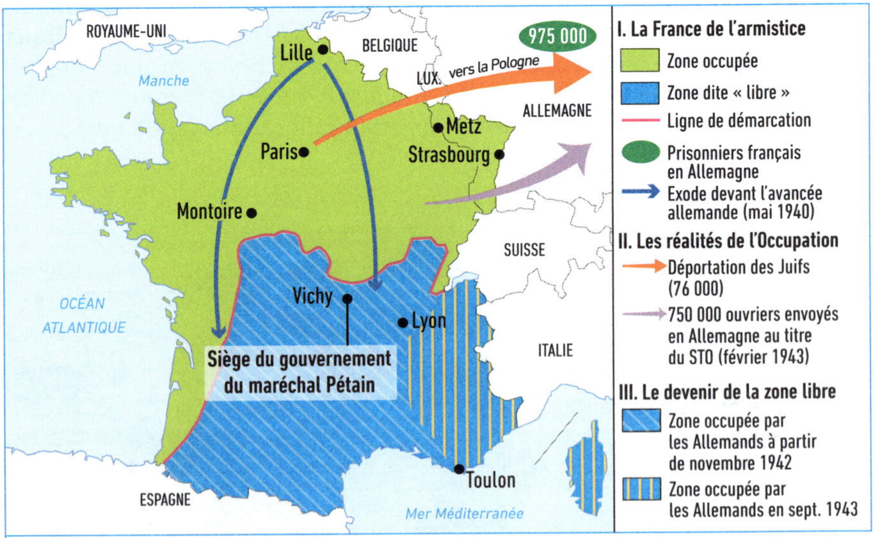

La France divisée et occupée.
La ligne de démarcation ne peut être franchie qu'avec un laissez-passer. Après l'invasion de la zone libre en novembre 1942, la tutelle nazie sur le gouvernement se renforce et la collaboration s'amplifie.

II Le régime de Vichy

1. La démocratie reniée par la « Révolution nationale »

- Le 10 juillet 1940, les parlementaires votent les **pleins pouvoirs à Pétain**. Les élections sont suspendues, les syndicats interdits, la presse et la radio censurées.
- La « Révolution nationale », promue par le gouvernement de Vichy, vise à réorganiser la France autour de **valeurs antirépublicaines**, synthétisées dans la devise « Travail, famille, patrie » que relaie la propagande. L'adoption d'un statut des Juifs (octobre 1940) traduit la nature **antisémite** du régime, qui prend le nom d'« État français ».
- Les Français sont peu sensibles à la Révolution nationale, mais le maréchal Pétain, objet d'un culte officiel, jouit d'une grande popularité.

2. La collaboration avec l'Allemagne nazie

- Inaugurée à Montoire par la rencontre entre Pétain et Hitler (24 octobre 1940), la collaboration est présentée comme un moyen de préserver la souveraineté française. Après l'occupation de la zone libre (novembre 1942), elle devient soumission.
- La **police** et l'**administration** épaulent l'occupant. La **Milice** soutient la Gestapo dans la traque des résistants. Les 16 et 17 juillet 1942, **16 000 Juifs sont raflés à Paris**, enfermés au Vélodrome d'hiver avant d'être déportés.

> **Mot-clé**
> Durant la Seconde Guerre mondiale, on appelle **collaboration** le soutien (individuel ou étatique) à l'Allemagne hitlérienne.

III La France du refus

1. Les « Français libres »

- Le **18 juin 1940**, à la BBC, le **général de Gaulle** appelle à continuer le combat. Il prétend assumer un pouvoir politique légitimé par le refus de la défaite.
- La France libre s'affirme. En 1941, de Gaulle est reconnu par les Alliés comme le représentant légitime de la France. Des **Forces françaises libres (FFL)** se battent aux côtés des Anglo-Américains dès 1942 en Afrique du Nord.

> **Mot-clé**
> Les individus qui ont fui à Londres, ainsi que les troupes et les colonies qui se sont placées sous l'autorité du général de Gaulle forment la **France libre**.

2. Vers la Libération

- À l'automne 1943, **Alger** devient la capitale de la France combattante. Le **Comité français de libération nationale** (CFLN) prépare la libération et le rétablissement de la légalité républicaine.
- Après le **débarquement** (6 juin 1944), la Résistance française soutient la progression alliée, ce qui permet à la France de figurer parmi les vainqueurs du conflit.

Se tester QUIZ

Vérifie que tu as bien compris les points clés des **fiches 5 à 8.**

Pour chaque quiz, coche la ou les bonne(s) réponse(s). Vérifie ta réponse à l'aide du corrigé et consulte les fiches de cours si nécessaire.

1 Une guerre planétaire

→ CORRIGÉ P. 238

1. Qu'appelle-t-on la guerre éclair ?
- ☐ a. la victoire de la Grande Alliance.
- ☐ b. les succès rapides du Reich en Europe.
- ☐ c. la reconquête du territoire soviétique.

2. Quand débute l'opération Barbarossa ?
☐ a. en juin 1941. ☐ b. en juin 1942. ☐ c. en juin 1943.

3. Quel est l'objectif des bombardements stratégiques ?
- ☐ a. Toucher les centres économiques de l'ennemi.
- ☐ b. Démoraliser les civils.
- ☐ c. Attaquer par surprise l'armée ennemie.

2 Le génocide des Juifs

→ CORRIGÉ P. 238

1. À la conférence de Wannsee de janvier 1942 est décidée :
- ☐ a. l'attaque de la Pologne.
- ☐ b. l'invasion de l'URSS.
- ☐ c. le génocide des Juifs européens.

2. Les camps d'extermination sont créés :
☐ a. en Pologne. ☐ b. en Allemagne. ☐ c. dans toute l'Europe.

3. Le génocide juif a fait :
☐ a. 1 million de morts. ☐ b. 3 millions de morts. ☐ c. 5 millions de morts.

3 La France occupée

→ CORRIGÉ P. 238

1. Le maréchal Pétain obtient les pleins pouvoirs légalement.
☐ a. Vrai. ☐ b. Faux.

2. En juin 1940, que propose le maréchal Pétain ?
☐ a. L'armistice. ☐ b. La capitulation. ☐ c. La paix.

3. Le régime de Vichy a protégé les Juifs et les résistants.
☐ a. Vrai. ☐ b. Faux.

4. Quelle est la mission de Jean Moulin en France ?
- ☐ a. Organiser la résistance extérieure.
- ☐ b. Créer de nouveaux maquis.
- ☐ c. Unir la résistance intérieure.

Vers le brevet

Exerce-toi en vue du brevet et révise les **fiches 5 à 8.**

Pour chaque exercice, aide-toi des conseils donnés et compare ta réponse à celle du corrigé.

4 45 min Analyser et comprendre un document

→ CORRIGÉ P. 239

Document **Plan du camp d'Auschwitz-Birkenau**

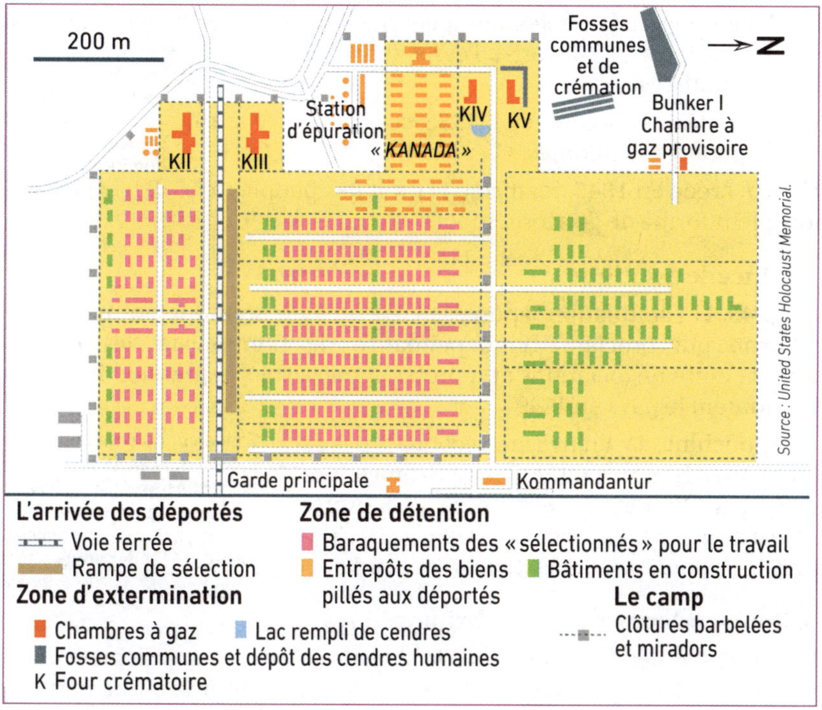

1. Identifie le document.
2. Où se situe le camp d'Auschwitz-Birkenau ? Qui les nazis y envoient-ils ?
3. Étudie le plan : comment le camp est-il organisé ? Que peux-tu en déduire sur sa finalité ?
4. Que nous apprend ce document sur le génocide juif et tzigane ? Quel en est le bilan ?

9 L'effondrement des empires coloniaux et l'indépendance des nouveaux États

La Seconde Guerre mondiale renforce le nationalisme dans les colonies et accélère l'émancipation de l'Asie, puis de l'Afrique.

I La décolonisation débute en Asie…

1. Les conséquences de la Seconde Guerre mondiale

- La défaite des métropoles européennes en 1940 met à mal leur image dans les colonies et y favorise l'essor de **mouvements indépendantistes**.
- En 1945, les États-Unis et l'URSS sont favorables à l'émancipation des colonies.
- L'**ONU, créée en 1945**, réaffirme le droit des peuples à choisir leur forme de gouvernement.

Mot-clé
L'**émancipation** désigne le processus par lequel un peuple dominé se libère de la tutelle coloniale.

2. L'étincelle asiatique

- En 1945, la capitulation japonaise crée un vide politique en Asie. Face à **Soekarno** qui proclame l'indépendance de l'**Indonésie**, les Pays-Bas alternent entre négociations et répression mais, sous la pression internationale, quittent le pays en 1949.
- En **Indochine**, la France ne reconnaît pas la République démocratique du **Vietnam** proclamée par Hô Chi Minh et le Vietminh en 1945. Après huit ans de guerre, les accords de Genève (en juillet 1954) reconnaissent le Vietnam indépendant.

Fondateur du parti communiste indochinois en 1930, **Hô Chi Minh** (1890-1969) est la principale figure du nationalisme vietnamien jusqu'à la fin des années 1960.

3. L'indépendance des Indes britanniques

- En **Inde**, les négociations entre le Royaume-Uni et les indépendantistes aboutissent à l'indépendance le 15 août 1947, mais au prix d'une partition : l'**Union indienne** majoritairement hindouiste et le **Pakistan** musulman.
- **Ceylan** (Sri Lanka) et la **Birmanie** s'émancipent en 1948, la **Malaisie** et **Singapour** en 1957 et 1959.

II … et s'étend à l'Afrique

1. L'effet accélérateur de Bandung

En avril 1955, les leaders de 29 pays d'Asie, d'Afrique et du Moyen-Orient, nouvellement indépendants, organisent une **conférence internationale** à Bandung (Indonésie). Elle **condamne le colonialisme**, relance le processus de décolonisation et pose les bases d'une **solidarité entre pays dominés**.

2. L'émancipation des territoires français d'Afrique du Nord

- Les **protectorats tunisien et marocain** évoluent vers l'indépendance par la négociation. À la tête du Néo-Destour, le Tunisien Bourguiba obtient l'indépendance en 1956, comme le Maroc.
- En **Algérie**, le **Front de libération nationale (FLN)** entame la lutte armée en novembre 1954 par une série d'attentats. Au bout de huit ans, l'indépendance est reconnue en juillet 1962 par les accords d'Évian.

3. L'accès à l'indépendance de l'Afrique subsaharienne

- Dès 1957, grâce à l'action pacifique de Nkrumah, le **Ghana** ouvre la voie à la décolonisation des **territoires de l'Empire britannique**, qui s'achève dans les années 1960.

Nationaliste ghanéen, **Kwame Nkrumah** (1909-1972) appelle à la désobéissance civile contre la tutelle britannique et mène son pays jusqu'à l'indépendance (1957).

- Dans les colonies britanniques comptant une forte minorité blanche, des violences ont lieu. En Rhodésie, elles débouchent sur la partition entre le **Malawi** et la **Zambie**, dominés par la majorité noire (1963), et la **Rhodésie du Sud** où la minorité blanche accapare le pouvoir (1965).
- En 1960, alors que la Belgique quitte le **Congo**, les **territoires français d'Afrique subsaharienne** s'émancipent.
- Les **colonies portugaises** (Angola, Mozambique, Guinée-Bissau) accèdent à l'indépendance après 12 ans de guerre, à la chute de la dictature portugaise en 1975.

L'indépendance du Kenya. Le prince Philip, représentant la Grande-Bretagne, transmet solennellement le pouvoir au Premier ministre du Kenya, Jomo Kenyatta, lors de la cérémonie d'indépendance du pays, le 13 décembre 1963.

10 Un monde bipolaire au temps de la guerre froide

Après la Seconde Guerre mondiale, l'antagonisme idéologique entre les États-Unis et l'URSS entraîne une bipolarisation du monde lourde de dangers (1947-1962).

I Un monde bipolarisé

1. Un conflit de puissances

- Dès 1945, les relations entre les **États-Unis** et l'**URSS**, alliés dans la lutte contre le nazisme, se tendent. Les États-Unis s'inquiètent de l'expansion communiste en Europe de l'Est. En 1947, la politique américaine du ***containment*** (ou endiguement), énoncée par le président Truman, vise à contenir l'expansion communiste dans le monde, notamment par une aide économique via le plan Marshall.

> **Mot-clé**
> Le **plan Marshall** est l'aide financière (dons et subventions en nature et en dollars) versée par les États-Unis aux pays européens à partir de 1948, pour favoriser leur reconstruction.

- En réponse, le Soviétique Jdanov en appelle la même année à la lutte contre les États occidentaux qualifiés d'« impérialistes ». La création du **Kominform** vise à coordonner l'action des partis communistes d'Europe.

2. La constitution des blocs

- Le monde se divise dès lors en deux blocs structurés autour des États-Unis et de l'URSS (bloc de l'Ouest et bloc de l'Est) qui organisent des **réseaux d'alliances militaires** pour étendre leur zone d'influence.
- À l'**Alliance atlantique (OTAN)** organisée en 1949 autour des États-Unis, l'URSS répond par le **pacte de Varsovie** en 1955.

3. La concurrence entre deux modèles idéologiques

- Les **deux Grands** s'opposent dans tous les domaines : politique, diplomatique, militaire, économique… Mais c'est surtout l'**antagonisme idéologique** qui rend toute paix impossible. Le libéralisme politique et économique des Américains est incompatible avec le communisme soviétique.
- Le conflit idéologique prend la forme d'une **guerre de propagande**. Tous les moyens de communication sont mis au service de la dénonciation de l'adversaire : affiches, radio, cinéma…

II Un conflit par pays interposés, d'intensité variable

1. La course aux armements

La guerre froide voit alterner périodes de crises et d'apaisement. Mais l'**affrontement militaire direct est évité** par l'équilibre de la terreur.

Mot-clé
On appelle « **équilibre de la terreur** » la parité des moyens de destruction massive (bombe atomique) visant à dissuader l'adversaire de faire usage de la force.

2. Les crises répétées

- De 1947 à la mort de Staline (1953), les tensions sont fortes autour du sort de l'Allemagne occupée. L'échec du **blocus de Berlin** (juin 1948-mai 1949) décidé par Staline entraîne la partition du pays entre la **République fédérale d'Allemagne (RFA)** et la **République démocratique allemande (RDA)** en 1949.
- La guerre froide se déplace ensuite en Asie où est apparu un nouveau géant communiste, la **République populaire de Chine** dirigée par **Mao**. La tentative de la **Corée du Nord communiste** d'envahir le Sud est néanmoins mise en échec (guerre de Corée, 1950-1953).
- La fuite des Allemands de l'Est vers la RFA convainc l'URSS et la RDA de la nécessité de fermer le **« rideau de fer »**. Dans la nuit du 12 au 13 août 1961, l'érection d'un mur à travers Berlin bloque tout passage : le « mur de la honte » devient le **symbole de la guerre froide**.
- Lors de la **crise de Cuba** (1962), le risque de déflagration nucléaire met le monde « au bord du gouffre » et pousse Khrouchtchev et Kennedy à entrer dans une période de détente.

Est et Ouest. Caricature allemande de 1945.
Dès 1945, ce dessin souligne la division du monde en deux. Il présage qu'un affrontement est à venir entre les anciens alliés américain et soviétique.

11 De l'émergence du tiers-monde à la fin du monde bipolaire

Alors que chacun des deux Grands tente de maintenir la cohésion de son bloc, à partir des années 1960, la logique bipolaire est mise à mal par l'apparition de nouveaux acteurs sur la scène internationale (1962-1991).

I La détente à partir des années 1960

1. Un accord pour limiter le risque nucléaire

- Après la crise de Cuba, des **rencontres régulières entre les deux Grands** ont lieu. Le « téléphone rouge » facilite les communications.
- La **maîtrise des armements** paraît aussi la solution pour éviter un conflit fatal : le Traité de non-prolifération des armes nucléaires (1968) limite la possession de la bombe atomique aux cinq pays qui la maîtrisent (États-Unis, URSS, Chine, France, Royaume-Uni).

2. La remise en cause de la logique bipolaire

- Lors des **conférences de Bandung** (1955) et de **Belgrade** (1961), les États nouvellement indépendants s'opposent à la logique bipolaire : le tiers-monde refuse d'intégrer l'un ou l'autre bloc, affirmant ainsi sa volonté de **non-alignement**.

Mot-clé
Le **tiers-monde** désigne les pays anciennement colonisés et peu développés économiquement, affirmant leur solidarité sur la scène internationale.

- Dans le bloc communiste, rompant avec l'URSS (1959), la **Chine** offre au tiers-monde un **modèle concurrent** et condamne l'impérialisme des deux Grands. En Europe, la **contestation** monte dans le bloc de l'Est. En 1968, le « Printemps de Prague » est réprimé dans le sang.
- Parallèlement, les partenaires européens des États-Unis retrouvent plus d'**autonomie** avec la construction de la Communauté économique européenne (CEE).

3. Le repli américain

- Les États-Unis sont pris dans un engrenage au **Vietnam** où, pour contenir la poussée communiste du Nord, ils s'engagent massivement à partir du milieu des années 1960, dans une **guerre meurtrière** de plus en plus impopulaire. Ils sont contraints de partir en 1972, laissant la péninsule indochinoise aux communistes.
- En 1979, l'**invasion de l'Afghanistan** par l'URSS et l'installation d'une **République islamique en Iran**, ancien allié des États-Unis, sont autant de signes de l'affaiblissement américain sur la scène internationale.

La conférence de Bandung, avril 1955.
Le Premier ministre chinois, Zhou Enlai, prend la parole lors de la première conférence afro-asiatique qui se tient en Indonésie, nouvellement indépendante.

II La fin de la guerre froide

1. « America is back »

- Les États-Unis reviennent dans le jeu international avec, en 1980, l'élection de Reagan qui rompt avec la détente. Il entreprend une **croisade idéologique** contre « l'empire du Mal » et l'oblige à une nouvelle course aux armements ruineuse.
- Les États-Unis soutiennent les combattants afghans, contribuant à l'enlisement de l'Armée rouge, et arment la guérilla anticommuniste au Nicaragua.

2. L'arrivée au pouvoir de Gorbatchev et la chute du mur de Berlin

- En 1985, **Gorbatchev** lance de **profondes réformes** en URSS pour sauver le système communiste, à bout de souffle. Sa politique de restructuration économique (*perestroïka*) ébranle la cohésion du bloc de l'Est tandis que la politique de transparence (*glasnost*) libère la parole.
- La **chute du mur de Berlin** (novembre 1989) achève de déstabiliser l'URSS. En deux mois, tous les régimes communistes d'Europe de l'Est s'effondrent, la plupart pacifiquement.

3. La disparition de l'URSS

- Les revendications nationalistes dans les Républiques soviétiques, en particulier baltes, et un putsch conservateur raté en août 1991, provoquent l'**éclatement soviétique** : le 25 décembre 1991, la **démission de Gorbatchev** met fin à l'URSS et consacre la victoire des États-Unis dans la guerre froide.

12 La construction européenne jusqu'en 1992

En 1945 renaît l'idée de fonder une Europe politique unie. C'est pourtant sur des bases économiques que naît et s'approfondit la CEE.

I Les débuts de la construction européenne

1. La CECA

- En 1951, sous l'impulsion des Français **Jean Monnet** et **Robert Schuman**, une **Communauté européenne du charbon et de l'acier** (CECA) est instaurée entre six États européens : la France, la RFA, l'Italie, la Belgique, les Pays-Bas et le Luxembourg. Ces pays s'accordent sur la libre-circulation des produits sidérurgiques et du charbon.

2. L'échec de la CED

Dans le contexte de la guerre froide, les Américains incitent leurs alliés européens à créer une **défense commune**. Mais la Communauté européenne de défense (CED) échoue face au refus français (1954).

3. La Communauté économique européenne

- L'échec de la CED ouvre la voie à la relance de la construction européenne à partir de l'intégration économique.
- Le 26 mars 1957, les six membres de la CECA signent le **traité de Rome** qui fonde une Communauté économique européenne (CEE). Il prévoit l'établissement d'un **marché commun** fondé sur la libre circulation des personnes, des services et des capitaux. L'**Euratom** (Communauté européenne de l'énergie atomique) amorce une coopération dans le domaine nucléaire.
- Les premiers chantiers sont l'**union douanière** et l'organisation d'une **Politique agricole commune (PAC)** visant à rendre l'Europe autosuffisante sur le plan alimentaire : modernisation des exploitations, soutien du niveau de vie des agriculteurs par la stabilisation des prix et la sécurisation des approvisionnements.

> **Mot-clé**
> L'**intégration économique** est l'unification des politiques économiques de différents États pour l'établissement d'une zone de libre-échange.

II Quelle Europe ?

1. Le couple franco-allemand, moteur de la construction européenne

Avec le traité de l'Élysée (1963) signé entre le général **de Gaulle** et le chancelier **Adenauer** pour favoriser la **collaboration franco-allemande**, le couple devient le moteur de la construction européenne.

2. Les élargissements successifs

- En **1973**, le Danemark, le Royaume-Uni et l'Irlande adhèrent à la CEE.
- Les élargissements se font ensuite en direction de l'Europe du Sud : Grèce en **1981**, Espagne et Portugal en **1986**.

3. De lents approfondissements

À partir de 1974, les rencontres entre dirigeants européens deviennent régulières. En 1979, le **Parlement européen** est élu au suffrage universel direct. L'**Acte unique européen**, adopté en 1986, renforce les institutions européennes.

III Maastricht, une nouvelle ambition ?

1. La fin de la logique bipolaire en Europe

Entre 1989 et 1991, l'émancipation des pays du bloc de l'Est (Pologne, pays baltes, Tchécoslovaquie, Hongrie, Roumanie, Bulgarie) laisse présager un élargissement de la CEE. Il apparaît alors nécessaire de redéfinir les traités européens.

2. La naissance de l'Union européenne

- Pour préparer une future union politique, le **traité de Maastricht** (1992) institue l'Union européenne (UE), reposant sur « trois piliers » : la **Communauté européenne**, cadre de la libre circulation des marchandises, des services, des capitaux et des personnes ; la **Politique étrangère et de sécurité commune (PESC)** ; la **coopération policière et judiciaire** en matière pénale.
- Une **citoyenneté européenne** est créée, ainsi que la possibilité pour les ressortissants de l'UE de voter ou de se présenter aux élections locales et européennes dans leur État membre.
- Enfin, le traité institue l'**Union économique et monétaire (UEM)**, préparant ainsi l'adoption d'une future monnaie unique.

« L'Europe unie pour le progrès et pour la paix. »
Affiche italienne célébrant la signature, le 25 mars 1957 à Rome, des traités instituant la CEE et l'Euratom.

13 Le projet européen depuis le traité de Maastricht

Les élargissements successifs de l'Union européenne s'accompagnent d'un approfondissement de la logique communautaire, au prix de la mise en place d'une Europe à plusieurs vitesses (1992 à nos jours).

I Les enjeux d'une Europe élargie

1. De nouveaux candidats

- En **1995**, l'UE s'élargit à **trois nouveaux États** : l'Autriche, la Finlande et la Suède.
- Pour les pays candidats d'**Europe de l'Est**, des critères politiques - disposer d'institutions stables et démocratiques - et économiques - une économie de marché - sont fixés.

2. L'euro

- Dans le domaine économique, la Banque centrale européenne (BCE) est créée en 1998. Indépendante des institutions nationales et européennes, elle est chargée d'émettre la **monnaie unique européenne**, l'euro, mise en circulation dans 11 pays en janvier 2002.

Mot-clé

Institution monétaire de l'Union européenne, la **Banque centrale européenne** est en charge de l'émission de l'euro. Son siège se trouve à Francfort (Allemagne).

- En 2015, la **zone euro** concerne **19 pays** de l'UE. Devenu la deuxième devise internationale derrière le dollar américain, l'euro facilite les échanges et renforce l'influence économique de l'UE dans le monde.

3. Schengen, un espace de libre-circulation des personnes

En 1995, les pays signataires de la **convention de Schengen** (1985) mettent en place un espace de libre-circulation des personnes. Celui-ci prévoit la suppression des contrôles systématiques aux frontières intérieures et un renforcement des contrôles aux limites extérieures de l'UE.

II Une Europe à plusieurs dimensions

1. L'Europe-continent

- En **2004**, huit pays d'Europe de l'Est (Estonie, Hongrie, Lettonie, Lituanie, Pologne, République tchèque, Slovaquie et Slovénie) ainsi que deux d'Europe du Sud (Chypre et Malte) intègrent l'UE. En **2007**, c'est au tour de la Bulgarie et de la Roumanie, suivies en **2013** par la Croatie. L'Union compte désormais **28 pays** et 514 millions d'habitants.

- Les élargissements visent à étendre la **zone de stabilité et de paix** à une large partie du continent, de stimuler la **croissance économique** et les échanges, et de renforcer la **place de l'UE dans les affaires mondiales**.

2. Une Europe à plusieurs vitesses

Les élargissements soulèvent aussi de **nouveaux défis**, du fait des retards en matière de développement économique et social des nouveaux entrants.

III Des solutions longtemps différées

1. L'échec du Traité constitutionnel européen

L'élargissement appelait une réorganisation des institutions communautaires. C'était l'objectif du Traité constitutionnel européen (TCE) présenté en 2004, rejeté lors des référendums français et néerlandais.

2. Le traité de Lisbonne

Le traité de Lisbonne (2009) augmente les pouvoirs du Parlement européen, dorénavant en charge de l'élection du président de la Commission de Bruxelles. Un poste de **président du Conseil européen**, élu par le Conseil des chefs d'État et de gouvernement, est créé, ainsi que celui de **Haut représentant de l'Union** pour les affaires étrangères et la sécurité.

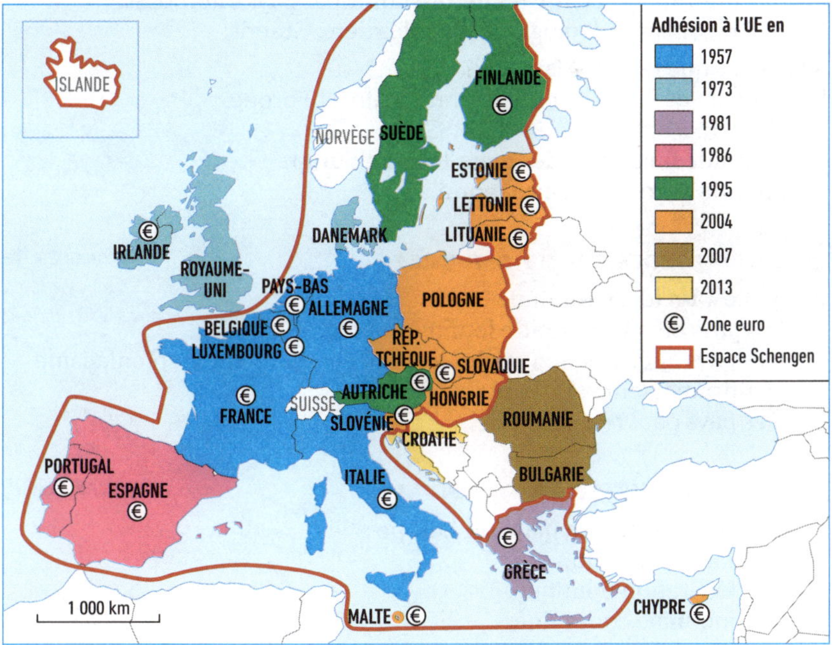

Une Europe à géométrie variable. L'élargissement de l'UE à de nouveaux États s'est accompagné d'un approfondissement de l'intégration économique et politique.

Se tester QUIZ

Vérifie que tu as bien compris les points clés des **fiches 9 à 13.**

Pour chaque quiz, coche la ou les bonne(s) réponse(s). Vérifie ta réponse à l'aide du corrigé et consulte les fiches de cours si nécessaire.

1 L'effondrement des empires coloniaux

→ CORRIGÉ P. 239

1. En 1945, Hô Chi Minh déclare l'indépendance :
- ☐ a. de la Birmanie.
- ☐ b. de l'Indonésie.
- ☐ c. du Vietnam.

2. Les accords d'Évian mettent fin à :
- ☐ a. la guerre d'Indochine.
- ☐ b. la guerre d'Algérie.
- ☐ c. la guerre du Vietnam.

2 La guerre froide

→ CORRIGÉ P. 239

1. La guerre froide est une période :
- ☐ a. d'affrontements directs entre les deux Grands.
- ☐ b. de confrontation entre les deux Grands par pays interposés.
- ☐ c. d'antagonisme idéologique entre les deux Grands.

2. Qu'est-ce que le plan Marshall ?
- ☐ a. Un plan de soutien militaire américain à l'Europe.
- ☐ b. Un plan d'attaque contre l'URSS.
- ☐ c. Une aide financière des États-Unis à l'Europe après la Seconde Guerre mondiale.

3 L'émergence du tiers-monde

→ CORRIGÉ P. 239

Qu'appelle-t-on le tiers-monde ?
- ☐ a. Les pays en guerre contre leur métropole.
- ☐ b. Des pays anciennement colonisés qui condamnent le colonialisme et affirment leur solidarité.
- ☐ c. Des pays pauvres.

4 La construction européenne

→ CORRIGÉ P. 239

Le traité de Rome met en place en Europe :
- ☐ a. un marché commun.
- ☐ b. une fédération politique.
- ☐ c. une monnaie commune.

Vers le brevet

Exerce-toi en vue du brevet et révise les **fiches 9 à 13.**

Pour chaque exercice, aide-toi des conseils donnés et compare ta réponse à celle du corrigé.

5 Analyser et comprendre un document

45 min

→ CORRIGÉ P. 239

Document **Le bras de fer entre les deux Grands**

« D'accord monsieur le Président, discutons. »
Caricature de Leslie Gilbert Illingworth, *Daily Mail*, 29 octobre 1962.

1. Présente le document et précise son contexte.

2. Décris le document et indique qui sont les acteurs de la crise de Cuba.

3. Comment comprends-tu la légende : « D'accord monsieur le Président, discutons » ?

4. Pourquoi la crise de Cuba est-elle considérée comme l'une des plus graves de la guerre froide ? Quelles ont été ses conséquences sur les relations américano-soviétiques ?

14 Un nouvel ordre mondial après 1989

La fin de la guerre froide a donné naissance à un nouvel ordre mondial dans lequel l'hégémonie américaine se trouve progressivement remise en cause.

I La superpuissance états-unienne

1. Un nouvel ordre mondial

- Avec la disparition de l'URSS en 1991, un ordre mondial **unipolaire**, dominé par les **États-Unis**, se met en place.
- La victoire rapide des États-Unis lors de la guerre du Golfe (1991) conforte le pays dans son statut de leader. En maintenant des dépenses militaires élevées, il s'impose comme la **seule puissance détentrice d'une force de projection planétaire**.
- Le président **Clinton** (1993-2001) veut promouvoir la **démocratie** et l'**économie de marché** à travers le monde. Il privilégie l'**action diplomatique** dans le règlement des conflits, malgré certains engagements militaires, comme en Bosnie en 1995.

2. La rupture du 11-Septembre

- Le 11 septembre 2001, les États-Unis sont frappés par des **attentats terroristes** perpétrés par des membres du réseau **Al-Qaïda**. Pour le président **Bush** (2001-2009), cela implique un **changement radical de la diplomatie américaine** et justifie la **guerre préventive** contre le terrorisme, avec l'intervention militaire en Afghanistan (octobre 2001) contre le régime taliban dénoncé comme base arrière d'Al-Qaïda.
- La même logique prévaut en 2003, lors de l'intervention en **Irak** pour renverser le régime de Saddam Hussein.

Mot-clé

Action violente à but politique, dirigée contre une institution, un État ou des civils, le **terrorisme** a pour but de créer un climat de peur.

II Les nouveaux conflits

1. Des enjeux complexes et de multiples acteurs

- Depuis les années 1990, les conflits combinent des **enjeux politiques, religieux et stratégiques** qui rendent les relations internationales plus complexes. Si le nombre de guerres entre États a diminué, les **conflits intraétatiques** (guerres civiles) ont augmenté.
- Les conflits mêlent de nombreux acteurs : **armées rebelles**, **minorités**, **groupes terroristes**. Les **civils** en sont les premières victimes. Ils fuient la guerre, grossissant les **flux de déplacés et de réfugiés**.

2. De nouvelles menaces

- Certains États cherchent à se doter de l'**arme nucléaire** (Corée du Nord, Iran), en violation du Traité de non-prolifération (1968) (→ Fiche 11).
- L'islamisme nourrit un **terrorisme de masse**. Al-Qaïda et son frère ennemi l'organisation **État islamique**, apparue en 2012, défendent le djihad et essaiment en Afrique, au Moyen-Orient et en Asie.

Mots-clés

L'**islamisme** est un mouvement politique qui veut imposer la loi musulmane dans l'organisation politique et sociale, au besoin par la violence (**djihad**).

HISTOIRE

III Vers un monde dépolarisé

1. L'échec américain et l'impuissance internationale

- À partir de 2011, les États-Unis incapables de rétablir la stabilité politique en Afghanistan et en Irak, décident d'**évacuer leurs troupes**.
- La déstabilisation de plusieurs régions du Moyen-Orient et d'Afrique révèle la **faiblesse des États** face à des contestations multiformes.
- Avec l'apparition de nouveaux acteurs non étatiques sur la scène internationale, les mécanismes traditionnels de sécurité collective, relevant en principe de l'ONU, semblent en panne.

2. Les nouveaux acteurs géopolitiques

- Dans un monde dépolarisé, où aucune puissance ne peut plus prétendre seule à l'hégémonie, la **Chine**, la **Russie** ou encore l'**Inde** veulent se faire entendre sur la scène internationale.
- L'**Union européenne** peine à parler d'une seule voix et laisse ses États membres agir seuls sur le plan diplomatique et militaire. Ainsi, la **France** intervient militairement au Mali en 2013 contre la menace islamiste.

Les attentats du World Trade Center, 11 septembre 2001. Après l'attaque de la première tour, un autre avion vient s'encastrer dans la seconde. Ces attentats ont fait près de 3 000 victimes.

15 De nouveaux types de conflits : le Moyen-Orient

Au centre d'enjeux à la fois politiques, religieux et économiques, le Moyen-Orient est l'une des principales zones de conflit dans le monde contemporain.

I Une région en proie à de multiples tensions

1. Une mosaïque culturelle et religieuse

Carrefour de plusieurs civilisations, le Moyen-Orient brasse des **populations d'origines diverses** : Arabes, Turcs, Kurdes, Iraniens. De **multiples communautés religieuses** y cohabitent : juifs, chrétiens, musulmans divisés en une majorité sunnite et une minorité chiite.

Mots-clés

Sunnisme et **chiisme** sont les deux branches principales de l'islam. Leur antagonisme religieux donne lieu à des affrontements violents depuis plus d'un millénaire.

2. Des tensions liées aux ressources naturelles

- Première région au monde pour la production d'**hydrocarbures**, le Moyen-Orient recèle 90 % des réserves connues, ce qui représente un enjeu stratégique pour les grandes puissances.
- L'inégale répartition des ressources en **eau** y est aussi un facteur de tensions.

3. Une instabilité politique

- De nombreux **litiges territoriaux** persistent, comme le montrent la lutte des Palestiniens contre Israël et celle des Kurdes, dispersés entre la Turquie, l'Irak et la Syrie, pour obtenir la création d'un État-nation.
- Depuis les années 1980, l'**islamisme** alimente des **mouvements de contestation** divers dans de nombreux États (Égypte, Syrie, Irak). Il cristallise l'opposition contre les interventions étrangères.
- La **concurrence entre sunnisme et chiisme** prend des formes de plus en plus violentes. Elle est relayée par des rivalités entre puissances, notamment entre l'Arabie saoudite, sunnite, et l'Iran, chiite.

II Des conflits nombreux et multiformes

1. Le conflit israélo-palestinien

- Les **accords d'Oslo** (13 septembre 1993) entre Israël et les Palestiniens, sous l'égide des États-Unis, tentent de mettre fin au conflit démarré en 1948 (création de l'État d'Israël). Ils ouvrent la voie à la création d'un État palestinien. Mais l'objectif n'est pas atteint.

- En 2000, la 2e Intifada est lancée. Israël y répond par la construction d'un **mur de 700 km** isolant les territoires sous tutelle palestinienne. Les attentats-suicides palestiniens et les représailles militaires israéliennes maintiennent une situation de **guerre larvée**.

Mot-clé
La **2e Intifada** (« guerre des pierres ») désigne le soulèvement des Palestiniens entre 2000 et 2004.

2. De la guerre du Golfe à la guerre d'Irak

- En août 1990, **Saddam Hussein**, chef de l'État irakien, envahit le **Koweït**. En janvier-février 1991, l'ONU autorise l'intervention d'une **coalition de 34 États** sous commandement américain pour faire cesser cette occupation. La victoire militaire assure aux Américains une présence permanente au Moyen-Orient.
- En 2003, les États-Unis lancent une nouvelle opération militaire pour renverser le régime irakien, accusé à tort de fabriquer des armes de destruction massive. La **chute de Saddam Hussein** n'entraîne pas de retour à la stabilité. Le désengagement des États-Unis (2011) laisse une situation de **guerre civile** entre sunnites et chiites.

3. De la guerre civile syrienne à la coalition internationale

- En 2011, la Syrie sombre dans la guerre civile. Le **régime dictatorial d'Assad**, soutenu par l'Iran et la Russie, se bat contre l'**Armée syrienne libre** (ASL) et contre l'**opposition djihadiste**, de plus en plus puissante et organisée.
- À partir d'août 2014, une **coalition arabo-occidentale** de 22 pays intervient par des bombardements aériens pour repousser la progression des djihadistes de l'État islamique, qui contrôlent un vaste territoire à cheval sur la Syrie et l'Irak.

Le Moyen-Orient, un territoire de conflits : la situation depuis 2003.
L'imbrication des enjeux ethniques, religieux, politiques et stratégiques fait du Moyen-Orient l'une des principales zones de conflits du monde actuel.

Se tester QUIZ

Vérifie que tu as bien compris les points clés des **fiches 14 et 15.**

Pour chaque quiz, coche la ou les bonne(s) réponse(s). Vérifie ta réponse à l'aide du corrigé et consulte les fiches de cours si nécessaire.

1 Le monde après 1989

→ CORRIGÉ P. 240

1. Après la disparition de l'URSS, quel pays domine le nouvel ordre mondial ?
- ☐ a. Aucun.
- ☐ b. L'ensemble des pays du monde.
- ☐ c. Les États-Unis.

2. Quel type de conflit domine depuis la fin du XXe siècle ?
- ☐ a. Les conflits intraétatiques.
- ☐ b. Les conflits de civilisations.
- ☐ c. Les conflits interétatiques.

2 Les conflits du Moyen-Orient

→ CORRIGÉ P. 240

1. Quels types de guerres a connus le Moyen-Orient depuis la fin des années 1980 ?
- ☐ a. Des guerres régionales.
- ☐ b. Des guerres civiles.
- ☐ c. Des guerres aux enjeux internationaux.

2. Qu'est-ce qui distingue, sur le plan du droit international, la guerre du Golfe de 1991 de l'intervention américaine en Irak en 2003 ?
- ☐ a. Seule la guerre du Golfe a été autorisée par l'ONU.
- ☐ b. Rien, les deux interventions se sont faites sans l'accord de l'ONU.
- ☐ c. Rien, les deux interventions se sont faites avec l'accord de l'ONU.

Vers le brevet

Exerce-toi en vue du brevet et révise les **fiches 14 et 15.**

Pour chaque exercice, aide-toi des conseils donnés et compare ta réponse à celle du corrigé.

3 Analyser et comprendre un document

45 min

→ CORRIGÉ P. 240

Document **Les troupes américaines évacuent l'Irak**

« Barack Obama avait promis un retrait total des troupes américaines. Celui-ci est effectif depuis hier. Neuf ans de guerre s'achèvent sur un bilan très contrasté. […]

[…] L'opération « Iraqi Freedom » – la guerre la plus controversée depuis celle du Vietnam – s'achève donc dans l'amertume. Certes, le tyran Saddam Hussein a été renversé ; certes l'Irak a connu ses premières élections démocratiques depuis 50 ans. Mais à quel prix ? Plus de 100 000 morts parmi les civils sont à déplorer [...] Des conflits ethnico-religieux entre sunnites, chiites et kurdes menacent la stabilité d'un gouvernement très fragile. [...] L'économie du pays est exsangue : les services de base comme la distribution de l'électricité et de l'eau potable sont défectueux et la reprise des exportations du pétrole – 2,2 millions de barils par jour soit 7 milliards de dollars par mois – sont bien faibles. Cette troisième guerre du Golfe, guerre « préventive » théorisée par George W. Bush après les attentats du 11 septembre 2001 et qui a été émaillée de nombreux scandales [...] aura aussi coûté cher aux États-Unis. Financièrement (770 milliards de dollars par an), humainement (4 484 soldats morts) et moralement.

Philippe Rioux, « Irak, la fin d'une sale guerre », *La Dépêche*, 19 décembre 2011.

1. Présente le document en rappelant quand a commencé la guerre en Irak.
2. Quel président américain a lancé l'intervention en Irak et sous quel prétexte ? L'ONU a-t-elle donné son accord ?
3. Pourquoi l'auteur du texte évoque-t-il une « guerre controversée » ?
4. Quel est le bilan de l'intervention ?
5. Explique la phrase soulignée et montre qu'elle annonce la déstabilisation générale de l'Irak à partir de 2012.

Démarrons ensemble

2. À l'aide du texte et de tes connaissances, rappelle le contexte dans lequel l'intervention militaire a été décidée.
3. À quelles critiques les Américains ont-ils dû répondre au sujet de cette intervention ?
4. Quel a été le prix de la guerre pour les États-Unis ? Pour l'Irak ? Envisage l'aspect économique et financier, mais aussi humain (le nombre de victimes).
5. Que sais-tu de la situation en Irak aujourd'hui ?

16 La refondation de la République en France après la Libération

Au sortir de la guerre, la reconstruction politique de la France passe par l'instauration d'une nouvelle république et la mise en place d'une démocratie sociale (1944-1947).

I Reconstruire

1. Le rétablissement de la paix civile

- Le **Gouvernement provisoire de la République française (GPRF)**, dirigé par de Gaulle, s'installe dans Paris libéré en août 1944. Il intègre les diverses forces politiques issues de la Résistance.
- Pour mettre fin aux règlements de compte qui suivent la Libération (exécutions, lynchages des personnes ayant collaboré avec l'ennemi), le GPRF organise l'épuration. Celle-ci s'opère alors dans un **cadre juridique légal** avec la création de tribunaux spéciaux et d'une Haute Cour de Justice. Les procès de Pétain et Laval (août et octobre 1945) permettent de ressouder les Français dans la réprobation du régime de Vichy.

Mot-clé

Dans la France de la Libération, l'**épuration** désigne la traque des anciens collaborateurs du régime de Vichy et de l'occupant. Elle aboutit d'abord à des exécutions sommaires avant la mise en place d'une épuration légale (procès).

2. La modernisation des structures de l'État et de l'économie

- La **réorganisation de la fonction publique** et la création d'une École nationale d'administration (ENA) doivent permettre de former les nouvelles élites dirigeantes.
- La reconstruction de l'économie passe par la **nationalisation des secteurs stratégiques**, comme l'énergie, le transport, le crédit et la banque.

II Refonder la République

1. La naissance difficile de la IVe République

- Le 21 octobre 1945, les Français se prononcent par référendum contre le maintien de la IIIe République et élisent une **Assemblée constituante**. Mais la forme à donner à la nouvelle Constitution divise la classe politique, notamment la question du **nombre des assemblées** : socialistes et communistes souhaiteraient qu'il n'y en ait qu'une seule.
- En outre, **de Gaulle**, hostile au nouveau projet (retour à un régime d'assemblée), démissionne le 20 janvier 1946. En fondant, en 1947, le **Rassemblement du peuple français (RPF)**, il se range dans l'**opposition** au nouveau régime.

- La Constitution de la IVe République est approuvée par référendum à une faible majorité des Français (53 % des suffrages) en octobre 1946.

2. Un régime parlementaire

- Le **pouvoir exécutif** est détenu par le président de la République et par le président du Conseil (désigné par le président de la République) qui choisit ses ministres.
- Le **pouvoir législatif** appartient aux deux Chambres : l'Assemblée nationale et le Conseil de la République. Celles-ci élisent le président de la République et contrôlent le gouvernement, qu'elles peuvent renverser (motion de censure).

III Redéfinir la démocratie

1. L'obtention du droit de vote pour les femmes

Le GPRF considère que la libération de la patrie doit s'accompagner d'une émancipation politique des femmes. Le 29 avril 1945, **les Françaises votent pour la première fois** à l'occasion des élections municipales.

2. L'élargissement des droits sociaux

- L'instauration de nouveaux droits s'inspire du **programme du Conseil national de la Résistance (CNR)**. La **création de la Sécurité sociale** en 1945 installe la France dans l'État-providence. La mise en place des **allocations familiales** (1946) encourage la reprise de la natalité.
- En étendant à l'ensemble des citoyens des droits économiques et sociaux, le nouveau régime entend instaurer une **République démocratique et sociale**.

Mot-clé

L'expression d'« **État-providence** » désigne l'intervention de l'État dans l'économie afin d'assurer une meilleure redistribution des richesses et de prendre en charge différents risques sociaux (maladies, accidents du travail, vieillesse).

« Marianne aux stigmates », affiche de Paul Colin, 17 août 1944.
Avec cette Marianne souffrante, mais debout, Paul Colin rappelle les souffrances de la guerre et célèbre le relèvement de la République que la libération du territoire, par les Alliés et la Résistance, va rendre possible.

17 De Gaulle et la naissance de la Vᵉ République

De Gaulle est au centre de la vie politique de la Vᵉ République dont il a façonné les institutions. La nouvelle Constitution donne une place centrale à la fonction présidentielle (1958-1969).

I D'une république à l'autre

1. La chute de la IVᵉ République

Face à la **guerre qui dure en Algérie** depuis 1954, la IVᵉ République, affaiblie par l'**instabilité gouvernementale**, apparaît impuissante aux yeux de beaucoup. De Gaulle, qui s'était retiré à Colombey-les-Deux-Églises, se pose alors en recours.

2. La crise du 13 mai 1958

- Lors d'une manifestation à Alger, les Français d'Algérie soutenus par des officiers, craignant que la France accorde l'indépendance, prennent d'assaut le siège du Gouvernement général. **Ils réclament un changement de régime et le retour du général de Gaulle.**
- De Gaulle se déclare prêt à assumer le pouvoir et à préparer un nouveau projet constitutionnel. Il est nommé chef du gouvernement le 1ᵉʳ juin 1958.

3. La nouvelle Constitution

La nouvelle Constitution est **approuvée par référendum** à plus de 80 % le 28 septembre 1958. **De Gaulle est élu président de la République** en décembre 1958.

II Un équilibre des pouvoirs repensé

1. Le renforcement du pouvoir exécutif

- Le **président de la République**, élu par un collège de 80 000 grands électeurs, nomme le Premier ministre, qu'il peut révoquer. Il peut consulter les citoyens par référendum et dissoudre l'Assemblée. En cas de crise sur les institutions ou le pays, il peut disposer des pleins-pouvoirs (art. 16). Chef des armées, il dirige la politique étrangère.
- Le **Premier ministre** coordonne l'action du **gouvernement**. Son gouvernement et lui sont responsables devant l'Assemblée qui peut les renverser par une motion de censure.

2. La limitation des pouvoirs du Parlement

- Le **Parlement**, qui détient le pouvoir législatif, est composé de deux chambres : l'**Assemblée nationale**, élue pour cinq ans au suffrage universel direct, et le **Sénat**, élu au suffrage indirect tous les neuf ans (renouvelable par tiers).

- Le Parlement n'a pas la maîtrise de son ordre du jour, fixé par le **gouvernement**. Celui-ci peut faire passer certaines lois sans débat ni vote (art. 49.3).
- Le scrutin majoritaire aux élections législatives assure des majorités parlementaires larges et stables, dont la vocation est de soutenir le gouvernement.
- Le **Conseil constitutionnel** vérifie que les lois sont conformes à la Constitution.

Mot-clé

Mode de scrutin adopté pour l'élection des députés, le **scrutin majoritaire** est uninominal (choix d'un seul nom) et à deux tours. Pour être élu au premier tour, le candidat doit obtenir la majorité absolue des voix. Au second tour, la majorité relative suffit.

III La pratique gaullienne du pouvoir

1. La révision constitutionnelle de 1962

- Dans le contexte de la crise algérienne (attentats, manifestations en Algérie et en métropole), de Gaulle veut **renforcer la légitimité présidentielle**.
- Le référendum d'octobre 1962, proposant l'**élection du président de la République au suffrage universel direct**, est largement approuvé.
- Les partis de gauche dénoncent une dérive monarchique du régime.

2. Les années de Gaulle

- Par ses voyages en province et ses conférences de presse télévisées, de Gaulle établit un **lien direct** avec les Français. Les référendums sont l'occasion de vérifier sa popularité.
- Il s'appuie sur un **parti gaulliste puissant** (UNR puis UDR) qui réunit une grande partie de la droite.
- En 1965, de Gaulle est élu pour un second mandat, mais il **démissionne** le 28 avril 1969, suite à l'échec du référendum sur la réforme du Sénat.

Affiche appelant à voter en faveur de la nouvelle Constitution, réalisée pour le référendum du 28 septembre 1958.
Le général de Gaulle apparaît en ombre portée de Marianne libérée de ses chaînes. L'adoption de la nouvelle Constitution est ainsi présentée comme un moyen de rompre avec la IVe République et le « système » des partis.

18 Les évolutions de la Ve République

Les évolutions de la vie politique, les alternances et les cohabitations montrent la souplesse des institutions de la Ve République (de 1969 au milieu des années 1980).

I Héritage et transition (1969-1981)

1. Georges Pompidou : héritier de De Gaulle à l'Élysée

Le gaulliste Pompidou est élu le 15 juin 1969. Il reprend à son compte la **pratique des institutions établie par de Gaulle** dont il a été le Premier ministre de 1962 à 1968. Le septennat est interrompu par sa mort le 2 avril 1974.

2. Valéry Giscard d'Estaing : continuité et rajeunissement

- Ministre des Finances de Pompidou, Giscard appartient à la **droite modérée** et s'affiche comme le **candidat du renouveau**. Il est élu le 19 mai 1974.
- À 48 ans, il est le plus jeune président de la Ve République. Il veut donner l'image d'un président **moderne et proche des Français**. Pour autant, il ne rompt pas avec la pratique des institutions érigée par ses prédécesseurs.
- Il prend acte des **évolutions de la société**. Répondant aux revendications exprimées par la jeunesse en mai 1968, il abaisse l'âge de la majorité à 18 ans.

3. La rénovation de la vie politique

- Face à la domination des partis de droite, **la gauche se rassemble** autour d'un grand parti, pour pouvoir gagner les élections. Le **PS** est créé en 1971 pour réunir tous les socialistes. Il se rapproche du PCF et des radicaux.
- À droite, la concurrence est forte entre le parti gaulliste, **RPR**, et les modérés, réunis dans le parti fondé par Giscard en 1978, l'**UDF**.

II Alternances et cohabitations (1981-1995)

1. François Mitterrand, premier président socialiste de la Ve République

- L'élection de Mitterrand le 10 mai 1981 marque la première alternance.
- La durée de sa présidence – **deux mandats** (1981-1988 et 1988-1995) – et sa pratique des institutions renforcent l'image d'un **« monarque républicain »**.
- Il innove en nommant le plus jeune Premier ministre (Laurent Fabius a 38 ans en 1984) et la première femme à cette fonction (Édith Cresson en 1991).

Mot-clé

L'**alternance** est la succession de majorités parlementaires et de présidents de la République appartenant à des familles politiques différentes.

2. Le « changement »

- Le gouvernement socialiste veut **élargir la démocratie sociale** : retraite à 60 ans, semaine de 39 heures, cinquième semaine de congés payés. Il engage des **réformes sociétales** : fin du délit d'homosexualité et remboursement de l'IVG par la Sécurité sociale.
- La mesure la plus emblématique est l'**abolition de la peine de mort** (1981).
- Parallèlement, le gouvernement lance une ambitieuse politique de **décentralisation**, élargie depuis.

3. Des institutions qui s'adaptent

- À deux reprises, sous les septennats de Mitterrand, une **majorité de droite** est élue à l'**Assemblée**. Cela oblige Mitterrand à choisir son Premier ministre dans la nouvelle majorité : Jacques Chirac (1986-1988) et Édouard Balladur (1993-1995).
- La cohabitation introduit une **division au sein de l'exécutif** : le président se replie sur la politique étrangère ; le gouvernement définit et mène la politique intérieure. Le rôle de l'Assemblée est renforcé, puisque le gouvernement ne peut s'appuyer que sur sa majorité parlementaire.
- L'élection de Jacques Chirac à la fonction présidentielle en 1995 marque une **nouvelle alternance**, cette fois en faveur de la droite gaulliste.

Mot-clé

On parle de **cohabitation** quand le président de la République et le pouvoir législatif, tous deux issus du suffrage universel, représentent des tendances politiques opposées. Dans ce cas, le président nomme un Premier ministre issu de la majorité parlementaire.

HISTOIRE

François Mitterrand devant la pyramide du Louvre, 28 juin 1989. Sous la Ve République, les présidents successifs initient de grands travaux, notamment à Paris.

19 Économie et société : des Trente Glorieuses à la crise économique

À partir de 1945, la France entre dans une période de prospérité qui s'accompagne d'une transformation des structures économiques et de mutations sociales.

I Les bouleversements de l'économie française

1. Les Trente Glorieuses

- De 1945 à 1975, l'économie française connaît une période de forte prospérité, les Trente Glorieuses, marquée par des **taux de croissance du PIB élevés** (autour de 5 %) et le **plein emploi**.
- **L'État soutient la croissance** en favorisant la recherche et en lançant de grands travaux d'équipement.

Mot-clé
L'expression « **Trente Glorieuses** » désigne la période de forte croissance économique que connaissent la France et l'ensemble des pays industrialisés entre 1945 et 1975.

2. La récession

- Cette période faste prend fin dans les années 1970 : l'économie française subit de plein fouet la récession qui se traduit par une **forte hausse des prix** (inflation) et l'apparition d'un **chômage de masse**.
- Le chômage n'épargne aucune catégorie professionnelle, mais frappe davantage les **femmes** et les **jeunes non diplômés**, ainsi que les **secteurs industriels traditionnels** (mines, sidérurgie et textile).

Mot-clé
Une période de **récession** se caractérise par un ralentissement de la croissance qui peut se traduire par une baisse du PIB.

3. L'évolution de la population active

- Le développement du **salariat** (84 % de la population active en 1982) s'explique en grande partie par l'**essor des services** et la diminution du nombre des travailleurs indépendants (commerçants, artisans, etc.).
- Les salariés bénéficient d'une **législation favorable** (allongement des congés payés, salaire minimum).
- Parallèlement, la paysannerie et le monde ouvrier déclinent.

II La société française en mouvement

1. Du *baby-boom* au vieillissement

- Dans les années 1950 et 1960, la France connaît une **forte croissance démographique** encouragée par une **politique nataliste** (Sécurité sociale, allocations familiales) : c'est le *baby-boom*.
- À partir des années 1970, la **natalité baisse** du fait de la généralisation du travail féminin. Le nombre moyen d'enfant par femme diminue (1,86 en 1985).

- La crise économique amplifie le phénomène. En même temps, l'allongement de l'espérance de vie entraîne un **vieillissement de la population**.

2. L'urbanisation du territoire

- Les campagnes se dépeuplent et l'urbanisation s'accélère. De grands ensembles sont construits à la **périphérie des grandes villes** et les **banlieues** s'étalent.
- Quand la crise économique éclate, les périphéries urbaines concentrent de nombreux **problèmes sociaux**.

3. Le triomphe de la société de consommation

- L'augmentation du niveau de vie permet aux Français d'**accéder à la propriété** et de **s'équiper** (réfrigérateurs, machines à laver). La voiture, symbole de la société industrielle, se généralise. Les Français découvrent les **loisirs**.
- La **crise des années 1970-1980** fait pourtant apparaître les limites de la société d'abondance. Toute une frange de la société sombre dans l'exclusion. Un **Revenu minimum d'insertion (RMI)** est créé par l'État en 1988.

4. Un nouveau groupe social : la jeunesse

- Avec le *baby-boom*, le **poids des jeunes dans la société** s'accroît. En 1959, l'âge de fin de scolarité obligatoire passe à 16 ans.
- Cette nouvelle classe d'âge développe une **« culture jeune »** avec ses propres codes : musique, vêtements, libération sexuelle.
- Lors du mouvement de contestation de **mai 1968**, la jeunesse réclame davantage d'autonomie et de reconnaissance et conteste les autorités traditionnelles (famille, école, État). En réponse, Valéry Giscard d'Estaing décide l'abaissement de l'âge de la majorité à 18 ans en 1974.

Une publicité pour la 4 CV de Renault, 1959.
Dans les années 1950, les Français entrent dans la société de consommation et la voiture se démocratise. La 4 CV est produite à un million d'exemplaires.

20 L'évolution de la condition des femmes

Après 1945, les femmes gagnent une nouvelle visibilité dans la société française et obtiennent de nouveaux droits.

I Le statut de la femme

1. La femme sous tutelle, une condition remise en cause

- Le Code civil établi par Napoléon en 1804 pose le **cadre juridique** qui régit les rapports au sein de la famille en France jusqu'au milieu du XXe siècle.
- La femme mariée ne peut alors ni étudier, ni travailler, ni disposer de ses biens et de son salaire sans l'**autorisation de son mari**. L'homme est considéré comme le seul capable de faire vivre sa famille.
- En 1949, la philosophe **Simone de Beauvoir** (1908-1986) dénonce la domination subie par les femmes dans un ouvrage, *Le Deuxième Sexe*. Elle a une influence déterminante sur le féminisme français.

Mot-clé

Le **féminisme** est un mouvement qui combat pour l'égalité des droits entre les femmes et les hommes.

2. La féminisation de l'enseignement supérieur

- Durant les Trente Glorieuses, l'élévation générale du niveau de vie s'accompagne d'une **massification scolaire** qui profite aux filles.
- La **loi Haby** (1975) généralise la **mixité** dans tous les degrés de l'enseignement.
- Les filles accèdent massivement aux **études supérieures** : en 1946, à 20 ans, 3 % des filles étaient scolarisées (contre 6,5 % des garçons) ; en 1962, 11 % (11 % des garçons) ; en 1996, 62 % (54 % des garçons).

3. La féminisation du marché du travail

- Avec l'essor de l'emploi tertiaire, le travail féminin ne cesse d'augmenter depuis les années 1960. En 1965, la **réforme des régimes matrimoniaux** permet aux femmes d'exercer une activité professionnelle sans l'autorisation de leurs maris.
- Mais la distinction des emplois en fonction du sexe reste alors **discriminante**. Les femmes ont difficilement accès aux postes à responsabilité. Elles occupent le plus souvent des emplois peu qualifiés, en intérim, précaires. Les **inégalités de salaire** hommes-femmes sont importantes et perdurent aujourd'hui.

II L'intégration des femmes à la vie politique

1. Un droit de vote tardif

Alors que la France est le premier pays à instaurer le suffrage universel en 1848, elle est l'une des dernières démocraties à élargir ce droit aux femmes. Il faut attendre **1944** pour que le GPRF accorde le droit de vote aux femmes leur donnant ainsi l'**égalité politique** (→ Fiche 16).

2. Une faible représentation politique

- Malgré la création en 1974 d'un secrétariat d'État à la Condition féminine, transformé en 1981 en ministère des Droits de la femme, la vie politique s'ouvre très lentement aux femmes. En 1986, on ne compte que **5,8 % de femmes députés et 2,6 % de femmes sénateurs**.
- Il faut attendre 1991 pour voir la première femme nommée au poste de **Premier ministre**, Édith Cresson.

III Le droit à disposer de son corps

1. L'émergence de nouvelles revendications

- L'égalité politique une fois acquise, le processus d'émancipation des femmes se déplace sur le terrain de la procréation.
- Créé en 1960, le planning familial promeut l'éducation sexuelle et le droit à la **contraception**. Celle-ci est légalisée en 1967 par la **loi Neuwirth**.

Mot-clé

L'**émancipation** des femmes désigne le processus par lequel elles s'affranchissent de la domination qui pèse sur elles.

2. Un nouveau féminisme dans les années 1960-1970

- Le mouvement de mai 68 favorise l'émergence de nouveaux mouvements féministes, comme le **Mouvement de libération des femmes (MLF)** qui milite pour sortir la femme du rôle d'épouse et de mère auquel la société la cantonne.
- La légalisation de l'**avortement** en 1975 par le vote de la **loi Veil** est une victoire.

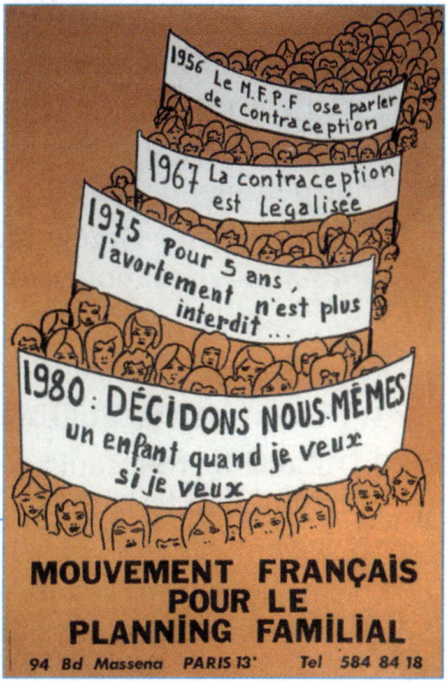

Affiche du Mouvement français pour le planning familial, 1980.
Elle rappelle les moments clés de l'émancipation des femmes en matière de procréation.

21 Les politiques d'immigration et la place des immigrés

Après 1945, la France fait appel à la main-d'œuvre étrangère pour accompagner la croissance, mais la récession des années 1970 met un terme à l'immigration.

I La France, un vieux pays d'immigration

1. Une immigration initiée très tôt

- La France a été le premier pays européen à connaître au XIXe siècle une forte **baisse de sa natalité**, nécessitant de recourir à l'**immigration de travail**.
- Jusqu'à la Seconde Guerre mondiale, les immigrés viennent des pays européens : Belgique et Italie d'abord, Pologne ensuite.

Mot-clé
Un **immigré** est un étranger né à l'étranger et résidant en France.

2. De nouveaux immigrants durant les Trente Glorieuses

- **Afin d'accompagner la croissance**, l'État et les entreprises encouragent l'immigration de **travailleurs étrangers**. L'Office national d'immigration est créé dès 1945 afin d'encadrer ces flux.
- Les travailleurs viennent alors surtout du Portugal, des pays du Maghreb récemment décolonisés, puis d'Afrique subsaharienne.
- Si la **provenance** des immigrés se modifie, leur **part dans la population** reste identique à celle du début du siècle (7 %).

3. La fin de l'immigration de travail

- En 1974, l'immigration de travailleurs est **stoppée** et les conditions d'entrée sur le territoire sont durcies. Ce virage s'explique par la **crise** qui fait suite au choc pétrolier de 1973.
- Pour favoriser l'intégration des immigrés déjà installés, le **regroupement familial** est néanmoins autorisé.

II La place des immigrés dans la société française

1. Un travail peu qualifié

- D'abord arrivés seuls, les immigrés sont souvent des hommes qui font vivre leur famille restée au pays en s'employant dans l'**industrie** et dans les **services**.
- Dans les entreprises, ils sont souvent **moins payés** que les ouvriers français et ne peuvent guère espérer une ascension dans la hiérarchie.

- Les **Algériens** constituent dans les années 1970 le quart des manœuvres et des ouvriers non qualifiés ; les **Portugais** et les **Espagnols** forment plus de 50 % du personnel de service.

2. Des conditions de vie difficiles

Dans les années 1950 et 1960, les immigrés s'entassent dans les **bidonvilles**. Dans les années 1970, la construction de grands ensembles à la périphérie des villes constitue une amélioration matérielle.

3. Quelle intégration ?

- Si le nombre d'immigrés est stable, c'est l'intégration des derniers arrivants qui semble en panne. La **ségrégation spatiale** et les **inégalités** de réussite scolaire semblent en être les principaux facteurs. La « deuxième génération », née en France, souffre de **discriminations**.
- Avec la récession économique, la **xénophobie** (hostilité envers les étrangers) réapparaît.

Mot-clé

L'**intégration** est le processus par lequel des individus acquièrent le sentiment d'appartenir à la communauté dans laquelle ils vivent.

- Pour autant, la hausse des **mariages mixtes**, celle des **naturalisations** et l'**ascension sociale** des fils et filles d'immigrés sont autant de signes encourageants.
- La question de l'immigration devient un **enjeu central** du débat politique. Dans les années 1980, l'essor du Front national qui en a fait son principal argument de campagne électorale, en témoigne.

Travailleur immigré dans une usine Renault (1963).
Comme cet ouvrier travaillant sur une chaîne de montage automobile, les travailleurs immigrés sont nombreux dans l'industrie durant les Trente Glorieuses, et sont le plus souvent cantonnés dans des tâches peu qualifiées.

Se tester QUIZ

Vérifie que tu as bien compris les points clés des **fiches 16 à 21.**

Pour chaque quiz, coche la ou les bonne(s) réponse(s). Vérifie ta réponse à l'aide du corrigé et consulte les fiches de cours si nécessaire.

1 La refondation de la République

→ CORRIGÉ P. 241

1. Le GPRF est constitué :
- [ ] a. uniquement de résistants gaullistes.
- [ ] b. de toutes les forces politiques issues de la Résistance.
- [ ] c. de résistants communistes et gaullistes.

2. Quel est l'objectif de L'État-providence ?
- [ ] a. Élargir les droits sociaux.
- [ ] b. Établir une démocratie sociale.
- [ ] c. Assurer la redistribution des richesses.

2 De Gaulle et la Ve République

→ CORRIGÉ P. 241

1. Quelles sont les causes de l'effondrement de la IVe République ?
- [ ] a. La crise économique.
- [ ] b. La guerre d'Algérie.
- [ ] c. L'instabilité ministérielle.

2. La Constitution de la Ve République donne la primauté :
- [ ] a. au pouvoir exécutif.
- [ ] b. au pouvoir législatif.
- [ ] c. à aucun, mais maintient un équilibre entre les deux.

3 Économie et société : des Trente Glorieuses à la crise économique

→ CORRIGÉ P. 241

1. Qu'appelle-t-on les Trente Glorieuses ?
- [ ] a. Une période d'essor de la natalité.
- [ ] b. Une période d'augmentation de l'emploi.
- [ ] c. Une période de forte croissance économique.

2. Quel secteur d'activité a connu le plus fort développement depuis 1945 ?
- [ ] a. L'agriculture. - [ ] b. L'industrie. - [ ] c. Les services.

3. Quand l'immigration de travail légale a-t-elle pris fin ?
- [ ] a. En 1964. - [ ] b. En 1974. - [ ] c. En 1984.

Vers le brevet

Exerce-toi en vue du brevet et révise les **fiches 16 à 21.**

Pour chaque exercice, aide-toi des conseils donnés et compare ta réponse à celle du corrigé.

4 Rédiger un développement construit

45 min

→ CORRIGÉ P. 241

Comment et sur quelles bases s'est opérée la refondation républicaine à la Libération ?

Démarrons ensemble

- Commence par te rappeler pourquoi il faut refonder la République à la Libération. Quel régime s'est effondré en 1944 ?
- Quel pouvoir le remplace ? Qui est à sa tête ?
- L'idée de refondation implique que les principes républicains sont restaurés : de quels principes s'agit-il ?
- Quels nouveaux droits les citoyens obtiennent-ils ?

5 Rédiger un développement construit

45 min

→ CORRIGÉ P. 241

Quelles ont été les étapes de l'émancipation des femmes dans la société française depuis 1945 ?

Démarrons ensemble

- Commence par définir le mot « émancipation » et précise de quoi les femmes veulent s'émanciper (condition de la femme en 1945).
- Le mot « étapes » implique de dégager des moments clés : structure ton développement de façon chronologique, avec un paragraphe pour chacune des étapes identifiées.

22 Les nouvelles formes de l'urbanisation de la France

Comment les Français vivent-ils en ville aujourd'hui ?

I Une France de citadins

85 % de la population française résident aujourd'hui **dans une aire urbaine**, et jusqu'à **95 % vivent dans un territoire sous influence urbaine**. La France est un pays de citadins.

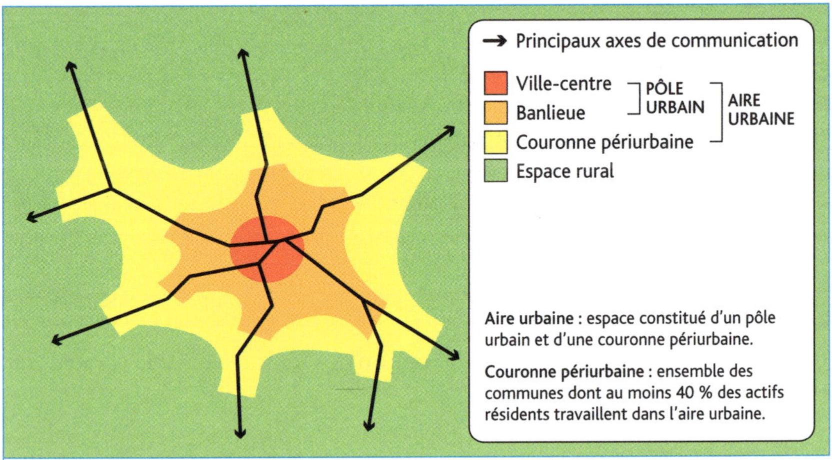

Schéma d'une aire urbaine.
Une aire urbaine est un espace constitué d'un pôle urbain et d'une couronne périurbaine.

On peut distinguer les **différentes parties d'une aire urbaine** par leur morphologie :
- la **ville-centre** est une agglomération, un espace bâti en continu, très dense, pratiquement dépourvu de maisons individuelles ;
- les **banlieues** peuvent être des banlieues résidentielles en **habitat pavillonnaire**, moins dense, ou des banlieues de **grands ensembles**, d'habitat collectif.

Ville-centre et banlieues forment ensemble un **pôle urbain**, c'est-à-dire une unité urbaine qui offre **au moins 10 000 emplois**.

Au-delà du pôle urbain commence la **couronne périurbaine** : l'habitat n'est plus continu, il s'agglomère autour de petits villages-centres qui grossissent par **développement d'habitats pavillonnaires**. Au moins 40 % des actifs résidant dans la couronne périurbaine travaillent en fait dans le pôle urbain ou dans une autre commune de l'aire urbaine. Ces populations donnent l'impression de vivre pratiquement à la campagne, mais sont en fait citadines.

II La croissance urbaine par étalement

- La France est devenue majoritairement urbaine en 1931. De 1945 à 1975, le *baby-boom* et la poursuite de l'**exode rural** ont accéléré la **concentration urbaine** : les banlieues ont explosé, généralement sous la forme de grands ensembles d'habitats collectifs. Les villes françaises sont devenues plus denses.

> **Mot-clé**
> Le ***baby-boom*** est la période de forte natalité qu'a connue la France entre 1943 et 1965.

- À partir de 1975, l'urbanisation se poursuit sous une forme différente : les banlieues deviennent majoritairement des banlieues pavillonnaires, d'habitats individuels. Conséquence logique : **les villes s'étalent et leur densité diminue.** La **périurbanisation** gagne sur les campagnes proches, grignotant l'espace rural environnant, à la faveur du développement de l'automobile et de prix fonciers plus attractifs.
- Depuis une dizaine d'années, les **communes rurales proches des aires urbaines** se développent à leur tour, à condition d'être bien reliées au pôle urbain proche. L'urbain colonise la campagne. L'exode rural étant stoppé depuis 1975, l'espace rural tend aujourd'hui à regagner des habitants. Seul le rural profond, à l'écart des grandes aires urbaines, mal desservi, poursuit son déclin.

III L'explosion des mobilités

- La dissociation entre lieu de vie, lieu de travail, lieu de loisirs ou de consommation, a été permise par le développement de l'automobile. Elle a donc entraîné l'**explosion des mobilités**, c'est-à-dire des changements de lieux quotidiens ou hebdomadaires.
- Les mobilités sont liées aux **déplacements quotidiens** pour se rendre au travail, conduire les enfants à l'école, rentrer chez soi. Le week-end, si les mobilités de travail cessent, les mobilités de loisirs et de consommation prennent le relai : courses ou loisirs dans les centres commerciaux périphériques ou dans le centre-ville.
- Les axes de communication, vides en dehors des heures de pointe, sont ainsi périodiquement saturés par les migrations pendulaires. Pour faire face au trafic sans cesse croissant, les équipements de transport se multiplient, génèrant pertes de temps et pollution. La gestion des mobilités représente donc un **enjeu majeur du développement durable**.

> **Mot-clé**
> Les **migrations pendulaires** sont les déplacements quotidiens qui se produisent à certaines heures de la journée, par exemple de 7 à 9 heures, lorsque les populations se rendent sur leur lieu de travail.

23 Les dynamiques de métropolisation en France

Comment la mondialisation influence-t-elle le système urbain français ?

I Paris, capitale et ville mondiale

> **Mot-clé**
> La **métropolisation** peut être définie comme la concentration croissante des hommes, des activités et des fonctions de commandement dans les grandes villes les mieux connectées aux grands réseaux.

- La mondialisation privilégie l'essor des grandes villes, lieux de commandement, connectées aux villes mondiales. Ainsi, le territoire français est touché par un phénomène de métropolisation. Celle-ci favorise au premier chef la capitale, Paris. L'aire urbaine de Paris regroupe 12,4 millions d'habitants et compte pour 20 % de la croissance démographique totale de la France.
- La métropolisation rejoint une **très ancienne tradition de** macrocéphalie parisienne. Paris domine de très loin le réseau urbain français. Héritière de mille ans de centralisation royale, impériale et républicaine, la capitale de la France concentre les **fonctions supérieures de l'État**. Paris abrite à présent aussi les **fonctions de commandement du capitalisme mondialisé**. La région-capitale produit 30 % du PIB français.
- Paris est une **ville mondiale**, hyperconnectée aux autres villes mondiales. Elle est **l'interface primaire du pays avec le reste du monde**, notamment via ses aéroports, Roissy-Charles-de-Gaulle et Orly.

II Un système métropolitain polycentrique

> **Mot-clé**
> La **loi MAPTAM** (loi de modernisation de l'action publique territoriale et d'affirmation des métropoles du 27 janvier 2014) a notamment créé le statut de métropole et vise à en développer les compétences.

- Hors Paris, le territoire français est structuré par un **réseau de métropoles régionales** qui dominent et organisent le système urbain. La loi MAPTAM de 2014 a élevé 14 d'entre elles au statut de métropole aux compétences élargies.
- Un demi-siècle d'aménagement du territoire a fini par créer un véritable **archipel métropolitain** en France. Dans sa stratégie de développement, chaque métropole s'efforce d'attirer le plus grand nombre d'activités, grâce à des projets d'équipement et des plans de communication. Les métropoles dominent donc de plus en plus fortement leur espace régional.
- Mais elles développent également des **relations hors de leur système régional**, avec d'autres métropoles, françaises ou européennes. Les **coopérations transfrontalières** sont largement sollicitées (Lille avec la Belgique, Mulhouse avec la métropole suisse de Bâle).

III Les villes petites et moyennes sous dépendance

- On parle de **villes moyennes** pour désigner les aires urbaines dont la ville-centre compte **20 000 à 100 000 habitants**. Au-dessus sont les grandes villes et métropoles. En dessous sont les petites villes. Depuis la Révolution, le **maillage territorial** a favorisé le développement d'un tissu de chefs-lieux de cantons et de départements, bénéficiaires de l'exode rural.
- Dans ces villes sont surreprésentés les **activités industrielles** et les services aux populations, l'**économie résidentielle** (→ Fiche 28). Or, la mondialisation a durement frappé les industries les moins compétitives. Les deux tiers des villes petites et moyennes perdent aujourd'hui des habitants.
- Ces villes sont **dépendantes de leur proximité avec une métropole** (la croissance métropolitaine rejaillit sur elles). Elles **dépendent aussi du dynamisme régional** : les villes petites et moyennes du Sud et de l'Ouest continuent de gagner des habitants.

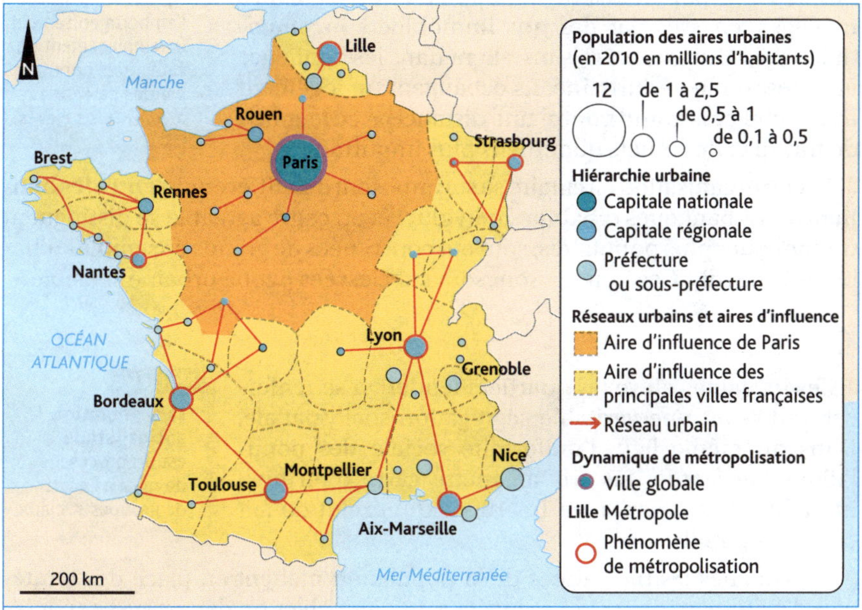

Le système urbain français.
Les métropoles, au premier rang desquelles Paris, structurent le réseau urbain et l'ensemble du territoire.

24 Les inégalités sociospatiales à l'échelle urbaine

Dans quelle mesure les inégalités sociospatiales sont-elles corrigées à l'échelle urbaine ?

I Mondialisation et inégalités sociospatiales

- Les villes ont toujours compté des quartiers réservés à une population aisée et des quartiers plus populaires. Mais les **phénomènes de métropolisation impulsés par la mondialisation**, en faisant monter drastiquement les prix immobiliers, ont exacerbé cette tendance.
- Les centres-villes et les beaux quartiers historiques connaissent un puissant processus de gentrification. Les couches populaires de la population et les jeunes ménages, chassés par des prix immobiliers incompatibles avec leurs revenus, s'installent dans les banlieues et la couronne périurbaine. Ils échangent un logement individuel plus grand contre une distance avec leur lieu de travail et des trajets quotidiens plus importants.

> **Mot-clé**
> La **gentrification** signifie l'embourgeoisement, le remplacement des catégories populaires par des catégories aux revenus plus élevés.

- À cette organisation circulaire se surimposent des **différences entre les banlieues** : les banlieues d'habitat individuel et au cadre agréable se distinguent de banlieues plus populaires, souvent constituées de grands ensembles d'habitats collectifs. Ces « cités » sont souvent classées « zone urbaine sensible ».

II Ségrégation et sécession spatiales

- Ces inégalités entre les quartiers tendent à se renforcer, induisant une véritable ségrégation sociospatiale. Dans un même lieu, l'uniformité sociale des populations s'accentue. Le prix au mètre carré d'un bien immobilier peut varier de 1 à 10, ce qui exclut de fait certaines populations.

> **Mot-clé**
> La **ségrégation sociospatiale** est un processus de mise à l'écart de groupes sociaux.

- Les couches les plus aisées de la population mettent en place des **stratégies d'évitement** des couches jugées infréquentables ou dangereuses : par les transactions immobilières ou le choix des écoles, mais aussi par le refus de certaines communes de construire le pourcentage légal de logements sociaux.
- Certains micro-quartiers, dans les métropoles et à Paris en particulier, privatisent leur accès ; des résidences fermées se construisent, permettant d'en réserver l'accès à des riverains sélectionnés. Ces tendances posent la question d'une véritable **sécession urbaine**, c'est-à-dire une séparation entre « riches » et « pauvres » qui vivraient dans des quartiers étanches les uns aux autres.

III Corriger les inégalités sociospatiales

■ Les **politiques de la ville** naissent en France après 1975, quand les premiers problèmes apparaissent dans les cités populaires, que les classes moyennes ont délaissées pour les couronnes périurbaines, et qui accueillent de plus en plus une population défavorisée, souvent d'origine immigrée. Un premier axe de lutte contre les inégalités sociospatiales apparaît, par des opérations de **réhabilitation de l'habitat**, menées jusqu'à aujourd'hui, sans résultat tangible.

■ Un deuxième axe consiste à **favoriser la mixité sociale**. La loi SRU, votée en 2000 et durcie en 2013, impose aux communes importantes de disposer d'au moins 20 % de logements sociaux (25 % depuis 2013). Mais le bilan est encore relativement mitigé.

> **Remarque**
> La **loi SRU** (loi relative à la solidarité et au renouvellement urbain) prévoit des amendes pour les communes récalcitrantes.

■ Le **déficit de logements** en France, et de logements bon marché dans les métropoles, a conduit à l'adoption en 2007 de la **loi DALO** (droit au logement opposable). Celle-ci permet aux mal-logés de saisir la justice pour faire respecter leur droit au logement. Mais l'offre de logements reste insuffisante. **Les inégalités sociospatiales perdurent donc.**

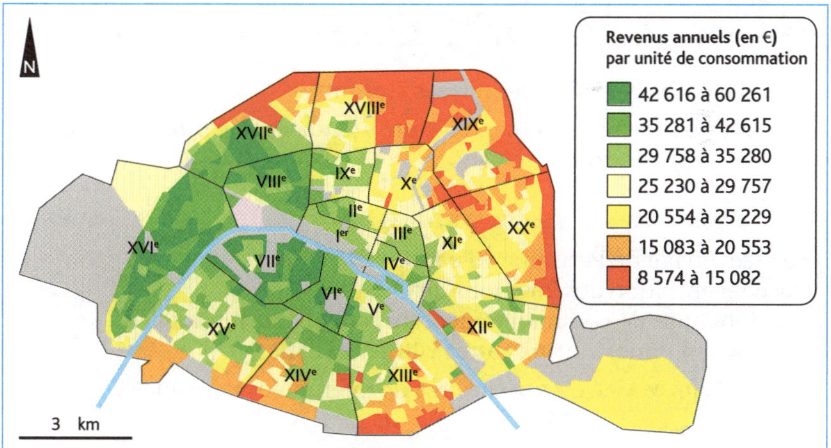

Les disparités de revenus à Paris.
Les disparités de revenus dans la capitale opposent un centre-ouest (arr. centraux, VIIe, VIIIe, XVIe et XVIIe), très riche, aux zones périphériques (ceinture rouge) et aux arrondissements nord et est.

Se tester QUIZ

Vérifie que tu as bien compris les points clés des **fiches 22 à 24.**

Pour chaque quiz, vérifie ta réponse à l'aide du corrigé et consulte les fiches de cours si nécessaire.

1 Les nouvelles formes de l'urbanisation

→ CORRIGÉ P. 242

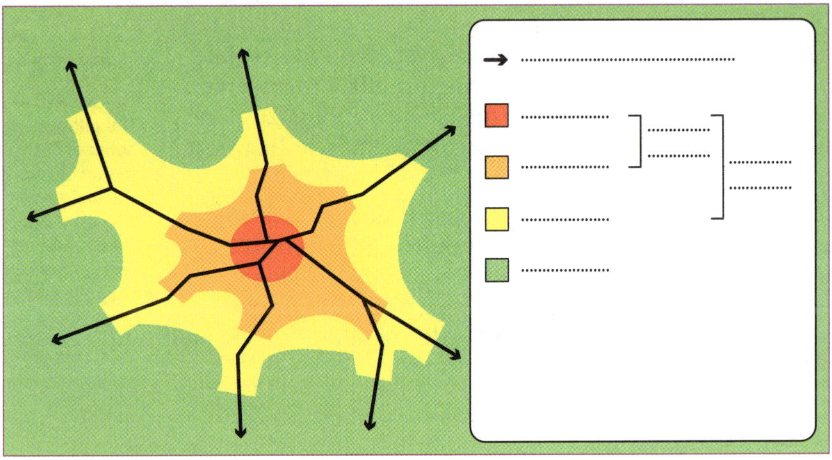

Complète ce schéma à l'aide des termes suivants :

espace rural - banlieue - ville-centre - aire urbaine - pôle urbain - couronne périurbaine - axes de communication.

2 Les dynamiques de métropolisation

→ CORRIGÉ P. 242

1. Qu'est-ce qui fait de Paris une ville mondiale ?
- ☐ a. Sa concentration des fonctions de l'État.
- ☐ b. Ses fonctions de commandement du capitalisme mondialisé.
- ☐ c. Son hyperconnexion aux autres villes mondiales.

2. Combien la loi MAPTAM a-t-elle créé de métropoles en France ?
- ☐ a. 10. ☐ b. 14. ☐ c. 18.

3 Les inégalités sociospatiales à l'échelle urbaine

→ CORRIGÉ P. 242

1. Qu'est-ce que la gentrification ?
- ☐ a. Une conséquence de la mondialisation.
- ☐ b. Le remplacement des couches populaires de la population par des couches aisées.
- ☐ c. Une politique urbaine de réimplantation de populations modestes.

2. Comment appelle-t-on la mise à l'écart de certains groupes sociaux ?

- ☐ a. La ségrégation ethnique.
- ☐ b. La ségrégation sociospatiale.
- ☐ c. L'apartheid.

Vers le brevet

Exerce-toi en vue du brevet et révise les **fiches 22 à 24.**

Pour chaque exercice, aide-toi des conseils donnés et compare ta réponse à celle du corrigé.

4 Analyser et comprendre un document

45 min

→ CORRIGÉ P. 242

Document **Les espaces urbains : l'exemple de Rouen**

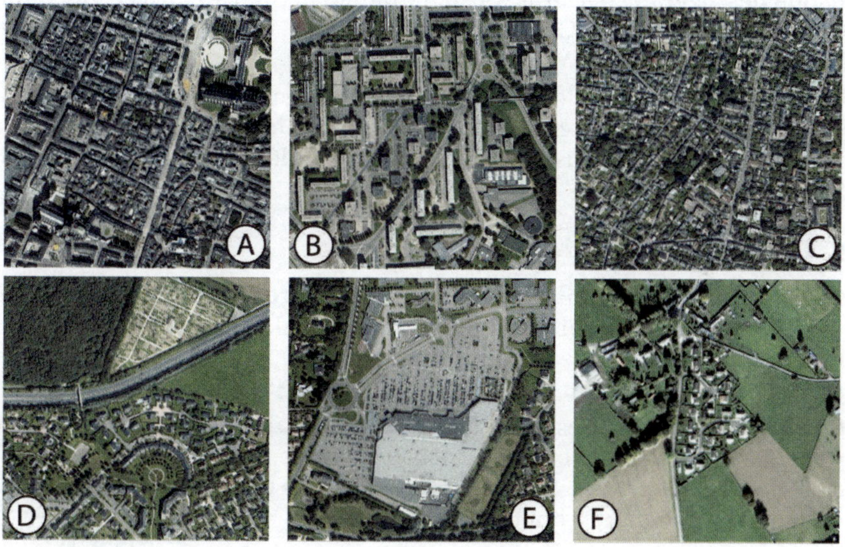

1. Pour chaque type d'espace urbain de la liste suivante, quelle est la photo correspondante ? Indique la lettre qui convient.

Centre-ville - Banlieue pavillonnaire - Banlieue grands ensembles - Couronne périurbaine - Zone commerciale - Espace rural en voie de périurbanisation

2. Explique ton choix pour chaque vignette.

25 Les espaces productifs français au cœur des logiques mondialisées

Un espace productif est une partie du territoire dédiée à la production de richesses. Comment les espaces productifs français s'adaptent-ils aux logiques de la mondialisation ?

I Une grande économie en perte de vitesse

- Avec un PIB de 2 135 milliards d'euros en 2014, la France se situe au **6e rang économique mondial**, et au 3e dans l'Union européenne (UE). Elle fait partie des pays les plus développés de la planète.
- La France bénéficie d'**atouts économiques importants** : une économie diversifiée, des capacités technologiques de pointe, de grandes firmes transnationales figurant parmi les leaders mondiaux dans leur secteur : Total (industrie pétrolière), Carrefour (distribution), Engie ou EDF (énergie), L'Oréal (cosmétiques), LVMH (luxe)...
- Le rang économique de la France a toutefois reculé, passant derrière celui du Royaume-Uni en 2014. **Sa croissance économique est au plus bas** depuis la fin des Trente Glorieuses et particulièrement déprimée depuis la crise de 2008 (+ 0,2 % en 2014).

II Un territoire encore attractif ?

- **Les avantages du territoire français sont encore conséquents** : un État de droit, d'une grande stabilité politique ; une population à haut niveau de vie et d'éducation ; des réseaux de communication performants, de mieux en mieux interconnectés au reste de l'UE.
- Le territoire français est **inséré dans la mondialisation. Paris, ville mondiale**, en est le point d'entrée principal : lieu de commandement, Paris et sa région créent près de 30 % du PIB français ; le tiers des 500 plus grandes entreprises mondiales y ont un siège social.
- Pourtant, **la France perd de son attractivité**. Les investissements directs étrangers (IDE) sont en baisse : la France est la 21e destination mondiale (2014), loin derrière ses voisins européens. **Le *made in France* perd des parts de marché**, passant entre 1993 et 2011 du 4e au 6e rang des exportateurs mondiaux de marchandises. Depuis 1975, l'essentiel des emplois créés en France sont des emplois présentiels et les emplois productifs diminuent, passant de 10 à 8,9 millions.

Mots-clés

Les **emplois présentiels** produisent des biens et services destinés à la population locale : ils dépendent de la démographie.
Les **emplois productifs** répondent à une demande extérieure : ils dépendent de la compétitivité du territoire.

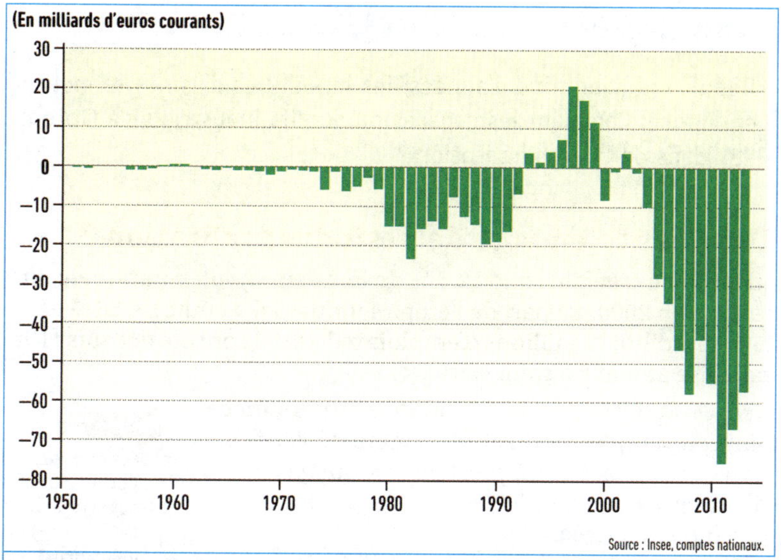

Évolution du solde de la balance commerciale de la France (1950-2013).

Elle traduit la dégradation de la position française dans la mondialisation. La balance commerciale est la différence entre les exportations et les importations de biens. Si elle est négative, cela signifie que les exportations sont inférieures aux importations, ce qui est synonyme de déficit commercial.

III Les mutations différenciées des espaces productifs français

▪ La mondialisation modèle puissamment les espaces productifs français. Certes, les activités présentielles sont peu affectées, mais **les emplois productifs sont exposés à la concurrence internationale**.

▪ Les espaces gagnants sont **les régions métropolitaines, certaines régions littorales et frontalières**. Industries et services modernes s'y développent. À l'inverse, les régions anciennement industrialisées ont perdu une grande partie de leur tissu productif et poursuivent leur reconversion. Les espaces productifs agricoles tendent à se spécialiser afin de gagner en compétitivité.

▪ Ces dynamiques territoriales liées à la mondialisation **altèrent donc progressivement la géographie des activités sur le territoire**. La ligne Le Havre-Marseille, qui différenciait jadis une France industrielle à l'est d'une France agricole à l'ouest, n'a ainsi plus grand sens.

26 Les espaces productifs industriels

Depuis une vingtaine d'années, les fermetures d'usines se multiplient en France. Comment les espaces productifs industriels s'adaptent-ils aux défis de la mondialisation ?

I Une France en voie de désindustrialisation ?

- L'industrie ne crée plus que **12,5 % de la valeur ajoutée nationale** en 2011, contre 18 % en 2000. La part de l'emploi industriel a chuté de 26 % en 1980 à 12,6 % aujourd'hui : 2 millions d'emplois industriels ont été détruits ! L'industrie française atteint un **seuil critique**.
- Certes, cette désindustrialisation doit être **nuancée** : de nombreux emplois industriels ont été déplacés vers les services : ce sont des emplois périproductifs, au service d'entreprises industrielles dont la production est toujours plus robotisée.
- L'industrie française n'est **pas assez compétitive dans la mondialisation** actuelle (insuffisance de la recherche-développement, du financement ; coûts trop élevés pour des produits de gamme trop moyenne).

Mot-clé

Les **emplois périproductifs** assurent des services consommés par les entreprises industrielles, par exemple des services de transport, financement, vente, publicité, conseil, nettoyage, sécurité.

II Les mutations récentes des espaces industriels français

Le passage à un système industriel post-fordiste met les territoires en concurrence, entraînant d'importantes mutations dans les espaces industriels.

- Grâce aux **politiques d'aménagement et de déconcentration industrielle** des années 1960-1980, la France de l'Ouest, autrefois agricole et rurale, a bénéficié de nombreuses implantations industrielles (Basse-Seine, Centre, Bretagne).
- La mondialisation a entraîné le **déclin des anciennes régions industrielles** du Nord et de l'Est, fondées sur l'exploitation de matières premières aujourd'hui abandonnées. Toutefois, **délocalisations** et **fermetures** ont été partiellement compensées par de **nouvelles activités liées aux IDE** (investissements directs à l'étranger), attirées par la proximité de la mégalopole européenne (Toyota à Valenciennes).
- Les **espaces littoraux** ont bénéficié de la **maritimisation** de l'économie (ports de Marseille, Le Havre et Dunkerque) : les activités industrielles ont fleuri dans les **zones industrialo-portuaires (ZIP)**, mieux placées que les localisations plus continentales. La sidérurgie lorraine a ainsi glissé vers la ZIP de Dunkerque.

Mot-clé

Le **système industriel post-fordiste** est fondé non plus sur une production de masse standardisée, mais sur une production plus flexible, en flux tendus, adaptée à la demande et très dépendante des réseaux.

III Industrie et métropoles : un duo gagnant ?

- Dans une économie post-fordiste où les **facteurs de localisation** sont la qualité de la main-d'œuvre, les capacités d'innovation technologique et des réseaux de communication performants, **les métropoles sont les grandes gagnantes**. La région parisienne est la première région industrielle française, devant Lyon.
- L'industrie contemporaine privilégie des formes spatiales particulières : les ***clusters*** (regroupement d'entreprises du même secteur), les **technopôles**, qui mêlent fonctions de recherche et de production, ou les **systèmes productifs locaux**, aux activités complémentaires. En 2004, l'État a créé les **pôles de compétitivité** (aujourd'hui 71) autour de thématiques ciblées.
- La réforme territoriale, qui a fait passer les régions de 22 à 13 et créé 14 métropoles aux compétences renforcées, va dans le sens d'une **dynamique industrielle impulsée par des acteurs plus puissants**. Pourtant, les métropoles créent surtout des emplois présentiels et assez peu d'emplois productifs.

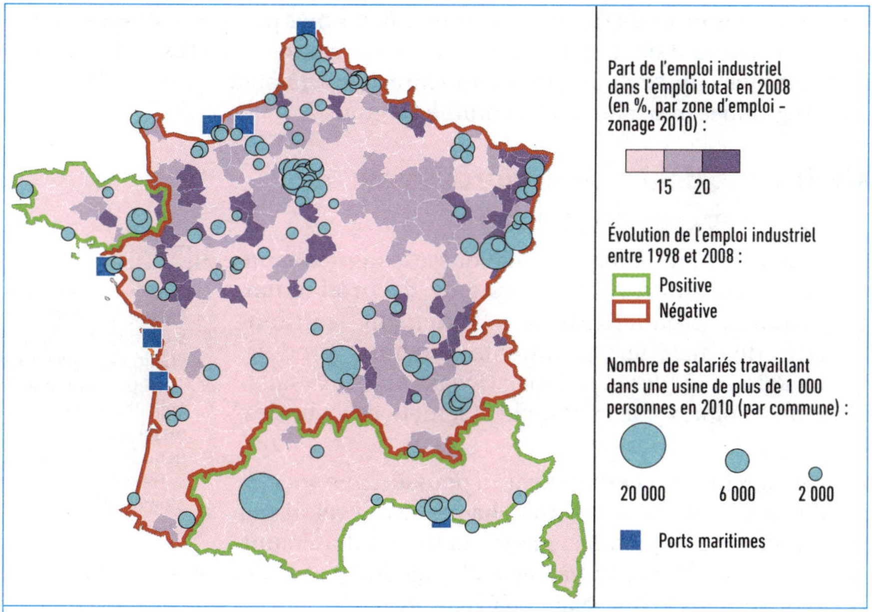

Les nouveaux espaces industriels de la France.
L'ancienne spécialisation industrielle du Nord et de l'Est est en fort recul. Le Sud et la Bretagne, au contraire, connaissent une progression des emplois industriels. Les pôles de compétitivité se concentrent dans les métropoles. Les nœuds logistiques portuaires confirment la littoralisation industrielle.

27 Les espaces productifs agricoles

Les difficultés des éleveurs français, régulièrement sous les feux de l'actualité, montrent que le monde agricole subit d'importantes mutations. Comment les espaces productifs agricoles s'adaptent-ils aux défis de la mondialisation ?

I La France, une grande puissance agricole

- **Premier producteur européen**, la France est aussi le **5e exportateur mondial**. C'est le pays du monde où la valeur ajoutée par agriculteur est la plus forte. L'agriculture ne représente que 2,3 % du PIB, mais 6,5 % si l'on y ajoute les industries agroalimentaires.
- C'est pourtant une agriculture aux effectifs peu importants : **3 % de la population active**, qui se partagent 29 millions d'hectares, soit 53 % du territoire, malgré le grignotage périurbain. Le nombre d'exploitations a été divisé par deux en 20 ans, mais leur superficie moyenne a augmenté : 55 ha en 2014.
- Les produits bruts de l'agriculture sont transformés par de **puissantes industries agroalimentaires**, qui génèrent 18 % du chiffre d'affaires de l'industrie et constituent un **secteur fortement exportateur**, notamment au travers de grands groupes transnationaux, comme Danone.

II Une agriculture productiviste, des espaces spécialisés

- La PAC et la mondialisation ont poussé les agriculteurs à la **modernisation de leur système de production**. L'agriculture productiviste est fortement consommatrice de matériels, d'intrants (engrais, produits phytosanitaires), de techniques (irrigation, suivi satellite), de capitaux, de recherche (semences hybrides, agronomie).
- La recherche de la compétitivité a poussé à une **spécialisation des espaces productifs**, chaque terroir valorisant ses avantages comparatifs : grande culture à dominante céréalière dans le Bassin parisien, élevage intensif en Bretagne, viticulture en Bourgogne, dans le Bordelais, en Champagne.
- L'agriculture productiviste a cependant conduit à des **excès** : pollutions, surconsommation d'eau, crises sanitaires (maladie de la vache folle ou grippe aviaire). La réforme de la PAC introduite en 2015 est en conséquence plus qualitative, visant davantage le **développement rural**. De nouvelles pratiques d'agriculture raisonnée ou biologique se répandent.

> **Mot-clé**
> La **PAC** ou **politique agricole commune** a été mise en place par l'Union européenne dès 1957 pour soutenir les agricultures des pays membres. Pour la période 2014-2020, la France reçoit à ce titre 58 milliards d'euros.

III Une insertion différenciée dans la mondialisation

■ L'insertion différenciée dans la mondialisation se traduit dans l'espace. Les **régions les plus intégrées, compétitives et exportatrices** (grande céréaliculture, élevage industriel, vignobles de renom), comptent des exploitations de grandes dimensions, aux revenus souvent élevés. Ces exploitations restent malgré tout exposées à la concurrence étrangère, celle du poulet brésilien par exemple.

■ Les **espaces peu insérés** dans les réseaux de la mondialisation se marginalisent progressivement. Les exploitations sont de plus petites dimensions, les revenus plus faibles, les cultures moins spécialisées (polyculture). Les friches progressent, les exploitations n'y trouvent pas toujours de repreneur.

■ Certains de ces espaces connaissent cependant parfois une **certaine revitalisation**. Les agriculteurs créent des labels, des produits de terroir artisanaux, vendus en filières courtes. Souvent situés en moyenne montagne, ils développent une seconde activité liée au tourisme vert.

Mot-clé

Le **tourisme vert** est un tourisme diffus, pratiqué en milieu rural et qui se consacre à la découverte de la nature, du terroir et de ses traditions.

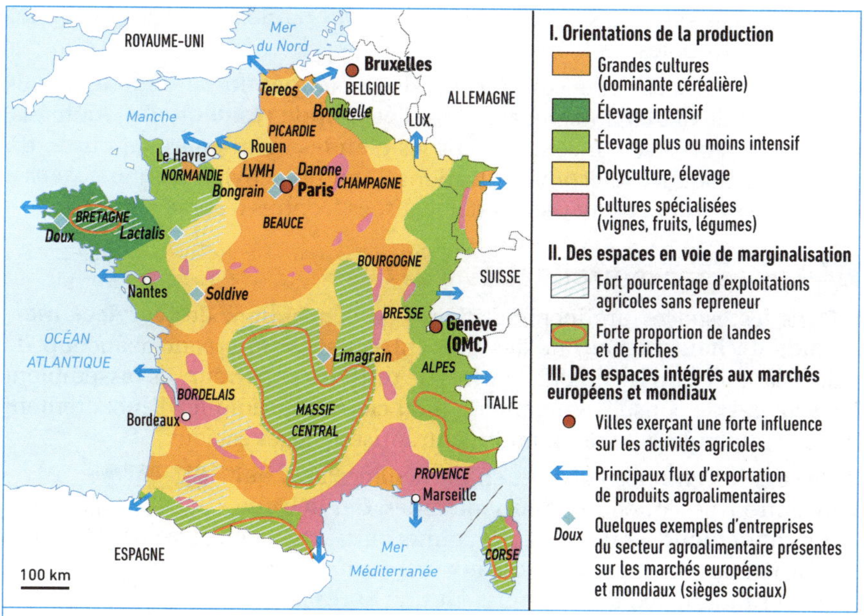

Les espaces productifs agricoles français.
Ils tendent à se spécialiser dans les productions les mieux adaptées à leurs terroirs et à leurs structures productives. Leur avenir dépend de leur insertion plus ou moins réussie dans la mondialisation.

28 Les espaces productifs de services

Comment les espaces productifs de services, notamment touristiques ou d'affaires, s'adaptent-ils aux défis de la mondialisation ?

I Les services, un secteur dominant

- Le secteur tertiaire produit des services, non des biens. **76 % des actifs** y sont employés actuellement en France. Le secteur tertiaire est aujourd'hui le seul à créer des emplois. La fonction publique, qui emploie 20 % des actifs, propose des **services non marchands**, c'est-à-dire rémunérés par l'impôt. Ils se distinguent des services **marchands** du secteur privé, rémunérés à l'acte (médecin libéral, entreprise d'aide à la personne...).

> **Remarque**
> On distingue la **fonction publique** d'État (armée, enseignement...), territoriale (dépendant des collectivités) et hospitalière.

- La répartition des espaces de services sur le territoire dépend de la **fréquence d'accès** (les services de base sont disséminés sur le territoire), de l'**importance de la demande** (une zone peuplée offrira plus de services) et de la **solvabilité de la demande** (une zone plus riche offrira plus de services par habitant). Les services sont donc **fortement hiérarchisés** et privilégient les grandes métropoles.
- Une partie des services sont **à l'abri de la compétition mondiale**, car ils dépendent de la demande locale : c'est l'**économie résidentielle**. Toutefois, une partie tend à se concentrer dans les grandes métropoles, en raison du développement des télécommunications. D'autres activités sont **exposées à la mondialisation** et sont parfois délocalisées (centres d'appel au Maroc).

II Les espaces productifs d'affaires

- Dans les espaces productifs d'affaires se concentrent des **services marchands de haut niveau**, dédiés aux entreprises, qui créent beaucoup de valeur ajoutée : on les qualifie parfois de **tertiaire supérieur**. Ils rassemblent les activités de conseil, d'ingénierie financière ou juridique, d'encadrement et de commandement des grandes entreprises (sièges sociaux).
- Ce sont les grandes villes, et en particulier Paris, qui concentrent ces fonctions métropolitaines. Ces **lieux de commandement** bénéficient de connexions à hautes performances aux grands réseaux nationaux, européens et mondiaux, qui garantissent une **accessibilité optimale**.

> **Mot-clé**
> Les **fonctions métropolitaines** sont des fonctions de commandement, public ou privé.

- Les quartiers d'affaires des métropoles, au premier rang desquelles **Paris, ville mondiale**, produisent des espaces spécifiques, marqués par la verticalité. Il en est ainsi de **La Défense**, premier quartier d'affaires européen, qui concentre 1 500 sièges sociaux, avec l'Arche ou la tour Total.

III Les espaces productifs touristiques

- Le tourisme est une activité majeure sur le territoire français : la France est le **premier pays touristique mondial** (2 millions d'emplois, 6,5 % du PIB). Elle bénéficie ainsi de la mondialisation, avec près de **85 millions de touristes étrangers**, européens, mais de plus en plus américains, chinois et russes, qui génèrent plus de 42 milliards d'euros de recettes.
- Cette fréquentation s'explique par la **grande variété du territoire** et l'**extrême richesse du patrimoine français**. Tous les types de tourisme y sont représentés : culturel, d'affaires, historique, religieux, gastronomique, balnéaire, montagnard, vert…
- L'activité touristique peut être diffuse (tourisme vert), mais **elle marque souvent fortement l'espace**, par les aménagements qu'elle entraîne. Le tourisme balnéaire, par exemple, suppose des voies d'accès (autoroutes), des hébergements (hôtels, campings, *marinas*), des infrastructures de loisirs (ports de plaisance, parcs d'attractions) et de commerce.

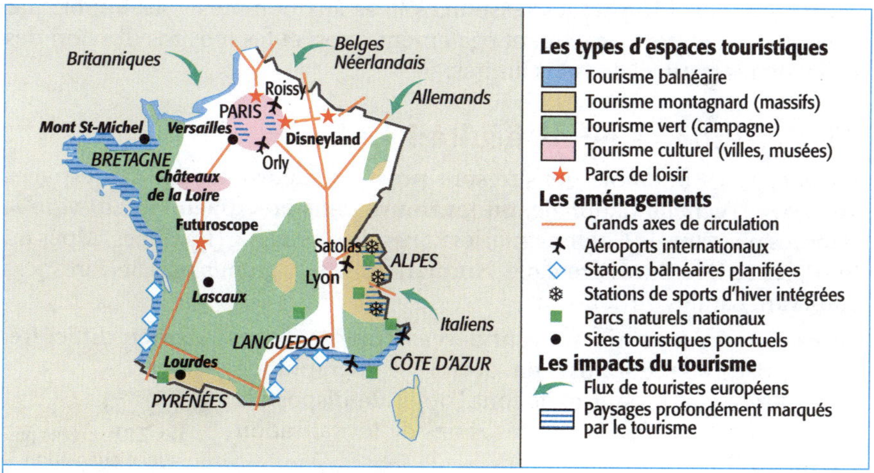

Les espaces productifs touristiques.
Ils sont bien représentés sur le territoire français, en raison de la vocation touristique particulière de la France.

29 Qu'est-ce que les espaces de la faible densité ?

Quelles sont les critères qui permettent de définir les espaces de la faible densité ?

I Définir la faible densité

- Avec une **densité moyenne de 118 hab./km²**, la France est en situation intermédiaire entre une Europe du Nord-Ouest très dense et une Europe du Nord ou du Sud qui le sont beaucoup moins. Cette moyenne française cache cependant des **disparités importantes** sur le territoire.
- La France compte ainsi des **espaces de faible densité** (moins de 30 hab./km², selon la définition de l'Insee) et même, parmi eux, des **espaces désertifiés** (moins de 10 hab./km²). 42 % des communes de France appartiennent aux espaces de faible densité, 10 % aux espaces désertifiés. Les espaces de faible densité comptent **près de 4 millions d'habitants**, dont un demi-million dans les espaces désertifiés.
- Ces espaces de la faible densité définissent donc des **lieux où les hommes sont rares**, plus rares qu'ailleurs. Leur présence y est **plus ponctuelle, plus dispersée, plus diffuse**. Les ressources liées aux hommes – les impôts par exemple – sont par conséquent également rares, et les moyens d'action des collectivités territoriales plus limités.

II Des espaces en difficulté ?

- Les espaces de faible densité sont **presque exclusivement des espaces ruraux**. À l'échelle nationale, on les trouve dans la **« diagonale du vide »**, dans les plateaux de Champagne, les zones de montagne (Pyrénées, Alpes du Sud), les arrière-pays (Bretagne, Normandie) ou les grands massifs forestiers (Morvan, Landes, Ardennes).
- Ces espaces sont très souvent **perçus comme des espaces en difficulté**, en déprise (abandonnés), en déclin démographique et économique. En outre, ils font l'objet de dispositifs d'aide publique : c'est le cas des zones de revitalisation rurale (ZRR).
- Pourtant, la faible densité correspond parfois à un **système d'occupation très ancien**, selon un équilibre validé par l'Histoire entre un groupe humain et un milieu fragile ou contraignant, comme les zones de montagne. La déprise humaine elle-même doit être relativisée.

Mot-clé

Les **ZRR**, créées par la loi d'orientation pour l'aménagement et le développement du territoire de 1995, sont notamment définies par une densité inférieure à 33 hab./km².

III Un retournement démographique des campagnes ?

En effet, **l'exode rural s'est achevé** en France dans les années 1970. Depuis une quinzaine d'années, on observe une **reprise démographique dans les territoires ruraux**. Entre 1999 et 2006, l'espace à dominante rurale a connu une croissance de 0,7 % par an, et de 0,3 % pour le rural isolé. Entre 2006 et 2011, la population des communes très peu denses a augmenté de 3,3 %.

Mot-clé

Le **rural isolé** correspond à l'espace rural non soumis à l'influence d'une aire urbaine. C'est donc théoriquement la partie la plus fragile de l'espace rural.

Cette croissance est faible, mais réelle. **La « diagonale du vide » se fracture** : si sa partie nord poursuit sa désertification, sa partie sud connaît une poussée démographique sensible. Celle-ci ne tient pas au solde naturel (différence entre naissances et décès), généralement négatif, mais au **solde migratoire** (différence entre arrivées et départs d'habitants).

Les espaces ruraux de faible densité sont **redevenus attractifs** pour des populations qui rejettent le mode de vie périurbain. La rurbanisation est d'autant plus manifeste que l'**accessibilité** des espaces à faible densité demeure acceptable. Elle dénote une sorte de processus d'évasion urbaine.

Mot-clé

La **rurbanisation** est le développement des espaces ruraux par l'arrivée de citadins dans un espace qui demeure rural. La rurbanisation se situe au-delà de la périurbanisation.

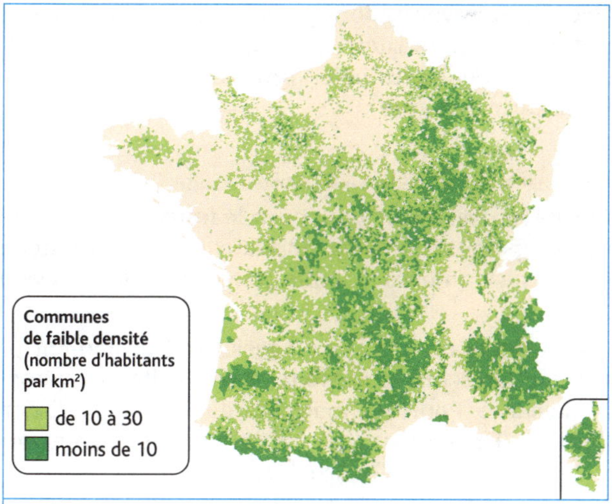

Les espaces de faible densité en France.
Une large part du territoire métropolitain appartient au monde de la faible densité, très présent dans la « diagonale du vide », les intérieurs, les montagnes et les grands massifs forestiers.

30 Des sociétés en mutation

Quelles sont les caractéristiques spécifiques des sociétés dans les espaces de faible densité ?

I Des sociétés aux caractéristiques spécifiques

- Les sociétés vivant dans les espaces de faible densité présentent, malgré leur extrême diversité, des points communs. La faible densité est généralement associée à des **populations plus âgées que la moyenne** nationale. Ce **vieillissement** est particulièrement accentué dans le sud de la diagonale du vide.
- Les espaces de faible densité étant presque exclusivement ruraux, ils sont davantage marqués que les autres par l'**activité agricole**. Les espaces artificialisés y sont moins présents que sur le reste du territoire. L'**emploi agricole**, si faible dans la population active générale (moins de 3 %), y est surreprésenté. Dans certains secteurs de petites exploitations (sud du Massif central ou Préalpes), il peut atteindre 30 % !
- Si certains espaces de faible densité sont plutôt aisés, notamment dans les régions marquées par l'héliotropisme, **les niveaux de revenus sont globalement plus faibles** que sur le reste du territoire national, en raison de l'absence de grandes métropoles productrices de richesses (voir la carte ci-contre).

> **Mot-clé**
> Les **espaces artificialisés** sont ceux construits par l'Homme, tels les espaces résidentiels, les voies de communication, les zones industrielles.

> **Mot-clé**
> L'**héliotropisme** est la tendance à préférer les régions au climat plus chaud et ensoleillé, du moins en été.

II Des sociétés dépendantes ?

- La faible densité représente un **coût pour le fonctionnement des sociétés**. La présence d'équipements publics, hôpitaux, écoles ou bureaux de poste, par exemple, n'est pas toujours rentable et leur maintien relève de la solidarité nationale.
- Les sociétés de faible densité, plus âgées, sont également plus souvent qu'ailleurs dépendantes du **versement des retraites ou pensions** et des **équipements de santé**. Pourtant, malgré la distance et la discontinuité fréquente de l'habitat, les équipements de santé sont souvent presque aussi bien implantés que dans les pôles urbains.
- La relative pauvreté des régions de faible densité pourrait laisser croire à leur dépendance envers les prestations sociales. Mais c'est loin d'être le cas. D'autant qu'on y sous-estime souvent les **échanges non monétaires** entre personnes, l'**autoconsommation** ou les **solidarités** familiales et villageoises.

III Un laboratoire de mixité sociale ?

- La reprise démographique des espaces de faible densité produit des sociétés très complexes, marquées fondamentalement par une **très grande diversité**. Des **couches de population très différentes** les unes des autres y cohabitent : les espaces de faible densité sont ainsi les laboratoires d'une véritable mixité sociale.
- La différence est visible entre les anciens habitants demeurés sur place, ceux qui sont partis puis revenus vivre au pays, les nouveaux habitants, les résidents permanents ou les résidents secondaires. Les **résidences secondaires** sont ainsi particulièrement présentes dans les massifs montagneux, les arrière-pays breton, normand ou bourguignon. Des taux de 25 % de résidences secondaires y sont fréquents.
- La coexistence de groupes sociaux aux aspirations parfois très différentes peut se traduire plus qu'ailleurs par des **conflits d'usage de l'espace**, par exemple entre un paysan aux bruyantes machines agricoles et un retraité revenu au pays chercher la tranquillité loin de la ville.

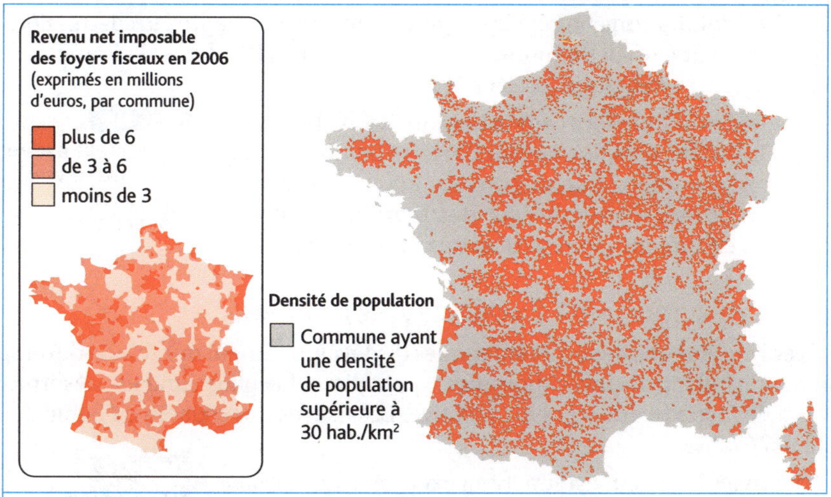

Le niveau des revenus dans les espaces de faible densité.
Compare les couleurs : les espaces de faible densité sont nettement moins riches, à l'exception de quelques zones marquées par l'héliotropisme (côte landaise ou Provence intérieure) ou les fonctions récréatives (Sologne).

31 Des bases économiques fragiles mais renouvelées

Les activités économiques pratiquées dans les espaces de faible densité sont consommatrices d'espace. Aux activités traditionnelles s'ajoutent aujourd'hui de nouvelles activités qui recomposent l'économie de ces espaces. Sur quelles bases économiques peut s'appuyer le développement des espaces de faible densité ?

I L'activité traditionnelle : l'agriculture

- L'activité productive la plus ancienne, qui organise l'espace, est l'agriculture. Les **pratiques agricoles anciennes**, tel l'élevage extensif, sont cependant en voie de disparition.
- En d'autres régions, comme l'est du Bassin parisien, des **systèmes intégrés** se sont développés, tournés vers l'exportation, dans une **logique mondialisée**. Ces exploitations ont été fortement modernisées depuis un demi-siècle, notamment grâce à la Politique agricole commune (PAC) dont la France a été la principale bénéficiaire (→ Fiche 27).
- Plus récemment sont apparues de **nouvelles pratiques** tournées vers des productions de qualité, au terroir identifié et aux méthodes de production contrôlées. Leurs produits sont vendus sur des marchés de proximité. Les exploitants sont parfois des néo-ruraux.

Mot-clé
On appelle **néo-ruraux** les citadins venus s'installer à la campagne.

II Développement rural, développement durable

- Avec l'émergence des problématiques de développement durable, le développement rural a pris une importance particulière. L'espace rural est désormais **perçu de façon beaucoup plus positive**. Les usages des espaces de faible densité ont évolué.
- La sylviculture en est un bon exemple. La surface forestière augmente en France depuis la seconde moitié du XIXe siècle et atteint aujourd'hui 16,5 M ha, soit 30 % du territoire. Se développent de **nouveaux usages du bois**, dans la construction ou les biocombustibles.

Mot-clé
La **sylviculture** est l'exploitation de la forêt (*silva* en latin). On utilise aussi le terme de « foresterie ».

- Avec le développement des **énergies renouvelables**, les espaces de faible densité retrouvent des **activités de production d'énergie**. Outre l'hydroélectricité et les biocombustibles, déjà anciens, les réserves d'espace disponible ont permis le développement des **installations éoliennes et solaires photovoltaïques**, gourmandes en surface au sol.

III La gestion des aménités de la faible densité

- Les aménités sont les éléments qui contribuent à l'agrément d'un lieu pour ceux qui y vivent (environnement, climat, paysage). La **préservation des ressources environnementales** (eau, biodiversité, sols...) prend aujourd'hui un caractère stratégique. On attribue même aux agriculteurs la mission d'entretien des paysages.
- Les espaces de faible densité apparaissent aussi comme des **lieux récréatifs**, fondés sur la valorisation de leurs **ressources patrimoniales culturelles et naturelles**. Ils sont le théâtre privilégié du **tourisme vert**, fondé sur la découverte de la nature et des patrimoines culturels locaux, des séjours à la ferme ou dans les **parcs naturels** nationaux et régionaux.
- L'**économie résidentielle** enfin, liée à la présence permanente ou temporaire des populations locales, est peu exposée à la concurrence mondiale et commence à profiter du regain démographique qui touche certains espaces de faible densité.

Les parcs naturels en France.
La localisation des parcs naturels – régionaux, nationaux ou marins – est fortement corrélée à celle des espaces de faible densité.

Se tester QUIZ

Vérifie que tu as bien compris les points clés des **fiches 25 à 31.**

Pour chaque quiz, coche la ou les bonne(s) réponse(s). Vérifie ta réponse à l'aide du corrigé et consulte les fiches de cours si nécessaire.

1 Les espaces productifs français au cœur des logiques mondialisées

→ CORRIGÉ P. 242

1. Quel est le rang mondial de l'économie française ?

☐ a. 4e. ☐ b. 5e. ☐ c. 6e.

2. Entre 1993 et 2011, les exportations françaises dans le monde :

☐ a. ont reculé. ☐ b. sont restées stables. ☐ c. ont progressé.

2 Les différents espaces productifs

→ CORRIGÉ P. 242

1. Quelle est la première région industrielle française ?

☐ a. Le Nord et la Lorraine. ☐ b. La Basse-Seine. ☐ c. La région parisienne.

2. Le secteur tertiaire en France emploie :

☐ a. 70 % des actifs. ☐ b. 76 % des actifs. ☐ c. 82 % des actifs.

3 La définition des espaces de la faible densité

→ CORRIGÉ P. 242

Quel est le seuil retenu pour définir un espace de faible densité ?

☐ a. 50 hab./km^2.
☐ b. 30 hab./km^2.
☐ c. 10 hab./km^2.

4 Des bases économiques fragiles mais renouvelées

→ CORRIGÉ P. 242

1. Quels avantages économiques offrent les espaces de faible densité ?

☐ a. L'abondance de l'espace.
☐ b. Une population nombreuse.
☐ c. Des réseaux de communication performants.

2. Quelles sont les activités économiques qui se développent dans les espaces de faible densité ?

☐ a. L'agriculture.
☐ b. La production d'énergie.
☐ c. Le tourisme vert.

Vers le brevet

Exerce-toi en vue du brevet et révise les **fiches 25 à 31.**

Pour chaque exercice, aide-toi des conseils donnés et compare ta réponse à celle du corrigé.

5 Analyser et comprendre un document

45 min

→ CORRIGÉ P. 243

Document **Cap d'Agde, un espace touristique languedocien**

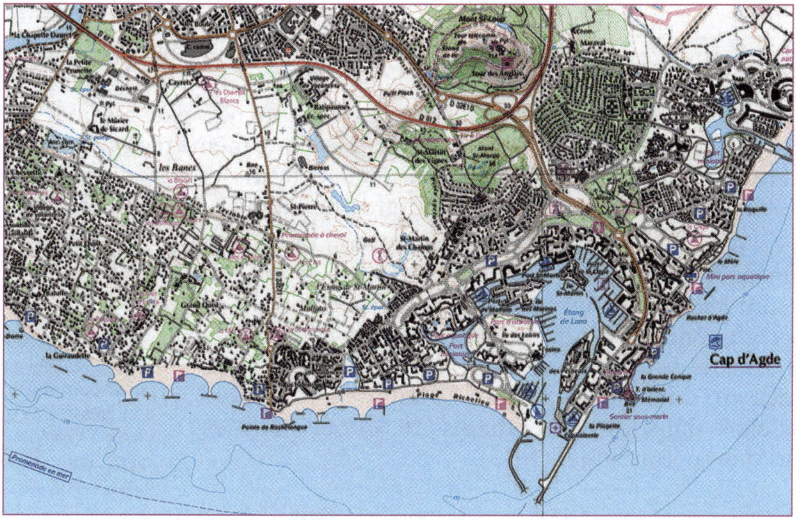

1. Quel est le type de tourisme représenté sur la carte ? Où se situe-t-il ?
2. Qu'est-ce qui montre sur la carte l'usage massif de l'automobile ?
3. Quels sont les types d'hébergement visibles sur la carte ?
4. Montre que les équipements touristiques sont très présents dans l'espace.

6 Rédiger un développement construit

45 min

→ CORRIGÉ P. 243

Sur quelles bases économiques peut s'appuyer le développement des espaces de faible densité ?

Démarrons ensemble

- Réfléchis aux caractéristiques des espaces de faible densité : ce sont des espaces presque exclusivement ruraux, donc agricoles.
- Quelles sont les nouvelles activités liées au développement durable ?
- Développe les aspects liés aux aménités : as-tu déjà fait du « tourisme vert » ?

32 Des inégalités territoriales croissantes à toutes les échelles

Quels sont les différents types d'inégalités qui affectent les territoires français ?

I Les inégalités sociales des territoires

- On peut mesurer les inégalités entre territoires par le **taux de pauvreté**. De premières disparités sont observées **à l'échelle régionale** : les régions méridionales (Corse, Languedoc-Roussillon) et septentrionales (Nord-Pas-de-Calais) apparaissent comme les plus défavorisées.
- **À l'échelle départementale**, le Sud et le Nord sont plus pauvres que l'Ouest (Bretagne) et l'Est (Alsace, Rhône-Alpes). Mais une même région – telle l'Île-de-France – peut regrouper les départements ayant les taux de pauvreté le plus faible (Yvelines, 9 %) et le plus fort (Seine-Saint-Denis, 27 %) du pays.
- C'est à l'échelle communale et infra-communale que les inégalités sociales sont les plus grandes (→ Fiche 24). Ce sont les **villes-centres des grandes aires urbaines** qui comptent le plus de personnes pauvres. La seule aire urbaine de Paris concentre 20 % des Français vivant en dessous du seuil de pauvreté. Le taux de pauvreté est plus élevé dans les pôles urbains (16 %) que dans les couronnes périurbaines (10 %).

> **Mots-clés**
> À l'**échelle communale**, on compare les communes entre elles. À l'**échelle infra-communale**, on s'intéresse à ce qui se passe à l'intérieur d'une même commune.

II Les inégalités économiques des territoires

- Les inégalités se mesurent aussi **par l'activité et l'emploi**. Le nombre d'actifs augmente en France d'environ 140 000 personnes par an. Deux tiers de cette croissance sont le fait de cadres, surtout du secteur privé.
- Les régions qui connaissent la plus forte croissance du nombre de cadres sont les **régions dynamiques : atlantiques, méridionales, alpines, et l'Île-de-France**. À l'inverse, les régions les moins dynamiques sont la Lorraine et les régions de la diagonale du vide.
- À une autre échelle, **la croissance du nombre de cadres profite aux capitales régionales** beaucoup plus qu'aux villes petites et moyennes. Cette concentration est d'autant plus importante que la région est dynamique. Certaines villes moyennes tirent ainsi parti de leur localisation littorale ou frontalière.

> **Mot-clé**
> Les **cadres** exercent des fonctions de contrôle, création et décision.

III Les inégalités spatiales des territoires

- Les inégalités peuvent enfin se mesurer dans **l'accès des populations aux services**, notamment ceux de la vie courante (supermarché, école, hôpital). Là encore, **les inégalités sont croissantes et mesurables à toutes les échelles**. Dans l'ensemble, les temps d'accès aux services sont fonction de la **densité** de la commune.
- Dans les **régions très urbanisées** (Île-de-France, PACA), la quasi-totalité des habitants accède ainsi aux services en moins de sept minutes. Mais c'est le cas pour moins de la moitié de la population en Corse.
- Les différences sont plus importantes encore entre les **grands espaces urbanisés**, notamment les métropoles, et le reste du territoire. Ce phénomène est aggravé par les **contraintes de relief** (Pyrénées, Alpes du Sud). Les disparités s'accroissent si l'on monte en gamme dans les services (→ Fiche 28).

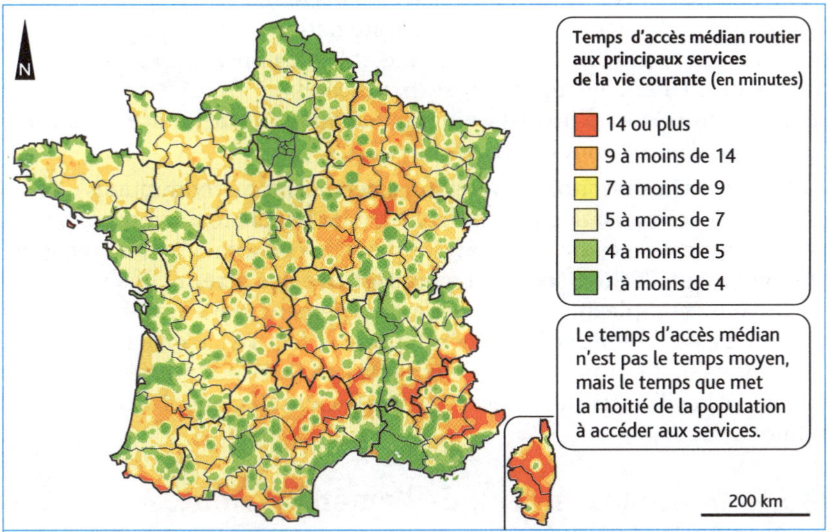

En combien de temps la population accède-t-elle aux services de la vie courante ? L'accès aux services courants présente de fortes disparités territoriales, non seulement entre régions, mais aussi entre les métropoles et les espaces moins denses. Le relief joue un rôle aggravant.

33 Acteurs et actions de l'aménagement du territoire

Quels acteurs multiples tentent d'aménager le territoire ?

I La multiplication des acteurs de l'aménagement

- Le premier acteur de l'aménagement du territoire français a naturellement été **l'État**. Les années 1960, avec la création de la DATAR, voient le lancement de **grandes politiques** : métropoles d'équilibre, création de stations touristiques intégrées, développement des lignes à grande vitesse...

- Mais l'État, depuis les années 1980, n'est plus le seul à intervenir dans l'aménagement du territoire national : il est concurrencé par l'Union européenne et les régions. L'action de **l'Union européenne** se manifeste via les **fonds structurels et d'investissements européens**. La France reçoit ainsi 27 milliards d'euros pour la période 2014-2020.

> **Mot-clé**
> La **DATAR** est la Délégation à l'aménagement du territoire et à l'action régionale. En 2014, elle est fusionnée avec d'autres agences d'État, dans le Commissariat général à l'égalité des territoires.

- Les **collectivités territoriales** (régions, départements, communes), depuis les lois de décentralisation de 1982 et 2003, ont bénéficié d'importants transferts de compétences dans le développement économique, les transports, l'enseignement, l'action sociale. La **multiplicité des acteurs**, institutionnels ou citoyens, complexifie toutefois l'aménagement à un degré jusqu'alors inconnu. Les doublons coûteux se multiplient, tels à Marseille le musée des Civilisations de l'Europe et de la Méditerranée (MUCEM), créé sous l'égide de l'État, et la villa Méditerranée, bâtie par le Conseil général, à 30 mètres du premier...

II Les nouveaux enjeux de l'aménagement du territoire

- L'aménagement du territoire ne peut plus, aujourd'hui, être pensé dans un cadre uniquement national. L'**intégration européenne** est un impératif catégorique pour les territoires qui affirment ainsi leur compétitivité, en concurrence, mais aussi en complémentarité, avec les autres métropoles ou régions de l'Union (→ Fiche 39).

- La compétitivité des territoires se joue également **au niveau mondial**. La France fait partie des pays les plus touchés par la **mondialisation** (→ Fiche 25). Aussi la question de l'égalité entre territoires fait-elle débat : les territoires les plus compétitifs ne doivent-ils pas être renforcés, quitte à sacrifier une égalité coûteuse et peu efficace ?

■ Le **développement durable** fait aussi partie des nouveaux enjeux de l'aménagement, comme l'a montré la COP 21 de 2015 à Paris. Les collectivités territoriales développent ainsi leurs politiques dans des Agendas 21 destinés à « verdir » le développement économique.

Mot-clé
La **COP 21** est la 21e rencontre de la conférence des parties, c'est-à-dire des pays engagés dans les discussions sur le réchauffement climatique.

III Les nouveaux territoires de l'aménagement

■ Malgré la dénonciation régulière du « mille-feuille administratif », de nouveaux acteurs se sont développés depuis 1999, les EPCI, sans toutefois remplacer les structures existantes. Ces structures dites « de projet » mettent en œuvre des opérations d'aménagement à l'échelle des communautés de communes ou d'agglomération, dans le cadre des **schémas de cohérence et d'organisation territoriale (SCOT)** apparus en 2000.

Mot-clé
Les **EPCI** sont des Établissements publics de coopération intercommunale.

■ La Nouvelle organisation territoriale de la République (NOTRe) a créé **14 métropoles** (→ Fiche 23), agglomérations de plus de 400 000 habitants, chargées du développement économique et de l'innovation, de la transition énergétique et de l'urbanisme.

■ La réforme territoriale a mis en place, au 1er janvier 2016, **13 régions agrandies**, aux compétences stratégiques renforcées, en lieu et place des 22 précédentes (sans compter l'outre-mer).

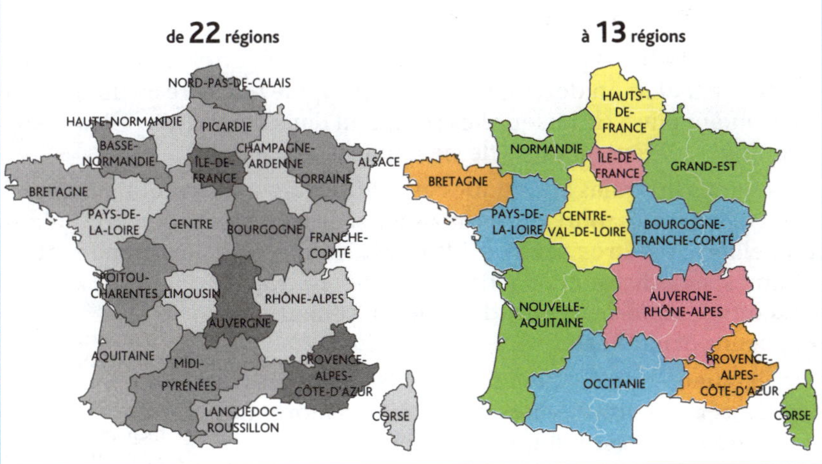

De 22 à 13 régions.
Le passage à 13 régions aux compétences renforcées doit permettre à celles-ci de mieux développer leur compétitivité face aux autres régions européennes.

34 L'organisation du territoire français

Comment l'organisation du territoire français est-elle affectée par la mondialisation ?

I La grande gagnante : la région parisienne

- Parmi les régions qui sortent renforcées des processus de mondialisation, la **région parisienne** est de loin la première. Rassemblant 19 % de la population et créant 30 % du PIB du pays, c'est la première région industrielle et la première région touristique.
- Paris, **3e ville mondiale**, cumule les pouvoirs : **pouvoirs politiques** et **diplomatiques**, mais aussi pouvoirs **économiques**, notamment à travers le centre d'affaires de La Défense, **technologiques et culturels**. La région parisienne est celle qui reçoit le plus d'IDE (investissements directs étrangers) en provenance du reste du monde.
- Si, longtemps, l'État a tenté de maîtriser la croissance parisienne, favorisant la déconcentration industrielle ou urbaine, la politique actuelle consiste plutôt à valoriser les atouts parisiens dans la compétition mondiale. C'est le sens de la création du Grand Paris, le 1er janvier 2016.

Mot-clé

Le **Grand Paris** désigne un projet de développement visant la création de pôles économiques majeurs autour de Paris, structurés par un réseau de transport ultramoderne, incluant notamment un métro automatique.

II Les autres régions gagnantes

- La mondialisation favorisant les métropoles, les **autres métropoles** françaises connaissent un développement plus rapide que le reste du territoire. C'est d'autant plus vrai lorsqu'elles se situent dans des **régions elles-mêmes dynamiques**, offrant un cadre de vie réputé agréable.
- Les **régions littorales atlantiques et méditerranéennes** profitent non seulement des activités touristiques, mais aussi de haute technologie (Toulouse, Montpellier). **D'autres régions littorales**, connectées aux grandes routes maritimes mondiales (ports de Marseille, Le Havre, Dunkerque), souffrent cependant de la concurrence européenne et mondiale.
- L'intégration européenne a renversé les perspectives pour les **régions frontalières**, jadis angles morts des politiques nationales, aujourd'hui espaces dynamiques de la construction européenne (→ Fiche 39). La proximité de la mégalopole européenne et la connexion à celle-ci sont des atouts décisifs.

Mot-clé

La **mégalopole européenne**, de Londres à Milan, centrée sur l'Europe rhénane, concentre les hommes et les activités. C'est une des trois grandes zones de commandement de l'économie mondiale.

III Les régions perdantes

- Les régions perdantes sont celles qui sont **exposées à la mondialisation** sans être suffisamment compétitives : en dehors des **outre-mer** (→ Fiches 35 à 37), on peut citer les **régions anciennement industrialisées**, comme le Nord et la Lorraine, qui se reconvertissent avec plus ou moins de succès.
- Les **régions de faible densité**, notamment situées dans la « **diagonale du vide** », possèdent certes des atouts (→ Fiches 29 à 31), notamment une certaine qualité de vie. Mais les activités économiques y sont de plus en plus strictement résidentielles. Le déclin démographique dans les intérieurs montagnards ou le rural le plus à l'écart des zones urbaines y menace parfois le maintien des équipements de base.
- **À l'échelle infra-urbaine**, toutes les métropoles françaises doivent gérer la situation faite de violences et de désespérance de banlieues défavorisées qui cumulent les difficultés socio-économiques, malgré 30 ans de politiques urbaines sans grand résultat.

Remarque
La France compte 751 « zones urbaines sensibles », cibles prioritaires de la politique de la ville. Ces ZUS ont été remplacées en 2015 par les « quartiers prioritaires de la politique de la ville ».

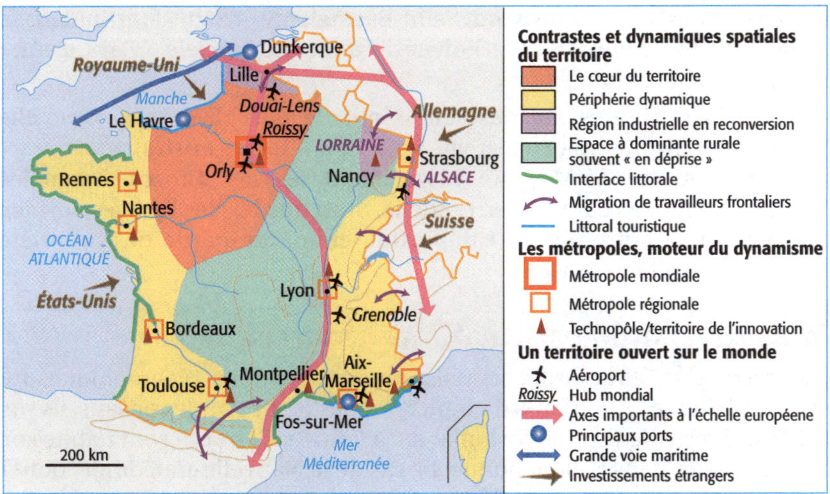

L'organisation du territoire français dans la dynamique de la mondialisation.
L'impact de la mondialisation sur le territoire détermine des régions gagnantes et des régions perdantes.

35 La diversité de la France d'outre-mer

La France d'outre-mer compte plus d'une vingtaine de territoires très divers. Peut-on néanmoins percevoir certains traits communs entre ces territoires d'outre-mer (on dit aussi « ultramarins ») ?

I La diversité des statuts

- Les territoires d'outre-mer présentent une grande diversité de statuts administratifs, liés à leur histoire propre. Les plus anciens sont aujourd'hui des **départements et régions d'outre-mer (DROM)**. Ce sont la Guadeloupe, la Martinique, la Guyane, la Réunion et, depuis 2011, Mayotte (voir carte, p. 149). Ces DROM ont un statut identique à celui des départements et régions de métropole. Depuis le traité d'Amsterdam (1997), les cinq DROM ont également reçu le statut de **régions ultrapériphériques (RUP)**, ce qui leur permet de bénéficier de programmes d'aide européens spécifiques.
- Les **collectivités d'outre-mer (COM)** constituent une catégorie imprécise, qui rassemble cinq territoires aux statuts assez divers : Saint-Pierre-et-Miquelon dans l'Atlantique Nord, Saint-Barthélemy et Saint-Martin dans les Antilles, Wallis-et-Futuna et la Polynésie française (appelé « Pays d'outre-mer ») dans le Pacifique.
- Les autres territoires ont des statuts encore plus divers : la **Nouvelle-Calédonie** constitue une collectivité à part ; les **Terres australes et antarctiques françaises (TAAF)**, qui rassemblent les îles Crozet, Kerguelen, Saint-Paul et Amsterdam, et Terre-Adélie, ainsi que les îles Éparses, forment un « territoire d'outre-mer » ; **Clipperton**, enfin, fait partie des propriétés domaniales de l'État français.

II La diversité des situations géographiques

- Ces territoires ultramarins connaissent des situations géographiques très variées. Véritables **« confettis d'empire »** répartis sur tous les océans, ils sont tout ce qui reste de l'empire colonial de la France. Ceux qui sont habités ont choisi de rester dans la République. Le cas de la Nouvelle-Calédonie, dont la population est mélangée, est plus complexe : un référendum d'autodétermination doit s'y tenir en 2018 pour décider ou non de l'indépendance.
- La diversité des outre-mer français se lit à travers des **climats très différents**, souvent de type tropical (Antilles) ou équatorial (Guyane) pour les plus peuplés, mais aussi polaire (Terre-Adélie) ou subpolaire (Kerguelen).

■ Ces territoires partagent cependant certains **points communs** :

- ils sont tous **insulaires** – à l'exception de la Guyane et de Terre-Adélie ;
- leur **biodiversité** est très importante, notamment en Guyane ;
- les aléas naturels (cyclones, volcanisme, séismes) y sont fréquents (Antilles, Réunion).

Remarque

Parmi les **aléas naturels**, la montée du niveau marin concerne particulièrement les territoires ultramarins, notamment les archipels du Pacifique.

III La diversité des populations

■ Les outre-mer comptent **2,7 millions d'habitants**, soit **4 % de la population française** totale, aux trois quarts citadins. Avec 2,1 millions à eux seuls, les DROM en représentent l'essentiel, dont 844 000 pour la seule île de la Réunion.

■ L'exiguïté insulaire entraîne **souvent de fortes densités.** Mais certains territoires sont quasi vides (Guyane, TAAF, Clipperton).

■ La **démographie** des outre-mer est assez spécifique : la fécondité y est plus élevée qu'en métropole, en raison de la jeunesse de la population. L'accroissement naturel y est le double de la métropole (surtout Guyane et Mayotte), mais tend à ralentir. La population vieillit donc rapidement.

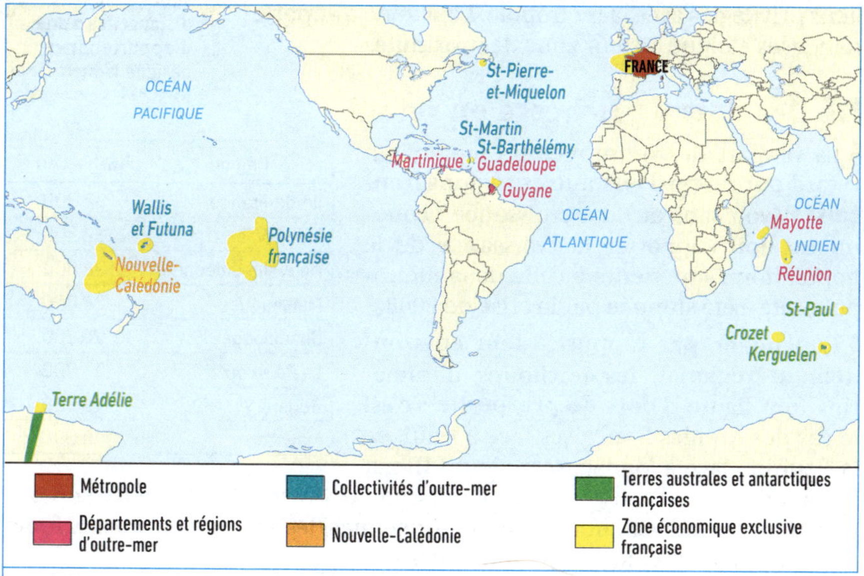

La France d'outre-mer.

Ces territoires aux statuts variés sont presque tous insulaires. Leur situation géographique assure une présence française sur tous les océans du globe (→ **Fiche 37**).

36 Des régions périphériques

L'outre-mer est perçu comme un espace moins développé que la métropole. Quelles sont les problématiques spécifiques qui handicapent le développement des outre-mer français ?

I Insularité, distance, isolement

- L'**insularité** concerne la plupart des territoires ultramarins. Même la Guyane, qui n'est pas une île, est isolée par la forêt équatoriale. Exiguïté et insularité posent des problèmes liés à l'**échelle des territoires** souvent trop petits pour s'autosuffire. Les ressources y sont rares, en dehors du nickel de Nouvelle-Calédonie.

- La **distance** impose ses lois : il faut 8 heures de vol depuis la métropole pour atteindre les Antilles françaises, 11 pour la Réunion, 22 pour Tahiti. **La distance renchérit les prix**, notamment des produits alimentaires presque tous importés : en Martinique, ils sont 44 % plus chers qu'en métropole, 49 % en Guyane.

- L'**isolement** des territoires ultramarins est double : isolés des métropoles par la distance, ils sont aussi **isolés de leur environnement régional** en raison de leurs liens privilégiés avec la métropole. Leur zone d'appartenance les éloigne de leur zone de proximité.

Mots-clés

La **zone de proximité** désigne les territoires situés à faible distance. La **zone d'appartenance** désigne la métropole.

II Des îlots de richesse en retard

- La plupart des outre-mer présentent un **retard par rapport aux autres régions françaises** (voir tableau). La croissance économique doit supporter la croissance de la population : supérieure à celle de la métropole, elle a été stoppée par la crise de 2008.

Région	PIB/hab. en €
Île-de-France	52 300
Métropole	32 300
Nouvelle-Calédonie	28 000
Martinique	22 000
Guadeloupe	20 100
La Réunion	17 000
Guyane	15 900
Mayotte	8 000

- Cependant, **par rapport à leur environnement régional**, les territoires ultramarins font figure d'**îlots de prospérité** : c'est le cas des Antilles françaises face à Haïti, de la Réunion face à Madagascar : leur PIB par habitant est de 30 à 40 fois supérieur ! Cette richesse relative trouve son origine dans les aides nationales ou européennes, les salaires versés aux fonctionnaires locaux et les prestations sociales.

- Les économies ultramarines, dépourvues de firmes transnationales donneuses d'ordres ou de métropoles de rang mondial, ne créent pas suffisamment d'activité sur place, et leur richesse relative les prive des investissements étrangers qui profitent des faibles coûts salariaux des pays voisins.

III Des économies déséquilibrées

- **Les économies ultramarines sont donc très fragiles.** L'absence de matières premières, la faiblesse du niveau de formation, mais en même temps le niveau de vie plutôt élevé, l'étroitesse du marché intérieur et les coûts liés à la distance freinent le développement des territoires. Les taux de chômage sont souvent élevés : 25 % en Guadeloupe, 28 % à la Réunion contre 10 % en métropole.
- Les économies ultramarines **dépendent souvent d'un seul produit ou activité** (nickel en Nouvelle-Calédonie, ylang-ylang pour Mayotte, pêche pour Saint-Pierre-et-Miquelon, tourisme dans les Antilles) : en cas de crise, toute l'économie du territoire est affectée. Les exportations ne couvrent les importations qu'à 9 % en Guyane, 2 % à Mayotte et 0,08 % à Wallis-et-Futuna…
- La **dépendance envers la métropole** est donc forte. En Guyane, l'activité spatiale dépend ainsi des décisions prises à Paris et à Bruxelles ; le tourisme est peu compétitif à la Réunion face à Maurice, aux Antilles françaises face à Saint-Domingue, mais peut heureusement compter sur les touristes affinitaires.

Mot-clé

Les **touristes affinitaires** sont ceux venant visiter des parents ou amis.

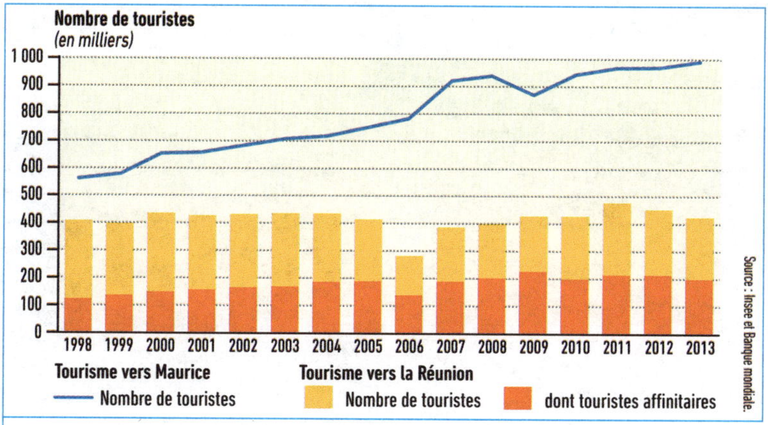

L'évolution du tourisme à La Réunion et à Maurice.
L'écart grandissant entre les arrivées touristiques à la Réunion et à Maurice, malgré le maintien d'un tourisme affinitaire, révèle la fragilité de l'économie ultramarine.

37 Aménager les territoires ultramarins

Comment les pouvoirs publics, de la France mais aussi de l'UE, tentent-ils de compenser les inégalités territoriales qui affectent l'outre-mer ?

I Les enjeux des territoires ultramarins

- L'outre-mer français bénéficie de nombreuses **ressources**. Grâce à lui, la France bénéficie de la **2e ZEE mondiale**. La découverte de gisements pétroliers probables au large de la Guyane souligne l'importance de cet atout. Les **ressources humaines** ne doivent pas être oubliées : avec un taux de fécondité de 2,4 pour la Réunion et même 3,49 en Guyane (1,98 en métropole), l'outre-mer contribue largement à la croissance démographique française.

Mot-clé

La **Zone économique exclusive (ZEE)** est une zone de 200 milles marins (370 km) où l'État côtier exerce des droits exclusifs sur les ressources naturelles.

- Il existe aussi des **avantages liés à la situation et à l'isolement** : la position quasi équatoriale de la Guyane en fait un pas de tir idéal pour les lancements spatiaux et explique l'installation du CNES à Kourou ; l'isolement a maintenu des zones de biodiversité, comme dans la réserve naturelle des Nouragues, en Guyane.
- Enfin, les territoires ultramarins permettent à la France de conserver une **présence sur tous les océans du globe**. Le contrôle des espaces maritimes demeure en effet un enjeu stratégique et militaire.

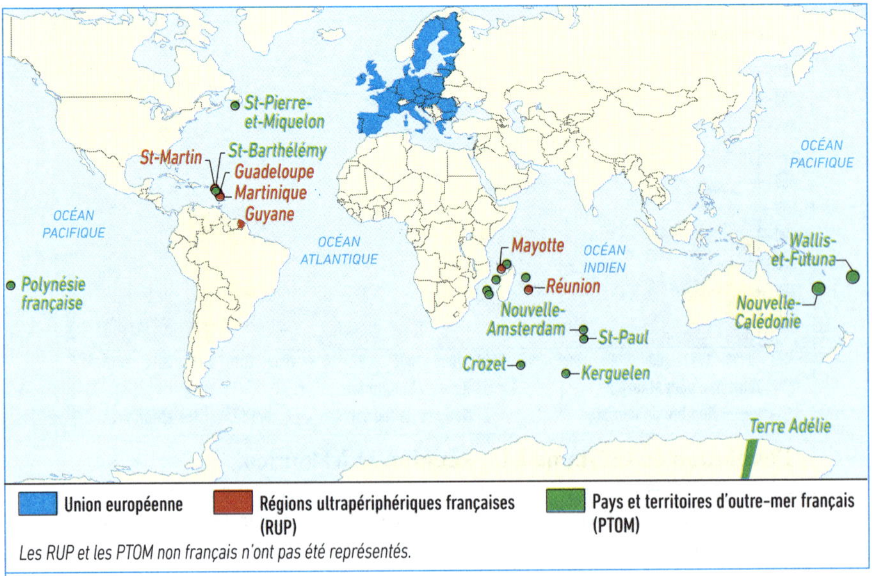

L'outre-mer français selon le cadre juridique européen.

II Une politique de continuité territoriale et de cohésion

■ La France a défini depuis 2003 une **politique de continuité territoriale** qui doit permettre aux populations d'outre-mer le même accès aux services publics qu'en métropole, indépendamment des **coûts liés à leur situation ultrapériphérique**. D'autres lois nationales, notamment fiscales, permettent de promouvoir le développement ultramarin.

■ Les DROM français et la collectivité de Saint-Martin ont reçu de l'Union européenne le statut de **régions ultrapériphériques (RUP)**. L'objectif affiché est celui de la **convergence** pour ces territoires en situation de retard économique. Les RUP françaises ont reçu 3,9 milliards d'euros de subventions européennes pour la période 2007-2013.

■ L'Union fournit également une aide aux PTOM **français**, dans les domaines de la lutte contre la pauvreté, le développement durable et l'intégration économique. Pour 2014-2020, le Fonds européen du développement leur a attribué une enveloppe globale de 364,5 millions d'euros.

> **Mot-clé**
> En droit européen, l'outre-mer français se répartit entre **régions ultrapériphériques (RUP)** et **pays et territoires d'outre-mer (PTOM)**. Contrairement aux RUP, les PTOM ne font pas partie de l'UE, mais ils bénéficient toutefois de certains programmes européens.

III Axes et résultats de l'aménagement outre-mer

■ Pour la période 2014-2020, l'Union européenne a mis en place **cinq axes stratégiques d'aménagement**, en vue d'améliorer l'accessibilité, la compétitivité, l'intégration régionale, la dimension sociale et la lutte contre le changement climatique.

■ Parmi les projets financés par les programmes européens figurent des **réalisations d'infrastructures** compensant les handicaps de l'ultrapériphérie. Le programme POSEI tente de développer l'économie agricole des RUP ; figurent aussi des projets dans le domaine de la **recherche** ou du **développement durable** (géothermie en Guadeloupe, recyclage en Martinique).

■ **Ces stratégies de développement portent leurs fruits**. Mayotte, département depuis 2011 et RUP depuis 2014, a ainsi vu son PIB augmenter de 8,7 % par an depuis 2005 grâce aux aides nationales et européennes. Néanmoins, la crise de la dette laisse planer des menaces sur la pérennité et le montant des aides.

Se tester QUIZ

Vérifie que tu as bien compris les points clés des **fiches 32 à 37.**

Pour chaque quiz, coche la ou les bonne(s) réponse(s). Vérifie ta réponse à l'aide du corrigé et consulte les fiches de cours si nécessaire.

1 Des inégalités territoriales croissantes à toutes les échelles

→ CORRIGÉ P. 243

1. À quelle échelle les inégalités sociales sont-elles les plus fortes ?
- ☐ a. à l'échelle régionale.
- ☐ b. à l'échelle départementale.
- ☐ c. à l'échelle communale et infra-communale.

2. Le temps d'accès des populations aux services dépend :
- ☐ a. de la densité de la commune.
- ☐ b. de l'urbanisation.
- ☐ c. des contraintes de relief.

2 L'organisation du territoire français

→ CORRIGÉ P. 243

1. Quelles sont les régions dynamiques du territoire français ?
- ☐ a. Les régions métropolitaines.
- ☐ b. Les régions frontalières.
- ☐ c. Les régions de faible densité.

2. Quelles sont les régions les moins dynamiques du territoire français ?
- ☐ a. Les régions anciennement industrialisées.
- ☐ b. Les régions de faible densité.
- ☐ c. Les outre-mer.

3 Aménager les territoires ultramarins

→ CORRIGÉ P. 243

1. Grâce à l'outre-mer, la France bénéficie de la :
- ☐ a. 2e zone économique exclusive mondiale.
- ☐ b. 4e zone économique exclusive mondiale.
- ☐ c. La France ne bénéficie pas de zone économique exclusive.

2. Comment appelle-t-on la politique qui vise à assurer aux populations ultramarines les mêmes services au même coût qu'en métropole ?
- ☐ a. La politique de convergence.
- ☐ b. La politique de cohérence.
- ☐ c. La politique de continuité territoriale.

Vers le brevet

Exerce-toi en vue du brevet et révise les **fiches 32 à 37.**

Pour chaque exercice, aide-toi des conseils donnés et compare ta réponse à celle du corrigé.

4 Analyser et comprendre un document

45 min

→ CORRIGÉ P. 244

Document La croissance économique dans les régions

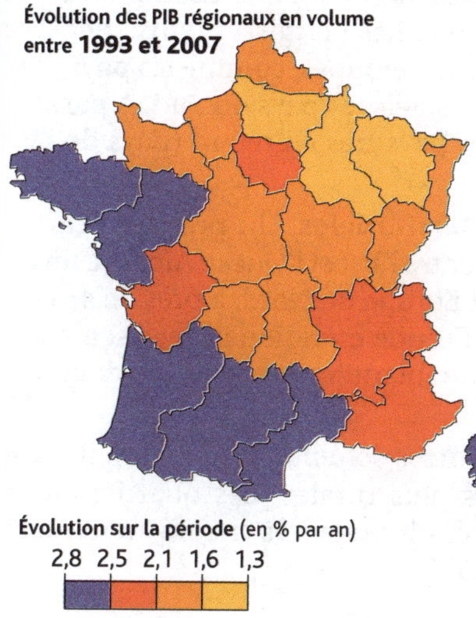

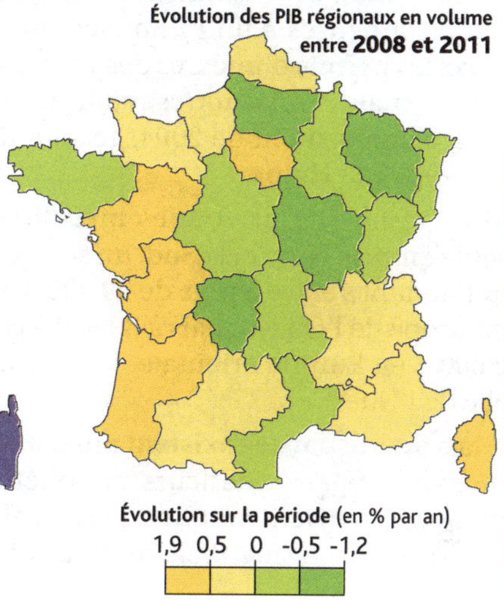

1. Que représentent ces deux cartes ?
2. Quelles sont les régions dont la croissance a été la plus forte entre 1993 et 2007 ? Comment peux-tu l'expliquer ?
3. Montre que la crise économique de 2008 a eu un impact très fort dans les régions.
4. Ce type de carte est-il suffisant pour décrire correctement la croissance économique dans les territoires ?

5 Rédiger un développement construit

45 min

→ CORRIGÉ P. 244

Comment les pouvoirs publics, de la France mais aussi de l'UE, tentent-ils de compenser les inégalités territoriales qui affectent l'outre-mer ?

Démarrons ensemble

- Analyse les politiques françaises et européennes d'aménagement.
- Donne quelques exemples d'aménagement et des résultats.

38 L'aménagement du territoire de l'Union européenne

Dans quelle mesure les politiques européennes contribuent-elles à aménager le territoire ?

I Des disparités spatiales

- Les **six membres fondateurs** ont connu la croissance économique des Trente Glorieuses à un rythme comparable. Les **élargissements successifs** ont certes permis d'intégrer des États très développés, comme les pays scandinaves, mais aussi d'autres moins avancés, tels les pays du Sud. À partir du grand élargissement de 2004, ce sont des pays très en retard (pays de l'Est) qui intègrent l'Union.
- Il en résulte de **profondes inégalités territoriales**. Un premier écart est visible entre le Nord et le Sud, un second entre l'Est et l'Ouest. Ainsi, le revenu par habitant s'élève à plus de 40 000 $ en Europe du Nord, à près de 45 000 $ en Europe de l'Ouest, mais à 30 000 $ en Europe méridionale, et à seulement 20 000 $ en Europe orientale. La mortalité infantile est, à l'Est, le double de celle de l'Ouest.
- Mais **des disparités existent aussi à d'autres échelles**. Les métropoles sont plus développées que leurs périphéries plus rurales. Les quartiers d'une même ville peuvent montrer des inégalités plus criantes encore, notamment entre quartiers résidentiels centraux et banlieues.

II Une Europe, des territoires

- Au total, le territoire européen s'organise autour d'**un cœur, l'Europe du Nord-Ouest** et, en son sein, la **mégalopole européenne**, dorsale rhénane à haut niveau de vie et d'activité, flanquée de **deux villes mondiales, Londres et Paris**. Irriguée par un réseau de communication ultramoderne, la mégalopole européenne et les villes mondiales concentrent les activités et les fonctions de commandement de niveau mondial. Les capitales institutionnelles de l'UE s'y localisent.
- Les **périphéries du Sud** (Espagne, Portugal, Italie du Sud, Grèce), voire celles de l'extrême-Nord, ont certes convergé vers les niveaux du Nord-Ouest, mais la crise économique et celle de la dette les touchent à nouveau fortement. Le PIB par habitant grec a perdu 25 %, revenant 15 ans en arrière.
- Les **périphéries orientales**, avec près d'un demi-siècle de régime socialiste, ont accumulé un retard de développement conséquent. Leur intégration dans l'Union leur a toutefois donné dix années de rattrapage et la crise de la dette les a moins touchées que l'Europe du Sud.

III Les politiques territoriales de l'Union européenne

■ Les politiques territoriales de l'UE ont dû faire face à ce défi redoutable d'un territoire dont les élargissements ont accru les inégalités. D'où la mise en place de **politiques de cohésion territoriale et de convergence**, dont le Fonds de cohésion et le FEDER sont les instruments privilégiés. L'Union a ainsi investi 23,3 milliards d'euros dans les régions françaises pour la période 2007-2013.

> **Mot-clé**
> Le **FEDER** est le Fonds européen de développement régional.

■ Mais ce sont les **pays périphériques**, d'Europe méridionale, et plus encore orientale, qui ont le plus reçu d'aides européennes : pour 2007-2013, 35,4 milliards d'euros d'investissements en Espagne, 67 milliards d'euros en Pologne (et 82,5 milliards pour 2014-2020). Le développement y a donc été très rapide.

■ La crise de la dette a aussi été l'occasion de mettre en œuvre des **politiques européennes de soutien d'urgence** aux États en difficultés. La Grèce, en situation de faillite, a bénéficié, malgré les divisions entre Européens, de 260 milliards d'euros de prêts et d'un effacement de dette de 100 milliards d'euros en 2012.

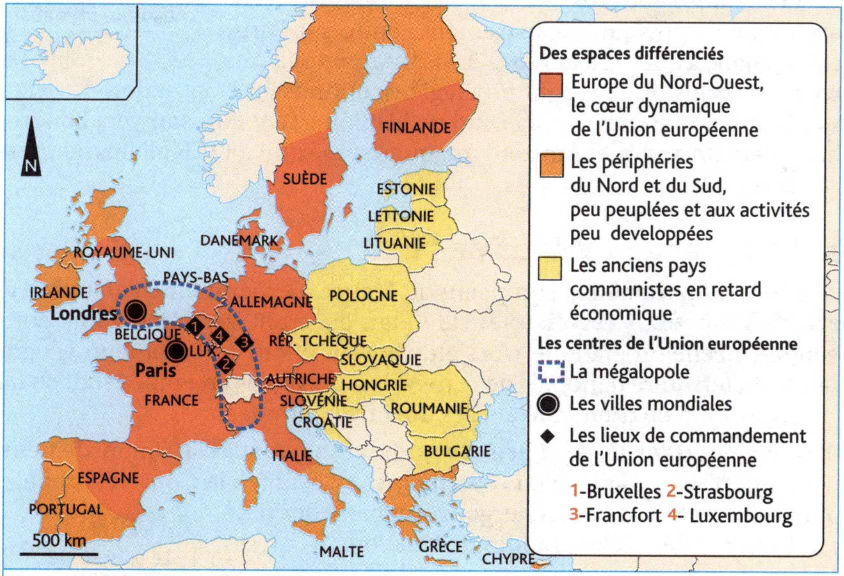

L'organisation territoriale de l'UE.
Les politiques territoriales de l'UE visent à réduire les disparités territoriales.

39 La France et l'intégration européenne

Dans quelle mesure l'intégration européenne représente-t-elle un potentiel de développement pour la France ?

I L'intégration européenne, moteur de l'économie française

- L'intégration de la France à l'Union européenne se traduit par une **intensification des flux**. L'Europe apparaît comme **l'espace privilégié de la mondialisation de l'économie française**. Ainsi, les deux tiers du commerce extérieur français se font avec nos partenaires européens.

- Les flux d'IDE témoignent de cette intégration : 75 % des IDE investis en France proviennent des pays de l'UE. 30 % de l'industrie française est ainsi sous contrôle de groupes européens, surtout dans les régions frontalières, bénéficiant à plein de **l'effet-frontière**.

Mot-clé
Les IDE sont les **investissements directs étrangers**, réalisés par des entreprises transnationales dans un pays étranger.

- **L'européanisation du réseau de transport français**, autrefois presque exclusivement centré sur Paris, accompagne cette intégration. Les **interconnexions aux réseaux européens** sont privilégiées, optimisant la **situation de carrefour de la France** entre nord et sud de l'Union : TGV Eurostar vers Londres, Thalys vers Bruxelles et Amsterdam, interconnexion à l'ICE allemand ou au TAV espagnol.

II L'effacement relatif de l'État

- Comme ses partenaires européens, la France a expérimenté **l'abandon de certaines fonctions régaliennes** de l'État, au profit des institutions européennes. L'échelon étatique n'est plus le seul pilote de l'évolution géographique du territoire national : deux tiers des lois votées en France sont en fait la transposition en droit français des directives européennes.

- Il s'agit pourtant là de **délégations de compétences**. L'Union demeure largement pilotée par les États eux-mêmes : c'est bien le Conseil européen, composé des chefs d'État ou de gouvernement des pays membres, qui définit les grandes orientations.

- L'intégration européenne a en revanche promu, par la décentralisation et le principe de subsidiarité, **de nouveaux acteurs territoriaux : les régions**, qui peuvent coopérer ou se concurrencer. C'est le sens de la nouvelle organisation territoriale, avec le passage à 13 grandes régions, plus compétitives (→ Fiche 33).

Mot-clé
Le principe de **subsidiarité** implique que l'échelon national n'intervient que si son action est jugée plus efficace que celle de l'échelon régional. L'action publique est ainsi plus proche des citoyens.

III Le développement des territoires frontaliers et transfrontaliers

■ Avec la construction européenne, les régions frontalières françaises ont connu un retournement géographique majeur : de **périphériques, espaces de confrontation**, elles sont devenues **centrales, espaces de coopération**. C'est notamment le cas des régions frontalières du Nord et de l'Est.

■ Ces **interfaces** profitent aujourd'hui, dans un contexte pacifié, d'**une frontière qui unit davantage qu'elle ne sépare**. En Alsace, 35 % des entreprises sont à participation étrangère. Les flux de travailleurs frontaliers reflètent ce différentiel entre des économies dynamiques (Belgique, Luxembourg, Allemagne ou Suisse) et des régions françaises à fort taux de chômage.

■ L'UE a permis la **création d'eurorégions** qui associent des régions frontalières appartenant à des pays différents. L'eurorégion « Saar-Lor-Lux », par exemple, regroupe le Luxembourg, la Wallonie belge, la région Lorraine en France, ainsi que la Moselle et Meurthe-et-Moselle, et les Länder de Sarre et de Rhénanie-Palatinat.

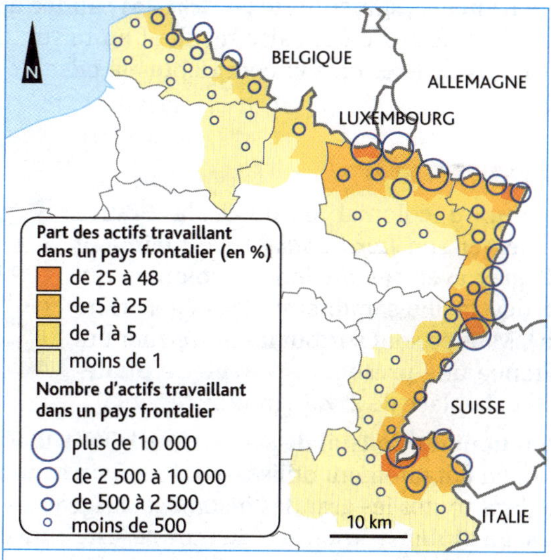

Les travailleurs transfrontaliers français du Nord et de l'Est.
Les espaces frontaliers sont devenus des espaces centraux dans l'Union européenne, animés par de nombreux flux de capitaux ou de travailleurs.

40 La France dans le monde

Quelles sont la place et l'influence de la France dans le monde aujourd'hui ?

I Une puissance en recul

- Avec 66 millions d'habitants, la France compte **0,9 % de la population mondiale**. Son poids relatif diminue, quoique moins vite que celui de ses partenaires européens. 6e PIB mondial et 3e de l'Union européenne, l'économie française, riche et diversifiée, est encore une des grandes économies du monde actuel.
- Mais la croissance du PIB français est inférieure à celle de la zone euro, elle-même peu dynamique par rapport à celle des États-Unis ou des pays émergents. Le décrochage français témoigne-t-il de la **« divergence atlantique »** (→ Fiche 41), l'ensemble de l'Union européenne reculant face aux États-Unis et plus encore face aux pays émergents ? Ou bien **est-il spécifiquement français ?**
- Le **décrochage français** est manifeste (→ Fiche 26) : année après année, les parts de marché de l'industrie française reculent en raison d'une moindre compétitivité. Depuis 2000 et plus encore depuis la crise de 2008, ce recul semble s'accélérer.

II Un *hard power* inégal

- Autrefois 2e empire colonial mondial, la France s'efforce de conserver son *hard power*. Elle maintient des liens privilégiés avec ses anciennes colonies qui lui consentent des facilités militaires (Sénégal, Côte d'Ivoire, Gabon). Mais ce sont surtout les outre-mer qui assurent à la France une **présence stratégique planétaire** (→ Fiche 35) et la place de 2e ZEE mondiale.

> **Mot-clé**
> Le ***hard power*** est la capacité de contrainte, par la force militaire, politique ou économique.

- **Membre permanent du Conseil de sécurité** de l'ONU, la France conserve un droit de veto – en fait rarement utilisé – sur les affaires mondiales. Elle est surreprésentée dans toutes les grandes instances dirigeantes de la planète : G7, FMI. Son **réseau diplomatique**, le 2e au monde, est l'outil d'une diplomatie autonome, appuyée sur sa puissance militaire.
- La France bénéficie en effet de la **force de frappe nucléaire**. Son armée, professionnelle depuis 2002, est équipée d'armements de pointe : avion de combat Rafale, porte-avions nucléaire Charles-de-Gaulle, satellites... Mais les multiples interventions récentes (Libye, Côte d'Ivoire, Centrafrique, Sahel, Irak-Syrie...) montrent les limites atteintes par un **budget militaire en baisse** de 20 % depuis 1990.

III Un *soft power* encore mondial

Mot-clé
Le ***soft power*** est la capacité d'influence, de persuasion, de séduction par la culture, le mode de vie, le *leadership* moral.

▪ Le *soft power* de la France demeure incontestable. La France bénéficie d'un rayonnement mondial sur le plan culturel, en raison d'un **héritage historique exceptionnel**. La France apparaît comme le pays de la Révolution de 1789, de la liberté et des droits de l'Homme. Mais ce modèle est contesté, notamment par l'islamisme radical, dont les attentats de 2015 ont durement touché le pays.

▪ L'héritage colonial fait du français la langue officielle de 29 pays et 220 millions de personnes. L'Organisation internationale de la **francophonie** (OIF) rassemble 55 États et s'attache à promouvoir la langue et la culture françaises, comme le font les médias francophones internationaux (Agence France Presse, France 24). Pourtant, le français n'est plus aujourd'hui que la 9e langue mondiale.

▪ La France reste la patrie d'un certain art de vivre qui fascine les élites du monde entier, à travers la gastronomie, la mode, le luxe, les arts et la littérature. Mais l'**« exception culturelle »** n'est pas toujours facile à défendre face à une culture mondialisée plutôt anglo-saxonne.

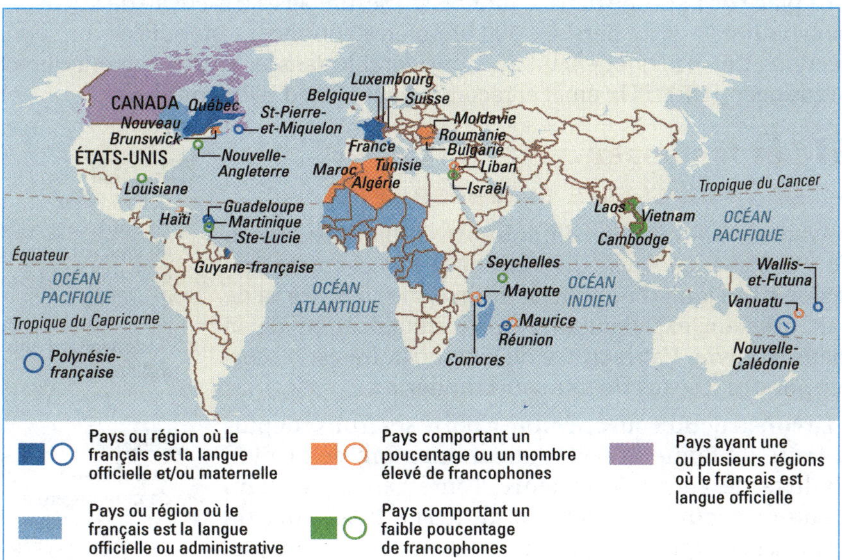

Les pays francophones.
La francophonie perpétue l'usage du français dans le monde, essentiellement dans l'ancien empire colonial.

41 L'Europe dans le monde

Quelles sont la place et l'influence de l'Europe dans le monde aujourd'hui ?

L'Union européenne n'est pas toute l'Europe. Hors UE, on trouve des pays très développés : Suisse, Norvège, Islande. Les pays restants (Ukraine, Biélorussie, Moldavie), moins riches, font partie du monde ex-soviétique.

I Un espace de production majeur dans la mondialisation

- L'Europe est un **espace de production de niveau mondial**, au 1er rang, à égalité avec les États-Unis. Son industrie représente encore près de 20 % de la production mondiale, même si ce pourcentage se réduit année après année. La part de l'UE dans le PIB mondial a ainsi chuté de 30 % à 24 % en 10 ans (Europe : 28 %).
- L'Europe est un **ensemble ouvert** qui réalise 38 % du commerce mondial (UE : 32 %), dont les deux tiers à l'intérieur de l'UE. C'est le premier espace touristique mondial et un centre financier de premier ordre, avec la City de Londres.
- La place de l'Europe dans le monde se mesure aussi à l'activité de ses **firmes transnationales** : un tiers des 500 premières entreprises mondiales sont européennes. Ces firmes jouent un rôle considérable dans les investissements directs à l'étranger (IDE) : l'UE émet et reçoit 21 % des flux d'IDE mondiaux.

II Les fondements de la puissance européenne

- Avec ses **508 millions d'habitants**, dotés d'un niveau de vie élevé, l'UE est un **marché de consommation majeur**, qui jouit d'un État de droit. Cette richesse va de pair avec un excellent niveau de qualification de la main-d'œuvre. L'attractivité de son territoire est renforcée par des réseaux de transport modernes.
- La **construction européenne** a porté ses fruits : depuis le traité de Rome de 1957, aucun membre de l'Union n'a livré de guerre à un autre. L'intégration des pays d'Europe centrale et orientale, de 2004 à 2013, a mis un terme à la coupure de l'Europe en deux.
- Les **dynamiques de l'intégration européenne** ont constitué un puissant moteur économique : politique agricole commune (PAC), projets industriels (Airbus, Ariane), unification monétaire de 2002 (euro), politique de convergence.

Mot-clé

Dans un **État de droit**, l'application du droit est garantie et reconnue. La sécurité des contrats et des affaires est un facteur de développement majeur.

Mot-clé

La **politique de convergence** est une politique d'investissements européenne destinée à rapprocher le niveau de vie des pays est-européens de celui des pays d'Europe occidentale.

III Une puissance en recul

- L'Europe est un **« vieux continent »** : le solde naturel (différence entre naissances et décès) est nul et même négatif pour de nombreux pays (Allemagne). Le vieillissement entraîne des problèmes de financement (retraite, dépendance). Les migrations internationales, pourtant seul remède efficace, sont mal acceptées, comme le montre la crise des réfugiés de 2015.
- **L'UE n'est plus une zone de forte croissance économique** : la zone euro est celle où la croissance a été la plus faible ces dernières années, d'autant que les pays les plus riches et les plus dynamiques du continent (Suisse, Norvège) refusent d'entrer dans l'Union. La crise de la dette en zone euro ne permet pas de relance efficace de cette croissance.
- Après les Trente Glorieuses, qui ont vu les pays de l'Union rattraper le niveau de vie américain, les pays européens ont décroché face aux États-Unis. Ces derniers sont aujourd'hui 20 % plus riches que les Européens de l'Ouest, 40 % de plus que l'ensemble des Européens : c'est la **« divergence atlantique »**. L'UE souffre aussi de la **concurrence des pays émergents**, où la main d'œuvre est moins chère, l'esprit d'entreprise plus vif, les normes moins contraignantes...

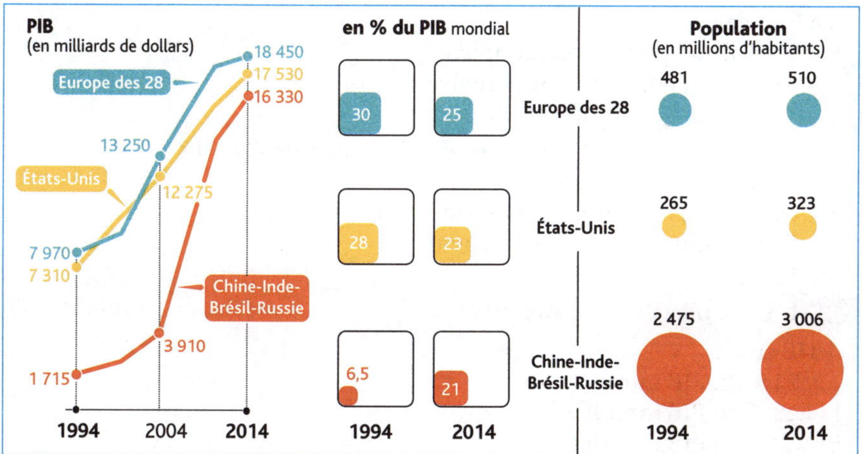

Le rattrapage des pays émergents.
Les grands pays émergents rattrapent les pays occidentaux. L'UE créait le tiers de la richesse mondiale il y a 20 ans, moins du quart aujourd'hui.

Se tester QUIZ

Vérifie que tu as bien compris les points clés des **fiches 38 à 41.**

Pour chaque quiz, coche la ou les bonne(s) réponse(s). Vérifie ta réponse à l'aide du corrigé et consulte les fiches de cours si nécessaire.

1 La France et l'intégration européenne

→ CORRIGÉ P. 244

1. Quelle proportion du commerce extérieur français est réalisée avec l'UE ?
- ☐ a. 50 %.
- ☐ b. Les deux tiers.
- ☐ c. Les trois quarts.

2. Les régions frontalières de la France :
- ☐ a. étaient des régions centrales.
- ☐ b. étaient des régions périphériques.
- ☐ c. sont devenus des régions centrales.

2 La France dans le monde

→ CORRIGÉ P. 244

1. La France rassemble :
- ☐ a. 0,9 % de la population mondiale.
- ☐ b. 1,9 % de la population mondiale.
- ☐ c. 2,9 % de la population mondiale.

2. La France fait-elle partie du Conseil de sécurité de l'ONU ?
- ☐ a. Non.
- ☐ b. Oui, comme membre non permanent.
- ☐ c. Oui, comme membre permanent.

3 L'Europe dans le monde

→ CORRIGÉ P. 244

1. L'UE crée :
- ☐ a. 24 % du PIB mondial.
- ☐ b. 28 % du PIB mondial.
- ☐ c. 32 % du PIB mondial.

2. L'écart de richesse par habitant entre l'UE et les États-Unis :
- ☐ a. a diminué depuis 1990.
- ☐ b. a diminué jusqu'en 1990.
- ☐ c. a augmenté depuis 1990.

Vers le brevet

Exerce-toi en vue du brevet et révise les **fiches 38 à 41.**

Pour chaque exercice, aide-toi des conseils donnés et compare ta réponse à celle du corrigé.

4 Analyser et comprendre un document

45 min

→ CORRIGÉ P. 245

Document Les inégalités territoriales dans l'UE

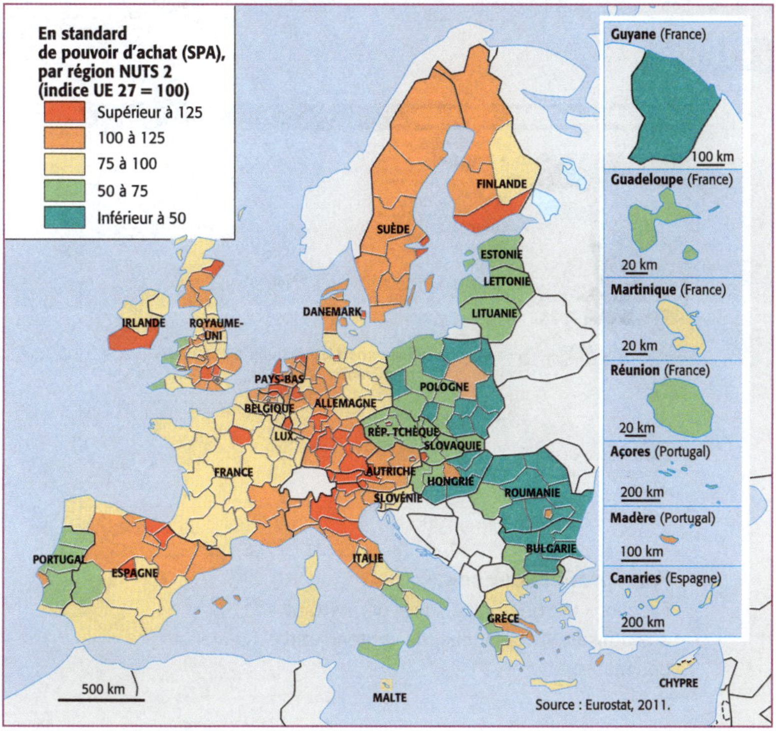

Source : Eurostat, 2011.

1. Que signifie, dans la légende, « inférieur à 50 » ?
2. Quelles sont les régions les plus riches ? Quelles sont les régions en retard ?
3. Cite un exemple d'inégalité régionale au sein d'un même État.
4. Quelles sont les régions qui sont en cartouche ? Dans quelle catégorie l'Union européenne les a-t-elle rassemblées ?

5 Rédiger un développement construit

45 min

→ CORRIGÉ P. 245

Quelles sont aujourd'hui la place et l'influence de la France dans le monde ?

GÉOGRAPHIE

42 Quelles sont mes identités et comment les protéger ?

L'identité désigne l'ensemble des données qui permettent de définir une personne et de la différencier des autres. Chaque individu a plusieurs formes d'identités : une identité légale, une identité personnelle et une identité numérique (appelée aussi identité virtuelle). Ces données qui nous définissent au sein de la société doivent être protégées.

RÉFLÉCHIR

Faux profil Facebook.
Facebook est un réseau social permettant aux utilisateurs de publier du contenu et d'échanger des messages.

- Dans son profil Facebook, Joe Carmels est défini par une **identité légale** (ici son nom, son prénom, son sexe, le fait qu'il soit marié) et par une **identité personnelle** (l'université dans laquelle il a étudié, les employeurs pour qui il a travaillé, sa citation favorite). Sa présentation s'accompagne d'une photographie témoignant de son apparence physique.
- Ces données personnelles mises en ligne sur Internet permettent de le définir aux yeux des autres internautes. Elles forment son **identité numérique**.
- Sur Internet, Joe Carmels peut communiquer les éléments de son choix le concernant. Rien ne l'oblige à donner de véritables informations. En l'occurrence, il s'agit ici d'un faux profil avec de faux éléments d'identité.

RETENIR

I Mes différentes identités

1. L'identité légale

C'est celle qui permet de **reconnaître officiellement une personne**. Chacun de nous est **unique** et possède sa propre identité légale qui figure sur sa carte d'identité et sur des actes d'état civil. Elle rassemble notamment le nom, la date de naissance et la nationalité.

2. L'identité personnelle

- L'identité personnelle est liée au **parcours** et à la personnalité de l'individu. Chacun **construit sa propre identité** en interaction avec son entourage, au fil des événements de la vie, prévus ou imprévus.
- L'**adolescence** est un moment important dans la formation de l'identité personnelle, mais celle-ci continue ensuite d'évoluer, en particulier lorsque surviennent des **événements marquants** heureux (un voyage, une naissance) ou malheureux (une séparation, un décès).

> **Mot-clé**
> La **personnalité** désigne l'ensemble des attitudes, comportements et émotions qui caractérisent une personne.

3. L'identité numérique

Elle désigne l'**ensemble des données personnelles** que l'on trouve sur **Internet** au sujet d'une personne. Ces informations sont en général transmises par les individus eux-mêmes sur les blogs, les réseaux sociaux ou encore par les achats faits en ligne.

II Des identités exposées à des risques

1. Le vol de données personnelles

L'**usurpation d'identité** consiste à prendre l'identité d'une personne vivante dans le but d'en tirer divers avantages : faire des achats ou encore commettre des délits. Elle est interdite par la loi et **sévèrement sanctionnée** (jusqu'à un an d'emprisonnement et 15 000 euros d'amende).

2. Internet et vie privée

- Il est difficile pour les internautes de contrôler les données personnelles qu'ils ont mises en ligne. Même si des **précautions** peuvent être prises (comme le réglage des paramètres de confidentialité des réseaux sociaux), les informations personnelles ne sont jamais totalement confidentielles.
- Les internautes laissent des **traces volontaires** (un commentaire sur un blog), mais aussi des **traces involontaires** de leur activité numérique. Ainsi, les *cookies* peuvent permettre à une entreprise de suivre notre navigation sur Internet pour nous proposer des publicités ciblées.

> **Mot-clé**
> Un ***cookie*** est un petit fichier créé par un serveur lorsqu'on visite un site web. Il stocke des informations visant à faciliter et à personnaliser notre prochaine navigation sur ce site.

43 Quels sont mes sentiments d'appartenance et que m'apportent-ils ?

Le sentiment d'appartenance désigne la sensation de faire partie d'un groupe, d'une communauté. Notre identité personnelle se compose d'un emboîtement de multiples sentiments d'appartenance, parfois difficiles à identifier. Ils font de nous des êtres complexes et singuliers.

RÉFLÉCHIR

Document Les sentiments d'appartenance d'Amin Maalouf

« Depuis que j'ai quitté le Liban en 1976, pour m'installer en France, que de fois m'a-t-on demandé, avec les meilleures intentions du monde, si je me sentais « plutôt français » ou « plutôt libanais ». Je réponds invariablement : « L'un et l'autre ! » [...]
Le fait d'être chrétien et d'avoir pour langue maternelle l'arabe, qui est la langue sacrée de l'islam, est un des paradoxes fondamentaux qui ont forgé mon identité. Parler cette langue tisse pour moi des liens avec tous ceux qui l'utilisent chaque jour dans leurs prières. [...]
Ainsi, en considérant séparément ces deux éléments de mon identité, je me sens proche, soit par la langue soit par la religion, d'une bonne moitié de l'humanité ; en prenant ces deux mêmes critères simultanément, je me retrouve confronté à ma spécificité.

Amin Maalouf, *Les Identités meurtrières*,
© Éditions Grasset & Fasquelle, 1998.

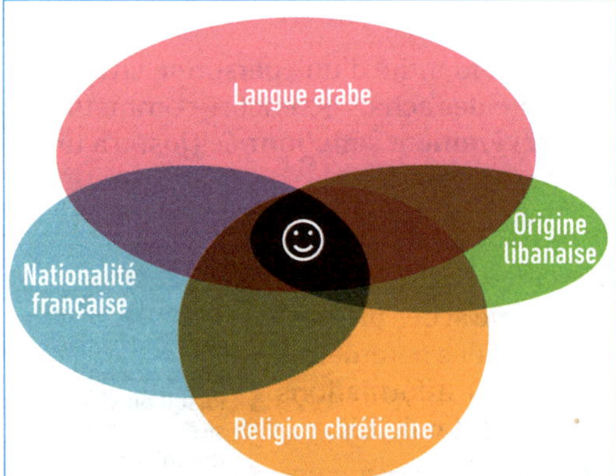

La pluralité d'appartenances d'Amin Maalouf.

- L'écrivain franco-libanais Amin Maalouf livre ici son expérience de la **pluralité d'appartenances** : communauté française/libanaise, communauté chrétienne et communauté de langue arabe.
- **L'emboîtement des sentiments d'appartenance** reflète la complexité de l'identité personnelle d'Amin Maalouf.
- Cet emboîtement est propre à chaque individu et fait la **singularité** de chacun.

RETENIR

I Les différents types de sentiments d'appartenance

1. Avoir des points communs

Se sentir appartenir à un groupe, c'est avant tout se sentir proche de ses membres, par le partage des **mêmes centres d'intérêt** (pratique d'un sport) ou des **mêmes expériences** (origine, métier).

2. Partager des valeurs

Aussi, des individus se sentent proches parce qu'ils partagent les mêmes valeurs : valeurs civiques (la liberté), ou valeurs portées par des groupes spécifiques (sens de l'effort mis en avant par des associations sportives).

Mot-clé
Une **valeur** est une cause à défendre ou un idéal à atteindre.

3. Adopter un mode de vie fédérateur

Au-delà des valeurs, des groupes humains partagent parfois toute une **manière de vivre**. Leurs membres ont les mêmes goûts (musicaux, vestimentaires) et une vision commune de la société (« gothiques », skateurs, etc.).

II Des appartenances multiples en chaque individu

1. Des appartenances à plusieurs échelles

- Beaucoup de nos sentiments d'appartenance portent sur des groupes réduits, tels que la **famille**, les **amis**. Mais ils peuvent aussi concerner des ensembles plus vastes, comme une **communauté nationale**, une **communauté religieuse** ou une **communauté de langue**. Par exemple, la Francophonie est une organisation internationale qui rassemble les pays ayant en commun l'usage de la langue française (soit 274 millions de personnes sur les cinq continents).
- L'ensemble le plus vaste qui soit est l'**humanité**. Par leur mode de vie ou leur engagement, certains individus ressentent profondément le sentiment d'appartenir à une seule et même communauté humaine. Ainsi, des hommes militent pour la cause écologiste afin de permettre aux futures générations de vivre sur une Terre préservée.

2. L'emboîtement des appartenances

- Comme pour Amin Maalouf, nos multiples **sentiments d'appartenance se superposent** et forment toute la complexité de nos identités. Cette superposition nous est propre et fait de nous des **individus uniques**.
- Il est parfois difficile d'identifier ses propres sentiments d'appartenance. Quels sont les centres d'intérêt, les expériences, les valeurs, voire le mode de vie, que nous partageons avec d'autres ? Connaître nos sentiments d'appartenance nous aide à **mieux comprendre notre personnalité**.

44 Quels liens unissent les citoyens en France et en Europe ?

Un citoyen est un membre d'une communauté citoyenne. Les valeurs, principes et symboles des citoyennetés française et européenne permettent de créer et d'affirmer un sentiment d'appartenance.

RÉFLÉCHIR

Paris, place de la Nation, le 11 janvier 2015.
Cette photographie a été prise lors de la manifestation organisée en réaction à l'attentat du 7 janvier 2015 perpétré contre les journalistes de *Charlie Hebdo*, ayant fait 12 victimes.

- Des citoyens se sont ici **rassemblés** pour dénoncer un attentat terroriste et défendre des **valeurs républicaines** jugées menacées (la liberté, la laïcité). Le crayon levé représente le principe de liberté d'expression, droit fondamental de la citoyenneté française et de toutes les sociétés démocratiques.
- Des **symboles républicains** sont visibles : le drapeau français et la figure de Marianne représentée ici par la statue *Le Triomphe de la République*. Le succès de cette photographie vient de sa ressemblance avec le célèbre tableau d'Eugène Delacroix, *La Liberté guidant le peuple* (1830).
- Les valeurs, principes et symboles mobilisés servent de **liens** permettant aux membres de la communauté citoyenne de se rassembler, de se sentir unis et de s'exprimer.

RETENIR

I Des principes et des valeurs à défendre

1. Les fondements de la citoyenneté

- La citoyenneté est le fait de reconnaître à une personne la qualité de citoyen, de membre actif d'une société. Cette qualité s'obtient avec la **nationalité**.
- Les citoyens ont des **droits** (liberté d'expression, vote…) et des **devoirs** (respecter les lois, payer ses impôts). Ils possèdent une part de la souveraineté nationale qu'ils exercent par l'élection de leur représentant.

Mot-clé
La **souveraineté** désigne le droit absolu d'exercer une autorité sur un pays ou sur un peuple.

2. Les valeurs républicaines

Se sentir citoyen, c'est aussi adhérer à des valeurs républicaines : la **liberté** (« faire tout ce qui ne nuit pas à autrui », selon la Déclaration des droits de l'Homme et du citoyen de 1789), l'**égalité** (tous les hommes ont les mêmes droits), la **fraternité** (solidarité entre les hommes) et la **laïcité** (liberté de croire ou de ne pas croire).

3. Les valeurs européennes

Depuis le traité de Maastricht (1992), les citoyens des pays membres de l'Union européenne (UE) sont aussi des **citoyens européens**. Cette citoyenneté s'accompagne de droits (ex. : pouvoir étudier dans tout pays de l'UE) et repose sur des valeurs : **liberté**, **égalité**, **démocratie** et respect des **droits de l'Homme**.

II Des symboles pour incarner ces valeurs

1. En France, des représentations symboliques fortes

Les valeurs de la citoyenneté française sont incarnées par des symboles : le **drapeau**, l'**hymne** (*La Marseillaise*), la **devise** qui reprend les grandes valeurs républicaines (« Liberté, Égalité, Fraternité »), **Marianne** ou le **14 juillet**.

2. La création de symboles européens

Des symboles de la citoyenneté européenne ont été instaurés pour renforcer le sentiment d'appartenance des Européens : un **drapeau**, une **devise** (« Unis dans la diversité ») et un **hymne** (dont l'air est tiré de la *Neuvième symphonie* de Beethoven). Une **journée de l'Europe** est instituée le 9 mai.

Le drapeau européen.
Composé de douze étoiles de taille égale, il symbolise l'union et la solidarité entre les peuples européens.

Se tester QUIZ

Vérifie que tu as bien compris les points clés des **fiches 42 à 44.**

Pour chaque quiz, vérifie ta réponse à l'aide du corrigé et consulte les fiches de cours si nécessaire.

1 Moi et les autres

→ CORRIGÉ P. 245

1. Mon identité numérique :
- ☐ a. correspond à mon identité légale.
- ☐ b. correspond à mon identité personnelle.
- ☐ c. dépend des informations que je transmets.

2. On peut se sentir appartenir à un groupe :
- ☐ a. en ayant des points communs avec les membres du groupe.
- ☐ b. en partageant des valeurs avec ceux qui en sont membres.
- ☐ c. en adoptant ses codes et son mode de vie.

2 La citoyenneté

→ CORRIGÉ P. 245

Que signifie être citoyen français ?
- ☐ a. Avoir la nationalité française.
- ☐ b. Avoir des droits et des devoirs.
- ☐ c. Avoir un emploi.

3 Les symboles de la République et de l'Union européenne

→ CORRIGÉ P. 245

Relie chaque symbole à sa définition.

1. *La Marseillaise.* •	• a. Elle reprend les valeurs de la citoyenneté française.
2. La devise française. •	• b. Fête nationale célébrant la prise de la Bastille en 1789.
3. Le 9 mai. •	• c. Chant patriotique écrit sous la Révolution française.
4. Le 14 juillet. •	• d. Journée de l'Europe en référence au discours de Robert Schuman de 1950, considéré comme un acte fondateur de la construction européenne.

Vers le brevet

Exerce-toi en vue du brevet et révise les **fiches 42 à 44.**

Pour chaque exercice, aide-toi des conseils donnés et compare ta réponse à celle du corrigé.

4 Comprendre la citoyenneté européenne

30 min

→ CORRIGÉ P. 245

Document **Extraits du traité de Maastricht (1992)**

« **Article 8**

1. Il est institué une citoyenneté de l'Union. Est citoyen de l'Union toute personne ayant la nationalité d'un État membre.
2. Les citoyens de l'Union jouissent des droits et sont soumis aux devoirs prévus par le présent traité.

Article 8 A

1. Tout citoyen de l'Union a le droit de circuler et de séjourner librement sur le territoire des États membres, sous réserve des limitations et conditions prévues par le présent traité et par les dispositions prises pour son application.

Article 8 B

1. Tout citoyen de l'Union résidant dans un État membre dont il n'est pas ressortissant a le droit de vote et d'éligibilité aux élections municipales dans l'État membre où il réside, dans les mêmes conditions que les ressortissants de cet État.
2. […] Tout citoyen de l'Union résidant dans un État membre dont il n'est pas ressortissant a le droit de vote et d'éligibilité aux élections au Parlement européen dans l'État membre où il réside, dans les mêmes conditions que les ressortissants de cet État. […]

1. D'après le document, quelle est la condition à remplir pour avoir la citoyenneté européenne ?
2. Cite trois droits dont disposent les citoyens européens, mentionnés dans le document.
3. Ta classe a été invitée à visiter le Parlement européen à Strasbourg. À cette occasion, tu es chargé(e) de présenter à tes camarades le traité de Maastricht, à l'aide du document et de tes connaissances. En quelques lignes, comment leur montres-tu que ce traité permet aux Européens de se sentir appartenir à une même communauté ?

45 Quels sont les droits fondamentaux de tout être humain ?

Des textes fondateurs reconnaissent aux êtres humains un certain nombre de droits fondamentaux (appelés aussi droits de l'Homme). Une société est qualifiée de « démocratique » si ces droits sont officiellement accordés et surtout effectivement appliqués.

I Les droits de l'Homme : reconnaissance et application

1. Des textes fondateurs

- En 1789, les révolutionnaires français adoptent la **Déclaration des Droits de l'Homme et du citoyen (DDHC)** qui affirme l'existence de droits naturels, comme la liberté et l'égalité. Ces droits sont déclarés universels (ils concernent tous les êtres humains) et inaliénables (ils ne peuvent être retirés).
- En 1948, la **Déclaration universelle des droits de l'Homme (DUDH)** est adoptée par l'Organisation des Nations unies (ONU). Elle réaffirme ces droits fondamentaux et en ajoute d'autres, comme le **droit à la vie**. Ce dernier gouverne tous les autres : il exprime le droit, de chaque être humain, de grandir et de vivre correctement, dans le respect et la dignité.

2. Des droits fondamentaux pas toujours respectés

Même dans des sociétés dites démocratiques, **des progrès restent souvent à accomplir** dans l'application des droits fondamentaux. Par exemple, en France, malgré le droit à l'égalité professionnelle, les femmes perçoivent toujours aujourd'hui des salaires inférieurs de 20 % à ceux des hommes.

II Les droits de l'enfant

- Depuis la signature de la **Convention internationale des droits de l'enfant** en 1989, les enfants sont reconnus comme des **êtres humains à part entière** dotés de droits spécifiques, comme le droit à la protection et à l'instruction.
- Les enfants ont aussi un **statut juridique particulier**. Leurs droits évoluent en fonction de leur âge. Ainsi, en France, un enfant possède des droits dès sa naissance (ex. : droit de recevoir un héritage), puis en obtient d'autres en fonction de son âge (ex. : droit de travailler en tant qu'apprenti à partir de 15 ans). Il reste, jusqu'à ses 18 ans, soumis à l'autorité parentale.

Mot-clé

L'**autorité parentale** désigne l'ensemble des droits et obligations des parents vis-à-vis de leurs enfants (sécurité, éducation…).

46 Comment la justice est-elle appliquée dans une société démocratique ?

Le terme de « justice » a un sens moral (faire une action juste, légitime) et un sens légal (respecter les lois). Il désigne aussi l'institution chargée de faire appliquer le droit. Dans une société démocratique, le fonctionnement de la justice doit respecter certains principes.

I La nécessité de la justice

- La justice sert à **protéger** les libertés, intérêts et sécurité de chacun ; **punir** ceux qui ne respectent pas les règles (justice pénale) ; **trancher** les litiges entre personnes (justice civile) ou entre particuliers et administration (justice administrative).

> **Mot-clé**
> Un **litige** est un différend entre deux ou plusieurs parties.

- La justice est à la base du fonctionnement d'une **société démocratique**. Les citoyens peuvent y faire appel s'ils estiment leurs droits bafoués. Ils sont inculpés s'ils ne respectent pas les lois de la République.

II Les principes de la justice

Ils garantissent son fonctionnement démocratique : la **présomption d'innocence** (être considéré comme innocent jusqu'au verdict) ; les **droits de la défense** (avoir un avocat, échanger des arguments avec l'accusation) ; les **voies de recours** (demander à être rejugé) et l'**égalité d'accès**.

III Le fonctionnement de la justice

Il existe de nombreux tribunaux selon les types d'affaires :

- le **tribunal correctionnel**, pour les délits (jusqu'à 10 ans de prison) ;
- la **cour d'assises**, pour les crimes (prison, jusqu'à la perpétuité) ;
- la **cour d'appel**, qui rejuge une affaire lorsque l'une des parties conteste la décision du tribunal ;
- le **tribunal des prud'hommes**, pour les affaires opposant salariés et employeurs ;
- le **tribunal administratif**, pour les affaires mettant en cause l'État.

47 Comment les lois sont-elles élaborées dans une démocratie représentative ?

Le parcours d'une loi montre le fonctionnement des institutions. Il est complexe en France, afin de respecter un certain nombre de règles et de garantir ainsi l'application des principes de la démocratie représentative.

RÉFLÉCHIR

Document L'élaboration de la loi pour l'égalité homme-femme

Cette loi vise à combattre les inégalités entre les hommes et les femmes en France par une série de mesures : renforcement de l'égalité salariale, lutte contre la violence conjugale, contre les stéréotypes sexistes dans les médias, etc.

• **3 juillet 2013 :**	le projet de loi est adopté en Conseil des ministres et déposé au Sénat
• **du 3 juillet 2013 au 23 juillet 2014 :**	le texte fait la navette parlementaire entre l'Assemblée nationale et le Sénat
• **28 janvier 2014 :**	la loi est votée par l'Assemblée nationale
• **23 juillet 2014 :**	la loi est votée par le Sénat
• **31 juillet 2014 :**	le Conseil constitutionnel valide la loi
• **4 août 2014 :**	la loi est promulguée
• **5 août 2014 :**	la loi est publiée au *Journal officiel*

■ Cette chronologie illustre les **étapes** de l'élaboration d'une loi en France. Les deux chambres du Parlement, Assemblée nationale et Sénat, ont longtemps débattu et plusieurs fois modifié le texte, c'est pourquoi la **navette parlementaire** (va-et-vient du projet de loi entre les deux chambres) a duré plus d'un an.

■ Le texte a été examiné par le Conseil constitutionnel, car 60 sénateurs jugeaient que certaines dispositions étaient contraires à la Constitution française. La loi a ensuite été promulguée par le président de la République, puis appliquée dès sa parution dans le *Journal officiel*.

Mot-clé

La **Constitution** est la loi fondamentale fixant l'organisation et le fonctionnement de l'État.

RETENIR

I La loi et l'état de droit

1. La nécessité de la loi

- La loi est à la base de la vie en société organisée, car elle permet d'**adopter des règles communes** et d'éviter le développement de la « loi du plus fort ».
- Les lois sont la **source du droit** (appliqué ensuite par la justice). Elles imposent des obligations. Elles permettent de résoudre des conflits sans recourir à la violence, de mettre en œuvre des politiques publiques (ex. : réforme de l'école) ou de reconnaître et protéger des droits (ex. : le mariage pour tous, loi de 2013). Les lois sont la base de l'État de droit.

> **Mot-clé**
> Dans un **État de droit**, l'État est soumis au droit au même titre que les individus. Un particulier peut contester une action de l'État s'il la considère illégale.

2. L'expression du peuple

En France, le **peuple** est à l'origine des lois. Il exprime sa volonté par l'intermédiaire de **représentants élus**, c'est la démocratie représentative. Le référendum permet d'associer plus étroitement le peuple pour le vote de lois particulièrement importantes (ratification d'un traité, révision de la Constitution).

> **Mot-clé**
> Un **référendum** est un vote direct des électeurs qui répondent « oui » ou « non » à une question législative précise.

II Les étapes de l'élaboration d'une loi

1. Le parcours parlementaire

- L'initiative d'une loi peut venir du gouvernement (projet de loi) ou des parlementaires (proposition de loi). Néanmoins, le **pouvoir législatif** (pouvoir de faire les lois) appartient uniquement aux deux chambres du **Parlement**.
- La complexité du parcours d'une loi permet de respecter les règles de fonctionnement de la démocratie : les parlementaires (députés et sénateurs) débattent, modifient et votent les lois.

2. L'adoption de la loi

- Avant la promulgation d'une loi, le Conseil constitutionnel doit vérifier qu'elle respecte bien les règles de la **Constitution** (qui représente la loi suprême dans une société démocratique) et le Conseil d'État qu'elle est conforme aux **traités internationaux** signés par la France.
- Le président de la République peut ensuite **promulguer la loi**, puis veiller à son application. La loi est publiée dans le *Journal officiel*, qui diffuse quotidiennement les textes officiels auprès des citoyens.

Se tester QUIZ

Vérifie que tu as bien compris les points clés des **fiches 45 à 47.**

Pour chaque quiz, vérifie ta réponse à l'aide du corrigé et consulte les fiches de cours si nécessaire.

1 Les différentes juridictions

→ CORRIGÉ P. 246

Pour chacune de ces affaires, identifie le tribunal compétent.

1. Fabrice G. se plaint de harcèlement au travail.
2. Thomas et Jérôme ont violemment racketté plusieurs élèves à la sortie du collège.
3. Laure G. conteste le montant de sa taxe d'habitation.
4. Didier B. a tué un bijoutier lors d'un braquage.
5. Samuel C. conteste sa condamnation à trois ans de prison pour trafic de drogue.

Vers le brevet

Exerce-toi en vue du brevet et révise les **fiches 45 à 47.**

Pour chaque exercice, aide-toi des conseils donnés et compare ta réponse à celle du corrigé.

2 Mobiliser des compétences d'EMC à partir d'une situation pratique

30 min

→ CORRIGÉ P. 246

Document 1 **La cour de récréation d'un collège**

Le collège La Fontaine des Prés est situé à Senlis (Oise). Durant les récréations, les 600 élèves sont amenés à se croiser dans la cour.

Document 2 Règlement intérieur d'un collège

Le règlement intérieur d'un collège est adopté en conseil d'administration, composé des personnels de direction, des élus des collectivités locales, des représentants élus des personnels de l'établissement, des parents d'élèves et des élèves. Il peut être modifié en fonction des évolutions législatives et règlementaires.

« **Préambule**

[…] Le service public de l'éducation repose sur des valeurs et principes dont le respect s'impose à tous dans l'établissement : principes de gratuité de l'enseignement, de neutralité et de laïcité. Chacun est également tenu au devoir d'assiduité et de ponctualité, de tolérance et de respect d'autrui dans sa personne et ses convictions, au respect de l'égalité des chances et de traitement entre filles et garçons, à la protection contre toute forme de violence psychologique, physique ou morale. […] Toutes formes de discrimination (racisme, antisémitisme, homophobie, sexisme…) sont formellement interdites. De même le harcèlement discriminatoire portant atteinte à la dignité de la personne est interdit ainsi que tous propos injurieux ou diffamatoires.

Les sanctions

Les sanctions disciplinaires concernent les atteintes aux personnes et aux biens et les manquements graves aux obligations des élèves. Elles relèvent du chef d'établissement ou du conseil de discipline, sont inscrites au dossier administratif de l'élève et peuvent être assorties d'un sursis total ou partiel. Le principe du contradictoire s'applique à la politique de sanctions de l'établissement. Les parents sont informés des possibilités de recours.

Extrait du règlement intérieur du collège Camille-Claudel, Latresne (Gironde).

1. Quels droits sont ici reconnus aux élèves ?
2. Montre que l'élaboration d'un règlement intérieur suit les règles de la démocratie représentative.
3. Quels principes de la justice sont ici respectés ?
4. Tu es chargé(e) d'accueillir un nouvel élève dans ton collège. Explique-lui, en quelques phrases, pourquoi le règlement intérieur du collège est nécessaire au vivre-ensemble des élèves et des personnels.

Démarrons ensemble

4. Cherche au moins deux arguments montrant que le règlement intérieur d'un collège ne représente pas qu'un ensemble de contraintes, mais qu'il permet aux élèves et aux adultes de se côtoyer et de vivre ensemble. Cite des exemples.

48 Pourquoi faut-il lutter contre les discriminations ?

La discrimination consiste à moins bien traiter une personne ou un groupe par rapport au reste de la collectivité, en prenant prétexte d'une différence. Opérer cette distinction est en contradiction avec les valeurs de la République.

RÉFLÉCHIR

Document Un cas de discrimination envers un cadre homosexuel

« Un cadre de l'une des plus grandes banques françaises, diplômé de l'Essec, fut licencié pour faute grave […] alors qu'il comptait 29 ans d'ancienneté. […] [Il] a saisi le conseil de prud'hommes auquel il a demandé de juger qu'il avait été victime d'une discrimination homophobe […] La cour d'appel de Paris avait relevé que, bien que diplômé d'une grande école […] l'intéressé n'avait obtenu aucun poste [promotion] alors : qu'il avait postulé à 14 reprises ; […] qu'il était le seul cadre de sa promotion à ne pas avoir obtenu de poste ; qu'il présentait différentes attestations indiquant qu'il n'avait pu être promu en raison de l'ambiance homophobe qui régnait dans la banque concernée entre les années 70 et 90. […]

Le salarié a perçu 580 000 € au titre des préjudices de carrière et de retraite […] Il a également perçu 35 000 € de dommages et intérêts pour préjudice moral. […]

Bloquer la carrière d'un cadre à haut potentiel parce qu'il est homosexuel avant de le licencier pour une faute imaginaire, peut coûter beaucoup d'argent.

Philippe Ravisy, « Discrimination à l'encontre d'un cadre homosexuel : un arrêt pédagogique », *Les Échos*, 29 avril 2013.

- Le document présente les cas d'une banque condamnée pour **discrimination homophobe**. Elle a moins bien traité l'un de ses salariés en raison d'un **critère non professionnel**, jugé discriminatoire : son homosexualité.
- Il existe de nombreux cas de discrimination dans le monde du travail : ne pas embaucher une personne à cause de sa religion ou de son lieu d'habitation ; moins bien rémunérer une femme par rapport à un homme, à niveau de responsabilité égal, etc.
- Cependant, la discrimination est souvent **difficile à démontrer** devant le juge. Dans le cas ci-dessus, la banque a été condamnée parce qu'elle n'a pas pu prouver le caractère non discriminatoire des refus successifs de promotion opposés à ce cadre.

RETENIR

I L'égalité, une valeur au cœur du projet républicain

1. « Les hommes naissent et demeurent libres et égaux en droit »

Selon l'article 1er de la Déclaration des droits de l'Homme et du citoyen (1789), l'égalité est une des **valeurs principales de la République française**. Mais proclamer l'égalité ne suffit pas. En réalité, des inégalités existent dans la société. C'est une cause à défendre et un idéal à atteindre.

2. L'égalité, un des fondements de la démocratie

- Les sociétés démocratiques reconnaissent deux formes d'égalité : l'**égalité politique** (les citoyens ont tous les mêmes droits et devoirs) et l'**égalité morale** (tout le monde a droit au respect, à la dignité et à la liberté).
- La discrimination s'oppose à l'égalité : elle est **antirépublicaine**.

II Le combat contre la discrimination

1. Les différentes formes de discrimination

En France, la loi distingue 20 critères qui permettent de définir plusieurs types de discriminations : **raciales** (contre les personnes d'une autre couleur de peau), **religieuses** (contre les personnes d'une autre religion), **antisémites** (contre les personnes de religion juive), **xénophobes** (contre les personnes étrangères), **sexistes** (contre les personne de l'autre sexe) ou encore **homophobes**.

2. Les moyens d'action

Les discriminations sont punies par la loi française. Elles peuvent être difficiles à prouver, c'est pourquoi des associations s'engagent en soutenant les victimes, en les assistant lors des procès ou en recourant à des opérations de testing.

Mot-clé

Un ***testing*** (ou test de discrimination) est une expérimentation menée dans le but de déceler une discrimination (par exemple en envoyant deux CV équivalents à l'exception d'un critère pouvant donner lieu à une discrimination, comme un nom d'origine étrangère).

III La question des inégalités sociales

- Les inégalités sociales ne sont **pas des discriminations**, car elles ne reposent pas sur des critères illégaux. Les hommes sont libres d'entreprendre et de s'enrichir par leur activité professionnelle.
- Même si **l'égalité sociale n'est pas un droit reconnu**, il n'en est pas moins nécessaire, au nom de l'égalité morale et du droit à la vie, d'ouvrir des droits aux citoyens les plus pauvres pour améliorer leurs conditions de vie.

49 Qu'est-ce que la laïcité et quel est son rôle ?

La laïcité est un principe d'organisation de la société fondé sur la séparation du pouvoir religieux et du pouvoir politique. Elle occupe une place particulière parmi les valeurs fondatrices de la République française.

RÉFLÉCHIR

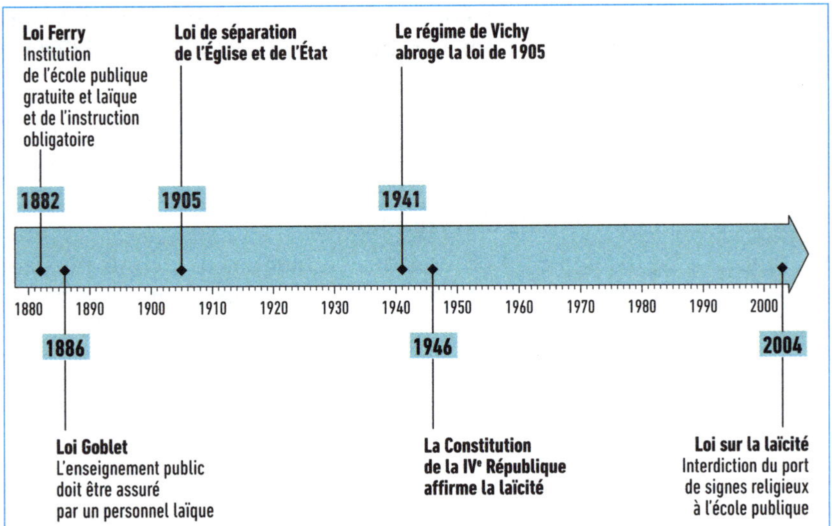

La laïcité en France depuis la fin du XIXe siècle.
Cette chronologie présente les principales lois adoptées en France entre 1882 et 2004 pour mettre en place et renforcer la laïcité à l'école.

- Depuis la loi Ferry de 1882 et la loi Goblet de 1886, la laïcité est un des **fondements de l'école républicaine**, avec la gratuité et l'obligation. Elle permet de renforcer l'égalité entre les élèves sans faire de distinctions religieuses entre eux.
- La loi de 1905 sépare strictement les Églises et l'État en France. Désormais, **aucune religion n'est reconnue par l'État**. Cette loi a été temporairement abrogée en 1941 par les dirigeants de Vichy afin de favoriser l'Église catholique. La laïcité fut ensuite réaffirmée et inscrite dans la Constitution.
- La laïcité fait aujourd'hui l'objet d'importants débats. Sa place dans l'école républicaine a dû être réaffirmée et défendue par la loi de 2004 et, plus récemment, par l'adoption en 2013 d'une **Charte de la laïcité**. Cette charte est affichée dans toutes les écoles publiques françaises.

RETENIR

I Un principe d'organisation de la société

1. Les origines de la loi de 1905

- L'idée de laïcité naît avec l'affirmation de la **liberté de conscience** au moment de la Révolution française. Elle s'enracine ensuite tout au long du XIXe siècle chez les défenseurs de la République, en réaction à l'influence de l'Église catholique qui s'oppose aux valeurs libérales et démocratiques.
- La laïcité, d'abord instaurée à l'école, est étendue à toute la société à partir de la **loi de 1905**. L'État adopte une stricte **neutralité à l'égard de toutes les religions** et ne finance plus aucun culte.

2. Un acquis républicain

- La laïcité devient un principe républicain. Le fonctionnement de la société repose désormais sur la séparation entre l'espace privé, lieu de la liberté de conscience, et l'espace public, lieu de la citoyenneté et de l'intérêt général.
- La France est définie comme une **République laïque** dans l'article 1er de sa Constitution.

Mot-clé

Un **principe** est une base sur laquelle repose le fonctionnement d'une société, d'une institution.

II Une valeur pilier de la République française

1. Un facteur d'égalité entre les citoyens

Aucune distinction fondée sur la religion ne peut être faite entre les citoyens : tous ont les mêmes droits et les mêmes devoirs.

2. Un atout pour le « vivre-ensemble »

La laïcité favorise la **tolérance** en instaurant un respect de toutes les croyances. Le « vivre-ensemble » suppose aussi des efforts d'ouverture : chacun est libre de croire en ce qu'il veut, mais cette liberté de conscience s'accompagne en retour d'une **acceptation des croyances des autres**.

III D'importants enjeux actuels

1. Laïcité et liberté d'expression

Au nom de la liberté d'expression, les citoyens sont libres d'exprimer des avis et des critiques sur les religions. La laïcité s'accompagne du **respect des opinions** de chacun, même si celles-ci peuvent heurter des croyances.

2. Réaffirmer la laïcité par l'école

La **Charte de la laïcité** reprend les différentes règles à appliquer dans les établissements scolaires, comme l'interdiction de porter des signes religieux trop visibles. En effet, cette valeur républicaine donne parfois lieu à de vifs débats et nécessite d'être **vécue**, **expliquée** et **défendue** à l'école.

50 Qu'est-ce qu'une démocratie ?

Une démocratie est un régime politique dans lequel la souveraineté émane du peuple. Pour être considéré comme une démocratie, un État doit respecter un certain nombre de principes bien définis.

RÉFLÉCHIR

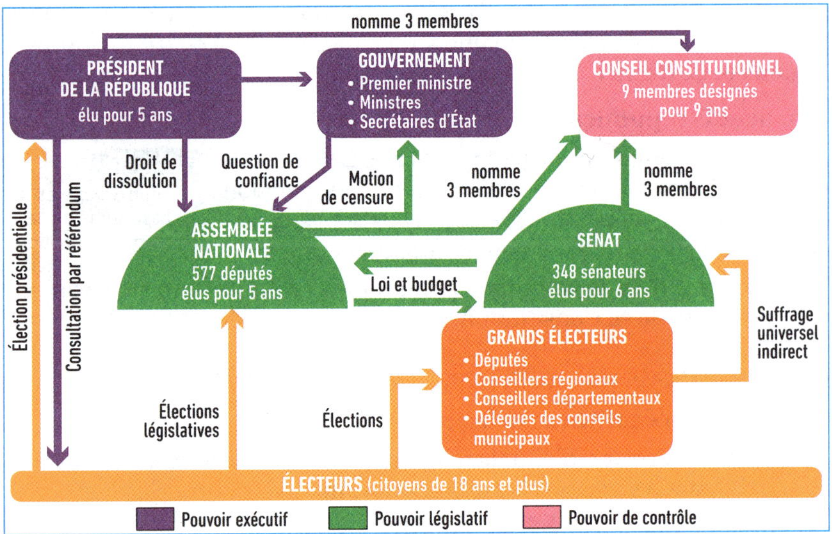

Les institutions de la Vᵉ République.
Ce schéma explique le fonctionnement de l'État et de ses institutions, à partir du texte de la Constitution de la Vᵉ République (1958).

■ Les fonctions législatives (qui font les lois) et exécutives (qui les appliquent) sont séparées. La **séparation des pouvoirs** est un principe de base de la démocratie, énoncé en France par Montesquieu au XVIIIᵉ siècle. Elle vise à éviter les abus liés à la concentration des pouvoirs entre les mains de quelques hommes.

■ La France est une **démocratie représentative (ou indirecte) :** les électeurs élisent des représentants chargés d'exercer pour eux les fonctions décisionnelles. Il existe néanmoins un mécanisme qui relève de la démocratie directe : le référendum.

Mot-clé
Organisé à l'initiative du président de la République, le **référendum** permet aux électeurs de répondre par « oui » ou « non » à une question précise.

RETENIR

I Les caractéristiques d'une démocratie

1. Les principes d'organisation de l'État

Des principes garantissent un fonctionnement démocratique de l'État : la **séparation des trois pouvoirs** législatif, exécutif et judiciaire, la **fréquente consultation du peuple** (élections, référendums) et le pluralisme politique.

> **Mot-clé**
> Le **pluralisme politique** désigne l'existence de plusieurs partis politiques, afin que toutes les opinions puissent être représentées.

2. La place des citoyens

- Dans une démocratie, le pouvoir est détenu ou contrôlé par le peuple qui exerce sa **souveraineté** par le suffrage universel.
- La démocratie repose sur l'**égalité politique** des citoyens. Ils bénéficient de **droits** et doivent respecter des **devoirs** (comme de payer leurs impôts).

II Les régimes démocratiques

1. Les différentes formes de démocratie

- Les **démocraties directes** (dans lesquelles le peuple exerce directement le pouvoir) ont aujourd'hui disparu au profit de **démocraties représentatives**.
- On parle de **démocratie participative** lorsque des dispositifs sont mis en place pour renforcer l'engagement des citoyens et augmenter leur rôle dans la prise de décision (ex. : conseils de quartier ouverts aux habitants).

2. Des démocraties souvent imparfaites

Un « indice de démocratie » a été créé pour **évaluer le niveau démocratique** d'un pays à l'aide d'un ensemble d'indicateurs. En 2014, la France a ainsi été classée au 23e rang mondial, ce qui révèle une marge de progrès. Par exemple, malgré les lois en faveur de la parité, la vie politique reste encore peu ouverte aux femmes en France.

III Les régimes non démocratiques

1. Les caractéristiques des dictatures

Les démocraties s'opposent aux **dictatures**. Celles-ci se caractérisent par la **concentration des pouvoirs** entre les mains d'une seule personne (dans une monarchie, par exemple) ou de quelques personnes (on parle alors d'oligarchie), par l'absence de consultation du peuple et d'alternance politique.

2. République et démocratie

Une république n'est **pas nécessairement une démocratie**. Dans la République populaire de Chine, seul le parti communiste est autorisé et des opposants politiques sont emprisonnés. À l'inverse, le Royaume-Uni est une monarchie parlementaire qui respecte les principes de la démocratie.

Se tester QUIZ

Vérifie que tu as bien compris les points clés des **fiches 48 à 50.**

Pour chaque quiz, vérifie ta réponse à l'aide du corrigé et consulte les fiches de cours si nécessaire.

1 Les droits et devoirs des citoyens

→ CORRIGÉ P. 246

Souligne en rouge les droits et en bleu les devoirs des citoyens français.

1. Payer ses impôts.
2. Pratiquer une religion.
3. Faire grève.
4. Respecter la loi.
5. Voter.
6. Participer à la JDC (Journée Défense et Citoyenneté).

2 Les principes démocratiques

→ CORRIGÉ P. 246

Ces caractéristiques appartiennent-elles à la démocratie ou à la dictature ?

1. Opposants emprisonnés.
2. Séparation des pouvoirs.
3. Pas d'alternance politique.
4. Parti unique.
5. Égalité politique.
6. Pluralisme politique.

Vers le brevet

Exerce-toi en vue du brevet et révise les **fiches 48 à 50.**

Pour chaque exercice, aide-toi des conseils donnés et compare ta réponse à celle du corrigé.

3 Mobiliser des compétences d'EMC à partir d'une situation pratique

30 min

→ CORRIGÉ P. 246

Document 1 La vidéosurveillance et les libertés individuelles

« **Dans quel but ?**
Des caméras peuvent être installées sur la voie publique pour prévenir des actes de terrorisme, des atteintes à la sécurité des personnes et des biens dans des lieux particulièrement exposés à des risques d'agression, de vol ou de trafic de stupéfiants. […]
Qui peut filmer la rue ?
Seules les autorités publiques (les mairies notamment) peuvent filmer la voie publique.
Ni les entreprises, ni les établissements publics ne peuvent filmer la voie publique. […]
Quelles garanties pour la protection de la vie privée ?
Ces caméras ne doivent pas permettre de visualiser l'intérieur des immeubles

d'habitation ni, de façon spécifique, celles de leurs entrées. Des procédés de masquage irréversible de ces zones doivent être mis en œuvre.

Qui peut consulter les images ?

Seules les personnes habilitées par l'autorisation préfectorale, et dans le cadre de leurs fonctions (par exemple : les agents du centre de supervision urbain), peuvent visionner les images enregistrées. [...]

Source : Commission nationale de l'informatique et des libertés (CNIL) – www.cnil.fr.

Document 2 Les inconvénients de la vidéosurveillance

En 2011, la Cour des comptes évalue les frais d'installation d'une caméra de vidéosurveillance à 36 600 € et ses frais de fonctionnement (maintenance, personnel, liaisons entre les caméras et les centres de supervision) à 7 400 € par an. Même si la vidéosurveillance a un effet dissuasif, il existe des débats autour de son efficacité réelle (la plupart des images sont par exemple peu exploitables).

1. Pourquoi des caméras sont-elles installées sur la voie publique ?

2. Pourquoi la vidéosurveillance peut-elle être considérée comme une menace pour les libertés individuelles ? Comment ces libertés peuvent-elles néanmoins être préservées ?

3. Le conseil municipal de ta commune doit se réunir pour décider de recourir ou non à la vidéosurveillance. Tu es chargé(e) de présenter en quelques lignes les avantages et les inconvénients de celle-ci, puis de donner ton avis de manière argumentée.

51 Pourquoi et comment des citoyens s'engagent-ils au niveau associatif, syndical ou politique ?

En France, les citoyens ont la possibilité d'agir et de s'impliquer dans la vie publique au sein de différentes structures.

I La diversité des engagements

1. Un monde associatif riche et varié

- Depuis la **loi de 1901**, les associations doivent être composées d'au moins deux personnes et avoir des statuts déposés en préfecture. Celles-ci doivent **partager un but ou un intérêt commun**.
- La France compte un million d'associations (regroupant 11 millions de bénévoles) dont la variété est infinie, allant d'une petite association de quartier à une ONG présente dans différents pays, comme WWF.

Mot-clé

Une **organisation non gouvernementale (ONG)** fonctionne de manière autonome, sans dépendre d'un État.

2. Diverses possibilités de s'engager

- Les citoyens peuvent aussi s'engager dans des syndicats ou dans des **partis politiques**. Il existe aujourd'hui une cinquantaine de partis nationaux et plusieurs centaines de micro-partis impliqués uniquement dans la vie politique locale.
- Les citoyens peuvent s'impliquer de différentes façons : comme **sympathisants**, en approuvant les idées portées par une organisation sans en être membre ; comme **adhérents**, en devenant un membre ; comme **donateurs**, en donnant de l'argent ; ou comme **militants**, en agissant de manière active.

Mot-clé

Les **syndicats** sont des associations professionnelles qui regroupent des personnes exerçant des métiers similaires pour défendre des intérêts communs.

II Le sens de l'engagement citoyen

- Intégrer des structures associatives, syndicales ou politiques relève d'une **démarche volontaire**. Les citoyens choisissent de s'y engager lorsqu'ils sont d'accord avec les objectifs et le mode de fonctionnement de ces structures.
- Ces structures permettent aussi aux citoyens de mener des actions collectives **pour défendre leurs idées ou leurs intérêts**. Les syndicats peuvent par exemple engager des actions de protestations (pétitions, grèves).
- Les associations, syndicats et partis politiques sont **nécessaires** au fonctionnement de la démocratie pour porter des attentes, défendre des droits ou exprimer des choix politiques (et permettre ainsi le pluralisme politique).

52 Comment assurer la sécurité de tous ?

La sécurité désigne la situation dans laquelle une personne n'est pas exposée à un danger. Elle est aujourd'hui reconnue comme un droit et l'État s'engage à protéger les hommes des risques qu'ils ont parfois contribué à créer.

I Les responsabilités face aux risques majeurs

- On distingue les **risques naturels**, liés à un aléa naturel (tremblement de terre) des **risques technologiques**, liés aux activités humaines (explosion d'une usine).

Mot-clé
Le mot « **aléa** » signifie « coup de dés » en latin. Il désigne un hasard défavorable.

- L'ensemble des biens et des personnes susceptibles d'être affectés par un aléa représente l'**enjeu**. Le risque est constitué de la superposition de l'aléa et des enjeux dans un même lieu. Les hommes peuvent donc, par leur présence, avoir occasionné le risque.

II De la responsabilité à l'engagement

- Les pouvoirs publics mettent en place des mesures de **prévention**. Par exemple, chaque établissement scolaire doit élaborer un plan particulier de mise en sûreté (PPMS) en fonction des risques locaux.
- On parle de **catastrophe** lorsqu'un événement cause des dégâts très importants. Au niveau local, les secours (pompiers, SAMU, etc.) sont coordonnés par le **préfet** pour permettre des interventions rapides et efficaces.

III La sécurité au quotidien

- Les sociétés humaines sont confrontées à d'**autres formes d'insécurité**, liées à des dangers directement dus aux hommes : par exemple, les atteintes aux personnes et aux biens, la mortalité routière (3 464 morts en 2015) ou la mauvaise qualité de l'alimentation qui peut nuire à la santé des consommateurs.
- La police nationale (dans les zones urbaines) et la gendarmerie (en zones rurales et en particulier sur les routes) sont chargées de veiller à l'**ordre public**. Des mesures sont adoptées en faveur de la **sécurité routière** (limitation de vitesse sur les routes) et de la **sécurité alimentaire** (contrôle de la provenance des aliments).

53 Comment la France et les Français s'engagent-ils sur le plan international ?

La France s'engage pour faire face aux grands enjeux mondiaux et des citoyens participent aux interventions dans le cadre de la Défense nationale. Ces engagements prennent plusieurs formes.

RÉFLÉCHIR

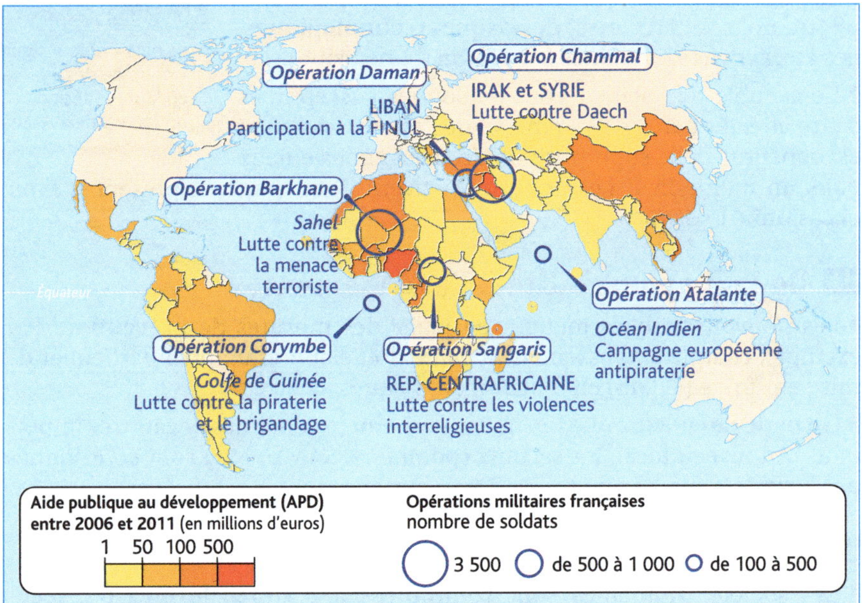

Les engagements de la France dans le monde. La France verse environ 10 milliards d'euros par an d'aides publiques au développement (APD), tandis que 7 000 soldats français participent à des opérations extérieures en septembre 2015.

■ L'objectif affiché des engagements militaires français est de **venir en aide à des populations** qui en ont besoin, même s'il s'agit souvent de défendre des **intérêts nationaux**. Pour mener ces différentes opérations, la France privilégie la **coopération** avec d'autres pays (ceux du Sahel pour l'opération Barkhane).

■ Par ses actions militaires et solidaires, la France est très engagée en **Afrique** pour des **raisons historiques** (beaucoup de pays africains sont d'anciennes colonies françaises) et **stratégiques** (ce sont des pays proches de l'Europe). Elle est nettement moins engagée en Océanie, en Amérique et dans une grande partie de l'Asie.

RETENIR

I Les engagements militaires français

- Avec une armée de 300 000 hommes, la France est une **puissance militaire** de premier plan.
- Elle est, en outre, capable d'intervenir rapidement partout dans le monde grâce aux 15 000 soldats de ses **bases militaires** (Guyane et Djibouti, par exemple). La France est intervenue militairement au Mali en 2013, en Irak en 2014, et opère des frappes aériennes en Syrie depuis 2015.

II Les engagements solidaires et coopératifs

1. Les coopérations internationales

Les interventions militaires françaises sont toujours menées avec l'accord de l'Organisation des Nations unies (ONU). La France participe aussi directement à des opérations militaires sous l'égide de l'**ONU** (en République centrafricaine), ou avec ses alliés de l'**OTAN** (en Syrie) ou de l'**Union européenne** (sur les côtes somaliennes).

2. Les actions humanitaires

- Pour aider les populations en difficulté, les militaires jouent souvent un **rôle humanitaire direct** (en distribuant de la nourriture, par exemple).
- La France apporte aussi un soutien financier aux pays en grande difficulté, sous la forme d'**aides publiques au développement (APD)**. Le but est de permettre à ces pays de se développer afin de limiter l'afflux de migrants vers les pays européens.

III Les Français et la Défense nationale

1. La journée défense et citoyenneté (JDC)

- La JDC est la troisième étape du **parcours de citoyenneté**. Tous les jeunes Français sont convoqués pour la suivre avant leurs 18 ans.
- Elle permet aux jeunes Français de découvrir la communauté militaire et ses métiers. Elle montre aussi que l'exercice des libertés démocratiques nécessite que des citoyens s'engagent de manière active.

2. Des citoyens engagés

Les citoyens qui font le **choix de s'engager** au service de la Défense nationale sont amenés à participer directement aux opérations extérieures en tant que **soldats**, mais ils peuvent aussi effectuer des missions d'intérêt général sur le territoire national (par exemple, au service d'une association dans le cadre du **service civique**).

> **Mot-clé**
> La **Défense nationale** désigne l'ensemble des moyens et des actions mises en œuvre pour garantir la sécurité du territoire et de sa population.

Se tester QUIZ

Vérifie que tu as bien compris les points clés des **fiches 51 à 53.**

Pour chaque quiz, coche la ou les bonne(s) réponse(s). Vérifie ta réponse à l'aide du corrigé et consulte les fiches de cours si nécessaire.

1 Les engagements individuels et collectifs

→ CORRIGÉ P. 247

Les syndicats :

- ☐ a. sont des associations professionnelles.
- ☐ b. sont des partis politiques.
- ☐ c. mènent des actions collectives.

2 Les risques

→ CORRIGÉ P. 247

1. Chaque année, le nombre de morts sur les routes en France s'élève à :

☐ a. environ 1 000. ☐ b. environ 3 000. ☐ c. environ 6 000.

2. La présence des hommes crée :

☐ a. l'aléa. ☐ b. l'enjeu. ☐ c. le risque.

Vers le brevet

Exerce-toi en vue du brevet et révise les **fiches 51 à 53.**

Pour chaque exercice, aide-toi des conseils donnés et compare ta réponse à celle du corrigé.

3 Mobiliser des compétences d'EMC à partir d'une situation pratique

30 min

→ CORRIGÉ P. 247

Document 1 Des collégiens participent à une action humanitaire

« Les collégiens de Jacques-Prévert ont effectué le bilan des actions qu'ils ont menées tout au long du premier trimestre au profit de leurs camarades du Mali. Après avoir étudié la situation dans ce pays, les élèves de 4e ont tout d'abord réalisé des affiches et sont intervenus dans les autres classes de l'établissement pour sensibiliser tous les élèves à la situation critique au Mali.

Ensuite, au mois de décembre, l'ensemble des collégiens a participé, durant une semaine, à l'opération « Un cahier, un crayon pour le Mali » initiée par l'association « Solidarité laïque », chacun à leur manière. Dans ce cadre-là, les élèves de 5e A ont, par exemple, avec l'aide de leurs professeurs, cuisiné des gâteaux qui ont évidemment fait des heureux à la récréation du matin, mais qui ont surtout permis de récolter 136 € qui serviront à acheter des fournitures scolaires pour les écoliers maliens. Depuis la rentrée de ce début de janvier, tous les élèves ont également pu déposer des fournitures scolaires neuves à la « Vie scolaire » du collège [...].

Source : « Les collégiens au service du Mali »,
www.letelegramme.fr, 16 janvier 2016, © Archives Le Télégramme.

Document 2 Des collégiens récoltent des dons en faveur du Téléthon

En décembre 2014, les collégiens des Allières à Saint-Pierre-le-Moûtier (Nièvre) ont organisé une journée de mobilisation pour lutter contre les myopathies. Les animations proposées et les ventes de boissons et de pâtisseries ont permis de faire venir de nombreux spectateurs et de récolter 1 885 €, reversés ensuite à l'association AMF-Téléthon.

1. Quels sont les points communs et les différences entre ces deux actions solidaires ?

2. Montre que les associations jouent un rôle très important dans les engagements citoyens.

3. Tu es chargé d'écrire un texte sur le site Internet de ton collège pour présenter un engagement de jeunes collégiens. Présente une de ces deux actions solidaires et explique en quoi elle illustre la valeur républicaine de fraternité.

Corrigés

I La Première Guerre mondiale et l'entre-deux-guerres

1 1. b • 2. a, b et c.

2 1. b • 2. c • 3. c.

3 1. a • 2. b et c.

4 L'expérience de la guerre vécue par les soldats durant la Première Guerre mondiale est inédite par les conditions de vie imposées aux combattants, par l'ampleur de la mortalité ainsi que par le degré et la nature de la violence déployée.

> **Mot-clé**
> **Inédit** est synonyme de « nouveau ».

• L'échec des grandes offensives d'août à novembre 1914 ruine l'espoir d'une guerre courte. Malgré des pertes humaines considérables, aucun camp n'est parvenu à l'emporter. Les armées s'enterrent dans des **tranchées** pour se protéger. Les soldats y connaissent des **conditions de vie difficiles** : ils vivent dans la boue, côtoyant poux et rats.

• De **nouveaux armements** sont développés. Obus et mitrailleuses causent un très grand nombre de morts, infligent des blessures affreuses et des traumatismes psychologiques.

• Les multiples offensives destinées à percer le front se soldent par des **bilans effroyables** : 700 000 morts, blessés ou disparus à Verdun, entre février et décembre 1916. La mortalité quotidienne est élevée tout au long du conflit.

> **Conseil**
> Étaye ton argument par un exemple vu en cours.

5 1. Il s'agit d'un **texte législatif** adopté en 1935. Il instaure un antisémitisme officiel et légal dans l'Allemagne hitlérienne.

2. Le préambule évoque la volonté du régime de préserver « la pureté du sang allemand », assumant ainsi un racisme officiel.

3. Ce document illustre l'une des principales caractéristiques du régime nazi : l'**antisémitisme officiel**, inscrit dans la loi.

4. Les Juifs ne peuvent plus porter les couleurs nationales (art. 4) ; ils ne sont plus considérés comme des citoyens allemands.

II La Deuxième Guerre mondiale. Collaboration et résistance

1 1. b • 2. a • 3. a et b.

2 1. c • 2. a • 3. c.

3 1. a • 2. a • 3. b • 4. c.

4 **1.** Ce document est un **plan du camp d'extermination d'Auschwitz-Birkenau**. Il s'agit donc d'un document réalisé à l'aide de données scientifiques et de relevés sur le terrain (malgré les destructions opérées par les nazis à la fin de la guerre).

2. Le camp est construit en **Pologne**. Ce sont essentiellement des **Juifs** et des **Tziganes** qui sont envoyés à Auschwitz. En effet, la fonction première du camp est l'extermination de ces populations, définies comme « inférieures » par le régime hitlérien. Néanmoins, Auschwitz comporte également un camp de travail. Les nazis y envoient donc également des résistants.

3. Le plan montre les **installations de mise à mort** : chambres à gaz et crématoires, ainsi que les bâtiments réservés au stockage et au tri des biens des déportés. Les corps des victimes sont voués à la destruction et à la disparition : aucune preuve du crime ne doit être visible. Les déportés qui ne sont pas « sélectionnés » pour une mort immédiate sont désignés pour le travail.

4. Le document illustre le **caractère industriel** du génocide juif et tzigane. La machine de mort est organisée pour exterminer à **grande échelle**. Le génocide juif a fait 5 millions de victimes. Pour les Tziganes, le chiffre se situe entre 200 000 et 500 000 morts.

III Le monde après 1945 : indépendances, guerre froide et projet européen

1 **1. c** • **2. b**.

2 **1. b** et **c** • **2. c**.

3 **b**.

4 **a**.

5 **1.** Ce document est une **caricature** réalisée par le dessinateur britannique Leslie Gilbert Illingworth et parue dans le quotidien *Daily Mail*, le 29 octobre 1962. À cette date, le monde est **« au bord du gouffre »**, depuis que le président américain Kennedy a menacé l'URSS de représailles atomiques après la découverte de rampes de missiles soviétiques en construction sur l'île de Cuba.

2. La caricature met en scène le leader soviétique, **Khrouchtchev** (à gauche) et le président américain, **Kennedy** (à droite), assis chacun sur un énorme missile, s'opposant dans un bras de fer. Kennedy pointe le doigt sur le bouton qui pourrait déclencher la bombe sur laquelle Khrouchtchev est installé.

3. La légende est ironique, puisqu'elle souligne que la discussion entre les deux Grands se résume à une **épreuve de force**.

4. La course aux armements entre les deux Grands a installé un **équilibre de la terreur**. La crise de Cuba est considérée comme l'une des plus graves de la guerre froide, car elle a mis le monde **au bord de la déflagration nucléaire**. Conscients de ce danger, les deux Grands n'eurent de cesse, ensuite, de mettre en place le cadre d'un dialogue plus pacifique.

Remarque
La discussion nucléaire est centrale dans la stratégie des deux Grands.

IV Enjeux et conflits dans le monde après 1989

1 **1. c** • **2. a**.

2 **1. a**, **b** et **c** • **2. a**.

3 **1.** Ce document est extrait d'un article de Philippe Rioux, intitulé « Irak, la fin d'une sale guerre » et paru dans *La Dépêche*, le 19 décembre 2011. Il évoque le **retrait des troupes américaines d'Irak** qui prend fin en **décembre 2011**.

2. L'intervention américaine en Irak a été décidée en **2003** par l'**administration Bush**. Dans le contexte de l'après 11-Septembre, G.W. Bush voit dans le régime de S. Hussein, qu'il accuse de détenir des armes de destruction massive, une menace contre la paix mondiale. C'est donc une **guerre « préventive »** que les États-Unis veulent mener en Irak, contre l'avis de la communauté internationale : l'ONU n'a pas donné son accord. L'objectif politique est de renverser le régime de S. Hussein, l'objectif économique est de se maintenir dans un pays riche en pétrole.

3. L'auteur évoque les controverses suscitées par l'intervention. Les États-Unis sont accusés de mener une guerre **dans leur seul intérêt**. Le résultat immédiat - la chute de S. Hussein - n'a pas permis d'installer une démocratie durable. Les troupes américaines doivent se maintenir pendant huit ans et constatent une **déstabilisation totale du pays** (économique et politique).

4. La guerre a coûté **très cher** aux États-Unis : l'auteur évoque le coût financier (770 milliards de dollars par an), humain (4 484 soldats morts) et moral (l'image des États-Unis dans le monde). En Irak, l'intervention s'est traduite par des **pertes immenses** (100 000 morts) et une **désorganisation de la vie économique**.

5. Sur le plan politique, les **oppositions de plus en plus violentes**, dans un pays où les **divisions religieuses** (sunnisme contre chiisme) et **ethniques** (majorité arabe contre minorité kurde) sont nombreuses, ont fait sombrer le pays dans l'**anarchie** et ont vu l'émergence d'un nouvel acteur politique dans la région : l'**État islamique**.

V Françaises et Français dans une République repensée

1 1. b • 2. a, b et c.

2 1. b et c • 2. a.

3 1. c • 2. c • 3. b.

4 Alors que le territoire français est progressivement libéré par les Alliés, **le régime de Vichy s'effondre**. De retour à Paris en août 1944, le général de Gaulle y installe le **GPRF** reconnu par les Alliés.

> **Conseil**
> Rappelle quel est le statut du GPRF. Sur quelles bases s'est-il constitué ?

• Dès lors, il s'agit de **restaurer la légalité républicaine** en déclarant nulles et non avenues toutes les mesures du régime précédent. La devise et les valeurs républicaines sont rétablies. Il s'agit également de **restaurer l'ordre** en mettant fin au déchaînement de violences contre les « collabos », par la mise en place d'une **épuration légale** (Pétain et Laval sont jugés).

• Sur le plan politique, **les Françaises obtiennent le droit de vote**. Elles participent ainsi au référendum qui décide l'instauration d'une nouvelle République : la Constitution de la **IVe République** est adoptée en octobre 1946. Elle octroie de **nouveaux droits sociaux** aux citoyens (Sécurité sociale, allocations familiales) conformément au programme de gouvernement établi par le CNR en mars 1944.

5 L'émancipation désigne le processus par lequel un individu, un groupe se libèrent d'une domination.

• **Après la Seconde Guerre mondiale**, le contexte politique, économique et social est favorable à une **reconnaissance des revendications des femmes** : fin de la domination du mari dans le couple et du père sur la famille, quête d'une autonomie et d'une égalité économiques, contrôle de la natalité. Les acteurs de ce processus sont multiples : l'État, les militantes et associations féministes, les intellectuel(le)s. En 1945, les Françaises votent pour la première fois. Elles ont obtenu l'égalité politique.

• Dès lors, **dans les années 1950 et 1960**, les luttes se déplacent sur le terrain **économique** (le travail) et **social** (le contrôle de la natalité). La création du planning familial (1960), la légalisation de la contraception (1967), le vote de la loi Veil sont des jalons importants de cette émancipation.

VI Les aires urbaines : une nouvelle géographie d'une France mondialisée

1 Voir la fiche 22, p. 162, pour compléter le schéma.

2 **1. a**, **b** et **c** • **2. b**.

3 **1. a** et **b** • **2. b**.

4 **1.** Centre-ville = A. Banlieue pavillonnaire = C. Banlieue grands ensembles = B. Couronne périurbaine = D. Zone commerciale = E. Espace rural en voie de périurbanisation = F.

2.

Centre-ville	**A :** Bâti dense et composé d'immeubles. Présence de bâtiments de prestige (mairie et abbaye sur la droite).
Banlieue pavillonnaire	**C :** Bâti dense, mais composé de pavillons individuels avec jardin. Petite église (en haut à droite) qui montre que la banlieue a englobé un ancien village.
Banlieue grands ensembles	**B :** Bâti de grands ensembles collectifs, composés de barres et de tours, avec des parkings à leurs pieds.
Couronne périurbaine	**D :** Habitat résidentiel de type pavillonnaire en contact avec une forêt périurbaine. Densité plus faible que C. Grands jardins et espaces verts. Au nord de la voie rapide, forêt de loisirs et serres.
Zone commerciale	**E :** En périphérie d'agglomération (espaces verts). Grande zone bâtie non résidentielle avec des parkings très étendus.
Espace rural en voie de périurbanisation	F : Lotissement pavillonnaire au milieu des champs. Prédominance des couleurs verte et brun, typiques des prairies et des champs cultivés. Bâtiment d'exploitation agricole sur la gauche.

VII Espaces productifs et espaces de faible densité

1 **1. c** • **2. a**. Elles sont passées du 4e au 6e rang.

2 **1. c** • **2. b**. Comme tous les pays développés, la France a un secteur tertiaire très développé, qui rassemble 76 % des actifs (industrie/BTP : 21 % ; agriculture : 3 %). • **2. a** et **b**.

3 **1. b** • **2. a**.

4 **1. a** • **2. a**, **b** et **c**.

5 **1.** La carte présente un tourisme de type balnéaire. En effet, Cap d'Agde est une **station touristique balnéaire intégrée**, sur la côte languedocienne, en Méditerranée.

2. L'usage massif de l'automobile se constate par l'omniprésence des **voies rapides avec échangeurs**, qui arrivent directement sur le littoral, ainsi que par l'abondance des **parkings côtiers**.

3. On distingue des hébergements de type **camping** (à l'ouest), mais aussi des **hôtels et résidences** autour de la *marina* de l'étang de Luno.

> **Conseil**
> Essaie d'intégrer dans ta réponse des noms de lieux tirés de la carte.

4. Les équipements touristiques sont très présents dans l'espace : port de plaisance et *marina*, parcs aquatiques et d'attractions, hébergements collectifs (villages de vacances), activités diverses (golf, promenade à cheval ou en mer, accrobranche, tir à l'arc…). C'est un **espace productif dédié au tourisme**.

6 Le développement des espaces de faible densité, espaces ruraux par excellence, s'appuie tout d'abord sur l'**agriculture**. Dans l'est du Bassin parisien, des systèmes intégrés se sont développés, tournés vers l'**exportation**, avec des exploitations fortement modernisées grâce à la PAC. Plus récemment sont apparues de nouvelles pratiques, tournées vers des productions de qualité, dont les produits sont vendus sur des **marchés de proximité**.

> **Conseil**
> Efforce-toi de citer quelques exemples localisés, afin de préciser ton propos.

• Les espaces de faible densité profitent aussi de l'émergence des problématiques de développement durable. L'étendue de l'espace permet l'**exploitation de la forêt** ou le **développement des énergies renouvelables** (éolien et solaire photovoltaïque), gourmandes en surface au sol. L'espace rural est revalorisé à travers ces nouvelles fonctions.

> **Conseil**
> N'oublie pas de montrer en quoi ces activités de production d'énergie tirent profit de la faible densité, donc de l'abondance de l'espace.

• Enfin, les espaces de faible densité apparaissent aussi comme des **lieux récréatifs**, fondés sur la valorisation de leurs ressources patrimoniales culturelles et naturelles, le **tourisme vert**. L'**économie résidentielle** profite du regain démographique qui touche certains espaces de la faible densité.

VIII Pourquoi et comment aménager le territoire ?

1 **1. c** • **2. a**, **b** et **c**.

2 **1. a** et **b** • **2. a**, **b** et **c**.

3 **1. a** • **2. c**.

4 **1.** Les cartes représentent l'**évolution des produits intérieurs bruts** (PIB) des régions françaises métropolitaines. L'évolution est calculée en pourcentage annuel. La carte de gauche montre l'évolution de 1993 à 2007, celle de droite l'évolution de 2008 à 2011.

2. Les régions dont la croissance a été la plus forte entre 1993 et 2007 sont celles de **l'arc méditerranéen et atlantique**. On peut y ajouter la région **Rhône-Alpes** et **l'Île-de-France**. Elles sont gagnantes, car pourvues de métropoles puissantes (Paris, Lyon, Marseille, Toulouse, Bordeaux, Nantes) et souvent d'un cadre de vie réputé agréable.

3. La crise économique a eu un impact très fort : la comparaison des deux cartes montre **l'effondrement des taux de croissance du PIB**. Sur la période 2008-2011, l'évolution du PIB devient même négative dans les espaces de faible densité (« diagonale du vide »), mais aussi dans des régions attractives, comme le Languedoc-Roussillon, la Bretagne ou même l'Alsace.

> **Conseil**
> Essaie toujours de répondre en reprenant les termes de la question, afin que le correcteur saisisse immédiatement ton propos.

4. Ce type de carte par régions est pénalisé par son **échelle d'analyse trop grossière**. Une échelle communale permettrait de distinguer des évolutions beaucoup plus fines, par exemple entre les aires urbaines et les espaces ruraux d'un même département, ou entre les communes d'une même aire urbaine.

5 La France met en œuvre une **politique de continuité territoriale** afin d'offrir aux populations d'outre-mer le même accès aux services publics qu'en métropole, indépendamment des **coûts liés à leur situation ultrapériphérique**, ainsi que des incitations fiscales. Les DROM français ont reçu de l'Union européenne le statut de **régions ultrapériphériques** (RUP), ainsi que 3,9 milliards d'euros de subventions européennes pour la période 2007-2013.
Ces politiques qui tentent de compenser les inconvénients de l'ultrapériphérie se traduisent dans des **programmes d'infrastructures** ou de développement durable. Les résultats sont notables : Mayotte, département depuis 2011, RUP depuis 2014, a ainsi vu son PIB augmenter de 8,7 % par an depuis 2005, grâce aux aides nationales et européennes.

IX La France et l'Union européenne

1 **1. b** • **2. b** et **c**.

2 **1. a** • **2. c**.

3 **1. a** • **2. b** et **c**.

4 **1.** « Inférieur à 50 » signifie que la région européenne considérée a un PIB par habitant **inférieur à la moitié de la moyenne** de l'Union européenne à 27.

2. Les régions les plus riches sont celles de **l'Europe du Nord-Ouest** et, en particulier, celles de la **mégalopole européenne**.

3. Les régions en retard sont surtout les **régions orientales**, des pays autrefois sous domination communiste.

4. **L'Italie** fournit un bon exemple d'inégalités régionales, entre un nord riche, partie prenante de la mégalopole, et un sud plus pauvre, le Mezzogiorno.

> **Conseil**
> Ne te contente pas de citer le pays : il faut toujours justifier sa réponse !

5. Les régions en cartouche sont les outre-mer européens. L'UE les a regroupées sous le statut de **« régions ultrapériphériques »**.

5 La France compte **0,9 % de la population mondiale**. C'est encore, avec le **6e PIB mondial** et 3e de l'Union européenne, une économie riche et diversifiée. Mais la croissance est atone, témoignant d'un certain **décrochage**. **La France est-elle une puissance en recul ?**

• Les attributs français de la puissance – son ***hard power*** – conservent quelque splendeur. Les outre-mer assurent à la France une **présence stratégique planétaire** et la 2e ZEE mondiale. Membre du G7 et membre permanent du **Conseil de sécurité de l'ONU**, la France possède encore une **puissance militaire** redoutable.

• Le **rayonnement mondial** de la France – son ***soft power*** – est incontestable sur le plan **culturel**, grâce à un héritage historique exceptionnel. L'Organisation internationale de la **francophonie** (55 États) promeut la langue et la culture françaises.

Ainsi, la France est en **recul relatif**, mais conserve des attributs de puissance qui défendent **son rang dans le monde**.

X La sensibilité : soi et les autres

1 **1. c.** • **2. a, b** et **c.**

2 **a. b.**

3 **1. c** • **2. a** • **3. d** • **4. b.**

4 **1.** La citoyenneté repose sur la **nationalité**. Il faut être citoyen d'un des États de l'Union européenne pour obtenir la citoyenneté européenne.

2. Les droits évoqués ici sont le **droit de circuler et de séjourner** dans n'importe quel État de l'UE, et le **droit de vote et d'éligibilité** aux élections municipales et européennes.

4. Le traité de Maastricht cherche à renforcer chez les Européens le sentiment d'appartenir à une même communauté. Ainsi, il octroie des droits qui favorisent la création de liens et d'échanges entre citoyens européens : liberté de circulation et de résidence, participation aux mêmes élections locales et européennes. **Deux niveaux d'appartenance citoyenne** peuvent alors s'emboîter : l'appartenance à une communauté nationale et à la communauté européenne.

XI Le droit et la règle : des principes pour vivre avec les autres

1 **1.** Conseil de prud'hommes. • **2.** Tribunal correctionnel. • **3.** Tribunal administratif. • **4.** Cour d'assises. • **5.** Cour d'appel.

2 **1.** Sont reconnus ici les **droits à l'éducation** (en bénéficiant d'un enseignement gratuit et laïc), **au respect et à la dignité, à l'égalité** (contre les discriminations en particulier) **et à la sécurité** (contre les violences physiques et verbales).

2. Le règlement intérieur d'un collège est, comme la loi, issu d'une instance représentative : le **conseil d'administration**, qui représente l'ensemble de la communauté éducative. Le règlement doit aussi se conformer à la **législation nationale** (aux lois de la République) considérée comme supérieure.

3. Les principes de la justice respectés ici sont les **droits de la défense** (par le débat contradictoire) et les **voies de recours** (auprès du tribunal administratif) pour contester une décision de sanction.

4. Au collège, de nombreux élèves et le personnel se côtoient quotidiennement. Des règles sont nécessaires pour **défendre leurs droits**, par exemple pour assurer leur sécurité. Elles assurent le **bon fonctionnement du collège**. Ainsi, elles fixent des horaires auxquels tout le monde doit se conformer. L'élaboration du règlement intérieur permet aussi de rapprocher les membres de la communauté scolaire qui y sont tous associés (par l'intermédiaire de représentants) et de faire concrètement l'**apprentissage de la démocratie**.

XII Le jugement : penser par soi-même et avec les autres

1 Droits : 2, 3, 5 • Devoirs : 1, 4, 6.

2 Démocratie : 2, 5, 6 • Dictature : 1, 3, 4.

3 **1.** Les caméras de vidéosurveillance sur la voie publique servent à « **prévenir des actes de terrorisme**, des **atteintes à la sûreté** des personnes et des biens » (agressions, vols) et à **lutter contre le trafic de stupéfiants**.

2. La vidéosurveillance est parfois considérée comme une **atteinte à la vie privée**, puisque des personnes innocentes de tout crime ou délit sont filmées à leur insu. Des précautions sont prises pour **préserver les libertés**

individuelles : le recours à la vidéosurveillance sur la voie publique est réservé aux autorités publiques, les caméras ne doivent pas filmer les entrées et l'intérieur des immeubles d'habitation, et les images ne peuvent être visualisées que par des personnes habilitées.

Remarque
Il est intéressant de reformuler certains arguments pour souligner les enjeux de la question de la vidéosurveillance. Ici, il y a une tension entre les libertés individuelles et le droit à la sécurité.

3. La vidéosurveillance a une utilité certaine pour assurer la sécurité des personnes et des biens. Elle permet de **prévenir des crimes et des délits** (en dissuadant ceux qui s'apprêtent à les commettre) et d'enregistrer des images qui peuvent être consultées pour **identifier des délinquants ou des criminels**. Les libertés individuelles sont préservées car certaines précautions sont prises, comme l'interdiction de filmer l'intérieur des immeubles d'habitation.
Certains considèrent néanmoins que ces précautions sont insuffisantes pour **garantir la liberté de chacun** : les passants innocents n'ont pas à être filmés à leur insu. Par ailleurs, l'installation et le fonctionnement des caméras de vidéosurveillance **coûtent cher** et la **qualité souvent médiocre des images** ne permet que rarement de les exploiter.

Remarque
Le troisième paragraphe est une opinion personnelle qui ne peut donner lieu à une correction. Mais cette opinion doit bien sûr être présentée de façon argumentée.

XIII L'engagement : agir individuellement et collectivement

1 **a** et **c**.

2 **1. b** • **2. b** et **c**.

3 **1.** Ces deux actions solidaires ont permis de **récolter des fonds** et ont été menées grâce à l'**implication de collégiens et d'associations**. Il existe néanmoins des différences entre elles : l'action pour le Mali a demandé un investissement sur une **durée plus longue** et du matériel scolaire a aussi été collecté. Les **objectifs** sont différents : l'amélioration des conditions de vie dans un pays en difficulté et la lutte contre une maladie.

2. Dans les deux cas, **des associations** (Solidarité laïque et AMF-Téléthon) **ont encadré les engagements des collégiens** en les accompagnant dans leurs actions. Les fonds récoltés sont récupérés par ces associations qui les reversent pour l'une à de jeunes Maliens, pour l'autre à la recherche contre les myopathies.

3. Les collégiens de Jacques-Prévert ont mené une **série d'actions en faveur de jeunes Maliens** : sensibilisation par les élèves de 4e de tous les collégiens par des

Conseil
Avant de répondre à la dernière question, relis plusieurs fois l'énoncé pour te mettre en condition. Commence par faire la liste des idées à évoquer, puis organise-les dans un ordre logique. Rédige d'abord ta réponse au brouillon.

affiches et des interventions dans les classes ; collecte de matériel scolaire et vente de gâteaux durant les récréations. Les **élèves**, les **professeurs**, la **Vie scolaire** ainsi que l'**association « Solidarité laïque »** ont été impliqués dans ces actions. Cette mobilisation semble avoir été un succès (136 € ont ainsi été collectés par la vente des gâteaux). En menant ces actions, les collégiens ont pu créer un **lien solidaire et fraternel** avec des Maliens du même âge qu'eux, vivant et étudiant dans des conditions plus difficiles. La **fraternité** est une **valeur républicaine** qui a ainsi pu être appliquée et expérimentée par cette action.

MATHS

1 Écrire et utiliser un algorithme simple

Le mot algorithme vient du nom de l'auteur persan Al-Khuwarizmi (780-850) qui a décrit le premier des procédés de calcul à suivre étape par étape dans le plus ancien traité d'algèbre.

RETENIR L'ESSENTIEL

I Qu'est-ce qu'un algorithme ?

Un algorithme, c'est une suite d'instructions à appliquer sur des variables qui, une fois exécutée correctement, conduit à la résolution d'un problème.

Exemple : Dans un calcul comportant plusieurs opérations, on suit l'algorithme suivant :
- calcul des expressions entre parenthèses ;
- calcul des multiplications et des divisions ;
- calcul des soustractions et additions de gauche à droite.

Mot-clé
Une **variable** est une valeur qui peut être modifiée au cours d'un programme. Elle doit avoir un nom, ainsi qu'un type (nombre entier, mot...).

II Écrire et utiliser un algorithme

D'une façon générale, on peut considérer trois étapes dans un algorithme :

- La première étape concerne le choix des variables et l'entrée des données.
- La deuxième étape regroupe le traitement des données : on détermine toutes les instructions à écrire pour résoudre le problème.
- La troisième étape est la sortie des résultats.

Exemple : Voici un algorithme associé au calcul du périmètre et de l'aire d'un disque, écrit en langage naturel.

Entrée	Saisir R
Traitement des données	Affecter à P la valeur $2 \times 3,14 \times R$
	Affecter à A la valeur $3,14 \times R^2$
Sortie	Afficher P et A

La variable R enregistre la valeur du rayon du disque. La variable P prend la valeur du périmètre du disque. La variable A prend la valeur de l'aire du disque.

Définition
L'**affectation** consiste à attribuer une valeur à une variable.

2 Écrire et utiliser une instruction conditionnelle

La résolution de certains problèmes nécessite la mise en place d'un test pour savoir si l'on doit effectuer une tâche.

RETENIR L'ESSENTIEL

I Utilisation d'une instruction conditionnelle

- Une **instruction conditionnelle** permet d'effectuer un **test** sur une condition : si la condition est remplie, alors une instruction est effectuée. Ce test peut être la comparaison de deux valeurs, et la condition, l'un des symboles $<$, $=$ et $>$.

En langage naturel, elle peut se présenter sous la forme suivante :

```
Si Condition
   Alors Instruction
```

- Une variante permet de préciser l'instruction à effectuer si la condition n'est pas remplie :

```
Si Condition
   Alors Instruction 1
Sinon Instruction 2
```

Attention ! La consigne alternative (sinon) n'est pas obligatoire.

Si le test est positif, on effectue l'instruction 1.
Sinon, c'est-à-dire si le test est négatif, on effectue l'instruction 2.

II Exemple dans un algorithme

Exemple : Voici un algorithme en langage naturel comportant une instruction conditionnelle.

Entrée	Saisir A
Traitement des données	Si $A < 0$
	Alors B prend la valeur $3A$
	Sinon B prend la valeur $A + 5$
Sortie	Afficher B

Si on saisit -3 en entrée, A ayant la valeur -3 est inférieur à 0 donc le test $A < 0$ est validé. B prend alors la valeur $3A$ et -9 s'affiche.
Si on saisit 10 en entrée, 10 étant positif, la condition n'est pas remplie. B prend la valeur $A + 5$ et 15 s'affiche.

3 Écrire et utiliser une boucle dans un algorithme complexe

Dans un algorithme, utiliser une boucle permet de recommencer plusieurs fois un bloc d'instructions. Il y a plusieurs sortes de boucles.

RETENIR L'ESSENTIEL

I Boucles « Pour ... »

- La boucle « Pour... » permet de répéter les mêmes instructions un nombre prédéfini de fois.

Elle se présente sous la forme suivante :

```
POUR variable allant de valeur début à valeur fin
  Faire Instructions
```

- La *variable* utilisée est un **compteur** : elle compte le nombre de répétitions de la boucle.

Exemple : Dans l'algorithme ci-dessous, l'entier i sert de compteur.

Entrée	*Saisir x*
Traitement des données	POUR i allant de 1 à 5
	x prend la valeur $x + 2$
	Afficher x
	FIN DU POUR

On répète 5 fois de suite les instructions « x prend la valeur $x + 2$ » et « Afficher x ». Si on saisit 10, les nombres 12, 14, 16, 18, 20 s'afficheront, car l'instruction « Afficher x » est à l'intérieur de la boucle.

II Boucles « Tant que ... »

La boucle « Tant que... » permet de répéter les mêmes instructions tant qu'une condition est vérifiée. Elle se présente sous la forme suivante :

```
TANT QUE Condition est vraie
  Faire Instructions
```

4 Résoudre un problème à l'aide d'un algorithme

Un algorithme est une méthode pour résoudre un problème. Quand les calculs sont très nombreux et répétitifs, on a intérêt à faire appel à un ordinateur.

RETENIR L'ESSENTIEL

I Un exemple de problème à résoudre

Marie choisit un nombre entre 1 et 5, elle le multiplie par 3, puis lui ajoute 8. Paul choisit un nombre entre 6 et 10, il le multiplie par 2, puis lui retranche 10. Marie dit à Paul : « Mon résultat sera toujours plus grand que le tiens ». Marie a-t-elle raison ?
Pour résoudre le problème, il faut tester tous les cas possibles, ici il y en a 25. Pour chaque couple de nombres choisis on compare les résultats.

II Utiliser un algorithme

1. Entrées et variables

On introduit deux compteurs, I et J, qui correspondent aux deux nombres choisis par Marie et Paul. Les variables A et B contiennent les résultats des calculs de Marie et Paul.
La variable N compte le nombre de cas où le résultat de Marie est supérieur à celui de Paul.

```
I et J sont des entiers
A et B sont des nombres
N prend la valeur 0
```

2. Traitement des données

On a deux boucles imbriquées. Le nombre I doit prendre toutes les valeurs entre 1 et 5. Pour chaque valeur de I, le nombre J doit prendre toutes les valeurs entre 6 et 10. On compare les deux variables à l'aide du test $A > B$. Une instruction conditionnelle permet de compter, avec N, le nombre de fois où le test est vérifié.

```
POUR I allant de 1 à 5
    A prend la valeur 3 × I + 8
    POUR J allant de 6 à 10
        B prend la valeur 2 × J – 10
        Si A > B alors N prend la valeur N + 1
    FIN DU POUR
FIN DU POUR
```

3. Sortie

À la fin on affiche la valeur de N. Dans ce cas on trouve que N prend la valeur 25, donc que Marie a raison.

```
Afficher N
```

Se tester QUIZ

Vérifie que tu as bien compris les points-clés des **fiches 1 à 4.**

Pour chaque question, vérifie tes réponses à l'aide du corrigé et consulte les fiches de cours si nécessaire.

1 Utiliser un algorithme

→ CORRIGÉ P. 329

Voici un algorithme qui correspond à un programme de calcul :

Variables	a, b, c, d, e sont des nombres
Entrée	a prend la valeur 3 b prend la valeur 4
Traitement des données	c prend la valeur $a + b$ d prend la valeur $a - b$ e prend la valeur $d + c$
Sortie	Afficher e

Quel nombre est stocké dans la variable e ?

☐ **a.** 6 ☐ **b.** 8 ☐ **c.** 7

2 Reconstituer la logique algorithmique d'un programme

→ CORRIGÉ P. 329

Que fait le programme suivant ?

☐ **a.** Il affiche la longueur d'un cercle de diamètre D.

☐ **b.** Il affiche l'aire d'un disque de diamètre D.

☐ **c.** Il affiche le rayon du cercle de diamètre D.

Variables	A, D, R
Entrées	Saisir D
Traitement	$D \div 2 \rightarrow R$ $3{,}14 \times R^2 \rightarrow A$
Sortie	Afficher A

Vers le brevet

Exerce-toi en vue du brevet et révise les **fiches 1 à 4.**

Pour chaque exercice, aide-toi des conseils donnés et compare ta réponse à celle donnée dans le corrigé.

3 Reconstituer la logique algorithmique d'un programme

15 min

→ CORRIGÉ P. 329

Voici un script écrit à l'aide du logiciel Scratch. Ce script utilise une boucle et deux instructions conditionnelles. Expliquer ce que fait ce programme.

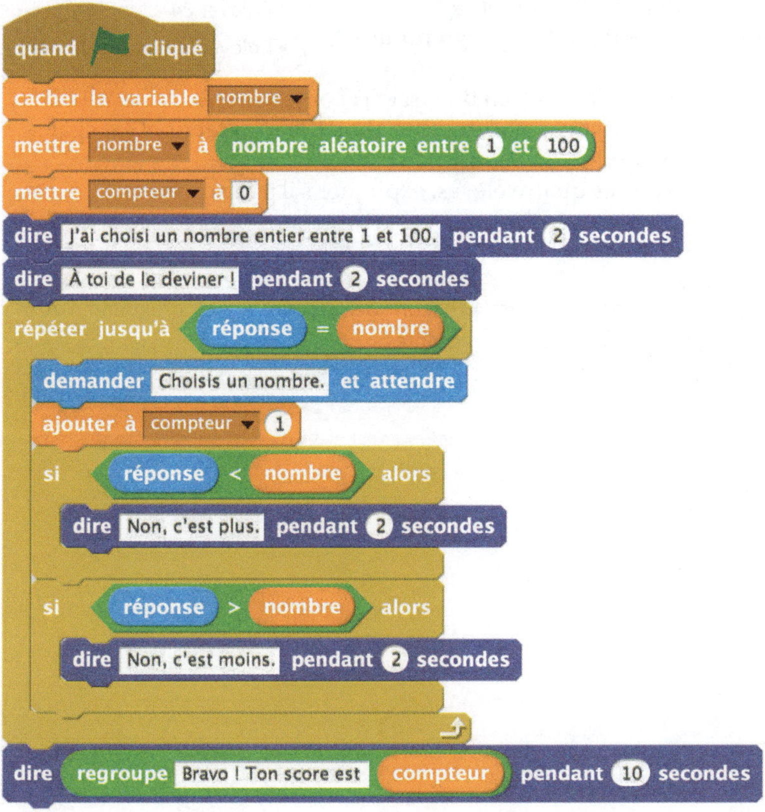

Démarrons ensemble

- L'instruction en vert « Nombre aléatoire entre 1 et 100 » dit à l'ordinateur de choisir un nombre au hasard entre 1 et 100. Que contient alors la variable « *nombre* » ?
- « *Réponse* » est une variable qui prend comme valeur le nombre choisi par l'utilisateur.
- On teste si le nombre choisi par l'utilisateur est plus grand ou plus petit que celui choisi par le programme.
- Quelle est l'utilité de la variable *compteur* ?

4 Algorithme collaboratif

10 min

→ CORRIGÉ P. 329

Voici ci-contre un programme de calcul sur lequel travaillent quatre élèves.

- Prendre un nombre
- Lui ajouter 8
- Multiplier le résultat par 3
- Enlever 24
- Enlever le nombre de départ

Voici ce qu'ils affirment :
Sophie : « Quand je prends 4 comme nombre de départ, j'obtiens, 8. »
Martin : « En appliquant le programme à 0, je trouve 0. »
Gabriel : « Moi, j'ai pris – 3 au départ et j'ai obtenu – 9. »
Faïza : « Pour n'importe quel nombre choisi, le résultat final est égal au double du nombre de départ. »
Pour chacun de ces quatre élèves, expliquer s'il a raison ou tort.

Démarrons ensemble

- Applique d'abord au nombre 4 chacune des instructions du programme de calcul.
- Recommence avec les autres nombres.
- Faïza parle de n'importe quel nombre. Appelle a ce nombre et applique-lui le programme de calcul.

5 Rechercher des diviseurs

Les nombres entiers sont des nombres qui s'écrivent sans virgule.
Parmi eux, les entiers naturels sont ceux qui sont positifs.
Qu'appelle-t-on multiple et diviseur d'un entier naturel ?

RETENIR L'ESSENTIEL

I Qu'est-ce qu'un diviseur ?

On désigne par a et b deux entiers strictement positifs.
On dit que b est un **diviseur** de a s'il existe un entier positif n tel que $a = b \times n$.
a est alors un **multiple** de b.

Exemples : $30 = 5 \times 6$, donc 5 est un diviseur de 30 et 30 est un multiple de 5.
$21 = 3 \times 7$ donc 3 est un diviseur de 21 et 21 est un multiple de 3.

II Les critères de divisibilité

- Un entier est divisible par **2** si le chiffre des unités est 0, 2, 4, 6 ou 8. Cet entier est alors pair.
- Un entier est divisible par **3** si la somme de ses chiffres est divisible par 3.
- Un entier est divisible par **5** si le chiffre des unités est 0 ou 5.
- Un entier est divisible par **10** si le chiffre des unités est 0.

Exemples : 120 est divisible par 2, 3, 5 et 10.
75 est divisible par 3 et 5.

III Trouver les diviseurs d'un nombre entier

Pour trouver les diviseurs d'un nombre, il faut écrire de toutes les façons possibles ce nombre sous la forme d'un produit de deux entiers, en s'aidant des critères de divisibilité. On cherche si l'entier est divisible par 1, 2, 3, 4, ainsi de suite.

> **Info**
> Tout nombre entier strictement positif admet ou moins deux diviseurs : 1 et lui-même.

Exemple : On veut trouver les diviseurs de 40.
40 s'écrit 40×1, donc 40 est divisible par 1 et 40.
40 est un nombre pair et $40 = 2 \times 20$, donc 2 et 20 sont des diviseurs de 40.
La somme des chiffres de 40 est 4, donc 40 n'est pas divisible par 3.
40 s'écrit 4×10 ou 5×8.
Il n'y a plus d'entiers entre 5 et 8 qui divisent 40.
Donc les diviseurs de 40 sont : 1, 2, 4, 5, 8, 10, 20 et 40.

6 Décomposer un nombre en produit de facteurs premiers

L'écriture d'un entier sous la forme d'un produit de facteurs premiers permet de simplifier des fractions.

RETENIR L'ESSENTIEL

I Qu'est-ce qu'un nombre premier ?

- Un nombre premier est un entier positif qui admet exactement **deux diviseurs.**

Exemples : 2 n'est divisible que par 1 et 2. Donc 2 est un nombre premier.
4 est divisible par 1, 2 et 4. Donc 4 n'est pas un nombre premier.

- Voici la liste des nombres premiers inférieurs à 50 dans l'ordre croissant :

2	3	5	7	11	13	17	19
23	29	31	37	41	43	47	

Attention !
L'entier 1 n'est divisible que par 1. Donc 1 n'est pas un **nombre premier**.

II Décomposer un nombre en produit de facteurs premiers

Tout entier peut s'écrire sous la forme d'un produit où tous les facteurs sont des nombres premiers. On appelle cette écriture **la décomposition en produit de facteurs premiers** de cet entier.

Exemple : Pour trouver la décomposition en produit de facteurs premiers de 60, on cherche s'il est divisible par chacun des nombres premiers en les prenant dans l'ordre croissant.

- 60 est un nombre pair, donc il est divisible par 2.
On a $60 = 2 \times 30$.
- 30 est un nombre pair, donc il est divisible par 2.
On a $30 = 2 \times 15$ et $60 = 2 \times (2 \times 15) = 2 \times 2 \times 15$.
- 15 n'est pas divisible par 2, il est divisible par 3.
On a $15 = 3 \times 5$ et $60 = 2 \times 2 \times (3 \times 5)$.
- 5 est un nombre premier.
- La décomposition en produit de facteurs premiers de 60 est : $2 \times 2 \times 3 \times 5$.

Mots-clés
Le **produit** est le résultat d'une multiplication. Les nombres qui la composent sont les **facteurs**.

7 Simplifier une fraction pour la rendre irréductible

Il peut être compliqué d'effectuer un calcul avec des fractions si ces fractions n'ont pas été simplifiées. Une méthode permet d'obtenir rapidement une fraction irréductible.

RETENIR L'ESSENTIEL

I Qu'est-ce qu'une fraction irréductible ?

- Une fraction est irréductible lorsqu'elle ne peut plus être simplifiée.
- Si les décompositions en produits de facteurs premiers du numérateur et du dénominateur d'une fraction n'ont plus de facteurs identiques, alors la fraction est irréductible.

Exemple : La décomposition en produit de facteurs premiers de 6 est 2×3 et celle de 35 est 5×7. Ces deux décompositions n'ont pas de facteurs identiques. La fraction $\frac{6}{35}$ est irréductible.

II Simplifier une fraction à l'aide de décompositions en produit de facteurs premiers

- Si on divise le numérateur et le dénominateur d'une fraction par un même nombre, on obtient une fraction égale.
- Pour simplifier une fraction, on cherche les décompositions en produit de facteurs premiers du numérateur et du dénominateur.

Mots-clés
Le **numérateur** est le nombre au-dessus de la barre de fraction. Le nombre en dessous s'appelle le **dénominateur**.

Exemple : Pour simplifier la fraction $\frac{24}{18}$, on décompose 24, puis 18.

On obtient :
$$\frac{24}{18} = \frac{2\times12}{2\times9} = \frac{2\times2\times6}{2\times3\times3} = \frac{2\times2\times2\times3}{2\times3\times3}.$$

On divise le numérateur et le dénominateur par 2, puis par 3.

On obtient $\frac{24}{18} = \frac{2\times2}{3} = \frac{4}{3}$.

Se tester QUIZ

Vérifie que tu as bien compris les points clés des **fiches 5 à 7.**

Pour chaque question, vérifie ta réponse à l'aide du corrigé et consulte les fiches de cours si nécessaire.

1 Rechercher les diviseurs d'entiers

→ CORRIGÉ P. 330

1. 123 est divisible par :

- ☐ a. 2
- ☐ b. 3
- ☐ c. 5

2. La liste complète des diviseurs de 27 est :

- ☐ a. 1, 27
- ☐ b. 1, 3, 27
- ☐ c. 1, 3, 9, 27

3. L'entier 7 est :

- ☐ a. un nombre premier.
- ☐ b. un nombre divisible uniquement par 7.
- ☐ c. n'est pas un nombre premier.

2 Simplifier une fraction pour la rendre irréductible

→ CORRIGÉ P. 330

1. La décomposition en produit de facteurs premiers de 12 est :

- ☐ a. 2×6
- ☐ b. 3×4
- ☐ c. $2 \times 2 \times 3$

2. On a l'égalité $\frac{20}{15} = \frac{2\times2\times5}{3\times5}$.

La fraction irréductible de $\frac{20}{15}$ est :

- ☐ a. $\frac{4}{3}$
- ☐ b. $\frac{10}{15}$
- ☐ c. $\frac{2}{5}$

Vers le brevet

Exerce-toi en vue du brevet et révise les **fiches 5 à 7.**

Pour chaque exercice, aide-toi des conseils donnés et compare ta réponse à celle donnée dans le corrigé.

3 Un nombre parfait
10 min

→ CORRIGÉ P. 330

On appelle nombre parfait un nombre égal à la somme de ses diviseurs (lui non compris, évidemment).

1. Démontrer que 6 est un nombre parfait.
2. 28 est-il un nombre parfait ?

Démarrons ensemble

1. Trouve les quatre diviseurs de 6.
2. Cherche les diviseurs de 28. Tu dois en trouver 6.

4 Un multiple de 10
15 min

→ CORRIGÉ P. 330

« Je prends un nombre entier. Je lui ajoute 3 et je multiplie le résultat par 7. J'ajoute le triple du nombre de départ au résultat et j'enlève 21. J'obtiens toujours un multiple de 10. »
Est-ce vrai ? Justifier.

Démarrons ensemble

Appelle x le nombre entier choisi au départ.
Si tu lui ajoutes 3, le nombre devient $x + 3$. Multiplie le résultat précédent par 7 sans oublier les parenthèses indispensables. Continue à effectuer les opérations indiquées et conclus.

5 Fraction et simplification
10 min

→ CORRIGÉ P. 330

Dans un collège, tous les élèves de troisième passent un brevet blanc.

Le professeur de mathématiques dit que $\frac{144}{180}$ des élèves ont réussi le brevet blanc.

Le professeur de français dit que $\frac{112}{140}$ des élèves ont réussi.
Sont-ils d'accord ?

Démarrons ensemble

Il s'agit de simplifier chacune des deux fractions données. Pour cela, décompose en produit de facteurs premiers le numérateur et le dénominateur de ces fractions.

MATHS

8 Représenter un nombre sur une droite graduée

Un thermomètre, une règle ou un verre doseur sont des instruments du quotidien qui présentent une graduation avec des nombres relatifs, décimaux ou rationnels.

RETENIR L'ESSENTIEL

I Représenter un nombre relatif sur une droite graduée

- Pour placer un nombre **décimal positif** sur une droite graduée, on repère sa partie entière et sa partie décimale.
- Pour placer un **décimal négatif**, on place d'abord son opposé qui est positif. On effectue une symétrie par rapport au nombre 0.

Exemple : Placer +2,6 et –2,6 sur la droite graduée ci-dessous.
On écrit +2,6 = +2 + 0,6. On compte alors 6 petites divisions à partir de +2 vers la droite. Par symétrie par rapport à 0, on place –2,6.

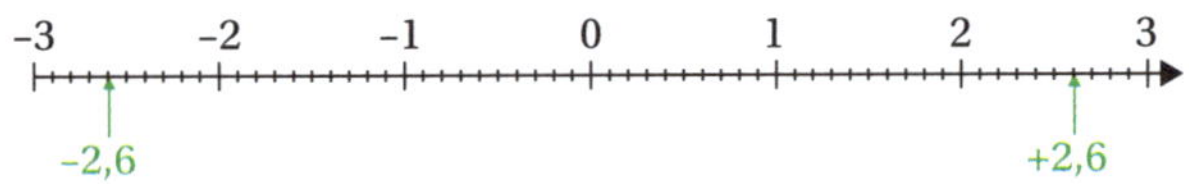

Mots-clés
La **partie entière** d'un décimal est le nombre situé à gauche de la virgule. Sa **partie décimale** est située à droite.

II Représenter un rationnel sur une droite graduée

Pour placer un rationnel sur une droite graduée, on partage chaque unité en autant de divisions que le dénominateur du rationnel.

Le numérateur indique le nombre de divisions qu'il faut compter à partir du nombre 0.

Exemple : Placer $\frac{3}{4}$ sur la droite graduée ci-dessous. On partage chaque unité en quatre divisions et on compte 3 divisions à partir de 0.

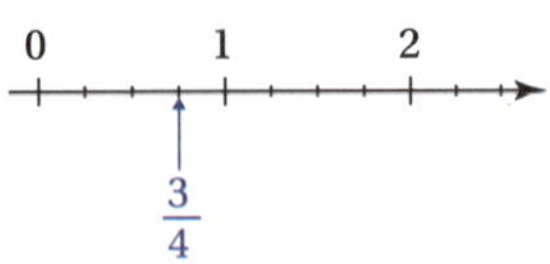

Mots-clés
Un **rationnel** est un nombre qui peut s'écrire sous la forme d'un quotient de deux entiers. Il a une infinité d'écritures, chacune d'entre elles est une fraction.

9 Comparer des décimaux, des fractions

Comparer deux quantités, c'est chercher quelle est la plus grande ou la plus petite des deux.

RETENIR L'ESSENTIEL

I Comparer deux décimaux

1. Comparer deux décimaux positifs

- Pour comparer deux décimaux positifs, on regarde d'abord leurs parties entières.
Si les deux parties entières sont différentes, le plus grand est celui qui a la plus grande partie entière.
- Si les deux parties entières sont égales, on compare de la même manière les deux chiffres des dixièmes. On poursuit le processus si nécessaire en comparant les chiffres des centièmes, des millièmes, etc.

Exemple :
Comparons 3,45 et 3,37.
Ces deux nombres ont la même partie entière 3. Le chiffre des dixièmes de 3,45 est 4 et celui de 3,37 est 3.
$4 > 3$, donc $3{,}45 > 3{,}37$.

2. Comparer deux décimaux négatifs

Deux décimaux négatifs sont rangés dans l'ordre contraire de leurs opposés respectifs.

Exemple :
On a $3{,}45 > 3{,}37$ donc $-3{,}45 < -3{,}37$.

II Comparer deux fractions

Pour comparer deux fractions, on les écrit d'abord avec le même dénominateur. La plus grande est alors celle qui a le plus grand numérateur.

Exemple :
Comparons $\frac{-2}{7}$ et $\frac{-1}{5}$.
Écrivons les deux fractions au même dénominateur. $\frac{-2}{7} = \frac{-2 \times 5}{7 \times 5} = \frac{-10}{35}$ et $\frac{-1}{5} = \frac{-1 \times 7}{5 \times 7} = \frac{-7}{35}$.

Comparons les deux numérateurs. On a $-10 < -7$, donc $\frac{-10}{35} < \frac{-7}{35}$.

Finalement, $\frac{-2}{7} < \frac{-1}{5}$.

MATHS

10 Effectuer des opérations sur des nombres relatifs en écriture fractionnaire

Tu connais les nombres en écriture fractionnaire, c'est-à-dire ceux qui s'écrivent sous la forme d'un quotient de deux nombres relatifs. Il s'agit maintenant d'apprendre à effectuer des calculs sur ces nombres.

RETENIR L'ESSENTIEL

I Addition ou soustraction de deux fractions

Pour **additionner** ou **soustraire** des fractions, on les réduit au même dénominateur et on ajoute ou on soustrait les numérateurs.

Exemple : On pose $A = \frac{1}{12} + \frac{(-3)}{8}$.

On a $A = \frac{2}{24} + \frac{(-9)}{24}$, soit $A = \frac{2-9}{24}$ d'où $A = \frac{-7}{24}$.

Remarque : On a $\frac{a}{b} = \frac{-a}{-b}$ et $\frac{-a}{b} = \frac{a}{-b} = -\frac{a}{b}$, b étant non nul.

II Multiplication de deux fractions

Pour **multiplier** deux fractions, on multiplie d'une part les numérateurs et d'autre part, les dénominateurs.

Exemple : $B = \frac{2}{7} \times \frac{21}{8}$ donc $B = \frac{2 \times 21}{7 \times 8}$.

On simplifie : $B = \frac{\cancel{2} \times 3 \times \cancel{7}}{\cancel{7} \times \cancel{2} \times 2 \times 2}$, soit $B = \frac{3}{4}$.

Méthode

Après avoir écrit les deux produits, décompose chaque nombre en produit de facteurs premiers et simplifie avant d'effectuer les produits restants.

III Division de deux fractions

Pour **diviser** deux fractions, on multiplie la première par l'inverse de la deuxième.

Exemple : $C = \frac{5}{6} \div \frac{-10}{9}$ donc $C = \frac{5}{6} \times \frac{9}{-10}$.

On simplifie : $C = \frac{\cancel{5} \times (\cancel{3} \times 3)}{(2 \times \cancel{3}) \times (-2 \times \cancel{5})}$, soit $C = -\frac{3}{4}$.

Mot-clé

L'**inverse** de la fraction $\frac{a}{b}$ est la fraction $\frac{b}{a}$ où a et b sont non nuls.

11 Conduire un calcul en respectant les règles de priorité

Quand une expression comporte plusieurs opérations, les calculs doivent être effectués dans un ordre précis. On parle de règles de priorité des opérations.

RETENIR L'ESSENTIEL

MATHS

I Expression comportant des parenthèses

- Pour calculer une **expression comportant des parenthèses**, on effectue d'abord les opérations entre parenthèses.

Exemple : Calculer $A=\frac{1}{2}\times\left(2+\frac{1}{2}\right)+\frac{9}{4}$.

On effectue l'expression entre parenthèses :

$A=\frac{1}{2}\times\left(\frac{4}{2}+\frac{1}{2}\right)+\frac{9}{4}$, soit $A=\frac{1}{2}\times\frac{5}{2}+\frac{9}{4}$.

On effectue la multiplication : $A=\frac{5}{4}+\frac{9}{4}$.

On effectue l'addition et on simplifie la fraction : $A=\frac{14}{4}$, soit $A=\frac{7}{2}$.

- Si l'expression comporte plusieurs séries de parenthèses ou de crochets emboîtés, on commence par calculer les parenthèses les plus intérieures.

Exemple : Calculer $C=2\times[2-4\,(5-1)]$.

On effectue l'expression entre parenthèses :

$C=2\times[2-4\times4]$.

On effectue l'expression entre crochets :

$C=2\times[2-16]$

$C=2\times[-14]$.

On effectue la multiplication : $C=-28$.

II Expression sans parenthèses

Pour calculer une **expression sans parenthèses**, on effectue d'abord les puissances, puis les multiplications et les divisions. On termine le calcul avec les additions et les soustractions.

Exemple : Calculer $B=\frac{1}{2}+\frac{5}{2}\times\frac{3}{4}$.

On effectue la multiplication : $B=\frac{1}{2}+\frac{15}{8}$.

On effectue l'addition : $B=\frac{4}{8}+\frac{15}{8}$, soit $B=\frac{19}{8}$.

12 Conduire un calcul avec des puissances

Le carré d'un nombre x est le produit de x par lui-même. On dit que le carré de x est une puissance de x d'exposant 2. Les règles de calcul avec des puissances ont été introduites par Descartes au XVIIe siècle.

RETENIR L'ESSENTIEL

I Puissance d'exposant positif d'un nombre x

- Le produit de x par x est appelé le **carré** de x. On note $x \times x = x^2$.
- Le produit de trois facteurs égaux à x est appelé le **cube** de x.
On note $x \times x \times x = x^3$.
- D'une façon plus générale, si x est un nombre relatif et n est un entier positif supérieur ou égal à 2, la **puissance d'exposant n** de x est le nombre x^n égal au produit de n facteurs tous égaux à x.

On note $x^n = \underbrace{x \times x \times \ldots \times x}_{n \text{ facteurs égaux à } x}$.

Exemple :
$8 \times 8 = 8^2 = 64$.
$(-2) \times (-2) \times (-2) = (-2)^3 = -8$.

Remarque : $x^0 = 1$ et $x^1 = x$.

II Puissance de 10 d'exposant positif ou négatif

- Si n est un entier positif non nul, on a :

$$10^n = \underbrace{10 \times \ldots \times 10}_{n \text{ facteurs}} = 1\underbrace{00\ldots0}_{n \text{ zéros}} \qquad 10^{-n} = \frac{1}{10^n} = \underbrace{0{,}00\ldots01}_{n \text{ zéros}}$$

- Voici les différents noms attribués à des puissances de 10 particulières.

Puissance de 10	Préfixe	Symbole
10^{12}	téra	T
10^9	giga	G
10^6	méga	M
10^3	kilo	k
10^2	hecto	h
10^1	déca	da
10^{-1}	déci	d
10^{-2}	centi	c
10^{-3}	milli	m
10^{-6}	micro	μ
10^{-9}	nano	n

13 Donner l'écriture scientifique d'un nombre

La recherche scientifique est souvent confrontée à des nombres très grands ou très petits. L'écriture scientifique permet de simplifier les calculs. Elle est utilisée notamment en physique.

RETENIR L'ESSENTIEL

I Écriture scientifique d'un nombre

- L'**écriture scientifique** d'un nombre **positif** non nul est l'écriture de ce nombre sous la forme $a \times 10^n$ où a est un nombre positif tel que $1 \leqslant a < 10$ et n est un entier relatif.
- L'**écriture scientifique** d'un nombre **négatif** non nul est l'écriture de ce nombre sous la forme :

$$a \times 10^n$$

où a est un nombre négatif tel que $-10 < a \leqslant -1$ et n est un entier relatif.
- L'écriture scientifique d'un nombre est **unique**.

Exemples : L'écriture scientifique de 2 000 est 2×10^3.
L'écriture scientifique de –0,056 est $-5,6 \times 10^{-2}$.

II Effectuer un calcul et donner l'écriture scientifique du résultat

Pour écrire une expression sous forme scientifique, on donne l'écriture décimale de chaque puissance de 10 après les avoir regroupées. Puis on effectue les calculs

Exemple : On donne $A = 6 \times 10^2 \times 5 \times 10^{-4}$.
On cherche l'écriture scientifique de A. On a :
$A = 6 \times 100 \times 5 \times 0,0001$
$A = 30 \times (100 \times 0,0001)$
$A = 30 \times 0,01$
$A = 3 \times 10 \times 0,01$
$A = 3 \times 0,1$
$A = 3 \times 10^{-1}$.
L'écriture scientifique de A est 3×10^{-1}.

MATHS

Se tester QUIZ

Vérifie que tu as bien compris les points clés des **fiches 8 à 13.**

Pour chaque question, vérifie ta réponse à l'aide du corrigé et consulte les fiches de cours si nécessaire.

1 Conduire un calcul en respectant les règles de priorité

→ CORRIGÉ P. 331

1. On pose $E = 2 + 3 \times (3 - 1)$. Le nombre E est égal à :

☐ **a.** 10 ☐ **b.** 8 ☐ **c.** 2

2. On pose $F = 2 - 4(2 - 6) \div 3$. On doit commencer par calculer :

☐ **a.** $2 - 6$ ☐ **b.** $2 - 4$ ☐ **c.** $6 \div 3$

2 Conduire un calcul avec des puissances

→ CORRIGÉ P. 331

On pose $J = 10^4$. Le nombre J est égal à :

☐ **a.** 100 ☐ **b.** 1 000 ☐ **c.** 10 000

3 Donner l'écriture scientifique d'un nombre

→ CORRIGÉ P. 331

L'écriture scientifique $1{,}23 \times 10^3$ correspond au nombre :

☐ **a.** 123 ☐ **b.** 1 230 ☐ **c.** 12 300

Vers le brevet

Exerce-toi en vue du brevet et révise les **fiches 8 à 13.**

Pour chaque exercice, aide-toi des conseils donnés et compare ta réponse à celle donnée dans le corrigé.

4 Calcul et codage

15 min

→ CORRIGÉ P. 331

1. Effectuer les quatre calculs suivants, chaque résultat sera donné sous la forme d'un entier.

a. $\dfrac{3{,}9 \times \left(10^{-2}\right)^2}{3 \times 10^{-5}}$

b. Trouver le plus grand diviseur commun de 35 et 12.

c. $\left(2 + \dfrac{2}{3}\right) \div \left(\dfrac{4}{5} - \dfrac{2}{3}\right)$

d. $(-12 + 9) - (-5 - 2 \times 3)$

2. On construit un codage de la façon suivante :

Nombre entier	1	2	...	...	...	26
Code	A	B	...	...	...	Z

a. Quel est le code de 13 ?
b. Quel est le mot formé en codant les quatre résultats de la première question ? Si les calculs sont exacts, on doit trouver un mot de circonstance.

Démarrons ensemble

1. Chaque calcul donne un entier positif.
2. Complète le tableau : les pointillés signifient que l'on écrit toutes les lettres de A à Z, et tous les nombres de 1 à 26.

5 Le cœur humain

10 min

→ CORRIGÉ P. 331

Le cœur humain effectue environ 5 000 battements par heure.

1. Écrire 5 000 en notation scientifique.

2. Calculer le nombre de battements effectués par un cœur humain pendant une vie de 80 ans. On rappelle qu'une année correspond à 365 jours. Donner l'écriture scientifique du résultat.

Démarrons ensemble

1. Observe que 5 000 = 5 × 1 000.
2. Calcule d'abord le nombre d'heures dans une année. Souviens-toi qu'un jour comporte 24 heures.

6 Masse d'un atome de carbone

10 min

→ CORRIGÉ P. 332

La masse d'un atome de carbone est égale à $1{,}99 \times 10^{-26}$ kg. Les chimistes considèrent des paquets contenant $6{,}022 \times 10^{23}$ atomes.

1. Calculer la masse en grammes d'un tel paquet d'atomes de carbone.

2. Donner une valeur arrondie de cette masse au gramme près.

Démarrons ensemble

1. Convertis d'abord la masse d'un atome de carbone en grammes. Pour cela, souviens-toi que 1 g = 0,001 kg.
2. Tu cherches l'arrondi à l'unité du résultat trouvé à la question précédente.

14 Connaître la distributivité

Pour résoudre des problèmes, on est amené à factoriser, c'est-à-dire transformer une somme en produit, ou bien à développer, c'est-à-dire transformer un produit en somme.

RETENIR L'ESSENTIEL

I Distributivité simple

La multiplication est distributive par rapport à l'addition et la soustraction. Soit a, b, c trois nombres quelconques. La règle de **distributivité simple** donne :

Factoriser

$$a \times (b + c) = a \times b + a \times c.$$

Développer

Mots-clés
Cette égalité traduit la **distributivité** de la multiplication sur l'addition.

Exemples :

- On veut développer $A = 2(4x + 3)$.
On obtient $A = 2 \times 4x + 2 \times 3$, soit $A = 8x + 6$.
- On veut factoriser $B = 5x - 7x$.
On obtient $B = x \times (5 - 7)$; $B = x \times (-2)$, soit $B = -2x$.

II Distributivité double

Soit a, b, c et d des nombres quelconques. La règle de **distributivité double** donne :

$$(a + b)(c + d) = a(c + d) + b(c + d) = ac + ad + bc + bd.$$

Exemple : On veut développer $A = (2x - 3)(3x + 5)$.
On obtient :
$A = 2x(3x + 5) + (-3)(3x + 5)$
$A = 2x \times 3x + 2x \times 5 - 3 \times 3x - 3 \times 5$
$A = 6x^2 + 10x - 9x - 15$
$A = 6x^2 + x - 15.$

15 Résoudre une équation du premier degré

Une équation est une égalité dans laquelle l'inconnue est désignée par une lettre. Résoudre une équation, c'est trouver toutes les valeurs de l'inconnue qui vérifient l'égalité proposée.

MATHS

RETENIR L'ESSENTIEL

I Résoudre une équation du type $x + a = b$

Soit a et b deux nombres donnés. Pour résoudre une équation du type $x + a = b$, **on ajoute** à chaque membre de l'équation **l'opposé de a.**

Exemple : Résoudre $x + 4 = 6$.
On ajoute -4 aux deux membres de l'équation.
On obtient $x + 4 - 4 = 6 - 4$. Soit $x = 2$.
On vérifie : $2 + 4 = 6$.
L'équation a donc pour solution le nombre 2.

> **Attention !**
> L'opposé de a est $-a$.

II Résoudre une équation du type $ax = b$

Soit a et b deux nombres donnés, a étant non nul. Pour résoudre une équation du type $ax = b$, **on multiplie** chaque membre de l'équation **par l'inverse de a.**

Exemple : Résoudre $\frac{5}{2}x = 7$.

On multiplie par $\frac{2}{5}$ les deux membres de l'équation.

On obtient $\frac{5}{2}x \times \frac{2}{5} = 7 \times \frac{2}{5}$. Soit $x = \frac{14}{5}$.

On vérifie : $\frac{5}{2} \times \frac{14}{5} = \frac{5 \times 14}{2 \times 5} = \frac{5 \times 2 \times 7}{2 \times 5} = 7$.

L'équation a donc pour solution $\frac{14}{5}$.

> **Rappel**
> Pour tous nombres c et d non nuls, l'inverse de $\frac{c}{d}$ est $\frac{d}{c}$.

Exemple : Résoudre $-2x + 7 = 5$.

On soustrait $7x$ aux deux membres de l'équation.

On obtient $-2x + 7 - 7 = 5 - 7$, soit $-2x = -2$.

On multiplie par $-\frac{1}{2}$ les deux membres de l'équation.

On obtient $-\frac{1}{2}(-2x) = -2\left(-\frac{1}{2}\right)$, soit $x = +1$.

On vérifie : $-2(+1) + 7 = -2 + 7 = 5$.
L'équation a pour solution 1.

16 Résoudre une inéquation

Une inéquation est une inégalité dans laquelle l'inconnue est désignée par une lettre. Résoudre une inéquation, c'est trouver toutes les valeurs de l'inconnue qui vérifient l'inégalité proposée.

RETENIR L'ESSENTIEL

I Résoudre une inéquation du type $x + a < b$ ou du type $x + a > b$

Soit a et b deux nombres donnés. Pour résoudre une inéquation du type $x + a < b$ ou $x + a > b$, **on ajoute** à chaque membre de l'inéquation **l'opposé de a.**

Exemple : Résoudre $x - 2 < 11$.
On ajoute 2 aux deux membres de l'inéquation. On obtient :
$x - 2 + 2 < 11 + 2$, soit $x < 13$.
Les solutions de l'inéquation sont tous les nombres strictement inférieurs à 13.
On peut aussi représenter l'ensemble des solutions graphiquement :

Attention !
Une inéquation a une infinité de solutions.

II Résoudre une inéquation du type $ax < b$ ou du type $ax > b$

- Soit a et b deux nombres donnés, a étant non nul. Pour résoudre une inéquation du type $ax < b$ ou $ax > b$, **on multiplie** chaque membre de l'inéquation **par l'inverse de a**.
- Si $\frac{1}{a} > 0$, on conserve le sens de l'inégalité.
- Si $\frac{1}{a} < 0$, on change le sens de l'inégalité.

Exemple : Résoudre $-6x < 13$.
On multiplie par $-\frac{1}{6}$ les deux membres de l'inéquation.
$-\frac{1}{6}$ est négatif, donc on change le sens de l'inégalité.
On obtient $-6x \times \left(-\frac{1}{6}\right) > 13 \times \left(-\frac{1}{6}\right)$, soit $x > -\frac{13}{6}$.
Les solutions de l'inéquation sont tous les nombres strictement supérieurs à $-\frac{13}{6}$.

Attention !
Il ne faut pas oublier de changer le sens de l'inéquation quand a est négatif.

17 Résoudre un problème à l'aide d'une équation ou d'une inéquation

Beaucoup de situations de la vie courante trouvent leur solution à l'aide de la résolution d'équations ou d'inéquations. Au brevet aussi tu devras sûrement mettre en équation ou en inéquation ce type de situation puis en effectuer la résolution.

RETENIR L'ESSENTIEL

I Cinq étapes clés

Pour résoudre un problème nécessitant la résolution d'une équation ou d'une inéquation, on procède en cinq étapes :

- **Choix de l'inconnue :** on désigne par une lettre l'inconnue que l'on cherche.
- **Mise en équation du problème :** on traduit les données par une équation ou par une inéquation.
- **Résolution de l'équation ou de l'inéquation :** on résout l'équation ou l'inéquation pour trouver la valeur (ou les valeurs) de l'inconnue.
- **Vérification :** on remplace l'inconnue par la valeur trouvée dans l'égalité ou l'inégalité de départ.
- **Conclusion :** on interprète le résultat par rapport au problème posé.

II Exemple

On cherche s'il existe des nombres qui sont égaux à leur double augmenté de 1.

- Choix de l'inconnue : soit x le nombre cherché.
- Mise en équation : $x = 2x + 1$.
- Résolution de l'équation :

$x = 2x + 1$
$x - 2x = 1$
$-x = 1$
$x = -1$.

- Vérification : $-1 = 2(-1) + 1$.
- Conclusion : le nombre qui est égal à son double augmenté de 1 est -1.

Attention !
Il ne faut pas oublier de conclure en répondant à la question posée.

Se tester QUIZ

Vérifie que tu as bien compris les points clés des **fiches 14 à 17.**

Pour chaque question, vérifie ta réponse à l'aide du corrigé et consulte les fiches de cours si nécessaire.

1 Développer ou factoriser

→ CORRIGÉ P. 332

1. Dans l'expression $12x$, x est :

☐ a. un facteur ☐ b. un produit ☐ c. une somme

2. L'expression factorisée de $B = 2x + 5x$ est :

☐ a. $7x^2$ ☐ b. $5x^2 + 2x$ ☐ c. $7x$

2 Résoudre une équation du premier degré

→ CORRIGÉ P. 332

1. 10 est solution de l'équation :

☐ a. $x + 5 = 2$ ☐ b. $2x - 1 = 19$ ☐ c. $2 - x = 0$

2. Une solution de l'équation $2x - 5 = 5$ est :

☐ a. $x = 1$ ☐ b. $x = 2$ ☐ c. $x = 5$

3 Résoudre une inéquation du premier degré

→ CORRIGÉ P. 332

1. –3 est solution de l'inéquation :

☐ a. $x + 5 < 0$ ☐ b. $x - 3 < 0$ ☐ c. $x + 10 < 0$

2. Les solutions de l'inéquation $4x > 8$ sont :

☐ a. les nombres strictement inférieurs à 2.
☐ b. les nombres supérieurs ou égaux à 2.
☐ c. les nombres strictement supérieurs à 2.

Vers le brevet

Exerce-toi en vue du brevet et révise les **fiches 14 à 17.**

Pour chaque exercice, aide-toi des conseils donnés et compare ta réponse à celle qui est donnée dans le corrigé.

4 Interpréter la solution d'une inéquation

15 min

→ CORRIGÉ P. 333

Une crèche propose deux tarifs pour la garde d'un enfant.
Tarif A : pour une fréquentation occasionnelle, 15 € par jour de garde.
Tarif B : un forfait mensuel de 80 € plus 5 € par jour de garde.

1. En janvier, Grégoire a fréquenté la crèche 4 jours et Aurélien 15 jours. Calculer la dépense pour chacun des deux enfants avec le tarif A, puis avec le tarif B.

2. On appelle x le nombre de jours de fréquentation en un mois.
a. Exprimer, en fonction de x, la somme $A(x)$ payée avec le tarif A.
b. Exprimer, en fonction de x, la somme $B(x)$ payée avec le tarif B.

3. Résoudre l'inéquation : $5x + 80 < 15x$. Interpréter le résultat.

Démarrons ensemble

1. Pour le tarif A, multiplie le prix d'un jour par le nombre de jours.
Pour le tarif B, fais de même sans oublier d'ajouter 80 €.
2. a. Multiplie x par le prix d'un jour.
b. Pense à ajouter le forfait mensuel.
3. Commence par soustraire $5x$ aux deux membres de l'inéquation.

5 Calcul mental

15 min

→ CORRIGÉ P. 333

Tom doit calculer $3{,}5^2$.
« Pas la peine de prendre la calculatrice, lui dit Julie, tu n'as qu'à effectuer le produit de 3 par 4 et rajouter 0,25. »

1. Effectuer le calcul proposé par Julie et vérifier que le résultat obtenu est bien le carré de 3,5.

2. Proposer une façon simple de calculer $7{,}5^2$ et donner le résultat.

3. Julie propose la conjecture suivante : $(n + 0{,}5)^2 = n(n + 1) + 0{,}25$, où n est un nombre entier positif.
Prouver que la conjecture de Julie est vraie (quel que soit le nombre n).

Démarrons ensemble

1. Le produit de 3 par 4 s'écrit 3×4.
2. Observe que $7 < 7{,}5 < 8$, et inspire-toi de la méthode proposée par Julie.
3. Observe que $(n + 0{,}5)^2 = (n + 0{,}5)(n + 0{,}5)$. Développe cette expression ainsi que l'expression $n(n + 1) + 0{,}25$. Puis compare les formes développées obtenues.

18 Comprendre les notions de fonction, d'image et d'antécédent

Dans beaucoup de situations, on peut définir une relation entre deux nombres. Par exemple, la vitesse est liée au temps ou encore l'aire d'un carré est liée à la longueur du côté de ce carré. On va s'intéresser à ce type de relation, les fonctions.

RETENIR L'ESSENTIEL

I Notion de fonction

▪ Une **fonction** est un procédé de calcul qui permet d'associer au plus un nombre à un autre nombre.

▪ Pour définir une fonction, on peut utiliser :

• une **phrase** ;

Exemple : On définit la fonction f qui à tout nombre x, associe le double de x.

• une **notation symbolique** ;

Exemple : On définit la fonction $f : x \mapsto 2x$.

• une **égalité**.

Exemple : On définit la fonction f telle que $f(x) = 2x$.

II Antécédents et image d'un nombre par une fonction

1. Comment trouver l'image d'un nombre ?

Pour trouver l'image d'un nombre par une fonction, on remplace x par ce nombre dans l'expression de $f(x)$.

Graphiquement, les images se lisent sur l'axe vertical, c'est-à-dire sur l'axe des ordonnées.

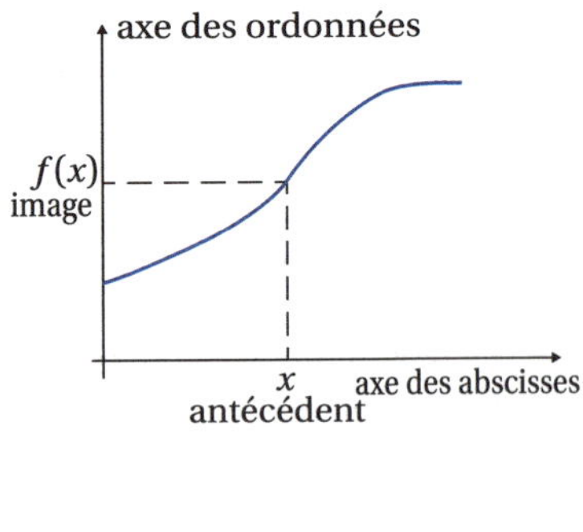

2. Comment trouver l'antécédent d'un nombre ?

Pour trouver un antécédent d'un nombre k par une fonction, on cherche la ou les valeurs de x solution de l'équation $f(x) = k$.

Graphiquement, les antécédents se lisent sur l'axe horizontal, c'est-à-dire sur l'axe des abscisses.

Attention ! Un nombre peut avoir plusieurs antécédents.

19 Définir la fonction linéaire correspondant à une situation de proportionnalité

Une fonction linéaire peut être directement liée à une situation de proportionnalité, telle qu'on la rencontre souvent dans la vie courante.

RETENIR L'ESSENTIEL

I La quatrième proportionnelle

- a, b, c et d sont quatre nombres non nuls.
On considère le tableau de proportionnalité ci-dessous :

a	b
c	d

Mot-clé
Un **tableau de proportionnalité** contient deux lignes de valeurs. On obtient les valeurs de l'une en multipliant les valeurs de l'autre par un même nombre.

- Pour calculer la **quatrième proportionnelle** de ce tableau, ici d, on utilise la propriété suivante : le tableau de proportionnalité est équivalent à $\frac{a}{c} = \frac{b}{d}$ ou encore $ad = bc$ (appelé « produit en croix »).

Exemple : On considère le tableau de proportionnalité ci-contre :

0,5	2,1
12	d

À l'aide d'un produit en croix, on obtient $0{,}5 \times d = 12 \times 2{,}1$.
On en déduit que $d = \frac{12 \times 2{,}1}{0{,}5}$, soit $d = 50{,}4$.

II Notion de fonction linéaire

1. Qu'est-ce qu'une fonction linéaire ?

Soit a un nombre donné non nul. La fonction qui à un nombre x associe le nombre ax est appelée **fonction linéaire**. On note :

$$f : x \mapsto ax \text{ ou } f(x) = ax$$

2. Que traduit une fonction linéaire ?

Une fonction linéaire traduit une **situation de proportionnalité** dont le coefficient est le nombre a.

20 Déterminer l'image ou l'antécédent d'un nombre par une fonction linéaire

La recherche d'image ou d'antécédent par une fonction linéaire permet de résoudre des problèmes concrets. On va s'intéresser aux différentes méthodes permettant de trouver ces nombres.

RETENIR L'ESSENTIEL

I Déterminer l'expression d'une fonction linéaire

Une fonction linéaire a pour expression $f(x) = ax$. Pour déterminer la valeur du coefficient a, on divise l'image par son antécédent.

Exemple : On cherche la fonction linéaire f telle que $f(4) = 20$. Le coefficient a est égal à $20 \div 4 = 5$. Le coefficient a est égal à 5, donc $f(x) = 5x$.

Méthode
Si la division de l'image par l'antécédent ne donne pas un quotient exact, on gardera le coefficient a sous la forme d'une fraction.

II Déterminer une image ou un antécédent

1. À l'aide de l'expression de la fonction

- Pour trouver l'**image** d'un nombre, on remplace x par ce nombre dans l'expression $f(x) = ax$.

Exemple : On considère la fonction f définie par $f(x) = -1{,}3x$.
On a $f(-5) = -1{,}3 \times (-5) = 6{,}5$.
L'image par f de -5 est 6,5.

- Pour trouver l'**antécédent** d'un nombre k, on résout l'équation $f(x) = k$.

Exemple : On considère la fonction f définie par $f(x) = 3x$. On résout $f(x) = -4{,}5$.
On obtient :
$3x = -4{,}5$
$x = -4{,}5 \div 3$
$x = -1{,}5$.
L'antécédent par f de $-4{,}5$ est $-1{,}5$.

2. À l'aide de la représentation graphique de la fonction

Les images se lisent sur l'axe des ordonnées et les antécédents sur l'axe des abscisses.

Exemple :
On lit $f(2) = 3$ et $f(-1) = 2$.

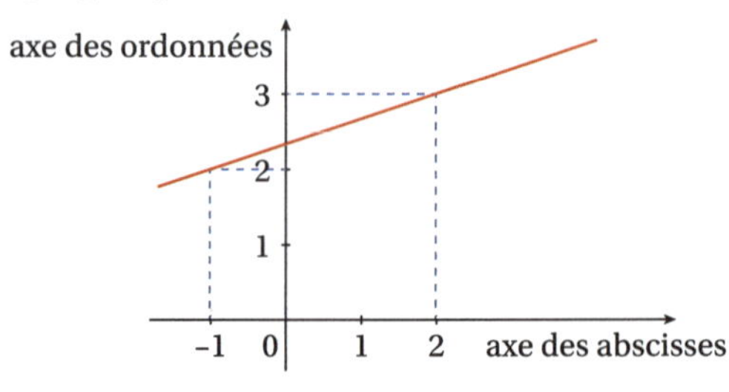

21 Résoudre un problème de pourcentage

Dans la vie courante, on rencontre souvent la notion de pourcentage : dans les sondages, dans les résultats d'élections, durant les soldes. Comment se détermine un pourcentage ?

RETENIR L'ESSENTIEL

I Déterminer un pourcentage

Pour déterminer le pourcentage que représente une quantité x par rapport à une quantité y, on divise x par y et on multiplie par 100.

Méthode
Si tu n'obtiens pas un quotient exact quand tu divises x par y, donne une valeur approchée.

Exemple : Sur 25 élèves d'une classe de 3e, 10 sont demi-pensionnaires. Pour trouver le pourcentage que représentent les demi-pensionnaires dans cette classe, on calcule :
$(10 \div 25) \times 100 = 0,4 \times 100 = 40$.
Le pourcentage de demi-pensionnaires dans cette classe est donc de 40 %.

II Calculer une augmentation ou une diminution

1. Augmentation

Pour **augmenter** un nombre x de a %, on multiplie x par $1+\dfrac{a}{100}$.

Exemple : Un objet valant 25 € subit une augmentation de 5 %.
Pour trouver son nouveau prix, on calcule :

$$\begin{aligned}25\times\left(1+\frac{5}{100}\right) &= 25\times(1+0,05)\\ &= 25\times1,05\\ &= 26,25.\end{aligned}$$

Le prix après augmentation est égal à 26,25 €.

2. Diminution

Pour **diminuer** un nombre x de a %, on multiplie x par $1-\dfrac{a}{100}$.

Exemple : Un objet valant 50 € subit une diminution de 10 %. Son nouveau prix est :

$$\begin{aligned}50\times\left(1-\frac{10}{100}\right) &= 50\times(1-0,1)\\ &= 50\times0,9\\ &= 45.\end{aligned}$$

Le prix diminué est égal à 45 €.

Se tester QUIZ

Vérifie que tu as bien compris les points clés des **fiches 18 à 21.**

Pour chaque question, vérifie tes réponses à l'aide du corrigé et consulte les fiches de cours si nécessaire.

1 Comprendre les notions de fonction, d'image et d'antécédent

→ CORRIGÉ P. 334

1. Soit f la fonction définie par $f(x) = x^2 + 3$. L'image de 3 par f est :

☐ a. 6 ☐ b. 9 ☐ c. 12

2. Soit f la fonction définie par $f(x) = x + 6$. L'antécédent de 6 est :

☐ a. 0 ☐ b. –6 ☐ c. 12

2 Utiliser le produit en croix

→ CORRIGÉ P. 334

On considère l'égalité $\frac{5}{2} = \frac{a}{6}$. Le nombre a est égal à :

☐ a. $\frac{5}{12}$ ☐ b. $\frac{12}{5}$ ☐ c. 15

3 Déterminer l'image ou l'antécédent d'un nombre par une fonction linéaire

→ CORRIGÉ P. 334

1. Soit f la fonction linéaire définie par $f(x) = \frac{3}{2}x$. L'image de 4 par cette fonction est :

☐ a. 6 ☐ b. 12 ☐ c. $\frac{3}{8}$

2. Soit f la fonction linéaire définie par $f(x) = 5x$. L'antécédent de 10 est :

☐ a. 50 ☐ b. 5 ☐ c. 2

4 Résoudre un problème de pourcentage

→ CORRIGÉ P. 334

Sur 20 élèves d'une classe, 8 sont des filles. Le pourcentage de garçons est :

☐ a. 40 % ☐ b. 60 % ☐ c. 80 %

Vers le brevet

Exerce-toi en vue du brevet et révise les **fiches 18 à 21.**

Pour chaque exercice, aide-toi des conseils donnés et compare ta réponse à celle donnée dans le corrigé.

20 min 5 Résoudre un problème de proportionnalité

→ CORRIGÉ P. 334

Une entreprise fabrique des saladiers en faïence qui sont vendus 5,50 € pièce.

1. Quel est le prix de vente de 800 saladiers ?

2. Soit x le nombre de saladiers achetés par un supermarché. Déterminer le prix $f(x)$ qu'il paiera à l'entreprise.

3. Déterminer le nombre dont l'image par f est 6 600. Interpréter le résultat.

4. Représenter graphiquement la fonction f dans un repère orthogonal. On prendra l'origine du repère en bas à gauche sur la feuille, en abscisses, 1 cm pour 100 saladiers et, en ordonnées, 1 cm pour 400 €.

5. En utilisant le graphique, retrouver le résultat de la question **3.** (faire apparaître les tracés nécessaires).

Démarrons ensemble

1. Multiplie 800 par le prix d'un saladier.
2. Cette fois-ci, le nombre de saladiers est x.
3. Résous l'équation $f(x) = 6\,600$.
4. La représentation d'une fonction linéaire est une droite qui passe par l'origine du repère.

6 Définir la fonction linéaire liée à un pourcentage

15 min

→ CORRIGÉ P. 335

Un commerçant augmente les prix de tous ses articles de 8 %.

1. Un lecteur DVD coûte, avant augmentation, 329 €. Combien coûtera-t-il après ?

2. Un téléviseur coûte, après augmentation, 540 €. Combien coûtait-il avant ?

3. À un objet coûtant x euros, on associe $f(x)$ son prix après augmentation.

a. Exprimer $f(x)$ en fonction de x. Cette fonction est-elle une fonction linéaire ?

b. Calculer l'image de 110 par f. Interpréter ce résultat.

c. Déterminer l'antécédent de 168,48 par f. Interpréter ce résultat.

Démarrons ensemble

1. Augmenter un prix de a %, revient à le multiplier par le coefficient $1+\dfrac{a}{100}$.
2. Cherche le coefficient par lequel tu dois diviser 540.
3. b. Remplace x par 110 dans l'expression de $f(x)$ trouvée à la question précédente.
c. Résous l'équation $f(x) = 168{,}48$.

7 Exploiter le graphique d'une fonction et résoudre un problème de pourcentage

15 min

→ CORRIGÉ P. 336

L'eau en gelant augmente de volume. Le segment de droite ci-dessous représente le volume de glace (en litres) obtenu à partir d'un volume d'eau liquide (en litres).

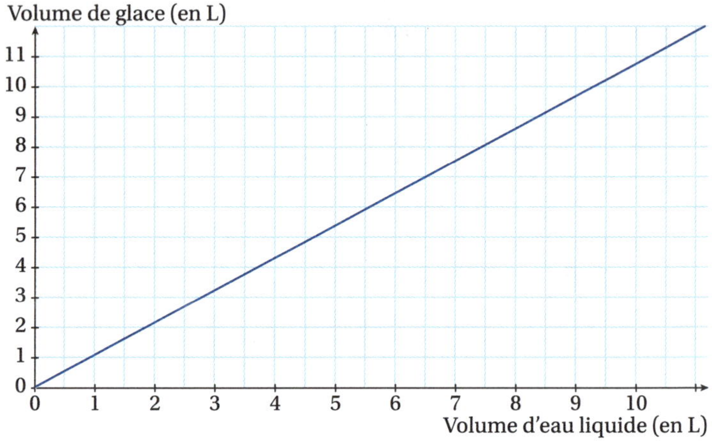

1. En utilisant le graphique, répondre aux questions suivantes.

a. Quel est le volume de glace obtenu à partir de 6 litres d'eau liquide ?

b. Quel volume d'eau liquide faut-il mettre à geler pour obtenir 10 litres de glace ?

2. Le volume de glace est-il proportionnel au volume d'eau liquide ? Justifier.

3. On admet que 10 litres d'eau donnent 10,8 litres de glace. De quel pourcentage ce volume d'eau augmente-t-il en gelant ?

Démarrons ensemble

1. a. Le nombre de litres d'eau liquide se lit sur l'axe horizontal et le volume de glace se lit sur l'axe vertical.

b. 10 litres de glace est un volume de glace. Cherche l'antécédent de 10.

2. Le graphique représente une droite passant par l'origine du repère.

3. Calcule d'abord l'augmentation du volume.

22 Définir la fonction affine correspondant à une situation problème

Les problèmes abordent souvent des situations de la vie courante. Ils commencent par l'étude d'un cas pratique, ils se poursuivent par l'étude du cas général et demandent l'étude d'une ou plusieurs fonctions affines.

RETENIR L'ESSENTIEL

I Fonction affine

Soit a et b deux nombres donnés. La fonction qui à un nombre x associe le nombre $ax + b$ est appelée **fonction affine**.
On note cette fonction :

$$f : x \mapsto ax + b \text{ ou } f(x) = ax + b$$

Exemple : La fonction qui à un nombre x associe son double augmenté de 3 est une fonction affine. On la note $f : x \mapsto 2x + 3$ ou $f(x) = 2x + 3$.

II Fonctions affines particulières

- Une **fonction linéaire** f définie par $f(x) = ax$ est une fonction affine particulière pour laquelle $b = 0$.
- Une **fonction constante** f définie par $f(x) = b$ est une fonction affine particulière pour laquelle $a = 0$. Cette fonction associe au nombre x le nombre b.

Exemple : La fonction f définie par $f(x) = 5$ est la fonction constante qui, au nombre x, associe le nombre 5.

III Fonctions affines et situation problème

Dans de nombreuses situations concrètes, on est amené à définir une ou plusieurs fonctions affines pour résoudre le problème posé.

Exemple : Une location de voiture coûte 43 € par jour. Le loueur demande une caution de 120 €.
Le prix payé pour x jours de location est associée à la fonction affine f définie par $f(x) = 43x + 120$.

23 Représenter une fonction affine

La représentation graphique d'une fonction affine est une droite.
Tu vas découvrir ici les propriétés de cette droite.

RETENIR L'ESSENTIEL

I Représentation graphique d'une fonction affine

- f désigne la fonction affine définie par $f(x) = ax + b$ où a et b sont deux nombres donnés.
Un repère orthogonal étant choisi, la représentation graphique d'une fonction affine est une droite.
- Dans le cas de la fonction constante, la droite est parallèle à l'axe des abscisses.
- Dans le cas de la fonction linéaire, la droite passe par l'origine.

II Droite représentant une fonction affine

- La droite $\mathscr{D}$ représentant la fonction affine f telle que $f(x) = ax + b$ coupe l'axe des ordonnées au point de **coordonnées $(0 ; b)$**.
- Pour trouver un autre point, on cherche l'image par f d'un nombre donné.
- Le nombre a est le **coefficient directeur** de la droite $\mathscr{D}$.
- Le nombre b est l'**ordonnée à l'origine** de la droite $\mathscr{D}$.

Exemple : On considère la fonction affine définie par $f(x) = 2x + 1$.

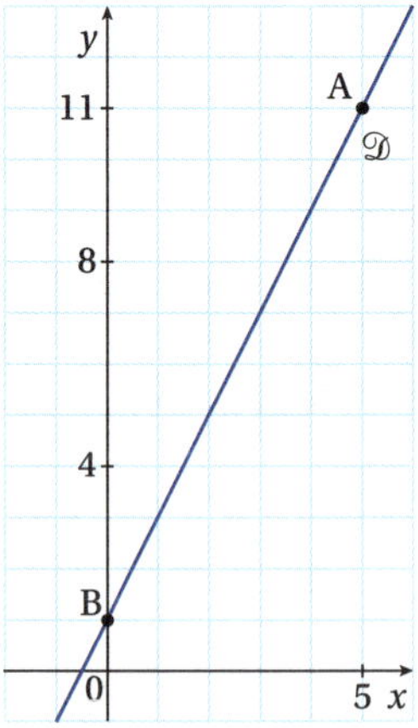

La droite $\mathscr{D}$ représentant la fonction affine f coupe l'axe des ordonnées au point B de coordonnées $(0 ; 1)$.
Pour trouver un autre point appartenant à $\mathscr{D}$, on calcule, par exemple, l'image de 5 par f.
On a $f(5) = 2 \times 5 + 1 = 11$.
La droite $\mathscr{D}$ passe donc par le point A de coordonnées $(5 ; 11)$.
La représentation de la fonction f est la droite représentée ci-contre.

Méthode
Pour trouver le deuxième point, choisis une valeur de x éloignée de 0. Le dessin sera plus précis.

24 Déterminer une fonction affine

f désigne la fonction affine définie par $f(x) = ax + b$ où *a* et *b* sont deux nombres donnés. Déterminer la fonction *f*, c'est déterminer la valeur du nombre *a* et celle du nombre *b*. Deux méthodes sont présentées ici, l'une graphique et l'autre calculatoire.

RETENIR L'ESSENTIEL

I Détermination graphique d'une fonction affine

Soit $\mathcal{D}$ la droite représentant la fonction affine *f* définie par $f(x) = ax + b$.

1. Comment déterminer graphiquement le nombre *a* ?

Pour déterminer le nombre *a*, on repère sur la droite $\mathcal{D}$ deux points $A(x_A ; y_A)$ et $B(x_B ; y_B)$. On a alors :

$$a = \frac{y_A - y_B}{x_A - x_B} = \frac{\text{différence des ordonnées}}{\text{différence des abscisses}}$$

2. Comment déterminer graphiquement le nombre *b* ?

Le nombre *b* est l'ordonnée du point d'intersection de la droite $\mathcal{D}$ et de l'axe des ordonnées.

II Détermination d'une fonction affine par le calcul

f désigne la fonction affine définie par $f(x) = ax + b$ où *a* et *b* sont deux nombres donnés.

1. Comment déterminer le nombre *a* par le calcul ?

Pour déterminer le nombre *a* par le calcul, il faut connaître l'image de deux nombres x_1 et x_2 par *f*. On a alors :

$$a = \frac{f(x_1) - f(x_2)}{x_1 - x_2} = \frac{\text{différence des images}}{\text{différence des antécédents}}$$

2. Comment déterminer le nombre *b* par le calcul ?

Pour déterminer le nombre *b*, il faut déjà connaître le nombre *a* et l'image d'un nombre x_1 par *f*.

Exemple : *f* est une fonction affine de coefficient $a = 2$, et telle que $f(3) = 4$.
Comme *f* est une fonction affine de coefficient 2, alors $f(x) = 2x + b$.
Or $f(3) = 4$, donc $2 \times 3 + b = 4$. On obtient $b = 4 - 6 = -2$.
La fonction *f* est définie par $f(x) = 2x - 2$.

Se tester QUIZ

Vérifie que tu as bien compris les points clés des **fiches 22 à 24.**

Pour chaque question, vérifie tes réponses à l'aide du corrigé et consulte les fiches de cours si nécessaire.

1 Reconnaître une fonction affine

→ CORRIGÉ P. 336

1. La fonction qui, au nombre x, associe son double diminué de 3 est définie par :

☐ **a.** $f(x) = x^2 - 3$ ☐ **b.** $f(x) = 2x - 3$ ☐ **c.** $f(x) = 2x + 3$

2. L'image de –3 par la fonction affine f définie par $f(x) = -3x + 10$ est :

☐ **a.** 1 ☐ **b.** 4 ☐ **c.** 19

2 Associer une fonction affine à une situation concrète

→ CORRIGÉ P. 336

1. Le prix d'une place de cinéma est 5 €. Le prix de x places est :

☐ **a.** $x + 5$ ☐ **b.** $5x$ ☐ **c.** $x - 5$

2. L'inscription obligatoire à un club de sport coûte 20 € pour une année. Chaque heure de cours coûte ensuite 10 €. Pour x heures de cours sur une année, il faut payer (en euros) :

☐ **a.** $10x$ ☐ **b.** $20 \times 10x$ ☐ **c.** $20 + 10x$

3 Déterminer une fonction affine par le calcul

→ CORRIGÉ P. 337

1. La fonction affine f est telle que $f(2) = 3$ et $f(-5) = 1$. Son coefficient a est égal à :

☐ **a.** $\frac{f(2) - f(-5)}{2 - (-5)}$ ☐ **b.** $\frac{f(2) - f(-5)}{2 - 5}$ ☐ **c.** $\frac{f(2) - f(-5)}{3 - 1}$

2. La fonction affine f est telle que $f(x) = -3x + b$ et $f(-4) = 1$. Le nombre b est égal à :

☐ **a.** $f(-4) - 3 \times (-4)$ ☐ **b.** $f(-4) - (-3) \times (-4)$ ☐ **c.** $-3 \times (4) - f(-4)$

Vers le brevet

Exerce-toi en vue du brevet et révise les **fiches 22 à 24.**

Pour chaque exercice, aide-toi des conseils donnés et compare ta réponse à celle donnée dans le corrigé.

4 Jeu vidéo

20 min

→ CORRIGÉ P. 337

Dans un jeu vidéo on a le choix entre trois personnages : un guerrier, un mage et un chasseur.
La force d'un personnage se mesure en points.
Tous les personnages commencent au niveau 0 et le jeu s'arrête au niveau 25.
Cependant ils n'évoluent pas de la même façon :
- le guerrier commence avec 50 points et ne gagne pas d'autre point au cours du jeu ;
- le mage n'a aucun point au début mais gagne 3 points par niveau ;
- le chasseur commence à 40 points et gagne 1 point par niveau.

1. Au début du jeu, quel est le personnage le plus fort ? Et quel est le moins fort ?

2. Compléter le tableau ci-dessous :

Niveau	0	1	5	10	15	25
Points du guerrier	50	50				
Points du mage	0	3				
Points du chasseur	40	41				

3. À quel niveau le chasseur aura-t-il autant de points que le guerrier ?

4. Dans cette question, x désigne le niveau de jeu d'un personnage.
Associer chacune des expressions suivantes à l'un des trois personnages (chasseur, mage ou guerrier) :
- $f(x) = 3x$;
- $g(x) = 50$;
- $h(x) = x + 40$.

5. Dans le repère ci-dessous, la fonction g est représentée par la droite $\mathscr{D}_3$.
Tracer les deux droites $\mathscr{D}_1$ et $\mathscr{D}_2$ représentant les fonctions f et h.

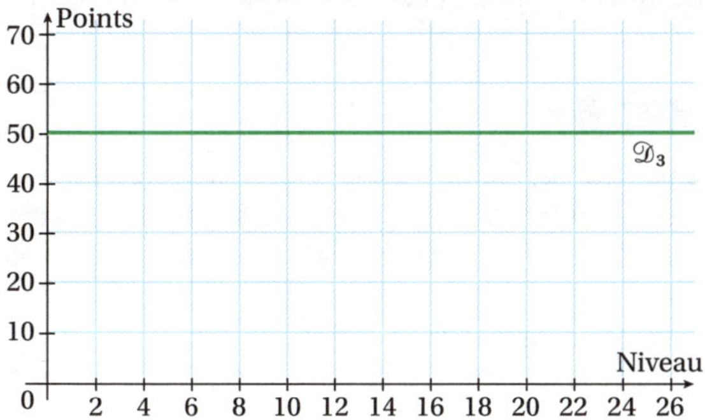

6. Déterminer, à l'aide du graphique, le niveau à partir duquel le mage devient le plus fort.

5 Comparer des tarifs

20 min

→ CORRIGÉ P. 338

Pour la saison 2014-2015, le théâtre *Modecia* propose ses tarifs.

- Tarif A : 150 € la carte permettant d'assister à tous les spectacles.
- Tarif B : 75 € l'abonnement pour la saison qui permet d'acheter une place pour 6 €.
- Tarif C : 19 € la place plein tarif.

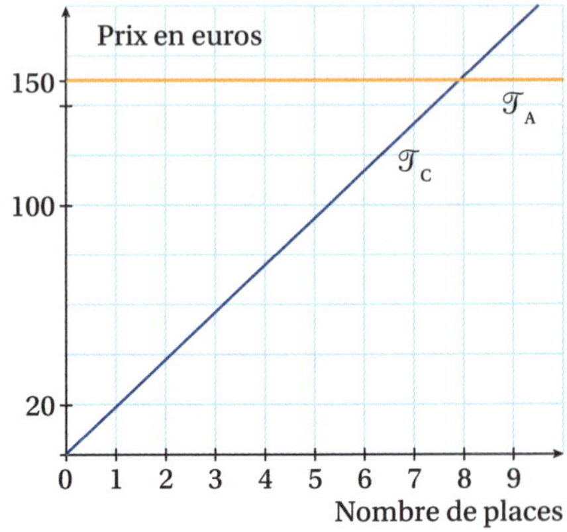

1. Calculer le prix que devra payer Marc pour cinq places avec chacun des tarifs proposés.

2. Si x est le nombre de spectacles auxquels Marc assiste durant la saison, écrire, en fonction de x, les prix $P_A(x)$, $P_B(x)$ et $P_C(x)$ que devrait payer Marc, suivant le tarif utilisé.

3. Parmi ces trois fonctions, y a-t-il une fonction linéaire ? Si oui, laquelle ?

4. Dans la figure ci-dessus, on a tracé les représentations graphiques $\mathcal{T}_A$ et $\mathcal{T}_C$ des fonctions P_A et P_C. Tracer la représentation graphique $\mathcal{T}_B$ de la fonction P_B dans le même repère.

5. On dispose de 100 €. Lire graphiquement le nombre de spectacles auxquels on peut assister avec le tarif C (laisser apparaître les tracés sur le graphique).

6. Retrouver graphiquement le tarif le plus intéressant pour voir huit spectacles.

7. Résoudre l'inéquation $19x > 6x + 75$.
En déduire le nombre de spectacles pour lequel le tarif B est plus intéressant que le tarif C.

Démarrons ensemble

1. Le tarif A ne dépend pas du nombre de places achetées. Pour les deux autres tarifs, multiplie le prix d'une place par 5, sans oublier l'abonnement s'il y a lieu.
2. Multiplie le prix d'une place par le nombre x de places, sans oublier l'abonnement s'il y a lieu.
3. Cherche une fonction de la forme $x \mapsto ax$.
4. Cherche l'image de deux nombres de ton choix par la fonction P_B et trace une droite.
5. Place 100 sur l'axe des ordonnées.
6. Sur chacune des trois droites, lis l'ordonnée du point d'abscisse 8.
7. Commence par soustraire $6x$ aux deux membres de l'inéquation.

25 Calculer une fréquence ou une moyenne

La statistique est une partie des mathématiques qui étudie les caractères des individus d'une population (par exemple, la taille, la couleur des yeux...). La fréquence et la moyenne sont deux critères qui permettent d'interpréter les résultats.

RETENIR L'ESSENTIEL

I Fréquence

La **fréquence** de la valeur d'un caractère dans une série statistique est égale au quotient de l'effectif de cette valeur par l'effectif total.

Mot-clé
L'**effectif** est le nombre d'individus possédant un caractère donné

Exemple : Le tableau suivant donne la répartition des élèves de 3e d'un collège.

Caractère qualitatif	Externe	Demi-pensionnaire	Total
Effectif	54	26	80

Mot-clé
Il existe deux types de **caractères** : qualitatif (exemple : la couleur des yeux) ou quantitatif (exemple : la taille).

Sur 80 élèves, 54 sont externes.

On a $\frac{54}{80} = 0{,}675$.

La fréquence associée au caractère « externe » est égale à 0,675, soit 67,5 %.

II Moyenne

1. Calculer une moyenne simple

Pour calculer une **moyenne simple**, on additionne toutes les valeurs du caractère et on divise la somme obtenue par l'effectif total.

Exemple : Voici les notes de 10 élèves de 3e d'un collège au dernier devoir de maths : 8 ; 10 ; 10 ; 12 ; 12 ; 12 ; 13 ; 15 ; 16 ; 18.
La moyenne de ces notes est :
$(8 + 10 + 10 + 12 + 12 + 13 + 15 + 16 + 18) \div 10 = 114 \div 10 = 11{,}4$.

2. Calculer une moyenne pondérée

Pour calculer une **moyenne pondérée**, on additionne les produits de chaque valeur du caractère par l'effectif correspondant, puis on divise par l'effectif total.

Exemple : Voici les 2 notes obtenues par Léo en maths : 15 (coefficient 2) et 12 (coefficient 3). Sa moyenne est $\frac{15 \times 2 + 12 \times 3}{5} = 13{,}2$.

MATHS

26 Calculer la médiane et l'étendue

La médiane est la valeur d'un caractère qui partage une série statistique en deux séries de même effectif. L'étendue est la différence entre la plus grande et la plus petite des valeurs. Ces critères permettent d'interpréter les résultats statistiques.

RETENIR L'ESSENTIEL

I Calculer la médiane

1. Qu'est-ce qu'une médiane ?

Les valeurs du caractère étant rangées par ordre croissant, la **médiane** est un nombre qui partage une série statistique en deux séries de même effectif.

Exemple : On considère les nombres 1, 2, 3, 4, 5, 6, 7, 8, 9. La médiane est 5. Il y a 5 nombres inférieurs ou égaux à 5 et 5 nombres supérieurs ou égaux à 5.

2. Déterminer une médiane

Pour **calculer une médiane**, on range par ordre croissant les valeurs du caractère.

- Si l'effectif total est un nombre impair, alors la médiane est la valeur du caractère qui se trouve au centre de la série.

Exemple : On considère la série des nombres 4, 5, 10, 12, 13, 15 et 18. Elle contient 7 valeurs. Le centre de la série est 12. La médiane de cette série est 12.

> **Attention !**
> Il ne faut pas confondre « médiane » et « moyenne ». En général, ces deux nombres ne sont pas égaux.

- Si l'effectif total est un nombre pair, alors la médiane est la moyenne des deux valeurs du caractère qui se trouvent au centre de la série.

Exemple : On considère la série de nombres 5, 8, 10, 12, 14, 15, 20, 25. Elle contient 8 valeurs et les deux valeurs centrales sont 12 et 14.
La médiane de cette série est : $(12 + 14) \div 2 = 13$.

II Calculer l'étendue

Les valeurs du caractère étant rangées par ordre croissant, l'**étendue** est la différence entre la plus grande valeur du caractère et la plus petite.

Exemple : On considère les nombres 5, 8, 10, 12, 14, 15, 20, 25.
L'étendue est : $25 - 5 = 20$.

27 Interpréter et construire un diagramme statistique

On peut représenter une série statistique sous la forme d'un graphique. Il en existe différentes sortes.

RETENIR L'ESSENTIEL

I Construire un diagramme statistique

1. Construire un diagramme circulaire

Dans un **diagramme circulaire**, la mesure de l'angle au centre de chaque partie du disque est proportionnelle à l'effectif du caractère correspondant. On utilise un tableau de proportionnalité pour calculer la mesure des angles.

Info
La totalité du disque représente un angle au centre de 360°.

Exemple : Voici la répartition de la couleur des yeux dans une classe de 25 élèves.

Couleur	bleu	vert	marron	Total
Effectif	3	4	18	25
Angle (en °)	43,2	57,6	259,5	360

2. Construire un diagramme à barres

Un **diagramme à barres** est composé de bâtons de même largeur.
La hauteur de chaque barre est proportionnelle à l'effectif du caractère correspondant.

3. Construire un histogramme

Un **histogramme** est utilisé lorsque la série est regroupée en classes. Si les classes ont la même amplitude, les rectangles de l'histogramme ont la même largeur.

Mot-clé
Une **classe** est le regroupement de plusieurs valeurs d'un même caractère.

II Interpréter un diagramme

1. Interpréter un diagramme circulaire

On repère sur le diagramme la signification de chacune des valeurs du caractère. En général, les effectifs sont indiqués en pourcentage.

2. Interpréter un diagramme à barres ou un histogramme

On repère sur l'axe horizontal la signification de chacune des valeurs du caractère. On lit sur l'axe vertical les effectifs correspondants.

Se tester QUIZ

Vérifie que tu as bien compris les points clés des **fiches 25 à 27.**

Pour chaque question, vérifie ta réponse à l'aide du corrigé et consulte les fiches de cours si nécessaire.

1 Calculer une fréquence, une moyenne ou une médiane

→ CORRIGÉ P. 339

1. Un effectif de 8 sur un total de 20 correspond à une fréquence égale à :

☐ **a.** 4 ☐ **b.** 0,4 ☐ **c.** 4 %

2. On considère la série statistique suivante :

Valeur	12	14	16	19	20
Effectif	1	2	3	2	2

La moyenne de cette série est :

☐ **a.** 16,2 ☐ **b.** 2 ☐ **c.** 16,6

3. La médiane de la série 1 ; 2 ; 3 ; 8 ; 9 est :

☐ **a.** 2 ☐ **b.** 3 ☐ **c.** 8

2 Interpréter un diagramme statistique

→ CORRIGÉ P. 339

On considère le diagramme à barres suivant :

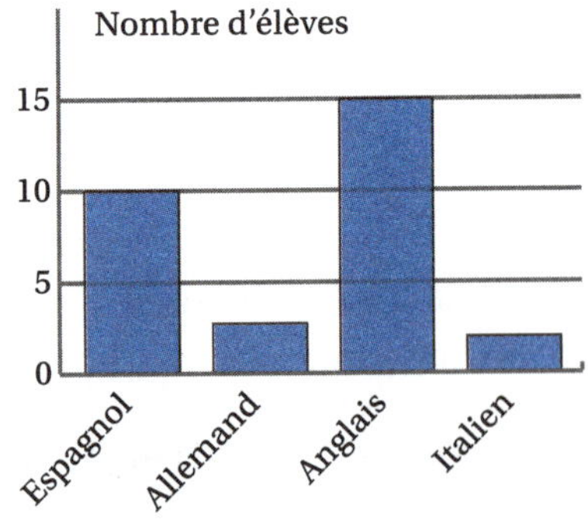

1. L'effectif total est égal à :

☐ **a.** 30 ☐ **b.** 25 ☐ **c.** 20

2. La fréquence des élèves faisant de l'espagnol est égale à :

☐ **a.** $\frac{1}{2}$ ☐ **b.** $\frac{1}{3}$ ☐ **c.** $\frac{1}{4}$

Vers le brevet

Exerce-toi en vue du brevet et révise les **fiches 25 à 27.**

Pour chaque exercice, aide-toi des conseils donnés et compare ta réponse à celle donnée dans le corrigé.

3 Compétition d'athlétisme

20 min

→ CORRIGÉ P. 339

Durant une compétition d'athlétisme, les 7 concurrents ont couru le 200 m avec les temps suivants (en secondes) :
20,25 ; 20,12 ; 20,48 ; 20,09 ; 20,69 ; 20,19 et 20,38.

1. Quelle est l'étendue de cette série ?
2. Quelle est la moyenne de cette série, arrondie au centième ?
3. Quelle est la médiane de cette série ?
4. Quelle est la vitesse moyenne de l'athlète classé premier, en mètres par seconde (m/s), arrondie au millième ?

Démarrons ensemble

1. Classe d'abord les temps dans l'ordre croissant.
2. Revois la fiche 25 pour calculer une moyenne.
3. Observe que 7 = 3 + 1 + 3.
4. Le coureur classé premier parcourt le 200 m en 20,09 s. Calcule la distance parcourue en 1 s.

4 Étude de la couleur des voitures de deux villes

10 min

→ CORRIGÉ P. 339

La ville A compte 60 000 voitures et la ville B compte 18 000 voitures.
Les diagrammes circulaires ci-dessous représentent la répartition des voitures selon leur couleur, dans les villes A et B.

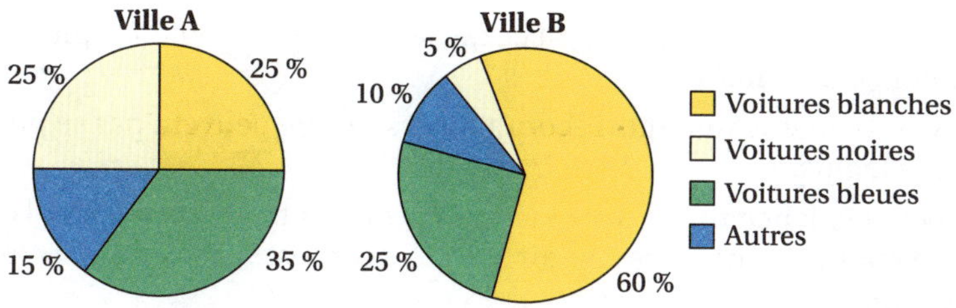

On demande à un élève ce qu'il constate. Voici ce qu'il répond : « On peut dire qu'il y a plus de voitures blanches dans la ville B que dans la ville A ».
A-t-il raison ?

Démarrons ensemble

Trouve d'abord le pourcentage de voitures blanches dans chacune des villes A et B, puis calcule le nombre de ces voitures dans chaque ville.

28 Connaître le vocabulaire des probabilités

Les probabilités sont une partie importante des mathématiques pour lesquelles on emploie un vocabulaire particulier qu'il est nécessaire de connaître.

RETENIR L'ESSENTIEL

I Qu'est-ce qu'une expérience aléatoire ? Une issue ?

Une **expérience aléatoire** est une expérience conduisant à plusieurs résultats, et pour laquelle on ne peut pas connaître le résultat qui se produira.
Ces différents résultats sont appelés **issues** (ou résultats, épreuves, possibilités...).

Exemple : On lance une pièce de monnaie et on regarde la face supérieure. Les issues possibles de cette expérience aléatoire sont : pile, face.

II Qu'est-ce qu'un événement ?

- On appelle **événement** une partie de l'ensemble des issues d'une expérience aléatoire.
- L'événement est dit **élémentaire** s'il ne correspond qu'à une seule et unique issue.

Exemple : Lors du lancer d'une pièce de monnaie, l'événement « pile » est un événement élémentaire.

- Deux événements sont dits **incompatibles** s'ils ne peuvent pas se produire en même temps.

Exemple : On lance un dé à six faces. L'événement « Obtenir 2 » et l'événement « Obtenir un nombre impair » sont incompatibles car 2 n'est pas un nombre impair.

- L'événement **contraire** d'un événement est celui qui se réalise lorsque l'événement n'a pas lieu.

Exemple : On lance un dé à six faces et on regarde la face supérieure du dé.

L'événement « Obtenir 1 ou 2 » et l'événement « Obtenir 3, 4, 5 ou 6 » sont deux événements contraires.

29 Calculer une probabilité simple

Dans la vie courante, le hasard intervient très fréquemment : quand on joue aux cartes, lorsqu'on lance un dé, lors du tirage d'un loto. Aux différents événements, on va associer un nombre positif inférieur ou égal à 1 : la probabilité d'obtenir tel résultat lors de l'expérience.

RETENIR L'ESSENTIEL

I Probabilité

1. Qu'est-ce qu'une probabilité ?

Lorsqu'on répète un grand nombre de fois une expérience aléatoire, la fréquence d'apparition d'une issue tend vers une valeur « idéale ».
On appelle cette valeur **probabilité** de l'événement élémentaire associé à l'issue considérée.

Exemple : On lance un dé à six faces. La probabilité d'obtenir le nombre 3 est égale à $\frac{1}{6}$.

2. Quelles propriétés possède une probabilité ?

- La probabilité d'un événement est un nombre compris entre 0 et 1.
- La somme des probabilités des événements élémentaires est égale à 1.

II Équiprobabilité

1. Reconnaître une situation d'équiprobabilité

Lorsque tous les événements élémentaires ont la même probabilité, on dit qu'il y a équiprobabilité ou que les événements élémentaires sont équiprobables.

2. Calculer une probabilité

Dans une situation d'équiprobabilité, la probabilité d'un événement A est égale à :

$$\frac{\text{nombre d'issues favorables}}{\text{nombre d'issues possibles}}$$

Exemple : Un sac contient des jetons numerotés de 1 à 20. On tire au hasard un jeton du sac. Calculons la probabilité de l'événement A : « tirer un jeton portant un numéro multiple de 3 ».

Il y a 20 issues possibles et 6 issues favorables : 3, 6, 9, 12, 15 et 18. Donc $P(\text{A}) = \frac{6}{20} = \frac{3}{10}$.

30 Faire le lien entre probabilité et fréquence des issues

Une fréquence est obtenue lors d'une expérience. Si on répète un grand nombre de fois cette expérience, la fréquence tend vers une valeur théorique appelée probabilité.

RETENIR L'ESSENTIEL

I Fréquence d'une issue

Si on lance un dé dont les faces sont numérotées 1, 2, 3, 4, 5, 6, il y a 6 issues possibles : obtenir 1, 2, 3, 4, 5 ou 6.
On s'intéresse à l'une des issues. Si elle se réalise k fois au cours de n expériences identiques (c'est-à-dire n lancers du dé), sa fréquence est égale à $\frac{k}{n}$.
On note $f = \frac{k}{n}$.

Exemple : On a lancé un dé 8 fois ; la face numérotée 3 apparaît 5 fois. La fréquence d'apparition de la face numérotée 3 parmi ces 8 lancers est $\frac{5}{8}$, soit 0,625.

Propriétés

- Une fréquence est comprise entre 0 et 1.
- La somme des fréquences de toutes les issues est égale à 1.

II Stabilisation d'une fréquence

Si on répète une expérience aléatoire un très grand nombre de fois, la fréquence f d'une issue finit par se stabiliser autour d'une valeur p. On prend alors cette valeur p comme probabilité de l'issue.

Exemple : Si l'on effectue un lancer de dé un très grand nombre de fois, la fréquence d'apparition de la face numérotée 5 est de plus en plus proche de $\frac{1}{6}$.

Évolution des fréquences du 5 calculées après chaque lancer au cours des 900 lancers :

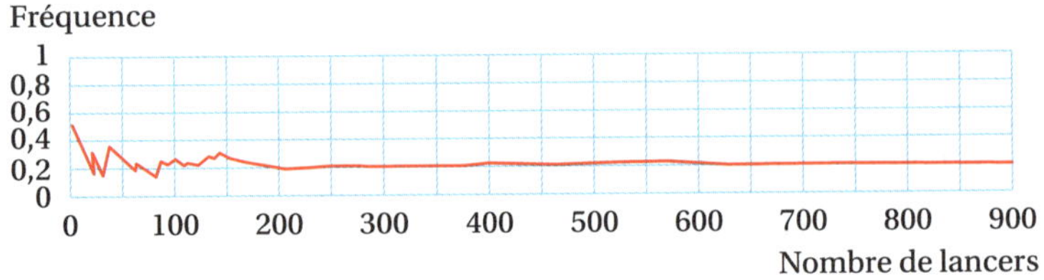

Se tester QUIZ

Vérifie que tu as bien compris les points clés des **fiches 28 à 30.**

Pour chaque question, vérifie ta réponse à l'aide du corrigé et consulte les fiches de cours si nécessaire.

1 Utiliser le vocabulaire des probabilités

→ CORRIGÉ P. 340

On lance un dé équilibré à six faces et on note le résultat de la face du dessus. Combien d'issues comporte cette expérience ?

- ☐ **a.** 1
- ☐ **b.** 4
- ☐ **c.** 6

2 Calculer une probabilité simple

→ CORRIGÉ P. 340

1. On lance un dé équilibré à six faces et on note le résultat de la face du dessus. La probabilité d'obtenir un nombre divisible par 3 est :

- ☐ **a.** $\frac{1}{6}$
- ☐ **b.** $\frac{1}{2}$
- ☐ **c.** $\frac{1}{3}$

2. Un sac contient des boules rouges, des boules bleues et des boules vertes. On tire au hasard une boule dans le sac et on note sa couleur. La probabilité que la boule soit rouge est $\frac{2}{7}$ et la probabilité que la boule soit bleue est $\frac{4}{7}$.
La probabilité que la boule tirée soit verte est :

- ☐ **a.** $\frac{6}{7}$
- ☐ **b.** on ne peut pas savoir
- ☐ **c.** $\frac{1}{7}$

3 Lien entre fréquence et probabilité

→ CORRIGÉ P. 340

Lors d'une expérimentation, on lance 100 fois une pièce parfaitement équilibrée. On obtient 60 fois pile. Le nombre $\frac{60}{100}$ est :

- ☐ **a.** une fréquence
- ☐ **b.** une probabilité
- ☐ **c.** une issue

Vers le brevet

Exerce-toi en vue du brevet et révise les **fiches 28 à 30.**

Pour chaque exercice, aide-toi des conseils donnés et compare ta réponse à celle donnée dans le corrigé.

4 Fréquences et probabilités

20 min

→ CORRIGÉ P. 340

Dans ce problème, on lance deux dés de couleurs différentes. Les dés sont équilibrés et les faces sont numérotées de 1 à 6. On s'intéresse à la somme des valeurs obtenues par les dés.

Partie 1

On lance 25 fois les deux dés et on note les valeurs dans un tableur.
Les résultats sont représentés dans le tableau suivant :

	A	B	C	D
1	N°	Dé 1	Dé 2	Somme
2	1	1	5	6
3	2	1	1	2
4	3	1	4	5
5	4	1	6	7
6	5	4	4	8
7	6	6	4	10
8	7	6	3	9
9	8	5	6	11
10	9	5	3	8
11	10	5	6	11
12	11	3	6	9
13	12	2	5	7
14	13	3	5	8

	A	B	C	D
1	N°	Dé 1	Dé 2	Somme
15	14	1	6	7
16	15	6	5	11
17	16	2	3	5
18	17	2	5	7
19	18	3	4	7
20	19	2	4	6
21	20	6	5	11
22	21	1	1	2
23	22	2	1	3
24	23	1	4	5
25	24	5	1	6
26	25	1	6	7

La colonne A indique le numéro de l'expérience.
Les colonnes B et C donnent les valeurs des dés.
La somme des deux dés est calculée dans la colonne D.

1. La somme peut-elle être égale à 1 ? Justifier.

2. La somme 12 n'apparaît pas dans ce tableau. Est-il toutefois possible de l'obtenir ? Justifier.

3. Au 11e lancer des deux dés, quelle formule a-t-on entrée dans la cellule D12 pour obtenir le résultat donné par l'ordinateur ?

4. Dans cette expérience, combien de fois obtient-on la somme 7 ?
En déduire la fréquence de cette somme en pourcentage.

5. Quelle est la médiane de cette série de sommes (colonne D) ?

6. Tracer le diagramme en bâtons de la série des sommes obtenues (colonne D).

Partie 2

On fait une simulation de 1 000 expériences avec un tableur. Les résultats sont représentés dans le diagramme en bâtons suivant.

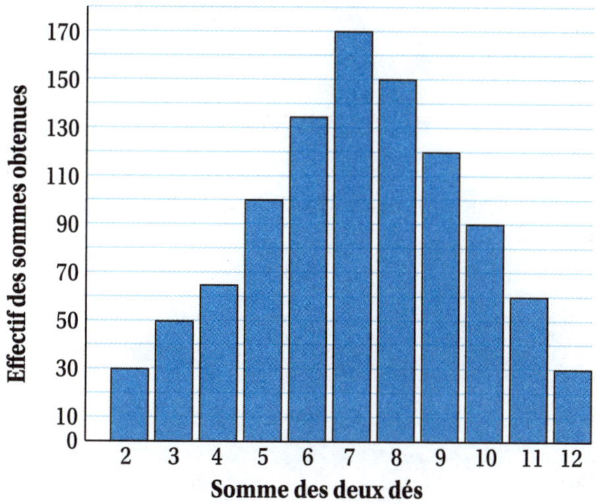

1. Quelles sont les deux sommes les moins fréquentes ?

2. Paul, un élève de troisième, joue avec Jacques son petit frère de CM2. Chacun choisit une somme à obtenir avec deux dés. Paul prend la somme 9 et Jacques la somme 3.
Expliquer pourquoi Paul a plus de chances de gagner que son petit frère.

3. Quel est, pour cette simulation, le nombre de lancers qui donnent la somme 7 ?
En déduire la fréquence en pourcentage représentée par ces lancers.

4. Compléter le tableau suivant et trouver les différentes possibilités d'obtenir une somme égale à 7 avec deux dés. Calculer la probabilité d'obtenir cette somme.

Somme des deux dés		**Valeur du dé 2**					
		1	**2**	**3**	**4**	**5**	**6**
Valeur du dé 1	**1**	2	3	4			
	2		4				
	3						
	4						
	5						
	6						12

31 Reconnaître une médiatrice, une hauteur

La médiatrice d'un segment et la hauteur d'un triangle sont deux droites remarquables dans un triangle.

RETENIR L'ESSENTIEL

I La médiatrice d'un segment

1. Définition

La **médiatrice** d'un segment est la droite qui coupe perpendiculairement ce segment en son milieu.

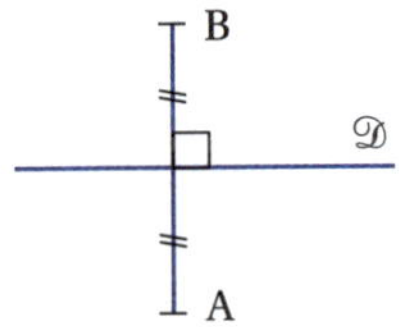

2. Propriétés

- Tout point de la médiatrice d'un segment est à égale distance des extrémités de ce segment.
- Tout point situé à égale distance des extrémités d'un segment appartient à la médiatrice de ce segment.

> **Mot-clé**
> Les **extrémités** du segment [AB] sont les points A et B.

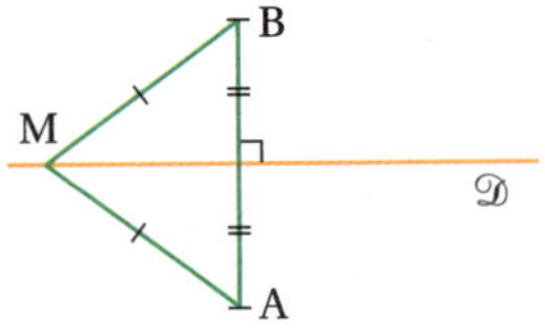

II Hauteurs d'un triangle

1. Définition

Une **hauteur** d'un triangle est une droite qui passe par un sommet de ce triangle et qui est perpendiculaire au côté opposé à ce sommet.

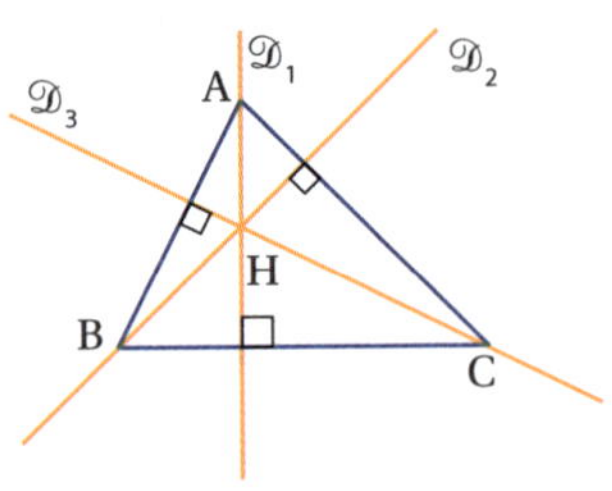

H est l'**orthocentre** du triangle ABC.

2. Propriété

Les trois hauteurs d'un triangle sont concourantes en un point appelé **orthocentre** du triangle.

> **Mot-clé**
> Si trois droites passent par un même point, on dit qu'elles sont **concourantes** en ce point.

32 Transformer une figure à l'aide d'une symétrie, d'une translation, d'une rotation

Les symétries, les translations et les rotations sont des transformations du plan qui conservent, entre autres, les longueurs et le parallélisme.

RETENIR L'ESSENTIEL

I Les symétries

1. La symétrie axiale

Deux points M et M′ sont symétriques par rapport à une droite $\mathscr{D}$ si la droite $\mathscr{D}$ est la médiatrice du segment [MM′].

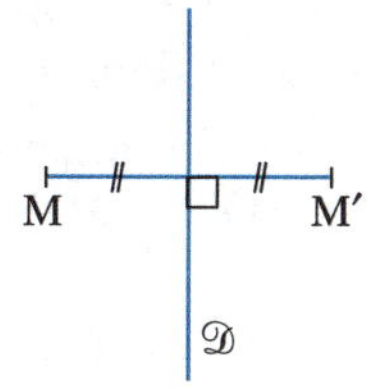

2. La symétrie centrale

Deux points M et M′ sont symétriques par rapport à un point O si le point O est le milieu du segment [MM′].

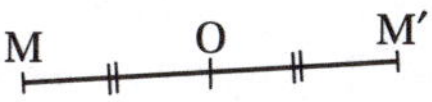

Exemple : La figure $\mathscr{F}_1$ est un rectangle.
Pour construire la figure $\mathscr{F}_2$ symétrique de la figure $\mathscr{F}_1$ par rapport au point O, on construit les images des sommets A, B, C et D par la symétrie centrale de centre O.

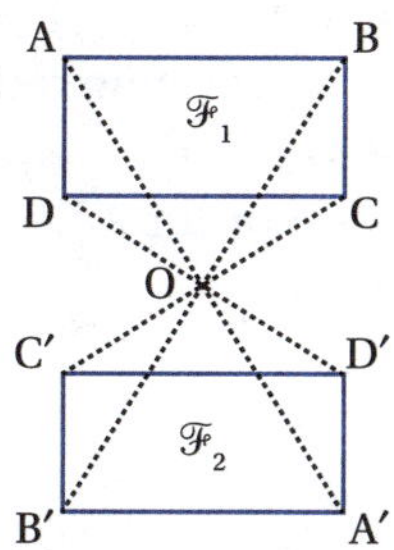

II La translation

Soit A et B deux points distincts du plan et soit M un autre point du plan. L'image du point M par la translation qui transforme le point A en B est le point M′ tel que **ABM′M est un parallélogramme.**

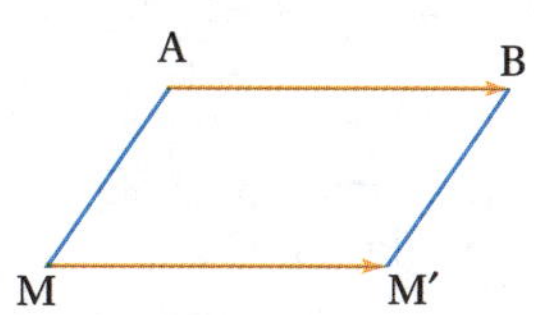

III La rotation

Soit O et M deux points distincts du plan, et α une mesure d'angle. L'image du point M par la rotation de centre O et d'angle α est le point M′ du cercle de centre O passant par M tel que $\widehat{MOM'} = \alpha$. On précise le sens de rotation. Ici, il est dans le sens contraire des aiguilles d'une montre.

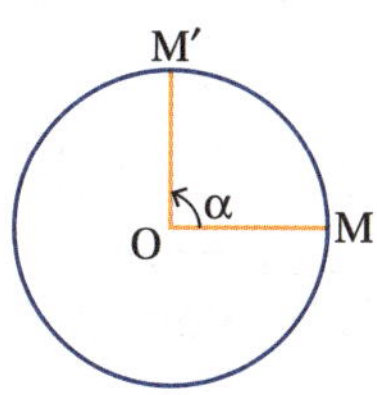

33 Transformer une figure à l'aide d'une homothétie

L'agrandissement et la réduction d'une figure sont souvent associés à une transformation du plan appelée homothétie.

I Définition

Soit O et M deux points distincts du plan, et k un nombre strictement positif. L'image du point M par l'**homothétie** de centre O et de rapport k est le point M′ de la demi-droite [OM) tel que $OM' = k \times OM$.

Exemple : Image d'un point M par une homothétie de centre O et de rapport 3. On a $OM' = 3\,OM$.

II Agrandissement ou réduction

- Si $0 < k < 1$, l'image d'une figure $\mathscr{F}$ par l'homothétie de centre O et de rapport k est une **réduction** de la figure $\mathscr{F}$.
- Si $k > 1$, l'image d'une figure $\mathscr{F}$ par l'homothétie de centre O et de rapport k est un **agrandissement** de la figure $\mathscr{F}$.

Exemple :

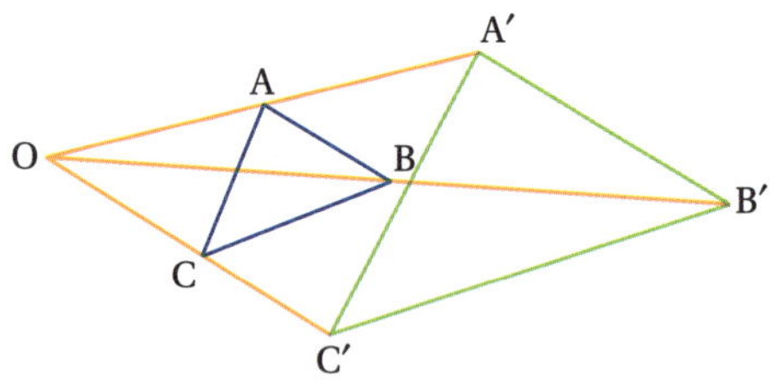

A′B′C′ est un agrandissement du triangle ABC.
ABC est une réduction du triangle A′B′C′.

- Si le triangle ABC a pour image le triangle A′B′C′ par une homothétie, ces deux triangles sont **semblables**. Les angles de ces deux triangles sont égaux deux à deux.

III Homothétie et longueur

Une homothétie de rapport k multiplie les longueurs par k, les aires par k^2 et les volumes par k^3.

34 Utiliser la propriété de la somme des angles dans un triangle

En classe de cinquième, on démontre que la somme des angles d'un triangle est toujours la même. Dans beaucoup d'exercices de brevet, on est amené à utiliser cette propriété.

RETENIR L'ESSENTIEL

I Propriété de la somme des angles

La **somme des trois angles** d'un triangle est égale à 180°.

Exemple : On veut connaître la mesure de l'angle $\widehat{BCA}$.

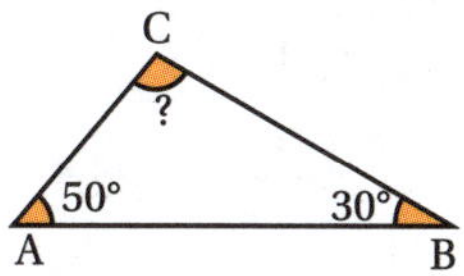

Pour cela, on utilise la propriété citée précédemment : $\widehat{BCA} + \widehat{BAC} + \widehat{ABC} = 180°$.
On isole la mesure de l'angle cherché $\widehat{BCA}$:
$\widehat{BCA} = 180 - (\widehat{BAC} + \widehat{ABC})$
$\widehat{BCA} = 180 - (50 + 30)$
$\widehat{BCA} = 100$.
L'angle $\widehat{BCA}$ mesure 100°.

Méthode
N'oublie pas les parenthèses indispensables pour soustraire une somme.

II Triangles particuliers

- Un triangle **rectangle** est un triangle qui a un angle droit.
- Un triangle **isocèle** est un triangle qui a deux angles de même mesure.
- Un triangle **équilatéral** est un triangle qui a trois angles de même mesure 60°.

Triangle rectangle en A

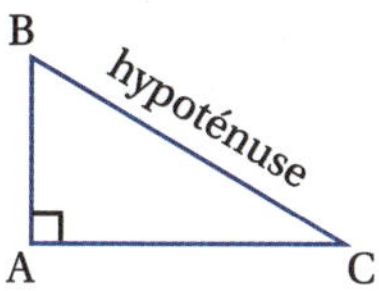

Triangle isocèle en A

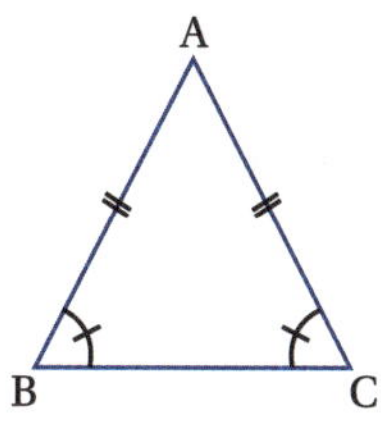

Triangle équilatéral

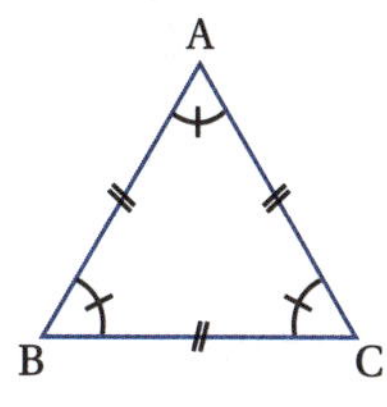

35 Utiliser le théorème de Pythagore et sa réciproque

En classe de quatrième, on énonce le théorème de Pythagore et sa réciproque. Ce théorème intervient souvent dans les exercices de brevet portant sur la trigonométrie.

RETENIR L'ESSENTIEL

I Théorème de Pythagore

Dans un triangle rectangle, le carré de la longueur de l'hypoténuse est égal à la somme des carrés des longueurs des deux autres côtés.

Le triangle ABC est rectangle en A, donc :

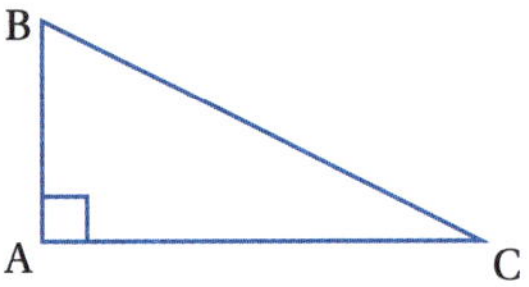

$$BC^2 = AB^2 + AC^2$$

II La racine carrée d'un nombre

Soit a un nombre positif. La racine carrée de a est le nombre positif dont le carré est a.

Exemple : ABC est un triangle rectangle en A tel que AB = 5 et AC = 3. Pour calculer la longueur BC, on applique le théorème de Pythagore.

On a $BC^2 = 5^2 + 3^2 = 34$.

La longueur BC est égale à la racine carrée de 34. On écrit $BC = \sqrt{34}$.

III Réciproque du théorème de Pythagore

Si, dans un triangle, le carré de la longueur du plus grand côté est égal à la somme des carrés des longueurs des deux autres côtés, alors ce triangle est rectangle.

Exemple :

Pour déterminer si le triangle ABC ci-contre est rectangle, on calcule les carrés des longueurs des trois côtés :

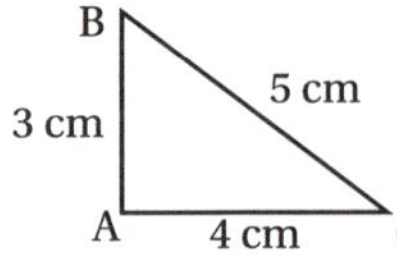

$AC^2 = 4^2 = 16$; $AB^2 = 3^2 = 9$; $BC^2 = 5^2 = 25$.

On additionne les carrés des longueurs les plus petites :

$AC^2 + AB^2 = 16 + 9 = 25$.

Or $BC^2 = 25$. On a alors $AC^2 + AB^2 = BC^2$.

Le triangle ABC est rectangle en A.

36 Calculer une longueur en utilisant la trigonométrie

En classe de quatrième, on a défini le cosinus d'un angle dans un triangle rectangle. La trigonométrie donne d'autres rapports de longueur, notamment le sinus et la tangente d'un angle.

RETENIR L'ESSENTIEL

I Rapports trigonométriques

1. Reconnaître les côtés d'un triangle rectangle

Dans un triangle rectangle :
- l'**hypoténuse** est le côté opposé à l'angle droit ; c'est aussi le côté le plus long ;
- un angle aigu est formé par l'hypoténuse et un autre côté du triangle appelé **côté adjacent** à l'angle ;
- le côté du triangle qui n'est pas un côté de l'angle est appelé **côté opposé** à l'angle.

Méthode
Le côté opposé et le côté adjacent dépendent de l'angle choisi.

2. Déterminer le sinus, le cosinus et la tangente d'un angle aigu

Soit ABC un triangle rectangle en A. On a :

$$\cos\widehat{B} = \frac{\text{côté adjacent}}{\text{hypoténuse}} = \frac{BA}{BC}$$

$$\sin\widehat{B} = \frac{\text{côté opposé}}{\text{hypoténuse}} = \frac{AC}{BC}$$

$$\tan\widehat{B} = \frac{\text{côté opposé}}{\text{côté adjacent}} = \frac{AC}{BA}$$

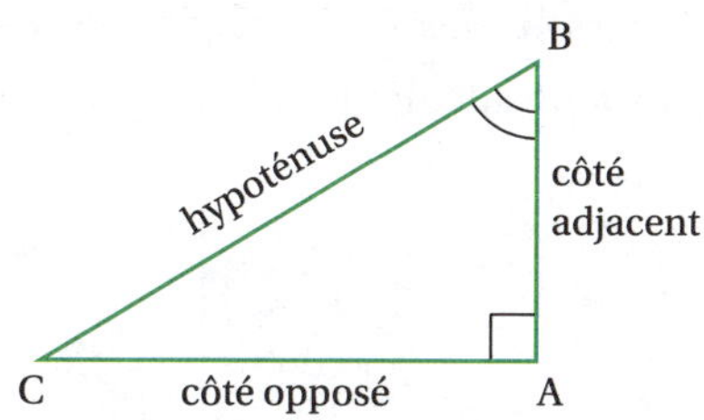

II Calculer une longueur en utilisant la trigonométrie

Si dans un triangle rectangle on connaît un angle et une longueur, on peut calculer les deux autres longueurs.

Pour tous nombres x, b et c non nuls, on a :

$\sin x = \frac{b}{c}$ équivaut à $c \times \sin x = b$ équivaut à $c = \frac{b}{\sin x}$.

Méthode
Tu peux aussi employer cette méthode avec un cosinus ou une tangente.

Exemple : $\sin 30° = \frac{3}{c}$ équivaut à $c \times \sin 30° = 3$ soit $c = \frac{3}{\sin 30°}$. La calculatrice donne $c = 6$.

37 Calculer un angle en utilisant la trigonométrie

La trigonométrie permet de connaître la valeur d'un angle dans un triangle rectangle lorsque l'on connaît la longueur de certains côtés. La calculatrice permet de trouver une valeur exacte ou approchée de cet angle.

RETENIR L'ESSENTIEL

I Calculer un angle

- Pour calculer un angle, on cherche d'abord, selon les données de l'exercice à traiter, son sinus, son cosinus ou sa tangente.
- Puis on utilise la calculatrice pour trouver la valeur de l'angle.

Méthode
Utilise les rapports trigonométriques définis dans la fiche 36.

II Utiliser la calculatrice

Sur la calculatrice, on appuie sur la touche [2nd] ou [inv], puis sur l'une des touches [cos], [sin], [tan] selon le cas.

Exemple : Dans le triangle ABC rectangle en A, on a AB = 3 cm et BC = 6 cm.

On veut calculer la valeur approchée à un degré près de l'angle $\widehat{ACB}$.

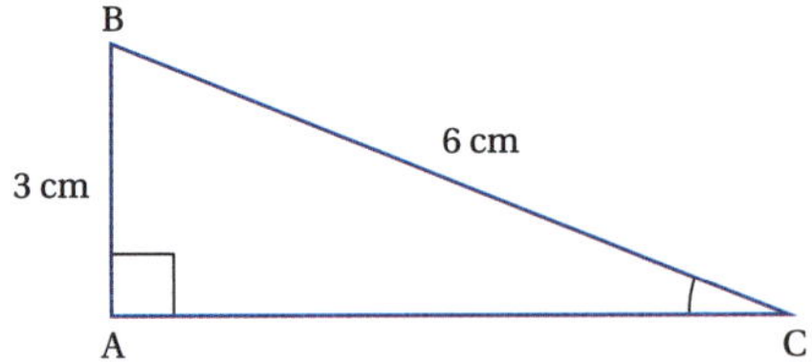

On identifie les côtés donnés : [AB] est le côté opposé à l'angle $\widehat{ACB}$ et [BC] est l'hypoténuse.
On va donc écrire le sinus de l'angle :
$\sin\widehat{ACB} = \frac{AB}{BC} = \frac{3}{6} = \frac{1}{2}$.

Les touches [2nd] [sin] [0] [.] [5] donnent 30. L'angle $\widehat{ACB}$ mesure 30°.

Info
Dans cet exemple, la valeur de l'angle est une valeur exacte.

Se tester QUIZ

Vérifie que tu as bien retenu les points clés des **fiches 31 à 37.**

Pour chaque question, vérifie ta réponse à l'aide du corrigé et consulte les fiches de cours si nécessaire.

1 Reconnaître une médiatrice

→ CORRIGÉ P. 341

Une médiatrice est :

☐ **a.** une droite ☐ **b.** une demi-droite ☐ **c.** un segment

2 Utiliser la propriété de la somme des angles dans un triangle

→ CORRIGÉ P. 341

Un triangle peut posséder des angles mesurant :

☐ **a.** 45°, 65° et 25° ☐ **b.** 60°, 70° et 50° ☐ **c.** 90°, 60° et 40°

3 Connaître le théorème de Pythagore

→ CORRIGÉ P. 341

Avec les données de la figure ci-contre, le théorème de Pythagore permet d'écrire :

☐ **a.** $DF^2 = DE^2 + EF^2$

☐ **b.** $DE^2 = DF^2 + EF^2$

☐ **c.** $EF^2 = DE^2 + DF^2$

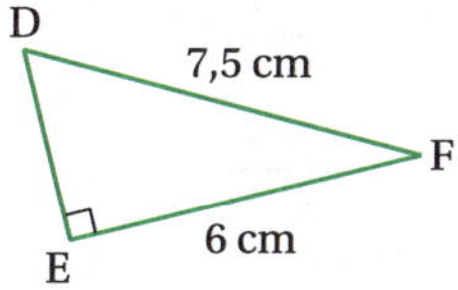

4 Connaître le vocabulaire de la trigonométrie

→ CORRIGÉ P. 342

Avec les données de la figure ci-contre, le côté opposé à l'angle de 23° est :

☐ **a.** [BC] ☐ **b.** [AC]

☐ **c.** [AB]

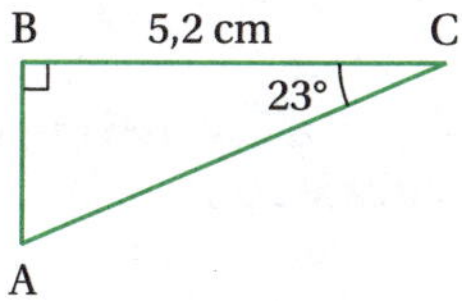

5 Calculer un angle en utilisant la trigonométrie

→ CORRIGÉ P. 342

Pour calculer l'angle $\widehat{DNB}$ avec les données de la figure, on écrit :

☐ **a.** $\sin \widehat{DNB} = \dfrac{BN}{BD}$

☐ **b.** $\sin \widehat{DNB} = \dfrac{DB}{DN}$

☐ **c.** $\sin \widehat{DNB} = \dfrac{BN}{DN}$

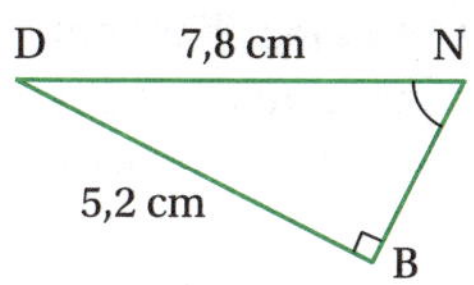

Vers le brevet

Exerce-toi en vue du brevet et révise les **fiches 31 à 37.**

Pour chaque exercice, aide-toi des conseils donnés et compare ta réponse à celle donnée dans le corrigé.

6 Installation d'un tapis roulant

15 min

→ CORRIGÉ P. 342

Les gérants d'un centre commercial ont construit un parking souterrain et souhaitent installer un trottoir roulant pour accéder de ce parking au centre commercial.
Les personnes empruntant ce trottoir roulant ne doivent pas mettre plus de 1 minute pour accéder au centre commercial.

- La situation est présentée par le schéma ci-dessous.

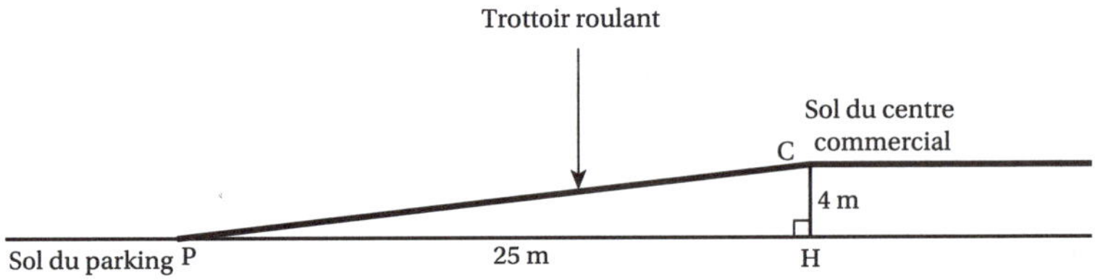

- Caractéristiques du trottoir roulant.

Modèle 1
Angle d'inclinaison maximum avec l'horizontale : 12°.
Vitesse : 0,5 m/s.
Modèle 2
Angle d'inclinaison maximum avec l'horizontale : 6°.
Vitesse : 0,75 m/s.
Est-ce que l'un de ces deux modèles peut convenir pour équiper ce centre commercial ? Justifier.

Démarrons ensemble

- Calcule d'abord la longueur du trottoir roulant. Pour cela, applique le théorème de Pythagore au triangle CPH rectangle en H.
- Calcule ensuite l'inclinaison avec l'horizontale. Pour cela, calcule la mesure de l'angle $\widehat{CPH}$ à l'aide d'un rapport trigonométrique.
- Compare avec les données de la figure l'inclinaison avec l'horizontale de chaque modèle.
- Pour le modèle 1, calcule le temps de parcourt.

7 Réglage des phares d'une voiture

15 min

→ CORRIGÉ P. 342

Pour savoir si les feux de croisement de sa voiture sont réglés correctement, Pauline éclaire un mur vertical comme l'illustre le dessin suivant :

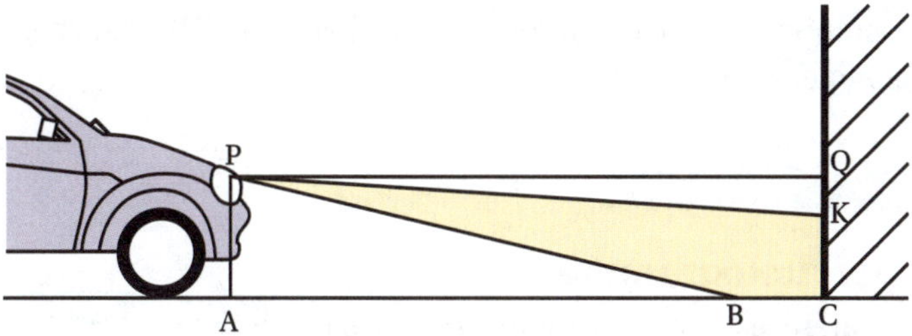

Pauline réalise le schéma ci-dessous (qui n'est pas à l'échelle) et relève les mesures suivantes : PA = 0,65 m, AC = QP = 5 m et CK = 0,58 m.
P désigne le phare, assimilé à un point.
On admettra que les triangles KCS et KPQ sont semblables.

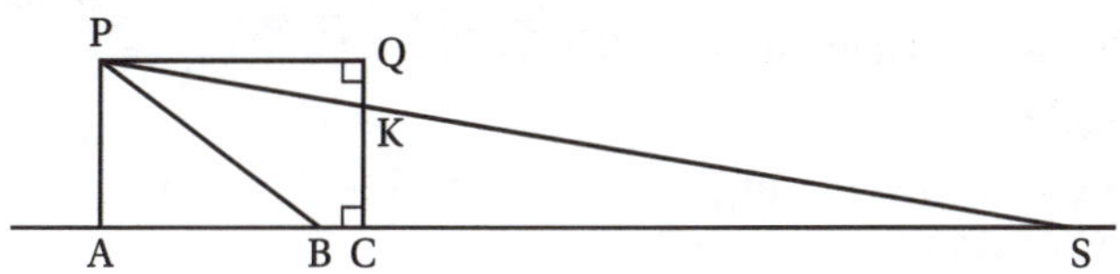

Pour que l'éclairage d'une voiture soit conforme, les constructeurs déterminent l'inclinaison du faisceau. Cette inclinaison correspond au rapport $\frac{QK}{QP}$. Elle est correcte si ce rapport est compris entre 0,01 et 0,015.

1. Vérifier que les feux de croisement de Pauline sont réglés avec une inclinaison égale à 0,014.

2. Donner une mesure de l'angle $\widehat{QPK}$ correspondant à l'inclinaison. On arrondira au dixième de degré.

3. Quelle est la distance AS d'éclairage de ses feux ? Arrondir le résultat au mètre près.

Démarrons ensemble

1. Calcule d'abord la longueur QK en observant que K est un point du segment [CQ].
2. Pour calculer la mesure de l'angle $\widehat{QPK}$, utilise la trigonométrie dans le triangle rectangle KPQ.
3. Calcule d'abord la longueur CS en utilisant la trigonométrie dans le triangle rectangle CSK.

38 Démontrer qu'un quadrilatère est particulier

Un quadrilatère est un polygone à quatre côtés. En fonction de ses propriétés, il porte un nom particulier : parallélogramme, rectangle, losange, carré.

RETENIR L'ESSENTIEL

I Le parallélogramme

Un quadrilatère est un **parallélogramme** s'il possède une de ces propriétés :
- ses côtés opposés sont parallèles ;
- ses côtés opposés ont la même longueur ;
- ses diagonales ont le même milieu.

Méthode
Pour démontrer qu'un quadrilatère est un parallélogramme, on démontre qu'il possède une des propriétés ci-contre.

II Les parallélogrammes particuliers

1. Le rectangle

Un quadrilatère est un **rectangle** s'il possède une de ces propriétés :
- il a trois angles droits ;
- c'est un parallélogramme qui a un angle droit ;
- c'est un parallélogramme qui a ses diagonales de même longueur.

2. Le losange

Un quadrilatère est un **losange** s'il possède une de ces propriétés :
- il a quatre côtés de même longueur ;
- c'est un parallélogramme avec deux côtés consécutifs de même longueur ;
- c'est un parallélogramme qui a ses diagonales perpendiculaires.

3. Le carré

Un quadrilatère est un **carré** s'il est à la fois un rectangle et un losange.

Méthode
Pour démontrer qu'un quadrilatère est un carré, montre qu'il possède une des propriétés du rectangle et une du losange.

Rectangle

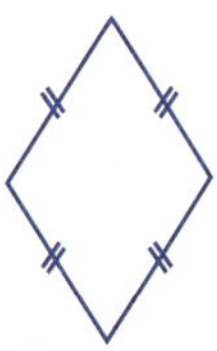
Losange

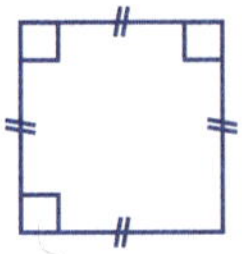
Carré

39 Calculer une longueur à l'aide du théorème de Thalès

Thalès de Milet est un mathématicien grec qui vécu au VIe siècle av. J.-C. Il a mis en évidence ce que l'on appelle maintenant une configuration de Thalès, c'est-à-dire deux droites sécantes coupées par deux droites parallèles.

RETENIR L'ESSENTIEL

I Le théorème de Thalès

Soit deux droites $\mathcal{D}$ et $\mathcal{D}'$ sécantes en A. Soit B et M deux points de $\mathcal{D}$ distincts de A. Soit C et N deux points de $\mathcal{D}'$ distincts de A.

Si les droites (BC) et (MN) sont parallèles, alors : $\frac{AM}{AB}=\frac{AN}{AC}=\frac{MN}{BC}$

Il y a deux configurations possibles :

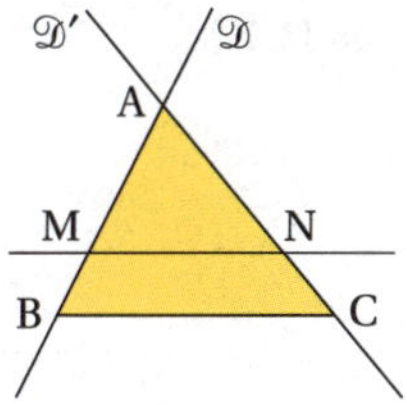

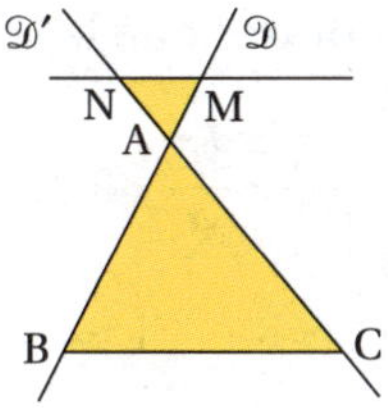

II Calculer une longueur

Après avoir vérifié les conditions d'application du **théorème de Thalès**, on écrit les rapports égaux. On remplace ensuite par les longueurs connues. On utilise le produit en croix pour calculer les longueurs manquantes.

Exemple :

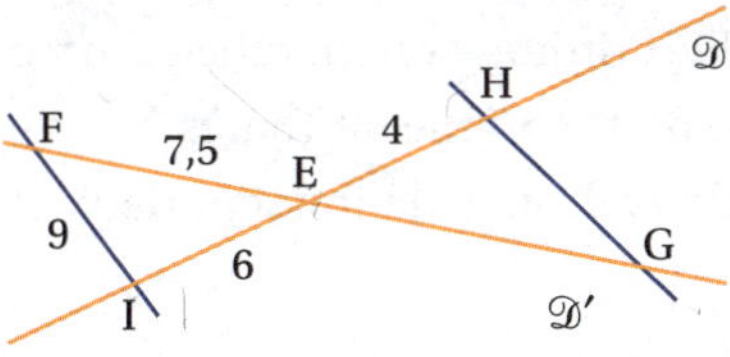

On veut calculer les longueurs HG et EG. $\mathcal{D}$ et $\mathcal{D}'$ sont sécantes en E. (HG) et (FI) sont parallèles. Les points H et I appartiennent à $\mathcal{D}$ et les points F et G appartiennent à $\mathcal{D}'$. On applique le théorème de Thalès :

$\frac{EH}{EI}=\frac{EG}{EF}=\frac{HG}{IF}$. On remplace les longueurs connues : $\frac{4}{6}=\frac{EG}{7{,}5}=\frac{HG}{9}$.

À l'aide du produit en croix, on obtient :
$EG = (4 \times 7{,}5) \div 6 = 5$ et $HG = (4 \times 9) \div 6 = 6$.

40 Démontrer que des droites sont parallèles

Le théorème de Thalès possède une réciproque qui permet de démontrer le parallélisme ou le non-parallélisme de deux droites. Pour cela, tu devras calculer des rapports et regarder s'ils sont égaux.

RETENIR L'ESSENTIEL

I La réciproque du théorème de Thalès

Soit deux droites $\mathcal{D}$ et $\mathcal{D}'$ sécantes en A. Soit B et M deux points de $\mathcal{D}$ distincts de A. Soit C et N deux points de $\mathcal{D}'$ distincts de A.

Si $\frac{AM}{AB} = \frac{AN}{AC}$ et si les points A, B, M d'une part, et A, C, N d'autre part sont alignés dans cet ordre, alors les droites (BC) et (MN) sont parallèles.

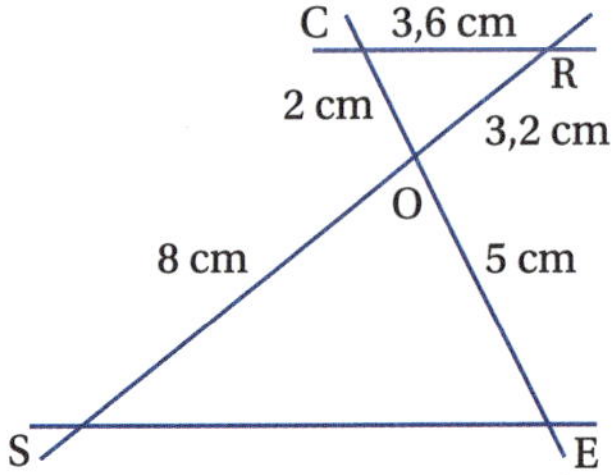

Exemple : Avec les données de la figure ci-contre, on veut montrer que les droites (CR) et (SE) sont parallèles.

On a $\frac{OC}{OE} = \frac{2}{5} = 0,4$ et $\frac{OR}{OS} = \frac{3,2}{8} = 0,4$.

On a donc $\frac{OC}{OE} = \frac{OR}{OS}$.

De plus, les points C, O, E d'une part, et les points R, O, S d'autre part sont alignés dans cet ordre. D'après la réciproque du théorème de Thalès, les droites (CR) et (SE) sont parallèles.

Méthode
Il est indispensable de vérifier la position des points.

II Démontrer que deux droites sont parallèles

Pour démontrer que deux droites sont parallèles, on peut :

- Utiliser la réciproque du théorème de Thalès.
- Démontrer que les deux droites définissent deux angles alternes-internes égaux.

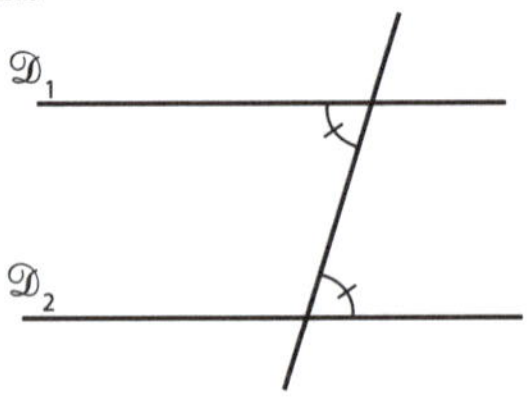

Les angles alternes-internes sont égaux : $\mathcal{D}_1 // \mathcal{D}_2$.

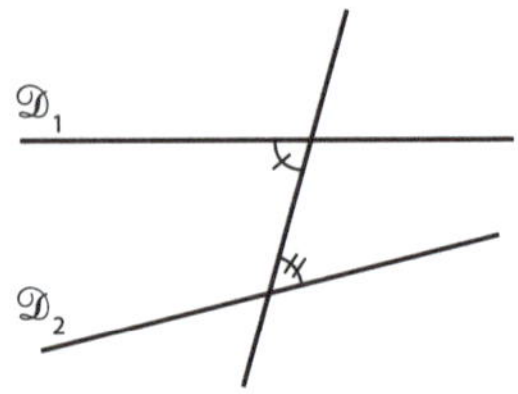

Les angles alternes-internes ne sont pas égaux : $\mathcal{D}_1$ et $\mathcal{D}_2$ ne sont pas parallèles.

41 Utiliser le théorème de Thalès et sa réciproque dans l'espace

Le théorème de Thalès et sa réciproque peuvent s'appliquer dans un solide. On cherche alors deux droites sécantes en un point et on applique le théorème dans cette configuration.

RETENIR L'ESSENTIEL

I Utiliser le théorème de Thalès

On peut retrouver une configuration de Thalès dans un solide coupé par un plan parallèle ou perpendiculaire à la base.

Mot-clé
Une **configuration de Thalès** est une figure dans laquelle on retrouve deux droites sécantes coupées par deux parallèles.

Exemple : Les deux cônes de révolution de rayons KA et IB, sont opposés par le sommet. Les droites (AB) et (KI) se coupent en S, et de plus (BI) et (KA) sont parallèles. On donne : KA = 4,5 cm ; KS = 6 cm et SI = 4 cm.

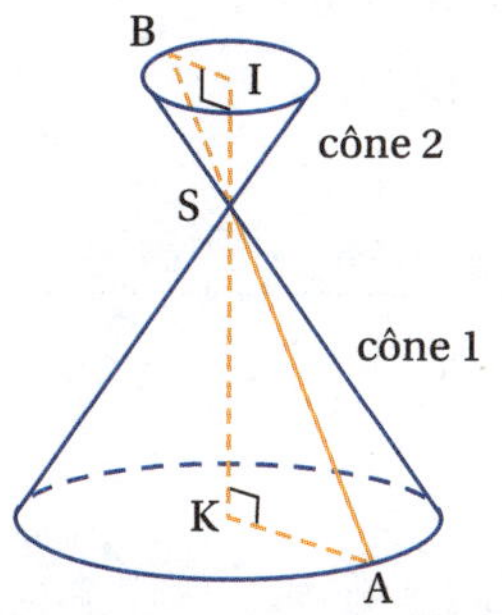

On veut calculer BI. On applique le théorème de Thalès en observant que les droites (AB) et (KI) se coupent en S. Les points A et B appartiennent à (AB) et les points I et K appartiennent à (KI). On obtient : $\frac{SI}{SK} = \frac{SB}{SA} = \frac{BI}{KA}$.

On remplace les longueurs connues : $\frac{4}{6} = \frac{SB}{SA} = \frac{BI}{4,5}$.

Le produit en croix donne : BI = (4 × 4,5) ÷ 6 = 3 cm.

II Utiliser la réciproque du théorème de Thalès

On applique la **réciproque du théorème de Thalès** à deux droites sécantes de l'espace pour montrer que deux droites sont parallèles. On calcule alors deux rapports qui doivent être égaux et on vérifie la position des points.

Se tester QUIZ

Vérifie que tu as bien compris les points clés des **fiches 38 à 41.**

Pour chaque question, vérifie ta réponse à l'aide du corrigé et consulte les fiches de cours si nécessaire.

1 Démontrer qu'un quadrilatère est particulier

→ CORRIGÉ P. 343

1. Si un quadrilatère a quatre angles droits, on est sûr que c'est :

☐ **a.** un losange ☐ **b.** un carré ☐ **c.** un rectangle

2. EFGH est un parallélogramme qui possède un angle droit. On est sûr que EFGH est :

☐ **a.** un carré ☐ **b.** un rectangle ☐ **c.** un losange

2 Calculer une longueur à l'aide du théorème de Thalès

→ CORRIGÉ P. 343

On considère la figure ci-dessous.
On donne AB = 12 ; AC = 8 ; AD = 6.

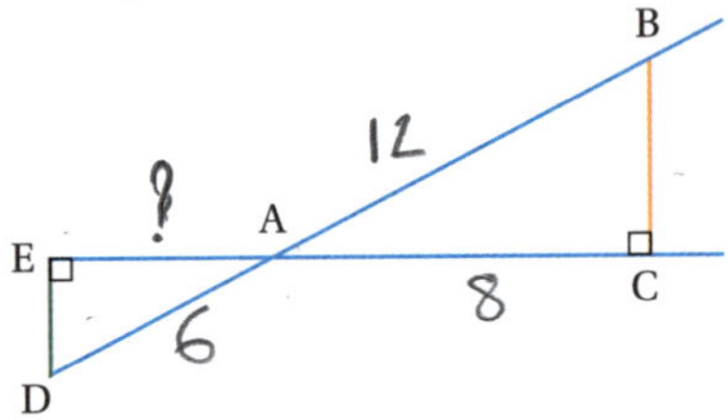

La longueur AE vaut :

☐ **a.** 3 ☒ **b.** 4 ☐ **c.** 5

3 Démontrer que les droites sont parallèles

→ CORRIGÉ P. 343

On considère la figure ci-contre (*elle n'est pas en vraie grandeur*).
Les points N, O, R d'une part et les points M, O, S d'autre part sont alignés dans cet ordre.
Pour appliquer la réciproque du théorème de Thalès aux droites (MN) et (RS), on compare les rapports :

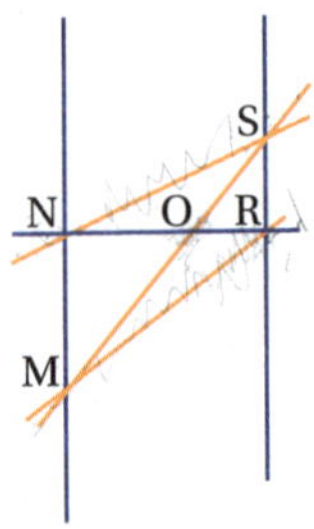

☒ **a.** $\frac{ON}{OR}$ et $\frac{OM}{OS}$ ☐ **b.** $\frac{OM}{OR}$ et $\frac{ON}{OS}$ ☐ **c.** $\frac{ON}{OM}$ et $\frac{OR}{OS}$

Vers le brevet

Exerce-toi en vue du brevet et révise les **fiches 38 à 41.**

Pour chaque exercice, aide-toi des conseils donnés et compare ta réponse à celle donnée dans le corrigé.

4 Reconnaître un quadrilatère particulier

20 min

→ CORRIGÉ P. 343

1. Tracer un triangle OBC rectangle en O tel que OB = 3 et OC = 6.
2. Calculer la valeur exacte de la longueur BC.
3. Construire le point D symétrique de B par rapport à O, puis le point A tel que le quadrilatère ABCD soit un parallélogramme.
4. Montrer que O est le milieu de [AC].
5. Démontrer que ABCD est un losange.

Démarrons ensemble

2. Applique le théorème de Pythagore au triangle OBC rectangle en O.
3. Vérifie que [AC] est une diagonale du parallélogramme ABCD.
4. Cherche une propriété possédée par les diagonales du parallélogramme ABCD.
5. Tu sais que ABCD est un parallélogramme. Observe ses diagonales.

5 Mesurer un arbre

20 min

→ CORRIGÉ P. 344

Julien veut mesurer un jeune chêne avec une croix de bûcheron comme le montre le schéma ci-dessous.

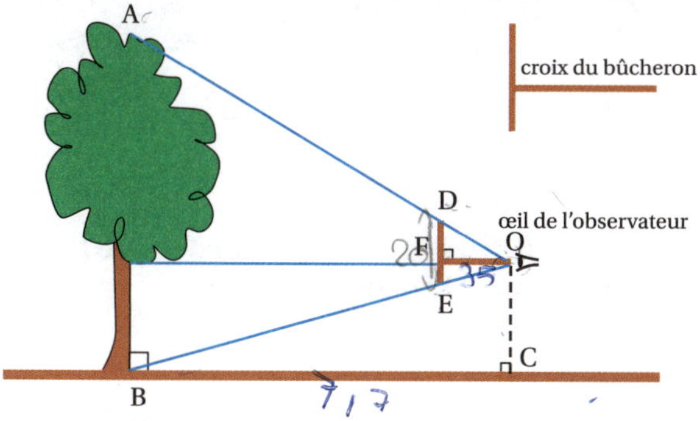

Il place la croix de sorte que O, D et A d'une part et O, E et B d'autre part soient alignés. Il sait que DE = 20 cm et OF = 35 cm. Il place [DE] verticalement et [OF] horizontalement. Il mesure au sol BC = 7,7 m.

MATHS

1. Le triangle ABO est un agrandissement du triangle ODE. Justifier que le coefficient d'agrandissement est 22.

2. Calculer la hauteur de l'arbre en mètres.

3. Certaines croix du bûcheron sont telles que DE = OF. Quel avantage apporte ce type de croix ?

4. Julien enroule une corde autour du tronc de l'arbre à 1,5 m du sol.
Il mesure ainsi une circonférence de 138 cm.
Quel est le diamètre de cet arbre à cette hauteur ? Donner un arrondi au centimètre près.

> **Démarrons ensemble**
>
> **1.** Divise la longueur de la hauteur issue de O dans le triangle OAB par la longueur de celle issue de O dans le triangle ODE.
> **2.** Tu connais le coefficient d'agrandissement. Compare les longueurs AB et DE.
> **3.** Explique pourquoi ici le coefficient d'agrandissement est plus facile à calculer.
> **4.** Souviens-toi que la longueur d'un cercle est égale au produit de π par le diamètre.

6 Éclairage arrière d'une voiture

20 min

→ CORRIGÉ P. 344

En se retournant lors d'une marche arrière, le conducteur d'une camionnette voit le sol à 6 mètres derrière son camion. Sur le schéma, la zone grisée correspond à ce que le conducteur ne voit pas lorsqu'il regarde en arrière.

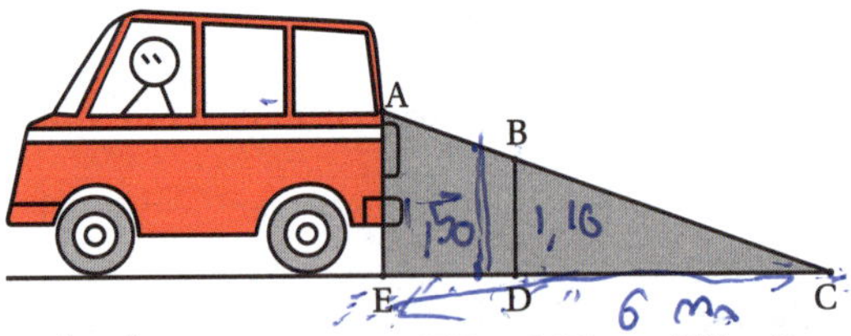

Données : (AE) // (BD) ; AE = 1,50 m ; BD = 1,10 m ; EC = 6 m.

1. Calculer CD.

2. En déduire que ED = 1,60 m.

3. Une fillette mesure 1,10 m. Elle passe à 1,40 m derrière la camionnette. Le conducteur peut-il la voir ? Expliquer.

> **Démarrons ensemble**
>
> **1.** Observe que les droites (CA) et (CE) sont sécantes en C. Elles sont coupées par deux parallèles. Applique le théorème de Thalès à cette configuration.
> **2.** Le point D appartient au segment [EC]. Calcule la longueur ED par soustraction.
> **3.** Observe que la taille de la fillette est égale à la longueur du segment [BD].

42 Caractériser une sphère et s'y repérer

Le système des coordonnées géographiques constitué de la longitude et de la latitude est un des moyens de repérer un point sur la Terre. Cette théorie repose sur les notions de parallèles et de méridiens.

RETENIR L'ESSENTIEL

I Caractériser une sphère

- Une **sphère** de centre O et de rayon r est l'ensemble des points M de l'espace tels que $OM = r$.
- Le cercle de centre O et de rayon OA est un **grand cercle** ($OA = r$).
- Les segments [AB] et [EF] sont des **diamètres** de la sphère.
- Le segment [AC] est une **corde** du grand cercle.

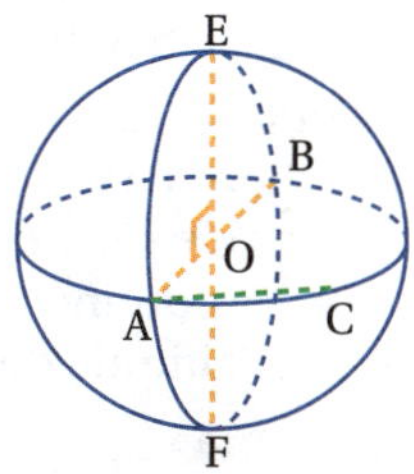

MATHS

II Se repérer sur la sphère

Attention ! Le point O n'appartient pas à la sphère.

- La **longitude** est l'angle mesuré en degrés qui sépare un méridien du méridien de Greenwich.
Cette mesure est exprimée par un nombre de 0° à 180° en allant vers l'ouest, ou par un nombre de 0° à 180° en allant vers l'est.
- La **latitude** est l'angle mesuré en degrés, de 0° à 90°, qui sépare un parallèle de l'équateur. Dans l'hémisphère nord, on parle de latitude nord et dans l'hémisphère sud, on parle de latitude sud.

Exemple : La latitude de New-York est de 40° nord et sa longitude est de 74° ouest.

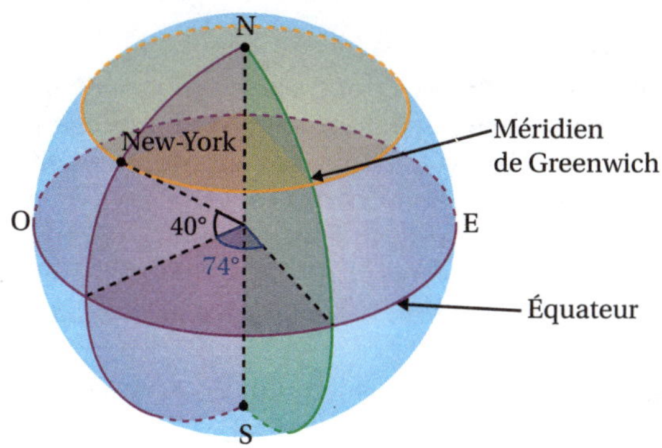

43 Se repérer dans l'espace

Nous vivons dans un monde à trois dimensions. Pour repérer un point dans l'espace, il faut connaître trois nombres : l'abscisse, l'ordonnée et l'altitude du point.

RETENIR L'ESSENTIEL

- Pour **se repérer dans le pavé droit**, on choisit un point O pour origine, puis on détermine sur la figure l'axe des abscisses (Ox), l'axe des ordonnées (Oy) et l'axe des altitudes (Oz) ainsi que les unités choisies sur chacun de ces axes.

Méthode
On choisit en général pour origine un des sommets du pavé droit.

- On associe à un point M un triplet (x ; y ; z) qui sont les **coordonnées** du point M dans l'espace :
  - x est l'abscisse du point M ;
  - y est l'ordonnée du point M ;
  - z est l'altitude du point M.

Exemple :

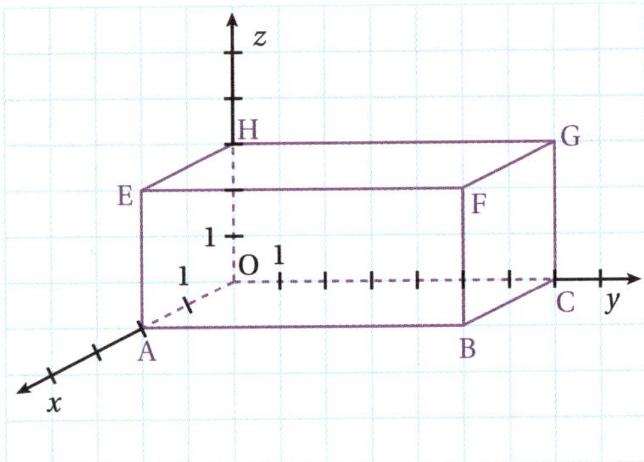

OA = 2 ; OC = 7 ; OH = 3.
Le point A se trouve sur l'axe (Ox), donc ses coordonnées sont (2 ; 0 ; 0).
Le point C se trouve sur l'axe (Oy), donc ses coordonnées sont (0 ; 7 ; 0).
Le point H se trouve sur l'axe (Oz), donc ses coordonnées sont (0 ; 0 ; 3).
Pour aller du point O au point B, on va de O à A sur (Ox), puis de A à B sur une droite parallèle à (Oy). Les coordonnées de B sont (2 ; 7 ; 0).
Pour aller du point O au point F, on va de O à A sur (Ox), puis de A à B sur une droite parallèle à (Oy) et enfin de B à F sur une droite parallèle à (Oz). Les coordonnées de F sont (2 ; 7 ; 3).
De la même manière, on obtient que le point E a pour coordonnées (2 ; 0 ; 3) et que le point G a pour coordonnées (0 ; 7 ; 3).

44 Calculer le volume d'un solide

Pour calculer le volume d'un solide, on reconnaît d'abord le solide et on choisit ensuite la formule qui correspond. Pour le brevet, tu dois connaître ces formules et savoir les appliquer.

RETENIR L'ESSENTIEL

I Volume d'un pavé droit ou d'un cylindre de révolution

- Le volume $\mathcal{V}$ d'un **pavé droit** de dimensions *a*, *b* et *c* est donné par la formule :

$$\mathcal{V} = a \times b \times c$$

- Le volume $\mathcal{V}$ d'un **cylindre de révolution** de rayon de base *r* et de hauteur *h* est donné par la formule :

$$\mathcal{V} = \pi r^2 h$$

Exemple : On veut calculer le volume $\mathcal{V}$ d'un cylindre de rayon de base 3 cm et de hauteur 5 cm. On a $\mathcal{V} = \pi \times 3^2 \times 5 = \pi \times 9 \times 5$. D'où $\mathcal{V} = 45\pi$ cm^3 (valeur exacte).

II Volume d'une pyramide ou d'un cône de révolution

- Le volume $\mathcal{V}$ d'une **pyramide** d'aire de base $\mathcal{A}$ et de hauteur *h* est donné par la formule :

$$\mathcal{V} = \frac{\mathcal{A} \times h}{3}$$

- Le volume $\mathcal{V}$ d'un **cône de révolution** de rayon de base *r* et de hauteur *h* est donné par la formule :

$$\mathcal{V} = \frac{\pi r^2 h}{3}$$

Mot-clé

La **base** d'une pyramide est un polygone. La **base** d'un cylindre ou d'un cône est un disque.

III Volume d'une sphère

Le volume $\mathcal{V}$ d'une **sphère** de rayon *r* est donné par la formule :

$$\mathcal{V} = \frac{4}{3} \pi r^3$$

MATHS

Se tester QUIZ

Vérifie que tu as bien compris les points clés des **fiches 42 à 44.**

Pour chaque question, vérifie ta réponse à l'aide du corrigé et consulte les fiches de cours si nécessaire.

1 Se repérer dans la sphère

→ CORRIGÉ P. 345

Sur la figure ci-contre, la longitude du point A est :

☐ **a.** 30° nord
☐ **b.** 30° sud
☐ **c.** 30° ouest

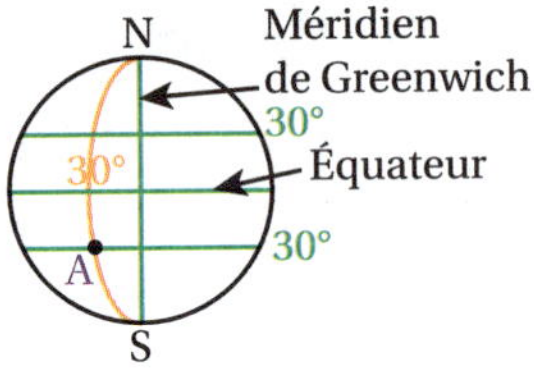

2 Se repérer dans l'espace

→ CORRIGÉ P. 345

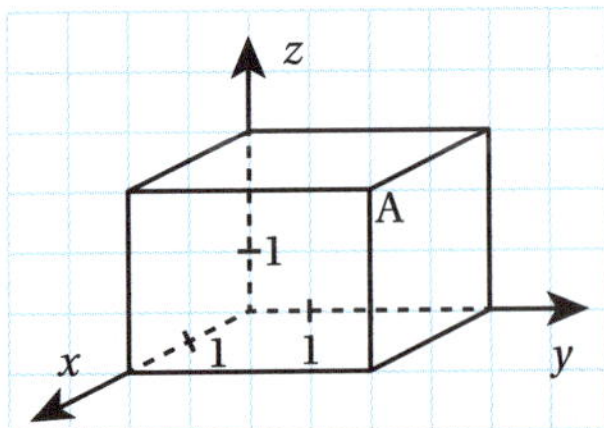

Sur la figure ci-dessus, les coordonnées du point A sont :

☐ **a.** (3 ; 4 ; 2) ☐ **b.** (2 ; 4 ; 3) ☐ **c.** (4 ; 3 ; 2)

3 Calculer le volume d'un solide

→ CORRIGÉ P. 345

Une pyramide a pour base un rectangle de 3 cm sur 2 cm. Sa hauteur est 5 cm. Son volume est égal à :

☐ **a.** 10 cm^3 ☐ **b.** 30 cm^3 ☐ **c.** 25 cm^3

Vers le brevet

Exerce-toi en vue du brevet et révise les **fiches 42 à 44.**

Pour chaque exercice, aide-toi des conseils donnés et compare ta réponse à celle donnée dans le corrigé.

4 Se repérer dans la sphère

5 min

→ CORRIGÉ P. 345

Sur chacune des figures ci-après, G est un point du méridien de Greenwich et A est un point de l'équateur.

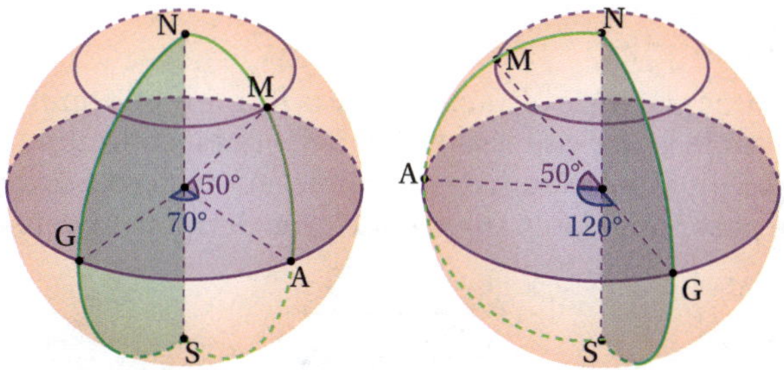

Figure 1 Figure 2

1. Quelles sont les coordonnées géographiques du point M sur la figure 1 ?

2. Quelles sont les coordonnées géographiques du point M sur la figure 2 ?

Démarrons ensemble

1. L'angle de 70° indique la longitude.
2. L'angle de 50° indique la latitude.

5 Se repérer dans l'espace

10 min

→ CORRIGÉ P. 345

Sur la figure ci-dessous, le point I a pour coordonnées (1 ; 0 ; 0), le point J a pour coordonnées (0 ; 1 ; 0) et le point K a pour coordonnées (0 ; 0 ; 1).

1. Quelles sont les coordonnées des points A, B et F ?

2. Placer le point M milieu du segment [AB].
Quelles sont les coordonnées du point M ?

3. Placer le point N milieu du segment [CG].
Quelles sont les coordonnées du point N ?

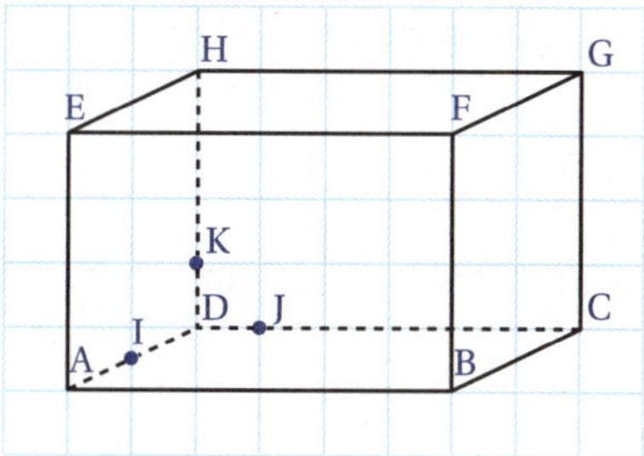

Démarrons ensemble

1. Le point A a deux coordonnées nulles, le point B en a une.
2. Pour aller de D à M, on se déplace de D à A, puis de A à M.
3. Pour aller de D à N, on se déplace de D à C, puis de C à N.

15 min **6**

Calculer le volume de deux solides

→ CORRIGÉ P. 345

Michel achète une glace à la pistache. Elle a la forme d'une boule posée sur un cône comme sur la figure ci-dessous. Michel, qui est gourmand, se demande s'il ne serait pas plus intéressant de remplir le cône à ras bord avec de la glace plutôt que de poser une boule sur le cône. Que peut-on en penser ?

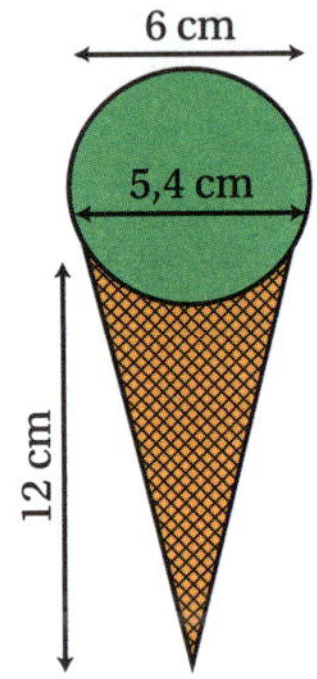

Démarrons ensemble

- Calcule d'abord le volume de la boule de glace. Souviens-toi que le volume d'une boule de rayon r est égal à $\frac{4}{3}\pi r^3$.
- Puis calcule le volume du cône.
- Compare enfin les deux volumes.

45 Distinguer grandeurs quotients et grandeurs produits

Quand on multiplie deux quantités, on obtient une grandeur « produit » et quand on les divise, on obtient une grandeur « quotient ».
En physique, tu trouveras beaucoup de ces grandeurs : la vitesse d'un véhicule, le débit d'un fleuve, le volume...

RETENIR L'ESSENTIEL

I Grandeurs quotients

Quand on effectue le quotient de deux grandeurs, on obtient une **grandeur quotient.**

Exemples :

- La vitesse est le quotient de la distance parcourue par le temps écoulé. C'est donc une grandeur quotient. Si la distance est exprimée en kilomètres et le temps écoulé en heures, alors la vitesse est exprimée en kilomètres par heure (km/h ou $km \times h^{-1}$).

> **Info**
> En physique, on note de préférence l'unité de vitesse : $km \times h^{-1}$.

- Le débit d'un fleuve est le quotient du volume de liquide qui passe à un endroit par le temps écoulé. Si le volume de liquide est exprimé en mètres cubes et le temps écoulé en heures, alors le débit est exprimé en mètres cubes par heure (m^3/h ou $m^3 \times h^{-1}$).

II Grandeurs produits

Quand on effectue le produit de deux grandeurs, on obtient une **grandeur produit.**

Exemples :

- Un volume est égal au produit d'une aire par une longueur. C'est donc une grandeur produit. Si l'aire est exprimée en mètres carrés et la longueur en mètres, alors le volume est exprimé en mètres cubes (m^3).
- L'énergie électrique consommée est égale au produit de la puissance électrique par la durée. C'est une grandeur produit. Si la puissance est exprimée en watts (W) et la durée en heures (h), alors l'unité de l'énergie est le watt-heure (Wh).

46 Convertir des unités de mesure

Certaines unités sont des unités simples comme le mètre.
D'autres sont composées comme le kilomètre par heure.
La conversion des unités de mesure est utile quand on passe d'un pays à un autre (mesures anglo-saxonnes).

RETENIR L'ESSENTIEL

I Changer d'unité de mesure simple

Pour convertir des unités de longueur, on utilisera le tableau suivant :

kilomètre	hectomètre	décamètre	**mètre**	décimètre	centimètre	millimètre

← $\times 0{,}1$ $\times 10$ →

Convertis de la même façon des unités de capacité en remplaçant mètre par litre, des unités de masse en remplaçant mètre par gramme.

II Changer d'unité d'aire ou de volume

On passe d'une unité d'aire à l'unité supérieure en multipliant par 0,01 et d'une unité d'aire à l'unité inférieure en multipliant par 100.
On passe d'une unité de volume à l'unité supérieure en multipliant par 0,001 et d'une unité de volume à l'unité inférieure en multipliant par 1 000.

Méthode
Les **unités de volume** et de capacité sont liées par l'égalité 1 L = 1 dm^3 et 1 mL = 1 cm^3.

III Convertir des unités de mesure composées

Pour convertir des unités de mesure composées, on convertit séparément chaque unité.

Exemples :

- On veut convertir 12 m/min en km/h.
On convertit d'abord 1 h en minutes : 1 h = 60 min.
On multiplie donc 12 par 60 et on obtient 720 m/h.
On convertit ensuite 720 m en km :
720 m = 0,72 km. On obtient 0,72 km/h.

- On veut convertir 0,03 kg/m^3 en g/dm^3. On convertit d'abord 0,03 kg en g : 0,03 kg = 30 g.
On convertit 1 dm^3 en m^3 : 1 dm^3 = 0,001 m^3.
On multiplie donc 30 par 0,001 et on obtient 0,03 g/dm^3.

47 Résoudre un problème de vitesse

La vitesse moyenne d'un mobile correspond à la vitesse à laquelle il se serait déplacé s'il avait gardé une vitesse constante. La vitesse, la distance parcourue et la durée du parcours sont liées par une relation que tu dois connaître.

RETENIR L'ESSENTIEL

I Vitesse moyenne

La **vitesse moyenne** v d'un objet mobile est le quotient de la distance d parcourue pendant la durée t du parcours :

$$v = \frac{d}{t}$$

Exemple : Un automobiliste parcourt 240 km en deux heures. Sa vitesse moyenne v est :

$v = \frac{240}{2} = 120$ km/h.

> **Info**
> Une vitesse de 120 km/h signifie que l'automobiliste a parcouru 120 km en une heure.

II Unités de vitesse

L'**unité de la vitesse** dépend de l'unité de longueur et de l'unité de durée choisies.

Exemples :

- Si la distance est en kilomètres et la durée en heures, la vitesse s'exprime en km/h ou en $\text{km} \times \text{h}^{-1}$.
- Si la distance est en mètres et la durée en secondes, la vitesse s'exprime en m/s ou $\text{m} \times \text{s}^{-1}$.

III Résoudre un problème de vitesse

L'égalité $v = \frac{d}{t}$ est équivalente aux égalités :

$$d = v \times t \quad \text{et} \quad t = \frac{d}{v}$$

On peut donc calculer l'une des grandeurs v, d ou t quand on connaît les deux autres.

Exemple : Un escargot se déplace à la vitesse de 0,09 m/min. On cherche la distance parcourue en 1 h.

On a $d = 0{,}09 \times 60 = 5{,}4$ m.

> **Info**
> Dans une heure, il y a 60 minutes.

MATHS

Se tester QUIZ

Vérifie que tu as bien compris les points clés des **fiches 45 à 47.**

Pour chaque question, vérifie ta réponse à l'aide du corrigé et consulte les fiches de cours si nécessaire.

1 Distinguer grandeurs quotients et grandeurs produits

→ CORRIGÉ P. 346

Une aire est :

☐ **a.** une grandeur produit ☐ **b.** une grandeur quotient ☐ **c.** ni l'un ni l'autre

2 Convertir des unités de mesure

→ CORRIGÉ P. 346

1. Si l'on convertit 180 km/h en kilomètres par minute, on obtient :

☐ **a.** 540 km/min ☐ **b.** 3 km/min ☐ **c.** 240 km/min

2. Si on convertit 5 kWh, en wattheures, on obtient :

☐ **a.** 50 Wh ☐ **b.** 500 Wh ☐ **c.** 5 000 Wh

3 Résoudre un problème de vitesse

→ CORRIGÉ P. 346

1. Un cycliste parcourt 90 km en 3 h. Sa vitesse moyenne sur ce parcours, en $km \times h^{-1}$ est :

☐ **a.** $24\ km \times h^{-1}$ ☐ **b.** $28\ km \times h^{-1}$ ☐ **c.** $30\ km \times h^{-1}$

2. Un coureur a parcouru 1 000 m en courant à une vitesse de $5\ m \times s^{-1}$.
Il a couru pendant :

☐ **a.** 5 000 s ☐ **b.** 200 s ☐ **c.** 100 s

Vers le brevet

Exerce-toi en vue du brevet et révise les **fiches 45 à 47.**

Pour chaque exercice, aide-toi des conseils donnés et compare ta réponse à celle donnée dans le corrigé.

4 Traversée d'une rivière

20 min

→ CORRIGÉ P. 346

Une barque traverse une rivière en partant d'un point A d'une rive pour arriver en un point B sur l'autre rive. On suppose que le triangle ABC est rectangle en C et $\widehat{BAC} = \alpha$.

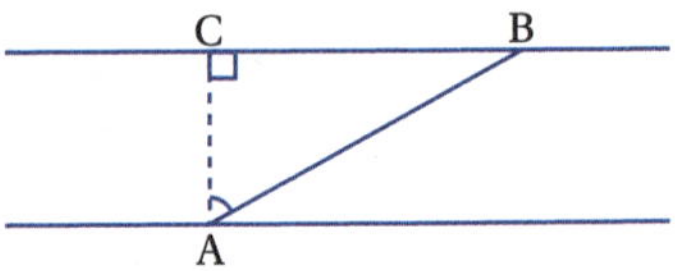

La traversée de A vers B s'effectue à la vitesse constante de 1,542 nœuds et dure 50 s.
On a 1 m/s = 0,514 nœud.

1. Exprimer la vitesse de traversée de A vers B en m/s.

2. Montrer que la distance parcourue AB est de 150 m.

3. Sachant que $\alpha = 60°$, calculer la largeur AC de la rivière.

4. Les points A et B sont distants de 150 m. Au même moment :
- un nageur part de A et se dirige vers B, à vitesse constante de 1 m/s ;
- une pirogue part de B et se dirige vers A, à la vitesse constante de 1,028 nœuds.

a. À quelle distance du point A se trouve le nageur 50 s après son départ ?

b. À quelle distance du point A se trouve la pirogue 50 s après son départ ?

c. En déduire le lieu où vont se rencontrer le nageur et la pirogue.

Démarrons ensemble

1. Tu sais que 1 m/s = 0,514 nœud et que la vitesse est égale à 1,542 nœuds.
2. Tu as trouvé à la question précédente le nombre de mètres parcourus en 1 s.
3. Dans le triangle ABC rectangle en C, tu connais l'angle $\widehat{BAC}$ et l'hypoténuse AB. Utilise la trigonométrie.
4. Utilise la relation $d = v \times t$.

5 Vitesse et pulsations autour d'un stade

25 min → CORRIGÉ P. 346

Partie A. Calculer une vitesse

Un professeur d'éducation physique et sportive fait courir ses élèves autour d'un stade rectangulaire mesurant 90 m de long et 60 m de large.

1. Calculer, en mètres, la longueur d'un tour de stade.

2. Pour effectuer 15 tours en 24 min à vitesse constante, combien de temps un élève doit-il mettre pour faire un tour ? On donnera la réponse en minutes et secondes.

3. Un élève parcourt 6 tours en 9 min. Calculer sa vitesse en m/min, puis en km/h.

Partie B. Calculer un pourcentage

On a relevé le nombre de pulsations par minute de 32 élèves avant qu'ils n'effectuent leurs tours de stade. Les résultats obtenus sont les suivants :
57 ; 61 ; 55 ; 67 ; 59 ; 52 ; 59 ; 63 ; 62 ; 65 ; 59 ; 54 ; 59 ; 57 ; 62 ; 54 ; 62 ; 65 ; 63 ; 61 ; 63 ; 55 ; 66 ; 63 ; 60 ; 59 ; 62 ; 63 ; 58 ; 61 ; 59 ; 63.

1. Montrer que le nombre moyen de pulsations par minute est égal à 60,25.

2. Recopier et compléter le tableau suivant :

Nombre n de pulsations par min	$52 \leqslant n < 56$	$56 \leqslant n < 60$	$60 \leqslant n < 64$	$64 \leqslant n \leqslant 68$
Effectif				

3. Combien d'élèves ont au moins 60 pulsations par minute ?

4. Quel est le pourcentage d'élèves ayant un nombre de pulsations par minute inférieur à 60 ?

Démarrons ensemble

Partie A

1. Calcule le périmètre du rectangle.
2. Tu connais le nombre de minutes pour faire 15 tours. Cherche le nombre de minutes pour un tour.
3. Calcule d'abord la distance parcourue en 6 tours. Tu sais que cette distance a été parcourue en 9 min.

Partie B

1. Revois la fiche 25 pour calculer la moyenne.
2. Compte le nombre de valeurs correspondant à chaque intervalle. Vérifie que l'effectif total est 32.
3. L'expression « au moins 60 pulsations par minute » signifie 60 ou plus.
4. Observe les deux premières cases du tableau.

Corrigés

I Algorithme et programmation

1 Réponse a. En suivant l'algorithme qui correspond au programme de calcul, on obtient :
$c \leftarrow a + b = 7$
$d \leftarrow a - b = -1$
$e \leftarrow d + c = -1 + 7 = 6.$
La variable *e* contient la valeur 6.

2 Réponse b. On saisit un nombre *D* que l'on divise par 2 pour obtenir un nombre *R*. On calcule *A* en utilisant la formule $3{,}14 \times R^2$. On reconnaît la formule de l'aire d'un disque de rayon *R*. Le programme affiche l'aire d'un disque de diamètre *D*.

3
- Le programme choisit un nombre aléatoire entre 1 et 100 que l'on doit deviner. Cette variable est nommée « *nombre* » dans le programme.
- On entre un nombre entre 1 et 100, cette variable est nommée « *réponse* » dans le programme.
- On compare alors les deux variables à l'aide des tests $<$ ou $>$.

Si ce nombre est plus petit que le nombre choisi par le programme, le lutin répond « Non, c'est plus ».
Le compteur prend alors la valeur « compteur plus 1 ».
La boucle s'arrête quand les deux variables sont égales.
À la fin, le programme affiche « Bravo ! Ton score est : *la valeur du compteur* », c'est-à-dire le nombre d'essais.

> **Info**
> Ici, le score est meilleur quand il est plus bas.

4 En choisissant 4, on obtient $(4 + 8) \times 3 - 24 - 4 = 8$. 8 est le double de 4.
En choisissant 0, on obtient $(0 + 8) \times 3 - 24 - 0 = 0$. 0 est le double de 0.
En choisissant − 3, on obtient $(-3 + 8) \times 3 - 24 - (-3) = -6$. − 6 est le double de − 3.
Si on appelle *a* le nombre de départ, le programme de calcul devient alors :
$(a + 8) \times 3 - 24 - a = 3a + 24 - 24 - a = 2a$. $2a$ est bien le double de *a*.
Sophie, Martin et Faïza ont donc raison tandis que Gabriel se trompe.

> **Mot-clé**
> Le **double** d'un nombre est le produit de ce nombre par 2.

II Diviseurs

1 **1. Réponse b.** 123 n'est pas un nombre pair, donc il n'est pas divisible par 2. On calcule la somme des chiffres de 123. On a $1 + 2 + 3 = 6$ et 6 est divisible par 3, donc 123 est divisible par 3. Il n'est pas divisible par 5 car son chiffre des unités est 3.

2. Réponse c. 27 est divisible par 1 et par lui-même. De plus, 27 est divisible par 3 et $27 = 3 \times 9$. La liste complète des diviseurs de 27 est 1, 3, 9, 27.

3. Réponse a. L'entier 7 n'est divisible que par 1 et 7, donc 7 est un nombre premier.

2 **1. Réponse c.** On a $12 = 2 \times 6$ et $6 = 2 \times 3$. La décomposition en produit de facteurs premiers de 12 est $2 \times 2 \times 3$.

2. Réponse a. On simplifie par 5. On obtient $\frac{20}{15} = \frac{2\times2}{3} = \frac{4}{3}$. La fraction irréductible égale à $\frac{20}{15}$ est $\frac{4}{3}$.

3 Les diviseurs de 6 sont 1, 2, 3 et 6.
On a $1 + 2 + 3 = 6$, donc 6 est un nombre parfait.
2. Les diviseurs de 28 sont 1, 2, 4, 7, 14 et 28.
On a $1 + 2 + 4 + 7 + 14 = 28$. Donc 28 est un nombre parfait.

> **Attention !**
> N'ajoute pas le nombre dont tu as cherché les diviseurs.

4 Appelons n le nombre choisi. Appliquons le programme de calcul proposé.
On ajoute 3, on obtient $n + 3$.
On multiplie le résultat par 7, on obtient $(n + 3) \times 7$.
On ajoute le triple du nombre de départ au résultat, on obtient $(n + 3) \times 7 + n \times 3$.
On enlève 21, on obtient $(n + 3) \times 7 + n \times 3 - 21$.
Posons $A = (n + 3) \times 7 + n \times 3 - 21$.

> **Attention !**
> Les parenthèses autour de la somme $n + 3$ sont indispensables.

5 **1.** On veut comparer les deux fractions, pour cela on les simplifie. On décompose en produit de facteurs premiers chacun des nombres. On obtient :

$$\frac{144}{180} = \frac{2\times2\times2\times2\times3\times3}{2\times2\times3\times3\times5} = \frac{4}{5}$$

$$\frac{112}{140} = \frac{2\times2\times2\times2\times7}{2\times2\times5\times7} = \frac{4}{5}$$

Les deux fractions simplifiées sont égales, les deux professeurs sont donc d'accord.

III Calculs sur des écritures fractionnaires, des puissances

1 **1. Réponse b.** On effectue en premier l'opération entre parenthèses.
On obtient $E = 2 + 3 \times 2$.
On effectue la multiplication :
$E = 2 + 6$
$E = 8$.
Le nombre E est égal à 8.

2. Réponse a. Pour calculer une expression comportant des parenthèses, on effectue d'abord les opérations entre parenthèses.

2 **Réponse c.** L'exposant est 4 donc le nombre commence par 1 et est suivi de quatre zéros : $10^4 = 10\,000$.

3 **Réponse b.** On a $1{,}23 \times 10^3 = 1{,}23 \times 1\,000 = 1\,230$. L'écriture scientifique $1{,}23 \times 10^3$ correspond à 1 230.

4 **1. a.** $$\frac{3{,}9\times\left(10^{-2}\right)^2}{3\times10^{-5}}=\frac{3{,}9\times10^{-2}\times10^{-2}}{3\times0{,}00001}=\frac{3{,}9\times0{,}01\times0{,}01}{3\times0{,}00001}$$
$$=1{,}3\div0{,}1=1{,}3\times10=13.$$

b. Les diviseurs de 12 sont 1, 2, 3, 4, 6, 12. Les diviseurs de 35 sont 1, 5, 7, 35. Leur plus grand diviseur commun est 1.

c. $$\left(2+\frac{2}{3}\right)\div\left(\frac{4}{5}-\frac{2}{3}\right)=\left(\frac{6}{3}+\frac{2}{3}\right)\div\left(\frac{12}{15}-\frac{10}{15}\right)=\frac{8}{3}\div\frac{2}{15}=\frac{8}{3}\times\frac{15}{2}=20.$$

d. $$(-12+9)-(-5-2\times3)=-3-(-5-6)=-3-(-11)$$
$$=-3+11=8.$$

> **Méthode**
> Pour diviser deux fractions, on multiplie la première par l'inverse de la seconde.

2. a. La treizième lettre de l'alphabet est M. Le code de 13 est M.

b. Le code de 13 est M, celui de 1 est A, celui de 20 est T et celui de 8 est H. On obtient le mot MATH.

5 **1.** On a $5\,000 = 5 \times 1\,000 = 5 \times 10^3$.

La notation scientifique de 5 000 est 5×10^3.

2. On cherche d'abord le nombre d'heures dans une année :
$24 \times 365 = 8\,760$. Il y a 8 760 heures dans une année.
Puis le nombre de battements en une année :
$5 \times 10^3 \times 8\,760 = 43\,800 \times 10^3 = 4{,}38 \times 10\,000 \times 10^3 = 4{,}38 \times 10^7$.
On cherche le nombre de battements en 80 ans :
$4{,}38 \times 10^7 \times 80 = 350{,}4 \times 10^7 = 3{,}504 \times 100 \times 10^7 = 3{,}504 \times 10^9$.
Le nombre de battements effectués par un cœur humain pendant une vie de 80 ans est de 3,5 milliards. L'écriture scientifique de ce nombre est $3{,}5 \times 10^9$.

> **Rappel**
> Souviens-toi que 10^9 est égal à 1 000 000 000, soit un milliard.

6 **1.** Calculons la masse m en grammes d'un tel paquet d'atomes de carbone. On a :

$m = 1{,}99 \times 10^{-26} \times 6{,}022 \times 10^{23}$

$m = 11{,}98378 \times 10^{-3}$ kg.

La masse en grammes d'un tel paquet d'atomes de carbone est 11,98378 g.

> **Rappel**
> Souviens-toi que
> 1 kg = 1 000 g
> = 10^3 g.

2. Une valeur arrondie de cette masse au gramme près est 12 g.

IV Calcul littéral – Équations et inéquations

1 **1. Réponse a.** Souviens-toi que $12x$ est un produit, dont 12 et x sont les facteurs.

2. Réponse c. On factorise B en remarquant que x est un facteur commun aux deux produits. On a :

$B = 2x + 5x$

$B = (2 + 5)x$

$B = 7x$.

L'expression factorisée de B est $7x$.

2 **1. Réponse b.** On teste chacune des équations en remplaçant x par 10 dans chaque membre.

Pour l'équation $x + 5 = 2$, on a $10 + 5 = 15$, donc 10 n'est pas solution de cette équation.

Pour l'équation $2x - 1 = 19$, on $2 \times 10 - 1 = 19$, donc 10 est solution de cette équation.

Pour l'équation $2 - x = 0$, on a $2 - 10 = -8$, donc 10 n'est pas solution de cette équation.

2. Réponse c. On teste chaque valeur, en remplaçant x par cette valeur dans chaque membre de l'équation. On a :

$2 \times 1 - 5 = -3$, donc 1 n'est pas solution de l'équation.

$2 \times 2 - 5 = -1$, donc 2 n'est pas solution de l'équation.

$2 \times 5 - 5 = 5$, donc 5 est solution de l'équation.

3 **1. Réponse b.** On teste chacune des inéquations en remplaçant x par –3 dans chaque membre.

Pour l'inéquation $x + 5 < 0$, on a $-3 + 5 = 2$. Donc –3 n'est pas une solution.

Pour l'inéquation $x - 3 < 0$, on a $-3 - 3 = -6$. Donc –3 est une solution.

Pour l'inéquation $x + 10 < 0$, on a $-3 + 10 = 7$. Donc –3 n'est pas une solution.

2. Réponse c. On résout l'inéquation $4x > 8$.

On a $\frac{1}{4} \times 4x > \frac{1}{4} \times 8$. Soit $x > 2$.

4 **1.** La dépense pour chacun des deux enfants avec le tarif A est :

- $4 \times 15 = 60$ € pour Grégoire ;
- $15 \times 15 = 225$ € pour Aurélien.

La dépense pour chacun des deux enfants avec le tarif B est :

- $80 + 4 \times 5 = 100$ € pour Grégoire ;
- $80 + 15 \times 5 = 155$ € pour Aurélien.

2. a. Si on exprime, en fonction de x, la somme $A(x)$ payée avec le tarif A, alors on a $A(x) = 15x$.

b. Si on exprime, en fonction de x, la somme $B(x)$ payée avec le tarif B, alors on a $B(x) = 80 + 5x$.

3. On résout l'inéquation :
$5x + 80 < 15x$
$5x + 80 - 5x < 15x - 5x$
$80 < 10x$
$10x > 80$
$x > 8$.
Les solutions de l'inéquation sont les nombres strictement supérieurs à 8.
Interprétation du résultat : on a résolu l'inéquation $B(x) < A(x)$. Pour un nombre de jours strictement supérieurs à 8, le tarif B est plus avantageux que le tarif A.

Méthode
La résolution d'une inéquation permet, par exemple, de comparer deux tarifs.

5 **1.** On a $3 \times 4 + 0{,}25 = 12{,}25$ et $3{,}5^2 = 3{,}5 \times 3{,}5 = 12{,}25$.
Le résultat obtenu est bien le carré de 3,5.

2. Dans le calcul précédent, 3 et 4 sont les deux entiers qui encadrent 3,5.
Les deux entiers qui encadrent 7,5 sont 7 et 8.
On a alors $7 \times 8 + 0{,}25 = 56 + 0{,}25 = 56{,}25$.
Le résultat obtenu est bien le carré de 7,5.

3. Prouvons que la conjecture de Julie est vraie (quel que soit le nombre n).
$(n + 0{,}5)^2 = (n + 0{,}5)(n + 0{,}5)$.
On utilise la propriété de la distributivité double :
$(n + 0{,}5)^2 = n \times n + 0{,}5 \times n + 0{,}5 \times n + 0{,}5 \times 0{,}5$
$(n + 0{,}5)^2 = n \times n + n \times (0{,}5 + 0{,}5) + 0{,}25$
$(n + 0{,}5)^2 = n \times n + n \times 1 + 0{,}25$
$(n + 0{,}5)^2 = n \times (n + 1) + 0{,}25$.
Pour calculer le carré d'un nombre de la forme $n + 0{,}5$, on multiplie les deux entiers qui l'encadrent n et $n + 1$, et on ajoute 0,25 au résultat.

Rappel
Un carré est le produit d'un nombre par lui-même.

V Notion de fonction, fonctions linéaires

1 **1. Réponse c.**

On a :

$f(3) = 3^2 + 3$

$f(3) = 9 + 3$

$f(3) = 12$. L'image de 3 par f est 12.

2. Réponse a.

On cherche le nombre x tel que $f(x) = 6$.

On a $x + 6 = 6$ ou encore $x = 0$. L'antécédent de 6 est 0.

2 **Réponse c.**

On écrit l'égalité des produits en croix. On obtient :

$5 \times 6 = 2 \times a$

$a = 30 \div 2$

$a = 15$.

Le nombre a est égal à 15.

3 **1. Réponse a.** On a $f(4) = \frac{3}{2} \times 4 = 6$. L'image de 4 par cette fonction est 6.

2. Réponse c.

On cherche le nombre x tel que $f(x) = 10$.

On a $5x = 10$ soit $x = 2$.

4 **Réponse b.**

Il y a 12 garçons dans cette classe.

On a $\frac{12}{20} \times 100 = 60$. Le pourcentage de garçons est 60 %.

5 **1.** On a 5,50 × 800 = 4 400. Le prix de vente de 800 saladiers est 4 400 €.

2. On multiplie 5,50, le prix d'un saladier, par x, le nombre de saladiers. On obtient $f(x) = 5{,}50 \times x = 5{,}50x$.

3. Pour calculer l'antécédent de 6 600 par f, on résout l'équation $f(x) = 6\,600$. On obtient :

$5{,}5x = 6\,600$

$x = 6\,600 \div 5{,}5$

$x = 1\,200$.

Pour 6 600 €, on peut acheter 1 200 saladiers.

4. La courbe représentative de la fonction f est une droite qui passe par l'origine du repère.

À l'aide du résultat de la question **1.**, la droite passe par le point d'abscisse 800 et d'ordonnées 4 400.

Attention !
Avec les unités choisies, 800 correspond à 8 cm et 4 400 à 11 cm. Ici le graphique n'est pas à l'échelle.

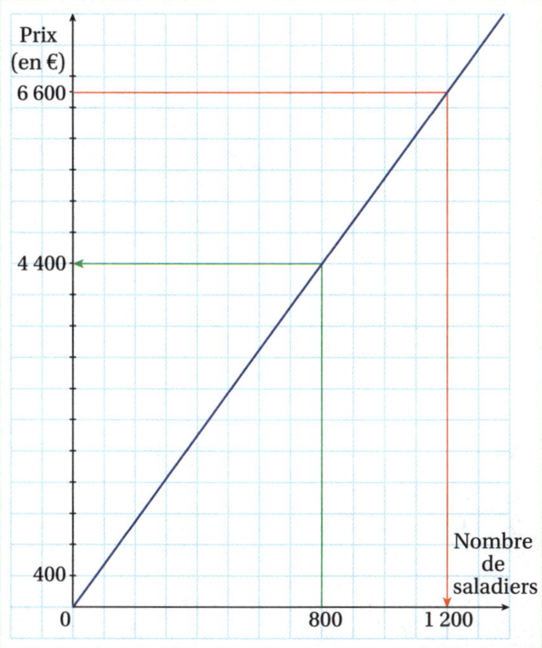

5. Le point d'abscisse 1 200 a pour ordonnée 6 600. On retrouve ainsi les résultats de la question **3.**.

6 **1.** Une augmentation de 8 % revient à multiplier le prix par $1+\frac{8}{100}$ ou encore par 1,08. On a 329 × 1,08 = 355,32. Le lecteur DVD coûte 355,32 euros après augmentation.

2. Pour obtenir le prix initial à partir du prix final, on divise celui-ci par le coefficient 1,08. On a 540 ÷ 1,08 = 500. Le téléviseur valait 500 euros avant augmentation.

3. a. En s'inspirant du résultat de la question **1.**, on obtient $f(x) = 1{,}08 \times x$, soit $f(x) = 1{,}08x$. Cette fonction est une fonction linéaire de coefficient 1,08.

b. On obtient l'image de 110 par f en remplaçant x par 110 dans l'égalité $f(x) = 1{,}08x$.
On obtient $f(110) = 1{,}08 \times 110 = 118{,}8$. Un objet valant 110 euros sera vendu 118,80 euros après augmentation.

c. On obtient l'antécédent de 168,48 par f en résolvant l'équation $f(x) = 168{,}48$.
On a :
$1{,}08 \times x = 168{,}48$
$x = 168{,}48 \div 1{,}08$
$x = 156$.
Un objet valant 168,48 euros valait 156 euros avant augmentation.

Attention !
Vérifie que pour une augmentation, le résultat obtenu est supérieur au nombre initial.

7 **1.**

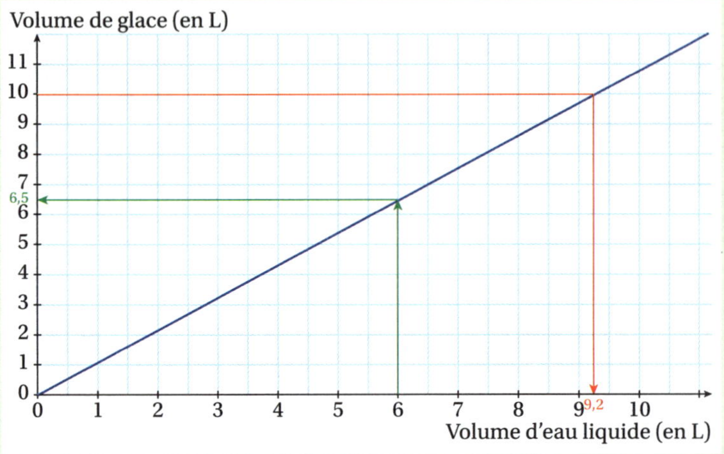

a. L'image de 6 est 6,5, donc le volume de glace obtenu à partir de 6 litres d'eau liquide est égal à 6,5 L.

b. L'antécédent de 10 est environ 9,2, donc il faut geler un volume d'eau liquide égale à 9,2 L pour obtenir 10 litres de glace.

2. Le graphique représente une droite passant par l'origine du repère. Cela représente une situation de proportionnalité, donc le volume de glace est proportionnel au volume d'eau liquide.

3. Calculons l'augmentation du volume : 10,8 – 10 = 0,8 L. On constate une augmentation de 0,8 L pour 10 L ou encore 8 L pour 100 L. Ce volume d'eau augmente donc de 8 % en gelant.

VI Fonctions affines

1 **1. Réponse b.** Le double de x est $2x$. Si on le diminue de 3, cela veut dire que l'on soustrait 3. La fonction qui, au nombre x, associe son double diminué de 3 est définie par $f(x) = 2x - 3$.

2. Réponse c. On a $f(-3) = -3 \times (-3) + 10 = 9 + 10 = 19$. L'image de –3 par la fonction affine f définie par $f(x) = -3x + 10$ est 19.

2 **1. Réponse b.** Le prix d'une place de cinéma est 5 €. Pour trouver le prix de x places, on multiplie x par le prix d'une place, soit 5 €.
Le prix de x places est $5x$.

2. Réponse c. Pour x heures de cours, il faut payer $10x$ € auquel s'ajoute 20 € d'inscription. On paiera donc $20 + 10x$ euros.

3 **1. Réponse a.** La coefficient a se calcule à l'aide de la formule :

$$a = \frac{f(x_1) - f(x_2)}{x_1 - x_2} = \frac{\text{différence des images}}{\text{différence des antécédents}}.$$

La fonction affine f est telle que $f(2) = 3$ et $f(-5) = 1$. En remplaçant x_1 par 2 et x_2 par -5, son coefficient a est égal à :

$$\frac{f(2) - f(-5)}{2 - (-5)}.$$

2. Réponse b. Par définition de f, $f(-4) = -3 \times (-4) + b$.
Donc $b = f(-4) - (-3) \times (-4)$.
Soit $b = 1 - 12 = -11$.

4 **1.** Au début du jeu, le guerrier commence avec 50 points. C'est donc le personnage le plus fort.
Le mage n'a aucun point au début. C'est le moins fort.

2. Tableau complété :

Niveau	0	1	5	10	15	25
Points du guerrier	50	50	50	50	50	50
Points du mage	0	3	15	30	45	75
Points du chasseur	40	41	45	50	55	65

3. Le chasseur aura autant de points que le guerrier au niveau 10.

4. • La fonction définie par $f(x) = 3x$ est associée au mage car le nombre de points augmente de 3 points par niveau.
• La fonction définie par $g(x) = 50$ est associée au guerrier car le nombre de points est toujours égal à 50 quelque soit le niveau.
• La fonction définie par $h(x) = x + 40$ est associée au chasseur car le nombre de points initial est 40 et il augmente de 1 point par niveau.

Info
La fonction g est constante et sa représentation est une droite horizontale.

5.

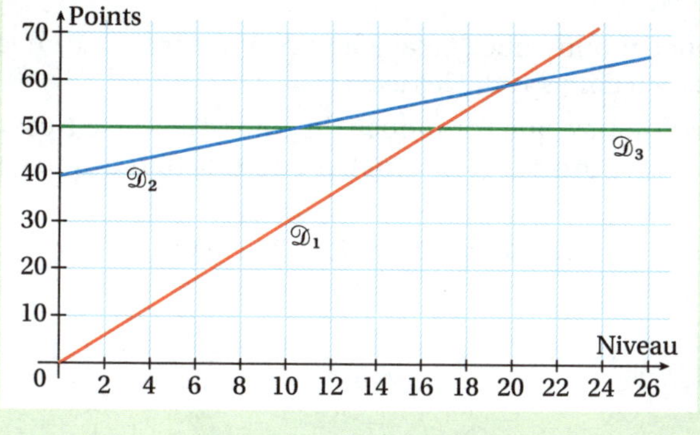

6. À l'aide du graphique, on voit qu'à partir du niveau 20, la droite $\mathcal{D}_1$ représentant le nombre de points du mage est au-dessus des deux autres droites. Donc à partir du niveau 21, le mage devient le plus fort.

5 1. Avec chacun des tarifs proposés, pour cinq places, Marc devra payer :
- 150 € avec le tarif A, la carte permettant d'assister à tous les spectacles. Le prix ne dépend pas du nombre de places ;
- $75 + 6 \times 5 = 105$ € avec le tarif B, l'abonnement de 75 € permettant d'acheter une place pour 6 € ;
- $19 \times 5 = 95$ € avec le tarif C, 19 € étant le prix de la place plein tarif.

2. x est le nombre de spectacles auxquels Marc assiste durant la saison. On a :
$P_A(x) = 150$;
$P_B(x) = 75 + 6 \times x = 75 + 6x$;
$P_C(x) = 19 \times x = 19x$.

3. On a $P_C(x) = 19x$. P_C est de la forme $x \mapsto ax$. Donc P_C est une fonction linéaire.

4. On a $P_B(0) = 75 + 6 \times 0 = 75$ et $P_B(5) = 75 + 6 \times 5 = 105$. La droite $\mathcal{T}_B$ passe par les points de coordonnées (0 ; 75) et (5 ; 105).

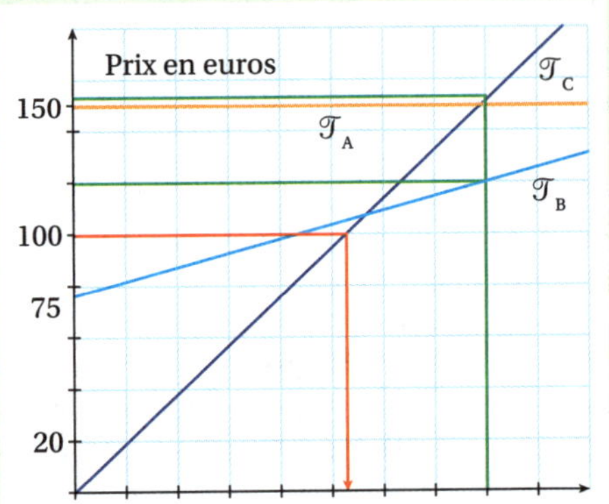

5. Le tracé rouge montre que l'antécédent de 100 par P_C se trouve entre 5 et 6. On peut assister à cinq spectacles avec le tarif C.

6. Le tracé vert montre que l'ordonnée du point d'abscisse 8 est la plus petite si ce point est sur la droite $\mathcal{T}_B$. Le tarif B est donc le plus avantageux pour voir 8 spectacles.

7. On doit résoudre l'inéquation $19x > 6x + 75$. Soit :
$19x - 6x > 75$
$13x > 75$
$x > \dfrac{75}{13}$.

L'inéquation résolue permet de connaître les valeurs de x pour lesquelles le tarif B est plus intéressant que le tarif C.

Or $\frac{75}{13} \approx 5{,}8$ et x est un entier.

On en déduit que pour six spectacles ou plus le tarif B est plus intéressant que le tarif C.

Attention !
N'oublie pas qu'un nombre de spectacles est un nombre entier.

VII Statistiques

1 **1. Réponse b.** Un effectif de 8 sur un total de 20 correspond à une fréquence égale à $\frac{8}{20} = 0{,}4$.

2. Réponse c. Pour calculer la moyenne, on effectue le calcul suivant :
$$\frac{12 \times 1 + 14 \times 2 + 16 \times 3 + 19 \times 2 + 20 \times 2}{1 + 2 + 3 + 2 + 2} = 16{,}6.$$

3. Réponse b. La série comporte 5 termes classés par ordre croissant, donc la médiane de la série 1 ; 2 ; 3 ; 8 ; 9 est 3.

2 **1. Réponse a.** Pour trouver l'effectif total, on ajoute les hauteurs de chaque barre. L'effectif total est égal à 10 + 3 + 15 + 2 = 30.

2. Réponse b. Il y a 10 élèves qui font de l'espagnol sur 30 élèves.

La fréquence des élèves faisant de l'espagnol est égale à $\frac{10}{30} = \frac{1}{3}$.

3 **1.** On range les données dans l'ordre croissant :
20,09 ; 20,12 ; 20,19 ; 20,25 ; 20,38 ; 20,48 ; 20,69.
On a 20,69 – 20,09 = 0,60. L'étendue de cette série est égale à 0,60.

Méthode
Pour trouver l'étendue ou la médiane, il faut ranger les données dans l'ordre croissant.

2. On calcule : $\frac{20{,}09 + 20{,}12 + 20{,}19 + 20{,}25 + 20{,}38 + 20{,}48 + 20{,}69}{7} \approx 20{,}314$.

La moyenne de cette série, arrondie au centième, est 20,31.

3. On a 7 = 3 + 1 + 3. C'est donc le quatrième temps qui donne la médiane. La médiane de cette série est 20,25 s.

4. Le coureur classé premier parcourt 200 m en 20,09 s. On calcule la distance parcourue en une seconde. On a 200 ÷ 20,09 ≈ 9,9552.
La vitesse moyenne de l'athlète classé premier, arrondie au millième, est donc 9,955 m/s.

4 Dans la ville A, selon le diagramme, il y a 25 % de voitures blanches.

On calcule 25 % de 60 000 : $60\,000 \times \frac{25}{100} = 60\,000 \times 0{,}25 = 15\,000$.

Il y a donc 15 000 voitures blanches dans la ville A.

Dans la ville B, selon le diagramme, il y a 60 % de voitures blanches. On calcule 60 % de 18 000 :

$18\,000 \times \frac{60}{100} = 18\,000 \times 0{,}60 = 10\,800.$

Il y a donc 10 800 voitures blanches dans la ville B.

Il y a donc plus de voitures blanches dans la ville A que dans la ville B.

Attention

Pour interpréter correctement un diagramme en pourcentage, il faut tenir compte de l'effectif total.

VIII Probabilités

1 **Réponse c.** Le dé a six faces, donc les issues possibles sont 1, 2, 3, 4, 5, ou 6.

2 **1. Réponse c.** Parmi les nombres 1, 2, 3, 4, 5 et 6, il y a deux nombres divisibles par 3.

La probabilité d'obtenir un nombre divisible par 3 est $\frac{2}{6} = \frac{1}{3}$.

2. Réponse c. La probabilité que la boule tirée soit verte est $1 - \left(\frac{2}{7} + \frac{4}{7}\right) = \frac{1}{7}$.

3 **Réponse a.** On réalise une expérimentation en lançant 100 fois une pièce parfaitement équilibrée. Une expérimentation est associée à une fréquence.

4 **Partie 1**

1. Le numéro le plus petit que l'on peut obtenir avec un dé est 1. Donc si on lance deux dés, la somme la plus petite est 1 + 1 = 2. La somme ne peut pas être égale à 1.

2. On obtient 12 quand le numéro 6 apparaît sur chacune des faces des deux dés.

3. Au 11e lancer des deux dés, la formule entrée dans la cellule D12 pour obtenir le résultat donné par l'ordinateur est : « =B12+C12 ».

4. On a obtenu six fois la somme 7. On calcule donc sa fréquence : $\frac{6}{25} = 0{,}24 = \frac{24}{100}$.

La fréquence de cette somme est, en pourcentage, 24 %.

5. On classe les sommes dans l'ordre croissant. On obtient le tableau :

Somme	2	3	4	5	6	7	8	9	10	11	12
Effectif	2	1	0	3	3	6	3	2	1	4	0

On a 25 = 12 + 1 + 12. La médiane correspond au 13e élément.

La médiane est égale à 7.

6. Voici le diagramme en bâtons de la série des sommes obtenues (colonne D).

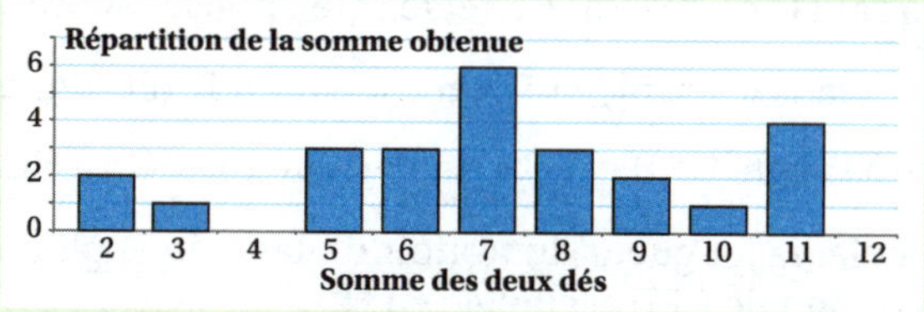

Partie 2

1. Les deux sommes les moins fréquentes correspondent aux barres les moins hautes. Les sommes les moins fréquentes sont 2 et 12.

2. La barre correspondant à la somme 9 est plus haute que celle correspondant à la somme 3, donc Paul a plus de chances de gagner que son petit frère.

3. La hauteur de la barre correspondant à la somme 7 est 170, donc, pour cette simulation, le nombre de lancers qui donnent la somme 7 est égal à 170. On a $\frac{170}{1000} = \frac{17}{100}$. La fréquence en pourcentage est égale à 17 %.

4. Le nombre total de possibilités est 36. L'effectif de la somme 7 est 6. Donc la probabilité d'obtenir cette somme est égale à $\frac{6}{36} = \frac{1}{6}$, soit environ 16,7 %.

Somme des deux dés		Valeur du dé 2					
		1	2	3	4	5	6
Valeur du dé 1	1	2	3	4	5	6	7
	2	3	4	5	6	7	8
	3	4	5	6	7	8	9
	4	5	6	7	8	9	10
	5	6	7	8	9	10	11
	6	7	8	9	10	11	12

IX Angles, triangles, trigonométrie

1 **Réponse a.** La médiatrice d'un segment est la droite qui coupe perpendiculairement ce segment en son milieu.

2 **Réponse b.** La somme des angles d'un triangle est égale à 180°. On a :
45° + 65° + 25° = 135°, 60° + 70° + 50° = 180° et 90° + 60° + 40° = 190°.
Un triangle peut posséder des angles mesurant : 60°, 70° et 50°.

3 **Réponse a.** On applique le théorème de Pythagore au triangle DEF rectangle en E. On a $DF^2 = DE^2 + EF^2$

4 **Réponse c.** Dans le triangle ABC rectangle en B, l'hypoténuse est [AC], le côté adjacent à l'angle de 23° est [BC] et le côté opposé est [AB].

5 **Réponse b.** Dans le triangle BDN rectangle en B, on connaît la longueur du côté opposé à l'angle $\widehat{DNB}$ et celle de l'hypoténuse. On a $\sin\widehat{DNB} = \frac{DB}{DN}$.

6 ▪ Pour calculer la longueur du trottoir roulant, on applique le théorème de Pythagore au triangle CPH rectangle en H.

On a $PC^2 = PH^2 + CH^2$

$PC^2 = 25^2 + 4^2$

$PC^2 = 641$.

La longueur du tapis roulant est égale à $\sqrt{641}$, soit 25,32 m.

> **Méthode**
> Utilise la touche $\sqrt{\ }$ de la calculatrice pour trouver une valeur approchée de la longueur PC.

▪ Calculons l'angle $\widehat{CPH}$.

On a $\tan\widehat{CPH} = \frac{CH}{PH}$

$\tan\widehat{CPH} = \frac{4}{25}$

$\widehat{CPH} \approx 9°$.

▪ **Modèle 1**

L'angle d'inclinaison est au maximum égal à 12°. Or on a trouvé un angle de 9°. Cela convient.

La vitesse est de 0,5 m/s, donc le temps de parcourt en secondes est égal à $\frac{25{,}32}{0{,}5} = 50{,}64$. On met donc moins de 60 secondes, donc moins d'une minute.

Le tapis Modèle 1 convient.

▪ **Modèle 2**

Ce modèle ne convient pas car l'angle maximum est de 6°.

7 **1.** APQC est un rectangle, donc PA = QC = 0,65 m.

Le point K appartient au segment [CQ], donc QK + KC = QC.

On a alors :

QK = QC – KC

QK = 0,65 – 0,58

QK = 0,07.

On obtient : $\frac{QK}{QP} = \frac{0{,}07}{5} = 0{,}014$. Les feux de croisement de Pauline sont réglés avec une inclinaison égale à 0,014.

2. Dans le triangle KPQ rectangle en Q, on a

$\tan\widehat{QPK} = \frac{QK}{QP} = 0{,}014$.

À l'aide de la calculatrice, on obtient $\widehat{QPK} \approx 0{,}8°$, arrondi au dixième de degré.

> **Méthode**
> Utilise la touche $\tan^{-1}$ de la calculatrice pour trouver une valeur approchée de l'angle $\widehat{QPK}$.

3. Pour connaître la longueur AS, il faut d'abord calculer la longueur CS. Les triangles KCS et KPQ sont semblables, donc les angles $\widehat{QPK}$ et $\widehat{CSK}$ sont égaux.

On a alors $\tan \widehat{CSK} = \frac{CK}{CS} = 0{,}014$. On obtient :

$CS = \frac{CK}{0{,}014}$

$CS = \frac{0{,}58}{0{,}014}$

$CS \approx 41$.

La distance AS d'éclairage de ses feux est égale à 41 + 5 = 46 m (arrondi au mètre près).

X Quadrilatères, configuration de Thalès

1 **1. Réponse c.** Un quadrilatère qui a quatre angles droits est un rectangle.

2. Réponse b. EFGH est un parallélogramme qui possède un angle droit, c'est un rectangle.

2 **Réponse b.** Les droites (AE) et (AD) sont sécantes en A. Les droites (DE) et (BC) sont perpendiculaires à la droite (AC), donc elles sont parallèles.

On applique le théorème de Thalès. On a $\frac{AE}{AC} = \frac{AD}{AB} = \frac{DE}{BC}$. Avec un produit en croix on obtient $\frac{AE}{8} = \frac{6}{12}$, soit $AE = \frac{6 \times 8}{12} = 4$.

La longueur AE vaut 4.

3 **Réponse a.** Pour appliquer la réciproque du théorème de Thalès aux droites (MN) et (RS), on compare les rapports $\frac{ON}{OR}$ et $\frac{OM}{OS}$.

4 **1.** et **3.** Voici la figure complète. *Elle n'est pas en vraie grandeur.*

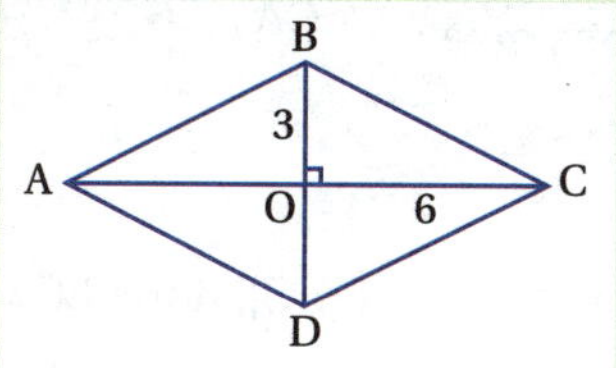

2. On applique le théorème de Pythagore au triangle OBC rectangle en O. On a :

$BC^2 = OC^2 + BO^2 = 6^2 + 3^2 = 45$.

Or $BC > 0$, donc $BC = \sqrt{45}$.

3. Voir le schéma ci-dessus.

4. Le point D est le symétrique de B par rapport à O, donc O est le milieu de [BD]. Or ABCD est un parallélogramme. Ses diagonales [BD] et [AC] ont le même milieu O. Donc O est le milieu de [AC].

5. ABCD est un parallélogramme. De plus, le triangle OBC est rectangle en O, donc les diagonales du parallélogramme ABCD sont perpendiculaires. ABCD est donc un losange.

Méthode
Tu sais que ABCD est un parallélogramme. Tu sais que ses diagonales ont le même milieu. Tu cherches une autre propriété qui en fera un losange.

5 1. Le triangle ABO est un agrandissement du triangle ODE. La hauteur issue de O dans le triangle ABO mesure 7,7 m et celle issue de O dans le triangle ODE mesure 35 cm ou 0,35 m. Le coefficient d'agrandissement est donné par le rapport $\frac{BC}{OF} = \frac{7{,}7}{0{,}35} = 22$.

Le coefficient d'agrandissement est 22.

2. Le coefficient d'agrandissement est 22. On a donc AB = 22 × DE, soit AB = 440 cm.
L'arbre mesure 440 cm ou 4,4 m.

3. Certaines croix du bûcheron sont telles que DE = OF. D'après ce qui précède, on a l'égalité de rapports $\frac{BC}{OF} = \frac{AB}{DE}$.
Or si DE = OF, alors AB = BC, ce qui facilite les calculs.

4. La longueur d'un cercle de diamètre d est égale à $\pi \times d$. On a donc $138 = \pi \times d$, d'où $d = 138 \div \pi$. Un arrondi au centimètre près du diamètre est 44 cm.

Mot-clé
La longueur d'un cercle s'appelle aussi la circonférence d'un cercle.

6 1. Pour calculer CD, on applique le théorème de Thalès en observant que les droites (CA) et (CE) se coupent en C. Les points A et B appartiennent à (CA) et les points D et E appartiennent à (CE).

On obtient : $\frac{CB}{CA} = \frac{CD}{CE} = \frac{BD}{AE}$.

On remplace les longueurs connues : $\frac{CB}{CA} = \frac{CD}{6} = \frac{1{,}10}{1{,}50}$.
À l'aide du produit en croix, on a :
1,50 × CD = 1,10 × 6
CD = (1,10 × 6) ÷ 1,5
CD = 4,4 m.

Attention !
La longueur du **segment [CD]** s'écrit CD sans crochets.

2. Le point D appartient au segment [EC], donc EC = ED + DC. On a alors :
ED = EC – DC
ED = 6 – 4,4.
D'où ED = 1,60 m.

3. Une fillette mesure 1,10 m. Sa taille représente la longueur du segment [BD]. Or D est situé à 1,60 m derrière la camionnette. La fillette passe à 1,40 m derrière la camionnette, elle est donc plus près de la camionnette que le point D. Le conducteur ne peut pas la voir.

XI Géométrie dans l'espace

1 Réponse c. La longitude est l'angle mesuré en degrés qui sépare un méridien du méridien de Greenwich. De plus, le point A se trouve à l'ouest du méridien de Greenwich. La longitude du point A est 30° ouest.

2 Réponse b. Les coordonnées du point A sont (2 ; 4 ; 3).

3 Réponse a. L'aire du rectangle de base est égale à $3 \times 2 = 6$ cm². Le volume de la pyramide est égal à $\frac{6 \times 5}{3} = 10$ cm³.

4 1. Les coordonnées géographiques du point M sur la figure 1 sont :
longitude : 70° est ;
latitude : 50° nord.

2. Les coordonnées géographiques du point M sur la figure 2 sont :
longitude : 120° ouest ;
latitude : 50° nord ;

5

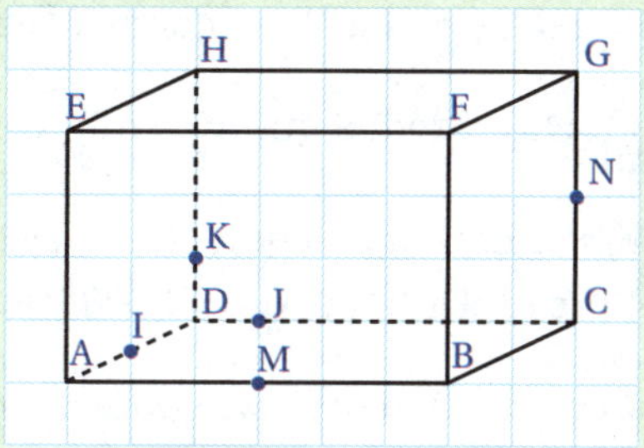

1. Les coordonnées du point A sont (2 ; 0 ; 0). Les coordonnées du point B sont (2 ; 6 ; 0) et celles du point F sont (2 ; 6 ; 4).
2. Le point M milieu du segment [AB] a pour coordonnées (2 ; 3 ; 0).
3. Le point N milieu du segment [CG] a pour coordonnées (0 ; 6 ; 2).

6 Le rayon de la boule de glace est 3 cm. Son volume est égal à $\frac{4}{3}\pi \times 3^3 = 36\pi$ cm³.
Le rayon de la base du cône est 2,7 cm. Le volume du cône est égal à $\frac{\pi \times 2{,}7^2 \times 12}{3} = 29{,}16\pi$ cm³.
Or $36\pi > 29{,}16\pi$, donc il est plus intéressant de prendre la glace sous forme d'une boule.

Méthode
Pour comparer les deux volumes, exprime-les en fonction de π.

XII Grandeurs composées, unités de mesure

1 **Réponse a.** Une aire s'obtient en multipliant deux longueurs entre elles, donc une aire est une grandeur produit.

2 **1. Réponse b.** Une vitesse de 180 km/h signifie que l'on parcourt 180 km en 1 h, donc 180 km en 60 min. Or 180 ÷ 60 = 3. Si l'on convertit 180 km/h en kilomètres par minute, on obtient 3 km/min.

2. Réponse c. 5 kW est égal à 5 000 W. Si on convertit 5 kWh, en wattheures, on obtient 5 000 Wh.

3 **1. Réponse c.** On a 90 ÷ 3 = 30. Sa vitesse moyenne sur ce parcours, en $km \times h^{-1}$, est $30\ km \times h^{-1}$.

2. Réponse b. Le coureur fait 5 m en 1 s. On a 1 000 ÷ 5 = 200.
Il a couru pendant 200 s.

4 1. On a 1 m/s = 0,514 nœud, et 1,542 ÷ 0,514 = 3. La vitesse est de 3 m/s.

2. La traversée dure 50 s, et la distance parcourue est 3 × 50 = 150 m.

3. Dans le triangle ABC rectangle en C, on connaît l'angle $\widehat{BAC}$ et l'hypoténuse AB.
On a donc $\cos \widehat{BAC} = \frac{AC}{AB}$. On en déduit que AC = AB × cos 60° = 150 × 0,5. D'où AC = 75 m.

4. a. À la vitesse de 1 m/s, le nageur parcourt 50 m en 50 s à partir du point A.

b. On a 1 m/s = 0,514 nœud. Or 2 × 0,514 = 1,028. Donc la pirogue a pour vitesse constante 2 m/s.
À 2 m/s, la pirogue parcourt 100 m depuis le point B et se trouve à 50 m du point A.

c. Le nageur et la pirogue se rencontrent à 50 m du point A ou, ce qui est la même chose, à 100 m du point B.

> **Méthode**
> Calcule la distance parcourue par la pirogue depuis le point B.

5 **Partie A**

1. On calcule le périmètre du rectangle : 2 × (90 + 60) = 300 m.

2. On a 24 ÷ 15 = 1,6 min.
On convertit en minutes et secondes : 0,6 min = 0,6 × 60 = 36 s.
Un élève doit mettre 1 min 36 s pour un tour.

3. La longueur parcourue en 6 tours est : 300 × 6 = 1 800 m.
La vitesse de l'élève est donc de 1 800 m pour 9 min. On a 1 800 ÷ 9 = 200. La vitesse est donc de 200 m/min.
On convertit en km/h : 200 m = 0,2 km et 0,2 × 60 = 12.
La vitesse est donc de 12 km/h.

> **Méthode**
> Pour convertir des m/min en km/h, convertis d'abord les mètres en km, puis multiplie par 60 car dans 1 h, il y a 60 min.

Partie B

1. La somme des 32 pulsations est égale à 1 928. On divise cette somme par 32 et on obtient le nombre moyen de pulsations par minute : 60,25.

2. On obtient le tableau suivant :

Nombre n de pulsations par min	$52 \leqslant n < 56$	$56 \leqslant n < 60$	$60 \leqslant n < 64$	$64 \leqslant n \leqslant 68$
Effectif	5	9	14	4

3. Le nombre d'élèves ayant au moins 60 pulsations par minute est égal à : $14 + 4 = 18$.

4. On a $5 + 9 = 14$, donc il y a 14 élèves parmi 32 qui ont un nombre de pulsations par minute inférieur à 60. On a $\frac{14}{32} \times 100 = 43{,}75$. Le pourcentage est égal à 43,75 %.

Méthode
Pour calculer un pourcentage, divise l'effectif de l'intervalle considéré par l'effectif total et multiplie par 100.

PHYSIQUE-CHIMIE

1 Décrire les états de la matière et leurs transformations

La matière est présente sur Terre sous différentes formes : on les appelle les états physiques de la matière.

RETENIR L'ESSENTIEL

I La description microscopique de la matière

1. Les corps purs

Un **corps pur** est une substance constituée d'une seule sorte de molécules.

Exemple : L'eau distillée n'est constituée que de molécules d'eau.

> **Mot-clé**
> Une **molécule** est un assemblage d'atomes (→ Fiche 6).

2. Les mélanges

Un **mélange** est une substance constituée de plusieurs sortes de molécules.

Exemple : L'eau sucrée est constituée d'eau et de saccharose (sucre).

II Les trois états de la matière et leurs caractéristiques

- La matière peut exister sous trois états différents : **solide**, **liquide** ou **gaz**.
- Chaque état possède des caractéristiques particulières :

– à l'état solide, la matière a une forme et un volume propres ;

– à l'état liquide, la matière a un volume propre et prend la forme du récipient qui le contient ;

– à l'état gazeux, la matière n'a ni forme ni volume propres : elle occupe tout l'espace qui lui est offert.

III Les différents changements d'état

Le passage d'un état physique (solide, liquide ou gaz) à un autre est appelé **changement d'état**.

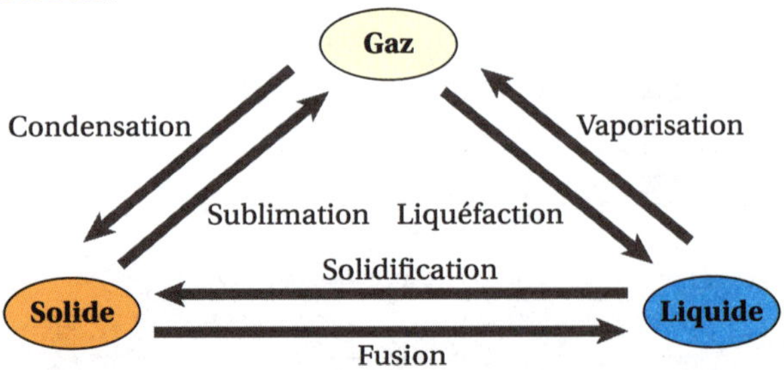

2 Comprendre les transformations de la matière au niveau microscopique

La matière est constituée de molécules. Comment sont-elles agencées en fonction de l'état physique de l'échantillon ? Cet agencement est-il conservé lors d'un changement d'état ?

RETENIR L'ESSENTIEL

I L'organisation des molécules dans la matière

L'agencement des molécules d'un échantillon de matière diffère selon l'état de la matière :

– à l'**état solide**, les molécules sont **immobiles** et serrées les unes contre les autres de manière **ordonnée** ;

– à l'**état liquide**, les molécules sont **désordonnées** et se déplacent en glissant les unes sur les autres ;

– à l'**état gazeux**, les molécules sont très **agitées**, elles occupent tout l'espace disponible et se déplacent rapidement de manière **désordonnée**.

Exemples : molécules d'eau dans un bécher (les molécules sont représentées par des sphères).

État solide	État liquide	État gazeux
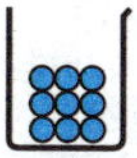		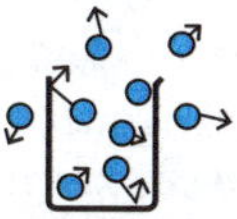

II Les changements d'état et leurs conséquences

Lors d'un changement d'état :

– la **masse de l'échantillon ne change pas** car le nombre de molécules reste constant ;

– le **volume de l'échantillon varie**, car les molécules ne sont pas à la même distance les unes des autres selon l'état.

Exemple : solidification de l'eau.

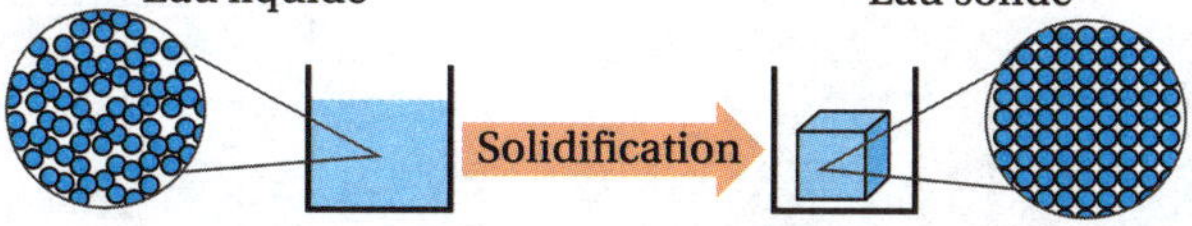

3 Connaître les caractéristiques d'un échantillon de matière

Chaque espèce chimique possède des propriétés physiques dont les valeurs lui sont propres : ce sont ses caractéristiques physiques.

RETENIR L'ESSENTIEL

I La masse volumique

- La masse volumique d'un échantillon de matière est égale à la **masse d'une unité de volume** de cette matière.
- Pour calculer la masse volumique ρ d'un échantillon de matière, on divise la masse m de l'échantillon par son volume V :

$$\rho(\text{échantillon}) = \frac{m(\text{échantillon})}{V(\text{échantillon})}$$

- ρ en kilogrammes par mètre cube ($kg{\cdot}m^{-3}$) ;
- m en kilogrammes (kg) ;
- V en mètres cubes (m^3).

II Les températures de changement d'état

- Chaque substance est caractérisée par des températures de changement d'état qui lui sont propres.

Exemples : $T_{\text{fusion de l'eau}} = 100$ °C ; $T_{\text{fusion du fer}} = 1\,535$ °C.

- Les changements d'état des corps purs se font à température constante. En revanche, lors des changements d'état des mélanges, la température varie.

Exemples : courbes de variation de la température au cours du temps lors de la solidification d'un corps pur (eau distillée) et d'un mélange (eau salée).

Mots-clés

- Un **corps pur** est composé d'une seule sorte de molécules (→ Fiche 1).
- Un **mélange** est composé de plusieurs sortes de molécules (→ Fiche 6).

Corps pur (eau distillée)

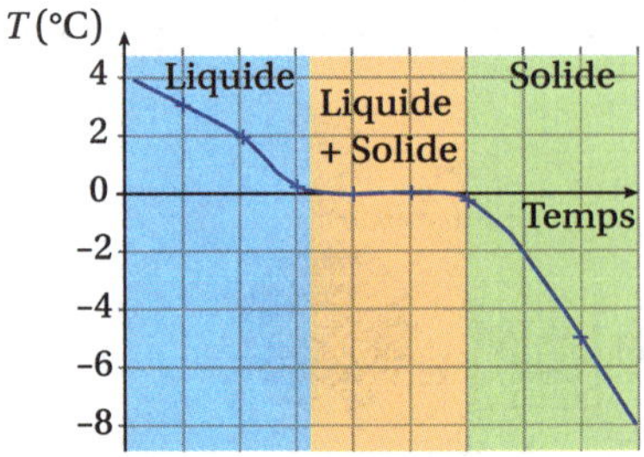

Mélange (eau salée)

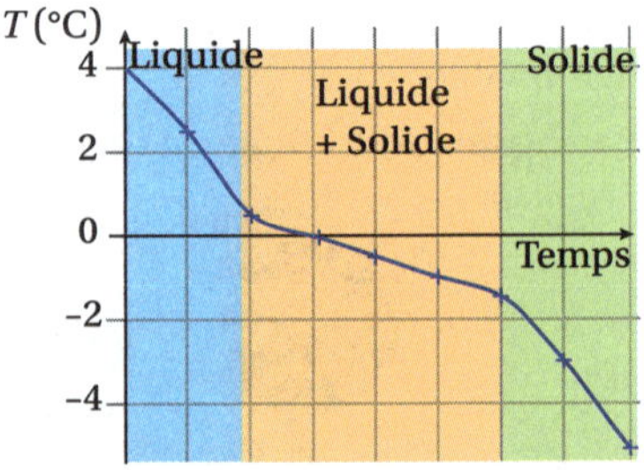

4 Connaître les propriétés d'un solvant : l'eau

RETENIR L'ESSENTIEL

I Dissolution, solubilité et fusion

1. Définitions

- Le mélange d'un solide avec un liquide conduit à deux résultats possibles :

– un **mélange hétérogène** : le solide et le liquide restent visibles à l'œil nu. Le solide est insoluble dans le liquide ;

– un **mélange homogène** : le solide (le soluté) s'est dissout dans le liquide (le solvant) et on obtient une solution. Le solide est soluble dans le liquide.

Exemple : lorsque l'on met du sel dans l'eau de cuisson des pâtes, le sel se dissout dans l'eau : le sel est le soluté et l'eau le solvant.

- La dissolution d'un soluté est limitée : lorsque le solvant ne peut plus dissoudre de soluté, on obtient une **solution saturée**.

Mots-clés

- La **solubilité** correspond à la quantité maximale de solide (ou de gaz) qui peut être dissoute dans un solvant donné.
- Une **dissolution** consiste à dissoudre un solide (ou un gaz) dans un liquide pour obtenir une solution.

2. Fusion et dissolution

- La **fusion** est un **changement d'état** d'une substance (passage de l'état solide à l'état liquide), tandis que la **dissolution** est un **mélange** de deux substances chimiques.

Exemple : le sucre se dissout dans le café, tandis qu'il change d'état lorsqu'on le chauffe (fusion) pour préparer du caramel.

II Dilution d'une solution

- Lorsqu'on **ajoute du solvant** à une solution déjà préparée, on réalise une dilution. On obtient alors un mélange homogène dont le volume est supérieur à celui de la solution initiale.

Exemple : en ajoutant de l'eau à du sirop de menthe, on réalise une dilution.

- Lors d'une dissolution, il y a **conservation de la masse** totale :

$$m_{\text{solution}} = m_{\text{soluté}} + m_{\text{solvant}}$$

PHYSIQUE CHIMIE

Se tester QUIZ

Vérifie que tu as bien compris les points-clés des **fiches 1 à 4.**

Pour chaque question, vérifie ta réponse à l'aide du corrigé et consulte les fiches de cours si nécessaire.

1 Connaître les changements d'état

→ CORRIGÉ P. 401

Lors d'un changement d'état :

☐ **a.** le volume reste constant mais la masse varie
☐ **b.** le volume varie mais la masse reste constante
☐ **c.** le volume et la masse sont constants

2 Connaître les caractéristiques chimiques d'un échantillon de matière

La masse volumique ρ a pour formule :

☐ **a.** $\rho = \frac{m}{V}$ ☐ **b.** $\rho = m \times V$ ☐ **c.** $\rho = \frac{V}{m}$

3 Distinguer dissolution et dilution

→ CORRIGÉ P. 401

1. Lors d'une dissolution, le soluté est :

☐ **a.** le solide introduit
☐ **b.** le liquide introduit
☐ **c.** le liquide obtenu

2. Lors d'une dilution, on ajoute :

☐ **a.** du soluté
☐ **b.** du solvant

Vers le brevet

Exerce-toi en vue du brevet et révise les **fiches 1 à 4.**

Pour chaque exercice, aide-toi des conseils donnés et compare ta réponse à celle donnée dans le corrigé.

4 Refroidissement d'un liquide

10 min

→ CORRIGÉ P. 401

En cours de physique-chimie, le professeur demande aux élèves de tracer les variations de la température d'un liquide au cours de son refroidissement.

1. Si les élèves refroidissent suffisamment le liquide, quel changement d'état va-t-il subir ?

2. Le graphique obtenu est reproduit ci-dessous. Le liquide est-il un mélange ou un corps pur ? Justifier.

Variation de la température au cours du temps lors du refroidissement du liquide

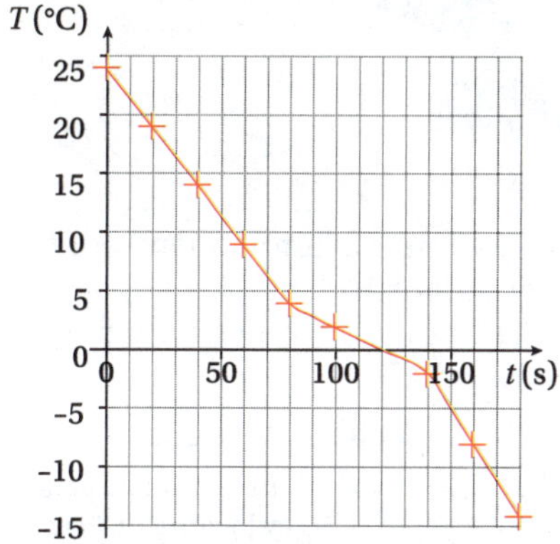

3. Détermine à l'aide du graphique, l'intervalle de temps durant lequel la substance est présente sous deux états physiques.

5 Identifier une espèce chimique

15 min

→ CORRIGÉ P. 401

Marion a trouvé dans sa cuisine un flacon sans étiquette contenant une poudre blanche. Pour identifier la poudre, elle prend 125 mL de ce solide et mesure sa masse : elle obtient $m_{\text{poudre}} = 198{,}5$ g.

1. Calcule la valeur de la masse volumique de la poudre.

2. À partir du tableau ci-dessous, identifie la poudre.

Espèce chimique	Sel de table	Sucre cristallisé
Masse volumique (kg·m^{-3})	2 160	1 588

3. Elle mélange 20 g de cette poudre à 100 mL d'eau liquide. Quelle va être la masse de la solution préparée ?

Donnée : la masse volumique de l'eau est de 1 000 kg·m^{-3}.

Démarrons ensemble

1. Exprime la masse en kilogrammes et le volume en mètres cubes.
2. Calcule la masse de l'eau à l'aide de la formule de la masse volumique ; exprime la masse en kilogrammes et le volume en mètres cubes.

PHYSIQUE CHIMIE

5 Décrire la structure des atomes

L'atome est la brique élémentaire de la matière : toute substance est composée d'atomes.

RETENIR L'ESSENTIEL

I La description d'un atome

- Un **atome** peut être assimilé à une sphère dont le rayon a pour ordre de grandeur **10^{-10} m**.
- Chaque atome est constitué d'un noyau autour duquel sont localisés des **électrons**.

À noter
Le **noyau** est 100 000 fois plus petit que l'atome !

Modèle atomique

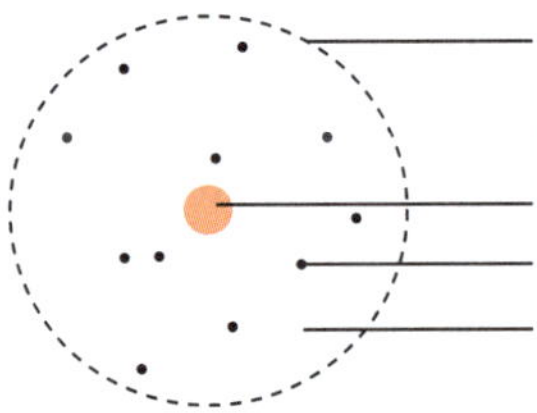

- Un **électron** est une particule portant une **charge électrique négative**. Les électrons sont en mouvement rapide et aléatoire autour du noyau.
- Le noyau a un rayon d'environ **10^{-15} m**. Il contient une ou plusieurs **charges électriques positives**.
- Chaque type d'atome est caractérisé par son **numéro atomique** noté Z, qui est égal au nombre de charges positives présentes dans le noyau.
- Chaque atome est représenté par un **symbole**. Ce symbole est souvent la première lettre du nom de l'atome écrite en majuscule, parfois suivie d'une lettre en minuscule.

Exemple : atome de carbone : C ; atome de fer : Fe.

II Les propriétés de l'atome

1. Structure lacunaire

Entre le noyau et les électrons il n'y a que du vide : l'atome possède une **structure lacunaire** car il est **essentiellement constitué de vide**.

2. Charge électrique de l'atome

Un atome est **électriquement neutre** : il contient autant de charges positives dans son noyau que de charges négatives (les électrons) autour du noyau.

Exemple : l'atome de chlore (Z = 17) contient 17 charges positives dans son noyau et 17 électrons.

6 Décrire la structure des molécules

La matière sur Terre est essentiellement constituée de molécules qui sont des assemblages d'atomes.

RETENIR L'ESSENTIEL

I Composition et formule chimique d'une molécule

- Une molécule est un **assemblage** d'atomes (identiques ou différents) liés entre eux.
- Chaque molécule possède une **formule chimique** qui contient :

– le symbole de chaque type d'atome présent dans la molécule ;
– le nombre de chaque type d'atome indiqué en indice.

Mot-clé
Les **atomes** sont les briques élémentaires de la matière (→ Fiche 5).

Exemple : la molécule d'eau de formule H_2O contient deux atomes d'hydrogène (symbole H) et un atome d'oxygène (symbole O).

II Modèle moléculaire

- Une molécule est représentée par un modèle moléculaire : c'est un édifice formé avec des boules de couleurs et de diamètres différents, liées entre elles par des tiges représentant les **liaisons**.

Entre deux atomes, les liaisons peuvent être **simples** ou **multiples** (double ou triple).

- Chaque boule représente un atome.

À chaque type d'atome correspond une boule de couleur et de taille différentes.

Type d'atome	Symbole	Modèle
Hydrogène	H	
Oxygène	O	
Carbone	C	

Exemples :

– dioxyde de carbone :  ;

– dioxygène :  ;

– méthane : .

7 Décrire la structure des ions et les identifier

De nombreuses solutions utilisées en médecine, dans l'industrie ou pour l'entretien des maisons sont des solutions ioniques. Mais qu'est-ce qu'un ion ?

RETENIR L'ESSENTIEL

I Structure des ions

- Un **cation** est un atome qui a perdu un ou plusieurs électrons : il est donc **chargé positivement**.
- Un **anion** est un atome qui a gagné un ou plusieurs électrons : il est donc **chargé négativement**.

À noter
Un **électron** est une particule ayant une charge électrique négative (→ Fiche 5).

II Formule chimique des ions

La formule chimique d'un ion est construite à partir :
- du **symbole de l'atome** à partir duquel l'ion se forme ;
- du **nombre** et du **signe des charges en excès**, indiqués **en exposant**.

Exemples :

• L'**ion aluminium** s'obtient à partir d'un atome d'aluminium Al (de numéro atomique $Z = 13$) qui a perdu trois électrons. Il contient donc 13 charges positives (car $Z = 13$) et 10 charges négatives (car 13 – 3 = 10). L'ion possède ainsi un excès de 3 charges positives, d'où sa formule Al^{3+}.

• L'**ion chlorure** s'obtient à partir d'un atome de chlore Cl (de numéro atomique $Z = 17$) qui a gagné un électron. Il contient donc 17 charges positives (car $Z = 17$) et 18 charges négatives (car 17 + 1 = 18). L'ion possède ainsi un excès de 1 charge négative, d'où sa formule Cl^-.

• Il existe des **ions monoatomiques** formés à partir d'un seul atome (H^+, Cl^-, …) et des **ions polyatomiques** formés à partir de plusieurs atomes (HO^-, NH_4^+, …).

III Identification des ions

La présence d'un ion en solution aqueuse peut être identifiée par la formation d'un **précipité** (solide en suspension) lorsqu'on ajoute un réactif approprié.

Ion à identifier	Réactif à ajouter	Précipité formé
Ion chlorure Cl^-	Ion argent Ag^+	Précipité blanc qui noircit à la lumière
Ion cuivre Cu^{2+}	Ion hydroxyde HO^-	Précipité bleu
Ion fer II Fe^{2+}	Ion hydroxyde HO^-	Précipité vert
Ion fer III Fe^{3+}	Ion hydroxyde HO^-	Précipité rouille
Ion zinc Zn^{2+}	Ion hydroxyde HO^-	Précipité blanc

8 Distinguer les solutions acides et les solutions basiques

Parmi les solutions ioniques, il existe des solutions acides et basiques. Elles contiennent des ions particuliers : les ions hydrogène (H^+) et les ions hydroxydes (HO^-).

RETENIR L'ESSENTIEL

I Mesure du pH

- Pour déterminer le caractère acide ou basique d'une solution, il faut mesurer son **pH (potentiel hydrogène)**.
- Le pH d'une solution aqueuse est un nombre compris **entre 0 et 14**, sans unité. Il est relié à la concentration en ions hydrogène H^+ et en ions hydroxydes HO^- dans une solution.
- Le pH d'une solution aqueuse s'estime à l'aide de **papier pH** ou d'un **indicateur coloré**, et se mesure à l'aide d'un **pH-mètre**.

II Acidité et basicité

- Une solution est **acide** lorsque son **pH est inférieur à 7** : elle contient alors plus d'ions H^+ que d'ions HO^-. Plus le pH est proche de 0, plus la solution est acide, plus elle contient d'ions hydrogène H^+.
- Une solution est **basique** lorsque son **pH est supérieur à 7** : elle contient alors moins d'ions H^+ que d'ions HO^-. Plus le pH est proche de 14, plus la solution est basique, plus elle contient d'ions hydroxydes HO^-.
- Une solution est **neutre** lorsque son **pH est égal à 7** : elle contient alors autant d'ions hydrogène H^+ que d'ions hydroxydes HO^-.

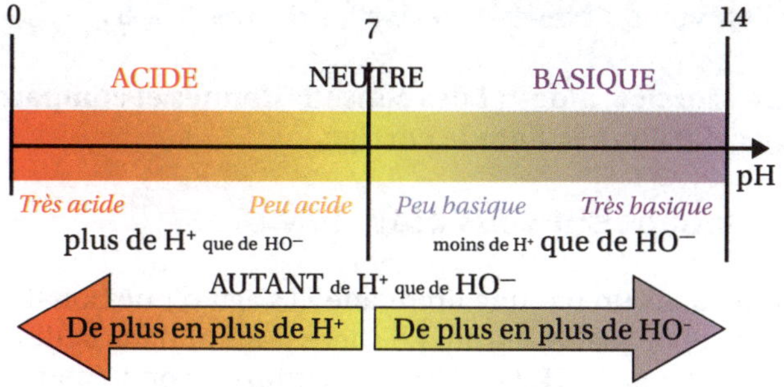

PHYSIQUE CHIMIE

Se tester QUIZ

Vérifie que tu as bien compris les points-clés des **fiches 5 à 8.**

Pour chaque question, vérifie ta réponse à l'aide du corrigé et consulte les fiches de cours si nécessaire.

1 Connaître la structure de la matière

→ CORRIGÉ P. 401

1. Un atome contient :

- ☐ **a.** plus de charges positives que d'électrons
- ☐ **b.** autant de charges positives que d'électrons
- ☐ **c.** moins de charges positives que d'électrons

2. Un cation est :

- ☐ **a.** un atome qui a perdu un ou plusieurs électrons, il est chargé positivement
- ☐ **b.** un atome qui a perdu un ou plusieurs électrons, il est chargé négativement
- ☐ **c.** un atome qui a gagné un ou plusieurs électrons, il est chargé positivement
- ☐ **d.** un atome qui a gagné un ou plusieurs électrons, il est chargé négativement

2 Solutions acides et basiques

→ CORRIGÉ P. 401

1. Une solution basique contient :

- ☐ **a.** plus d'ions H^+ que d'ions HO^-
- ☐ **b.** autant d'ions H^+ que d'ions HO^-
- ☐ **c.** moins d'ions H^+ que d'ions HO^-

2. Une solution acide a un pH :

- ☐ **a.** supérieur à 7
- ☐ **b.** inférieur à 7
- ☐ **c.** égal à 7

Vers le brevet

Exerce-toi en vue du brevet et révise les **fiches 5 à 8.**

Pour chaque exercice, aide-toi des conseils donnés et compare ta réponse à celle donnée dans le corrigé.

3 Une limonade s'il vous plaît !

10 min

→ CORRIGÉ P. 401

Lili commande dans un bar une limonade. Il s'agit d'une boisson composée d'eau, de sucre et de jus de citron. Le sucre présent dans la limonade est le saccharose de formule $C_{12}H_{22}O_{11}$. Le jus de citron est connu pour rendre acide les solutions qui le contiennent.

1. Indique le nom et le nombre de chaque type d'atome qui constitue le saccharose.

2. Dans quel intervalle de pH se situe le pH de la limonade ?

3. Entre les ions hydroxydes et hydrogène, quels sont ceux qui sont majoritaires dans la limonade ?

Démarrons ensemble

Le nombre noté en indice après le symbole d'un atome indique combien de fois l'atome est présent dans la molécule.

4 Fonctionnement d'une pile électrique

20 min

→ CORRIGÉ P. 401

Dans une pile électrochimique, des atomes de fer (symbole Fe, $Z = 26$) perdent chacun deux électrons qui vont permettre de constituer un courant électrique.

1. Quel est le nombre de charges positives contenues dans le noyau d'un atome de fer et le nombre d'électrons autour du noyau ?

2. Trouver la formule de l'ion obtenu à partir de l'atome de fer. S'agit-il d'un anion ou d'un cation ?

3. La pile est composée de deux compartiments : le premier contient une solution aqueuse avec des ions inconnus et le second contient des ions fer II Fe^{2+}. On ajoute des ions hydroxydes HO^- dans chaque compartiment et il se forme un précipité bleu dans le premier compartiment.

a. Identifier l'ion inconnu dans le premier compartiment.

b. Que se passe-t-il dans le second compartiment ?

Démarrons ensemble

1. Un atome est électriquement neutre : il contient autant de charges positives que d'électrons.

2. Pour la formule chimique d'un ion, on indique en exposant après le symbole de l'atome le nombre d'électrons en excès ou en défaut par rapport au nombre de charges positives.

3. Utilise les tests d'identification des ions.

PHYSIQUE CHIMIE

9 Identifier une transformation chimique

Il est important de ne pas confondre mélange, transformation physique et transformation chimique. Les deux premiers ne modifient ni les atomes ni les molécules, alors qu'une transformation chimique les modifie.

RETENIR L'ESSENTIEL

I Reconnaître une transformation chimique

- Les changements d'état, la dissolution ou la dilution sont des **transformations physiques**. Les substances chimiques mises en jeu ne sont pas modifiées.

Exemple : la fusion de la glace (eau solide) produit de l'eau liquide.

- Au cours d'une **transformation chimique**, des substances chimiques initialement présentes disparaissent et forment de nouvelles substances chimiques.

Exemple : la combustion du charbon dans l'air est une transformation chimique car le carbone du charbon et le dioxygène de l'air disparaissent pour former du dioxyde de carbone.

- Une transformation chimique entraîne souvent des **changements visibles** (dégagement gazeux, changement de couleur ou de température, formation de précipité, variation du pH…).

II Interpréter une transformation chimique

- Au cours d'une transformation chimique, des espèces chimiques réagissent entre elles (les **réactifs**) et de nouvelles espèces chimiques sont formées (les **produits**).

- Les molécules des **réactifs disparaissent** et leurs atomes s'associent différemment pour former les **nouvelles molécules des produits**.

Exemple : une molécule de méthane CH_4 réagit avec deux molécules de dioxygène O_2 pour former une molécule de dioxyde de carbone CO_2 et deux molécules d'eau H_2O.

> **Mots-clés**
> Les **molécules** sont des assemblages d'**atomes** (→ Fiche 6).

10 Modéliser une transformation chimique

Une transformation chimique peut être modélisée par l'écriture d'une équation de réaction chimique qui nous renseigne sur les réactifs mis en jeu et les produits formés.

RETENIR L'ESSENTIEL

I Écrire une équation de réaction chimique

- Une transformation chimique correspond à la réaction entre des espèces chimiques. L'écriture d'une réaction chimique s'appelle une **équation de réaction chimique**. Les réactifs et les produits y sont représentés par leurs formules chimiques avec les réactifs à gauche d'une flèche et les produits à droite :

$$\text{réactif}_1 + \text{réactif}_2 \rightarrow \text{produit}_1 + \text{produit}_2$$

Exemple : écriture de l'équation de la réaction entre le méthane CH_4 et le dioxygène O_2 pour former du dioxyde de carbone CO_2 et de l'eau H_2O :

$$CH_{4\,(g)} + 2\,O_{2\,(g)} \rightarrow CO_{2\,(g)} + 2\,H_2O_{(l)}$$

- Les nombres qui précèdent les formules chimiques sont appelés coefficients stœchiométriques. Ils indiquent dans quelles proportions les réactifs sont consommés et les produits formés.

Exemple : $C_3H_{8\,(g)} + 5\,O_{2\,(g)} \rightarrow 3\,CO_{2\,(g)} + 4\,H_2O_{(l)}$

Une molécule de propane réagit avec **cinq** molécules de dioxygène pour former **trois** molécules de dioxyde de carbone et **quatre** molécules d'eau.

> **À noter**
> Lorsque le coefficient est égal à 1, il n'est pas indiqué devant la formule de l'espèce chimique

- Les lettres entre parenthèses et en indice à la suite des formules indiquent sous quel état se trouvent les espèces chimiques au cours de la réaction : **(s)** pour **solide**, **(l)** pour **liquide** et **(g)** pour **gaz**.

II Conservation de la masse au cours d'une transformation chimique

- Au cours d'une transformation chimique, les mêmes atomes figurent en même nombre dans les réactifs et dans les produits : il y a **conservation des atomes**.
- Au cours d'une transformation chimique, la masse des produits formés est égale à la masse des réactifs mis en jeu : **la masse se conserve** car le nombre et la nature des atomes ne changent pas.

11 Étudier les réactions entre les solutions acides et basiques

Que se passe-t-il lorsqu'une solution basique et une solution acide sont mises en contact ?

RETENIR L'ESSENTIEL

I Les réactions acido-basiques

- Les solutions acides contiennent majoritairement des ions hydrogène H^+, alors que les solutions basiques contiennent majoritairement des ions hydroxydes HO^-.
- Lorsqu'on mélange une solution acide avec une solution basique, les ions hydrogène (acide) vont réagir avec les ions hydroxydes (basiques) pour former des molécules d'eau :

$$H^+_{(aq)} + HO^-_{(aq)} \rightarrow H_2O_{(l)}$$

À noter

L'**acidité** et la **basicité** d'une solution sont traitées dans la fiche 8.

L'équation de la réaction chimique nous indique qu'un ion hydrogène réagit avec un ion hydroxyde pour former une molécule d'eau.

- L'indication **(aq) en indice** après les formules des ions signifie que ces ions se trouvent en solution aqueuse, c'est-à-dire entourés de molécules d'eau.

II Évolution du pH au cours d'une réaction acido-basique

- Au cours de la réaction entre une solution acide et une solution basique, la solution finale aura en fin de réaction un pH qui dépendra de l'**espèce dominante** entre l'ion hydrogène H^+ et l'ion hydroxyde HO^-.
- Si l'ion hydrogène **H^+** est l'**espèce dominante**, alors le **pH** de la solution finale sera **inférieur à 7** : la solution finale sera **acide**.

À noter

La mesure du pH détermine le caractère acide ou basique d'une solution. (→ Fiche 8).

- Si l'ion hydroxyde **HO^-** est l'**espèce dominante**, alors le **pH** de la solution finale sera **supérieur à 7** : la solution finale sera **basique**.
- Si l'ion hydroxyde **HO^-** et l'ion hydrogène **H^+** sont **en quantités égales**, alors le **pH** de la solution finale sera **égal à 7** : la solution finale sera **neutre**.

12 Étudier les réactions entre les solutions acides et les métaux

Comment les métaux réagissent-ils au contact d'une solution acide ?

RETENIR L'ESSENTIEL

I Réaction entre un métal et une solution acide

Lorsqu'on met en contact un acide et un métal, on observe la formation d'un dégagement gazeux de dihydrogène et la transformation des atomes de métal en ions métalliques.

$$\text{Métal}_{(s)} + \text{Acide}_{(aq)} \rightarrow \text{Ions métalliques}_{(aq)} + \text{Dihydrogène}_{(g)}$$

II Réaction entre le fer et l'acide chlorhydrique

1. Protocole expérimental

On introduit dans un tube à essai un clou en fer et de l'acide chlorhydrique concentré. L'acide chlorhydrique est une solution aqueuse contenant des ions hydrogène H^+ et des ions chlorures Cl^-. Un clou en fer est constitué d'atomes de fer Fe.

2. Observations

Lorsque le fer entre en contact avec l'acide, on observe un dégagement gazeux et après quelques instants le clou en fer apparaît « rongé ».

3. Identification des produits

Une fois la réaction terminée, on identifie les espèces chimiques présentes :
- on approche une allumette enflammée du tube à essai, la flamme est soufflée et on entend un « pop » : du dihydrogène a été formé ;
- on identifie les ions présents dans la solution finale :
  - apparition d'un précipité vert lorsqu'on introduit une solution d'hydroxyde de sodium : des ions fer II Fe^{2+} sont présents ;
  - apparition d'un précipité blanc qui noircit à la lumière lorsqu'on introduit une solution de nitrate d'argent : des ions chlorures sont présents.

> **À noter**
> Les **tests d'identification** des ions sont traités dans la fiche 7.

Les ions chlorures sont présents à l'état initial (dans la solution d'acide chlorhydrique) et à l'état final, ils n'interviennent donc pas dans la transformation : ce sont des **ions spectateurs**.

4. Bilan de la réaction

L'équation de la réaction chimique est : $Fe_{(s)} + 2\,H^+_{(aq)} \rightarrow Fe^{2+}_{(aq)} + H_{2(g)}$

Nous pouvons constater qu'elle est en adéquation avec les observations et l'identification des produits.

PHYSIQUE CHIMIE

Se tester QUIZ

Vérifie que tu as bien compris les points-clés des **fiches 9 à 12.**

Pour chaque question, vérifie ta réponse à l'aide du corrigé et consulte les fiches de cours si nécessaire.

1 Savoir ce qu'est une transformation chimique

→ CORRIGÉ P. 402

1. Lors d'une transformation chimique, la masse du système augmente :

☐ a. vrai ☐ b. faux

2. Dans l'équation de la combustion du méthane : $CH_4 + 2\,O_2 \rightarrow CO_2 + 2\,H_2O$

☐ a. le méthane (CH_4) et le dioxygène (O_2) sont les réactifs

☐ b. le méthane (CH_4) et le dioxygène (O_2) sont les produits

2 Étudier des réactions chimiques

→ CORRIGÉ P. 402

1. À la fin d'une réaction entre une solution acide et une solution basique, les ions hydrogène restent majoritaires. On en déduit alors que le pH de la solution finale est tel que :

☐ a. pH = 7 ☐ b. pH > 7 ☐ c. pH < 7

2. Lors de la réaction entre un métal et une solution acide :

☐ a. le métal rouille ☐ b. le métal est consommé

3. L'équation de la réaction chimique entre le métal zinc et les ions hydrogène a pour expression :

☐ a. $Zn^{2+}_{(aq)} + H_{2(g)} \rightarrow Zn_{(s)} + 2\,H^+_{(aq)}$

☐ b. $Zn^{2+}_{(aq)} + 2\,H^+_{(aq)} \rightarrow Zn_{(s)} + H_{2(g)}$

☐ c. $Zn_{(s)} + 2\,H^+_{(aq)} \rightarrow Zn^{2+}_{(aq)} + H_{2(g)}$

Vers le brevet

Exerce-toi en vue du brevet et révise les **fiches 9 à 12.**

Pour chaque exercice, aide-toi des conseils donnés et compare ta réponse à celle donnée dans le corrigé.

3 Étude de la réaction entre l'aluminium et l'acide chlorhydrique

10 min

→ CORRIGÉ P. 402

Un professeur demande aux élèves d'introduire de la poudre d'aluminium et de l'acide chlorhydrique dans un flacon et de le boucher immédiatement à l'aide d'un ballon de baudruche.

La masse initiale de l'ensemble est de 124,0 g. Les élèves observent une effervescence et le gonflage du ballon.

1. Est-ce qu'une transformation chimique a lieu ? Justifier.

2. L'équation de réaction est : $2\ Al_{(s)} + 6\ H^{+}_{(aq)} \rightarrow 2\ Al^{3+}_{(aq)} + 3\ H_{2(g)}$.
Combien d'ions hydrogène H^+ réagissent avec un atome d'aluminium Al ?

3. Quelle sera la masse finale de l'ensemble ? Justifier.

Démarrons ensemble

1. Lors d'une transformation chimique, des espèces chimiques sont consommées et d'autres sont formées.
2. Lors d'une transformation chimique, il y a conservation de la matière, donc la masse du système ne change pas.

4 Une solution d'acide chlorhydrique comme déboucheur

10 min

→ CORRIGÉ P. 402

Une solution d'acide chlorhydrique peut être utilisée comme déboucheur de canalisation. Il faut cependant éviter de l'utiliser lorsque les canalisations sont en métal tel que le zinc car alors, l'ion hydrogène réagit avec le zinc selon l'équation chimique :

$$Zn_{(s)} + 2\ H^{+}_{(aq)} \rightarrow Zn^{2+}_{(aq)} + H_{2(g)}$$

1. Quels sont les réactifs de la réaction ?

2. Quels sont les produits de la réaction ?

3. Combien de molécules de dihydrogène obtient-on si 10 ions hydrogène réagissent ?

4. Il existe d'autres déboucheurs qui sont des solutions contenant majoritairement l'ion hydroxyde HO^-. Il ne faut surtout pas les mélanger avec la solution d'acide chlorhydrique car il se produirait une réaction chimique dégageant beaucoup de chaleur selon l'équation de réaction suivante :

$$H^{+}_{(aq)} + HO^{-}_{(aq)} \rightarrow H_2O_{(l)}$$

Quelle sera la valeur du pH de la solution finale si à la fin de la réaction, les ions hydroxydes sont majoritaires ?

Démarrons ensemble

3. Utilise l'équation chimique de la transformation.

PHYSIQUE CHIMIE

13 Décrire l'Univers à l'échelle du noyau

Dans les étoiles, les conditions extrêmes font que les atomes n'ont plus leurs cortèges électroniques : on trouve alors un mélange d'électrons et de noyaux. Mais quelle est la structure d'un noyau ?

RETENIR L'ESSENTIEL

I Description du noyau d'un atome

- Un noyau est constitué de particules appelées **nucléons** qui sont de deux sortes :
  - les **protons,** qui portent une **charge électrique positive**.
  - les **neutrons** qui sont **électriquement neutres**.
- Un noyau est donc chargé positivement, et sa charge correspond à celle des protons qu'il contient.
- Un **noyau** a un diamètre de l'ordre de **10^{-15} m**, tandis que celui de l'atome est de l'ordre de 10^{-10} m.

À noter
Un noyau est environ 100 000 fois plus petit qu'un atome.

II Connaître le symbole du noyau d'un atome

Chaque noyau est représenté par un symbole nous informant sur sa composition.

$$^{A}_{Z}\mathrm{X}$$

X est le **symbole** de l'atome auquel appartient le noyau ;

Z est le **numéro atomique** : c'est le nombre de protons du noyau ;

A est le **nombre de masse** : c'est le nombre de nucléons du noyau.

III Trouver la composition en nucléons d'un noyau

Le nombre de protons dans le noyau nous est directement donné par la valeur du numéro atomique *Z*. Sachant que *A* représente le nombre total de nucléons (protons et neutrons), pour trouver le **nombre *N* de neutrons** il suffit de réaliser le calcul suivant :

$$N = A - Z$$

Exemple : le noyau de fluor a pour symbole $^{19}_{9}\mathrm{F}$; il contient donc 19 nucléons ($A = 19$), parmi lesquels on trouve 9 protons ($Z = 9$) et 10 neutrons ($N = A - Z = 19 - 9 = 10$).

14 Étudier la matière dans l'Univers

Dans l'Univers, la matière se trouve essentiellement concentrée dans les systèmes planétaires. Cette matière est constituée d'atomes de différentes natures que l'on a entrepris de classer.

RETENIR L'ESSENTIEL

I Les atomes dans l'Univers

Dans les étoiles, on trouve essentiellement des atomes d'hydrogène H et d'hélium He. Sur Terre, on trouve une très grande diversité d'atomes tels que l'oxygène O, l'azote N, le carbone C, le fer Fe, etc.

II La classification périodique

- Depuis le XIXe siècle, les scientifiques ont réalisé un décompte de tous les atomes connus afin de les classer. C'est le chimiste russe Dimitri Mendeleïev qui est à l'origine de la classification utilisée aujourd'hui, appelée classification périodique des éléments chimiques.

À noter

On donne le nom d'**élément chimique** à l'ensemble des entités chimiques (atomes, isotopes ou ions) caractérisées par le même nombre Z de protons dans leur noyau. Les éléments chimiques sont représentés par leur symbole chimique.

PHYSIQUE CHIMIE

Classification périodique des éléments chimiques

	1	2	3	4	5	6	7	8	9	10	11	12	13	14	15	16	17	18
1	1 H																	2 He
2	3 Li	4 Be											5 B	6 C	7 N	8 O	9 F	10 Ne
3	11 Na	12 Mg											13 Al	14 Si	15 P	16 S	17 Cl	18 Ar
4	19 K	20 Ca	21 Sc	22 Ti	23 V	24 Cr	25 Mn	26 Fe	27 Co	28 Ni	29 Cu	30 Zn	31 Ga	32 Ge	33 As	34 Se	35 Br	36 Kr
5	37 Rb	38 Sr	39 Y	40 Zr	41 Nb	42 Mo	43 Tc	44 Ru	45 Rh	46 Pd	47 Ag	48 Cd	49 In	50 Sn	51 Sb	52 Te	53 I	54 Xe
6	55 Cs	56 Ba		72 Hf	73 Ta	74 W	75 Re	76 Os	77 Ir	78 Pt	79 Au	80 Hg	81 Ti	82 Pb	83 Bi	84 Po	85 At	86 Rn
7	87 Fr	88 Ra		104 Rf	105 Db	106 Sg	107 Bh	108 Hs	109 Mt	110 Ds	111 Rg	112 Cn	113 Uut	114 Fl	115 Uup	116 Lv	117 Uus	118 Uuo
				57 La	58 Ce	59 Pr	60 Nd	61 Pm	62 Sm	63 Eu	64 Gd	65 Tb	66 Dy	67 Ho	68 Er	69 Tm	70 Yb	71 Lu
				89 Ac	90 Th	91 Pa	92 U	93 Np	94 Pu	95 Am	96 Cm	97 Bk	98 Cf	99 Es	100 Fm	101 Md	102 No	103 Lr

- La classification périodique classe tous les atomes dans l'ordre croissant de leurs numéros atomiques Z.
- La place d'un atome dans la classification permet de prévoir certaines de ses caractéristiques chimiques. Chaque colonne de la classification périodique constitue une « famille chimique » : tous les atomes d'une même colonne ont des propriétés chimiques voisines.

15 Étudier la structure de l'Univers

La description de l'Univers peut se faire à différentes échelles : à l'échelle du Système solaire, puis de notre galaxie, puis des amas de galaxies.

RETENIR L'ESSENTIEL

I Le Système solaire

- Le Système solaire est constitué de différents corps célestes :
– **une étoile**, le Soleil autour duquel gravitent **huit planètes** classées en deux familles : les planètes telluriques (Mercure, Vénus, la Terre et Mars) et les planètes géantes gazeuses (Jupiter, Saturne, Uranus et Neptune) ;
– **des planétoïdes** tels que Pluton, qui gravitent à la périphérie du système (ceinture de Kuiper) ; **des comètes** qui repassent périodiquement à proximité du Soleil, en provenance du nuage d'Oort ; et **des astéroïdes** issus de la ceinture d'astéroïdes placée entre Mars et Jupiter.
- Dans ce système, l'unité de longueur la plus adaptée est l'**unité astronomique (UA)** définie par la distance entre la Terre et le Soleil.

$$1\ \text{UA} = 1{,}50 \times 10^{8}\ \text{km} = 1{,}50 \times 10^{11}\ \text{m}$$

II La Voie lactée

- La Voie lactée est le nom de **notre galaxie** qui regroupe plusieurs milliards d'étoiles dont le Soleil.
- Pour apprécier les distances avec les étoiles les plus proches de nous, on utilise une unité adaptée qui est l'**année-lumière (al)** définie par :

Mot-clé
L'année-lumière est la distance parcourue par la lumière pendant un an dans le vide.

$$1\ \text{al} = 9{,}46 \times 10^{12}\ \text{km} = 9{,}46 \times 10^{15}\ \text{m}$$

III L'évolution de l'Univers

- L'Univers « est né » il y a environ **13,8 milliards d'années** d'une singularité (un point extrêmement dense et chaud) appelée big bang. Depuis, il n'a de cesse d'évoluer et de se dilater.
- Dans les tout premiers instants, les briques élémentaires de la matière se sont formées : protons, neutrons, électrons ; puis, au fur et à mesure que l'Univers se dilatait et se refroidissait, les premiers noyaux se formèrent : hydrogène, hélium et lithium. Les atomes se formèrent par capture des électrons jusqu'alors libres, au bout de 380 000 ans.
- Sous l'effet de la **gravitation**, ces particules de matière forment de grands nuages (nébuleuses), qui vont se réchauffer pour atteindre plusieurs millions de degrés et engendrer des étoiles. C'est au cœur des étoiles que vont être fabriqués tous les autres atomes. Notre Système solaire est né ainsi de la contraction d'un nuage de poussières il y a 4,6 milliards d'années.

Se tester QUIZ

Vérifie que tu as bien compris les points-clés des **fiches 13 à 15.**

Pour chaque question, vérifie ta réponse à l'aide du corrigé et consulte les fiches de cours si nécessaire.

1 Connaître la composition de la matière dans l'Univers

→ CORRIGÉ P. 402

1. Dans un noyau de carbone de formule $^{14}_{6}C$, on trouve :

☐ **a.** 14 neutrons et 6 protons
☐ **b.** 6 protons et 8 neutrons
☐ **c.** 8 protons et 6 neutrons

2. Lors d'une transformation chimique, les atomes d'une même colonne de la classification périodique réagiront différemment :

☐ **a.** Vrai ☐ **b.** Faux

3. Dans la classification périodique :

☐ **a.** le carbone C et l'oxygène O appartiennent à la même famille chimique
☐ **b.** l'azote N et le phosphore P appartiennent à la même famille chimique

2 Connaître la structure de l'Univers

→ CORRIGÉ P. 402

1. La valeur de l'année-lumière en kilomètres est égale à :

☐ **a.** $1{,}50 \times 10^{8}$ ☐ **b.** $9{,}46 \times 10^{12}$ ☐ **c.** $9{,}46 \times 10^{15}$

2. Lors de la dilatation de l'Univers :

☐ **a.** sa température a diminué
☐ **b.** sa température a augmenté

Vers le brevet

Exerce-toi en vue du brevet et révise les **fiches 13 à 15.**

Pour chaque exercice, aide-toi des conseils donnés et compare ta réponse à celle donnée dans le corrigé.

3 Étude du fonctionnement du Soleil

10 min

→ CORRIGÉ P. 402

L'énergie du Soleil provient essentiellement des noyaux d'hydrogène qu'il contient. Quatre noyaux d'hydrogène se transforment au cours d'une réaction de fusion nucléaire en un noyau d'hélium avec un dégagement d'énergie.

PHYSIQUE CHIMIE

1. Le symbole du noyau d'hydrogène est ${}^{1}_{1}H$. Trouver sa composition en protons et en neutrons.

2. Le Soleil possède une atmosphère appelée héliosphère contenant entre autres des noyaux de sodium ${}^{23}_{11}Na$ et de potassium ${}^{40}_{19}K$.

a. Quel est le numéro atomique du sodium ?
b. Combien de nucléons contient le noyau de potassium ?
c. Combien de neutrons contient le noyau de sodium ?

Démarrons ensemble

1. Utilise la formule $N = A - Z$.

4 Le Soleil et son environnement

10 min

→ CORRIGÉ P. 402

Parmi les planètes du Système solaire, Neptune est la plus éloignée du Soleil. Elle se trouve à une distance du Soleil égale à $4{,}5 \times 10^9$ km. L'étoile la plus proche du Soleil est Proxima, située à près de 4 années-lumière.

1. Quelle est la distance entre le Soleil et Neptune en unités astronomiques (UA) ?

2. Quelle est la distance entre le Soleil et Proxima en kilomètres ?

3. On trouve dans l'atmosphère du Soleil des noyaux de carbone dont le symbole est ${}^{12}_{6}C$. Dans celle de Proxima, on trouve également des noyaux de carbone possédant 6 protons et 6 neutrons.

a. Quelle est la composition en protons et neutrons du noyau de carbone dans le Soleil ?
b. Quel est le symbole du noyau de carbone sur Proxima ?
c. Que peut-on conclure lorsqu'on compare les noyaux de carbone du Soleil et de Proxima ?

Démarrons ensemble

1. Utilise la relation de proportionnalité entre kilomètres et unités astronomiques.
2. Utilise la relation de proportionnalité entre kilomètres et années-lumière.
3. Le nombre indiqué en exposant du symbole d'un atome correspond au nombre de nucléons qu'il contient, le nombre en indice correspond au nombre de protons. Les nucléons sont constitués des protons et des neutrons.

16 Identifier les différents types de mouvements

Que ce soit à la surface de la Terre ou au sein du Système solaire, on observe une multitude d'objets dont les mouvements sont très différents les uns des autres. On peut cependant regrouper tous ces mouvements en quelques types bien identifiés.

RETENIR L'ESSENTIEL

I Étude d'un mouvement

L'étude d'un mouvement doit se faire en plusieurs étapes :

1. Définir précisément le **système** en mouvement que l'on étudie.

2. Définir le **référentiel** d'étude : il s'agit d'un solide de référence par rapport auquel on étudiera le mouvement (la surface de la Terre, le Soleil...).

Exemple : étude du mouvement d'un ballon de foot par rapport au gardien.

3. Identifier la **trajectoire** du système : il s'agit du chemin suivi par le système en mouvement.

4. Identifier l'évolution de la **vitesse** du système au cours du mouvement.

Exemple : lors d'un coup franc, le ballon de foot a souvent une trajectoire parabolique et sa vitesse augmente au cours de son mouvement.

II Les différents types de mouvements

- La trajectoire du système est modélisée par une courbe qui permet de classer les différents mouvements selon l'allure de cette courbe.

Type de trajectoire	Droite	Cercle	Courbe quelconque
Type de mouvement	Rectiligne	Circulaire	Curviligne

- L'évolution de la vitesse permet également d'identifier des mouvements particuliers.

Évolution de la vitesse	La vitesse augmente	La vitesse diminue	La vitesse est constante
Type de mouvement	Accéléré	Décéléré	Uniforme

III La relativité du mouvement

Un même système étudié dans deux référentiels différents n'aura pas le même mouvement perçu.

Exemple : le mouvement de la Lune est perçu différemment selon qu'on l'étudie par rapport au Soleil (curviligne et uniforme) ou par rapport au centre de la Terre (circulaire et uniforme).

17 Étudier la vitesse d'un système

Pour un objet en mouvement, le calcul de sa vitesse et l'étude de son évolution font partie des fondements de l'analyse du mouvement.

RETENIR L'ESSENTIEL

I Les caractéristiques de la vitesse

- La vitesse possède deux caractéristiques : sa **valeur** (appelée aussi module) et sa **direction**.
- Sa valeur s'exprime en **mètres par seconde ($m \cdot s^{-1}$)**, mais aussi dans d'autres unités telles que le kilomètre par seconde ($km \cdot s^{-1}$) ou le kilomètre par heure ($km \cdot h^{-1}$).
- La direction de la vitesse nous est donnée par la courbure de la trajectoire et le sens du mouvement.

> **À noter**
> **Conversions utiles** :
> $1\ m \cdot s^{-1} = 3,6\ km \cdot h^{-1}$
> et $1\ km \cdot s^{-1}$
> $= 1\ 000\ m \cdot s^{-1}$.

Exemple : on représente la direction de la vitesse par une flèche rouge en différents points de la trajectoire pour un mouvement circulaire et pour un mouvement rectiligne.

- Dans un mouvement circulaire, la vitesse change de direction à chaque instant, tandis que dans un mouvement rectiligne, elle garde toujours la même direction.

II La formule de la vitesse

- Pour un mouvement uniforme, la valeur de la vitesse moyenne v peut être calculée si l'on connaît la distance parcourue d et la durée Δt mise pour la parcourir :

$$v = \frac{d}{\Delta t}$$

- L'unité de la vitesse est le mètre par seconde ($m \cdot s^{-1}$), celle de la distance est le mètre (m) et celle de la durée est la seconde (s).
- On peut aussi utiliser cette formule sous une autre forme pour calculer une distance parcourue ou une durée ;

calcul d'une distance d :

$$d = v \times \Delta t$$

calcul d'une durée Δt :

$$\Delta t = \frac{d}{v}$$

Se tester QUIZ

Vérifie que tu as bien compris les points-clés des **fiches 16 et 17.**

Pour chaque question, vérifie ta réponse à l'aide du corrigé et consulte les fiches de cours si nécessaire.

1 Savoir étudier un mouvement

→ CORRIGÉ P. 403

1. Pour un système en mouvement rectiligne et décéléré :
- ☐ a. sa trajectoire est un cercle
- ☐ b. sa vitesse augmente
- ☐ c. sa vitesse diminue

2. La vitesse est constante pour un mouvement uniforme :

☐ a. Vrai ☐ b. Faux

3. Si la vitesse est constante et la trajectoire est un cercle, alors :
- ☐ a. le mouvement est curviligne et uniforme
- ☐ b. le mouvement est circulaire et uniforme

2 Connaître les caractéristiques de la vitesse

→ CORRIGÉ P. 403

1. La valeur d'une vitesse égale à 3,0 $m \cdot s^{-1}$ peut aussi s'exprimer :
- ☐ a. 10,8 $km \cdot h^{-1}$
- ☐ b. 0,83 $km \cdot h^{-1}$
- ☐ c. 0,003 $km \cdot s^{-1}$

2. La direction de la vitesse ne change pas pour :
- ☐ a. un mouvement rectiligne
- ☐ b. un mouvement circulaire

3 Connaître la relation entre distance, durée et vitesse

→ CORRIGÉ P. 403

La relation permettant de calculer la distance parcourue à partir de la durée et la vitesse est :

☐ a. $d = \frac{\Delta t}{v}$ ☐ b. $d = v \times \Delta t$ ☐ c. $d = \frac{v}{\Delta t}$

Vers le brevet

Exerce-toi en vue du brevet et révise les **fiches 16 et 17.**

Pour chaque exercice, aide-toi des conseils donnés et compare ta réponse à celle donnée dans le corrigé.

PHYSIQUE CHIMIE

4 Étude du mouvement de la Terre dans le Système solaire

20 min

→ CORRIGÉ P. 403

Le mouvement de la Terre autour du Soleil est un mouvement circulaire et uniforme. La distance entre la Terre et le Soleil est égale à $1,50 \times 10^{11}$ m.

1. Trouver la valeur du rayon R de la trajectoire de la Terre autour du Soleil.

2. Sachant que le périmètre P d'un cercle a pour expression $P = 2 \times \pi \times R$, calculer le périmètre P_T associé à la trajectoire de la Terre.

3. La Terre effectue un tour complet autour du Soleil en 365,25 jours. On sait qu'un jour est équivalent à 86 400 secondes.
a. Calculer la durée Δt mise par la Terre pour effectuer un tour complet autour du Soleil, exprimée en secondes.
b. Calculer la vitesse moyenne v de la Terre, exprimée en $m \cdot s^{-1}$ puis en $km \cdot s^{-1}$.
c. Calculer la distance d parcourue par la Terre en un jour, en kilomètres.

Démarrons ensemble

3. b. La vitesse moyenne est calculée par la formule $v = \dfrac{d}{\Delta t}$ avec d la distance parcourue par le système étudié (ici la Terre).

5 Étude du mouvement d'un parachutiste

20 min

→ CORRIGÉ P. 403

Avant d'ouvrir son parachute, un parachutiste a un mouvement rectiligne et accéléré.

1. Par rapport à quoi doit-on étudier le mouvement du parachutiste ?

2. a. Comment évolue sa vitesse ?
b. Quelle est la forme de sa trajectoire ?

3. Après l'ouverture de son parachute, le parachutiste a un mouvement rectiligne et uniforme. Sa vitesse est alors égale à $30\ m \cdot s^{-1}$.
a. Comment évolue alors la vitesse du parachutiste ?
b. Quelle est la distance parcourue pendant une durée de 6,0 secondes ?
c. Sachant que la distance entre le parachutiste et le sol, au moment de l'ouverture du parachute, est égale à 2 400 m, quelle sera la durée du saut ?

Démarrons ensemble

1. Les adjectifs rectiligne, circulaire et curviligne sont des indications sur la forme de la trajectoire ; les adjectifs accéléré, ralenti ou uniforme nous informent sur les variations éventuelles de vitesse.
2. Applique la formule $d = v \times \Delta t$.

18 Modéliser les actions par des forces

Tout système en mouvement ou non à la surface de la Terre, ou voyageant dans le Système solaire, est soumis à des actions.

RETENIR L'ESSENTIEL

I Définition d'une action

- Une action est une contrainte physique ou non, appliquée à un système qui va en ressentir les effets.
- Cette action est créée par une source, qui peut être au contact du système (**action de contact**) ou non (**action à distance**).

Exemple : le sol exerce sur les objets posés à sa surface une action de contact (réaction), tandis que la Terre exerce sur tous les corps une action à distance (gravitation).

II Caractéristiques d'une force

- Pour modéliser une action afin de pouvoir ensuite mesurer son effet sur un système, on définit une **force** $\vec{F}$ qui possède quatre caractéristiques : son **point d'application**, sa **droite d'action**, son **sens** et sa **valeur** (exprimée en **newtons N**).
- On représente une force par une **flèche** dont l'origine coïncide avec le point d'application, la droite d'action et le sens sont celles de la force, et la longueur est proportionnelle à la valeur de la force.

> **Attention !**
> On note une force en mettant une **flèche** sur la lettre majuscule symbolisant la force : par exemple, le poids $\vec{P}$, la réaction $\vec{R}$, la tension $\vec{T}$...

Exemple :

La force gravitationnelle exercée par la Terre sur la Lune :

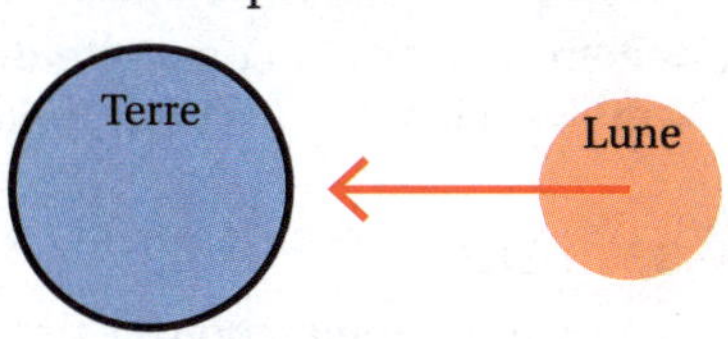

La force exercée par le sol sur un objet posé à sa surface :

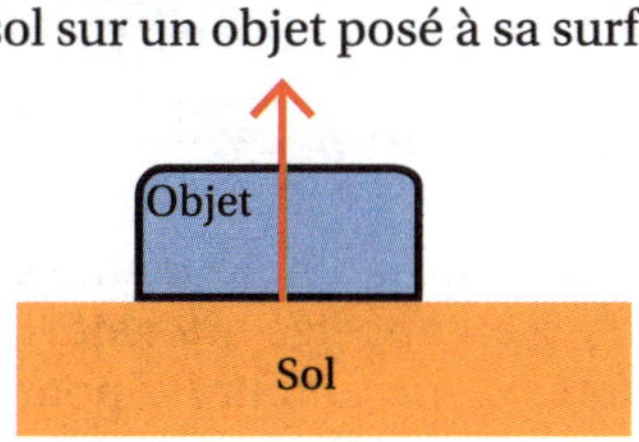

PHYSIQUE CHIMIE

19 Connaître la force de gravitation et le poids

La force de gravitation est celle qu'exerce tout corps céleste sur les objets qui l'entoure. Le poids est la force à laquelle est soumise tout objet à la surface et aux environs de la surface terrestre. Quel est le lien entre ces deux forces ?

RETENIR L'ESSENTIEL

I La force gravitationnelle exercée par la Terre

■ La Terre peut être assimilée à une sphère dont le rayon est égal à $R_T = 6\,400$ km et la masse à $M_T = 5{,}98 \times 10^{24}$ kg. Tout objet de masse m situé à une distance d du centre de la Terre est soumis à une action de la Terre modélisée par la **force gravitationnelle**. Cette force peut se représenter de la façon suivante :

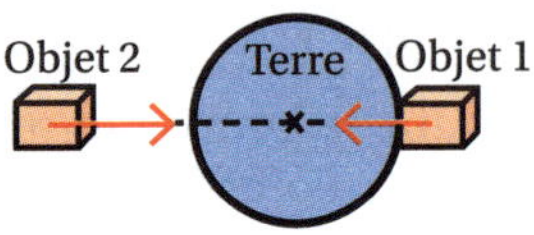

■ La force gravitationnelle a pour point d'application le centre de l'objet, sa droite d'action est la droite passant par les centres de l'objet et de la Terre, et son sens est dirigé vers le centre de la Terre.

■ La **loi de la gravitation** nous donne l'expression littérale de la force gravitationnelle :

$$F = G \times \frac{M_T \times m}{d^2}$$

les masses m de l'objet et M_T de la Terre sont exprimées en kilogrammes ;
la distance d est exprimée en mètres ; la constante de gravitation G a pour valeur : $G = 6{,}67 \times 10^{-11}\ N{\cdot}m^2{\cdot}kg^{-2}$; la force F a pour unité le newton (N).

II La force de pesanteur

■ La **force de pesanteur** (souvent appelée poids), notée P, est une force qui s'exerce sur chaque objet de masse m à la surface de la Terre. Son expression est la suivante :

$$P = m \times g$$

la masse m de l'objet correspond à une quantité de matière, exprimée en kilogrammes ; la **constante g** est appelée **intensité de la pesanteur** et a pour valeur : $g = 9{,}8\ N{\cdot}kg^{-1}$; la force de pesanteur P a pour unité le newton (N).

20 Connaître les effets d'une force sur le mouvement

Tous les mouvements ont en commun de voir le système en mouvement soumis à des actions.

RETENIR L'ESSENTIEL

I Effet d'une force sur la valeur de la vitesse

Une force appliquée à un système en mouvement et dont la droite d'action est parallèle à la trajectoire fera varier la valeur de la vitesse :
- si le sens de la force et le sens du mouvement sont les mêmes, alors la valeur de la vitesse augmentera ;
- si le sens de la force et le sens du mouvement sont opposés, alors la valeur de la vitesse diminuera.

Exemple : il existe une force parallèle et de même sens que le mouvement rectiligne accéléré.

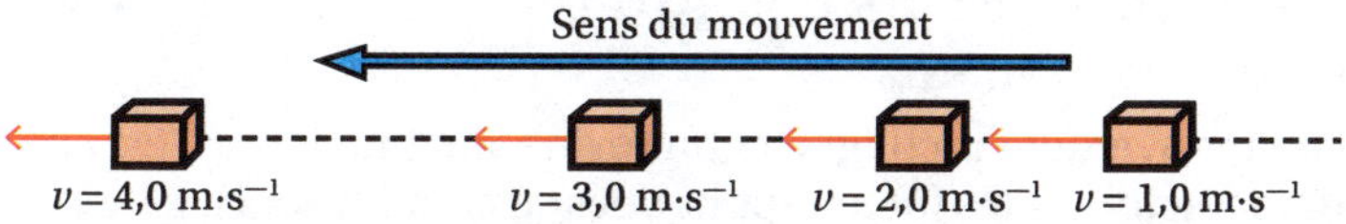

II Effet d'une force sur la direction de la vitesse

Une force appliquée à un système en mouvement et dont la droite d'action est perpendiculaire à la trajectoire fera varier la direction de la vitesse sans modifier sa valeur. La conséquence de ce changement de direction se traduira par une modification de la trajectoire.

Exemple : il existe une force perpendiculaire à la trajectoire du mouvement circulaire.

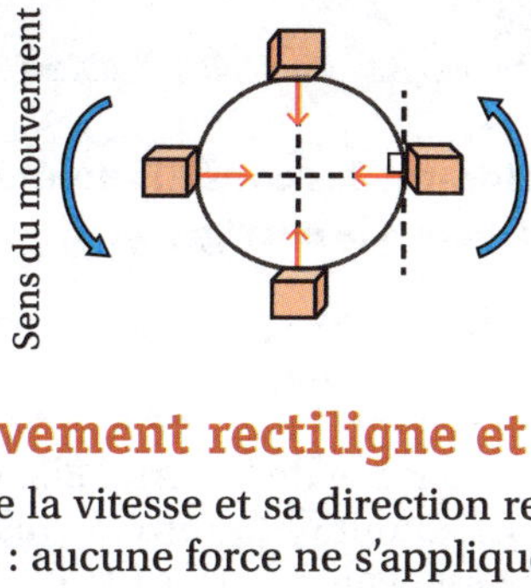

III Le cas du mouvement rectiligne et uniforme

Dans ce cas, la valeur de la vitesse et sa direction restent les mêmes. On en déduit deux possibilités : aucune force ne s'applique au système ; toutes les forces appliquées se compensent.

PHYSIQUE CHIMIE

Se tester QUIZ

Vérifie que tu as bien compris les points-clés des **fiches 18 à 20**.

Pour chaque question, vérifie ta réponse à l'aide du corrigé et consulte les fiches de cours si nécessaire.

1 Connaître les caractéristiques des forces

→ CORRIGÉ P. 403

1. La force gravitationnelle a pour expression :

☐ **a.** $F = G \times \frac{M_T \times m}{d}$

☐ **b.** $F = \frac{M_T \times m}{d^2}$

☐ **c.** $F = G \times \frac{M_T \times m}{d^2}$

2. La force de pesanteur a pour expression $P = \frac{m}{g}$.

☐ **a.** Vrai
☐ **b.** Faux

2 Connaître les effets d'une force sur un mouvement

→ CORRIGÉ P. 403

1. Pour un mouvement rectiligne et uniforme, aucune force n'est appliquée au système (ou toutes les forces appliquées se compensent).

☐ **a.** Vrai
☐ **b.** Faux

2. Une force parallèle à la trajectoire a pour effet de :

☐ **a.** modifier la valeur de la vitesse
☐ **b.** modifier la direction de la vitesse

Vers le brevet

Exerce-toi en vue du brevet et révise les **fiches 18 à 20**.

Pour chaque exercice, aide-toi des conseils donnés et compare ta réponse à celle donnée dans le corrigé.

3 Étude du mouvement de la Lune autour de la Terre

20 min

→ CORRIGÉ P. 403

La Lune est le seul satellite naturel de la Terre. Elle est animée d'un mouvement circulaire et uniforme autour de la Terre. Sa distance à la Terre est égale à $3{,}8 \times 10^5$ km et sa masse est égale à $7{,}35 \times 10^{22}$ kg. La force gravitationnelle exercée par la Terre sur la Lune est perpendiculaire à la direction de la vitesse de la Lune et on suppose qu'il s'agit de l'unique force appliquée à la Lune.

1. Quelle est la forme de la trajectoire de la Lune ?

2. Est-ce cohérent avec la force exercée sur la Lune ?

3. Expliquer pourquoi le mouvement de la Lune est uniforme.

4. Calculer la valeur de la force gravitationnelle exercée sur la Lune sachant que la masse de la Terre est égale à $5,98 \times 10^{24}$ kg.

Démarrons ensemble

1. La force exercée par la Terre sur la Lune est perpendiculaire à la trajectoire de la Lune.
2. Pour le calcul, exprime les distances en mètres et les masses en kilogrammes. N'oublie pas le carré au dénominateur dans le calcul de la force gravitationnelle.

4 Un spationaute sur la Lune

20 min

→ CORRIGÉ P. 404

Un spationaute est envoyé en mission sur la Lune. Sa masse *m* lorsqu'il est totalement équipé est égale à 160 kg.

Données :
intensité de la pesanteur terrestre : $g_T = 9,800\ N \cdot kg^{-1}$;
intensité de la pesanteur lunaire : $g_L = 1,622\ N \cdot kg^{-1}$;
masse de la Lune : $M_L = 7,35 \times 10^{22}$ kg.

1. Quel est le poids du spationaute sur la Terre ?

2. Quel est le poids du spationaute sur la Lune ?

3. Le poids est-il une force de contact ou à distance ?

4. Le spationaute est désormais sur la Lune. Sa distance au centre de la Lune est alors égale au rayon lunaire, soit $R_L = 1\,737$ km.

a. Calculer la force gravitationnelle exercée par la Lune sur le spationaute.

b. Comparer le poids lunaire du spationaute à la force gravitationnelle calculée.

c. Que peut-on en déduire ?

Démarrons ensemble

1. Le poids d'un objet est donné par la formule $P = m \times g$, où g est l'intensité de la pesanteur et dépend du lieu.

21 Connaître les différentes formes d'énergie

Un train utilise de l'énergie électrique pour se déplacer, une lampe libère de l'énergie lumineuse et un radiateur de l'énergie thermique. Mais qu'est-ce que l'énergie ? Sous quelles formes se présente-t-elle ?

RETENIR L'ESSENTIEL

I Les caractéristiques de l'énergie

■ Tous les systèmes possèdent de l'énergie qui peut prendre différentes formes :
- énergie **cinétique** (liée au mouvement) ;
- énergie **potentielle** (liée à la position) ;
- énergie **chimique** (liée aux transformations chimiques) ;
- énergie **lumineuse** (liée aux rayonnements lumineux) ;
- énergie **électrique** (liée à la circulation d'un courant électrique) ;
- énergie **thermique** (liée à la température) ;
- énergie **nucléaire** (liée aux transformations mettant un jeu les noyaux atomiques).

■ Cette énergie peut être **stockée** et **transportée**. Elle peut également être **convertie** d'une forme à une autre.

II Les sources d'énergie

■ Tous les systèmes ou phénomènes à partir desquels il est possible de retirer de l'énergie sont appelés sources d'énergie.

Exemple : la bouilloire augmente la température de l'eau : elle lui fournit de l'énergie thermique.

■ Il existe deux sortes de sources d'énergie :
- **sources renouvelables** (Soleil, chute d'eau…) : elles se renouvellent rapidement par rapport à la durée d'une vie humaine ou sont inépuisables ;
- **sources non renouvelables** (pétrole, gaz, charbon…) : leurs stocks s'épuisent et ils ont besoin de plusieurs millions d'années pour se renouveler.

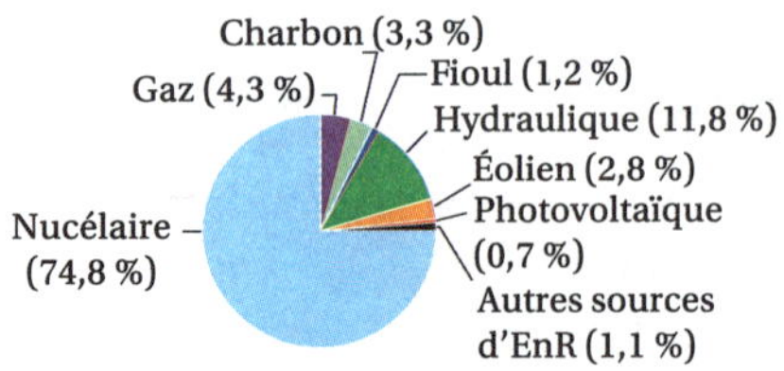

Production française d'électricité en 2012 : 541,4 TWh

22 Établir un bilan d'énergie

Les centrales électriques thermiques produisent de l'énergie électrique à partir d'énergie thermique. Toute l'énergie reçue par une centrale est-elle utilisée à la production électrique ?

RETENIR L'ESSENTIEL

I Distinguer transfert et conversion d'énergie

- Lorsque l'énergie d'un corps est transmise à d'autres corps, on parle de **transfert d'énergie**.

Exemple : de l'énergie thermique est transférée du réfrigérateur aux aliments qu'il contient.

- Lorsque l'énergie d'un corps change de forme, on parle de **conversion d'énergie**.

Exemple : un ventilateur convertit l'énergie électrique qu'il reçoit en énergie mécanique pour faire tourner ses pales.

II Conservation de l'énergie

Lors de toute transformation, **l'énergie est conservée**. Pour un corps donné, tout changement d'énergie correspond soit à un transfert d'énergie vers un autre corps, soit à une conversion d'énergie : la quantité totale d'énergie du corps reste constante.

Exemple : une lampe reçoit une quantité d'énergie électrique qu'elle convertit en partie en énergie lumineuse et en partie en énergie thermique ; toute l'énergie reçue par la lampe est convertie.

III Savoir faire un bilan énergétique

Un robot de cuisine est utilisé pour faire de la chantilly. Il reçoit de l'énergie électrique, il en convertit une partie en énergie mécanique (mouvement du batteur) et une partie en énergie thermique (le moteur chauffe). Le bilan énergétique du robot est :

$$E_{\text{électrique reçue}} = E_{\text{cinétique}} + E_{\text{thermique}}$$

Exemple : diagramme énergétique du robot de cuisine.

PHYSIQUE CHIMIE

23 Calculer une consommation d'énergie

Quelles caractéristiques entrent en jeu dans la quantité d'énergie produite par une centrale ou dans la quantité d'énergie consommée par un appareil ?

RETENIR L'ESSENTIEL

I Savoir définir une puissance

- La puissance d'un système correspond à l'énergie qu'il échange en une seconde.
- La **puissance nominale** est la puissance délivrée par le système lorsqu'il est utilisé dans des conditions idéales. Elle est généralement indiquée sur l'appareil. Plus un dipôle à une puissance nominale élevée, plus son action est efficace.

Exemple : entre deux aspirateurs, c'est celui qui a la puissance la plus grande qui aspire le plus fort.

- L'unité légale de la puissance est le **watt (W)** ; mais on utilise également le kilowatt (kW), le mégawatt (MW) et le gigawatt (GW).

Exemple : $P_{\text{aspirateur}} = 1\,200 \text{ W} = 1{,}200 \text{ kW}$.

II Connaître la relation liant puissance, énergie et temps

- L'énergie électrique E consommée par un appareil est égale au produit de sa puissance nominale P par sa durée de fonctionnement Δt :

$$E = P \times \Delta t$$

avec E, l'énergie électrique en joules (J) ;
P, la puissance nominale en watts (W) ;
Δt, la durée de fonctionnement de l'appareil en secondes (s).

- L'unité légale de l'énergie est le joule (J) ; mais on utilise également le kilojoule (kJ), le wattheure (Wh) et le kilowattheure (kWh).

À noter
Pour calculer une énergie exprimée en wattheures (Wh), il faut exprimer la puissance en watts (W) et la durée de fonctionnement en heures (h).
Relation utile :
1 Wh = 3 600 J.

Se tester QUIZ

Vérifie que tu as bien compris les points-clés des **fiches 21 à 23**.

Pour chaque question, vérifie ta réponse à l'aide du corrigé et consulte les fiches de cours si nécessaire.

1 Connaître les formes d'énergie et leurs sources

→ CORRIGÉ P. 404

1. Une source d'énergie renouvelable :

☐ **a.** se renouvelle rapidement ou a un stock inépuisable

☐ **b.** a un stock limité qui a besoin de plusieurs millions d'années pour se renouveler

2. L'énergie cinétique est liée :

☐ **a.** aux variations de température

☐ **b.** au mouvement

☐ **c.** à la position

2 Savoir faire un bilan énergétique

→ CORRIGÉ P. 404

1. On parle de transfert d'énergie :

☐ **a.** quand l'énergie change de forme

☐ **b.** quand l'énergie est transmise d'un corps à un autre

2. Lors d'une transformation, la quantité totale d'énergie du système :

☐ **a.** diminue ☐ **b.** augmente ☐ **c.** reste constante

3 Connaître la relation entre puissance et énergie

→ CORRIGÉ P. 404

1. Deux lampes ont des puissances différentes dans les mêmes conditions d'utilisation :

☐ **a.** elles brilleront toutes les deux de la même façon

☐ **b.** celle qui a la plus grande puissance brillera plus

☐ **c.** celle qui a la plus grande puissance brillera moins

2. La puissance est reliée à l'énergie par la relation :

☐ **a.** $P = \frac{E}{\Delta t}$ ☐ **b.** $P = \frac{\Delta t}{E}$ ☐ **c.** $P = E \times \Delta t$

PHYSIQUE CHIMIE

Vers le brevet

Exerce-toi en vue du brevet et révise les **fiches 21 à 23**.

Pour chaque exercice, aide-toi des conseils donnés et compare ta réponse à celle donnée dans le corrigé.

4 Réaliser un bilan de puissance

20 min

→ CORRIGÉ P. 404

Mathieu a acheté un ventilateur solaire : il s'agit d'un panneau solaire qui, à partir de l'énergie reçue par le Soleil, va produire de l'énergie électrique qui alimente un moteur faisant tourner les pales du ventilateur.

1. Quelle est la source d'énergie du ventilateur ? Cette source est-elle renouvelable ?
2. Sous quelle forme l'énergie est-elle libérée par le ventilateur ?
3. Il n'y a pas de perte d'énergie au niveau du panneau solaire, par contre le moteur qui permet le mouvement des pales chauffe lorsqu'il fonctionne. Sous quelle forme l'énergie perdue est-elle libérée dans l'air ?
4. Faire le diagramme énergétique du ventilateur solaire acheté par Mathieu.

Démarrons ensemble

Pour le diagramme énergétique, fait apparaître les réservoirs d'énergie, les convertisseurs d'énergie, ainsi que les différentes formes d'énergie.

5 Calculer une consommation électrique

20 min

→ CORRIGÉ P. 404

La télévision, les box Internet et les consoles de jeu, même en mode veille, consomment de l'énergie électrique. Pour un téléviseur, la puissance en veille est $P_{TV} = 2$ W, pour une box Internet $P_{box} = 3$ W et pour une console de jeu $P_{console} = 4$ W.

1. Calculer l'énergie E consommée par cet équipement s'il est en veille 20 heures par jour.
2. Exprimer le résultat en wattheures (Wh).
3. Calculer l'énergie électrique totale E' perdue en France chaque jour, en admettant qu'il y a 40 millions de foyers disposant de cet équipement.
4. Quel geste simple peut-on faire pour économiser de l'énergie ?

Démarrons ensemble

1. Exprime les durées en secondes.
2. Utilise la relation 1 Wh = 3 600 J.

24 Connaître les circuits électriques

Les maisons, les voitures, les appareils domestiques que l'on utilise au quotidien contiennent tous des circuits électriques.

RETENIR L'ESSENTIEL

I Les éléments d'un circuit électrique

- Un circuit électrique est constitué :
- d'un **générateur** (pile, batterie), qui fournit l'énergie électrique au circuit ;
- de **récepteurs** (lampe, moteur), qui convertissent l'énergie électrique en d'autres formes d'énergie ;
- de **fils de connexion** qui transportent l'énergie électrique.

- Un composant électrique constitué de deux bornes est appelé **dipôle** (lampe, générateur, résistance, etc.).
- Un **nœud** est un point de connexion d'au moins 3 fils.
- Une **branche** est une portion de circuit comprise entre deux nœuds consécutifs.
- Une **maille** est un ensemble de branches formant une boucle fermée.

Exemple :

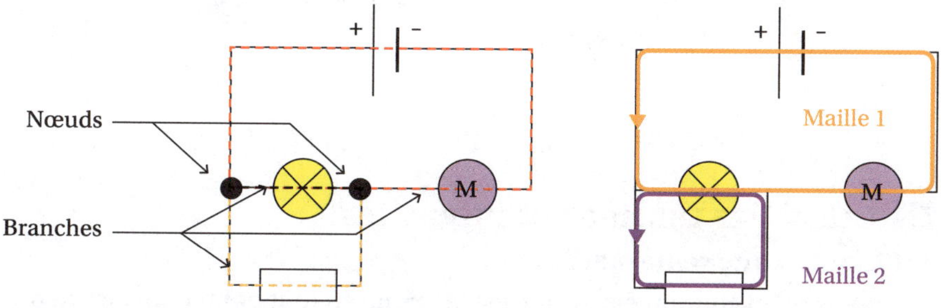

II Connaître les différentes associations de dipôles

- Des dipôles connectés les uns à la suite des autres sont branchés **en série**.
- Des dipôles dont les bornes sont reliées directement à celles d'autres dipôles sont branchés **en dérivation**.

Exemple : Sur les schémas précédents :
- la lampe et le moteur sont associés en série ;
- la lampe et la résistance sont associées en dérivation.

PHYSIQUE CHIMIE

25 Connaître et exploiter les lois de l'électricité

La tension électrique et l'intensité d'un courant sont les deux caractéristiques qui permettent de définir en chaque point un circuit.

RETENIR L'ESSENTIEL

I Représentation de la tension et de l'intensité

- Dans un circuit électrique, le courant circule **de la borne positive vers la borne négative** du générateur.
- Par convention, le courant électrique est représenté par une flèche placée sur les fils ; une tension est modélisée par une flèche placée à côté du dipôle. On oriente la flèche de la tension dans le sens opposé de celui du courant électrique pour les récepteurs et dans le même sens pour les générateurs.

Exemple :

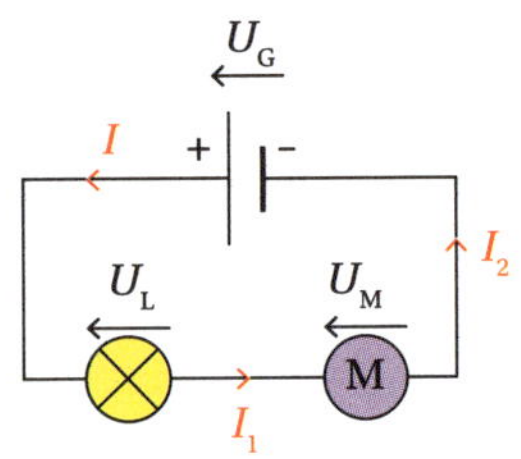

$I = I_1 = I_2$; $U_G = U_L + U_M$

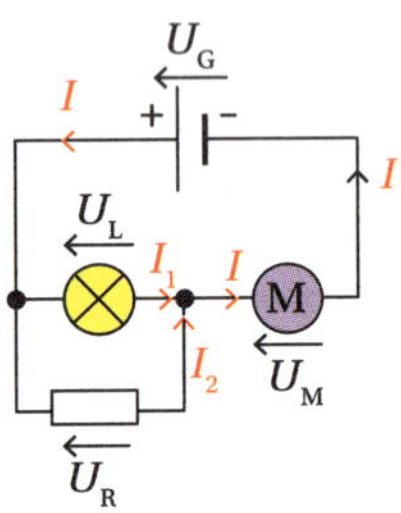

$I = I_1 + I_2$; $U_L = U_R$

II Calcul des tensions et intensités

1. Circuits à une seule maille

- L'intensité du courant électrique est la même en tout point d'un circuit qui ne compte que des dipôles en série : $I = I_1 = I_2$.
- Dans un circuit à une seule maille, la tension aux bornes du générateur est égale à la somme des tensions aux bornes de tous les récepteurs : $U_G = U_L + U_M$.

2. Circuits à plusieurs mailles

- Dans un circuit à plusieurs mailles, la somme des intensités du courant qui arrive à un nœud est égale à la somme de celles qui en partent : $I = I_1 + I_2$.
- Dans un circuit à plusieurs mailles, la tension aux bornes des dipôles branchés en dérivation est la même : $U_L = U_R$.
- Dans un circuit où tous les dipôles sont en dérivation, toutes les tensions sont alors égales à celle du générateur.

26 Connaître et exploiter la loi d'Ohm

Parmi les composants électriques, la famille des conducteurs ohmiques est l'une des plus importantes. On les retrouve dans tous les circuits, que ce soit dans les ordinateurs, les moteurs électriques ou les appareils domestiques. Quelles sont leurs caractéristiques ?

RETENIR L'ESSENTIEL

I Étude expérimentale

- On réalise un circuit contenant un **conducteur ohmique** et un générateur dont on peut faire varier la tension (montage ci-contre).

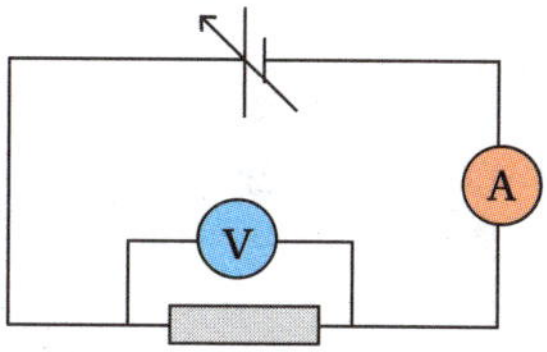

- En faisant varier la tension aux bornes du générateur, on fait varier la tension aux bornes du conducteur ohmique.
- Pour chaque valeur de la tension U aux bornes du conducteur ohmique, on relève l'intensité I du courant électrique qui le traverse.
- On trace la **caractéristique** du conducteur ohmique, c'est-à-dire la courbe représentant la tension U aux bornes du conducteur ohmique en fonction de l'intensité I qui le traverse : les intensités sont portées en abscisse (axe horizontal) et les tensions en ordonnée (axe vertical).

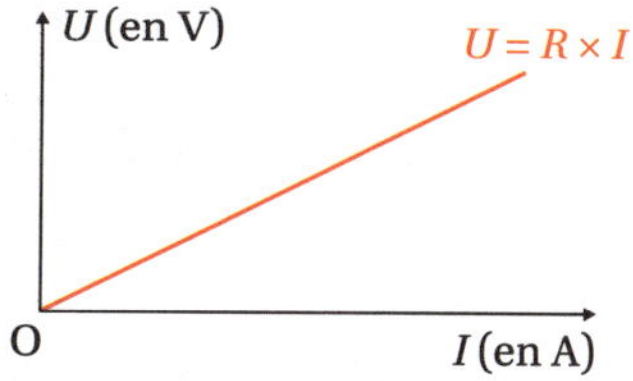

La caractéristique $U = f(I)$ d'un conducteur ohmique est une **droite linéaire** : il y a **proportionnalité** entre la tension et l'intensité du conducteur ohmique.

II Connaître la loi d'Ohm

D'après la **loi d'Ohm**, la tension aux bornes d'un conducteur ohmique est proportionnelle à l'intensité du courant qui le traverse. Le coefficient de proportionnalité R est la valeur de la résistance du conducteur ohmique.

$$U = R \times I$$

avec U, la tension en volts (V) ;
I, l'intensité en ampères (A) ;
R, la résistance du conducteur ohmique en ohms (Ω).

PHYSIQUE CHIMIE

27 Appliquer les règles de sécurité électrique

Chaque année, de nombreux accidents domestiques sont dus à une mauvaise utilisation des appareils électriques ou à un mauvais état des dispositifs de sécurité des logements. Connaître quelques règles simples permettrait de limiter ces accidents.

RETENIR L'ESSENTIEL

I Connaître la puissance électrique d'un appareil

En régime continu, la puissance P consommée par un appareil est égale au produit de la tension U entre ses bornes par l'intensité du courant I qui le traverse :

$$P = U_{AB} \times I$$

avec P, la puissance de l'appareil en watts (W) ;
U_{AB}, la tension électrique aux bornes du dipôle en volts (V) ;
I, l'intensité du courant traversant le dipôle en ampères (A).

II Calcul de la puissance électrique d'une installation domestique

Dans une installation domestique, les appareils sont tous branchés **en dérivation** et fonctionnent tous sous la même **tension nominale U = 230 V** (la tension du secteur). La puissance reçue est égale à la somme des puissances consommées par les appareils fonctionnant simultanément.

Exemple : si un lave-vaisselle, une cafetière et deux lampes fonctionnent en même temps dans une pièce, on a : $P_{tot} = P_{LV} + P_{café} + P_{lampe1} + P_{lampe2}$.

III La sécurité des installations domestiques

- Le passage du courant électrique dans un conducteur provoque un échauffement de celui-ci. Si l'intensité du courant est trop élevée par rapport à la valeur de l'intensité maximale conseillée par le constructeur, il y a **surintensité** et **risque d'incendie**.
- Il existe deux causes principales de surintensité :
  - un trop grand nombre d'appareils branchés à une multiprise ;
  - un court-circuit.
- Les **coupe-circuits** (**fusibles** ou **disjoncteurs**) protègent l'installation électrique et le matériel en ouvrant le circuit quand l'intensité dépasse la valeur maximale admissible par l'installation.

Se tester QUIZ

Vérifie que tu as bien compris les points-clés des **fiches 24 à 27.**

Pour chaque question, vérifie ta réponse à l'aide du corrigé et consulte les fiches de cours si nécessaire.

1 Connaître les circuits électriques

→ CORRIGÉ P. 405

1. Un moteur :
- ☐ **a.** produit de l'énergie électrique : c'est un générateur.
- ☐ **b.** convertit l'énergie électrique qu'il reçoit : c'est un récepteur.

2. Dans un circuit à plusieurs mailles :
- ☐ **a.** l'intensité est la même en tout point du circuit
- ☐ **b.** la somme des intensités du courant électrique qui arrivent à un nœud est égale à la somme des intensités du courant électrique qui en partent

3. Pourquoi peut-on dire qu'il y a proportionnalité entre U et I pour un conducteur ohmique ?
- ☐ **a.** Car sa caractéristique est une droite
- ☐ **b.** Car les points de sa caractéristique sont alignés
- ☐ **c.** Car sa caractéristique est une droite qui passe par l'ordonnée à l'origine

4. Quelle est la relation entre la tension et l'intensité du courant d'après la loi d'Ohm ?

☐ **a.** $U = \frac{I}{R}$ ☐ **b.** $U = R \times I$ ☐ **c.** $U = \frac{R}{I}$

2 Connaître les risques liés aux appareils électriques

→ CORRIGÉ P. 405

1. Quelle relation permet de déterminer la puissance électrique d'un appareil ?

☐ **a.** $P = \frac{U}{I}$ ☐ **b.** $P = \frac{I}{U}$ ☐ **c.** $P = U \times I$

2. Une surintensité peut provoquer :

☐ **a.** une explosion ☐ **b.** un incendie

Vers le brevet

Exerce-toi en vue du brevet et révise les **fiches 24 à 27.**

Pour chaque exercice, aide-toi des conseils donnés et compare ta réponse à celle donnée dans le corrigé.

PHYSIQUE CHIMIE

3 Étude d'un circuit électrique

20 min

→ CORRIGÉ P. 405

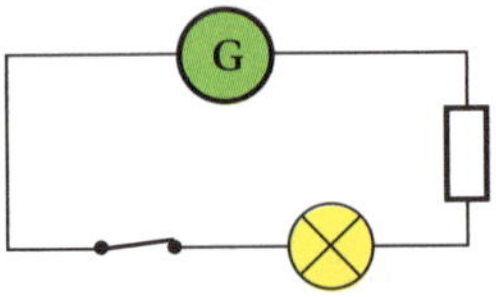

1. Représenter le sens du courant et les flèches de tension des dipôles du circuit.

2. L'intensité du courant traversant le conducteur ohmique est $I_R = 0{,}25$ A. A-t-on besoin de plusieurs mesures pour connaître l'intensité du courant traversant les autres dipôles ? Pourquoi ?

3. Les tensions aux bornes de certains dipôles ont été notées dans le tableau ci-dessous :

Dipôle	Générateur	Conducteur ohmique
Tension (V)	9,0	5,0

a. Déterminer la valeur de la tension aux bornes de la lampe.

b. Déterminer la valeur de la résistance du conducteur ohmique.

Démarrons ensemble

3.a. Dans un circuit à une seule maille, la tension aux bornes du générateur est égale à la somme des tensions aux bornes de tous les récepteurs.

3.b. Applique la loi d'Ohm.

4 Utilisation d'une multiprise

20 min

→ CORRIGÉ P. 405

On veut brancher simultanément sur une multiprise un radiateur électrique de puissance 2 kW et un fer à repasser de puissance 1 500 W.

Le constructeur de la multiprise indique qu'elle supporte au maximum 10 A.

1. Comment les deux appareils électriques sont-ils branchés l'un par rapport à l'autre ?

2. Calculer la puissance totale des appareils branchés sur la multiprise.

3. Calculer l'intensité du courant qui circule dans la multiprise.

4. Peut-on faire fonctionner ces deux appareils en même temps ? Pourquoi ?

5. Si on fait fonctionner ces deux appareils simultanément, que va-t-il se passer ?

Démarrons ensemble

2. Exprime toutes les puissances en watts.

3. La tension de la multiprise est celle du secteur sur lequel elle est branchée ($U = 230$ V).

28 Connaître et exploiter la propagation de la lumière

La lumière a toujours été un sujet d'étude passionnant pour les physiciens. Se déplaçant à travers l'espace à très grande vitesse, elle est la source principale d'information concernant l'Univers qui nous entoure.

RETENIR L'ESSENTIEL

I Les sources de lumière

- Une **source primaire** de lumière est un objet qui produit la lumière qu'il émet.

Exemple : les étoiles sont des sources primaires de lumière, car la lumière émise résulte de réactions nucléaires ayant lieu au cœur des étoiles.

- Une **source secondaire** de lumière renvoie une partie de la lumière qu'elle reçoit. Elle renvoie cette lumière dans toutes les directions : c'est un **objet diffusant**.

Exemple : la Lune est un objet diffusant la lumière reçue du Soleil.

II La propagation rectiligne de la lumière

La lumière se propage **en ligne droite** dans un milieu transparent, homogène et isotrope.

Exemple : dans le vide et dans l'air qui nous entoure, la lumière se propage en ligne droite.

Mots-clés
- **Homogène** signifie que les caractéristiques du milieu sont les mêmes en tout point.
- **Isotrope** signifie que toutes les directions dans le milieu sont équivalentes.

III Exploiter la propagation rectiligne de la lumière

Un **faisceau de lumière** est constitué d'une infinité de **rayons lumineux** qui sont modélisés par des droites sur lesquelles on indique le sens de propagation par une flèche.
Ce modèle permet par exemple, de calculer la hauteur d'un objet par la mesure de son ombre.

Exemple : on mesure les longueurs L_1 et L_2 de deux ombres, puis on applique la relation de proportionnalité entre hauteur et longueur de l'ombre : $\frac{H}{L_1} = \frac{h}{L_2} \Leftrightarrow H = \frac{L_1 \times h}{L_2}$.

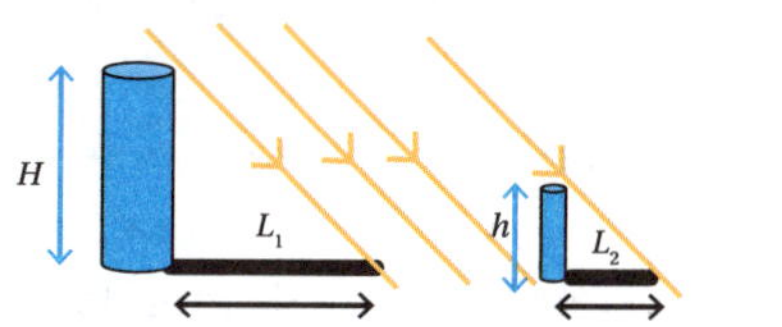

Objet de hauteur inconnue H — Objet de hauteur connue h

29 Calculer les distances dans l'Univers

Pour exprimer les distances qui séparent le Soleil des étoiles les plus proches, le mètre ou le kilomètre sont des unités de longueur beaucoup trop petites. Les astronomes ont défini une unité de longueur adaptée : l'année-lumière.

RETENIR L'ESSENTIEL

I L'année-lumière

- Par définition, l'**année-lumière** est égale à la distance parcourue par la lumière dans le vide pendant une durée d'un an. Le symbole de l'année-lumière est **al**.
- Cette unité est pratique car elle nous permet d'accéder directement à la durée mise par la lumière pour nous parvenir.

Exemple : pour une étoile distante de 668 al, la lumière a mis 668 ans pour nous parvenir.

- Ceci nous montre que plus une étoile est éloignée de nous, plus la lumière qui nous parvient aujourd'hui a été émise il y a longtemps dans le passé : **voir loin, c'est voir dans le passé**.
- Conversions utiles :

$$1 \text{ al} = 9{,}46 \times 10^{12} \text{ km} = 9{,}46 \times 10^{15} \text{ m}$$

II Calculer un ordre de grandeur

- Par définition, l'ordre de grandeur d'une valeur est égal à la puissance de 10 la plus proche de cette valeur.
- Il faut respecter un processus en trois étapes :
  - mettre la valeur en **notation scientifique : $N = a \times 10^n$** où a est compris entre 1 et 10 ;
  - trouver l'encadrement en puissances de 10 ;
  - choisir la puissance de 10 la plus proche du nombre : si a est inférieur à 5, on choisit la puissance de 10 la plus petite ; si a est supérieur ou égal à 5, on choisit la puissance de 10 la plus grande.

Exemples :

- Trouver l'ordre de grandeur d'une distance inférieure à 1 : $D = 9{,}2 \times 10^{-4}$ m.
$10^{-4} < 9{,}2 \times 10^{-4} < 10^{-3}$, donc l'ordre de grandeur est 10^{-3} m.
- Trouver l'ordre de grandeur d'une distance supérieure à 1 : $D = 3{,}4 \times 10^{7}$ m.
$10^{7} < 3{,}4 \times 10^{7} < 10^{8}$, donc l'ordre de grandeur est 10^{7} m.

Se tester QUIZ

Vérifie que tu as bien compris les points-clés des **fiches 28 et 29.**

Pour chaque quiz, vérifie ta réponse à l'aide du corrigé et consulte les fiches de cours si nécessaire.

1 Exploiter la propagation de la lumière

→ CORRIGÉ P. 405

1. La planète Mars :

- ☐ **a.** est une source primaire de lumière
- ☐ **b.** est un objet diffusant
- ☐ **c.** produit sa propre lumière

2. La lumière peut se propager en ligne courbe dans le vide, homogène et isotrope.

☐ **a.** Vrai ☐ **b.** Faux

3. La lumière peut se propager dans des milieux tels que :

- ☐ **a.** le verre et l'eau
- ☐ **b.** le bois et le béton

2 Calculer des distances dans l'Univers

→ CORRIGÉ P. 405

1. La distance nous séparant d'une étoile dont la lumière a mis 300 ans pour nous parvenir est égale à 300 al.

☐ **a.** Vrai ☐ **b.** Faux

2. L'ordre de grandeur de la distance Terre-Soleil ($d = 1{,}5 \times 10^{11}$ m) est :

☐ **a.** 10^{11} m ☐ **b.** 10^{12} m

PHYSIQUE CHIMIE

Vers le brevet

Exerce-toi en vue du brevet et révise les **fiches 28 et 29.**

Pour chaque exercice, aide-toi des conseils donnés et compare ta réponse à celle qui est donnée dans le corrigé.

3 Comment mesurer la hauteur d'un donjon ?

15 min

→ CORRIGÉ P. 405

Le roi Chichibellis demande à son astronome royal, le savant Racinekaré, de trouver la hauteur du donjon de son château fort. Pour cela, à midi solaire, Racinekaré plante un bâton de hauteur 1,5 m à côté du donjon. Il demande alors à ses assistants de mesurer la longueur L_1 de l'ombre du donjon et celle L_2 du bâton. Ils trouvent $L_1 = 30$ m et $L_2 = 0{,}80$ m.

1. Comment se propage la lumière dans l'air autour du château ?

2. Citer deux autres milieux (autre que l'air) dans lequel la lumière peut se propager.

3. Racinekaré écrit sur un parchemin les calculs permettant de trouver la solution.
a. Exprimer littéralement la relation de proportionnalité entre la hauteur d'un objet et la longueur de son ombre.
b. Trouver par le calcul la valeur de la hauteur du donjon, en mètres.

Démarrons ensemble

3.a. Applique le théorème de Thalès vu en mathématiques.
3.b. Exprime H en fonction de L_1, L_2 et h, puis calcule sa valeur.

4 Les étoiles de la constellation de la Vierge

20 min

→ CORRIGÉ P. 406

La Vierge est l'une des plus anciennes constellations identifiées par les astronomes. Elle comporte un grand nombre d'objets célestes parmi lesquels l'étoile la plus brillante est α Virginis située à 260 al et l'étoile la plus proche est Ross 128 située à 10,9 al de la Terre.

1. Combien de temps met la lumière pour nous parvenir de α Virginis ?

2. Trouver l'ordre de grandeur de la distance entre α Virginis et la Terre en années-lumière (al).

3. Calculer en kilomètres la distance qui nous sépare de Ross 128.

4. Trouver l'ordre de grandeur de cette distance en kilomètres.

5. En quelle année a été émise la lumière par Ross 128 si elle nous parvient en 2016 ?

Démarrons ensemble

2. Emploie la notation scientifique d'un nombre pour déterminer son ordre de grandeur.
3. Utilise la relation $1 \text{ al} = 9{,}46 \times 10^{12}$ km.
5. Détermine la durée du trajet de la lumière émise par Ross 128 et déduis-en la date d'émission.

30 Connaître et exploiter la propagation du son

Nous vivons dans un monde empli de sons, tantôt harmonieux tel que celui d'une mélodie ou agressifs tel que celui d'une détonation. Comment classer tous ces sons différents ?

RETENIR L'ESSENTIEL

I Conditions de propagation d'un son

- Le son est une **vibration de la matière** qui se propage de proche en proche.
- Le son ne peut se propager que dans un **milieu matériel** : il ne se propage **pas dans le vide**.

II Vitesse de propagation d'un son

- La durée Δt que met un son pour aller de sa source à un point situé à une distance d a pour expression :

$$\Delta t = \frac{d}{v}$$

avec Δt en secondes (s) ; d en mètres (m) ; v en mètres par seconde ($m \cdot s^{-1}$).

Exemple : lorsqu'un orage se rapproche de nous, la durée qui sépare un éclair du coup de tonnerre associé diminue car la distance d qui nous sépare du point d'impact de la foudre diminue.

- La formule précédente peut aussi être utilisée pour exprimer la vitesse de propagation du son : $v = \frac{d}{\Delta t}$. Celle-ci dépend de la température de l'air :

Température de l'air (°C)	–10	0	15	30
v ($m \cdot s^{-1}$)	325	331	340	349

La valeur communément choisie est **$v = 340\ m \cdot s^{-1}$**.

III La fréquence d'un son

- Un son est un phénomène périodique auquel est associée une grandeur appelée **fréquence**, exprimée en **hertz (Hz)**. Cette fréquence représente le nombre de périodes temporelles dans une seconde.
- Les sons audibles par l'Homme se trouvent dans une gamme de fréquences bien définie (entre 20 et 20 000 Hz).

Fréquence (Hz)	0 à 20	20 à 20 000	Supérieure à 20 000
v ($m \cdot s^{-1}$)	Infrasons	Sons audibles	Ultrasons

31 Savoir qu'un signal transporte de l'information

Le son ou la lumière sont des phénomènes qui se propagent en transportant une information. Comment sont-ils produits et comment les réceptionner ?

RETENIR L'ESSENTIEL

I Émission d'un son ou de lumière

■ Un son est produit par un **émetteur** (instrument de musique, gorge, haut-parleur) qui possède une membrane vibrante permettant la mise en **vibration de l'air**.

Exemple : une guitare émet des sons grâce à la mise en vibration de ses cordes.

■ La fréquence de vibration est égale à la fréquence du son émis :

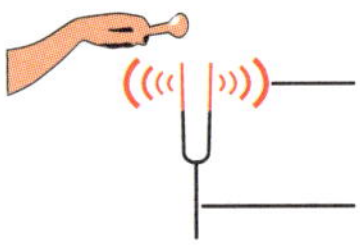

■ La lumière est produite par une source primaire de lumière.

Exemple : les étoiles sont des sources primaires de lumière.

> **Mot-clé**
> Une **source primaire** de lumière est un objet qui produit la lumière qu'il émet (→ Fiche 28).

II Le transport d'un signal par le son ou la lumière

■ Une fois produite, l'information sonore se propage de proche en proche dans l'air et est interceptée par un récepteur tel que l'oreille.

■ Une fois produite, l'information lumineuse se propage dans le vide (ou dans l'air) et est interceptée par un récepteur tel qu'un télescope.

Se tester QUIZ

Vérifie que tu as bien compris les points-clés des **fiches 30 et 31.**

Pour chaque question, vérifie ta réponse à l'aide du corrigé et consulte les fiches de cours si nécessaire.

1 Savoir exploiter la propagation du son

→ CORRIGÉ P. 406

1. La durée de propagation du son a pour expression :

☐ a. $\Delta t = d \times v$ ☐ b. $\Delta t = \dfrac{d}{v}$ ☐ c. $\Delta t = \dfrac{v}{d}$

2. La vitesse du son ne dépend pas de la température de l'air.

☐ a. Vrai ☐ b. Faux

3. Une fréquence de 25 000 Hz correspond à :

☐ a. un infrason ☐ b. un ultrason ☐ c. un son

2 Savoir exploiter le transport de l'information

→ CORRIGÉ P. 406

1. Un son peut transporter une information dans le vide :

☐ a. Vrai ☐ b. Faux

2. La lumière transporte l'information :

☐ a. en allant du récepteur vers l'émetteur

☐ b. en allant de l'émetteur vers le récepteur

Vers le brevet

Exerce-toi en vue du brevet et révise les **fiches 30 et 31.**

Pour chaque exercice, aide-toi des conseils donnés et compare ta réponse à celle donnée dans le corrigé.

3 Un jour d'orage

15 min

→ CORRIGÉ P. 406

Un promeneur est surpris par l'orage en pleine montagne. Pour avoir de plus amples renseignements, il sort son chronomètre et se munit de sa calculatrice. Après avoir vu un éclair, il chronomètre un temps de 20,5 s avant d'entendre le coup de tonnerre.

La vitesse du son est prise égale à $v = 340\ \text{m·s}^{-1}$.

1. Calculer la distance qui sépare le promeneur du point d'impact de la foudre en mètres, puis en kilomètres.

PHYSIQUE CHIMIE

2. Le coup de tonnerre suivant a lieu 23,0 s après un nouvel éclair.
a. Calculer la nouvelle distance.
b. Est-ce que l'orage se rapproche ou s'éloigne du promeneur ?

3. Dans quel domaine doivent se trouver les fréquences associées au coup de tonnerre ?

Démarrons ensemble

1. Utilise la relation entre vitesse, durée et distance : $d = v \times \Delta t$.
3. Les sons sont classés en trois catégories : les infrasons, les sons audibles et les ultrasons, en fonction de leurs fréquences.

4 Un télescope de Saint-Michel-l'Observatoire

20 min

→ CORRIGÉ P. 406

L'un des centres d'observation les plus réputés au monde se trouve dans les Alpes de Haute-Provence, à Saint-Michel-l'Observatoire. Ce centre est équipé de plusieurs instruments d'observation astronomiques, dont un télescope. On pointe celui-ci en direction du Soleil.

1. Que va récupérer le télescope ?

2. Dans quel milieu s'est propagée la lumière ?

3. Désigner l'émetteur et le récepteur.

4. La distance qui sépare la surface du Soleil au télescope est égale à 149,3 millions de kilomètres. La vitesse de la lumière est égale à $3{,}00 \times 10^5$ km·s^{-1}. Calculer la durée mise par la lumière pour parvenir au télescope.

Démarrons ensemble

4. Utilise la relation $\Delta t = \frac{d}{v}$ avec les distances en kilomètres et la vitesse en kilomètres par seconde pour obtenir une durée en secondes.

Corrigés

I Propriétés de la matière

1 b. **2** a. **3** 1. a. • 2. b.

4 1. En refroidissant suffisamment, un liquide devient solide : il s'agit donc d'une solidification.

2. Le graphique ne présente pas de palier de température, celle-ci varie durant le changement d'état : le liquide étudié est un mélange.

3. La substance est présente sous deux états différents lors du changement d'état : ici, entre 80 et 140 secondes la substance est en partie à l'état liquide et en partie à l'état solide.

5 1. Calcul de la masse volumique :

$$\rho(\text{poudre}) = \frac{m\ (\text{poudre})}{V\ (\text{poudre})} = \frac{0{,}198\ 5}{0{,}000\ 125} = 1\,588\ \text{kg} \cdot \text{m}^{-3}.$$

> Pense à exprimer la masse en kilogrammes et le volume en mètres cubes.

2. La masse volumique calculée est égale à celle du sucre cristallisé.

3. Calcul de la masse d'eau :

$m_{eau} = \rho_{eau} \times V_{eau} = 1\ 000 \times 0{,}000\ 100 = 0{,}100$ kg.

> Pense à convertir le volume en mètres cubes.

Lors de la dissolution, il y a conservation de la masse totale :

$m_{solution} = m_{eau} + m_{poudre}$ soit $m_{solution} = 100 + 20 = 120$ g.

> Exprime la masse d'eau en grammes.

II Structure de la matière

1 1. b. • 2. a. **2** 1. c. • 2. b.

3 1. La molécule de saccharose est constituée de 12 atomes de carbone, 22 atomes d'hydrogène et de 11 atomes d'oxygène.

2. La limonade étant acide à cause du jus de citron, son pH est inférieur à 7.

3. Le pH étant inférieur à 7, ce sont les ions hydrogène H^+ qui sont majoritaires.

> Solution acide : pH < 7 ; solution neutre : pH = 7 ; solution basique : pH > 7.

4 1. Le numéro atomique $Z = 26$ indique le nombre de charges positives dans le noyau. L'atome étant électriquement neutre, il possède autant d'électrons que de charges positives : il y a donc 26 électrons.

2. La formule de l'ion fer II est Fe^{2+}. Il s'agit d'un cation car il est chargé positivement.

3. a. Le premier compartiment contient des ions cuivre Cu^{2+}.
b. Il se forme un précipité de couleur verte.

Revois la fiche 7 pour connaître les tests d'identification des ions.

III Transformations chimiques

1 1. b. • 2. a. **2** 1. c. • 2. b. • 3. c.

3 **1.** Une transformation chimique a bien lieu car une nouvelle espèce chimique est apparue : celle qui correspond au gaz dégagé.

2. D'après l'équation de la réaction chimique, il faut 6 ions hydrogène pour réagir avec 2 atomes d'aluminium. On en déduit que pour faire réagir un atome d'aluminium, il faudra 3 ions hydrogène.

3. Au cours d'une réaction chimique la masse est conservée, donc la masse finale sera également de 124,0 g.

Les coefficients stœchiométriques indiquent dans quelles proportions les réactifs sont consommés et les produits formés.

4 **1.** Les réactifs de la réaction sont le métal zinc et l'ion hydrogène.

2. Les produits de la réaction sont le dihydrogène et l'ion zinc.

3. D'après l'équation de la réaction chimique, 2 ions hydrogène forment une molécule de dihydrogène. On en déduit que 10 ions hydrogène formeront 5 molécules de dihydrogène.

4. Si à la fin de la réaction les ions hydroxydes sont majoritaires, le pH de la solution finale sera supérieur à 7.

Revois la fiche 11 pour la prédominance des espèces chimiques dans les solutions acides et basiques.

IV Organisation de la matière de l'Univers

1 1. b. • 2. b. • 3. b. **2** 1. b. • 2. a.

3 **1.** Le noyau d'hydrogène est composé d'un proton et de zéro neutron.

2. Le numéro atomique du sodium est $Z = 11$.

3. Le noyau de potassium contient 40 nucléons.

4. Le noyau de sodium contient $N = 23 - 11 = 12$ neutrons.

Pour calculer le nombre de neutrons N d'un noyau $^{A}_{Z}X$, utilise la formule : $N = A - Z$.

4 **1.** Distance Soleil-Neptune : $\dfrac{4{,}5 \times 10^9}{1{,}50 \times 10^8} = 30$ UA.

2. Distance Soleil-Proxima : $9{,}46 \times 10^{12} \times 4{,}0 = 3{,}8 \times 10^{13}$ km.

3. a. Le noyau de carbone dans le Soleil possède 6 protons et 6 neutrons.

b. Le symbole du noyau de carbone sur Proxima est $^{12}_{6}C$.

c. Les noyaux de carbone du Soleil et de Proxima sont identiques.

V Études des mouvements des systèmes

1 1. c. • 2. a. • 3. b. **2** 1. a. et c. • 2. a. **3** b.

4 1. La valeur du rayon R est égale à $1{,}50 \times 10^{11}$ m.

2. Le périmètre du cercle est égal à :
$P_T = 2 \times \pi \times R = 2 \times \pi \times 1{,}50 \times 10^{11} = 9{,}42 \times 10^{11}$ m.

3. a. Calcul de la durée Δt :
$\Delta t = 365{,}25 \times 86\,400 = 3{,}15576 \times 10^7$ s.

> On multiplie le nombre de jours par le nombre de secondes par jour.

b. Calcul de la vitesse moyenne, exprimée en $m \cdot s^{-1}$, puis en $km \cdot s^{-1}$:

$$v = \frac{P_T}{\Delta t} = \frac{9{,}42 \times 10^{11}}{3{,}15576 \times 10^7} = 2{,}99 \times 10^4\ m \cdot s^{-1} = 29{,}9\ km \cdot s^{-1}.$$

c. Calcul de la distance d parcourue en un jour, en kilomètres :
$d = v \times \Delta t = 29{,}9 \times 86\,400 = 2{,}58 \times 10^6$ km.

> Utilise les valeurs non arrondies pour les calculs.

5 1. On doit étudier le mouvement du parachutiste par rapport à la surface de la Terre.

> Pour étudier le mouvement d'un système, il faut toujours choisir une référence. Ici, l'observateur est au sol, donc la référence est la Terre.

2. a. Le mouvement est accéléré, donc la vitesse augmente.

b. Le mouvement est rectiligne, donc sa trajectoire est une droite.

3. a. Le mouvement est uniforme, donc la vitesse du parachutiste est constante.

b. $d = v \times \Delta t = 30 \times 6{,}0 = 180$ m.

c. $\Delta t = \dfrac{2\,400}{30} = 80$ s.

VI Forces et mouvements

1 1. c. • 2. b. **2** 1. a. • 2. a.

3 1. La trajectoire de la Lune est un cercle.

2. Oui, c'est cohérent car la force exercée sur la Lune est perpendiculaire à la direction de la vitesse, ce qui a pour effet de modifier à chaque instant la trajectoire qui ne peut donc pas être rectiligne.

> Revois la fiche 20.

3. Le mouvement de la Lune est uniforme car il n'existe pas de force parallèle à la direction de la vitesse, donc la valeur de la vitesse ne sera pas modifiée : elle reste constante.

PHYSIQUE CHIMIE

4. $F = G \times \dfrac{M_T \times M_L}{d^2} = 6{,}67 \times 10^{-11} \times \dfrac{5{,}98 \times 10^{24} \times 7{,}35 \times 10^{22}}{(3{,}8 \times 10^8)^2} = 2{,}0 \times 10^{20}$ N.

4 **1.** $P = m \times g_T = 160 \times 9{,}800 = 1\,568$ N.

2. $P = m \times g_L = 160 \times 1{,}622 = 260$ N.

3. Le poids est une force à distance.

4. a. $F = G \times \dfrac{m \times M_L}{d^2} = 6{,}67 \times 10^{-11} \times \dfrac{160 \times 7{,}35 \times 10^{22}}{\left(1\,737 \times 10^3\right)^2} = 260$ N

b. Le poids lunaire du spationaute et la force gravitationnelle calculée ont la même valeur.

c. On peut en déduire que les deux forces représentent une seule et même force.

> N'oublie pas les parenthèses ni le carré au dénominateur.

> N'oublie pas de convertir les kilomètres en mètres ni le carré au dénominateur.

VII Stockage et échange d'énergie

1 1. a. • 2. b. **2** 1. b. • 2. c. **3** 1. b. • 2. a.

4 **1.** La source d'énergie est le Soleil. L'énergie solaire est une source d'énergie renouvelable, car il brillera encore pendant 4,5 milliards d'années : le stock est donc inépuisable à l'échelle humaine.

2. Le ventilateur libère l'énergie sous forme d'énergie cinétique (les pales sont mises en mouvement).

3. L'énergie perdue est libérée dans l'air sous forme d'énergie thermique.

4.

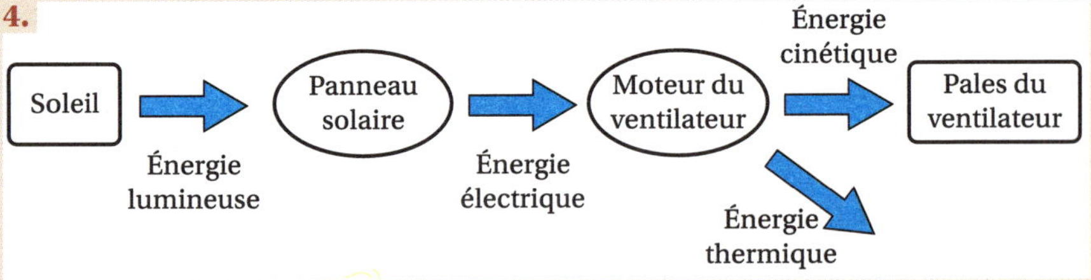

5 **1.** $E = P_{totale} \times \Delta t = (P_{TV} + P_{box} + P_{console}) \times \Delta t$

$E = (2 + 3 + 4) \times 72\,000 = 648\,000$ J.

2. $E = \dfrac{648\,000}{3\,600} = 180$ Wh.

L'énergie consommée par cet équipement lorsqu'il est en veille 20 heures par jour est de 648 000 J ou 180 Wh.

3. $E' = E \times 40\,000\,000 = 180 \times 40\,000\,000 = 7{,}2 \times 10^9$ Wh
$= 7{,}2$ GWh.

4. Pour économiser de l'énergie, il suffit d'éteindre les appareils électriques au lieu de les mettre en veille.

> Revois la fiche 27 pour le calcul de la puissance.

> Convertis les durées en secondes : $\Delta t = 20$ h $= 20 \times 60 \times 60 = 72\,000$ s.

VIII Un transport d'énergie : l'électricité

1 1. b. • 2. b. • 3. c. • 4. b. **2** 1. c. • 2. b.

3 1.

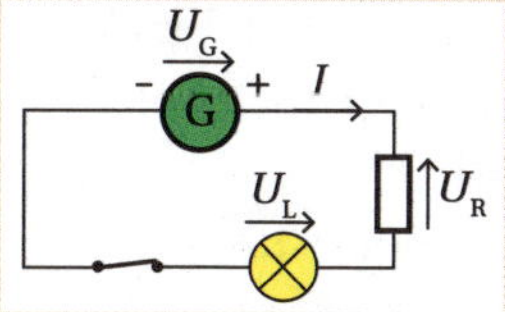

> Pour les générateurs, la flèche de tension est dans le même sens que celle du courant électrique ; pour les récepteurs, les flèches sont dans le sens opposé.

2. Pour connaître la valeur de l'intensité du courant traversant les dipôles du circuit, il n'est pas nécessaire de faire de mesures car dans un circuit à une maille l'intensité du courant électrique est la même en tous points :
$I_R = I_L = I_G = 0,25$ A.

3. a. Dans un circuit à une maille, la tension aux bornes du générateur est égale à la somme des tensions aux bornes de tous les récepteurs :
$U_G = U_L + U_R$. On en déduit $U_L = U_G - U_R = 9,0 - 5,0 = 4,0$ V.

b. D'après la loi d'Ohm : $U = R \times I$, d'où : $R = \frac{U}{I} = \frac{5,0}{0,25} = 20\ \Omega$.

4 1. Les deux appareils électriques sont branchés en dérivation.

2. Calcul de la puissance totale des appareils branchés sur la multiprise :
$P_{tot} = P_{radiateur} + P_{fer} = 2\,000 + 1\,500 = 3\,500$ W.

> Exprime toutes les puissances en watts (W).

3. La multiprise délivre une puissance de 3 500 W.
Elle est branchée sur le secteur et a donc une tension de 230 V.
L'intensité qui traverse la multiprise est : $I = \frac{P_{tot}}{U} = \frac{3\,500}{230} = 15$ A.

4. On ne peut pas faire fonctionner ces deux appareils en même temps car l'intensité nécessaire est supérieure à celle supportée par la multiprise.

5. Si on fait fonctionner ces deux appareils simultanément, il y aura une surintensité et une surchauffe des fils, ce qui peut provoquer un incendie.

IX Lumière et distances

1 1. b. • 2. b. • 3. a. **2** 1. a. • 2. a.

3 1. La lumière se propage dans l'air en ligne droite.

2. La lumière peut se propager dans le vide et dans l'eau.

3. a. $\frac{H}{L_1} = \frac{h}{L_2}$.

> Fais un schéma de la situation et retrouve la relation du théorème de Thalès vue en mathématiques.

PHYSIQUE CHIMIE

b. Calcul de la hauteur du donjon, en mètres :
$H = \frac{L_1 \times h}{L_2} = \frac{30 \times 1{,}5}{0{,}80} = 56\,\text{m}.$

Exprime la longueur H à partir de la réponse à la question **3.a.**

4 **1.** La lumière met 260 années pour nous parvenir de α Virginis.

2. Ordre de grandeur en années-lumière (al) : $10^2 < 2{,}60 \times 10^2 < 10^3$.
On en déduit que l'ordre de grandeur est égal à 10^2 al.

3. Calcul en kilomètres de la distance qui nous sépare de Ross 128 : $d = 9{,}46 \times 10^{12} \times 10{,}9 = 1{,}03 \times 10^{14}$ km.

Rappel : 1 al = $9{,}46 \times 10^{12}$ km.

4. Ordre de grandeur de cette distance en kilomètres : $10^{14} < 1{,}03 \times 10^{14} < 10^{15}$. On en déduit que l'ordre de grandeur est égal à 10^{14} km.

L'ordre de grandeur d'une valeur est la puissance de 10 la plus proche du nombre écrit en notation scientifique.

5. La lumière met 10,9 années pour nous parvenir de Ross 128. On calcule donc : 2016 – 10,9 = 2005,1. La lumière de Ross 128 nous parvenant en 2016 a été émise au cours de l'année 2005.

X Propagation de l'information

1 **1. b. • 2. b. • 3. b.** **2** **1. b. • 2. b.**

3 **1.** Calcul de la distance qui sépare le promeneur du point d'impact de la foudre :
$d = v \times \Delta t = 340 \times 20{,}5 = 6\,970\,\text{m} = 6{,}970\,\text{km}.$

2. a. Calcul de la nouvelle distance :
$d = v \times \Delta t = 340 \times 23{,}0 = 7\,820\,\text{m}.$

b. L'orage s'éloigne du promeneur.

La durée entre l'éclair et le tonnerre a augmenté entre les deux mesures, donc la distance parcourue est plus grande.

3. Les fréquences associées au coup de tonnerre doivent être comprises dans le domaine des sons audibles, soit entre 20 Hz et 20 000 Hz.

Revois la fiche 30.

4 **1.** Le télescope va récupérer la lumière émise par la surface du Soleil.

2. La lumière s'est propagée dans le vide et dans l'air lorsque les rayons lumineux ont traversé l'atmosphère.

3. La surface du Soleil est l'émetteur et le télescope est le récepteur.

4. Calcul de la durée mise par la lumière pour parvenir au télescope :
$\Delta t = \frac{d}{v} = \frac{149{,}3 \times 10^6}{3{,}00 \times 10^5} = 498\,\text{s}.$

Pour obtenir une durée en secondes, exprime la distance en km et la vitesse en $\text{km}\cdot\text{s}^{-1}$.

SVT

Le vivant et son évolution

Le corps humain et la santé

La planète Terre, l'environnement et l'action humaine

Corrigés

1 Localiser l'origine des caractères héréditaires

Où sont localisés les caractères héréditaires communs à tous les individus d'une même espèce ?

RETENIR L'ESSENTIEL

I Transmission des caractères héréditaires

- Les parents transmettent à leur descendant des informations héréditaires qui contrôlent la mise en place des caractères lors du développement embryonnaire.
- Les informations héréditaires transmises par les parents sont donc présentes dès le stade embryon à une seule cellule : la cellule-œuf.

Mot-clé

Information héréditaire : instruction contrôlant la mise en place d'un caractère héréditaire.

II Localisation des informations héréditaires

- Les mêmes informations héréditaires sont contenues dans le **noyau** de toutes les cellules de l'organisme (à l'exception des gamètes).
- Lors de la multiplication cellulaire, on observe au microscope la transformation du contenu du noyau en filaments : les chromosomes à deux brins.

Mot-clé

Chromosomes : filaments présents dans le noyau de toutes les cellules.

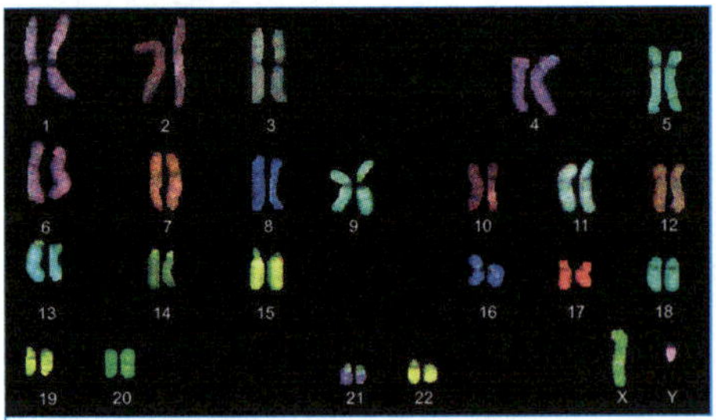

Caryotype de l'espèce humaine à 46 chromosomes.
On peut ranger les chromosomes en 23 paires de chromosomes identiques deux à deux.

- L'ensemble des chromosomes d'une cellule forme un caryotype.
- Un caryotype est caractéristique d'une espèce : tous les individus d'une même espèce possèdent le même nombre de chromosomes.
- Les **chromosomes** sont le support des informations héréditaires : une anomalie du nombre de chromosomes entraîne des caractères anormaux.

Mot-clé

Caryotype : le terme désigne également le document présentant les chromosomes d'une cellule.

2 Dégager la notion de gène

Quel est le support physique des informations héréditaires dans les chromosomes ?

RETENIR L'ESSENTIEL

I Détermination du support de l'information héréditaire

- Le caryotype des individus d'une même espèce est différent selon leur sexe. Ainsi, pour l'espèce humaine, la **23e paire** de chromosomes présente des différences (XX pour les femmes et XY pour les hommes).
La présence du chromosome Y détermine l'acquisition des caractères sexuels mâles et l'absence de chromosome Y détermine l'acquisition des caractères sexuels femelles : on qualifie les chromosomes X et Y de **chromosomes sexuels**.

- C'est en fait un **fragment de chromosome Y** qui détermine la mise en place des caractères sexuels masculins et son absence la mise en place de caractères sexuels féminins. Ce fragment de chromosome est le **support physique** de l'information déterminant le sexe de l'individu : il s'agit du gène contrôlant l'apparition des caractères sexuels mâles.

> **Mot-clé**
> **Gène** : portion d'ADN (dans un chromosome) contrôlant l'apparition d'un caractère héréditaire.

- Un gène est une portion d'**ADN** contenue dans le chromosome. Un chromosome est constitué d'une molécule d'ADN extrêmement pelotonnée au moment de la multiplication cellulaire ; les chromosomes deviennent donc visibles à ce moment de la vie de la cellule.

II Localisation des gènes dans les chromosomes

- Un gène occupe une place déterminée dans un chromosome. Tous les individus d'une même espèce ont les **mêmes gènes** qui commandent les **mêmes caractères** sur les **mêmes chromosomes**, au **même emplacement**.
- Sauf exception (sur les chromosomes sexuels notamment), les deux chromosomes d'une même paire portent au même endroit les mêmes gènes : **on a donc deux exemplaires de chaque gène**.
- Un chromosome peut être le support de plusieurs centaines de gènes.

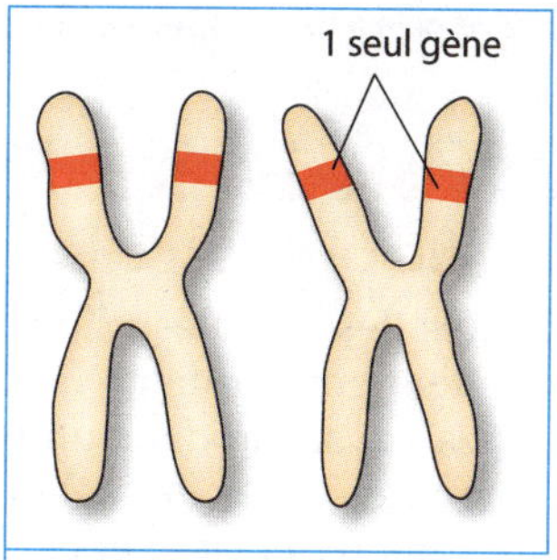

Paire de chromosomes.
Les deux gènes sont localisés au même emplacement.

SVT

3 Expliquer la conservation du caryotype, des informations héréditaires

Lors de la multiplication des cellules du développement d'un organisme, chaque cellule hérite des mêmes gènes, comment cela se produit-il ?

RETENIR L'ESSENTIEL

I Conservation du caryotype lors des multiplications cellulaires

Mot-clé
Programme génétique : ensemble des informations contenues dans les gènes d'un individu.

- Par multiplications cellulaires successives, la cellule-œuf est à l'origine de toutes les cellules de l'organisme. Elles possèdent toutes le même caryotype, donc le même programme génétique.
- Par exemple, quand une cellule humaine se multiplie, elle transmet à ses deux cellules filles 23 paires de chromosomes (à un brin). On dit qu'il y a **conservation du nombre de chromosomes**, donc conservation de l'information génétique au cours des multiplications cellulaires.

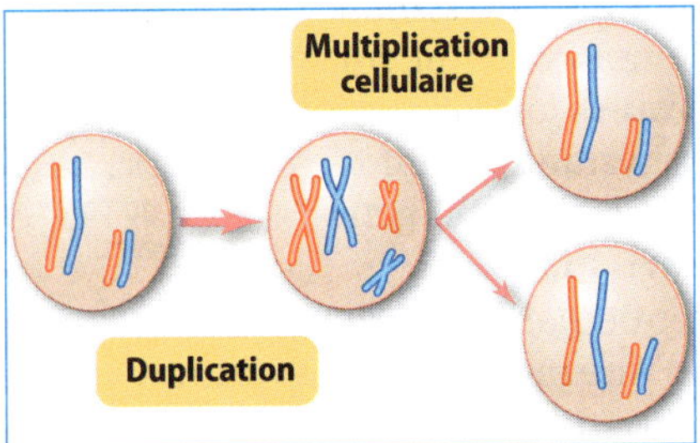

Mécanisme de la conservation du nombre de chromosomes lors de la multiplication cellulaire.
Exemple à deux paires de chromosomes.

- La multiplication cellulaire fait un partage très précis du matériel chromosomique entre deux cellules filles, pour que chacune hérite d'un brin de chaque paire de chromosomes : chaque cellule fille possède le **même nombre de chromosomes** que la cellule mère.

II Conservation du programme génétique pour des cellules de types différents

Toutes les cellules d'un organisme (cellules nerveuses, musculaires...) contiennent la totalité du programme génétique, mais seule une partie des gènes s'exprime dans un type de cellule donné, en fonction de sa spécialisation (les gènes des cellules nerveuses ne s'expriment pas dans les cellules musculaires et vice versa...).

4 Expliquer les variations individuelles par la génétique

Comment les gènes peuvent-ils être à l'origine des variations individuelles au sein d'une espèce ?

RETENIR L'ESSENTIEL

I Variations au sein d'un gène

Un même gène peut contenir des informations différentes concernant le même caractère (ex. : groupe sanguin). Ces variations sont appelées les allèles du gène.

> **Mot-clé**
> **Allèles** : versions différentes d'un même gène.

II Étude d'un exemple pour comprendre la notion d'allèles

■ L'appartenance à l'un ou l'autre des quatre groupes sanguins (A, B, AB ou O) dépend de la présence ou de l'absence de molécules situées à la surface membranaire des globules rouges. Les molécules présentes dépendent des deux gènes « groupe sanguin » situés sur la 9e paire de chromosomes. Les deux gènes peuvent exister sous des versions différentes : A, B ou O.

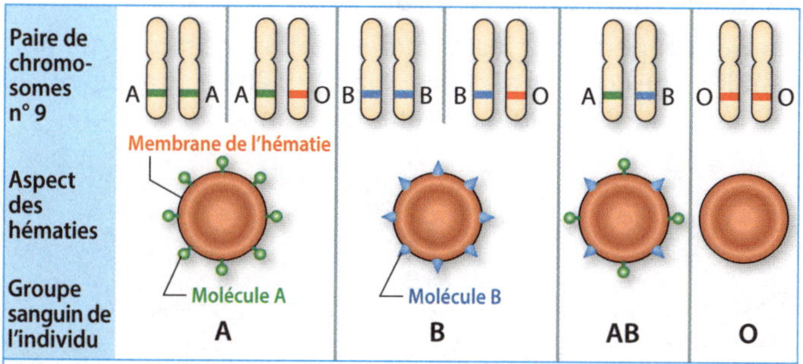

Groupes sanguins selon la combinaison d'allèles de l'individu.

■ On parle d'allèles dominants pour les allèles A et B ; on qualifie l'allèle O de récessif (il ne détermine pas la réalisation d'un caractère).

■ Nous avons tous les **mêmes gènes**, mais nos gènes ne renferment **pas les mêmes allèles.** Cela explique nos variations individuelles et notre originalité.

> **Mots-clés**
> **Allèle dominant** : allèle qui s'exprime.
> **Allèle récessif** : allèle qui ne s'exprime pas (il semble « caché » par un autre allèle).

5 Expliquer la diversité des individus par la formation des gamètes

Comment la reproduction sexuée contribue à créer de la diversité au sein d'une population ? Qu'en est-il de la formation des gamètes ?

RETENIR L'ESSENTIEL

I Le caryotype des gamètes

Chaque gamète contient la moitié des chromosomes de n'importe quelle autre cellule de l'organisme. Pour l'espèce humaine, les gamètes comportent 23 chromosomes chacun, c'est-à-dire un seul chromosome de chaque paire.

Mot-clé
Gamète : cellule reproductrice d'un être vivant.

II La formation des gamètes

- Pour l'espèce humaine, les gamètes (à 23 chromosomes) sont formés à partir d'une cellule mère des gamètes (à 23 paires de chromosomes).
- La formation des gamètes est considérée comme une loterie engendrant une **extrême diversité d'individus à naître** : chaque gamète reçoit **au hasard** l'un ou l'autre des chromosomes de chaque paire ; il ne reçoit donc que l'un ou l'autre des deux allèles de chacun des gènes.
- Cette loterie se répète pour les 23 paires de chromosomes qui portent chacune des milliers de couples d'allèles : ainsi, un être humain peut être à l'origine de 2^{23} (= plus de 8 300 000) gamètes différents...

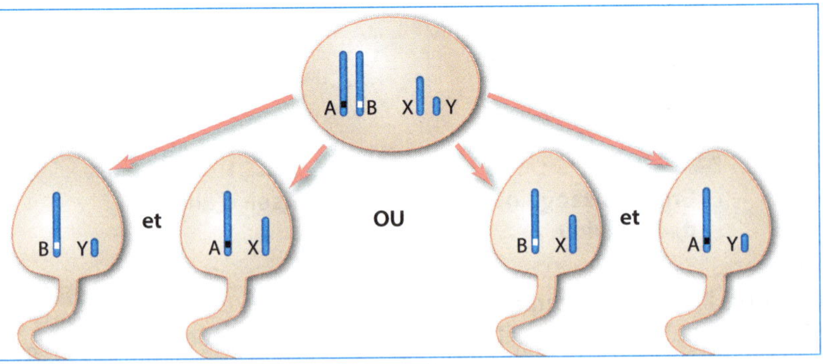

Formation de quatre spermatozoïdes différents à partir d'une même cellule mère.
Exemple à deux paires de chromosomes : deux chromosomes n° 9 et deux chromosomes sexuels.

6 Expliquer la diversité des individus par la fécondation

La fécondation (interne ou externe) aboutit à la fusion d'un gamète mâle et d'un gamète femelle. Comment contribue-t-elle à la diversité des individus ?

RETENIR L'ESSENTIEL

I La fécondation dans l'originalité des individus

- La fécondation **rassemble les paires de chromosomes** et **rétablit ainsi le nombre de chromosomes de l'espèce** (46 dans l'espèce humaine), en associant un lot de chromosomes d'origine maternelle à un lot d'origine paternelle (23 chromosomes par lot pour l'espèce humaine).
- La fécondation réunit **au hasard** un spermatozoïde et un ovule portant chacun une information originale (→ Fiche 5).
- L'information contenue dans la cellule-œuf sera différente selon l'information génétique présente dans les deux gamètes qui vont fusionner.
- La fécondation crée donc **au hasard** un **nouveau programme génétique** responsable du développement d'un individu original.

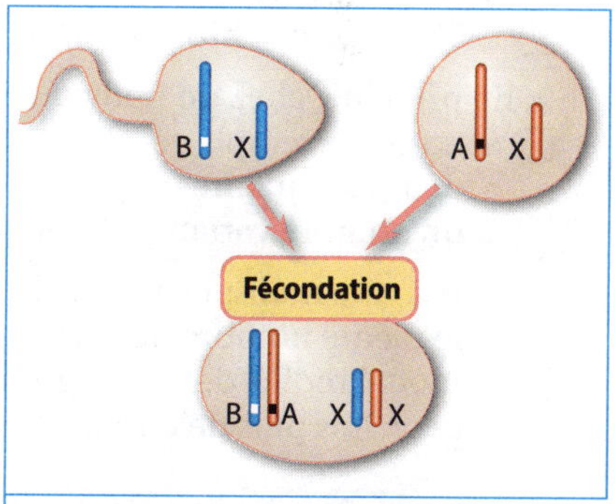

Fécondation entre deux gamètes.
Exemple avec un chromosome 9 et un chromosome sexuel : le spermatozoïde comporte un chromosome X et un chromosome 9 portant l'allèle B ; l'ovule un chromosome X et un chromosome 9 portant l'allèle A. L'embryon obtenu est une fille (XX) de groupe sanguin AB.

SVT

II L'origine d'une anomalie chromosomique

Une anomalie du nombre de chromosomes (ex. : trisomie 21) s'explique par l'**absence de séparation** d'une paire de chromosomes (la paire 21) **lors de la formation des gamètes**. Si un gamète femelle (à deux chromosomes 21 au lieu d'un) est fécondé par un gamète mâle (avec un chromosome 21), l'embryon comportera trois chromosomes au lieu de deux, d'où le terme trisomie.

Se tester QUIZ

Vérifie que tu as bien compris les points clés des **fiches 1 à 6.**

Pour chaque question, vérifie ta réponse à l'aide du corrigé et consulte les fiches de cours si nécessaire.

1 Expliquer la constance des caractères héréditaires

→ CORRIGÉ P. 456

1. En l'absence d'anomalies chromosomiques, le caryotype d'une cellule humaine (excepté un gamète) comporte :
- ☐ a. 23 paires de chromosomes plus une paire de chromosomes sexuels
- ☐ b. 23 chromosomes
- ☐ c. 23 paires de chromosomes

2. En principe, chez un individu un gène existe en :
- ☐ a. un seul exemplaire
- ☐ b. deux exemplaires
- ☐ c. un nombre variable d'exemplaires

3. Suite à une multiplication cellulaire, les cellules filles comportent :
- ☐ a. le même nombre de chromosomes
- ☐ b. moitié moins de chromosomes
- ☐ c. deux fois plus de chromosomes

2 Comprendre la diversité génétique des individus

→ CORRIGÉ P. 456

1. Un allèle est :
- ☐ a. présent sur plusieurs chromosomes
- ☐ b. une version différente d'un gène
- ☐ c. positionné sur des emplacements différents d'une paire de chromosomes

2. Parmi les allèles A, B et O du groupe sanguin de l'Homme :
- ☐ a. l'allèle A est dominant par rapport à l'allèle B
- ☐ b. l'allèle A est récessif par rapport à l'allèle B
- ☐ c. l'allèle A est dominant par rapport à l'allèle O

S'entraîner

Utilise les connaissances acquises dans les **fiches 1 à 3.**

Pour chaque question, aide-toi des conseils donnés et compare ta réponse à celle donnée dans le corrigé.

3 Étudier une anomalie chromosomique

→ CORRIGÉ P. 456

Au cours d'une grossesse, on sait prélever des cellules fœtales. Mises en culture sur un milieu approprié, elles se multiplient. Le document ci-dessous a été réalisé à partir de telles cellules.

1. Comment appelle-t-on le document ci-dessous ?
2. Proposer le nom de l'espèce présentée dans le document. Justifier ce choix.
3. Préciser le sexe du fœtus. Justifier.
4. Le document montre une anomalie chromosomique. Préciser où se situe l'anomalie.
5. Proposer un nom pour désigner l'anomalie chromosomique.

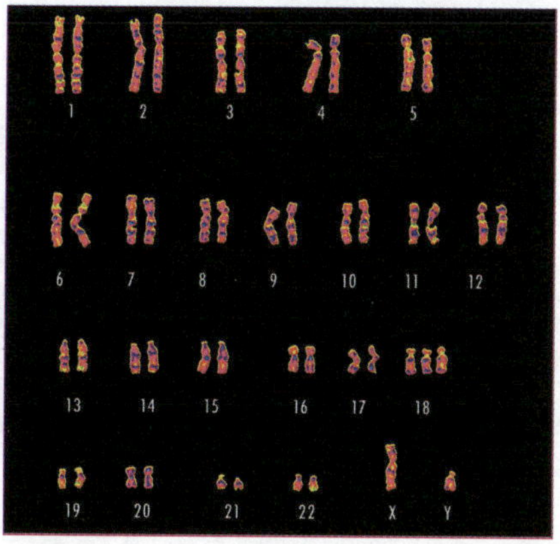

Démarrons ensemble

1. Le nom de ce document apparaît dans la fiche 1.
2. Cherche le nombre de paires de chromosomes.
3. Relis attentivement la fiche 2.
4. Observe la photographie et repère l'anomalie.
5. À partir d'une anomalie chromosomique que tu connais, propose un nom à celle du document.

Vers le brevet

Exerce-toi en vue du brevet et révise les **fiches 4 à 6.**

Pour chaque question, aide-toi des conseils donnés et compare ta réponse à celle donnée dans le corrigé.

4 Origine génétique de l'albinisme

25 min

→ CORRIGÉ P. 456

L'albinisme est une anomalie d'origine génétique qui se caractérise par une absence de pigmentation de la peau et des poils. Les individus atteints ont la peau et les poils blancs. Cette anomalie est sous la dépendance d'un gène, localisé sur le chromosome n° 7, qui présente deux allèles : l'allèle **A** et l'allèle **a**. Les individus atteints possèdent deux allèles **a** ; dans tous les autres cas, l'individu ne présente pas l'anomalie. L'allèle **A** est dominant, l'allèle **a** récessif.

Document **Arbre généalogique d'une famille où sont apparus des cas d'albinisme**

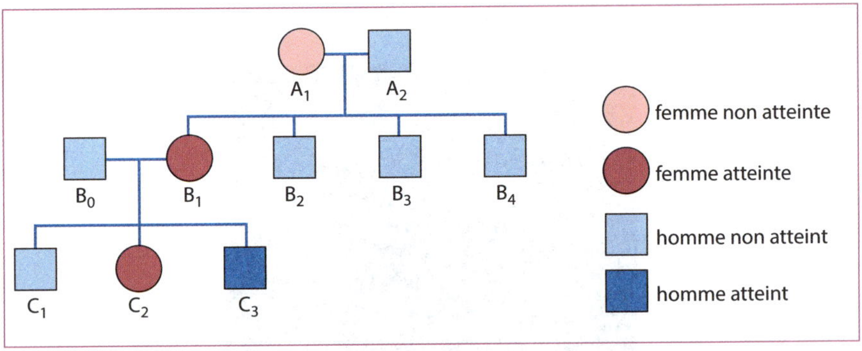

1. Indiquer les gènes de l'albinisme et ses allèles sur la paire de chromosomes chez B_1, puis chez C_3. Justifier ce choix.

2. Même question pour les parents A_1 et A_2.

3. Même question pour B_0.

Démarrons ensemble

1. Relis attentivement la fiche 4 sur les allèles. B_1 et C_3 sont atteints, il n'y a qu'une seule combinaison de paires de chromosomes n° 7 possible.
2. A_1 et A_2 ne sont pas atteints, mais ont une fille (B_1) qui l'est ; cela doit te donner un indice sur les chromosomes n° 7 que possèdent les parents...

7 Déterminer une succession d'espèces au cours des temps géologiques

Des espèces sont apparues, certaines ont disparu : quelle est leur succession au cours du temps ?

RETENIR L'ESSENTIEL

I Étude d'un exemple : le groupe des ammonites

■ Les ammonites, aujourd'hui disparues, appartiennent à un groupe d'animaux marins, les céphalopodes, dont les représentants actuels sont les pieuvres, ou les seiches…

■ On trouve des fossiles d'ammonites dans de nombreuses roches. Elles constituent donc un outil privilégié du géologue. Les ammonites présentent sur leur coquille des ornementations ou enroulements distincts permettant de les séparer en espèces différentes.

Ammonite du genre *Amaltheus*.

■ L'observation de fossiles d'ammonites dans des strates successives montre que des espèces différentes d'ammonites sont apparues et se sont **développées** de façon échelonnée : elles se sont **diversifiées** (organisation progressivement plus complexe), ont **régressé** (moins de fossiles découverts) et ont fini par **disparaître** il y a près de 65 Ma.

> **Mot-clé**
> **Strate** : couche de roche.

II Extinction d'êtres vivants

■ L'histoire de la vie est marquée par plusieurs crises biologiques plus ou moins importantes ayant conduit à l'extinction de groupes entiers d'êtres vivants. Les ammonites ont donc subi une crise biologique il y a 65 Ma.

■ Une crise biologique est souvent suivie d'une **période de diversification biologique importante**, donc de l'apparition de nombreux groupes et espèces nouveaux.

> **Mot-clé**
> **Crise biologique** : période d'extinction de groupes/espèces d'êtres vivants sur un temps relativement court à l'échelle des temps géologiques.

SVT

8 Établir un lien de parenté entre les êtres vivants

Les êtres vivants se succèdent ; proviennent-ils les uns des autres ?

RETENIR L'ESSENTIEL

I Lien de parenté au sein d'un même groupe

■ Les géologues ont découvert des fossiles de primates présentant de nombreuses ressemblances les uns avec les autres, en particulier un squelette permettant une certaine bipédie. Ces espèces de primates (l'Homme habile, l'Homme debout, l'Homme de Néandertal et l'Homme sage) sont apparues successivement et ont même pu, pour certaines espèces, coexister.

■ Des ressemblances entre espèces apparues successivement, au sein d'un même groupe, suggèrent un **lien de parenté** entre ces espèces. Elles se sont formées les unes à partir des autres : c'est l'évolution. Pour les espèces d'Hommes, on parle de lignée humaine.

Mot-clé
Évolution : transformation des espèces vivantes par des changements de leurs attributs au cours des générations (→ Fiche 9).

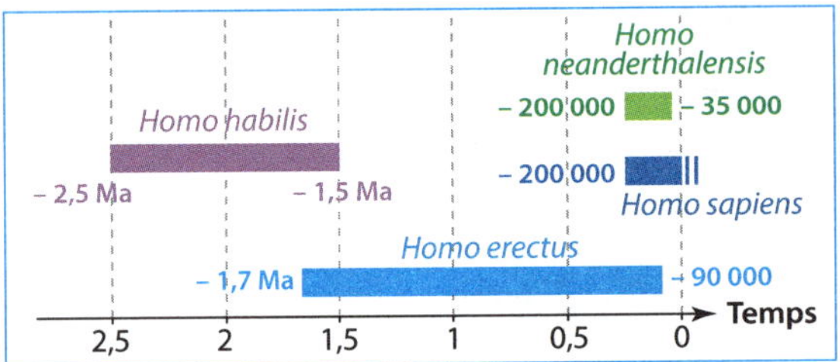

Répartition dans le temps d'espèces de la lignée humaine.
Homo habilis (Homme habile), *Homo erectus* (Homme debout), *Homo neanderthalensis* (Homme de Néandertal), *Homo sapiens* (Homme sage).

Mot-clé
Lignée humaine : succession d'espèces ayant une parenté plus proche avec les humains qu'avec les chimpanzés.

II Lien de parenté entre groupes différents

■ On observe également des ressemblances chez des êtres vivants appartenant à des groupes différents. Ceci atteste de l'**existence d'un lien de parenté** entre ces groupes différents.

■ L'archéoptéryx, par exemple, correspond à une **forme intermédiaire** entre deux groupes distincts : celui des dinosaures bipèdes, et celui des oiseaux. Il confirme l'existence d'une **filiation entre ces deux groupes**, et, par extension, d'une filiation entre tous les êtres vivants...

■ Les êtres vivants auraient tous **une origine commune** : des micro-organismes constitués d'une seule cellule.

9 Retracer les liens de parenté dans un arbre d'évolution

Comment représenter les liens de parenté entre espèces différentes ?

RETENIR L'ESSENTIEL

I Arbre d'évolution

■ Les êtres vivants sont classés en groupes emboîtés définis uniquement par des **attributs** qu'ils possèdent en commun. L'étude des fossiles a permis de constater l'apparition dans le temps de certains attributs (**innovations évolutives**). Par la suite, des organismes ont hérité ces innovations d'ancêtres dont ils sont issus.

■ Un arbre d'évolution est la représentation schématique des **liens de parenté supposés** entre les espèces et les groupes, à partir des modifications survenues chez un ancêtre commun.

> **Mot-clé**
> **Groupes emboîtés** : groupes d'êtres vivants partageant les mêmes attributs.

> **Mot-clé**
> **Arbre d'évolution** : présentation des liens de parenté entre des espèces/groupes, sous forme d'un arbre

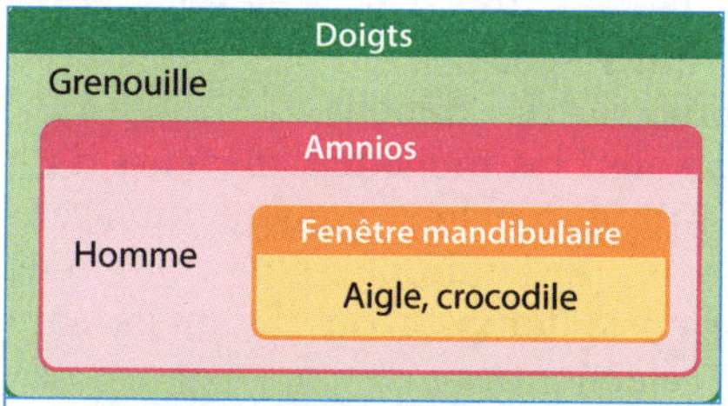

Doc 1. Groupes emboîtés chez des Vertébrés.

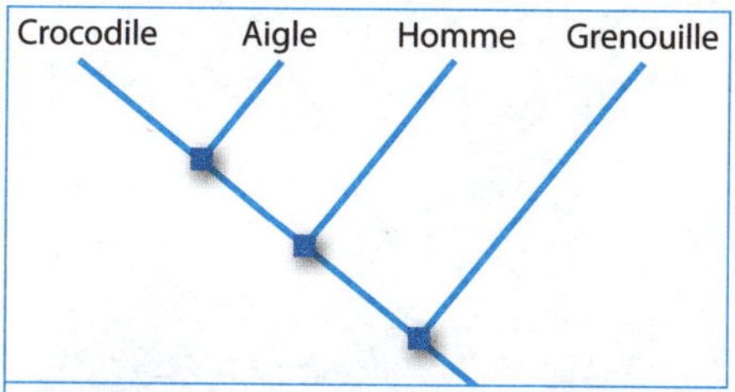

Doc 2. Arbre d'évolution chez des Vertébrés.

II La place de l'espèce humaine dans l'évolution

■ L'espèce humaine, comme toutes les autres espèces, s'inscrit dans l'histoire évolutive de la vie.

L'Homme partage avec le chimpanzé un ancêtre commun exclusif.

■ Ce dernier possède les attributs partagés par l'Homme et le chimpanzé. Cependant, l'ancêtre commun exclusif ne présente ni les attributs propres à l'Homme, ni ceux propres au chimpanzé : ce n'est ni un Homme, ni un chimpanzé.

> **Mot-clé**
> **Ancêtre commun exclusif** : ancêtre commun que deux groupes/espèces ne partagent avec aucun autre groupe/espèce.

SVT

10 Expliquer l'apparition de nouvelles espèces

Des espèces étroitement liées se sont formées à partir d'une espèce ancestrale commune. Comment naissent les nouvelles espèces ?

RETENIR L'ESSENTIEL

I Étude de l'apparition de nouvelles espèces

Des scientifiques ont pu faire apparaître de nouvelles espèces à partir d'une population initiale. Ces nouveaux individus, quoique ressemblants, ne peuvent plus se reproduire avec les individus originaux : il s'agit d'une **nouvelle espèce**...

II Mécanismes de l'évolution

- L'évolution des espèces est due à deux mécanismes :

– l'apparition **au hasard** de modifications du programme génétique : les mutations ;

– la **sélection d'attributs** sous l'influence du milieu de vie : les individus, porteurs d'un attribut qui leur confère un avantage, deviendront plus nombreux avec le temps : on dit qu'ils sont « sélectionnés ».

Mot-clé

Mutation : modification d'un gène, pouvant se traduire par une modification de caractère.

Deux phalènes du bouleau posées sur un tronc d'arbre.
Une mutation intervenue au sein de la population de phalènes du bouleau a conféré une pigmentation plus prononcée (phalène noire). Celle-ci a octroyé un avantage dans les régions très polluées : lorsqu'elles se posaient sur des troncs d'arbres noircis par la pollution, elles paraissaient moins visibles pour les oiseaux prédateurs : la mutation et la sélection naturelle contribuent à l'évolution.

- L'apparition de nouvelles espèces, à partir d'une population ancestrale commune, implique une **divergence génétique,** puis l'**incapacité de se reproduire entre deux populations**.

- À l'échelle de la population, les différentes combinaisons génétiques **coexistent**. Leurs proportions **varient au hasard** au cours du temps, et certaines combinaisons peuvent même disparaître en réponse aux variations de l'environnement.

Se tester QUIZ

Vérifie que tu as bien compris les points clés des **fiches 7 à 10.**

Pour chaque question, vérifie ta réponse à l'aide du corrigé et consulte les fiches de cours si nécessaire.

1 Comprendre la notion d'évolution

→ CORRIGÉ P. 470

1. Une crise biologique correspond à :
- ☐ a. l'extinction de tous les êtres vivants
- ☐ b. l'extinction de certains groupes d'êtres vivants à l'échelle de la planète
- ☐ c. l'extinction de certains groupes d'êtres vivants uniquement dans le milieu marin

2. Le nombre d'attributs communs entre deux espèces :
- ☐ a. est plus grand quand leur ancêtre commun est récent
- ☐ b. ne dépend pas du lien de parenté entre les deux espèces
- ☐ c. est plus petit quand le lien de parenté est étroit

3. L'évolution des espèces est due :
- ☐ a. uniquement à des mutations au hasard
- ☐ b. uniquement à la sélection d'attributs par le milieu de vie
- ☐ c. à des mutations et la sélection d'attributs par le milieu

4. Une espèce nouvelle :
- ☐ a. présente des caractères ancestraux
- ☐ b. présente des caractères nouveaux et ancestraux
- ☐ c. peut se reproduire avec l'espèce ancestrale dont elle est issue

Vers le brevet

Exerce-toi en vue du brevet et révise les **fiches 7 à 10.**

Pour chaque question, aide-toi des conseils donnés et compare ta réponse à celle donnée dans le corrigé.

2 Étude d'un arbre de parenté

15 min

→ CORRIGÉ P. 470

On divise les dinosaures en deux groupes en fonction de la forme du bassin. Les saurischiens possèdent un bassin à cavité acétabulaire (cavité où se loge la tête du fémur) perforée. Les animaux appartenant au groupe des oiseaux possèdent tous un orteil inversé.

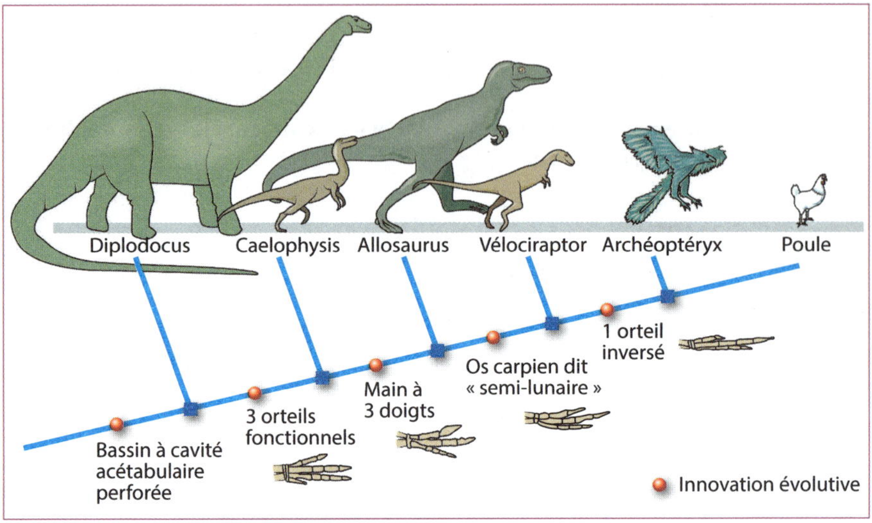

1. Citer le nom des animaux appartenant au groupe des saurischiens. Justifier.

2. Citer le nom des animaux appartenant au groupe des oiseaux. Justifier.

3. Le diplodocus avait-il trois orteils fonctionnels ? Justifier.

4. L'allosaurus avait-il trois orteils fonctionnels ? Justifier.

Démarrons ensemble

1. Les groupes sont placés aux extrémités des branches de l'arbre de parenté.
2. Plus on s'éloigne de l'extrémité des branches, plus on remonte dans le temps.
3. Chacun des nœuds de l'arbre (jonction entre deux branches) représente l'ancêtre commun.
4. L'apparition d'un nouvel attribut se fait avant le nœud.
5. Pour atteindre un groupe, il faut suivre le chemin sur l'arbre en passant par des nœuds. (Ex. : allosaurus : bassin à cavité perforée → 3 orteils fonctionnels → main à 3 doigts.)

11 Préciser comment une cellule animale subvient à ses besoins

Comment les cellules animales prélèvent les substances dont elles ont besoin ?

RETENIR L'ESSENTIEL

I Le milieu de vie des cellules animales

▪ Dans les organes, une partie du sang quitte les vaisseaux sanguins : c'est la **lymphe** qui baigne ainsi toutes les cellules. Les cellules y prélèvent **en permanence** les nutriments et le **dioxygène** dont elles ont besoin. La lymphe sert d'intermédiaire entre le sang et les cellules.

Mot-clé
Nutriments : substances solubles, utilisables par la cellule pour son fonctionnement et sa survie.

II Le devenir des substances prélevées par les cellules animales

▪ Les cellules transforment les nutriments prélevés en nouvelles molécules qui seront utilisées pour leur renouvellement et leur fonctionnement. On appelle ces **réactions chimiques** l'assimilation.

▪ L'ordre d'assemblage des nutriments est déterminé par les **informations génétiques**. Cette synthèse nécessite de l'**énergie**.

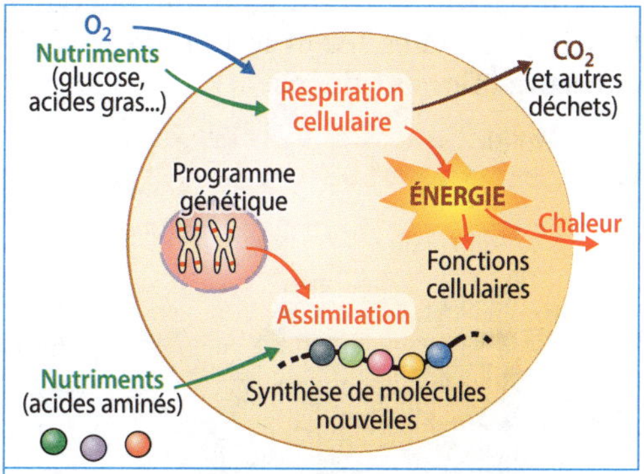

Fonctionnement d'une cellule animale.

▪ En présence de dioxygène, certains nutriments libèrent de l'**énergie** indispensable aux activités cellulaires, on appelle ces réactions la respiration cellulaire.

Mot-clé
Respiration cellulaire : dégradation (= oxydation) de nutriments grâce au dioxygène.

Équation-bilan de la respiration cellulaire :

$$C_6H_{12}O_6 + 6\ O_2 \rightarrow 6\ CO_2 + 6\ H_2O + \text{énergie}$$

$C_6H_{12}O_6$ = glucose ; O_2 = dioxygène ; CO_2 = dioxyde de carbone ; H_2O = eau

▪ Les réactions chimiques qui se produisent dans les cellules produisent de l'eau, des déchets (dioxyde de carbone...) et de la chaleur.

SVT

12 Indiquer comment une cellule chlorophyllienne subvient à ses besoins

Les végétaux chlorophylliens sont capables de produire leur propre matière organique. Comment les cellules chlorophylliennes réalisent-elles ces réactions ?

RETENIR L'ESSENTIEL

I Le milieu de vie des cellules chlorophylliennes

- Les cellules chlorophylliennes baignent dans un liquide issu de la sève du végétal. Elles y prélèvent en permanence l'**eau**, les **éléments minéraux**, le **dioxyde de carbone** et le **dioxygène** dont elles ont besoin. Elles sont capables d'utiliser l'énergie de la lumière du soleil pour produire leur matière organique lors de la photosynthèse : elles fixent le CO_2 dans des molécules organiques (glucose...).

Mots-clés

Cellule chlorophyllienne : cellule végétale possédant un pigment, la chlorophylle, qui lui permet de capter l'énergie lumineuse du soleil.
Photosynthèse : suite de réactions chimiques permettant aux végétaux chlorophylliens de produire de la matière organique à partir du CO_2, grâce à l'énergie de la lumière du soleil.

II Les activités de la cellule chlorophyllienne

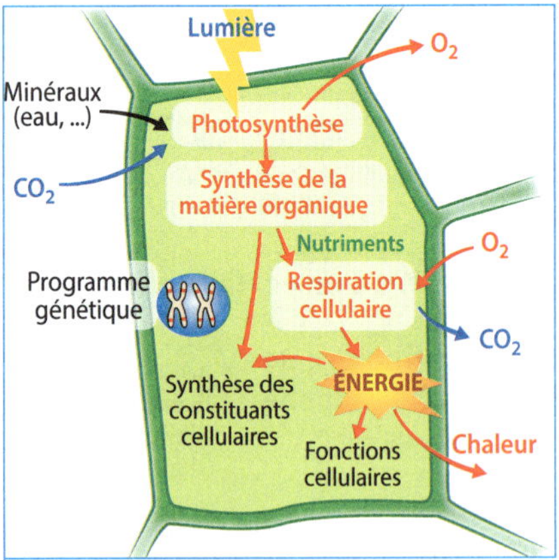

Fonctionnement d'une cellule chlorophyllienne.

1. La photosynthèse

- Équation-bilan de la photosynthèse :

$$6\,CO_2 + 6\,H_2O + \text{lumière} \rightarrow C_6H_{12}O_6 + 6\,O_2$$

Le dioxygène est un déchet de la photosynthèse...

- Les cellules chlorophylliennes **produisent** leur propre matière organique, alors que les cellules animales **utilisent** de la matière organique **produite par d'autres organismes**.

2. La respiration cellulaire

- Comme les cellules animales, les cellules chlorophylliennes sont capables de dégrader les substances produites par photosynthèse pour leur fournir de l'énergie lors de la **respiration cellulaire**.

Se tester QUIZ

Vérifie que tu as bien compris les points clés des **fiches 11 et 12.**

Pour chaque question, vérifie ta réponse à l'aide du corrigé et consulte les fiches de cours si nécessaire.

1 Comprendre les besoins cellulaires

→ CORRIGÉ P. 457

1. La respiration cellulaire :
- ☐ a. libère de l'énergie provenant du dioxygène consommé
- ☐ b. libère de l'énergie provenant du glucose consommé
- ☐ c. libère de l'énergie provenant du dioxyde de carbone rejeté

2. Le dioxygène :
- ☐ a. est nécessaire et suffisant pour que les cellules produisent de l'énergie
- ☐ b. est nécessaire, associé à des nutriments, pour que les cellules produisent de l'énergie
- ☐ c. est un déchet de la respiration cellulaire

3. L'équation-bilan de la respiration cellulaire est :
- ☐ a. $6\ CO_2 + 6\ H_2O + \text{lumière} \rightarrow C_6H_{12}O_6 + 6\ O_2$
- ☐ b. $C_6H_{12}O_6 + 6\ O_2 \rightarrow 6\ CO_2 + 6\ H_2O$
- ☐ c. $C_6H_{12}O_6 + 6\ O_2 \rightarrow 6\ CO_2 + 6\ H_2O + \text{énergie}$

4. L'assimilation cellulaire est :
- ☐ a. contrôlée par les gènes de la cellule
- ☐ b. contrôlée par l'environnement de la cellule
- ☐ c. indépendante de tout contrôle

SVT

Vers le brevet

Exerce-toi en vue du brevet et révise les **fiches 11 et 12.**

Pour chaque question, aide-toi des conseils donnés et compare ta réponse à celle donnée dans le corrigé.

2 Étudier la production de protéines différentes

20 min

→ CORRIGÉ P. 457

Document 1 Les protéines : des molécules très différentes produites à partir d'un petit nombre de composés

« L'organisme humain fabrique près de 20 000 protéines différentes, réparties dans plus de 200 types de cellules différents. Toutes les protéines sont fabriquées par ces cellules, selon leur programme génétique uniquement, à partir de 20 molécules d'acides aminés différents.

Les acides aminés proviennent de la dégradation des protéines contenues dans les aliments. La fabrication des protéines cellulaires nécessite des nutriments (acides aminés) et de l'énergie.

Document 2 Des protéines différentes

Le lait contient une protéine appelée caséine dont une petite partie est schématisée ci-dessous. Romain et son chat boivent du lait et utilisent cette caséine pour construire les protéines de leurs propres cellules.

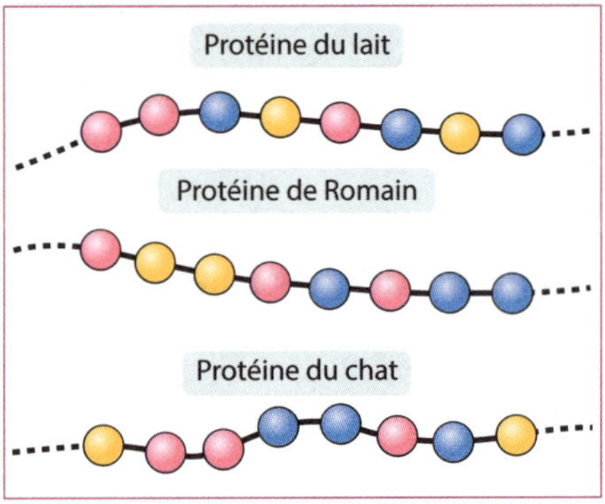

1. Préciser ce que représente chaque « cercle » dans les schémas d'une protéine.

2. Indiquer comment les schémas ci-dessus illustrent que les protéines sont différentes.

3. Formuler le devenir de la caséine dans le tube digestif de Romain.

4. Expliquer pourquoi la protéine fabriquée par le chat est différente de celle fabriquée par Romain.

Démarrons ensemble

1. Si on compare une protéine à un collier de perles, chaque « perle » est un constituant de la protéine. Le nom de ces substances apparaît dans le texte de l'exercice.
2. Compare les schémas des différentes protéines.
3. Relis la fiche 20 sur la digestion.
4. Cherche ce qui détermine l'ordre dans lequel les acides aminés sont fixés.

13 Présenter l'action des micro-organismes et les réactions du corps

Les micro-organismes sont extrêmement petits (du nm au µm), très divers (bactéries, virus...) et présents partout dans notre environnement. Si la plupart sont inoffensifs, certains sont dangereux (pathogènes).

RETENIR L'ESSENTIEL

I La contamination par les micro-organismes

- Si des micro-organismes franchissent les **barrières naturelles** du corps (peau, muqueuses) on parle de **contamination**.
- Dans le milieu intérieur, les conditions de vie leur étant favorables (humidité, nutriments, température...), ils prolifèrent rapidement (infection).
- Dès la contamination, l'organisme met en place un ensemble de réactions lui permettant de lutter contre l'**infection**.

> **Mot-clé**
> **Milieu intérieur :** liquide (sang, lymphe...) entourant les cellules des organismes constitués de plusieurs cellules.

II L'intervention de cellules immunitaires non spécifiques

- Au point d'entrée des micro-organismes, les capillaires sanguins sous-jacents permettent l'intervention d'un type de **leucocytes** (globules blancs) : les cellules phagocytaires.
- Les phagocytes migrent alors, captent, absorbent et digèrent tous les micro-organismes (pathogènes ou non) sans distinction (réaction immunitaire non spécifique) : il s'agit de la **phagocytose**.

> **Mot-clé**
> **Cellules phagocytaires :** catégorie de leucocytes capables de réaliser la phagocytose.

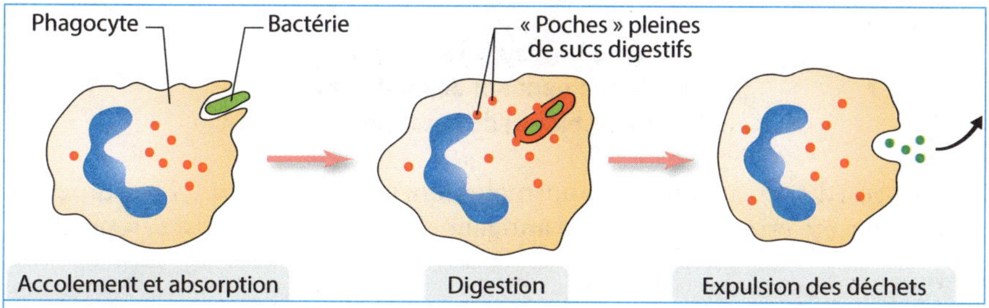

Les étapes de la phagocytose.

14 Expliquer la production des anticorps

Si l'infection se poursuit, une seconde ligne de défense immunitaire intervient : la production d'anticorps.

RETENIR L'ESSENTIEL

I La reconnaissance de substances anormales dans l'organisme

- Tous les micro-organismes sécrètent des toxines ou portent à leur surface des molécules que l'organisme reconnaît comme différentes des siennes : ce sont des antigènes.
- La **reconnaissance d'antigène** est une **étape primordiale des défenses immunitaires**. Sans elle, les réactions immunitaires ne peuvent pas se produire !

Mots-clés

Antigène : substance que l'organisme reconnaît comme étrangère et qui déclenche une réaction immunitaire

II La production des anticorps

- Les anticorps sont sécrétés par une catégorie de leucocytes, les lymphocytes B, fabriqués par la moelle rouge des os.
- Les anticorps produits **se fixent spécifiquement sur les antigènes** qui ont provoqué leur synthèse, et permettent leur neutralisation.

Mot-clé

Lymphocytes B : catégorie de leucocytes sanguins, capables de se multiplier et de produire des anticorps en réponse à la présence d'un antigène.

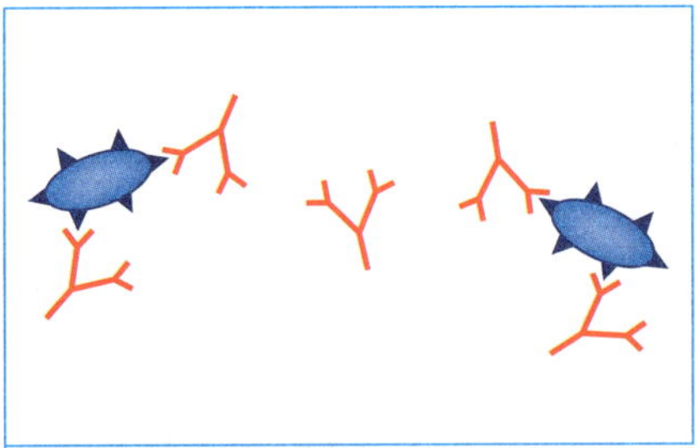

Anticorps (en rouge) se fixant spécifiquement sur des antigènes (triangles bleus) de bactéries.

- Lorsqu'on détecte un nombre anormalement élevé d'anticorps, on estime que l'individu a été en contact avec un antigène : on dit alors qu'il est séropositif.

Mot-clé

Séropositivité : présence anormalement importante d'un type d'anticorps ; l'individu a été en contact avec l'antigène qui a permis la production de ces anticorps.

15 Exposer le mode d'action des lymphocytes B et T

Comment agissent les lymphocytes B ? Comment réagissent les défenses immunitaires à une infection à l'intérieur d'une cellule ?

RETENIR L'ESSENTIEL

I Mode d'action des lymphocytes B

- Les lymphocytes B **reconnaissent** l'antigène **(1)**, se **multiplient (2)** dès la phase de reconnaissance et, **plusieurs jours plus tard, fabriquent des anticorps (3)** qui seront libérés dans le milieu intérieur. Ces lymphocytes sont stockés dans les ganglions et la rate.

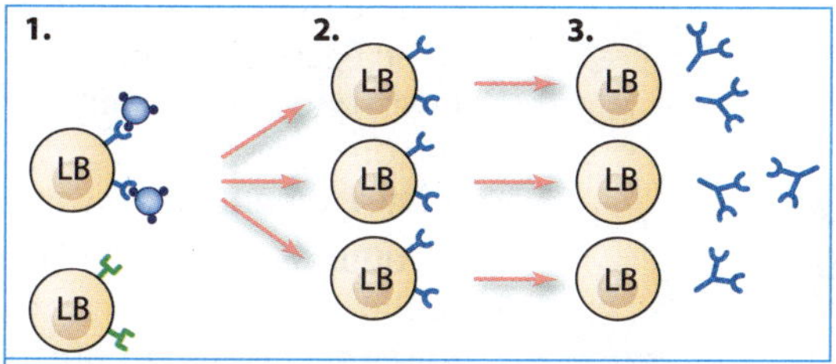

Mode d'action des lymphocytes B.

- Certains lymphocytes B permettent une réaction plus rapide lors d'un second contact avec le même antigène : on parle de mémoire immunitaire.

II Mode d'action des lymphocytes T

- D'autres leucocytes, les lymphocytes T, détruisent par contact les cellules qui portent sur leur membrane des antigènes. Ces cellules sont principalement des cellules infectées par un virus, ou des cellules cancéreuses.
- Là encore, il existe une mémoire immunitaire.

Mot-clé

Lymphocytes T : catégorie de leucocytes capables d'éliminer des cellules infectées par simple contact.

III Une réponse immunitaire en deux temps

- Dans un premier temps, la **phagocytose** constitue le premier rempart contre l'infection : très rapide, mais peu précise (non spécifique). Dans un deuxième temps, l'**action des lymphocytes B et T** est extrêmement efficace (spécifique à un type d'antigène), mais plus lente que la phagocytose... C'est le second rempart contre l'infection.

SVT

16 Décrire et expliquer la lutte contre la contamination

Comment limiter la contamination ? Si, malgré les précautions prises il y a infection, comment lutter contre les micro-organismes ayant pénétré dans l'organisme ?

RETENIR L'ESSENTIEL

I La lutte contre la contamination

- Dans certains milieux (industrie alimentaire par exemple...), la désinfection d'une pièce et des objets qui s'y trouvent, l'asepsie, est un moyen de limiter la contamination.

Quelques mesures d'hygiène préventive en milieu hospitalier.

- Chacun d'entre nous peut également limiter les risques de contamination en respectant certaines règles d'hygiène élémentaires (lavage des mains...).
- L'utilisation d'un préservatif lors d'un rapport sexuel permet d'éviter la transmission de micro-organismes responsables d'IST.
- En cas de blessure, la désinfection de la plaie par un produit antiseptique (alcool à 70°...) détruit les micro-organismes et limite la contamination.

Mot-clé

Asepsie : élimination des micro-organismes d'un milieu (eau de Javel, chaleur...).

Mots-clés

IST : infection sexuellement transmissible.
Antiseptique : produit détruisant les micro-organismes au niveau d'une plaie.

II La lutte contre l'infection

- Quand la contamination n'a pu être évitée, il faut lutter contre l'infection.
- L'utilisation d'antibiotiques appropriés permet d'éliminer et de limiter la prolifération des bactéries pathogènes responsables de l'infection.
- Les antibiotiques sont inefficaces contre les virus : hormis des antiviraux qui ne font que ralentir leur développement, il n'existe aucun médicament pouvant détruire des virus...

Mot-clé

Antibiotique : substance pouvant éliminer un type de bactérie.

17 Comprendre le fonctionnement de la vaccination et de certains traitements médicaux

Les médecins peuvent « aider » le système immunitaire, afin de le rendre plus performant et plus rapide.

RETENIR L'ESSENTIEL

I La vaccination

- La vaccination consiste à **introduire dans l'organisme un antigène** caractéristique d'un micro-organisme pathogène déterminé. La vaccination repose sur la **mémoire immunitaire** : on provoque artificiellement un premier contact avec l'antigène, de manière à ce qu'un éventuel nouveau contact avec le même antigène génère une réaction immunitaire plus rapide.
- La **vaccination** permet à l'organisme d'acquérir **préventivement** et **durablement** une mémoire immunitaire contre un micro-organisme pathogène donné, grâce au maintien dans l'organisme de nombreux leucocytes spécifiques. Des rappels sont nécessaires pour réactiver la mémoire immunitaire.

***Le docteur Jenner inoculant la vaccine* (détail).**
Edward Jenner (médecin britannique, 1749-1823) réalise la première vaccination en 1796.

Mots-clés
Vaccination : injection d'un antigène dans l'organisme afin d'activer préventivement le système immunitaire.
Rappels : injections répétées de l'antigène afin d'accroître l'efficacité du vaccin.

II Autres traitements médicaux aidant à lutter contre l'infection

- Si la vaccination n'a pas été faite suffisamment tôt, les médecins peuvent inoculer directement des anticorps spécifiques de l'antigène : on parle de sérothérapie.
- Lorsque le système immunitaire d'une personne est très affaibli, les médecins peuvent utiliser d'autres thérapies qui améliorent son efficacité, voire envisager une greffe de moelle osseuse.

Mot-clé
Sérothérapie : injection d'anticorps spécifiques d'un antigène.

Se tester QUIZ

Vérifie que tu as bien compris les points clés des **fiches 13 à 17.**

Pour chaque question, vérifie ta réponse à l'aide du corrigé et consulte les fiches de cours si nécessaire.

1 Comprendre les réactions immunitaires

→ CORRIGÉ P. 457

1. Parmi les trois réactions immunitaires à se mettre en place, la plus rapide est :
- ☐ a. la production d'anticorps
- ☐ b. la phagocytose
- ☐ c. l'action des lymphocytes T

2. Les cellules capables de produire des anticorps sont :
- ☐ a. des lymphocytes B
- ☐ b. des lymphocytes T
- ☐ c. des cellulaires phagocytaires

3. Des anticorps se fixent spécifiquement sur :
- ☐ a. des bactéries
- ☐ b. des virus
- ☐ c. des antigènes

4. L'action des lymphocytes est dans l'ordre :
- ☐ a. destruction des cellules - reconnaissance de l'antigène - multiplication de lymphocytes
- ☐ b. reconnaissance de l'antigène - multiplication de lymphocytes - destruction des cellules
- ☐ c. multiplication de lymphocytes - destruction des cellules - reconnaissance de l'antigène

5. La vaccination consiste à :
- ☐ a. introduire dans l'organisme une maladie
- ☐ b. introduire dans l'organisme un micro-organisme pathogène vivant
- ☐ c. introduire dans l'organisme un antigène spécifique d'un micro-organisme pathogène

6. On peut limiter une infection bactérienne qu'on subit pour la première fois grâce à :
- ☐ a. un antibiotique approprié
- ☐ b. un vaccin
- ☐ c. une solution antiseptique

S'entraîner

Utilise les connaissances acquises dans les **fiches 13 à 17.**

Pour chaque question, aide-toi des conseils donnés et compare ta réponse à celle donnée dans le corrigé.

2 Étude de deux réactions immunitaires

→ CORRIGÉ P. 457

1. Indiquer quels sont les deux moyens de défense représentés dans les schémas ci-dessous.

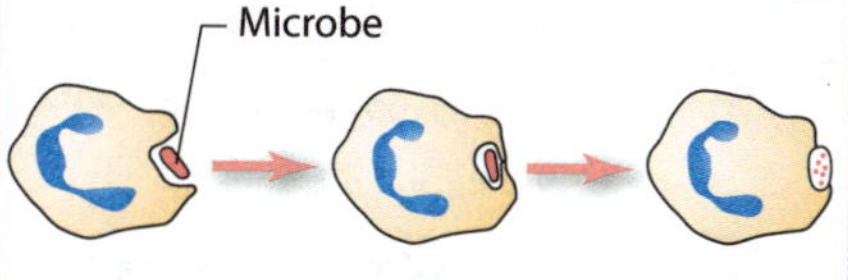

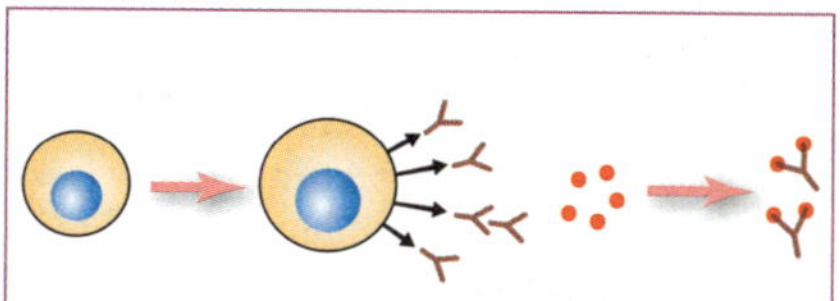

2. Citer les cellules responsables de ces moyens de défense.

3. Expliquer ce qui se passe dans chaque cas.

4. Parmi ces deux moyens de défense :

a. préciser celui qui constitue la première ligne de défense de l'organisme ;
b. préciser celui pour lequel il existe une mémoire immunitaire ;
c. préciser celui qui est considéré comme « spécifique ». Dire pourquoi.

Vers le brevet

Exerce-toi en vue du brevet et révise les **fiches 13 à 17.**

Pour chaque question, aide-toi des conseils donnés et compare ta réponse à celle donnée dans le corrigé.

3 Série d'expériences pour comprendre l'action des lymphocytes B

30 min

→ CORRIGÉ P. 458

Des souris ont été traitées aux rayons X (irradiation) de manière à détruire leurs lymphocytes. Elles ont été réparties en trois lots (lots 1, 2 et 3). Des souris non irradiées constituent un 4e lot témoin.

Les souris des lots 2 et 3 ont également reçu une injection de leurs propres lymphocytes qui avaient été prélevés avant l'irradiation.

Enfin, on a injecté une culture de bactéries à ces 4 lots de souris. Le tableau ci-après donne, pour chaque lot, la production d'anticorps, qui traduit la réaction immunitaire.

Document Étapes et résultats de l'expérience

Numéro des lots	Traitements préalables	Injection de culture bactérienne	Résultats Recherche des anticorps quelques jours après
1	Rayons X		**Pas d'anticorps sécrétés**
2	Rayons X puis injection des lymphocytes B et T		**Anticorps sécrétés**
3	Rayons X puis injection des lymphocytes T		**Pas d'anticorps sécrétés**
4 (témoin)	Aucun traitement	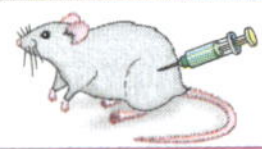	**Anticorps sécrétés**

1. Comparer les lots 1 et 4 et indiquer l'effet du traitement aux rayons X.
2. Comparer les lots 2 et 3 :

Démarrons ensemble

1. Décris chaque lot, en précisant l'effet du traitement aux rayons X.
2. a. L'expérience test correspond à celle où l'on a introduit un nouveau facteur.
b. Il s'agit du seul facteur différent entre les deux expériences.
c. L'hypothèse proposée te permet d'expliquer la production d'anticorps dans l'expérience 3.

a. Préciser quelle est l'expérience témoin, quelle est l'expérience test.
b. Préciser le seul facteur différent entre ces deux expériences.
c. Conclure : proposer une hypothèse sur la production des anticorps.

3. Proposer une expérience complémentaire pour vérifier l'hypothèse.

18 Décrire et expliquer le fonctionnement du système nerveux

Un joueur de rugby à qui on envoie une balle, la perçoit et déplace ses mains et ses membres afin de la saisir : on met en évidence l'existence d'un message qui transite de ses yeux jusqu'aux muscles responsables des mouvements.

RETENIR L'ESSENTIEL

I Le système nerveux

- La commande du mouvement est assurée par le **système nerveux** qui met en relation les organes sensoriels et les muscles.
- La contraction d'un muscle est conditionnée par les interventions successives d'un **organe des sens**, des **nerfs sensitifs**, du **cerveau**, puis de la **moelle épinière** et enfin du **nerf moteur** qui stimule le muscle.
- Les **nerfs** sont les structures de base du système nerveux qui relient les organes les uns aux autres.
- La stimulation du récepteur sensoriel donne naissance à un **message nerveux** transmis aux centres nerveux.

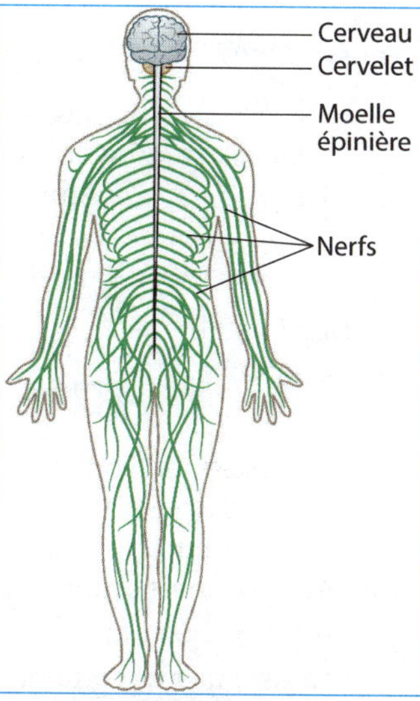

Le système nerveux humain.

Mots-clés

Nerf : cordon blanchâtre formé par des faisceaux de fibres nerveuses qui relie un centre nerveux et un organe.
Message nerveux : message qui circule d'un organe à un autre.

II Le cerveau, l'organe central du système nerveux

- Les points d'arrivée des **messages nerveux sensitifs** et de départ des **messages nerveux moteurs** sont situés au niveau du **cortex cérébral**.
- Le cortex cérébral est une mosaïque de plusieurs zones spécialisées dans la perception de l'environnement et dans la commande du fonctionnement d'organes précis. Ces aires cervicales communiquent entre elles et font intervenir la mémoire.

Mot-clé

Cortex cérébral : partie superficielle du cerveau (2 à 4 mm d'épaisseur).

19 Comprendre la transmission du message nerveux au niveau cellulaire

Le fonctionnement du système nerveux implique les fibres nerveuses contenues dans les nerfs. Comment sont transmis les messages nerveux au niveau cellulaire ?

RETENIR L'ESSENTIEL

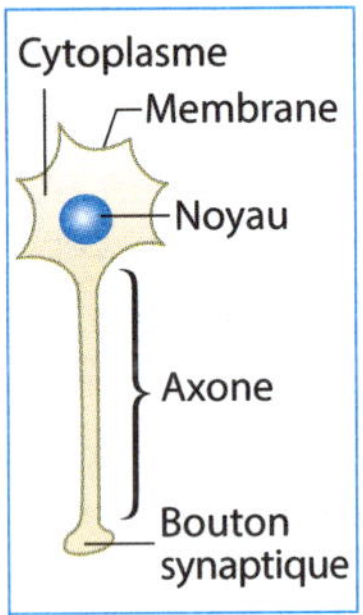

Doc 1. Le neurone.

I Les cellules nerveuses

- Les neurones sont les cellules nerveuses impliquées dans la communication nerveuse.
- Les messages nerveux sont transmis le long des neurones, toujours dans le même sens : le message nerveux naît au niveau du corps cellulaire, **il transite le long de l'axone** et aboutit au niveau des boutons synaptiques.

Mots-clés

Neurone : cellule spécialisée du système nerveux.
Axone : long prolongement cytoplasmique du neurone, fibre nerveuse contenue dans les nerfs.

II La communication de neurone à neurone

- Les neurones sont organisés en réseau. Ils communiquent entre eux au niveau de dispositifs spécialisés : les synapses. La transmission du message nerveux d'un neurone à l'autre se fait par l'intermédiaire de **messages chimiques** libérés par le neurone 1 et déclenchant un second message nerveux dans le neurone 2.
- Les drogues et certains médicaments (antidépresseurs…) modifient le fonctionnement des synapses neuronales en perturbant la transmission des messages nerveux. À l'inverse, l'entraînement optimise le fonctionnement synaptique et permet une transmission plus rapide des messages nerveux.
- Les neurones sont des cellules extrêmement fragiles qui ne sont pas remplacées lorsqu'elles sont endommagées, c'est pourquoi il convient d'en prendre soin…

Mot-clé

Synapse : zone de jonction entre deux neurones, au niveau de laquelle se fait la transmission du message chimique.

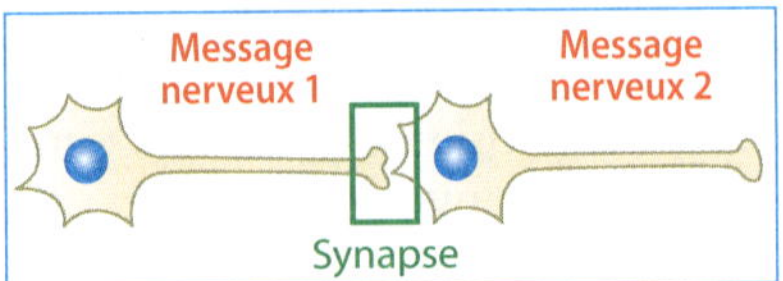

Doc 2. Réseau de deux neurones.

Se tester QUIZ

Vérifie que tu as bien compris les points clés des **fiches 18 et 19.**

Pour chaque question, vérifie ta réponse à l'aide du corrigé et consulte les fiches de cours si nécessaire.

1 Comprendre le fonctionnement nerveux

→ CORRIGÉ P. 458

1. Le cerveau :
- ☐ a. est le seul centre nerveux de l'organisme
- ☐ b. reçoit les messages nerveux moteurs
- ☐ c. commande par voie nerveuse les muscles effecteurs

2. Une cellule nerveuse est également appelée :
- ☐ a. neurone
- ☐ b. fibre nerveuse
- ☐ c. synapse

3. Une synapse :
- ☐ a. est une cellule du cerveau
- ☐ b. est un centre nerveux
- ☐ c. permet à deux cellules nerveuses de communiquer entre elles

4. La communication entre deux cellules nerveuses se fait :
- ☐ a. grâce à un message électrique
- ☐ b. grâce au contact bref entre les cellules
- ☐ c. grâce à un messager chimique

Vers le brevet

Exerce-toi en vue du brevet et révise les **fiches 18 et 19.**

Pour chaque question, aide-toi des conseils donnés et compare ta réponse à celle donnée dans le corrigé.

2 Étude du mode d'action des drogues sur le système nerveux

20 min

→ CORRIGÉ P. 458

Document 1 Dopés à la dopamine

« Dopés à la dopamine ! C'est ce qui arrive aux neurones sous l'influence de la cocaïne, par exemple. En règle générale, la dopamine libérée par un neurone vient se fixer sur un neurone récepteur. Mais ce dernier n'absorbe pas tout. Une partie de la dopamine est recapturée par l'expéditeur. Or, quand la cocaïne s'en mêle, pas de recapture au niveau du neurone émetteur. Résultat :

la dopamine continue de stimuler le neurone récepteur provoquant une sensation de bien-être à court terme.

Privé de sa dose, un toxicomane dépendant se trouve en état de manque. Il souffre véritablement.

Betty Mamane, « Dopés à la dopamine »,
Science & Vie Junior n° 128, mai 2000.

Document 2 Dopamine et transmission synaptique

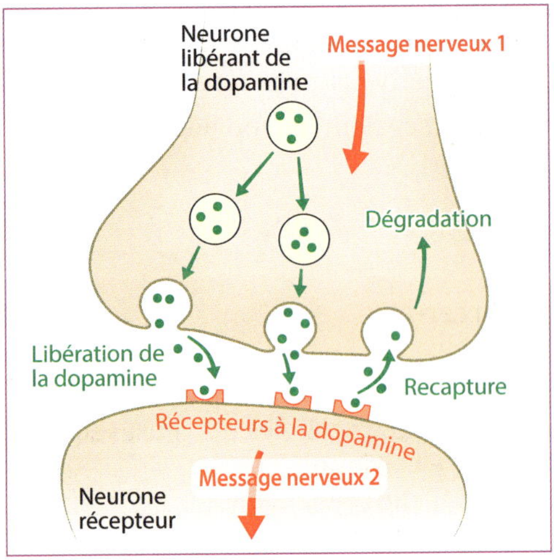

1. Indiquer le nom de la structure neuronale au niveau de laquelle passe le message nerveux entre deux neurones.

2. Nommer la substance chimique transmise ici d'un neurone à l'autre.

3. Expliquer l'action de la cocaïne sur cette substance.

4. Indiquer les conséquences à court terme et à long terme de la consommation de cette drogue.

Démarrons ensemble

1. Relis la fiche 19.

2. et 3. Relis le texte de l'exercice.

4. Les informations utiles pour répondre à la question sont dans le texte et le schéma.

20 Décrire la transformation des aliments en nutriments

Les cellules ont besoin de nutriments afin d'obtenir l'énergie et les matériaux nécessaires à leur survie. Les êtres humains obtiennent leurs nutriments lors de la digestion.

RETENIR L'ESSENTIEL

I L'appareil digestif humain

- L'appareil digestif humain est constitué de l'ensemble des organes qui prélèvent la nourriture, la digèrent pour en extraire de l'énergie et des nutriments et évacuent le surplus en matière fécale.
- L'appareil digestif comprend le tube digestif, au long duquel transitent les aliments, et des **glandes digestives** (foie, pancréas...).

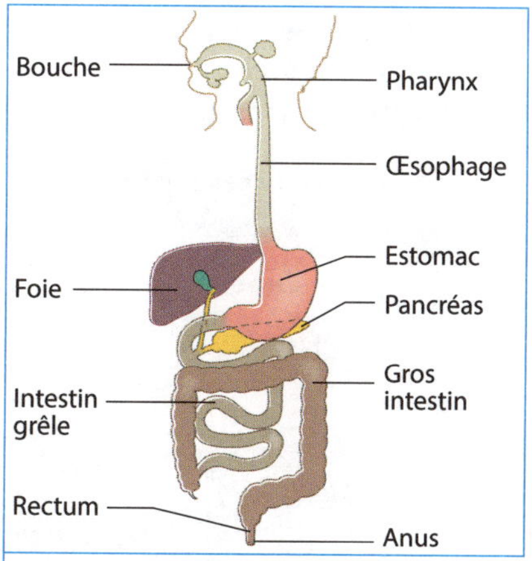

Doc 1. L'appareil digestif humain.

II La transformation des aliments

- La **digestion** consiste en la transformation des aliments en nutriments sous l'**action mécanique** (mastication...) et **chimique** de sucs digestifs.
- Ce sont essentiellement les **enzymes digestives** contenues dans les sucs digestifs qui transforment les grandes molécules des aliments en petites molécules de **nutriments**.

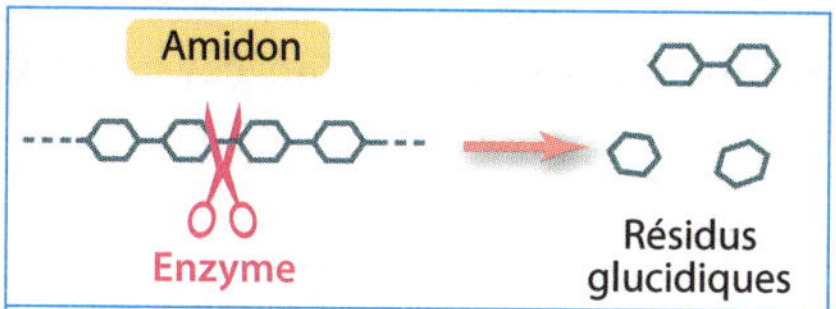

Doc 2. Action d'une enzyme digestive.

Mot-clé
Sucs digestifs : substances contenant de l'eau et des enzymes digestives.

SVT

21 Suivre le passage des nutriments dans le sang

Comment les nutriments passent-ils dans le sang à l'issue de la digestion ?

RETENIR L'ESSENTIEL

I Le passage des nutriments dans le sang

Les nutriments issus de la digestion passent essentiellement dans le sang au niveau des **villosités intestinales** de l'intestin grêle. On appelle ce phénomène l'absorption intestinale.

Mot-clé

Absorption intestinale : passage des nutriments dans le sang au niveau de la paroi de l'intestin grêle.

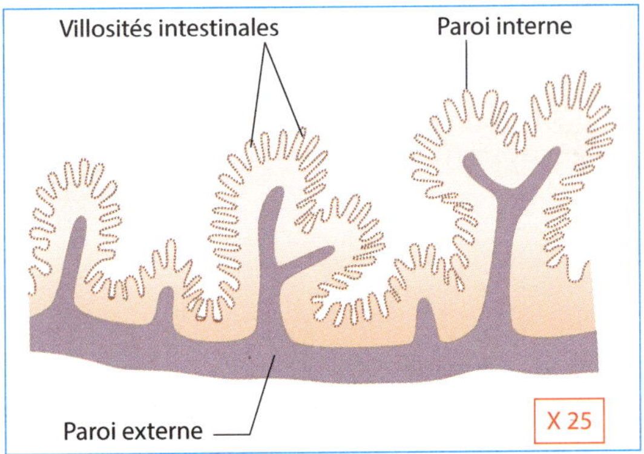

Schéma d'une coupe d'intestin grêle.

II Les caractéristiques de l'intestin grêle dans l'absorption intestinale

- Le passage des nutriments au niveau de l'intestin grêle est facilité, car la paroi de l'intestin grêle :
  - est très fine ;
  - présente une très grande surface (très nombreux replis, nombre important de villosités intestinales, longueur de l'intestin grêle…) ;
  - est parcourue par de nombreux vaisseaux sanguins.
- Par ailleurs, la flore intestinale favorise **l'absorption intestinale**.

Mot-clé

Flore intestinale : ensemble de micro-organismes se trouvant dans le tube digestif.

Se tester QUIZ

Vérifie que tu as bien compris les points clés des **fiches 20 et 21.**

Pour chaque question, vérifie ta réponse à l'aide du corrigé et consulte les fiches de cours si nécessaire.

1 Comprendre comment la digestion assure les besoins en nutriments des cellules

→ CORRIGÉ P. 459

1. Les organes du tube digestif traversés par les aliments sont, dans l'ordre :
- ☐ **a.** la bouche – l'œsophage – l'intestin grêle – l'estomac – le gros intestin
- ☐ **b.** la bouche – l'œsophage – l'estomac – l'intestin grêle – le gros intestin
- ☐ **c.** la bouche – la trachée – l'estomac – l'intestin grêle – le gros intestin

2. La transformation des aliments en nutriments se fait grâce à :
- ☐ **a.** une action des enzymes digestives
- ☐ **b.** une action de levures digestives
- ☐ **c.** une action mécanique

3. Les enzymes digestives agissent :
- ☐ **a.** déjà dans la bouche
- ☐ **b.** dans l'intestin grêle seulement
- ☐ **c.** dans tout le tube digestif

4. L'absorption intestinale est le passage :
- ☐ **a.** des aliments du tube digestif dans le sang
- ☐ **b.** des aliments du tube digestif dans les organes
- ☐ **c.** des nutriments du tube digestif dans le sang

SVT

Vers le brevet

Exerce-toi en vue du brevet et révise les **fiches 20 et 21.**

Pour chaque question, aide-toi des conseils donnés et compare ta réponse à celle donnée dans le corrigé.

2 Comprendre les causes de l'intolérance au lait

→ CORRIGÉ P. 459

Document 1 Le lactose dans le lait

« Le lait contient un glucide : le lactose. Il est formé de deux molécules de sucres simples : le galactose et le glucose. La digestion chimique du lactose est assurée par une enzyme de l'intestin grêle : la lactase. Chez certaines personnes, la lactase intestinale, présente à la naissance, est par la suite produite en quantité insuffisante. Dans de tels cas, la personne ne « tolère » plus le lait et présente des troubles intestinaux.

D'une part, le lactose non digéré empêche l'absorption d'eau au niveau de l'intestin grêle et du gros intestin. Il se produit alors des diarrhées. D'autre part, la dégradation du lactose par des bactéries de la flore intestinale produit de grandes quantités de gaz et provoque des crampes douloureuses.

Document 2 Schéma simplifié du lactose

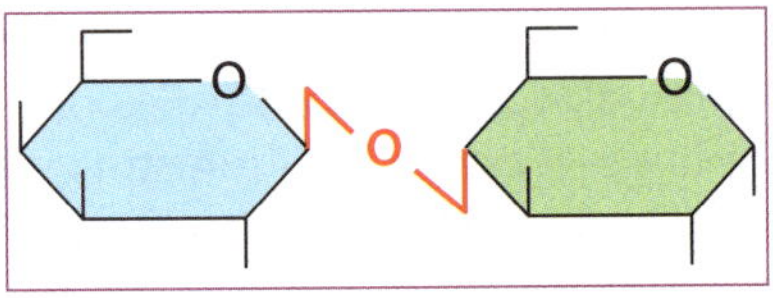

1. À partir des informations fournies, indiquer dans quelle partie du tube digestif est digéré le lactose, ainsi que le nom de l'enzyme impliquée.
2. Schématiser le résultat de la digestion du lactose.
3. Préciser le devenir des molécules résultant de la digestion.
4. Expliquer les troubles intestinaux chez des personnes souffrant de l'absence de l'enzyme digérant le lactose.
5. Proposer une solution afin d'éviter ces troubles.

Démarrons ensemble

1. Relis le texte de l'exercice.
2. Relis la fiche 20.
3. Relis la fiche 21.
4. Relis le texte de l'exercice, la réponse y figure.
5. Pense à la cause du trouble : propose un moyen d'y remédier.

22 Décrire le fonctionnement des appareils reproducteurs

La naissance d'un enfant résulte du fonctionnement des appareils reproducteurs du père et de la mère.

RETENIR L'ESSENTIEL

I L'appareil reproducteur humain

- Les organes centraux de la reproduction sont les gonades (**testicules** chez l'homme et **ovaires** chez la femme) qui produisent les gamètes.
- L'appareil la femme présente un **utérus** qui subit des transformations cycliques afin d'accueillir un éventuel embryon.

Mots-clés

Gonades : glandes produisant les gamètes.
Gamètes : cellules reproductrices.

II La production des gamètes

- Chez l'homme les gamètes mâles sont les **spermatozoïdes**. Ils sont produits de manière continue de la **puberté** jusqu'à la fin de la vie. Ce sont des cellules mobiles, qui contiennent 23 chromosomes du père.
- Chez la femme, les gamètes femelles sont les **ovules**. Ils sont produits de manière cyclique (un ovule tous les 28 jours) de la puberté jusqu'à la ménopause. Ce sont des cellules qui contiennent 23 chromosomes de la mère.
- À l'issue d'une relation sexuelle, un gamète mâle peut fusionner avec un gamète femelle – c'est la **fécondation** –, et former un embryon humain à 46 chromosomes. Par multiplications cellulaires successives, l'embryon augmente son nombre de cellules et peut se fixer à la paroi interne de l'utérus où a lieu son développement intra-utérin durant environ 9 mois.

Mot-clé

Ménopause : période de la vie d'une femme correspondant à la fin de la période reproductive. Elle est marquée par l'arrêt des règles et de l'ovulation.

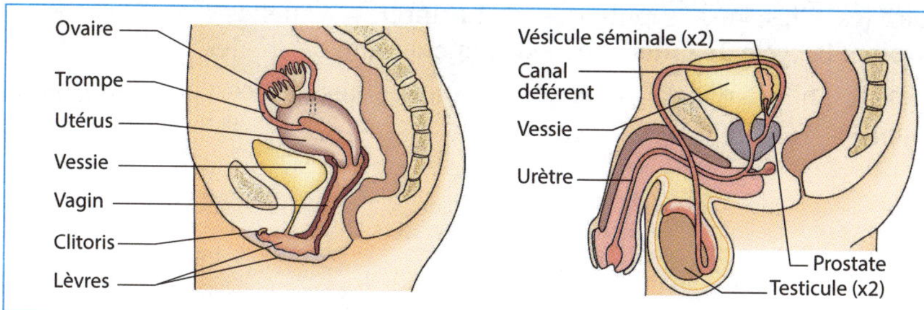

Coupe de l'appareil reproducteur.
a. De la femme
a. De l'homme

SVT

23 Expliquer le contrôle des appareils reproducteurs par les hormones

À la puberté, les gonades commencent à fonctionner et des transformations du corps et du comportement apparaissent. Comment sont contrôlées ces transformations ?

RETENIR L'ESSENTIEL

I Le déclenchement du développement des organes reproducteurs

À la puberté, des substances (hormones) fabriquées par des glandes situées dans le cerveau sont libérées dans le sang, déclenchent le développement des organes reproducteurs, puis leur fonctionnement.

Mot-clé

Hormone : substance fabriquée par un organe producteur, libérée dans le sang et qui agit à distance sur le fonctionnement d'un organe cible.

II Le déclenchement de l'apparition des caractères sexuels

- À la puberté, suite au développement des organes sexuels, les gonades libèrent à leur tour dans le sang des hormones sexuelles : **testostérone** pour les garçons, **progestérone** et **œstrogènes** pour les filles.
- Ces hormones sexuelles vont agir sur des organes cibles et provoquer chez eux des transformations (développement de la poitrine chez les filles, pilosité plus importante...).

Mot-clé

Hormone sexuelle : substance fabriquée par les gonades, libérée dans le sang et qui agit à distance sur le fonctionnement de plusieurs organes cibles.

III Le contrôle du cycle sexuel chez la femme

- Chez les filles, dès la puberté, les hormones sexuelles contrôlent le cycle de l'utérus et le déclenchement des règles.
- Chez les filles, dès la puberté, des hormones du cerveau contrôlent l'ovulation.

24 Présenter les principes de la maîtrise de la reproduction

Les médecins disposent aujourd'hui de connaissances permettant de maîtriser la reproduction.

RETENIR L'ESSENTIEL

I Aider un couple à avoir un enfant

- La **stérilité** touche certains couples souhaitant avoir un enfant et n'y parvenant pas.
- Les causes de stérilité sont diverses et touchent les femmes (problèmes liés à l'ovaire et à l'ovulation, problèmes liés aux trompes, à la muqueuse utérine ou anomalies hormonales...) et les hommes (anomalies des spermatozoïdes, des testicules ou hormonales...).

Mot-clé
Stérilité : incapacité de concevoir naturellement, de porter ou d'accoucher d'un enfant sain.

- Suite à un bilan clinique, un médecin peut prescrire un traitement hormonal ou la **procréation médicalement assistée (PMA)** :
  - la fécondation in vitro (FIV) et transfert d'embryon (FIVETE) ;
  - la gestation pour autrui (GPA).

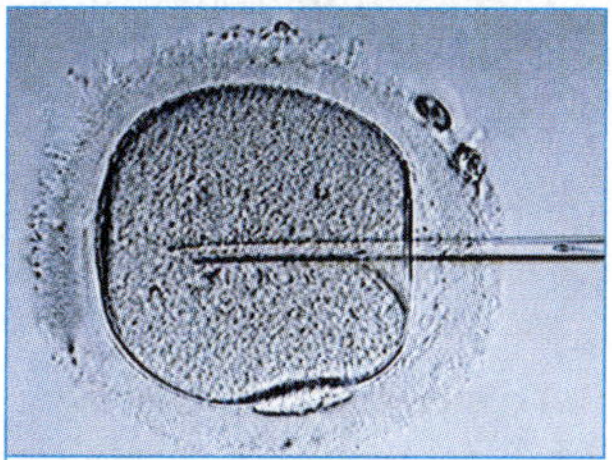
Injection intracytoplasmique de spermatozoïde (ICSI) dans un ovule.

II Aider un couple à ne pas avoir d'enfant

- Lorsqu'un couple ne souhaite pas avoir d'enfant, il dispose de moyens de contraception : la pilule, le préservatif (utile pour la prévention des infections sexuellement transmissibles), le diaphragme, le stérilet...
- Une femme peut également utiliser la **contraception « d'urgence »** en cas d'absence de contraception (pilule du lendemain...). Et si toutefois la grossesse persiste, les femmes peuvent faire pratiquer une **interruption volontaire de grossesse (IVG)** jusqu'à la 12e semaine de grossesse.

Mot-clé
Moyen de contraception : moyen visant à empêcher qu'un rapport sexuel entraîne une grossesse.

- En tout état de cause, les pratiques liées à la maîtrise de la reproduction reposent sur des **comportements responsables** et le **respect de l'autre**.

Se tester QUIZ

Vérifie que tu as bien compris les points clés des **fiches 22 à 24.**

Pour chaque question, vérifie ta réponse à l'aide du corrigé et consulte les fiches de cours si nécessaire.

1 Comprendre la maîtrise de la reproduction

→ CORRIGÉ P. 459

1. La stérilité :
- ☐ **a.** est définie comme la possibilité pour une femme d'avoir un enfant
- ☐ **b.** peut aussi bien toucher les hommes que les femmes
- ☐ **c.** est toujours liée à la pauvreté du sperme en spermatozoïdes

2. Dans le cadre de la FIVETE :
- ☐ **a.** on injecte des ovules fécondés dans l'utérus d'une femme
- ☐ **b.** on choisit l'ovule à injecter dans le spermatozoïde
- ☐ **c.** on injecte du sperme dans le vagin d'une femme

3. Une obstruction des trompes peut être contournée par :
- ☐ **a.** l'insémination artificielle
- ☐ **b.** la stimulation ovarienne
- ☐ **c.** la FIVETE, l'ICSI (intra cytoplasmic sperm injection)

4. Le préservatif masculin :
- ☐ **a.** peut être utilisé en combinaison avec la pilule contraceptive
- ☐ **b.** est plus efficace si on en utilise deux l'un par-dessus l'autre
- ☐ **c.** est inutile pour se protéger des IST si la femme utilise le diaphragme

5. Le suivi de la grossesse :
- ☐ **a.** est pratiqué par la technique de l'ICSI
- ☐ **b.** est pratiqué par la technique de l'échographie
- ☐ **c.** est pratiqué par la technique de la FIVETE

6. La prise de la pilule contraceptive empêche :
- ☐ **a.** l'ovulation
- ☐ **b.** la nidation de l'embryon dans la muqueuse utérine
- ☐ **c.** la migration de l'embryon le long des trompes

S'entraîner

Utilise les connaissances acquises dans les **fiches 22 à 24.**

Pour chaque question, aide-toi des conseils donnés et compare ta réponse à celle donnée dans le corrigé.

2 Étude de l'influence de la pilule sur le col de l'utérus

→ CORRIGÉ P. 459

La glaire cervicale est une sécrétion produite par le col de l'utérus. Elle joue un rôle protecteur contre les micro-organismes. La glaire est constituée de filaments protéiques plus ou moins enchevêtrés formant un réseau. Les photographies du **document 1** montrent l'allure de la glaire cervicale à trois moments du cycle. Par ailleurs, elle est peu abondante au moment de l'ovulation et favorise ainsi la fécondation.

Document 1 Glaire cervicale de l'utérus d'une femme

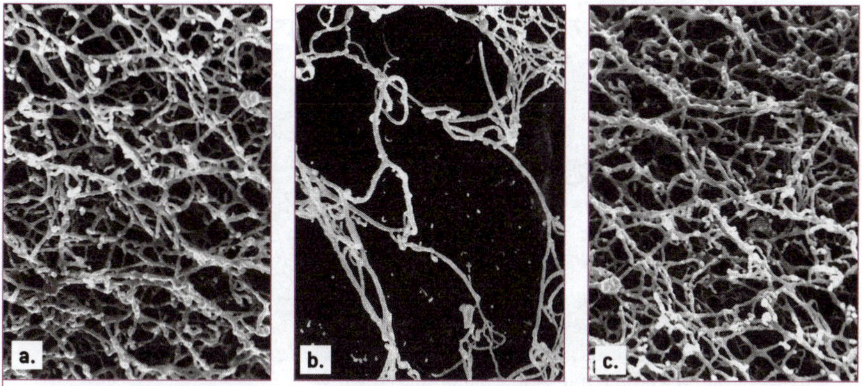

a. Au 8e jour du cycle. **b.** Au 14e jour du cycle. **c.** Au 20e jour du cycle.

1. Situer la glaire cervicale sur le schéma du **document 2** de l'appareil génital de la femme.
2. Comparer l'aspect de la glaire cervicale au cours du cycle menstruel.
3. Expliquer pourquoi elle a un rôle protecteur vis-à-vis des micro-organismes.
4. Indiquer, en justifiant, le moment du cycle où les spermatozoïdes peuvent le plus facilement franchir le col de l'utérus.
5. La prise de la pilule contraceptive modifie l'aspect de la glaire cervicale. Cela est illustré dans les photographies du **document 3**. Comparer les deux photographies du **document 3**.
6. Conclure sur le rôle de la pilule dans la contraception au niveau du col de l'utérus.

Document 2 L'appareil génital de la femme en coupe, vu de face

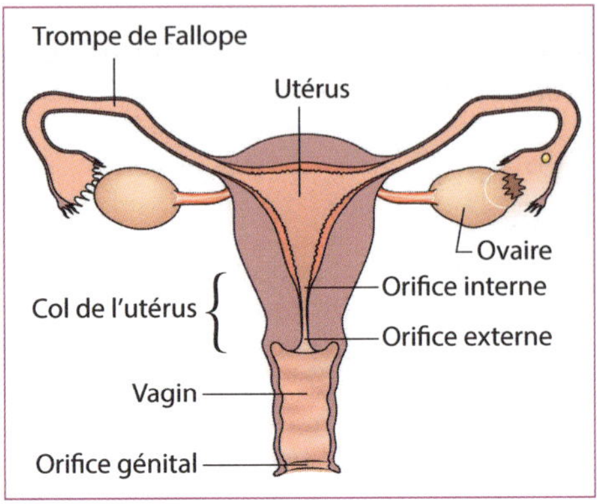

Document 3 Col de l'utérus au 14e jour du cycle (MEB)

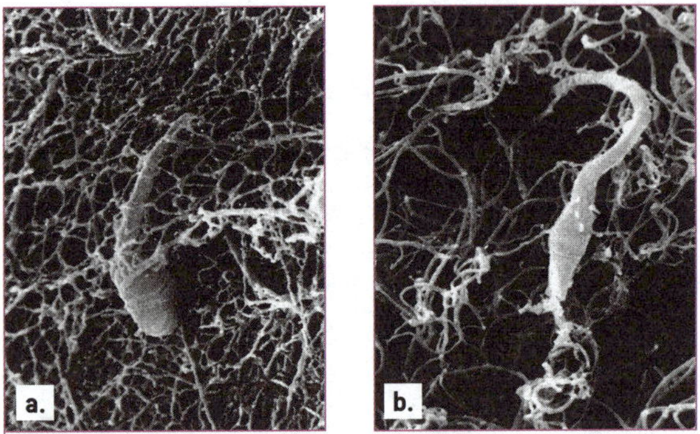

a. Femme utilisant la pilule contraceptive.
b. Femme sans pilule.

Démarrons ensemble

1. Relis le texte. La localisation de la glaire cervicale y est précisée.
2. Décris l'aspect de la glaire cervicale aux trois moments du cycle.
3. Les micro-organismes provenant de l'extérieur auront davantage de difficultés à pénétrer dans la cavité utérine. Pourquoi ?
5 et 6. Les spermatozoïdes déposés au fond du vagin auront davantage de difficultés à pénétrer dans la cavité utérine dans un des deux cas.

25 Expliquer la dynamique interne du globe

Certaines manifestations de l'activité interne du globe, d'une rare violence, peuvent avoir des répercussions sur la société humaine. Quels sont ces risques et comment l'Homme parvient-il à les gérer ?

RETENIR L'ESSENTIEL

I La dynamique interne du globe modifie l'environnement de l'Homme

- Les séismes, éruptions volcaniques, tsunamis… sont les témoins de l'activité interne du globe. Toujours brutaux, parfois meurtriers, ils peuvent profondément bouleverser l'environnement de l'Homme.

Le tsunami du 11 mars 2011 au Japon.

- Les connaissances scientifiques de ces événements géologiques permettent de mieux les comprendre. Ces événements sont souvent circonscrits dans des zones précises de la surface du globe : aux limites des plaques lithosphériques.
- Des phénomènes géologiques profonds créent des mouvements de plaques avec pour conséquence des ruptures des roches de surface et des **séismes**. Par ailleurs, l'arrivée en surface de roche en fusion (**magma**) conduit à l'**activité volcanique** de la planète.
- Les géologues parviennent à estimer les **risques géologiques**.

> **Mot-clé**
> **Plaque lithosphérique** : portion de la surface de la Terre ayant un comportement rigide.

II La prévention des risques

La **surveillance des zones à risque** par les observatoires scientifiques, l'**éducation des populations** vivant dans ces zones et la **réactivité des pouvoirs publics** sont les moyens mis en place par les sociétés développées pour limiter les impacts négatifs.

SVT

26 Expliquer la dynamique externe du globe

Certains phénomènes météorologiques, d'une rare violence, peuvent avoir des répercussions sur la société humaine. Quels sont ces risques et comment l'Homme parvient-il à les gérer ?

RETENIR L'ESSENTIEL

I La dynamique externe du globe modifie l'environnement de l'Homme

- Les typhons, ouragans... sont des événements météorologiques qui ont souvent de graves répercussions sur les sociétés humaines.

Le super typhon Haiyan au large des Philippines le 13 novembre 2013.

- Ils sont les conséquences de **mouvements de masses d'air** et de **courants océaniques**, **contrôlés par l'énergie du soleil** que reçoit la Terre : l'inégale répartition de l'énergie solaire reçue par la planète conduit à des **variations de pression**, ce qui provoque les **mouvements des masses d'air**.
- Ainsi, le suivi en continu de l'évolution des températures des masses d'air et des courants océaniques permet aux scientifiques de mieux comprendre les événements météorologiques et, par des modélisations, de les **anticiper**.
- Les alertes météo permettent de sauver des vies et d'aménager l'habitat afin que les effets négatifs aient le moins de répercussions possible.

II La prévention des risques

La **surveillance** des zones à risque par les observatoires scientifiques, l'**éducation** des populations vivant dans ces zones et la **réactivité** des pouvoirs publics sont les moyens mis en place par les sociétés développées pour limiter les impacts négatifs.

27 Citer les ressources terrestres utilisables par l'Homme

L'Homme utilise diverses ressources de la planète pour ses besoins. Quelles sont-elles ?

RETENIR L'ESSENTIEL

I Les sources d'énergie du globe

1. Les sources issues de l'activité interne

- Il règne de fortes températures dans les profondeurs de la Terre. Celles-ci sont le moteur du déplacement des plaques ; les séismes et les éruptions volcaniques en sont le témoignage de surface.
- La géothermie est un moyen pour l'Homme de récupérer une partie de cette énergie pour ses besoins (chauffage, industries...).

Mot-clé

Géothermie : technologie visant à exploiter la chaleur interne du globe.

2. Les sources issues de l'activité externe

- Les déplacements de masses d'air et d'eau peuvent être utilisés par l'Homme afin de produire de l'énergie : éolienne, hydraulique...
- Ces ressources nécessitent des connaissances scientifiques et des conditions de réalisation particulières.

II Les ressources non renouvelables du globe

- L'Homme utilise et exploite des ressources géologiques qui peuvent fournir de l'énergie (charbon, pétrole, uranium...), ou des matériaux utiles à ses besoins (fer, aluminium, pierres de construction...).
- Ces ressources, relativement rares à l'échelle de la planète, ont souvent mis énormément de temps à se constituer. L'Homme exploite ces matériaux plus rapidement que leurs stocks ne se reconstituent : on parle de ressources non renouvelables (sur une vie humaine).

Mot-clé

Ressource non renouvelable : ressource dont la vitesse de destruction dépasse sa vitesse de création.

Richesse	Charbon	Fer	Gaz naturel	Pétrole	Uranium	Or
Date estimée d'épuisement	2158	2087	2070	2050	2040	2025

Prévisions des dates d'épuisement de richesses.
Les prévisions sont effectuées au rythme actuel de consommation.

SVT

28 Relever des impacts négatifs de l'activité humaine

Les activités humaines ont des conséquences souvent néfastes sur son environnement. Quelles sont-elles ?

RETENIR L'ESSENTIEL

I Les impacts chimiques de l'Homme sur l'environnement

- L'Homme, en rejetant des substances chimiques (pesticides, huiles, détritus...) dans son environnement, entraîne sa pollution.
- Ainsi, il contribue à modifier la biodiversité : diminution de la population de certaines espèces vivantes (abeilles...) et augmentation d'autres (algues au bord de l'océan Atlantique...). Ceci a pour conséquence un profond déséquilibre des écosystèmes.

Mot-clé

Pollution : dégradation d'un endroit par l'introduction de substances ou de radiations.

Mots-clés

Biodiversité : diversité naturelle ou non des êtres vivants.
Écosystème : ensemble des êtres vivants présents de manière régulière dans un milieu donné.

II Les impacts physiques de l'Homme sur l'environnement

Rejet de détritus dans un cours d'eau.

- Certains objets produits par l'Homme, en se retrouvant dans la nature, perturbent les conditions de vie des êtres vivants (sacs plastiques mangés par des tortues...). Ces produits causent d'autant plus de dommages que leur dégradation prend énormément de temps.
- L'exploitation irraisonnée des sols aboutit à leur destruction, et donc à des récoltes appauvries.

III La surexploitation de l'environnement

L'Homme exploite souvent des ressources plus rapidement que les réserves ne se reconstituent (déforestation en Amazonie...). Ceci contribue à bouleverser son environnement et à terme les conditions de la vie sur Terre...

29 Relever des impacts positifs de l'activité humaine

Conscient des conséquences de ses actions sur notre planète, l'Homme a les capacités de limiter l'impact de ses activités. Comment y parvient-il ?

RETENIR L'ESSENTIEL

I L'Homme gère ses exploitations

■ Par ses connaissances, l'Homme comprend mieux le monde qui l'entoure : il parvient à avoir une gestion raisonnée de l'exploitation des ressources animales qu'il élève, et des ressources végétales qu'il cultive. On parle d'agrosystèmes.

■ La connaissance des sols, par exemple, permet de les protéger afin de pérenniser leur exploitation. La connaissance des plantes et des animaux permet d'optimiser le rendement des exploitations tout en limitant les impacts négatifs sur l'environnement.

Mot-clé
Agrosystème : écosystème naturel modifié par l'Homme pour subvenir à ses besoins, alimentaires notamment.

Arrosage raisonné d'un champ de maïs.

II Gestion d'un écosystème

■ La compréhension des écosystèmes permet d'appréhender d'éventuels déséquilibres et d'y remédier : l'Homme peut influer sur les différentes composantes de l'écosystème (conditions physico-chimiques telles que température, pression... ; nourriture disponible ; reproduction des espèces...).

■ La société humaine, en tentant de réduire ses déchets, et en utilisant de manière raisonnée les ressources dont elle dispose parviendra à préserver la planète et assurer la survie de l'humanité : on parle de développement durable.

Mot-clé
Développement durable : mode de développement répondant aux besoins du présent sans compromettre la capacité des générations futures à répondre aux leurs.

Se tester QUIZ

Vérifie que tu as bien compris les points clés des **fiches 25 à 29.**

Pour chaque question, vérifie ta réponse à l'aide du corrigé et consulte les fiches de cours si nécessaire.

1 Lier l'environnement et la société humaine

→ CORRIGÉ P. 460

1. Une ressource est « non renouvelable » car :
- ☐ a. une fois utilisée, elle ne se renouvelle pas
- ☐ b. une fois utilisée, elle se renouvelle mais extrêmement lentement
- ☐ c. une fois utilisée, elle se recycle

2. Des catastrophes naturelles peuvent mettre en danger la société humaine :
- ☐ a. n'importe où à la surface du globe
- ☐ b. uniquement à la limite des plaques
- ☐ c. sur certaines zones très localisées à la surface du globe

3. L'utilisation massive de pesticides dans l'agriculture peut entraîner :
- ☐ a. uniquement la disparition des abeilles pollinisatrices
- ☐ b. uniquement la disparition des insectes ravageurs
- ☐ c. la disparition de tous les insectes

4. Pour préserver la biodiversité, il suffit de :
- ☐ a. maintenir l'équilibre des écosystèmes
- ☐ b. protéger les espèces en danger d'extinction
- ☐ c. créer des parcs naturels

Vers le brevet

Exerce-toi en vue du brevet et révise les **fiches 25 à 29.**

Pour chaque question, aide-toi des conseils donnés et compare ta réponse à celle donnée dans le corrigé.

2 Une pollution en Guyane

20 min

→ CORRIGÉ P. 460

En Guyane, la pratique de l'orpaillage, qui consiste à utiliser le mercure pour extraire l'or du sous-sol, entraîne d'importants rejets de mercure dans l'eau des rivières. Le mercure est intégré dans la chaîne alimentaire par le plancton, que consomment les poissons herbivores, lesquels sont mangés par les poissons carnivores (1 000 fois plus contaminés que les poissons herbivores).

Le mercure est un métal **très toxique pour l'Homme.** Une étude a été menée pour connaître le niveau de contamination de la population qui vit en bordure du fleuve Sinnamary.

Document **Évolution de la contamination de la population en fonction de la fréquence de consommation de poissons issus du fleuve**

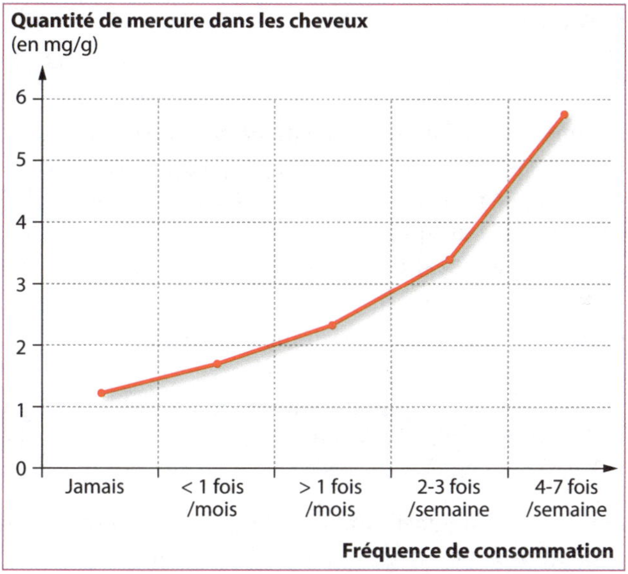

1. À partir du texte, indiquer le nom du polluant et l'origine de la pollution.

2. À partir du texte et du graphique, expliquer comment l'Homme est contaminé par ce polluant.

3. Proposer deux solutions afin de limiter les risques sur la santé liés à cette pollution.

Démarrons ensemble

1. Relis attentivement le texte de l'exercice. Deux réponses sont attendues ici : le nom du polluant et d'où provient ce polluant.

2. Utilise d'abord les informations du texte, puis complète ta réponse avec les informations fournies par le graphique.

3. Les deux solutions peuvent être déduites de l'étude du texte, mais tu peux proposer une solution à partir de tes connaissances.

SVT

Corrigés

I Comment est déterminé l'aspect d'un être vivant ?

1 **1. c. • 2. b. • 3. a.**

2 **4. b. • 5. c.**

3 **1.** Le document ci-contre s'appelle un **caryotype** (→ Fiche 1).

2. Il s'agit, dans ce cas, d'un **fœtus humain**, car son caryotype comporte 23 « paires » de chromosomes, et les humains possèdent 46 chromosomes (23 × 2).

Le **nombre de chromosomes** est caractéristique d'une espèce.

3. Le fœtus est de **sexe masculin**, car on distingue un chromosome X et un Y (→ Fiche 2).

4. On distingue **trois chromosomes au lieu de deux** sur la « paire » n° 18.

5. On pourrait appeler cette anomalie chromosomique, une **trisomie** (trois chromosomes) **18** (au lieu des deux chromosomes 18).

L'explication des **anomalies** est donnée dans la fiche 6.

4 **1.** B1 et C3 étant atteints, ils ont l'**allèle a** en deux exemplaires.

2. A1 et A2 ont eu une fille B1 atteinte, avec deux allèles **a**. Or, celle-ci a hérité chaque allèle de ses parents (A1 et A2). On en déduit que ceux-ci possèdent un chromosome 7 portant un **allèle a**. De plus, comme A1 et A2 ne sont pas malades, ils doivent forcément posséder l'**allèle A** sur leur deuxième chromosome 7.

Les notions d'**allèles dominants** et d'**allèles récessifs** sont évoquées dans la fiche 4.

3. B0 et B1 ont eu un garçon C3 atteint, avec deux **allèles a**. Or, celui-ci a hérité chaque allèle de ses parents (B0 et B1). On en déduit que ceux-ci possèdent un chromosome 7 portant un **allèle a**. Or, comme B0 n'est pas malade, il doit forcément posséder l'**allèle A** sur son deuxième chromosome 7.

II Comment expliquer l'évolution des êtres vivants ?

1 **1. b. • 2. a. • 3. c. • 4. b.**

2 **1.** Le diplodocus, le caelophysis, l'allosaurus, le velociraptor, l'archéoptéryx et les autres oiseaux appartiennent au groupe des saurischiens car ils possèdent tous un bassin à cavité acétabulaire perforée.

2. L'archéoptéryx et la poule appartiennent au groupe des oiseaux car ils possèdent un orteil inversé.

3. Le diplodocus n'avait pas 3 orteils fonctionnels : sur l'arbre d'évolution, cet attribut apparaît plus tard.

4. L'allosaurus avait trois orteils fonctionnels : sur l'arbre d'évolution, cet attribut est déjà apparu.

Tu peux retrouver un autre exemple d'**arbre d'évolution** dans la fiche 9.

III Comment un organisme subvient-il à ses besoins cellulaires ?

1 **1. b. • 2. b. • 3. c. • 4. a.**

2 **1.** Les cercles des schémas représentent des acides aminés différents.

2. Les protéines sont différentes, car les acides aminés (les cercles) ne sont pas placés au même endroit dans les protéines.

3. Dans le tube digestif de Romain, la caséine du lait est digérée : elle est dégradée en acides aminés (nutriments).

4. La construction d'un type de protéine est contrôlée par un gène. La protéine du chat est différente de la protéine fabriquée par Romain, car ils n'ont pas les mêmes gènes.

Si la protéine était un collier de perles, les **acides aminés** étant les perles : la digestion correspondrait à casser le collier, les perles seraient libérées…

IV Comment sommes-nous protégés des micro-organismes ?

1 **1. b. • 2. a. • 3. c. • 4. b. • 5. c. • 6. a.**

2 **1.** On distingue la phagocytose (doc. 1) et la production d'anticorps (doc. 2).

2. Les cellules responsables de ces moyens de défense sont : des cellules phagocytaires (schéma 1) et des lymphocytes B (schéma 2).

3. Phagocytose : la cellule phagocytaire s'accole, absorbe et digère le microbe.

Production d'anticorps : un lymphocyte B particulier reconnaît un antigène, il est « activé » : il sécrète de grandes quantités d'anticorps spécifiques de l'antigène qui l'a activé.

4. a. C'est la phagocytose qui constitue la première ligne de défense.

b. Il existe une mémoire immunitaire pour la production d'anticorps.

c. Le moyen de défense considéré comme spécifique est la production d'anticorps, car les anticorps produits se fixent exclusivement (spécifiquement) sur l'antigène qui a conduit à leur production.

3 **1.** Le **lot 1** montre que suite à l'irradiation aux rayons X et à l'injection d'une culture bactérienne, quelques jours plus tard, les souris ne sécrètent pas d'anticorps.

Le **lot 4** montre que suite à l'irradiation aux rayons X et à l'injection d'une culture bactérienne, quelques jours plus tard, les souris sécrètent des anticorps.

> Aucune **souris** n'a souffert durant ces expériences...

2. Le **lot 2** montre que suite à l'irradiation aux rayons X, l'injection des lymphocytes B et T et à l'injection d'une culture bactérienne, quelques jours plus tard, les souris sécrètent des anticorps.

Le **lot 3** montre que suite à l'irradiation aux rayons X, l'injection des lymphocytes T et à l'injection d'une culture bactérienne, quelques jours plus tard, les souris ne sécrètent pas d'anticorps.

a. Le lot 2 est l'expérience test. Le lot 3 est l'expérience témoin.

b. Le seul facteur différent entre ces deux expériences est l'injection de lymphocytes B après l'irradiation des souris.

c. Le seul facteur différent étant la présence des lymphocytes B, on peut penser que les lymphocytes B sont responsables des différences constatées au bout de quelques jours.

On peut poser l'hypothèse suivante : les lymphocytes B produisent des anticorps suite à l'injection de la culture de bactéries.

3. Pour vérifier l'hypothèse, on pourrait faire : irradiation aux rayons X, injection des lymphocytes B des souris, puis injection de la culture bactérienne. Si l'hypothèse est vraie, alors quelques jours plus tard, on devrait observer une sécrétion d'anticorps.

V Comment fonctionne le système nerveux ?

1 **1. c. • 2. a. • 3. c. • 4. c.**

2 **1.** Le message nerveux passe au niveau d'une synapse entre deux neurones.

> Tu peux visualiser une **synapse** dans la fiche 19.

2. La substance chimique transmise entre les deux neurones est ici la dopamine.

3. La cocaïne empêche la recapture de la dopamine par le neurone émetteur.

4. Conséquences à court terme : sensation de bien-être ; à long terme : souffrance, dépendance.

VI Comment la digestion assure-t-elle les besoins nutritionnels des cellules ?

1 **1. b. • 2. a. • 3. a. • 4. c.**

2 **1.** Le lactose est digéré au niveau de l'intestin grêle, sous l'action d'une enzyme : la lactase.

2. La digestion chimique du lactose donne deux molécules très voisines : le glucose et le galactose.

L'exemple de la **digestion** de l'amidon est donné dans la fiche 20.

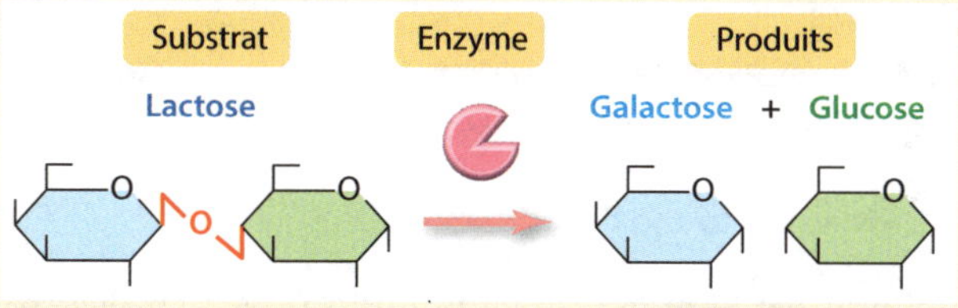

3. Le glucose et le galactose devraient normalement passer dans le sang au niveau des villosités intestinales.

4. L'absence de lactase entraîne des troubles digestifs : diarrhées (le lactose empêche l'absorption d'eau au niveau de l'intestin) et crampes douloureuses (qui résultent de la dégradation du lactose par des bactéries de la flore intestinale)

5. Pour éviter les troubles, on pourrait ajouter dans l'alimentation l'enzyme absente (ou ne plus boire de lait avec lactose...).

VII Comment s'effectue la maîtrise de la reproduction ?

1 **1. b. • 2. a. • 3. c. • 4. a. • 5. b. • 6. a.**

2 **1.** La glaire cervicale est localisée au niveau du col de l'utérus.

2. La glaire cervicale est dense au 5e jour du cycle de la femme, très clairsemée au 14e jour et à nouveau dense au 20e jour du cycle.

Tu peux localiser le **col de l'utérus** par rapport aux autres organes de l'appareil reproducteur féminin dans la fiche 22.

3. La glaire cervicale a un rôle protecteur vis-à-vis des micro-organismes car elle joue un rôle de « bouchon », empêchant les micro-organismes de pénétrer dans la cavité utérine.

4. Les spermatozoïdes peuvent plus facilement franchir le col de l'utérus au 14e jour du cycle, car c'est à ce moment que la glaire cervicale est la plus clairsemée.

5. Sur la photographie de gauche (glaire cervicale d'une femme prenant la pilule), la glaire cervicale est très dense.

Sur la photographie de droite (glaire cervicale d'une femme ne prenant pas la pilule), la glaire cervicale est plus clairsemée.

6. La glaire cervicale d'une femme prenant la pilule est plus dense que si elle ne la prend pas (doc. 3). Ainsi, les spermatozoïdes déposés au fond du vagin suite à un rapport sexuel auront davantage de difficultés à franchir le col de l'utérus et à pénétrer dans la cavité utérine pour une éventuelle fécondation d'un ovule.

VIII Quels liens existe-t-il entre la société humaine et son environnement ?

1 **1. b. • 2. c. • 3. c. • 4. a.**

2 **1.** Le polluant est le mercure. La pollution de l'eau des rivières par ce mercure a pour origine la pratique de l'orpaillage, c'est-à-dire l'extraction de l'or.

2. D'après le texte, l'Homme est contaminé en consommant du poisson issu du fleuve Sinnamary. Le graphique nous montre que plus la consommation de poissons du fleuve est fréquente, plus la contamination de l'Homme est importante.

3. Pour limiter les risques sur la santé de l'Homme, on pourrait :
- diminuer, voire arrêter la consommation de poissons issus du fleuve ;
- interdire l'orpaillage ;
- ou encore (3e solution) éviter de boire l'eau du fleuve contaminé.

L'**Homme** peut modifier son comportement afin de limiter son impact négatif sur la santé des populations, mais également sur la planète. → Fiche 29

TECHNOLOGIE

Corrigés

TECHNOLOGIE

1 Rédiger et interpréter un cahier des charges

Avant de concevoir un objet technique, il est nécessaire de s'assurer qu'un besoin existe et de bien préciser ce qui est attendu par le futur utilisateur.

RAPPELS DE COURS

I De l'analyse du besoin au cahier des charges

- Les objets techniques sont des objets conçus par l'homme pour répondre à des **besoins**. Le besoin apparaît quand l'homme perçoit un **manque** ou qu'il est **insatisfait**. C'est le début de tout projet.

Exemples :

Besoin	Objet technique
Se déplacer	Vélo, automobile…
Communiquer	Papier, téléphone, smartphone…

Mot-clé

Un **cahier des charges** est un document contractuel décrivant de la façon la plus précise possible, avec un vocabulaire simple, les besoins auxquels le concepteur de l'objet doit répondre.

- Pour répondre au besoin de l'utilisateur, les concepteurs doivent lister toutes les fonctions que doit assurer un objet technique. Cette analyse fonctionnelle a pour but de rédiger un cahier des charges.
- La personne qui réalise le projet n'est pas forcément celle qui a rédigé le cahier des charges. Le demandeur doit donc préciser l'ensemble des caractéristiques du produit, incluant le design, dans le cahier des charges.

Exemple : Pour une coque de clé USB : elle doit mettre en valeur une marque de sponsor, protéger le circuit imprimé des agressions extérieures, se connecter sur une prise USB de type « A ».

II Les fonctions de service d'un objet

- L'objet technique est considéré comme un ensemble de **fonction de service**, sans distinguer les différentes pièces de l'objet.
- Il existe deux types de fonctions de service :

– les **fonctions principales**, correspondant au service rendu par le système pour répondre aux besoins ;

– les **fonctions contraintes**, représentant l'ensemble des obligations à satisfaire pour répondre aux besoins.

Info

Il faut souvent plusieurs fonctions de service pour répondre à un seul besoin.

MÉTHODE

I Analyser le besoin

La réalisation d'un « **schéma du besoin** » permet une identification rapide du besoin à quoi doit répondre tout objet technique. Ce schéma présente les réponses aux trois questions :

- « À qui l'objet rend-il service ? » ;
- « Sur quoi agit-il ? » ;
- « Dans quel but existe-t-il ? ».

La réponse à la question du but de l'existence d'un objet ne doit pas donner de solution afin de ne pas aiguiller la conception du produit.

Exemple : Le stylo.

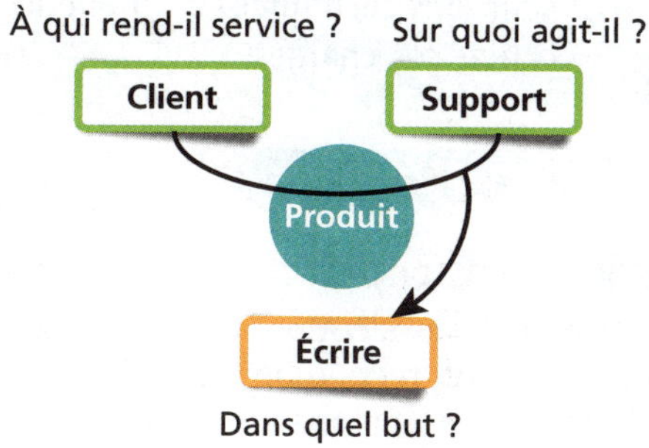

II Établir un cahier des charges

- Pour déterminer les fonctions de service et les contraintes que doit respecter le produit, on utilise un « **diagramme des interacteurs** » dans lequel les différentes bulles représentent les éléments en interaction avec le produit.

Exemple : Le stylo ci-contre. La fonction principale (Fp1) est distinguée des autres fonctions.

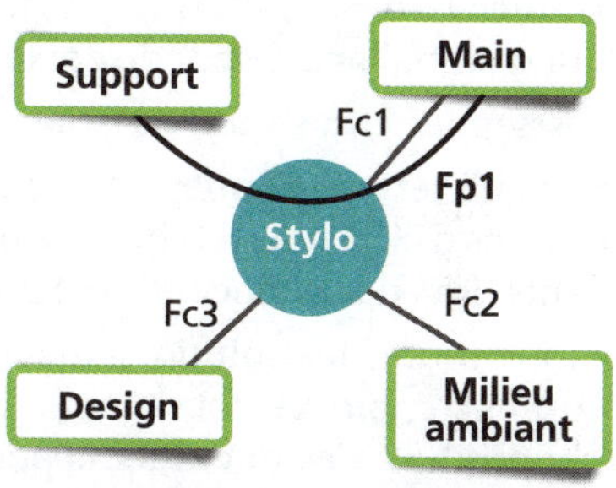

Fp : fonction principale.
Fc : fonction contrainte.

- On décrit les fonctions, en précisant leurs critères et les niveaux qui permettent de les quantifier.

Exemple : Dans le cas du stylo vu ci-dessus, on établit le tableau suivant :

Fonctions de service		Critère	Niveau
Fp1	Permettre à la main de laisser une trace écrite sur un support	Longueur d'écriture	1,5 km
		Nature du support	Papier, carton, tissu
		Couleur de la trace	Bleue
		Épaisseur du trait	0,7 mm
Fc1	Avoir une bonne prise en main	Dimensions	Longueur < 18 cm, diamètre < 8 mm
		Poids	< 10 g
Fc2	Respecter la trousse	Protection de la trousse	Capuchon
Fc3	Plaire à l'utilisateur	Couleurs, design	Au moins 3 couleurs

2 Concevoir des objets innovants et esthétiques

Dans un bureau d'études, le rôle des concepteurs est de trouver des solutions techniques pour aboutir à un produit fini, en respectant le cahier des charges.

RAPPELS DE COURS

I La conception d'un produit

- Lors de la conception, il faut satisfaire les différentes fonctions de service. Pour cela, on recherche toutes les **fonctions techniques** qui permettent de réaliser les fonctions de service. Pour chaque fonction technique on recherche les solutions techniques possibles.

- Le choix d'une **solution technique** se fait à l'aide :

– de sondages auprès des utilisateurs, notamment pour déterminer le design d'un objet (forme d'une voiture, couleur d'emballage, odeur de déodorant par exemple) ;

– de tests, pour choisir un matériau ;

– de calculs et de simulation numériques, notamment pour calculer des dimensions d'éléments tels qu'axes ou poutres afin qu'ils soient suffisamment résistants (lors de la conception d'une tribune pour un stade par exemple)...

> **Mot-clé**
> La **veille technologique** consiste à faire des recherches dans un domaine afin d'être à même de faire de meilleurs choix lors de la conception.

- Lorsque toutes les solutions techniques sont choisies, le concepteur prépare un ensemble de documents décrivant la mise en œuvre et la réalisation du produit. Ces documents peuvent être des plans (ex : conception de bâtiment), des modèles virtuels, notamment des modélisations 3D (ex : conception de voiture), des schémas électriques (ex : conception d'appareil électronique), etc.

II Le design d'un produit

- Le design ne se résume pas à l'esthétique d'un produit et n'est pas déterminé à la fin de la conception : la démarche design intervient à toutes les étapes d'un projet.

- Afin de choisir le design d'un objet, les concepteurs doivent analyser les sensations que ce produit doit créer (chaleur, volume, aspect ludique...).

Visseuse électrique

MÉTHODE

I Choisir une solution technique

- Le diagramme Fast *(Function Analysis System Technique)* offre une traduction de chacune des fonctions de service en fonctions techniques, puis, matériellement, en solutions constructives. Il se présente sous la forme d'un arbre.
- Pour décomposer une fonction de service, on pose la question « Comment faire… ».

Info
Il faut souvent plusieurs fonctions techniques pour traduire une seule fonction de service ou une seule fonction technique.

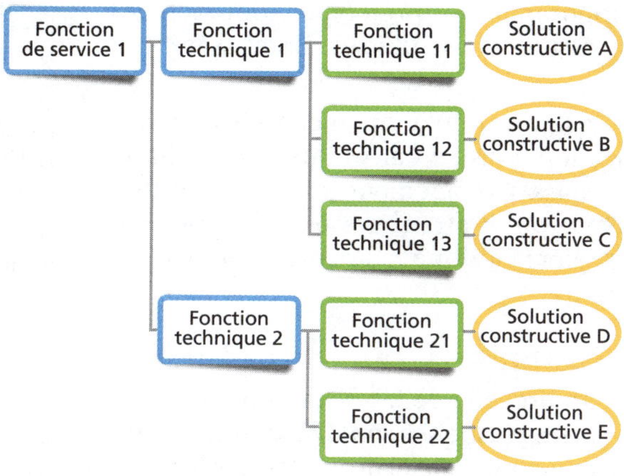

II Réaliser des plans ou des schémas

Pour communiquer efficacement, il est nécessaire de réaliser des dessins de définition du produit. Les logiciels de DAO (dessin assisté par ordinateur) ou de CAO (conception assistée par ordinateur) permettent de réaliser ces dessins.

Exemple : Vues normalisées d'un portail automatique.

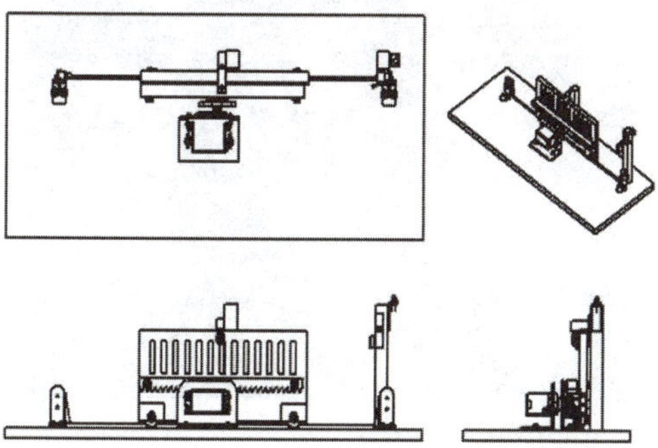

3 Réaliser le prototype d'un objet

Le produit étant défini, il peut être fabriqué. Mais avant d'envisager une production en grand nombre, un premier exemplaire est réalisé, le prototype.

RAPPELS DE COURS

I Le prototype

- Certains composants du prototype sont achetés, d'autres sont fabriqués. L'ensemble est alors assemblé et programmé.
- De nos jours, la fabrication d'un objet est le plus souvent une fabrication assistée par ordinateur (FAO). La FAO permet de passer rapidement du modèle numérique 3D du concepteur au processus de fabrication. Le prototype est alors fabriqué rapidement, on parle de **prototypage rapide**.

Mot-clé

Le **prototype** est un objet fabriqué afin de valider les performances, la stabilité et l'intégralité du produit. Il permet d'éviter les erreurs avant la mise en production.

II La fabrication assistée par ordinateur

- L'**usinage** est un procédé de fabrication par **enlèvement de matière**. Les métaux, le bois et les plastiques sont usinables. Partant de la géométrie définie par le concepteur, un logiciel de FAO pilote le mouvement de l'outil.
- L'**impression 3D** est un procédé de fabrication par **ajout de matière**. Le plastique, le béton et les métaux sont des matériaux utilisables. Chacun de ces matériaux nécessite une imprimante 3D spécifique.

L'impression du plastique se fait avec une buse chauffée pilotée par un logiciel de FAO. Le concepteur définit la géométrie de la pièce, sa densité de matière et son orientation.

Imprimante 3D.

MÉTHODE

Réalisation par prototypage rapide

Le prototypage rapide correspond à la réalisation du premier prototype. Pour le réaliser, on utilise directement les modèles 3D des pièces conçues.

1. Définition de la pièce

Les différentes pièces sont définies par le concepteur. Les logiciels de conception assistée par ordinateur (CAO) permettent de créer des modèles virtuels 3D de ces pièces, appelés modélisations.

Exemple : Conception d'une coque de smartphone à l'aide du logiciel SolidWorks.

2. Fabrication assistée par ordinateur

Les modèles 3D sont importés sur un logiciel permettant d'exploiter un centre d'usinage ou une imprimante 3D.

Exemple : Réaliser la coque de smartphone modélisée.

En usinage	En impression 3D
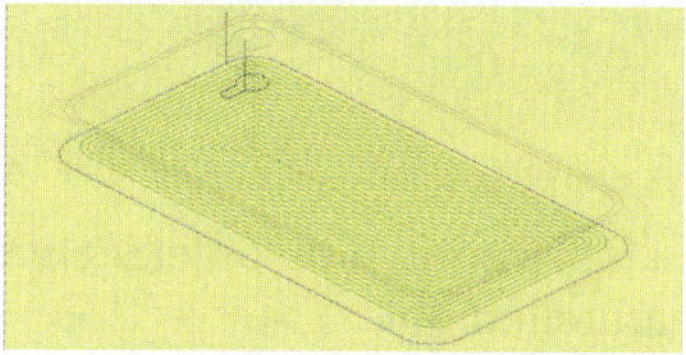 L'utilisateur définit la dimension de la matière utilisée et choisit la trajectoire de l'outil. 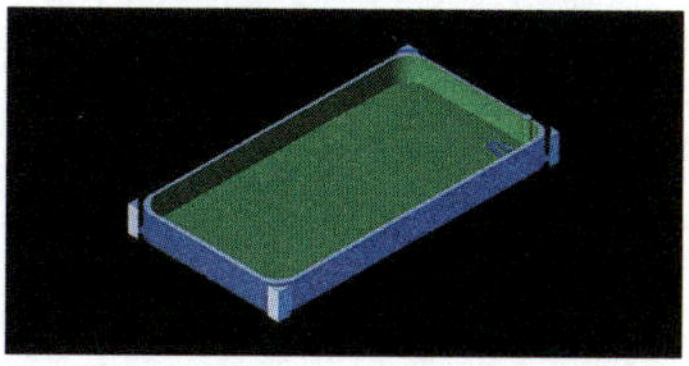 L'utilisateur peut alors valider la fabrication après simulation.	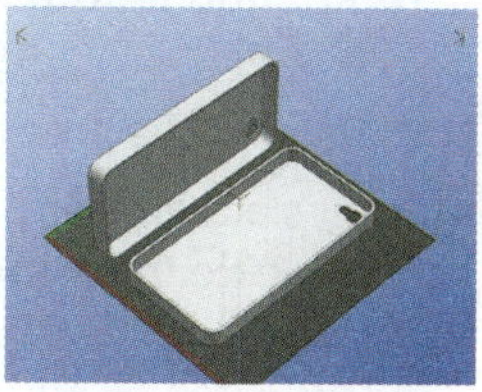 L'utilisateur voit directement ce qu'il obtiendra. Il choisit l'orientation de la pièce et la densité de matière. La densité de la pièce influe sur la résistance mécanique, et l'orientation influe sur le volume du support nécessaire à la fabrication.

Se tester QUIZ

Vérifie que tu as bien compris les points clés des **fiches 1, 2 et 3.**

Pour chaque question, vérifie ta réponse à l'aide du corrigé et consulte les fiches de cours si nécessaire.

1 Le design, l'innovation et la créativité

→ CORRIGÉ P. 490

Classer les étapes d'un projet de la première à la dernière :
- conception
- fabrication d'un prototype
- analyse du besoin
- rédaction du cahier des charges

2 Réaliser un cahier des charges

→ CORRIGÉ P. 490

Un cahier des charges exprime :
- ☐ **a.** le besoin des utilisateurs
- ☐ **b.** les fonctions de service et les contraintes que doit remplir l'objet
- ☐ **c.** les solutions techniques retenues

3 Concevoir des objets innovants et esthétiques

→ CORRIGÉ P. 490

Comment choisir une solution technique ?
- ☐ **a.** au hasard
- ☐ **b.** par calculs
- ☐ **c.** par sondage
- ☐ **d.** en faisant des tests
- ☐ **e.** en faisant des recherches
- ☐ **f.** uniquement pour son prix

4 Réaliser le prototype d'un objet

→ CORRIGÉ P. 490

Comment s'effectue le plus souvent la fabrication d'un objet technique ?
- ☐ **a.** À l'aide de machines pilotées manuellement.
- ☐ **b.** À l'aide d'outils manuels.
- ☐ **c.** À l'aide de machines pilotées par ordinateur.

Vers le brevet

Exerce-toi en vue du brevet et révise les **fiches 1, 2 et 3.**

Pour chaque question, aide-toi des conseils donnés et compare ta réponse à celle donnée dans le corrigé.

5 Le chargeur universel
10 min

→ CORRIGÉ P. 490

Document **Vers le chargeur universel**

Début 2014, le Parlement européen a adopté une directive visant à imposer aux fabricants de smartphones, tablettes et autres appareils un chargeur universel.
D'après un communiqué officiel de la Commission européenne, « les fabricants de téléphones portables seront contraints de prévoir un chargeur unique afin de réduire les coûts et de diminuer le volume des déchets. »
Or, en 2009, quelques fabricants de smartphones s'étaient déjà entendus afin d'harmoniser la connectique de leur chargeur. Le port micro-USB étant adopté comme standard commun.
Les autres constructeurs auront jusqu'à 2017 pour adopter ce chargeur.

1. Pourquoi la Commission européenne veut-elle imposer un chargeur universel ?

2. Exprimer le besoin de ce chargeur universel en complétant le schéma du besoin ci-dessous.

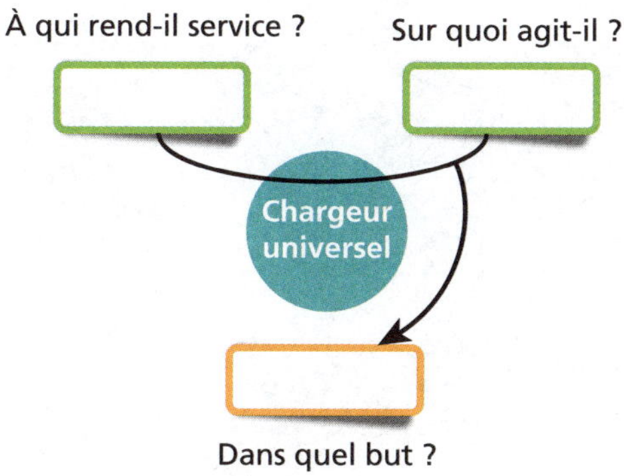

3. Que devra produire le constructeur avant de fabriquer en série ce chargeur universel ?

Démarrons ensemble

1. Exprime avec tes propres mots le choix fait par la Commission européenne.
2. Demande-toi sur quoi cela agit, à qui cela rend service et pourquoi.
3. Pense qu'une production en série ne se fait qu'après vérification du bon fonctionnement.

6 L'hydrolienne

10 min

→ CORRIGÉ P. 490

Document L'éolienne sous-marine

Une hydrolienne est une sorte d'éolienne utilisant la force des courants marins ou des marées pour créer de l'électricité. Elle est installée au fond de la mer ou au fond de l'embouchure d'un fleuve. Des câbles électriques enfouis ou posés sur les fonds marins relient l'hydrolienne au réseau électrique terrestre.

La densité de l'eau étant plus forte que celle de l'air, à diamètre égal une hydrolienne produira plus d'électricité qu'une éolienne. Mais l'environnement salin est à prendre en compte afin d'éviter toute corrosion prématurée.
Les pales de l'hydrolienne tournant lentement, celle-ci ne nuit pas à son environnement marin, et est invisibles pour l'homme.
Par faible profondeur, les hydroliennes sont balisées pour être visibles des bateaux.
Le principal frein au développement des hydroliennes est leur coût et leur entretien qui peut s'avérer délicat.

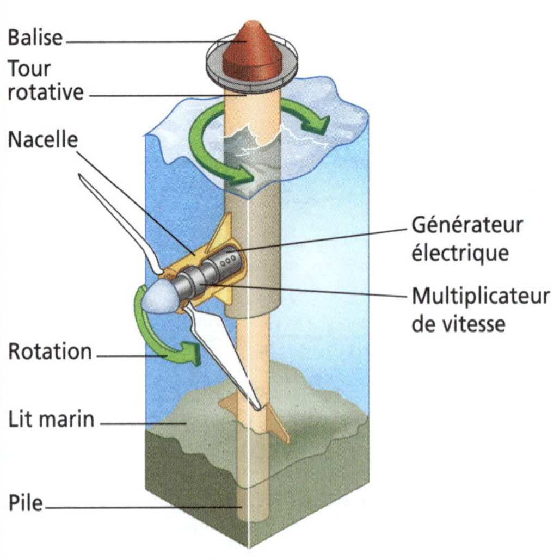

Schéma d'une hydrolienne

1. Identifier les éléments en interaction avec l'hydrolienne en complétant le schéma des interacteurs suivant.

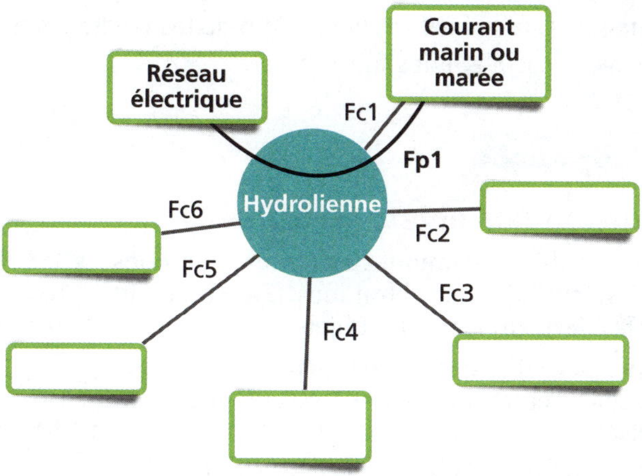

2. Exprimer les contraintes associées à chaque interacteur identifié.

Par exemple, contrainte 1 : résister aux courants marins ou aux marées.

Démarrons ensemble

1. Lis bien le texte afin de repérer les éléments générant des contraintes pour l'hydrolienne.
2. Rappelle-toi que pour exprimer une contrainte il faut un verbe à l'infinitif et un complément.

4 Suivre l'évolution technique des objets

Les travaux pénibles conduisent l'homme à fabriquer des objets techniques pour se faciliter la vie. Afin de les rendre les plus autonomes possible, il les fait évoluer.

RAPPELS DE COURS

I L'évolution des objets techniques

- L'évolution des objets techniques a suivi les inventions et les progrès scientifiques et techniques. Elle a pour but d'améliorer les **performances** des objets.
- L'**esthétique** des objets évolue en fonction des goûts et de la mode, et leur **ergonomie** s'améliore afin de simplifier leur utilisation.

Exemple : L'évolution du stockage de l'information.

> **Mot-clé**
> Un objet technique **ergonomique** est un objet adapté à l'homme : prise en main aisée, simplicité d'utilisation et efforts physiques réduits.

1728	1971	1978	1994
Carte perforée	Disquette	Disque optique	Carte mémoire
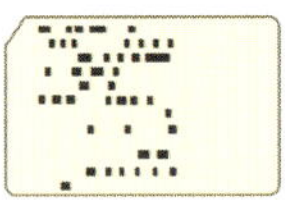		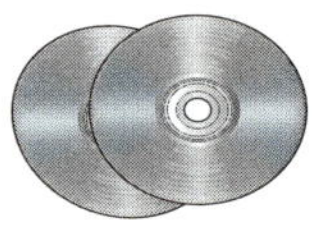	
Environ 10 octets	De 80 Ko à 750 Mo	De 700 Mo à 4,7 Go	Jusqu'à plusieurs To

II Les grandes étapes de l'évolution technique

- Les premiers objets techniques créés sont **non mécanisés**. Pour fonctionner, ils requièrent une intervention humaine et utilisent la force musculaire ou les énergies naturelles.
- Avec la Révolution industrielle, le développement de **moteurs** et autres mécanismes, associé à l'utilisation d'énergies électrique, fossile et thermique, permet la **mécanisation** des objets techniques.

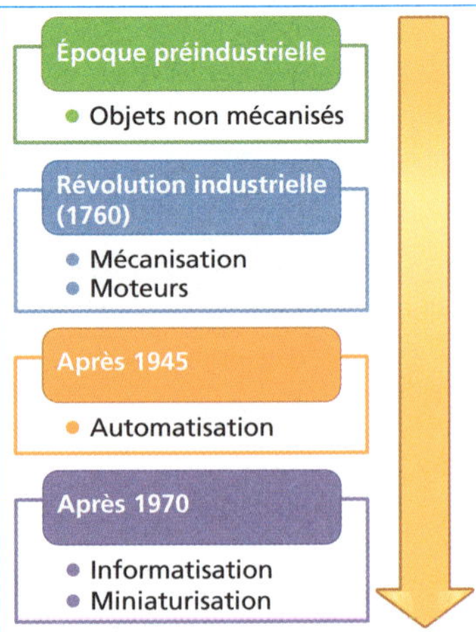

Les grandes étapes de l'évolution technique des objets.

- À partir de la Seconde Guerre mondiale, l'homme réduit encore son intervention en intégrant des automates programmables aux objets techniques. Il y a **automatisation** des travaux et tâches.
- Dans les années 1970, le développement de l'informatique et la miniaturisation des composants permet de remplacer les automates. Les objets techniques peuvent alors interagir avec leur environnement.

MÉTHODE

Représenter l'évolution d'un objet

- La représentation de l'évolution d'une lignée d'objets techniques se fait efficacement à l'aide d'une frise chronologique.
- Construire une frise chronologique se fait en quatre étapes :

1. Si aucune échelle n'est donnée, il faut choisir une échelle en fonction de la place disponible sur la feuille et des première et dernière dates présentes sur la frise.
2. Tracer un axe de bonne longueur.
3. Placer des repères comme les changements de siècle et les dates demandées.
4. Indiquer les événements correspondants.

Exemple : L'évolution du moteur électrique, de 1800 à 1900.

1819 : Découverte de l'électromagnétisme par Hans Christian Oersted (c'est une découverte scientifique).

1820 : Création du 1er électroaimant par François Arago.

1822 : Invention du 1er moteur électromagnétique par Michael Faraday.

1834 : Création du 1er moteur électrique utilisable industriellement par Thomas Davenport (c'est une innovation).

1881 : Fabrication par William Ayrton et John Perry de la 1re voiture électrique (un tricycle) pouvant accueillir des passagers (c'est une innovation).

1800	1819	1820	1822	1834	1881	1900
	Découverte de l'électro-magnétisme	Électro-aimant	Moteur électro-magnétique de Faraday	Moteur électrique de Davenport	Tricycle doté d'un moteur électrique	
	Découverte scientifique	Invention	Invention	Innovation	Innovation	

TECHNOLOGIE

5 Comprendre les impacts sociétaux de certains objets

Au cours de sa vie, un objet technique est en interaction avec l'environnement et les hommes. Ces interactions sont multiples et peuvent exercer une influence sur la société.

RAPPELS DE COURS

I La vie d'un objet technique

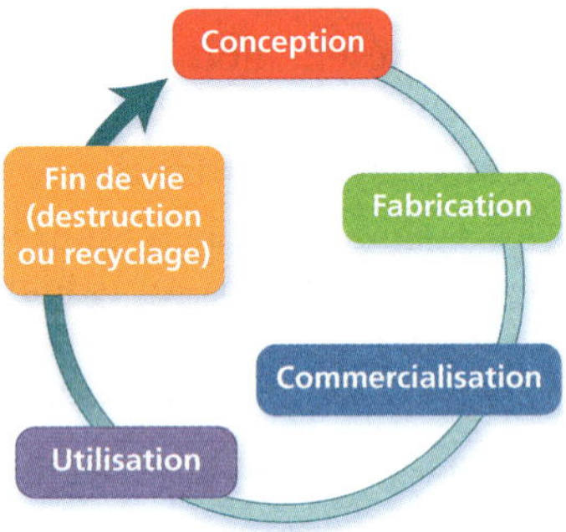

- La vie d'un objet technique débute par sa conception et se termine par sa destruction ou son recyclage. On parle de **cycle de vie** d'un objet.
- À chaque étape de son cycle de vie, l'objet a un impact sur l'environnement et la société.
- De nos jours, certaines entreprises font de l'écoconception une priorité.

Exemple : Certains stylos-billes sont fabriqués à base de plastique recyclé afin de limiter leur impact sur l'environnement.

> **Mot-clé**
> L'**écoconception** d'un objet technique est une conception qui prend en compte l'environnement dès le début du projet.

II Les impacts environnementaux et sociétaux

- Les effets des objets sur l'environnement peuvent être de différents types : pollution visuelle (enseigne lumineuse) ; nuisance sonore (autoroute) ; rejet dans l'atmosphère de gaz (automobile) ou de chaleur (lampe) ; épuisement des ressources (lithium, charbon, pétrole) ; création de déchets (piles, téléphones...).

Exemple : Un téléphone portable est composé d'environ 63 % de matière plastique et de plus de 500 composants contenant des métaux et des terres rares. Des rapports de l'ONU dénoncent les dégâts humains et environnementaux causés par l'extraction minière de terres rares : déforestation, pollution, destruction des communautés locales...

- Les impacts sociétaux sont également multiples. Malgré leur bon fonctionnement, des objets sont jugés « périmés » et rapidement remplacés, par effet de mode. L'utilisation à outrance de certains objets comme les objets connectés peut aller jusqu'à créer une dépendance...

MÉTHODE

I Repérer les objets techniques les plus économes

- Les étiquettes énergies ont été créées afin de repérer rapidement les objets techniques gaspillant l'énergie. On parle alors d'efficacité énergétique en comparant l'énergie consommée par l'objet, et l'énergie restituée sous quelques formes que ce soit (lumière, mouvement…).
- Plus la classe énergétique est loin dans l'alphabet, plus l'appareil gaspille l'énergie. Plus la classe énergétique A a de +, moins l'objet gaspille l'énergie.

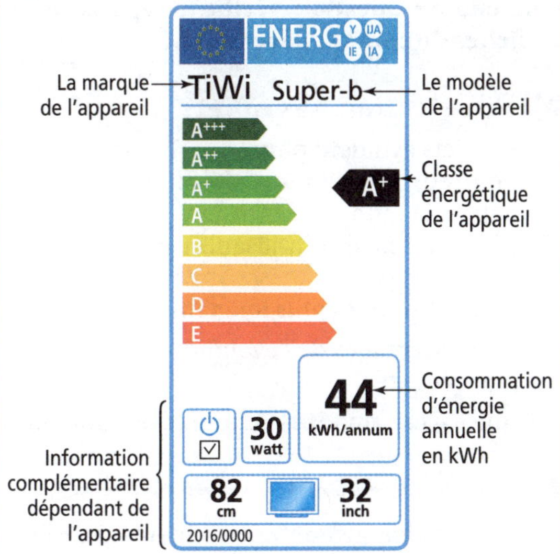

Étiquette énergie d'un téléviseur.

II Connaître les matériaux qui sont recyclables

- Certains matériaux sont **recyclables**, cela signifie qu'ils peuvent redonner le même matériau à l'infini. C'est le cas du verre et des métaux. Ils permettent une importante réduction des déchets. D'autres matériaux sont simplement réutilisables. Certains matériaux ne sont ni recyclables ni réutilisables.

Mot-clé

Dire qu'un matériau est **réutilisable** signifie qu'il sera réutilisé pour un autre usage sans être recyclé.

- Afin de financer le coût du recyclage, la taxe écoparticipation s'applique à tout appareil électroménager. Son montant dépend, entre autres, des matériaux constituant l'appareil.

Famille de matériaux	Matériaux	Recyclable ou réutilisable
Matériaux métalliques	Fer, cuivre, zinc…	Tous recyclables
Matériaux organiques	Papiers, cartons	Recyclables
	Plastiques	Recyclable ou incinérable en fonction du plastique
	Bois	Réutilisable (cheminée…)
Matériaux minéraux	Verres	Recyclables
	Bétons, brique	Réutilisable (remblais)

TECHNOLOGIE

Se tester QUIZ

Vérifie que tu as bien compris les points clés des **fiches 4 et 5.**

Pour chaque question, vérifie ta réponse à l'aide du corrigé et consulte les fiches de cours si nécessaire.

1 L'évolution des objets

→ CORRIGÉ P. 491

1. Les objets évoluent pour :

- ☐ **a.** offrir de meilleures performances
- ☐ **b.** être à la mode
- ☐ **c.** être plus facile d'utilisation
- ☐ **d.** être plus petits
- ☐ **e.** être utilisables plus longtemps

2. Classer les étapes de l'évolution des objets techniques de la plus ancienne à la plus récente :

mécanisé – informatisé – automatisé – non mécanisé

2 Les objets et l'environnement

→ CORRIGÉ P. 491

1. Les objets impactent l'environnement en créant :

- ☐ **a.** du bruit
- ☐ **b.** des acides
- ☐ **c.** des déchets
- ☐ **d.** des étincelles
- ☐ **e.** des gaz à effet de serre
- ☐ **f.** de la lumière
- ☐ **g.** des éclaboussures
- ☐ **h.** du désordre

2. La prise en compte de l'environnement lors de la conception s'appelle :

- ☐ **a.** l'écoconception
- ☐ **b.** l'écohabitation
- ☐ **c.** l'écoparticipation

3. Qu'est-ce qui permet de repérer les appareils économes en énergie ?

- ☐ **a.** L'étiquette colorée
- ☐ **b.** L'étiquette énergie
- ☐ **c.** Le bandeau énergie

Vers le brevet

Exerce-toi en vue du brevet et révise les **fiches 4 et 5.**

Pour chaque question, aide-toi des conseils donnés et compare ta réponse à celle donnée dans le corrigé.

3 Le premier ordinateur portable

15 min

→ CORRIGÉ P. 491

Document **L'Osborne 1, 35 ans déjà !**

Le premier ordinateur portable est l'Osborne 1 de 1981. Il pèse 11 kg, a un écran cathodique de 5" de diagonale (c'est la taille d'écran de certains smartphones) et n'a pas de batterie.
Pourtant, en 1964, le chercheur George H. Heilmeier découvre que la couleur de cristaux liquides peut changer quand on leur applique un courant électrique.
En 1970, le laboratoire Hoffmann-La Roche améliore ce procédé et réussit pour la première fois à conserver la couleur des cristaux liquides après coupure du courant électrique. Les afficheurs LCD peuvent alors fonctionner sur batterie.
À partir de cette découverte, de nombreuses montres à afficheur digital sont produites dans les années 1970.
Il faudra une quinzaine d'années supplémentaire de recherche et de développement des processus de fabrication pour que l'industrie puisse produire un écran digne d'un ordinateur.
Ainsi, en 1985, Toshiba sort le T1100, un ordinateur portable de 4 kg environ, muni d'une batterie et avec un écran plat monochrome (affichage en noir et blanc).

1. Identifier deux découvertes qui ont permis d'avancer vers l'écran plat.
2. Identifier les différentes innovations présentes dans le texte.

Démarrons ensemble

1. Repère dans le texte les découvertes scientifiques.
2. Demande-toi si l'objet technique existait et a réellement changé.

6 Analyser le fonctionnement d'un objet

Les objets et systèmes sont constitués de nombreux constituants dont le fonctionnement et les interactions peuvent être représentés par une chaîne d'énergie et une chaîne d'information.

RAPPELS DE COURS

I Chaîne d'énergie

- Les objets et systèmes utilisent de l'énergie pour fonctionner. L'énergie circule dans l'objet en passant par différents composants de l'objet. Cette **circulation d'énergie** est représentée par une chaîne d'énergie.
- La chaîne d'énergie est l'ensemble des procédés qui permettent de réaliser une action. On peut découper cette chaîne en plusieurs **blocs fonctionnels** correspondant à des étapes. Les étapes peuvent être : alimenter, stocker, distribuer, convertir, transmettre.

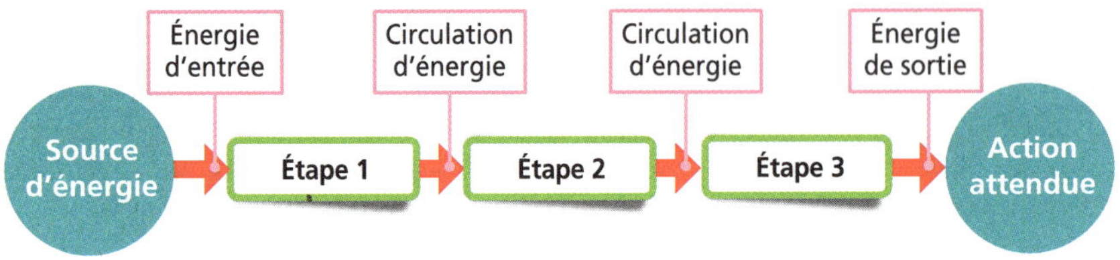

II Chaîne d'information

La chaîne d'information est la partie du système qui capte l'information et qui la traite. Elle est schématisée par des fonctions. La fonction acquérir consiste à créer une information à partir d'un événement. La fonction **traiter** gère les informations acquises afin qu'elles deviennent communicables.

Mot-clé
La fonction **acquérir** est assurée par un capteur.

Exemple : Une télécommande infrarouge détecte l'appui sur un bouton et communique l'information à la télévision grâce à une diode infrarouge.

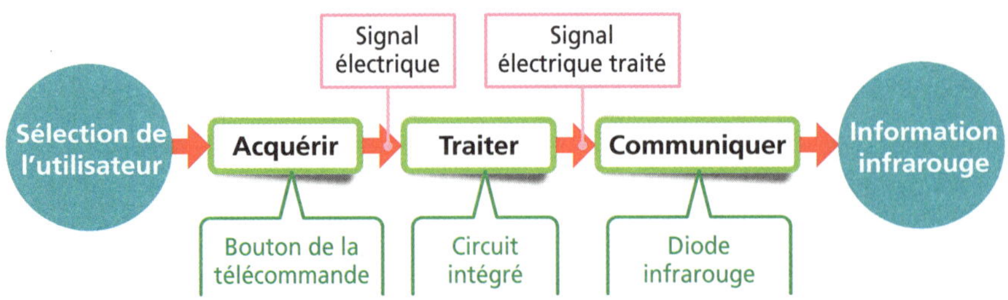

MÉTHODE

Déterminer une chaîne d'énergie

La chaîne d'énergie est une suite de blocs fonctionnels permettant d'analyser le cheminement de l'énergie dans le système depuis sa source jusqu'à l'action attendue. Pour compléter une chaîne d'énergie, il faut :

1. Identifier la source d'énergie et l'action attendue.
2. Trouver le cheminement de l'énergie entre cette entrée et cette sortie.
3. Pour chaque composant, identifier l'énergie à son entrée et à sa sortie.
4. Déterminer la fonction du composant dans la chaîne d'énergie.
5. Dessiner la chaîne d'énergie en suivant le cheminement de l'énergie.

Info

L'**énergie** ne revient jamais en arrière. Elle ne peut pas sauter d'un composant à un autre s'ils ne sont pas liés.

Mot-clé

La **fonction convertir** est toujours assurée par un actionneur (exemple : moteur, lampe, haut-parleur, résistance chauffante...). L'énergie est différente entre l'entrée et la sortie.

Exemple : Une fontaine d'intérieur.

1. L'énergie d'entrée est l'énergie électrique provenant de la prise. L'action attendue est de faire circuler de l'eau.
2. Le cheminement de l'énergie est représenté par des flèches bleues sur le schéma ci-contre.
3. Les composants sont : le transformateur/adaptateur, les fils électriques, l'interrupteur, la pompe.

4. et 5. Chaîne d'énergie complétée :

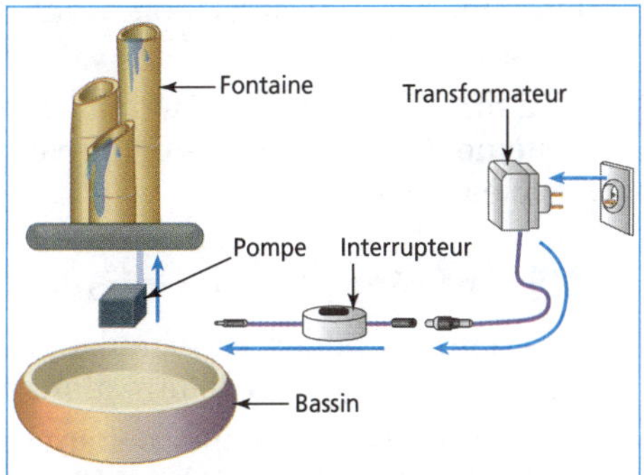

Schéma avec cheminement d'énergie.

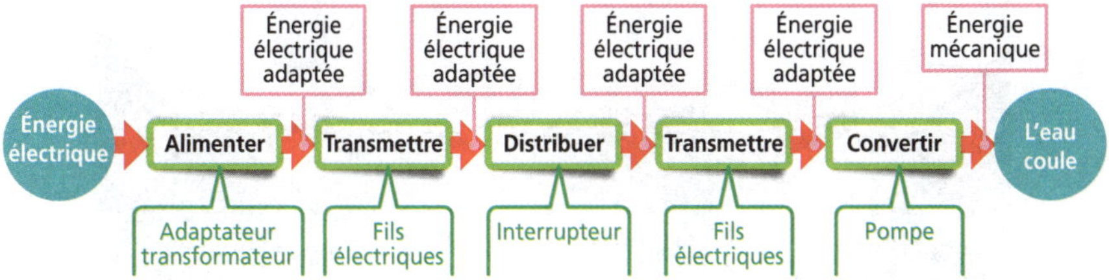

TECHNOLOGIE

7 Modéliser ou simuler le fonctionnement d'un objet

Avant l'informatique, la conception d'objet passait par des essais coûteux. La modélisation et la simulation numérique permettent de reproduire virtuellement le fonctionnement d'un système.

RAPPELS DE COURS

I Modéliser et simuler

- La modélisation est une représentation virtuelle ou mentale de la réalité. La modélisation n'est pas destinée à reproduire exactement la réalité, mais permet l'étude de la structure d'un système ou d'un objet.
- La simulation numérique, par des calculs mathématiques, permet de prévoir le comportement d'un système lors de son utilisation avant même qu'il ne soit construit.
- La simulation permet d'amplifier le comportement du système. Ainsi, les petites déformations, les faibles mouvements deviennent visibles.

Info
Il y a toujours un **écart** entre la prédiction d'une simulation et le comportement réel du système.

II Représenter les résultats de simulation

- Certains résultats de simulation sont représentés visuellement sur le modèle de l'objet (les déformations par exemple).
- D'autres résultats ne permettent pas de visualisation directe. On les représente alors sous forme de graphiques.

Exemple : Simulation du passage d'un poids lourd sur un pont avec Bridge Designer 2016.

MÉTHODE

Représenter des résultats sous forme de chronogramme

- Un chronogramme est une représentation graphique de l'évolution temporelle d'un ou plusieurs signaux issus d'une situation réelle ou d'une simulation. Cette représentation est constituée d'un ou plusieurs graphiques superposés.
- L'axe des abscisses des différents graphiques est identique, il représente le temps.
- Quand on complète des chronogrammes, il ne faut surtout pas essayer de compléter intégralement un graphique avant de passer au suivant, tous les graphiques d'un chronogramme sont liés.

Exemple : On souhaite réguler la température d'une pièce initialement à 18,5 °C. La température souhaitée est de 20 °C, plus ou moins 0,5 °C. Le radiateur peut être soit allumé (thermostat fermé), soit éteint (thermostat ouvert). La température augmente de 0,5 °C en 5 minutes dès que le thermostat est fermé, et elle diminue de 1 °C en 5 minutes quand il est ouvert.

Initialement, le thermostat est fermé et la température augmente jusqu'à 20,5 °C : on trace les deux graphiques jusqu'au temps 20 min.

Puis on ouvre le thermostat, la température baisse jusqu'à 19,5 °C : on trace les deux graphiques jusqu'au temps 25 min.

Le cycle se répète toutes les 15 min.

Le thermostat a deux positions possibles, ouvert ou fermé, c'est une variable logique. La température a une infinité de valeurs possibles, c'est une variable analogique.

Mot-clé

Une variable qui ne peut prendre que deux valeurs est une **variable logique**. Ces valeurs peuvent être oui/non, 1/0, blanc/noir, ouvert/fermé... Une variable qui peut prendre une infinité de valeurs est une **variable analogique**.

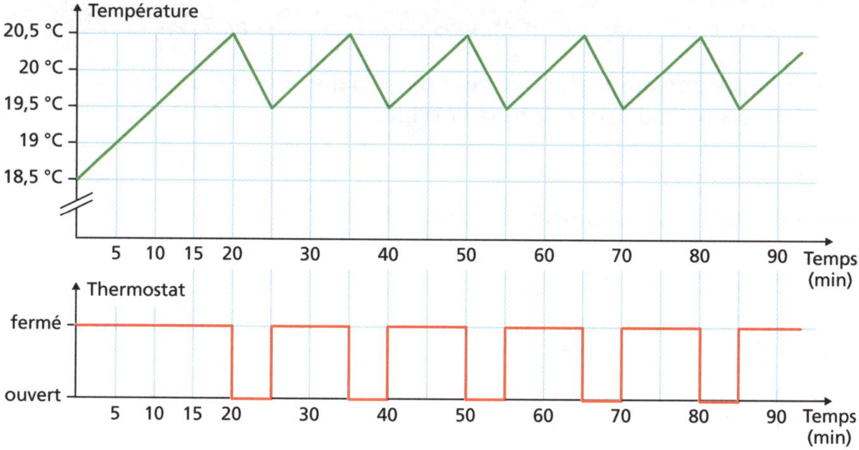

TECHNOLOGIE

Se tester QUIZ

Vérifie que tu as bien compris les points clés des **fiches 6 et 7.**

Pour chaque question, vérifie ta réponse à l'aide du corrigé et consulte les fiches de cours si nécessaire.

1 L'analyse du fonctionnement

→ CORRIGÉ P. 491

Parmi les fonctions suivantes, entoure en rouge celles qui correspondent à une chaîne d'énergie, en vert celles qui correspondent à une chaîne d'information.

a. traiter
b. convertir
c. simuler
d. stocker
e. acquérir
f. transmettre
g. distribuer
h. communiquer
i. alimenter
j. modéliser

2 La modélisation et la simulation

→ CORRIGÉ P. 491

1. La modélisation est une :

☐ **a.** représentation réelle
☐ **b.** représentation virtuelle

2. La simulation donne toujours des résultats collant parfaitement avec la réalité.

☐ **a.** vrai
☐ **b.** faux

Vers le brevet

Exerce-toi en vue du brevet et révise les **fiches 6 et 7.**

Pour chaque question, aide-toi des conseils donnés et compare ta réponse à celle donnée dans le corrigé.

3 Le *head tracking*, capture de mouvement de la tête

10 min

→ CORRIGÉ P. 491

Document **Le TrackIR**

Le TrackIR est un périphérique d'entrée se branchant à l'ordinateur par un port USB.

Ce système capte les mouvements de tête de l'utilisateur et les retranscrit dans les simulateurs ou jeux d'avions, de voitures, de trains… afin d'offrir une immersion totale.

L'utilisateur peut ainsi tourner ou incliner la tête, se relever ou se baisser, s'approcher ou s'éloigner de l'écran, son alter ego virtuel en fera de même dans son environnement – c'est le principe même du *motion capture*, mais en temps réel. L'utilisateur fait désormais partie intégrante du jeu ou de la simulation.
Ceci est rendu possible grâce à un capteur CCD qui est placé face à l'utilisateur et filme des marqueurs au nombre de 3.

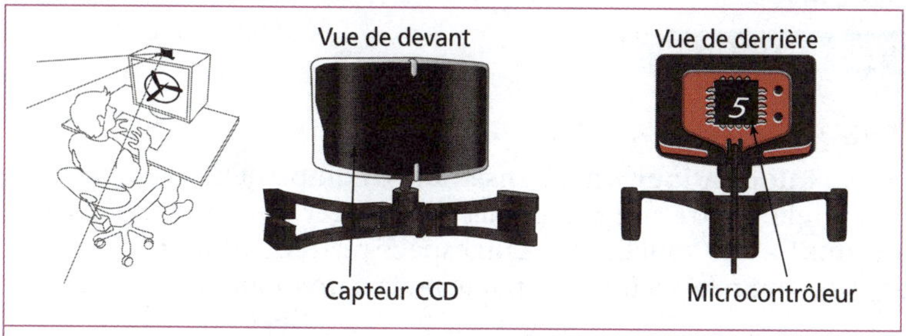

Schéma d'un TrackIR

1. Complète la chaîne d'information du TrackIR.

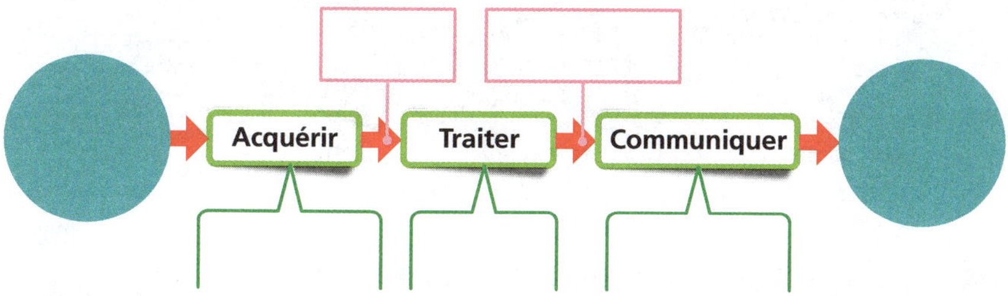

2. De quel type sont les informations acquises ?

Démarrons ensemble

1. Identifie dans le document les trois éléments réalisant les trois fonctions puis détermine quelle information circule.
2. Connaître les différents types de signaux est impératif ici.

8 Comprendre le fonctionnement d'un réseau informatique

De nos jours, les objets sont de plus en plus informatisés et mis en réseau afin de communiquer entre eux.

RAPPELS DE COURS

I Les principaux types de réseau

Un **réseau informatique** est un ensemble d'équipements (ordinateurs, téléphones...) reliés entre eux et capables d'échanger des informations. Certains réseaux dits **locaux** sont limités à un espace restreint (domicile, école, entreprise...), ils sont reliés à Internet par le biais d'un modem (ou box).

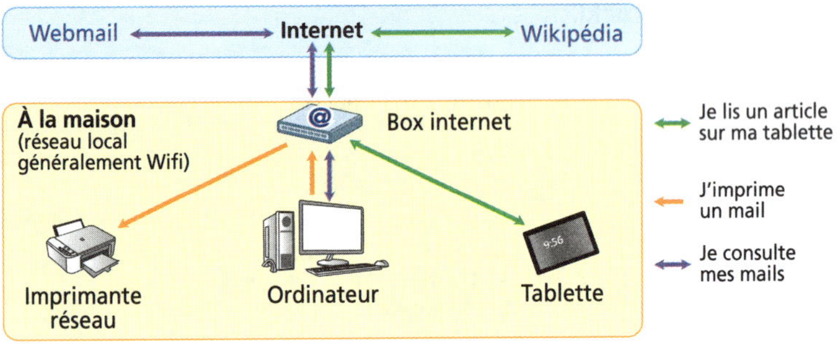

II La circulation des informations

Trois technologies permettent de faire circuler des informations : le fil de cuivre, la fibre optique, les ondes électromagnétiques.

Technologie	Fil de cuivre	WiFi	Bluetooth	4G	Infrarouge	Fibre optique
Portée de connexion	> 100 m	100 m	10 m	10 km	10 m	> 10 km
Débit max.	> 100 Mo/s	100 Mo/s	1 Mo/s	> 10 Mo/s	1 Mo/s	> 1 Go/s

III Les protocoles de communication

- Un ordinateur est connecté à Internet à l'aide d'un modem. Les informations circulent alors dans les mailles du réseau local puis du réseau mondial.
- Chaque objet d'un réseau a une adresse IP (Internet protocol) unique. Quand ils communiquent entre eux, les objets doivent respecter un protocole (par exemple TCP/IP) qui est un ensemble de règles de communication.

MÉTHODES

I Comprendre le principe de l'adresse IP

■ L'adresse IP est une adresse unique attribuée à chaque appareil d'un réseau informatique.

■ L'adresse IP se présente sous forme de 4 nombres (entre 0 et 255) séparés par des points. Chacun de ces nombres est codé sur 1 octet. Exemple d'adresse IP : 192.168.1.1 :

> **Mot-clé**
> Le bit est l'unité de stockage. Un bit peut prendre la valeur 0 ou 1. Un groupe de 8 bits est un **octet**.

192 . 168 . 1 . 1

11000000 . 10101000 . 00000001 . 00000001

1 octet = 8 bits

32 bits (4 × 8), ou 4 octets

II Comprendre l'acheminement par paquet

Lorsqu'on envoie des données, comme un email, elles sont découpées en paquets ou trames. Les paquets sont envoyés dans n'importe quel ordre, et suivent chacun des itinéraires divers. Les données sont reconstituées à l'arrivée, car chaque paquet voyage avec l'adresse du destinataire du message.

III Identifier le rôle des composants d'un réseau de collège

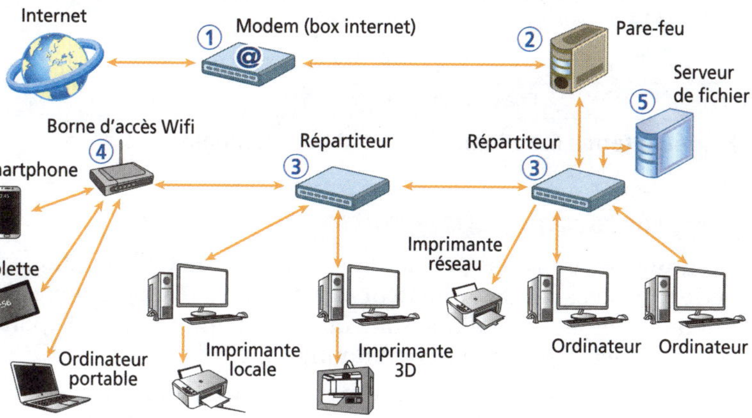

(1) Modem : permet l'accès à Internet. **(2)** Pare-feu : filtre les données provenant d'Internet. **(3)** Répartiteur : partage la connexion Internet. **(4)** Borne d'accès WiFi : crée un accès au réseau sans nécessité de câble réseau. **(5)** Serveur de fichier : stocke les fichiers et logiciels disponibles sur le réseau.

9 Écrire et exécuter un programme

Les objets étant informatisés, ils doivent être programmés afin de fonctionner et d'interagir de façon autonome dans leur environnement.

RAPPELS DE COURS

I Les objets informatisés

- Les objets informatisés sont équipés de capteurs et détecteurs leur permettant d'obtenir des informations sur leur environnement.
- Le traitement des informations est fait par des programmes exécutables par un microprocesseur.
- Des actionneurs permettent enfin à l'objet d'agir sur son environnement.

Mot-clé

Le **microprocesseur** est le cerveau de l'ordinateur. Il exécute des programmes afin de traiter les informations que l'objet reçoit.

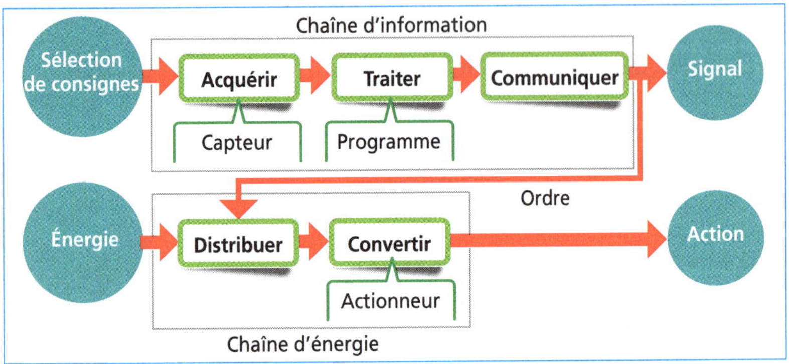

Représentation fonctionnelle d'un objet informatisé

II Les programmes informatiques

- Un **programme informatique** est une suite ordonnée d'opérations destinées à être exécutées par un ordinateur afin de résoudre un problème donné. Il se présente sous la forme d'une suite de calculs numériques, d'opérations logiques, de boucles et de choix conditionnels…
- Un programme informatique **décompose** un problème complexe en une suite d'opérations simples. Quel que soit le langage employé, les instructions exécutent ces opérations en suivant l'ordre déterminé par un algorithme.
- La programmation se fait à l'aide de logiciels et dans des langages spécifiques. Elle peut prendre différentes formes : textuelle, sous forme de logigrammes ou de blocs.

MÉTHODE

Écrire un programme informatique

1. Les variables

- Une **variable** associe un contenu à un nom. Ce contenu ou cette valeur peut être une chaîne de caractères (un mot), un nombre (entier, décimal…) ou quelque type de donnée que ce soit.
- Dans un programme, il y a quasiment toujours plusieurs variables qu'il est très important de bien nommer.

Exemple : Nommer *nb_eleve* une variable représentant un nombre d'élèves.

> **Info**
> Il est préférable de **donner des noms** exprimant ce que représente la variable. Il ne faut pas d'espace, ni d'accent ou d'apostrophe dans un nom de variable.

2. Les boucles

Les boucles servent à répéter plusieurs fois les mêmes instructions.

Exemple : Faire avancer 5 fois un robot.

En logigramme	En blocs
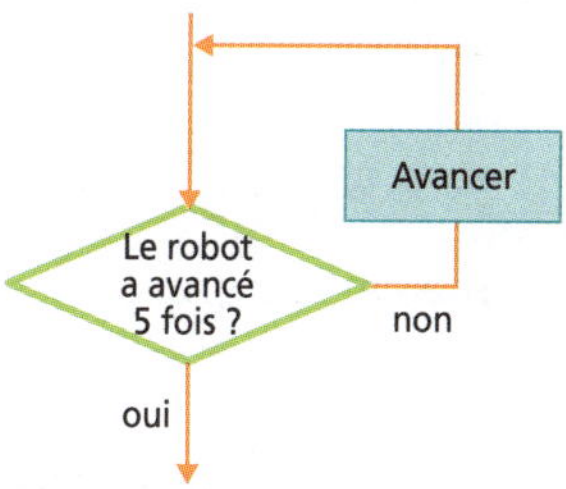	

> **Info**
> Il peut y avoir plusieurs instructions les unes à la suite des autres dans une boucle.

3. Les instructions conditionnelles

Les instructions conditionnelles servent à faire des choix.

Exemple : S'il y a un mur devant lui, le robot tourne à gauche, sinon il continue d'avancer.

En logigramme	En blocs
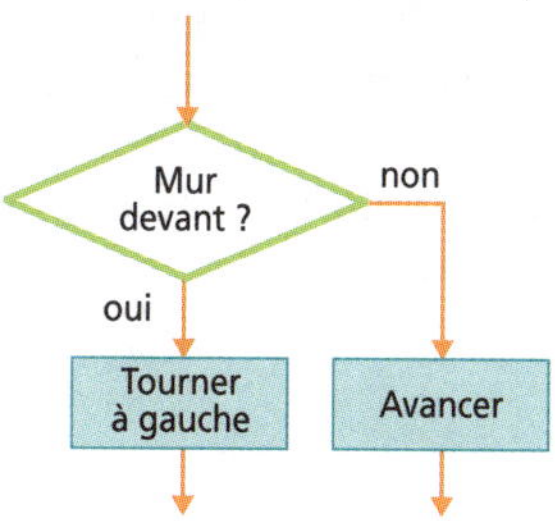	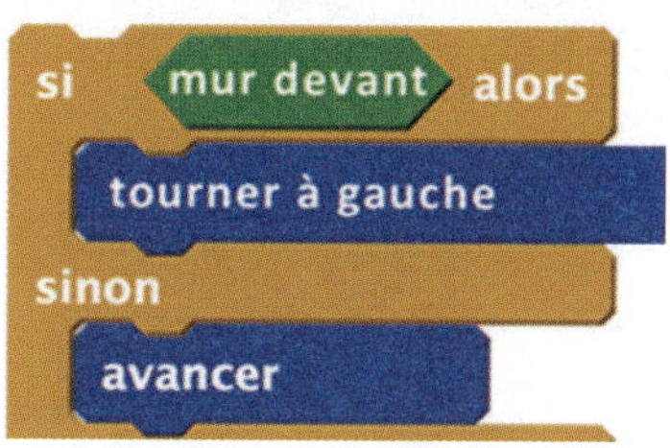

TECHNOLOGIE

Se tester QUIZ

Vérifie que tu as bien compris les points clés des **fiches 8 et 9.**

Pour chaque question, vérifie ta réponse à l'aide du corrigé et consulte les fiches de cours si nécessaire.

1 Comprendre le fonctionnement d'un réseau informatique

→ CORRIGÉ P. 492

Chaque appareil d'un réseau dispose :

- ☐ **a.** d'une adresse IP
- ☐ **b.** d'un numéro AX

2 Écrire et exécuter un programme

→ CORRIGÉ P. 492

Un programme peut comprendre :

- ☐ **a.** des variables
- ☐ **b.** des boucles
- ☐ **c.** des molécules
- ☐ **d.** des réseaux
- ☐ **e.** des instructions conditionnelles
- ☐ **f.** des tresses

Vers le brevet

Exerce-toi en vue du brevet et révise les **fiches 8 à 9.**

Pour chaque question, aide-toi des conseils donnés et compare ta réponse à celle donnée dans le corrigé.

3 Le contrôle de la santé

10 min

→ CORRIGÉ P. 492

Un moniteur permet de contrôler le rythme cardiaque, le taux d'oxygénation et la fréquence respiratoire d'un patient.
Des électrodes ECG (électrocardiographie) permettent de contrôler la fréquence cardiaque et une sonde acoustique la fréquence de respiration du patient. Le taux d'oxygénation est mesuré à l'aide d'un oxymètre de pouls. La saturation en oxygène doit être supérieure à 95 %.
Le moniteur affiche en temps réel chacune de ces 3 données, et si le taux d'oxygène est trop faible ou qu'un capteur ne détecte rien, le moniteur émet un bip.
Afin de simplifier le travail des infirmières, les informations traitées par plusieurs moniteurs sont transmises à un terminal centralisé.

Document **Monitoring**

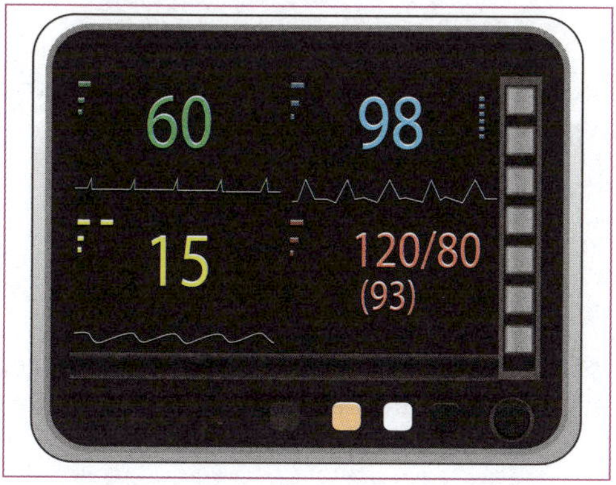

1. Identifier les capteurs et nommer les variables acquises par ceux-ci.
2. Compléter le programme simplifié du moniteur ci-dessous.

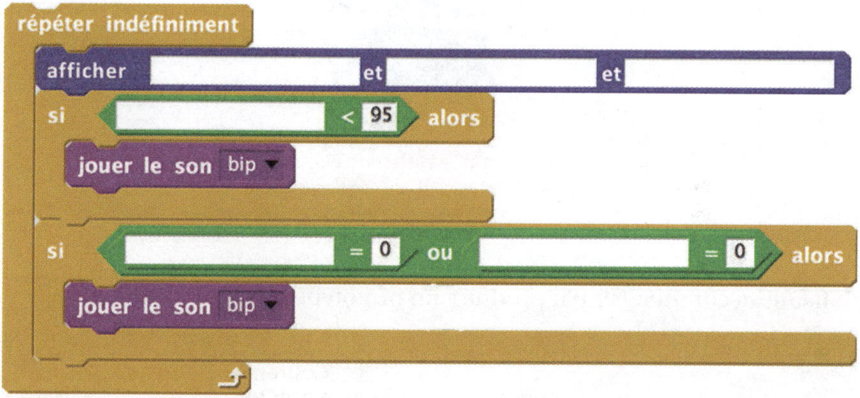

Démarrons ensemble

1. Identifie les éléments qui acquièrent une information.
2. Cherche dans le texte les conditions attendues.

Corrigés

I Le design, l'innovation et la créativité

1 Analyse du besoin – rédaction du cahier des charges – conception – fabrication d'un prototype.

2 b.

3 b., c. et d.

4 c. La fabrication est assistée par ordinateur.

5 1. La Commission européenne veut imposer un chargeur universel pour limiter les coûts et pour diminuer les déchets produits (lorsque l'on change d'équipement).

2.

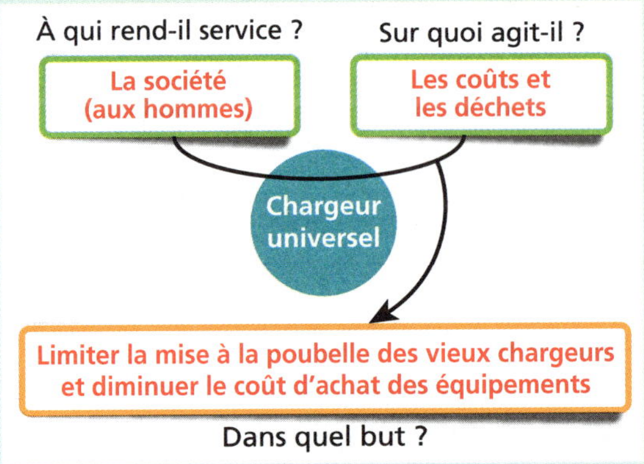

3. Il faudra commencer par produire un prototype de chargeur universel.

6 1.

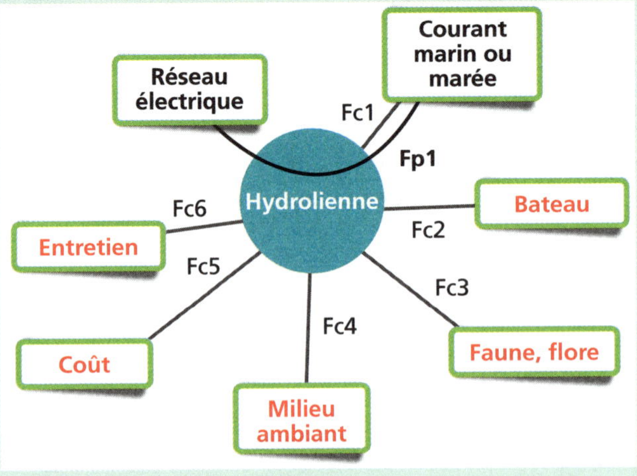

2. Contrainte 2 : être visible pour les bateaux.
Contrainte 3 : respecter la faune et la flore sous-marine.
Contrainte 4 : résister à l'eau salée.
Contrainte 5 : limiter les coûts.
Contrainte 6 : faciliter l'entretien.

Méthode
Inspire-toi de l'exemple pour exprimer les contraintes.

II Les objets techniques, les services et les changements induits dans la société

1 **1. a., b.** et **c.** • **2.** Non mécanisé – mécanisé – automatisé – informatisé.

2 **1. a., c., e.** et **f.** • **2. a.** • **3. b.**

3 **1.** Les deux découvertes qui ont permis d'avancer vers l'écran plat sont :
– celle de Heilmeier qui a réussi à faire changer de couleur des cristaux liquides ;
– celle de Hoffman-La Roche qui a réussi à conserver la couleur des cristaux liquide après coupure du courant.

2. L'ordinateur existait avant 1981, donc l'Osborne 1 est une innovation.

La montre à écran digital est une innovation car la montre existait avant les années 1970. L'ordinateur portable T1100 qui utilise l'écran LCD et une batterie est également une innovation car l'ordinateur portable existait depuis l'Osborne 1.

Méthode
Une **innovation** est une amélioration de ce qui existait avant. Pour les différents objets techniques (ordinateur ou autre) que tu repères dans le texte, tu dois réfléchir à l'existence de ce type d'objet avant le modèle désigné.

III La modélisation et la simulation des objets et des systèmes techniques

1 Chaîne d'information : **a., e., h.** Chaîne d'énergie : **b., d., f., g., i.**

2 **1. b.** • **2. b.**

3 **1.** Le TrackIR cherche à acquérir la position de la tête de l'utilisateur. Il s'agit donc de l'entrée de la chaîne d'information. Il n'y a qu'un seul capteur, c'est donc lui qui réalisera la fonction acquérir. Le TrackIR étant relié à l'ordinateur par un câble USB, le signal créé sera communiqué via celui-ci. L'image montre un microcontrôleur, c'est lui qui traite le signal afin de le transmettre à l'ordinateur.

Rappel
Souviens-toi qu'un capteur, un détecteur ou un codeur peut acquérir une information.

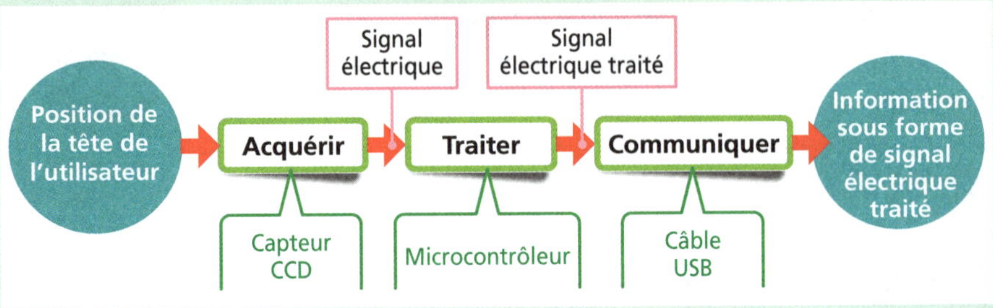

2. La position de la tête de l'utilisateur peut prendre une infinité de valeurs. Donc, l'information est de type analogique.

IV L'informatique et la programmation

1 **a.**

2 **a.**, **b.** et **e.**

3 **1.** L'oxymètre de pouls est un capteur. La donnée obtenue par ce capteur peut être nommée *taux_oxygene*.

Les électrodes ECG sont des capteurs. La donnée obtenue par ces capteurs peut être nommée *frequence_coeur*.

La sonde acoustique est un capteur. La donnée obtenue par ce capteur peut être nommée *frequence_respiration*.

2. Le moniteur doit afficher en permanence les trois variables nommées à la question **1.** Si taux_oxygene < 95 alors un bip se déclenche (cela couvre le cas où le capteur d'oxygène ne détecte rien). Si un des autres capteurs ne détecte rien, alors la variable correspondante est nulle et un bip se déclenche.

Info
Le programme est une traduction du fonctionnement du moniteur.
Les instructions conditionnelles « si » font des tests sur des variables.

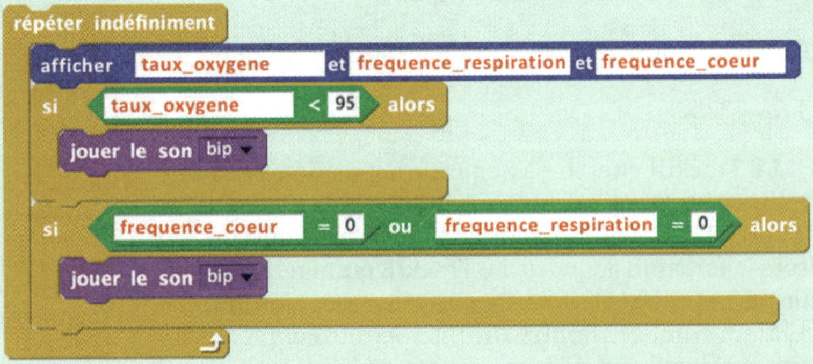

ANGLAIS

L'oral

L'écrit

Corrigés

1 Écouter et comprendre : conseils

Au niveau A2, tu es capable de comprendre un vocabulaire usuel ayant trait à ta vie quotidienne, ta famille ou toi-même. Au niveau B1, tu peux comprendre une information concrète sur un sujet simple ou familier et énoncée par un locuteur ayant une élocution limpide.

CE QU'ON ATTEND DE TOI

1. Au niveau A2

Tu es capable de comprendre :
- des consignes simples ;
- des instructions succinctes pour te rendre d'un point à un autre ;
- les réponses que l'on apporte à tes questions (besoins concrets) ;
- une annonce publicitaire ;
- les informations qu'une personne donne sur elle-même (travail, famille, conditions de vie, environnement, etc.) ;
- de quoi discutent deux anglophones qui parlent lentement.

2. Au niveau B1

Tu peux comprendre :
- l'exposé de faits dans un domaine familier – vie quotidienne, école, loisirs –, en distinguant idée générale et points de détail ;
- un court récit ;
- un bulletin d'information si le débit est assez lent ;
- une conversation entre anglophones sur des sujets familiers (prononciation standard).

Remarque

On pourra te demander de repérer des informations (**grille à remplir** ou **cases à cocher**), mais aussi de faire un **compte rendu** de ce que tu as compris, éventuellement en français.

COMMENT TE PRÉPARER ?

1. Écoute parler des anglophones

Écoute les CD qui accompagnent ton manuel, des émissions de radio, des podcasts sur Internet ou regarde des DVD en anglais **sous-titrés en anglais**. Tu augmenteras ainsi ton bagage lexical et tu développeras des stratégies pour mieux comprendre.

2. Apprends à reconnaître les mots-clés

- Ne te laisse pas déstabiliser si tu ne comprends pas tout : c'est normal. Concentre-toi sur les **mots-clés**, ceux qui sont porteurs de sens. Efforce-toi de repérer l'intention du locuteur.
- Connaître le **vocabulaire de base** est essentiel pour suivre les conversations de la vie courante. Assure-toi que tu le maîtrises.
- Beaucoup de mots sont **transparents** à l'écrit. Mais non à l'oral. Exemples : *the cinema* (le cinéma) ; *the theatre* (le théâtre). Tu dois donc mémoriser leur prononciation.

3. Repère les formes grammaticales au fil du document

- Certaines formes grammaticales (auxiliaires, déterminants...) sont à peine prononcées à l'oral et sont donc peu perceptibles. Appuie-toi sur le contexte pour anticiper la présence de ces **petits mots**, indispensables à la compréhension de l'idée générale.
- Une phrase comporte généralement un **verbe conjugué**. Cherche si ce verbe fonctionne avec un auxiliaire. Entends-tu : *'ll* (*will* contracté) ? *'s* (*is* ou *has* contracté) ? Compare :

  I watch TV when I'm on holiday.
  Je regarde la télé quand je suis en vacances.

  I'll watch TV when I'm on holiday.
  Je regarderai la télé quand je serai en vacances.

- Fais particulièrement attention à la présence ou non de la **négation** : quand *not* est contracté, il peut être presque imperceptible, et pourtant, sa présence change tout ! Compare :

  J.K. Rowling is a great author.

  J.K. Rowling isn't a great author.

2 Comprendre une conversation simple

LA DÉMARCHE

1. S'appuyer sur le contexte sonore

Pose-toi les questions suivantes : quelle est la source du document (émission de radio, film...) ? Quelle est sa nature (dialogue, interview...) ? Combien de personnes parlent ? Sur quel ton (familier ou distant, fâché ou joyeux...) ? Où se passe la scène ?

2. Repérer les mots-clés et les formes grammaticales

Essaie de percevoir les **éléments porteurs de sens**, c'est-à-dire les mots-clés mais aussi : auxiliaires, temps des verbes, marques du pluriel, *-s* du présent à la 3e personne du singulier, négation, formes contractées...

L'EXEMPLE COMMENTÉ

« My cousin » : écoute ce document sur le site www.prepabac.com/media.

1. S'appuyer sur le contexte sonore

- Le **titre** donné dans la consigne te permet d'anticiper qu'il sera question d'un cousin ou d'une cousine. Tu t'attendras à entendre /'kʌzn/.
- Tu entends **deux voix** donc deux personnes. Le **ton** est informel. Il s'agit d'une conversation familière.

2. Repérer les mots-clés et les formes grammaticales

- Il est question d'une tierce personne, le cousin ou la cousine d'un des interlocuteurs. Pour savoir si c'est un homme ou une femme, repère les pronoms qui s'y rapportent : pronoms complément *him* et sujet *he*.
- Tu reconnais des mots du **vocabulaire de base** : transports *(airport, arrive, plane)*, portrait *(brown eyes, red hair, how old)*, lien familial *(cousin, mother)*...
- Dans l'avant-dernière réplique, tu as noté *plenty in common, get on well*. Le repérage des **prépositions** ou **particules** est essentiel à la compréhension : *get* a beaucoup de sens différents, mais *get* ***on*** veut dire « bien s'entendre » ; *common* peut signifier « banal », mais ***in*** *common* veut dire « en commun ».
- Dans les deux premières répliques, les verbes ont la **terminaison** *-ed* du prétérit (*fetched* /t/, *arrived* /d/) et tu entends *was* (*be* au prétérit). Associés à *yesterday* et aux mots-clés que tu as listés, tu déduis que l'on parle d'un fait qui s'est produit hier.

3 Comprendre un long message oral

LA DÉMARCHE

1. Anticiper

Les informations écrites qui te sont communiquées (**consigne**, **titre**...) te donnent des indications sur le thème du document et, donc, sur le vocabulaire que tu es susceptible d'entendre.

2. Repérer les mots-clés et les formes grammaticales

Les mots-clés sont souvent ceux qui se détachent du cours de la phrase parce qu'ils sont **plus accentués**. Ils sont *a priori* en rapport avec un thème étudié en classe. Sois également attentif aux formes grammaticales (→ p. 464).

3. Respecter le sens global

Il t'arrivera de croire reconnaître un mot qui ne fait pas sens dans **le contexte**. Demande-toi alors ce qui devrait être dit à ce moment précis du discours.

L'EXEMPLE COMMENTÉ

*« Back from Scotland » : écoute cette interview sur le site **www.prepabac.com/media**.*

1. Anticiper

Le titre t'indique qu'il va être question d'un voyage en Écosse. Tu peux t'attendre à entendre des termes géographiques.

2. Repérer les mots-clés et les formes grammaticales

- En particulier : des noms relatifs au **pays** visité *(Edinburgh, history, capital...)*, des mots liés au **voyage** et au paysage *(valley, plateau, adventure, isolated)*, des adjectifs positifs *(fantastic, interesting, memorable)*.
- Tu noteras une occurrence de reprise de l'**auxiliaire** *(I **did** = I visited...)* se référant à la phrase qui précède *(You may wonder if I visited...)*.

3. Respecter le sens global

- Un mot-clé que tu ignores peut-être est ***backpacking***. À sa première apparition, il est associé à *trip* : tu feras l'hypothèse que c'est une façon de voyager. Plus loin, le voyageur en fournit une définition (*carry all the basics with me* – et si tu ignores *basics*, le mot est défini à la suite : *my sleeping bag, my tent, food*). *Backpacking* signifie donc... « voyager avec un sac à dos ».
- **Procède** de même pour *underground* et *haunted* (fin du document).

S'entraîner

Utilise les connaissances acquises dans les **fiches 1 à 3.**

Pour chaque exercice, compare ta réponse à celle du corrigé.

1 S'appuyer sur des indices pour anticiper

→ CORRIGÉ P. 528

Avant d'écouter le document sonore, observe l'illustration et réponds aux questions.

1. Quel sera le sujet du document sonore ?

2. Que sais-tu sur ce film ?

3. Connais-tu d'autres personnages du film ? Les noms des acteurs ?

4. Entoure les mots qui ont des chances de figurer dans l'enregistrement :

☐ **a.** *character* ☐ **b.** *beach* ☐ **c.** *Dumbledore* ☐ **d.** *computer*
☐ **e.** *book* ☐ **f.** *military* ☐ **g.** *wizard* ☐ **h.** *hero*

2 Repérer les mots-clés pour saisir l'essentiel

→ CORRIGÉ P. 528

Écoute le document sur **www.prepabac.com/media**. Puis, lis les phrases que tu dois compléter avant de l'écouter une deuxième fois.

1. This document is...
☐ **a.** a conversation. ☐ **b.** an extract from a film. ☐ **c.** an interview.

2. They are talking about...
☐ **a.** books. ☐ **b.** films. ☐ **c.** magazines.

3. When he was young, Greg preferred...
☐ **a.** Albus Dumbledore. ☐ **b.** Harry Potter. ☐ **c.** Lord Voldemort.

4. He liked this character because he found him/her...
☐ **a.** courageous. ☐ **b.** creative. ☐ **c.** heroic.

5. Now, he prefers...
☐ **a.** Albus Dumbledore. ☐ **b.** Harry Potter. ☐ **c.** Ron Weasley.

6. This character makes him think of...
☐ **a.** Merlin. ☐ **b.** Frodo. ☐ **c.** Gandalf.

7. Hannah prefers...
☐ **a.** Albus Dumbledore. ☐ **b.** Harry Potter. ☐ **c.** Hermione Granger.

8. She likes this character because she finds him/her...
☐ **a.** pretty. ☐ **b.** interesting. ☐ **c.** intelligent.

Vers le brevet

Exerce-toi en vue du brevet et révise les **fiches 1 à 3.**

Pour chaque exercice, compare ta réponse à celle du corrigé.

3 Comprendre un anglophone ayant une prononciation standard

→ CORRIGÉ P. 528

Écoute *The Harry Potter Tour* sur **www.prepabac.com/media**. Lis ensuite les phrases que tu dois compléter avant de l'écouter une deuxième fois.

1. The town is...
☐ **a.** New York. ☐ **b.** London. ☐ **c.** Edinburgh.

2. The person who is speaking is...
☐ **a.** Australian. ☐ **b.** a banker.
☐ **c.** a guide.

3. The Tour will be about...
☐ **a.** Jack the Ripper.
☐ **b.** Harry Potter.
☐ **c.** Australia.
☐ **d.** Shakespeare.

4. This character was born on...
☐ **a.** the 13th of July.
☐ **b.** the 30th of July.
☐ **c.** the 31st of July.

5. The weather that day is...
☐ **a.** probably sunny.
☐ **b.** probably rainy.

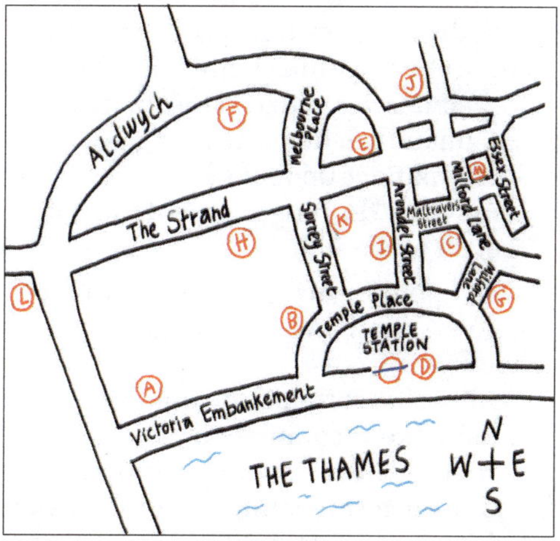

6. The number of books sold is...
☐ **a.** 4 million. ☐ **b.** 40 million. ☐ **c.** 400 million. ☐ **d.** 4,000 million.

7. The departure point is... ☐ **a.** H. ☐ **b.** K. ☐ **c.** A. ☐ **d.** D.

8. From this point, describe the route taken, giving the letters you have to go past. ....

9. The arrival is... ☐ **a.** E. ☐ **b.** J. ☐ **c.** L. ☐ **d.** M.

10. This point corresponds to... *(2 answers)*
☐ **a.** Australia House. ☐ **b.** Westminster Abbey. ☐ **c.** Madame Tussaud's.
☐ **d.** The film location of Hogswarts. ☐ **e.** The film location of Gringotts Bank.

11. The people on the Tour...
☐ **a.** are going to see this point. ☐ **b.** aren't going to see this point.

4 Réagir et dialoguer : conseils

Au niveau A2, tu es capable de communiquer dans des situations simples de la vie courante et d'échanger sur des sujets familiers. Au niveau B1, tu peux donner ton avis ou apporter quelques informations sur un sujet abstrait ou culturel.

CE QU'ON ATTEND DE TOI

1. Au niveau A2

- Tu es capable de **poser des questions** comme d'**y répondre** dans des situations de la vie courante comme :
  - te déplacer en transports en commun, chercher ton chemin en ville ;
  - effectuer des achats dans un magasin, un bureau de poste ;
  - commander un repas ;
  - convenir du programme de la soirée, du week-end.
- Tu peux **entretenir une brève conversation** avec un anglophone, soit :
  - utiliser les formules de politesse (dire bonjour et au revoir, demander à ton interlocuteur comment il va et préciser comment tu vas, remercier) ;
  - prier ton interlocuteur de répéter ;
  - faire ou accepter une offre, une invitation, des excuses ;
  - donner ton avis sur des questions simples (dire ce que tu aimes ou n'aimes pas, exprimer ton accord ou ton désaccord).

2. Au niveau B1

- Tu prends part à une conversation qui concerne aussi la vie quotidienne, mais **plus riche** quant aux sujets abordés (éléments concrets et abstraits).
- Tu donnes **ton opinion** (sur un livre, un film) ou commentes celle de ton interlocuteur. Tu exprimes des **sentiments** tels que la joie, la tristesse, la surprise, la colère…
- Au cours d'un voyage, tu sais te débrouiller dans la plupart des situations et faire face aux **événements courants**.

COMMENT TE PRÉPARER ?

1. Fais des fiches

- Regroupe un maximum d'**expressions utiles** à la conversation courante et classe-les par thème :
- employer les formules de politesse (saluer, remercier, s'excuser...) ;
- parler du temps qu'il fait ;
- exprimer son accord et son désaccord ;
- parler de ses goûts ;
- faire une offre, inviter ;
- parler de la santé ;
- dire qu'on ne comprend pas ;
- exprimer la colère, la peur...

La variété des expressions que tu utiliseras valorisera ton expression orale.

- N'oublie pas de lister les expressions qui te servent à demander à ton interlocuteur de répéter, de **reformuler**, de parler plus lentement ou de fournir des éclaircissements. Elles te seront fort utiles.

Expressions clés

- *Can you repeat (that), please?* ou *Could you say that again, please?*
Pouvez-vous répéter, s'il vous plaît ?
- *I don't understand your question, could you rephrase it?*
Je ne comprends pas votre question, pouvez-vous la reformuler ?
- *I beg your pardon?*
Je vous demande pardon ?

2. Applique les règles de la conversation

- Quand tu poses une question, n'oublie pas l'**auxiliaire**. Pense également à utiliser les **schémas intonatifs** qui conviennent :
- question en *wh-* : intonation descendante

Where do you live? ↘ Où habites-tu ?

- question commençant par un auxiliaire : intonation montante

Shall we go to the cinema tonight? ↗ On va au cinéma ce soir ?

- Au lieu de répondre aux questions par un mot, essaie de construire une **phrase complète**. Le temps utilisé dans la question t'indique le temps à utiliser dans ta réponse.

"How long have you practiced karate?
– I've practiced karate since 2010."
« Ça fait combien de temps que tu fais du karaté ?
– Je fais du karaté depuis 2010. »

5 Prendre part à une conversation simple

LA DÉMARCHE

1. Préparer sa prise de parole

- L'objet de la conversation t'est donné par la situation. Aussi, avant te lancer, prépare mentalement ce que tu vas dire. Efforce-toi de **penser** directement **en anglais**, tu feras moins d'erreurs.
- Il te faudra parfois **épeler** ton nom ou un mot (réservation, inscription...).
- Regarde **la personne en face de toi** : son attitude, ses gestes, ses mimiques te fournissent des indices sur ce qu'elle dit.

2. Écouter en utilisant les indices à sa disposition

Connaître l'**objet de la conversation** t'aide à en identifier les mots-clés, à comprendre les phrases prévisibles de ton interlocuteur. Et donc à lui répondre correctement.

3. Faire des phrases simples en soignant son accent

- Utilise des phrases courtes. Soigne ton accent et veille à bien prononcer les **formules de politesse**.
- Fais attention au **registre de langue** : ce que l'on entend dans certaines chansons anglaises peut être très choquant dans une conversation courante avec un anglophone !

4. Adopter l'intonation anglaise

L'intonation est **très marquée** en anglais. Les anglophones n'hésitent pas à aller dans les graves ou les aigus. Ne crains pas d'être ridicule en reproduisant les intonations que tu entends dans les films en V.O. ou à la radio.

L'EXEMPLE COMMENTÉ

Tu t'appelles Antoine Martin et tu dois réserver une chambre pour la nuit du 12 au 13 avril au Temple Bar Hotel.

Préparer sa prise de parole

Note les informations qu'il te faudra donner (*booking date:* la date de réservation) ainsi que le vocabulaire utile (*to book:* réserver, *single room:* chambre pour une personne seule, etc.). Anticipe les questions que la réceptionniste risque de te poser (*How many nights? When do you want to come?*, etc.).

*Écoute l'exemple donné sur le site **www.prepabac.com/media**.*
As-tu reconnu les questions et les mots-clés que tu avais anticipés ?

6 Exprimer ses sentiments et réagir à des sentiments exprimés

LA DÉMARCHE

1. Mobiliser le vocabulaire des sentiments

- La **colère** *(anger)* : *furious* (furieux), *it gets on my nerves* (ça m'énerve).
- La **déception** *(disappointment)* : *it's such a pity* (quel dommage).
- Le **regret** *(regret)* : *I apologise for* V +*ing* (je m'excuse de).
- L'**inquiétude**, la **peur** *(fear)* : *apprehensive/worried about* (inquiet), *it gives me the creeps* (ça me donne la chair de poule).

2. Réagir aux sentiments exprimés

- Tu peux exprimer ton **accord** ou ton **désaccord** : *I agree with...* (Je suis d'accord avec), *I disagree about...* (Je ne suis pas d'accord au sujet de), *I disapprove of...* (Je désapprouve), *I grant you that...* (Je t'accorde que).
- Tu peux montrer de l'**empathie** (*I'm so sorry for...* je suis désolé) ou de l'**indifférence** (*it doesn't matter,* ça n'a pas d'importance ; *I don't care,* ça m'est égal).
- N'oublie pas de recourir aux **tags** et aux variations d'intonation :

  "We visited Calcutta last year.
  – Did you?" ↗ (intérêt) – Did you?" ↘ (scepticisme)

Vocabulaire

Wow! (admiration)
What a shame! (désapprobation)
Oh my God! (stupéfaction)
What a relief! / Thank God! (soulagement)
Are you kidding/joking? (incrédulité)

L'EXEMPLE COMMENTÉ

Tu assistes à une discussion sur le film The Shining. *Comment y prends-tu part ?*

1. Mobiliser le vocabulaire des sentiments

Il s'agit d'un thriller, donc attends-toi à entendre des expressions liées à la **peur** ou à d'autres réactions fortes.

2. Réagir aux sentiments exprimés

L'autre personne va sans doute dire si elle a vu ou non ce film, et si elle **aime ou non** ce genre de film.

Écoute l'exemple donné sur le site ***www.prepabac.com/media***.

Se tester QUIZ

Vérifie que tu as bien compris les points clés des **fiches 4 à 6.**

Pour chaque quiz, coche la ou les bonne(s) réponse(s). Vérifie ta réponse à l'aide du corrigé et consulte les fiches de cours si nécessaire.

1 Utiliser les expressions de la conversation courante

→ CORRIGÉ P. 528

1. Thank you ever so much!
- ☐ **a.** Don't mention it.
- ☐ **b.** God bless you!
- ☐ **c.** Goodbye.
- ☐ **d.** You're welcome.

2. I'm off now!
- ☐ **a.** Good night.
- ☐ **b.** Ok, see you later.
- ☐ **c.** Hello!
- ☐ **d.** How do you do?

3. Let me introduce you to Tom.
- ☐ **a.** Enchanted.
- ☐ **b.** Pleased to meet you.
- ☐ **c.** Happy to meet him.
- ☐ **d.** Not now, please.

4. How are you?
- ☐ **a.** I'm fine.
- ☐ **b.** Blonde, with blue eyes.
- ☐ **c.** So-so.
- ☐ **d.** Not so much.

S'entraîner

Utilise les connaissances acquises dans les **fiches 4 à 6.**

Pour chaque exercice, compare ta réponse à celle du corrigé.

2 Réagir en exprimant son sentiment

→ CORRIGÉ P. 528

Que peux-tu répliquer à ton interlocuteur ? Entoure la réponse appropriée au sentiment indiqué entre parenthèses.

1. – I would love to visit the USA!

(intérêt) ☐ **a.** Oh, would you? ☐ **b.** Me, never! ☐ **c.** What a pity!

2. – She has run the marathon in New York.

(incrédulité) ☐ **a.** Oh, did she. ☐ **b.** Oh, did she? ☐ **c.** Indeed...

3. – She practices bungee-jumping.

(admiration) ☐ **a.** Of course! ☐ **b.** I would never do that.

☐ **c.** Wow, how impressive!

4. – I love the way Britney Spears sings!

(approbation) ☐ **a.** I don't. ☐ **b.** I couldn't agree more!

☐ **c.** What a shame!

3 Poser les questions appropriées

→ CORRIGÉ P. 528

Voici Andy. Entoure la question que tu lui poserais pour...

1. Connaître son nom de famille :
☐ a. What's your first name?
☐ b. What's your surname?
☐ c. What's your family name?

2. Connaître son âge :
☐ a. What's his age? ☐ b. How are you?
☐ c. How old are you?

3. Pour savoir comment il va :
☐ a. Where do you go?
☐ b. How are you? ☐ c. How do you do?

4. Pour savoir où il vit :
☐ a. Where do they live? ☐ b. Where do you live? ☐ c. Who do you live?

5. Pour savoir où il est né :
☐ a. When were we born?
☐ b. When were you born?
☐ c. Where were you born?

6. Pour savoir combien il a de frères :
☐ a. How many brothers have you got?
☐ b. How many brothers did you have?
☐ c. How many sisters have you got?

Andy Warhole

Age: 16

*Address: 15, Liverpool St.
Manchester, UK.*

Phone no: 0548 666 154

Birthplace: London

*Hobbies: football,
rollerblading*

One brother and... one dog.

Vers le brevet

Exerce-toi en vue du brevet et révise les **fiches 4 à 6.**

Pour chaque exercice, compare ta réponse à celle du corrigé.

4 Participer à une conversation courante

→ CORRIGÉ P. 528

Rends-toi sur le site **www.prepabac.com/media**. Tu vas entendre une série de questions personnelles qui te sont adressées. Réponds-y par une phrase complète.

7 Parler en continu : conseils

Au niveau A2, tu es capable de décrire en termes simples une personne, tes conditions de vie, tes activités. Au niveau B1, tu peux raconter un événement, un film et donner ton opinion en argumentant.

CE QU'ON ATTEND DE TOI

1. Au niveau A2

Tu peux :
- raconter une histoire ;
- décrire des personnes, des lieux ;
- rapporter une expérience ou une scène dont tu as été le témoin ;
- exprimer tes goûts ;
- parler de tes projets et de tes habitudes ;
- faire un bref exposé.

2. Au niveau B1

Ton exposé est **plus complexe**. Tu sais également :
- parler de tes rêves, de tes objectifs ;
- expliquer les raisons de tes choix, de tes opinions ;
- formuler des hypothèses ;
- résumer l'intrigue d'un livre ou d'un film (à partir de quelques notes) ;
- parler de façon intelligible et répondre aux questions que l'on te pose.

COMMENT TE PRÉPARER ?

1. Munis-toi d'un bagage lexical

- **Sois curieux** et demandes-toi si tu sais nommer en anglais les objets qui t'entourent. Si tu joues d'un instrument, sais-tu dire « partition » ? Si tu fais du foot, sais-tu dire « marquer un but » ?
- Apprends des expressions qui te serviront à **présenter** et **décrire** les documents, notamment **iconographiques**.

Vocabulaire

in the foreground / in the background: au premier plan / à l'arrière-plan
at the top / at the bottom: en haut / en bas
on the right / on the left: à droite / à gauche
there is / there are / we can see: il y a

2. Maîtrise les temps et leur emploi

- Pour parler de tes habitudes, décrire des objets ou raconter un film, utilise le **présent simple**, ainsi que le ***present perfect***.

  At that moment, the main character realises that his wife has disappeared.
  À ce moment-là, le personnage principal s'aperçoit que sa femme a disparu.

- Pour raconter une histoire ou un événement qui a déjà eu lieu, ou parler de ton expérience, utilise le **prétérit** (temps du récit).

  I was walking in the street when suddenly I heard tyres squealing.
  J'étais en train de marcher dans la rue quand soudain j'ai entendu un crissement de pneus.

- Pour parler de tes projets, utilise le **futur** (*I will* : certitude) et le **conditionnel** (*I'd like to* : souhait).

  In the future, I'd like to be an astronaut.
  Plus tard, j'aimerais être astronaute. (-ais : conditionnel)
  When I have the baccalaureate, I will study law at university.
  Quand j'aurai mon bac, j'étudierai le droit à l'université. (-ai : futur)

3. Mémorise des mots de liaison

Ces mots te serviront à **enchaîner les idées**.

Vocabulaire

because: parce que
because of: à cause de (+ nom)
thanks to: grâce à
due to /owing to: dû à/ en raison de
since: puisque
that's why: c'est la raison pour laquelle
for: car
as: comme
moreover: de plus
however: cependant
to begin with: pour commencer
to conclude: pour conclure
even if: même si
therefore: par conséquent

4. Exerce-toi

Fais des **exposés en classe**, parle tout haut dans ta chambre ou dialogue avec des amis sur un sujet ou un autre : ton sport préféré, ton chanteur préféré... En anglais, que saurais-tu dire sur tous ces sujets ? S'il te manque un mot, cherche-le dans un dictionnaire.

8 Présenter et décrire un document à l'oral

LA DÉMARCHE

1. Préparer son exposé

Dans le cas d'un **document iconographique**, analyse sa composition et fais des hypothèses sur ce qui a pu se produire avant ou après la scène représentée. Rassemble le vocabulaire utile. Prépare bien tes premières phrases.

2. Soigner sa prise de parole

- **Parle distinctement**, en regardant ton auditoire. Fais attention à la façon dont tu prononces les sons voyelles longs ou courts et à l'intonation descendante des phrases affirmatives. Corrige-toi quand tu fais une faute.
- Si un mot te fait défaut, essaie de trouver un **synonyme** ou une tournure équivalente. Si tu as préparé des notes, évite de les lire.

L'EXEMPLE COMMENTÉ

1. Préparer son exposé

- Tu pourrais commencer ainsi : *This document is a film poster advertising the release of a science fiction film entitled* Rise of the Planet of the Apes.
- Analyse les trois **visages** (disposition, émotion exprimée). Que se passe-t-il en bas de l'image ? Quelles **couleurs** sont utilisées, avec quel effet ?
- Parle du film si tu le connais (présent pour ta description, prétérit pour dire quand tu es allé(e) le voir et ce que tu as ressenti).

2. Soigner sa prise de parole

- Les mots qui te seront utiles ne sont pas difficiles à retrouver : *human, science* \aɪ\ *fiction, a genre, a helicopter, war* (guerre), les verbes irréguliers *fly* et *fight*.
- Pour dire « singe », tu peux utiliser *monkey*, mais le document te propose un autre mot : ***ape***.
- Les ***i*** ou ***y*** de *science, fly, fight*, se prononcent \aɪ\. Accentue la syllabe qui porte l'**accent tonique** : *'human, 'helicopter* (avec des *h* aspirés).

*Écoute l'exemple donné sur le site **www.prepabac.com/media**.*

9 Raconter et exprimer son opinion

LA DÉMARCHE

1. Organiser son propos

- Pour faire un **récit**, utilise le prétérit. Sauf dans le cas d'un film, où l'emploi du présent se justifie.
- Rapporte les événements selon l'ordre chronologique. Veille à **organiser** tes idées en les regroupant par thèmes ou en les articulant logiquement.
- Dans tous les cas, utilise des **connecteurs** : *first... then/next* (d'abord... ensuite), *that's why* (c'est la raison pour laquelle).

2. Formuler des arguments

- Au niveau B1, ne te contente pas de dire si tu as aimé ou pas : argumente et justifie ton **point de vue**.
- Au brouillon, liste les arguments en deux colonnes (**avantages/inconvénients**, etc.). Dis ce que tu penses et pourquoi, expose des arguments qui s'opposent ou se complètent, nuance ton propos. Emploie : *on the one hand... on the other hand* (d'un côté..., de l'autre), etc.

3. Varier le vocabulaire

Ne qualifie pas tout de *good* ou de *bad*. À la place de **good** emploie *gorgeous, fantastic, awesome, unforgettable* ; à la place de **bad** : *awful, poor, boring, dull.*

L'EXEMPLE COMMENTÉ

Présente le film Rise of the Planet of the Apes *et dis ce que tu en penses.*

1. Organiser son propos

Commence par des **éléments formels** (date, genre...), cite les personnages principaux en les caractérisant rapidement. Ensuite résume le **scénario**, au présent. Et pour finir, donne ton **opinion**.

2. Formuler des arguments

Les **points forts** de ce film sont les effets spéciaux *(special effects)*, l'évolution psychologique du personnage principal *(main character)* et le scénario *(script)*. Néanmoins, on peut juger qu'il n'est pas réaliste *(unrealistic)*.

3. Varier le vocabulaire

Choisis des qualificatifs précis : *I liked the special effects, which I found **awesome**. Moreover, the script is really **fascinating**...*

*Écoute l'exemple donné sur le site **www.prepabac.com/media**.*

S'entraîner

Utilise les connaissances acquises dans les **fiches 7 à 9.**

Pour chaque exercice, compare ta réponse à celle du corrigé.

1 Adopter l'intonation anglaise

→ CORRIGÉ P. 529

Écoute ces phrases sur **www.prepabac.com/media**. Coche l'intonation que tu entends, vérifie ta réponse, puis répète.

1. Kurt Cobain was a singer.	☐ ↗	☐ ↘
2. Did he sing in a band?	☐ ↗	☐ ↘
3. Yes, he did.	☐ ↗	☐ ↘
4. What was his band's name?	☐ ↗	☐ ↘
5. It was called Nirvana.	☐ ↗	☐ ↘

2 Préparer et organiser son exposé

→ CORRIGÉ P. 529

Observe le document ci-contre.

1. Au brouillon, prépare ta présentation en répondant en anglais aux questions ci-dessous.

- De quel type de document s'agit-il ?
- Quel est le titre du film ? Peux-tu expliquer ce qu'est un « avatar » ?
- Quel est le nom du producteur ?
- Le personnage représenté est-il humain ? Te paraît-il masculin ou féminin ? Précise les éléments physiques qui appuient ta réponse.
- À quel genre appartient ce film ?

2. Présente maintenant ce document en suivant le plan ci-dessous.

- Type de document
- Titre du film
- Signification de ce titre
- Nom du producteur
- Identification du personnage principal (sexe, caractéristiques)
- Vêtements, accessoires, bijoux
- Genre de film
- Aimes-tu ce genre ?
- Pourquoi certains aiment ce genre ?
- Pourquoi d'autres n'aiment pas ?

Pour t'aider

avatar \'ævəta:\
human \'hju:mən\
science fiction \'saɪəns 'fɪkʃn\

3 Répondre aux questions qui suivent un exposé

→ CORRIGÉ P. 529

Sur le site **www.prepabac.com/media**, écoute chacune des questions qui te sont posées, et réponds-y.

1. What animal does she look like (and why)?
2. For you, does she live in a city or in nature? Why?
3. What is her expression?
4. Do you find her beautiful?
5. Can you compare her with a native from the Amazonian rainforest?

Vers le brevet

Exerce-toi en vue du brevet et révise les **fiches 7 à 9.**

Pour chaque exercice, compare ta réponse à celle du corrigé.

4 Présenter une personne à travers sa biographie

→ CORRIGÉ P. 530

Examine ces éléments de biographie, puis présente la personne en question. Conclus en disant que tu n'aimes pas trop les histoires policières car tu n'as pas l'habitude d'en lire : tu leur préfères les mangas.

Agatha Christie

1890, Torquay, England

1914 - 1918

Archibald Christie
1914

Rosalind
1919

1922

Max Mallowan
1928

Oxfordshire
1930

1934

1976

10 Lire : conseils

Au niveau A2, tu es capable de lire des textes courts très simples et d'y prélever une information ponctuelle. Au niveau B1, tu peux lire des textes simples (rapportant des faits, des sentiments, des souhaits…) et en identifier les principaux arguments.

CE QU'ON ATTEND DE TOI

1. Au niveau A2

Tu peux :
- comprendre des textes courts rédigés en phrases brèves et utilisant la langue de tous les jours ;
- lire une **lettre** et saisir si la personne qui écrit demande un renseignement, confirme une information ou une opinion ;
- repérer une information dans un menu, un panneau, un prospectus, un mode d'emploi ou une publicité ;
- sélectionner ce que tu cherches dans les pages jaunes ou des petites **annonces**.

2. Au niveau B1

- **Tu lis** des documents rédigés dans une langue courante et traitant de thèmes connus, mais ils sont **plus longs** et les phrases en sont **plus complexes** (proposition principale et propositions subordonnées).
- **Tu repères** les faits, l'enchaînement des événements ou le schéma argumentatif du texte. Mais, tu es aussi capable de saisir les sentiments ou les souhaits exprimés dans un **courrier** qui t'est adressé.

Remarque

- Au niveau B1, on vérifie ce que tu as compris du texte qui t'a été proposé. Les questions consistent donc essentiellement en un **repérage d'informations** : dire si une affirmation est vraie ou fausse, identifier des personnages et leurs relations, préciser ce qui s'est passé et à quel moment, etc.
- Les questions te demandent de citer *(quote)*, choisir *(pick up)*, souligner *(underline)*, etc. Fais une liste des **consignes-types**, tu les comprendras ainsi sans hésitation.

COMMENT TE PRÉPARER ?

1. Lis des modes d'emploi en anglais

Tous les modes d'emploi ont une version anglaise : lis ceux que tu trouves chez toi, tu pourras **comparer** les traductions. Fais attention néanmoins, certains modes d'emploi sont traduits à l'aide de traducteurs automatiques et comportent donc des erreurs. Sauras-tu les repérer ?

Vocabulaire

a user manual: un manuel d'utilisateur
instructions for use: mode d'emploi
a device: un appareil
the settings: les réglages
the setup process: la procédure d'installation
a key: une touche (clavier, télécommande)
to use: utiliser
to operate: faire fonctionner
to dial: composer (un numéro)
to plug in: brancher (électriquement)
to connect: brancher, connecter
to select: choisir
to skip: sauter
to tick: cocher
to unplug: débrancher
to store: stocker

2. Corresponds avec un anglophone

Si tu ne connais personne dans un pays anglophone, ton professeur ou certains organismes pourront t'orienter vers des sites web sérieux. La correspondance permet de nouer des liens et de se familiariser avec les **codes de communication** du courrier par Internet ou du courrier postal (*snail mail* en anglais).

3. Lis régulièrement en anglais

- Lis des textes de ton manuel ou fais des recherches sur Internet sur des thèmes qui t'intéressent. Va sur des forums de discussion afin de t'habituer à lire des messages courts, synthétiques. Tu peux aussi lire les **journaux** de langue anglaise auxquels est abonné ton CDI.
- Au niveau B1, procure-toi des livres en **édition bilingue** ou en langue originale annotée. Commence par de la littérature jeunesse ou adolescente, ou par des recueils de nouvelles.

4. Observe les panneaux dans la rue

Si tu as l'occasion d'aller au Royaume-Uni ou aux États-Unis, ouvre l'œil et repère les panneaux qui jalonnent les rues, les routes, les vitrines... Que signifient-ils ? Sinon, prêtes-y attention lorsque tu regardes une **émission** ou une **série web** ou **télé** qui est tournée dans ces pays.

11 Comprendre un document écrit

LA DÉMARCHE

1. Identifier le type de document

Identifie rapidement le type de document : lettre, publicité, brochure, petite annonce, mode d'emploi, panneau, menu, prospectus... Cela **orientera** ta lecture : tu pourras **anticiper** le type d'informations que le document contient.

2. Repérer les mots-clés

Appuie-toi sur les mots que tu connais ainsi que sur les mots transparents, pour identifier les éléments clés et saisir l'**information essentielle**.

3. Déduire le sens des mots inconnus

- Pour comprendre le sens d'un mot inconnu, commence par définir sa **catégorie grammaticale** : s'il est précédé d'un déterminant, il y a des chances que ce soit un nom ; s'il est suivi d'un nom, c'est sans doute un adjectif ; s'il est précédé d'un pronom et d'un auxiliaire, il s'agit d'un verbe conjugué.
- Observe la construction du mot. Les **préfixes** *(un-, in-...)* et les **suffixes** *(-ful, -ness, -ly, -less...)* t'aident à identifier la catégorie grammaticale : une terminaison en *-ness* signale un nom ; en *-ly*, généralement un adverbe. Par exemple : *thank* veut dire « remerciement », *thankful*, « reconnaissant », *thankfulness*, « gratitude ».
- Aide-toi du **contexte** : la même idée peut être exprimée autrement ailleurs.

4. Comprendre l'organisation des idées

Entoure les **mots de liaison** et tu saisiras comment est organisée l'argumentation. Par exemple, souligne ce qui est cause *(because of)* ou conséquence *(that's why, consequently)*.

L'EXEMPLE COMMENTÉ

Lis le document suivant.

12th March

Dear Suzy,

I hope that you are fine, after this bad summer. I know it was hard to work in that Italian restaurant in Bristol, with the boss who kept bullying you, and the low pay, and all… I felt so bad about it, knowing that I was the one who told you about the job! But I met your dad at the supermarket yesterday and he said that you had stopped working there. I'm sure it's for the better. I could see he felt relieved, and I did too, knowing how hard it was for you…

That's why I'm writing today: I just wanted to let you know that I have an uncle who is opening a pub in Carnegie Street, and he's looking for a barmaid. I thought you might be interested. Please tell me if you're interested. He wants someone serious, and I sort of recommended you. So…

See you soon, hopefully.

Love,

Mrs Barnett

Attention !
Mrs se prononce *Missis* (Madame). *Mr* se prononce *Mister* (Monsieur).

1. Identifier le type de document

La **disposition** du texte correspond à celle d'une lettre (correspondance privée). La personne qui écrit est *Mrs Barnett*. Elle écrit à Suzy. Le **ton** est informel *(Dear…, love)*. Mais le fait que la personne signe *Mrs Barnett* indique sans doute une différence d'âge.

2. Repérer les mots-clés

- Au début du premier paragraphe, tu peux surligner *fine, summer, work, Italian restaurant, the boss, pay* (vocabulaire du **travail**).
- À la fin de ce paragraphe, tu connais : ***met*** (prétérit de *meet*), *dad, supermarket, yesterday, stopped working, better*. Mrs Barnett a rencontré le père de Suzy, qui lui a appris qu'elle avait arrêté de travailler.
- Dans le deuxième paragraphe, tu repères : *wanted, know, uncle, opening a pub, Carnegie Street, barmaid, interested, serious, recommended.* Tu sais que ***a pub*** est l'abréviation de *public house*, bar typiquement britannique.

3. Déduire le sens des mots inconnus

- Dans *hopefully*, tu reconnais *hope*, ***full*** et -***ly***.
- *Bullying*, ici, est un verbe en -***ing*** associé au verbe de la subordonnée (*kept*), et dont le sujet est *the boss*. Mrs Barnett plaint Suzy sur ses conditions de travail dans le restaurant italien. *Bullying* est précédé de *hard work* et suivi de *low pay*, expressions négatives : *bullying* est donc *a priori* du même registre (« maltraiter »).

4. Comprendre l'organisation des idées

- Le seul mot de liaison complexe est ***that's why…*** qui introduit l'objet de la lettre.
- Observe la **mise en forme** du courrier. Certains éléments éclairent l'organisation logique du propos : saut de paragraphe, ponctuation (deux-points introduisant des explications), etc.

S'entraîner

Utilise les connaissances acquises dans les **fiches 10 et 11.**

Pour chaque exercice, compare ta réponse à celle du corrigé.

1 Repérer les mots-clés et déduire le sens des mots inconnus

→ CORRIGÉ P. 530

Lis ce document.

LASAGNA

Ingredients

400 gr of sweet Italian sausage
300 gr of lean ground beef
½ cup of minced onion
2 cloves of garlic, crushed
1 can (30 gr) of crushed tomatoes
2 cans (150 gr) of tomato paste
2 cans (200 gr) of canned tomato sauce
½ cup of water
2 tablespoons of white sugar
12 lasagna noodles
450 gr of ricotta cheese
1 egg
½ teaspoon of salt
300 gr of mozzarella cheese, sliced
¾ cup of grated Parmesan cheese

Directions

1. In a large pot, cook sausage, ground beef, onion, and garlic over medium heat until well browned. Stir in crushed tomatoes, tomato paste, tomato sauce, and water. Simmer, covered, for about 1 ½ hours, stirring occasionally.
2. Bring a large pot of lightly salted water to a boil. Cook lasagna noodles in boiling water for 8 to 10 minutes. Drain noodles, and rinse with cold water. In a mixing bowl, combine ricotta cheese with egg, and ½ teaspoon salt.
3. Preheat oven to 375 degrees F (190 degrees C).
4. To assemble, spread 200 grammes of meat sauce in the bottom of a 23 × 33 cm baking dish. Arrange 6 noodles lengthwise over meat sauce. Spread with one half of the ricotta cheese mixture. Top with a third of mozzarella cheese slices. Spoon 200 grammes of meat sauce over mozzarella, and sprinkle with ¼ cup Parmesan cheese. Repeat layers, and top with remaining mozzarella and Parmesan cheese. Cover with foil: to prevent sticking, either spray foil with cooking spray, or make sure the foil does not touch the cheese.
5. Bake in preheated oven for 25 minutes. Remove foil, and bake an additional 25 minutes. Cool for 15 minutes before serving.

Réponds en français aux questions : elles te guideront pour repérer les mots-clés et déduire le sens des mots inconnus.

1. De quel type de document s'agit-il ?

2. Quel est le nom du plat (en anglais et en français) ?

3. Dans la liste d'ingrédients, que trouves-tu devant chacun ?

4. Ce type de document est généralement à l'impératif. Est-ce le cas ici ?

5. Tu sais ainsi où sont placés les verbes dans les phrases. Surligne-les en rouge.

6. Surligne en vert chacun des ingrédients (un mot par ligne).

7. Des adjectifs qualifient certains de ces noms. Surligne-les en bleu.

8. Sachant que *ground* est un adjectif qui peut qualifier du bœuf et aussi parfois du poivre noir, peux-tu déduire ce qu'il signifie ? (En français on utilise deux mots différents, mais l'idée est la même.)

9. Observe *: Spread 1 ½ cups of meat sauce in the bottom of a [...] dish*. Tu as déduit grâce aux questions 4 et 5 la catégorie grammaticale de *spread*. Sachant que c'est ce que l'on fait avec la sauce à la viande au fond du plat, que signifie *spread* ?

10. Observe : *Drain noodles.* Sachant que l'on décrit l'opération qui suit la cuisson des pâtes, quel est le sens de *drain* ?

11. Étant donné la place de *spoon* dans la phrase (paragraphe 4), s'agit-il d'un nom ou d'un verbe ? Comment le traduirais-tu ?

2 Prélever des informations

→ CORRIGÉ P. 530

Maintenant, tu es prêt(e) à répondre aux questions suivantes.

1. This document is... ☐ **a.** a recipe. ☐ **b.** a menu. ☐ **c.** an ad.

2. The name of the dish is ....

3. The sort of cheese you need is ....

4. Circle the ingredients required.

a.  **b.**  **c.**  **d.**  **e.** 

f.  **g.**  **h.**  **i.**  **j.** 

5. Put the events in chronological order.

a. 

b. 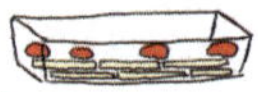

c. 

d. 

e. 

f. 

g. 

h. 

i. 

Vers le brevet

Exerce-toi en vue du brevet et révise les **fiches 10 et 11.**

Pour chaque exercice, compare ta réponse à celle du corrigé.

3 Identifier un document et y prélever des informations

→ CORRIGÉ P. 530

Permanent waiter needed ASAP!
Dynamic, smart and reliable.
Part-time job, Sats/ Suns Eves.
Approx. £50 per eve.
For further information, please contact
Mr Barnett, 0180 688 4699

1. What sort of document is it?
☐ **a.** a letter. ☐ **b.** an advertisement.
☐ **c.** a brochure. ☐ **d.** a newspaper article.

2. What job is it about?
☐ **a.** someone who drives taxis. ☐ **b.** someone who serves in a restaurant.
☐ **c.** Someone who cooks.

3. How many days should the person work in a week?
☐ **a.** one. ☐ **b.** two. ☐ **c.** three. ☐ **d.** seven. ☐ **e.** we don't know.

4. How much will the person earn every week?
☐ **a.** £50. ☐ **b.** £100. ☐ **c.** £350.

4 Lire une lettre et en saisir les éléments essentiels

→ CORRIGÉ P. 530

Prends connaissance du document ci-dessous. Puis réponds aux questions en entourant la ou les réponses qui conviennent.

Dear Emma,

I wanted to thank you so much for recommending my daughter to your uncle. She had her appointment for a job interview only yesterday, and she was very happy about it. She's never worked in a pub before, and she was a bit apprehensive, but Mr Barnett was really nice and seems happy to hire her as a waitress for this summer – maybe more, he said, if she proves herself. Her past experience in a restaurant will certainly be useful even if, as you know, it hasn't been as successful as expected. In any case, she's looking forward to starting working. "The Black Swan" is not far from home, only one mile, and it's really well located. Well, you know, as you often go there…

I hope we will meet soon – why not at the pub?

Looking forward to hearing from you,

Kate A.

1. What sort of document is it?

☐ **a.** A letter of application. ☐ **b.** A letter to say sorry. ☐ **c.** A thank-you letter.

2. The letter is about…

☐ **a.** a job. ☐ **b.** a new house. ☐ **c.** a new school.

3. More precisely, this concerns…

☐ **a.** Kate. ☐ **b.** Emma's uncle. ☐ **c.** Kate's daughter.

4. This person has…

☐ **a.** never worked. ☐ **b.** already worked in a restaurant.
☐ **c.** already worked in a pub. ☐ **d.** already worked in a pub and a restaurant.
☐ **e.** never worked in a pub.

5. This person feels…

☐ **a.** happy. ☐ **b.** apprehensive. ☐ **c.** impatient. ☐ **d.** regretful. ☐ **e.** nice.

6. Mr Barnett feels…

☐ **a.** happy. ☐ **b.** apprehensive. ☐ **c.** nice.

7. Her past experience is…

☐ **a.** a good memory for her. ☐ **b.** a bad memory for her.
☐ **c.** a plus for this new job.

8. Emma and Kate…

☐ **a.** work in the same pub. ☐ **b.** live in the same area. ☐ **c.** are cousins.

12 Écrire et réagir à l'écrit : conseils

Au niveau A2, tu es capable d'écrire un texte simple (par exemple une lettre de remerciements ou un message électronique court).
Au niveau B1, tu peux rédiger un texte plus long où tu rends compte d'une expérience de façon plus circonstanciée.

CE QU'ON ATTEND DE TOI

1. Au niveau A2

- Tu rédiges des phrases simples reliées par *and, but* et *because*.
- Tu décris les gens et les lieux qui t'entourent de façon succincte.
- Tu racontes brièvement un événement passé.
- Tu écris une biographie imaginaire ou un court poème.

2. Au niveau B1

- Tu écris une lettre plus longue, avec des phrases complexes (propositions principale et subordonnées).
- Tu rédiges le compte-rendu d'expériences (voyage, visite) en décrivant tes impressions et sentiments.
- Tu prends des notes à partir de différents documents et en rends compte.
- Tu résumes des informations et exprimes ton opinion.

Remarque

Au niveau B1, on peut te demander de rédiger une lettre, un article de presse, un extrait de journal intime... Chaque fois, tiens compte de la forme propre au **type du document**.

COMMENT TE PRÉPARER ?

1. Veille à la correction grammaticale

- Au niveau A2, quelques fautes d'accord ou de conjugaison sont tolérées, mais donne-toi les moyens d'en limiter le nombre. Vérifie entre autres :
  - **le *-s* de la troisième personne** du singulier au présent ;
  - **l'auxiliaire** dans les questions et les phrases négatives ;
  - l'emploi correct des **pronoms** et des **déterminants possessifs** (une erreur courante est de confondre *his* et *her*).
- Au niveau B1, tu dois faire preuve d'un assez bon niveau grammatical : assure-toi que tu sais employer les structures de base et les temps verbaux, notamment le **prétérit**, utile pour la plupart des tâches qui te seront demandées (rédiger une biographie, raconter un événement...).

2. Exploite les ressources de la langue

- À l'écrit, tu dois à la fois organiser tes idées et puiser dans ta connaissance de l'anglais pour y choisir le **vocabulaire** et les **structures grammaticales** qui serviront ton propos.
- Par exemple, pour exprimer des idées on utilise souvent des **propositions relatives**. Ne bute pas sur l'emploi des équivalents de « qui », « que » ou « dont » : apprends à choisir parmi les différentes possibilités offertes par l'anglais *(who, which, that, Ø...)*.
- **Enrichis** ton vocabulaire de base en utilisant un dictionnaire ou Internet chaque fois que tu effectues des travaux en autonomie.
- Au moment d'écrire une poésie avec des **vers qui riment**, tu dois savoir comment se prononce tel ou tel mot. Par exemple, *enough* /ɪ'nʌf/ peut rimer avec *tough* /tʌf/ mais pas avec *through* /θru:/.

3. Soigne la présentation et la qualité de tes écrits

- Une lettre ou un e-mail adressés à un inconnu, un employeur potentiel, n'ont pas la même présentation, le même **en-tête**, qu'une lettre ou un e-mail envoyés à un ami. Le vocabulaire employé y est différent. Sache par ailleurs que les Britanniques sont choqués de l'emploi de certains mots de **registre familier** fréquemment utilisés en français.
- À l'écrit, tu peux **te relire** autant de fois que tu veux : profites-en ! Pour progresser, relis tes copies corrigées par ton professeur en te demandant à chaque fois : pourquoi me suis-je trompé(e) ?
- Fais la **liste des fautes** qui reviennent fréquemment (oubli du *-s* de la 3e personne du singulier, erreur sur les déterminants...). Consulte-la au moment où tu écris une nouvelle rédaction, et vérifie chacun des items listés.

> **Conseil**
> Pour bien te préparer et n'oublier aucun élément, fais des fiches récapitulant les **éléments et traits caractéristiques** de chaque type de document.

13 Écrire une lettre

LA DÉMARCHE

1. Se préparer

Devant un sujet d'expression écrite, ne te lance pas tête baissée. Réfléchis : **qu'attend-on de toi** exactement ? De quelles structures vas-tu avoir besoin ? Liste le vocabulaire utile pour ta rédaction, car c'est aussi un moyen pour faire surgir les idées que tu es capable d'énoncer en anglais.

2. Rédiger

Rédige d'abord au **brouillon**. Puise au maximum dans tes connaissances, et utilise des périphrases pour compenser ce que tu ne connais pas. Ensuite, **relis-toi** attentivement pour vérifier la correction grammaticale de ton texte.

3. Bien présenter sa copie

Respecte les **règles propres au type** de document demandé : une lettre doit être présentée avec un en-tête, des formules de salutations et une signature. Écris lisiblement, afin d'être facilement déchiffré.

L'EXEMPLE COMMENTÉ

Voici le sujet : « Back to France from England, write a letter to your pen pal. »

1. Se préparer

- **Deux données** dans cette consigne : premièrement tu écris à ton correspondant anglais ; deuxièmement tu as séjourné chez lui.
- En revenant en France, que vas-tu lui dire ? Tu lui racontes comment s'est déroulé ton voyage de retour (au **prétérit**) puis tu le remercies pour son accueil. Ensuite, tu peux envisager que ton correspondant vienne en France. Utilise le **futur** si cela est déjà convenu (*You will have fun when you come over* : Tu t'amuseras quand tu viendras ici) mais le **conditionnel** si rien n'est décidé (*I would like you to come over next year* : J'aimerais que tu viennes l'an prochain).
- Liste le **vocabulaire** en rapport avec les voyages *(airport, flight, plane, arrival...)*. Rassemble des **qualificatifs** d'appréciation *(strange, uneventful, warm, fabulous...)*.
- Choisis des formules de remerciement.

Expressions clés

Welcome to: bienvenue à
I'll miss you: vous me manquerez
Thanks for + V -ing/nom: merci de + V
It's so kind of you to + V: c'est si gentil de votre part de + V.

2. Rédiger

Lorsque tu rédiges, pose-toi les questions suivantes :
- y a-t-il bien un verbe dans chacune de mes phrases ?
- ai-je ajouté le *-s* de la 3e personne du singulier au présent simple ?
- ai-je correctement utilisé les auxiliaires ?
- l'adjectif épithète est-il placé avant le nom qu'il qualifie ?
- ai-je mis les marques du pluriel quand il le faut ?

3. Bien présenter sa copie

- Ta lettre est destinée à un ami : utilise les **formules d'introduction** et de **salutation** d'un courrier informel (*Dear* + prénom, puis s'enquérir de la santé), et termine avec une formule comme : *Looking forward to hearing from you* ou *Love* ou *Please write me soon*...
- **Relis ta copie** avec un œil neuf, en veillant particulièrement aux fautes que tu fais souvent.

Voici un exemple de corrigé.

Paris, 15th August

Dear Emma,

I hope you are fine. It's strange to be back in France after three weeks in England! I miss you – I even miss jelly! The trip was OK. After you left me at the airport, I went aboard, and the flight was uneventful. My parents were waiting for me at Roissy-Charles de Gaulle. They were very happy with the presents I brought back.

I want to thank you and your parents again for your warm welcome. Those three weeks were fabulous. I am looking forward to your coming to France next summer. I only hope that you will be as happy as I am!

Looking forward to hearing from you,

Love,
Sophie

14 Raconter un voyage

LA DÉMARCHE

1. Se préparer

- **Lis attentivement** la consigne pour ne rien omettre en traitant le sujet. Sa formulation peut aussi te donner des pistes pour ta rédaction et t'éviter certaines erreurs. Ainsi, si le sujet emploie le prétérit (ex. : *You went to India last Summer...*), ton récit devra être au prétérit.
- **Mobilise tes connaissances** : ce qui t'est demandé dans le sujet est généralement en rapport avec ton cours, et suppose donc que tu réutilises le lexique et les structures appris.
- **Organise ton expression** en utilisant des mots de liaison. Dans un récit, privilégie les connecteurs chronologiques *(then, before that...)*. Par contre, quand tu souhaites donner ton opinion ou exposer un enchaînement de cause à effet, privilégie les connecteurs logiques *(consequently, therefore...)*.

2. Rédiger

Évite les adjectifs trop usuels en les remplaçant par **des équivalents** plus recherchés. ***Good***, selon le contexte, peut donc avoir pour équivalent *delicious (food), interesting (visit), relaxing (atmosphere), sunny (weather), fantastic (trip), gorgeous (landscape), great (time)...*

3. Se relire

- Relis ton texte en te concentrant sur le **contenu** (es-tu capable de comprendre ce que tu as voulu dire ?) autant que sur la **forme** (clarté du propos, correction linguistique, présentation).
- **Vérifie** que tu n'as pas laissé certaines **fautes** fréquentes mais faciles à éviter : oubli du ***– s*** à la 3e personne du singulier ; marque du pluriel (*two months, new things, a lot of parks...* sauf devant des indénombrables toujours au singulier comme information) ; choix des déterminants *(a, the)* ; emploi des temps (si ton récit comporte des dates, utilise le prétérit : *I went... I spent...*).

Attention !

Lorsque tu rédiges un récit de voyage, tu dois notamment penser à :
– mettre une majuscule aux **noms de pays** et de **nationalités** *(an American girl, a British band)* ;
– ne pas mettre de déterminant devant les noms de pays *(Germany, Sweden...)*, sauf exceptions *(**the** United States)* ;
– utiliser la préposition *to* après **les verbes de déplacement** *(go, fly, drive...)*.

L'EXEMPLE COMMENTÉ

Voici le sujet : « You've just spent two months abroad. Write an article in the school newspaper to tell about your experience. »

1. Se préparer

- Le sujet est large : l'expression *abroad* (à l'étranger) te laisse le choix de la destination.
- Note dans la consigne l'emploi du *present perfect* associé au terme *experience* : on te demande de faire **un bilan** de ton séjour dans le pays que tu auras choisi en utilisant le *present perfect*. Mais n'oublie pas : le **récit des événements** doit être au prétérit, puisque tu en es revenu ! Et si tu as établis ce bilan au moment de ton voyage, il devra être au *past perfect*, par souci de la concordance des temps.
- Parmi les **mots et expressions** que tu connais sans doute et que tu peux utiliser dans ce sujet, figurent notamment : *miss* (manquer), *broaden one's horizons* (élargir son horizon), *share* (partager). Reporte-toi aussi à l'exemple commenté (→ p. 491).

2. Rédiger

N'hésite pas à **étoffer au maximum**, à montrer tout ce que tu sais dire, y compris sur le plan du vocabulaire.

3. Se relire

- Fais une **relecture ciblée** sur les fautes qui te sont habituelles, et que tu as listées à partir des expressions écrites corrigées par ton professeur.
- Veille notamment à l'alternance d'emploi du prétérit (événements du séjour) et du *present perfect* (bilan), ainsi qu'à la **concordance des temps** (futur devenant conditionnel dans un contexte passé).
- Assure-toi que le lecteur ne perde pas le fil de ton récit : ajoute les **mots de liaison** (chronologie, conséquence, opposition...) qui pourraient manquer.

Voici un exemple de corrigé.

> Last Summer I spent two months in Ireland. I had never been there, but I had been surfing the web, looking for information about the country. I stayed at the O'Briens', a host family who lived in County Kerry, and I shared their lives for two months. Thanks to them, I could visit a lot of natural parks like Killarney, and discover new things about the Irish way of life. This experience was really fantastic and it has helped me broaden my horizons. It was worth the trip, because I had never been far from my family for so long, and I thought I would miss them very much, which I did at first, but then I got used to it and I could really enjoy meeting new people and discovering a new culture. I must say, if I was offered to do it again, in another country, I would accept at once, without hesitation.

S'entraîner

Utilise les connaissances acquises dans les **fiches 12 à 14.**

Pour chaque exercice, compare ta réponse à celle du corrigé.

1 Rassembler le vocabulaire utile pour décrire un document

→ CORRIGÉ P. 531

1. Comment nommes-tu en anglais les éléments suivants ?

- ☐ a. une fenêtre à guillotine
- ☐ b. une couronne (de Noël)
- ☐ c. faire un signe de la main
- ☐ d. le ruban
- ☐ e. du givre
- ☐ f. ébahi.

2. Quelles phrases donnent un commentaire exact de l'image ? Entoure-les.

- ☐ a. It's winter.
- ☐ b. It's summer.
- ☐ c. The weather is windy.
- ☐ d. It has snowed.
- ☐ e. There is nothing special in the street.
- ☐ f. The scene probably takes place in the morning.
- ☐ g. It must take place during the Christmas holidays.
- ☐ h. The scene takes place in the afternoon.
- ☐ i. Everyone looks surprised and full of admiration.
- ☐ j. One person looks depressed.
- ☐ k. We can see the father and three children.
- ☐ l. This is the image of a happy family.
- ☐ m. They are all looking at the same thing.

2 Rédiger une biographie

→ CORRIGÉ P. 531

La fiche p. 495 donne des éléments de la biographie de Christophe Colomb. Prends-en connaissance puis réponds aux questions ci-dessous.

1. Comment dis-tu : « Il est né », « Il est mort » dans une biographie ?

2. Quelle préposition utilises-tu devant une année précise : *in, on* ou *at* ? Et devant un jour précis ?

3. Quel temps vas-tu employer dans cette biographie ?

4. Maintenant, rédige la biographie de Christophe Colomb.

- Christopher Columbus (1451, Genoa - 20 May 1506, Valladolid)
- 1461 : sailor
- 1476 : England, Ireland (Iceland?)
- 1479 : marriage with Filipa Perestrelo
- 1480 : a son, Diego
- Interests : the Bible, astronomy, geography, history
- 1492 : discovery of America
- 1492-1499 : four journeys to the Americas
- 1500 : prison

Vers le brevet

Exerce-toi en vue du brevet et révise les **fiches 12 à 14.**

Pour chaque exercice, compare ta réponse à celle du corrigé.

3 Rapporter par écrit une expérience

→ CORRIGÉ P. 531

Raconte ton voyage en Californie dans ton journal intime en utilisant les éléments ci-dessous. Inclus-y tes appréciations (données ici en français).

July, 17

July, 18
impressionnant

July, 21
Sequoia National Park: *surprenant*

July, 23
effrayant

July, 30
A girl named Minette Rangers : *sympathique*

ANGLAIS

Corrigés

I Écouter et comprendre

1 **1.** *L'histoire de Harry Potter.*

2. *Le film est adapté de livres écrits par J. K. Rowling. Le héros est un garçon qui entre à l'âge de onze ans dans la prestigieuse école de magie de Poudlard (*Hogswarts *en anglais).*

3. Ron Weasley, Hermione Granger, Lord Voldemort, Albus Dumbledore… interprétés par Rupert Grint (Ron), Emma Watson (Hermione), Daniel Radcliffe (Harry)…

4. a. character **c.** Dumbledore **e.** book **g.** wizard **h.** hero.

2 **1. a.** a conversation. **2. b.** films. **3. b.** Harry Potter. **4. a.** courageous. **c.** heroic. **5. a.** Albus Dumbledore. **6. a.** Merlin **c.** Gandalf. **7. c.** Hermione Granger. **8. b.** interesting. **c.** intelligent.

3 **1. b.** London **(1 pt)** **2. c.** a guide **(2 pts)** **3. b.** Harry Potter **(1 pt)** **4. c.** the 31st of July **(2 pts)** **5. b.** probably rainy **(1 pt)** **6. c.** 400 million **(2 pts)** **7. d.** D **(2 pts)** **8.** G, C, M **(3 pts)** **9. a.** E **(2 pts)** **10. a.** Australia House. **g.** The film location of Gringotts Bank **(2 pts)** **11. a.** are going to see this point **(2 pts)**.

Résultat : …/20

II Réagir et dialoguer

1 **1. a.** Don't mention it. **d.** You're welcome. **2. a.** Good night. **b.** Ok, see you later. **3. b.** Pleased to meet you. **4. a.** I'm fine **c.** So-so.

2 **1. a.** **2. a** et **c.** **3. c.** **4. b.**

3 **1. b.** What's your surname? **c.** What's your family name? **2. c.** How old are you? **3. b.** How are you? **4. b.** Where do you live? **5. c.** Where were you born? **6. a.** How many brothers have you got?

4 **1.** My (first) name is *(+ prénom).* **2.** My (family) name is *(+ nom de famille).* **3.** I live in *(+ nom de la ville où tu habites).* **4.** I've lived there for *(+ nombre d'années que tu habites là)* / since I was born *(si tu y vis depuis ta naissance).* **5.** It is located in France *(ou le nom du pays où tu vis).* **6.** I do / play *(+ nom du sport que tu pratiques).* **7.** I've done it for *(+ nombre d'années)* /

since *(+ année où tu as commencé)*. **8.** Yes, I'd love to go! / No, I wouldn't. **9.** I (totally) agree with you. No, I disagree / don't agree (with you). I grant you that... **10.** I (totally) agree with you. No, I disagree / don't agree (with you). I wonder if...

Tu compteras 1 point si tu as donné l'information pertinente (en français, entre parenthèses), 2 points si tu l'as formulée sous la forme d'une phrase complète.

Résultat : .../20

Écoute le corrigé proposé sur le site ***www.prepabac.com/media.***

III Parler en continu

1 **1.** Kurt Cobain was a singer. ↘

2. Did he sing in a band? ↗

3. Yes, he did. ↘

4. What was his band's name? ↘

5. It was called Nirvana. ↘

2 It's a film poster. The title is / It is entitled Avatar. An avatar is a form you can take. It is an incarnation of a person. The producer is James Cameron. In this film, one of the main characters is a woman, although she is not human, because her skin is blue, she has (got) pointed ears, strange eyes. Actually, she's got cat's eyes. She wears native clothes and strange jewels, which prove that she belongs to a native tribe from the planet. Indeed, "Avatar" is science fiction /fantastic. I do fancy science fiction films very much, like so many other people, who escape from reality thanks to these escapist worlds, and travel through time and space thanks to fantastic special effects. But I know other people who don't like that kind of film because they don't find them realistic, and therefore can't get into them.

Écoute le corrigé proposé sur le site ***www.prepabac.com/media.***

3 **1.** She looks like a cat, because she has (got) pointed ears and wide yellow eyes. **2.** For me, she lives in a forest because she looks naked. **3.** She looks determined / scared / curious / puzzled / careful. **4.** Yes, I do. I find her beautiful because she is feminine. / No, I don't. No, I find her ugly because of her strange eyes. **5.** Yes, I can: they have the same (minimal) clothes. Their hair looks the same: it is plaited / braided with beads / pearls and feathers.

Écoute le corrigé proposé sur le site ***www.prepabac.com/media.***

4 This is Agatha Christie **(1 pt)**. She was born in 1890 in Torquay **(2 pts)**. She was English / British **(1 pt)**. Between 1914 and 1918, she was a nurse. / She became a nurse in 1914, until 1918 **(2 pts)**. In 1914, she married Archibald Christie **(2 pts)**. In 1919, she had a baby / daughter, (called/named) Rosalind **(2 pts)**. In 1922, / three years later, she wrote The Man in the Brown Suit **(2 pts)**. She got divorced (from Archibald) in 1928 / The couple divorced in 1928 **(2 pts)** but she remarried / married again in 1930 to Max Mallowan **(2 pts)**. In 1934, she published Murder on the Orient Express **(2 pts)**. She died in Oxfordshire in 1976 **(2 pts)**. I don't like detective stories very much **(2 pts)**, I am not really used to reading them and (anyway), I prefer manga **(3 pts)**.

Résultat : .../25

Écoute le corrigé proposé sur le site ***www.prepabac.com/media****.*

IV Lire

1 **1.** *Une recette.* **2.** *Des lasagnes* (lasagna). **3.** *Les proportions.* **4.** *Oui.* **5.** *Verbes :* cook, stir, simmer, bring, cook, drain, rinse, combine, preheat, to assemble, spread, arrange, spread, top, spoon, sprinkle, repeat, top, cover, to prevent, make sure, does not touch, bake, remove, bake, cool. **6.** *Ingrédients :* beef, onion, garlic, tomatoes, tomato paste, water, sugar, salt, noodles, cheese, egg. **7.** *Qualificatifs :* sweet, canned lean, ground, minced, crushed, white, sliced, grated. **8.** *Haché/moulu.* **9.** *Étaler.* **10.** *Égoutter.* **11.** *Un verbe : verser.*

2 **1. a.** A recipe. **2.** Lasagna. **3.** Ricotta, Parmesan, mozzarella. **4. a. b. c. j.** *(pas* **i.** *car il ne faut pas de tomates fraîches).* **5. i. h. a. d. c. b. f. e. g.**

3 **1. b.** an advertisement **(2 pts)**. **2. b.** Someone who serves in a restaurant **(2 pts)**. **3. b.** Two (Sat = Saturday, Sun = Sunday) **(2 pts)**. **4. b.** £100 (2 x £50) **(2 pts)**.

4 **1. c.** a thank-you letter **(1 pt)**. **2. a.** a job **(1 pt)**. **3. c.** Kate's daughter **(1 pt)**. **4. b.** already worked in a restaurant **(1 pt)**. **5. a.** happy **b.** apprehensive **c.** impatient **(3 pts)**. **6. a.** happy **b.** nice **(2 pts)**. **7. b.** a bad memory for her. **c.** a plus for this new job. **(2 pts)**. **8. b.** live in the same area **(1 pt)**.

Résultat (exercices 3 et 4) : .../20

V Écrire et réagir à l'écrit

1 *Ce tableau de Norman Rockwell s'intitule* Daddy's home (1951). **1. a.** a sash window. **b.** a Christmas wreath. **c.** to wave. **d.** the ribbon. **e.** frost. **f.** astounded, stunned. **2. a.** It's winter. **d.** It has snowed. **f.** The scene probably takes place in the morning. **g.** It must take place during the Christmas holidays. **i.** Everyone looks surprised and full of admiration. **l.** This is the image of a happy family. **m.** They are all looking at the same thing.

2 **1.** He was born / He died. **2.** in + *année*. on + *jour*. **3.** *Le prétérit.* **4.** Christopher Columbus was born in 1451 in Genoa. In 1461, (at the age of 10 / aged 10,) he became a sailor. In 1476, he travelled to England, Ireland, and possibly Iceland. In 1479, he married Filipa Perestrelo. In 1480 / One year later, he had a son (called) Diego. He read the Bible and studied astronomy, geography and history. In 1492 (when he was 41 years old), he discovered America. Between 1492 and 1499, he travelled four times to the Americas, but he went to prison (/was arrested) in 1500. He died on 20 May 1506 (*prononcé :* the 20th of May, 1506).

3 Dear diary,

On the 17th of July **(1 pt)**, I took the plane / flew **(1 pt)** to California **(1 pt)**. The next day **(1 pt)**, I visited/went to Hollywood **(1 pt)**. It was (really) impressive! **(2 pts)** Then / three days later **(1 pt)**, I visited/went to Sequoia National Park **(1 pt)**. I was really surprised / I found it really surprising **(2 pts)**, the trees were so huge! Two days later **(1 pt)**, I was so scared/frightened **(2 pts)** when I saw a snake **(1 pt)** just in front of me! But it didn't bite me, I was lucky. The next week / seven days later **(1 pt)**, I met Minette Rangers **(1 pt)**. This girl / she was really nice **(1 pt)** and she had a horse **(1 pt)** which she let me ride... I like her very much / we have become friends **(1 pt)**.

Résultat : .../20

BREVETS BLANCS

BREVETS BLANCS

Les sujets

Corrigés des sujets

Comment s'organise l'épreuve du brevet ?

À compter de 2018, le nouveau brevet comprend quatre épreuves écrites – en français, en maths, en histoire-géographie EMC et en sciences – et une épreuve orale.

I Les épreuves écrites de français et de maths

Notées chacune sur **100 points**, les épreuves écrites de français et de mathématiques sont les épreuves majeures du brevet.

1. L'épreuve de français (3 heures)

- Elle est structurée en **trois temps** :

1. Vous devez d'abord répondre à des questions sur un texte littéraire et sur un document iconographique ou audiovisuel (1 heure 10). Parmi les questions de langue, figure un exercice de réécriture d'un passage du texte.

2. Après une pause d'un quart d'heure, une dictée de 600 signes environ (20 minutes) est proposée.

3. L'épreuve se termine par travail d'écriture (1 h 30). Deux sujets de rédaction au choix sont proposés : un sujet de réflexion et un sujet d'invention.

L'essentiel des **exercices** de français (sauf la dictée) prennent appui, directement ou non, sur le texte. Sa bonne compréhension est donc essentielle.

- Les réponses aux questions sont notées sur 50 points ; la dictée sur 10 points ; la rédaction, sur 40 points.

2. L'épreuve de maths (2 heures)

- Le sujet est constitué de six à huit exercices que vous pouvez traiter indépendamment les uns des autres et dans l'ordre qui vous convient.

Le sujet comprend en général au moins un exercice d'algorithmique.

- Certains exercices peuvent prendre la forme de questionnaires à choix multiples (QCM). Les énoncés des exercices s'appuient sur des situations de la vie courante ou sur d'autres disciplines.
- Lors de la lecture du sujet, il est bon de repérer rapidement les exercices qui vous semblent « faciles ». Vous pouvez alors commencer par les résoudre « au brouillon », puis recopiez-les au fur et à mesure « au propre ».
- L'évaluation prend en compte **la clarté et la précision des raisonnements** ainsi que, plus largement, la qualité de la rédaction mathématique.

Si vous ne terminez pas un exercice, les démarches engagées, même non abouties, seront prises en compte dans la notation.

II Les deux autres épreuves écrites

Le brevet comprend aussi deux épreuves écrites notées chacune sur **50 points**, l'une portant sur le programme d'histoire-géographie et d'enseignement moral et civique (EMC), l'autre sur le programme de physique-chimie, de SVT et de technologie.

1. L'épreuve d'histoire-géographie EMC (2 heures)

Le sujet comprend **trois exercices** : un dans chaque domaine :

– le premier exercice (en histoire ou en géographie) permet de valider que vous savez comprendre, analyser et interpréter un **corpus documentaire** ;

– le deuxième exercice (en géographie ou en histoire) appelle un **développement rédigé** et – le cas échéant – un **travail graphique** ;

– le troisième exercice porte sur le programme d'**EMC.**

2. L'épreuve de sciences (1 heure)

Cette épreuve d'une durée totale de **1 heure** porte sur **deux des trois disciplines** suivantes, tirées au sort chaque année : physique-chimie, SVT et technologie. Le sujet se compose, pour chaque discipline, d'un ou de plusieurs exercices souvent reliés par une thématique commune.

III Comment obtenir le diplôme du brevet ?

Pour obtenir le diplôme du brevet, il faut totaliser au moins **400 points sur 800,** lorsqu'on ajoute les points du contrôle continu et des épreuves finales.

1. Le décompte des points

- À la fin de l'année, vos professeurs évaluent votre niveau de maîtrise des huit composantes du socle commun de connaissances et de compétences (insuffisante, fragile, satisfaisante, très bonne) qui correspond à **un nombre de points** (10, 25, 40, 50).
- À ce nombre de points du contrôle continu, s'ajoutent les notes obtenues aux cinq épreuves finales.

Épreuve	Notation sur...
Français	100 points
Maths	100 points
Histoire-géo EMC	50 points
Sciences	50 points
Épreuve orale	100 points

Vous pouvez donc obtenir au maximum **400 points** au contrôle continu et **400 points** aux épreuves finales.

2. Les mentions

Les mentions sont décernées selon la règle suivante.

Mention	Notation
Assez bien	au moins 480 points sur 800
Bien	au moins 560 points sur 800
Très bien	au moins 640 points sur 800

I Français

Travail sur le texte et l'image

Exerce-toi en vue du brevet et révise les **fiches de français.**

Document A Texte littéraire

John Johnson, dit le Boa, a été élu maire de Coca, ville imaginaire des États-Unis. Il a de grands projets pour sa ville. Quelques semaines après son élection, il fait un séjour à Dubaï. C'est son premier voyage hors du continent américain.

« Ce qu'il voit entre l'aéroport et la ville provoque chez lui une sensation ambivalente d'euphorie[1] et d'écrasement.

Les grues d'abord lui éberluent[2] la tête : agglutinées par centaines, elles surpeuplent le ciel, leurs bras comme des sabres laser plus fluorescents que ceux des guerriers du Jedi, leur halo blafard auréolant la ville chantier d'une coupole de nuit blanche. Le Boa se tord le cou à les compter toutes, et l'homme en *dishdash*[3] blanche qui le coudoie sur la banquette, le voyant faire, lui signale qu'un tiers des grues existant à la surface du globe est réquisitionné en ces lieux : une sur trois répète-t-il, une sur trois est ici, chez nous. Sa toute petite bouche soulignée d'un trait de moustache articule très doucement nous construisons la cité du futur, une entreprise pharaonique. Le Boa ne dit plus rien. Il salive, émerveillé. La prolifération des tours le sidère, si nombreuses qu'on les croit multipliées par un œil malade, si hautes qu'on se frotte les paupières, craignant d'halluciner, leurs fenêtres blanches comme des milliers de petits parallélogrammes aveuglants, comme des milliers de pastilles de Vichy effervescentes dans la nuit délavée ; ici on travaille vingt-quatre heures sur vingt-quatre, les ouvriers sont logés à l'extérieur de la ville, les rotations se font par navette – l'homme susurre chaque information, escortant l'étonnement de Boa avec délicatesse. Plus loin, il pointe d'un index cireux un édifice en construction, déjà haut d'une centaine d'étages, et précise : celle-ci sera haute de sept cents mètres. Le Boa hoche la tête, s'enquiert soudain des hauteurs de l'Empire State Building de New York, ou du Hancok Center de Chicago, questionne sur les tours de Shanghai, de Cape Town, de Moscou, il est euphorique et médusé[4]. À Dubaï donc, le ciel est solide, massif : de la terre à bâtir. Le trajet est long dans la longue voiture, la mer tarde à venir, le Boa l'attend plate, inaffectée, lourde nappe noire comme le pétrole dont le pourtour s'effacerait dans la nuit, et il sursaute à la découvrir construite elle aussi, rendue solide, croûteuse, et apte à faire socle pour un archipel artificiel qui reproduirait un planisphère – la Grande-Bretagne y est à vendre trois millions de dollars – ou un complexe d'habitations de luxe en forme de palmier : elle aussi, donc, de la terre à bâtir.

Le Boa arrive à l'hôtel bouleversé, les joues rouges et les yeux exorbités, il peine à s'endormir, la nuit est trop claire, comme filtrée par une gaze[5] chaude, lui-même trop excité – le Burj Al-Arab est l'hôtel le plus haut du monde, une immense voile de verre et de Teflon gonflée face au golfe Persique qui est absolument noir à cette heure, et clos comme un coffre [...]. Au réveil, le Boa est convaincu d'avoir trouvé l'inspiration qui manquait à son mandat. C'est un espace maîtrisé qui s'offre à ses yeux, un espace, pense-t-il, où la maîtrise se combine à l'audace, et là est la marque de la puissance.

Maylis de Kerangal, *Naissance d'un pont*,
© Éditions Gallimard (2010).

1. **Euphorie** : sensation intense de bien-être, de joie, d'optimisme.
2. **Éberluer** : étonner vivement, stupéfier.
3. ***Dishdash*** : longue robe blanche, vêtement traditionnel.
4. **Médusé** : qui manifeste un grand étonnement, de la stupeur.
5. **Gaze** : tissu léger, utilisé en couture (gaze de soie ou de coton) ou pour faire des compresses et des pansements (gaze de coton).

Document B Travailleurs sur un site de construction à Dubaï

18 points

1 Grammaire et compétences linguistiques

30 min

→ CORRIGÉ P. 558

Les réponses aux questions doivent être entièrement rédigées.

1. À quel temps les verbes sont-ils majoritairement conjugués dans le texte ? Comment comprenez-vous ce choix de l'auteure ? *(5 points)*

2. « une entreprise <u>pharaonique</u> » *(3 points)*.

a. Comment le mot souligné est-il construit ?

b. Que signifie-t-il généralement ?

c. Le contexte lui donne-t-il une valeur particulière ?

3. **Réécriture.**

Réécrivez cette phrase en remplaçant « Le Boa » par « Ils » et en procédant à toutes les transformations nécessaires. *(10 points)*

> Le Boa arrive à l'hôtel bouleversé, les joues rouges et les yeux exorbités, il peine à s'endormir, la nuit est trop claire, comme filtrée par une gaze chaude, lui-même trop excité (l. 31-33).

32 points

2 — 40 min

Compréhension et compétences d'interpretation

→ CORRIGÉ P. 558

4. Quelles sont les principales caractéristiques de la ville décrite dans le texte ? *(6 points)*

5. Étudiez précisément la progression des émotions et sensations ressenties par le personnage principal au fil de l'extrait. *(6 points)*

6. « Sa toute petite bouche soulignée d'un trait de moustache articule très doucement nous construisons la cité du futur, une entreprise pharaonique » (l. 9-11) : comment, dans cette phrase, les propos tenus par le personnage sont-ils rapportés ? Cette manière de faire est-elle habituelle ? À votre avis, pourquoi l'auteure procède-t-elle ainsi ? *(4 points)*

7. « [...] un espace, pense-t-il, où la maîtrise se combine à l'audace, et là est la marque de la puissance » (l. 37-38).

a. Expliquez le sens de cette phrase en vous aidant de ce qui la précède. *(4 points)*

b. À votre avis, l'auteure partage-t-elle ici la pensée du personnage ? *(2 points)*

8. Proposez un titre pour ce texte, puis expliquez vos intentions et ce qui justifie votre proposition. *(4 points)*

9. Quels sont les éléments qui rapprochent l'image et le texte (documents A et B) ? *(4 points)*

10. Quelles impressions cette photographie suscite-t-elle en vous ? Sont-elles comparables à celles produites par le texte ? Pourquoi ? *(4 points)*

Démarrons ensemble

- Le roman *Naissance d'un pont* raconte le chantier de la construction d'un pont dans la ville imaginaire de Coca, aux États-Unis. Dans l'extrait présenté (document A), le maire de Coca est impressionné par ce qu'il découvre dans la ville de Dubaï, aux Émirats arabes unis : les chantiers et les projets décrits, qui semblent repousser les limites de la réalité, sont pourtant, eux, bien réels.
- La photographie (document B), prise en légère plongée, montre des ouvriers travaillant à la construction des fondations d'une tour, comme celles que l'on voit à l'arrière-plan. Des engins de chantier, des grues et d'autres édifices en construction sont visibles.

Dictée

Exerce-toi en vue du brevet et révise les **fiches de français.**

10 points

3 Texte de Louis Aragon, *Aurélien*

20 min

→ CORRIGÉ P. 559

Le titre et la source de l'extrait sont écrits au tableau au début de la dictée.

Document Au-delà

« Les Parisiens n'ont jamais de leur ville le plaisir qu'en prennent les provinciaux. D'abord, pour eux, Paris se limite à la taille de leurs habitudes et de leurs curiosités. Un Parisien réduit sa ville à quelques quartiers, il ignore tout ce qui est au-delà qui cesse d'être Paris pour lui. Puis il n'y a pas ce sentiment presque continu de se perdre qui est un grand charme. Cette sécurité de ne connaître personne, de ne pouvoir être rencontré par hasard. Il lui arrive d'avoir cette sensation bizarre au contraire dans de toutes petites villes où il est de passage, et le seul à ne pas connaître tous les autres.

Louis Aragon, *Aurélien* © Éditions Gallimard (1944).

Démarrons ensemble

- Dans la dictée, accorde bien les **déterminants** : « quelques quartiers », « cette sécurité », etc.
- Dans la première phrase, le sujet du verbe *prendre* est inversé. Repère-le pour choisir la bonne terminaison.
- Attention aux homophones ! Veille à distinguer ***ce*** (déterminant démonstratif, suivi d'un nom), ***ce*** (pronom démonstratif, que l'on peut remplacer par *cela*) et ***se*** (pronom réfléchi, qui n'est jamais le sujet d'un verbe). En outre, tu ne dois pas confondre ***qu'en*** (*que* + *en*) avec ***quand*** (qui signifie « lorsque »).

Rédaction

Exerce-toi en vue du brevet et révise les **fiches de français.**

40 points

4 Rédiger un texte cohérent et construit

1 h 30

→ CORRIGÉ P. 560

Vous traiterez **au choix** le sujet A ou B. Votre rédaction sera d'une longueur minimale d'une soixantaine de lignes (300 mots environ).

Sujet A

Selon vous, la vie au sein d'une ville moderne est-elle source de bonheur et d'épanouissement ?

Vous répondrez à cette question dans un développement argumenté en vous appuyant sur votre expérience, sur vos lectures, votre culture personnelle et les connaissances acquises dans l'ensemble des disciplines.

Sujet B

Vous êtes un architecte et vous proposez au pays imaginaire d'Utopia la fondation d'une ville idéale. Écrivez la lettre que vous adressez aux dirigeants d'Utopia pour expliquer votre vision de la ville, justifier vos choix et les inviter à retenir votre projet.

Démarrons ensemble

Sujet A

- Ton point de vue doit être **nuancé**. Tu peux d'abord souligner l'attrait de la ville moderne : elle offre des possibilités d'emploi variées ; les plaisirs et les distractions y sont nombreux. Comme arguments opposés, tu peux signaler que les grandes villes accroissent parfois le sentiment d'isolement, et que les nuisances y sont nombreuses.
- Pense à utiliser des **connecteurs logiques** pour organiser ta réflexion : *tout d'abord, ensuite, par exemple, toutefois, c'est pourquoi, cependant...* Dans le développement, tu mentionneras en dernier les arguments qui te semblent les plus convaincants.

Sujet B

- Fais la liste de ce qui te semble **négatif** dans les villes que tu connais : l'absence d'espaces verts, le bruit incessant, les embouteillages, le sentiment d'anonymat, etc. Ensuite, cherche des **solutions** pour que ces problèmes disparaissent : privilégier les transports en commun, préférer les maisons aux immeubles collectifs, créer un cadre de vie convivial, etc.
- Tu dois écrire une **lettre officielle**, avec tous les impératifs que cela comporte : en-tête, objet, formule de politesse, etc. N'hésite pas à inventer des détails sur l'expéditeur que tu incarnes : *je suis un excellent architecte, j'ai dessiné les plans de l'écoquartier de..., je pense à ce projet depuis longtemps...* Enfin, n'oublie pas que ta description est au service d'une argumentation : tu dois convaincre les destinataires.

II Mathématiques

Mathématiques

Exerce-toi en vue du brevet et révise les **fiches de mathématiques.**

12 points — 15 min

1 Programmes de calcul

→ CORRIGÉ P. 561

On propose deux programmes de calcul.

Programme A	Programme B
Choisir un nombre. Le multiplier par 2. Ajouter 5 au résultat obtenu.	Choisir un nombre. Soustraire 7. Multiplier par 3 le résultat obtenu.

1. On choisit 5 comme nombre de départ. Montrer que le résultat du programme B est –6.

2. On choisit –2 comme nombre de départ. Quel est le résultat avec le programme A ?

3. a. Quel nombre faut-il choisir pour que le résultat du programme A soit 0 ?

b. Quel nombre faut-il choisir pour que le résultat du programme B soit 9 ?

4. Quel nombre doit-on choisir pour obtenir le même résultat avec les deux programmes ?

Démarrons ensemble

Cet exercice porte sur les fiches 15 et 17 de mathématiques.

3. a. Appelle x le nombre choisi. Écris en fonction de x le calcul effectué par le programme A. Conclus en résolvant une équation.

b. N'oublie pas les parenthèses indispensables autour de $x - 7$.

4. Utilise les expressions trouvées à la question **3.** et résous une équation.

12 points — 15 min

2 À la fête

→ CORRIGÉ P. 562

À un stand de fête foraine, un jeu consiste à tirer au hasard un billet de loterie dans un sac contenant exactement 180 billets :

- 4 de ces billets permettent de gagner un lecteur MP3 ;
- 12 permettent de gagner une grande peluche ;
- 36 permettent de gagner une petite peluche ;

• 68 permettent de gagner un porte-clés ;
• les autres billets sont des billets perdants.

Quelle est la probabilité pour un participant :

1. de gagner un lecteur MP3 ?
2. de gagner une peluche (grande ou petite) ?
3. de ne rien gagner ?

On donnera les résultats sous la forme de fractions irréductibles.

Démarrons ensemble

Cet exercice porte sur les fiches 28 à 30 de mathématiques.

1. Il y a 4 billets permettant de gagner un lecteur MP3. Cherche le nombre total de billets.
2. Il y a deux sortes de peluches. Calcule le nombre de billets permettant de gagner une peluche.
3. Cherche le nombre de billets gagnants, puis le nombre de billets perdants.

12 points — 3 — 15 min

Une figure en R

→ CORRIGÉ P. 562

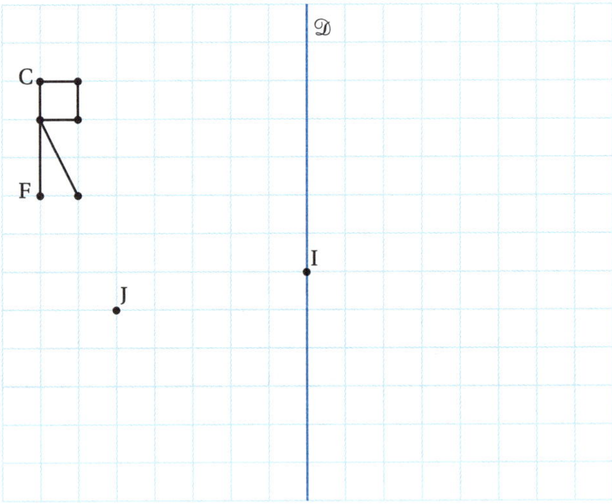

Sur la figure ci-dessus, en commençant dans chaque cas par l'image du segment [CF], tracer :

• en bleu, l'image de la lettre « R » par la symétrie d'axe 𝒟 ;
• en rouge, l'image de la lettre « R » par la symétrie de centre I ;
• en vert, l'image de la lettre « R » par la translation qui transforme F en J.

Démarrons ensemble

Cet exercice porte sur les fiches 31 et 32 de mathématiques.

- Pour tracer la figure bleue, trace d'abord le symétrique des points C et F par rapport à la droite $\mathcal{D}$. Trace ensuite les symétriques des autres sommets.
- Pour tracer la figure rouge, trace d'abord le symétrique des points C et F par rapport au point I.
- Pour tracer la figure verte, trace le parallélogramme $CFJC_3$ pour construire C_3 image de C par la translation qui transforme F en J. L'image du point F est un point connu.

14 points — 4 — 15 min

L'éolienne

→ CORRIGÉ P. 562

Pour trouver la hauteur d'une éolienne, on a les renseignements suivants :

Les points O, A et C sont alignés. Les points O, B et D sont alignés.

Les angles $\widehat{OAB}$ et $\widehat{ACD}$ sont droits.

OA = 11 m ; AC = 594 m ; AB = 1,5 m.

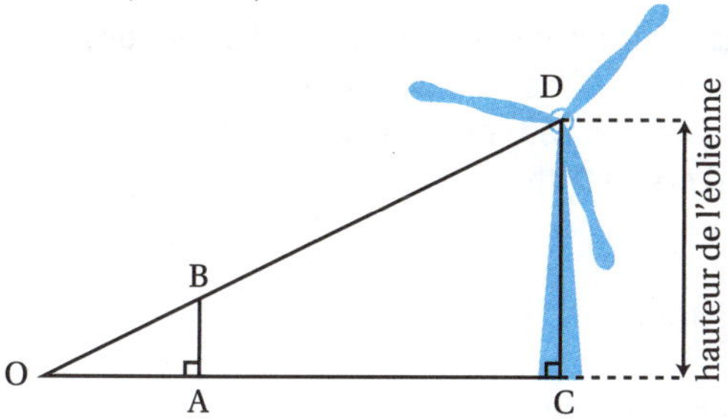

1. Expliquer pourquoi les droites (AB) et (CD) sont parallèles.
2. Calculer la hauteur CD de l'éolienne. Justifier.

Démarrons ensemble

Cet exercice porte sur les fiches 39 et 40 de mathématiques.

1. Observe le codage de la figure. La droite (AB) est perpendiculaire à la droite (OC).
2. Utilise le théorème de Thalès.

16 points — 5 — 20 min

La grande échelle

→ CORRIGÉ P. 563

Lors d'une intervention, les pompiers doivent atteindre une fenêtre F située à 18 mètres au-dessus du sol en utilisant leur grande échelle [PF]. Ils doivent prévoir les réglages de l'échelle.

Le pied P de l'échelle est situé sur le camion à 1,5 m du sol et à 10 m de l'immeuble. *Le dessin n'est pas réalisé à l'échelle.*

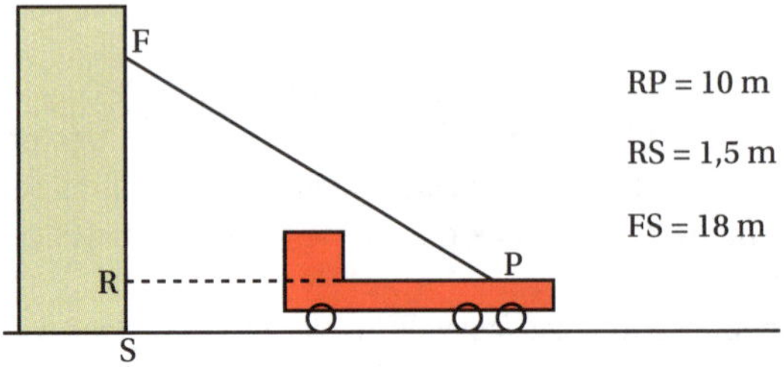

1. D'après les informations ci-dessus, déterminer la longueur RF.

2. Déterminer l'angle que fait l'échelle avec l'horizontale, c'est-à-dire $\widehat{FPR}$, arrondi à l'unité.

3. L'échelle a une longueur maximale de 25 mètres.

Sera-t-elle assez longue pour atteindre la fenêtre F ?

Démarrons ensemble

Cet exercice porte sur les fiches 35 à 37 de mathématiques.

1. Tu obtiens la longueur RF par soustraction.

2. Utilise la trigonométrie pour calculer l'angle $\widehat{FPR}$.

3. Utilise le théorème de Pythagore dans le triangle rectangle FPR.

16 points — 20 min

6 Calculs d'aires

→ CORRIGÉ P. 563

On donne les figures suivantes :

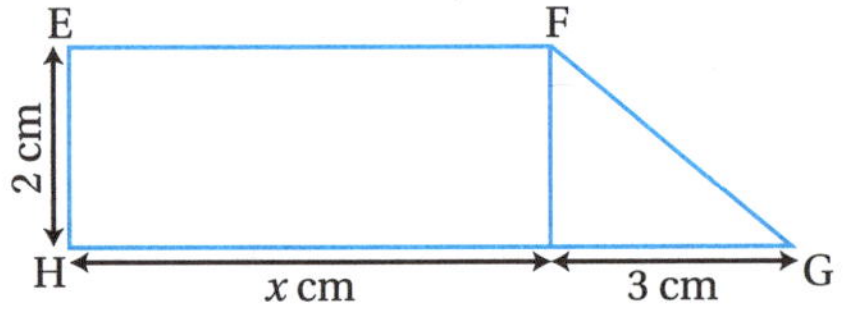

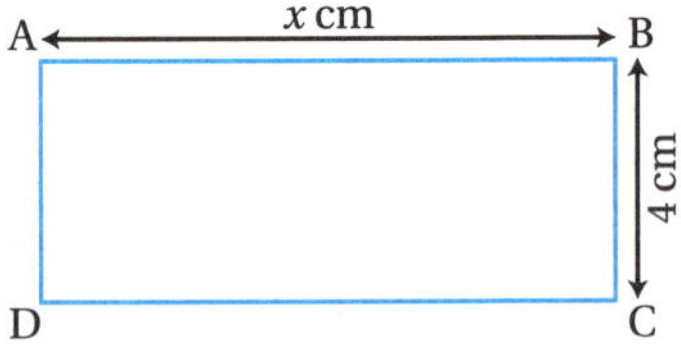

1. Exprimer en fonction de x l'aire $\mathscr{A}$(ABCD) du rectangle ABCD.

2. Exprimer en fonction de x l'aire $\mathscr{A}$(EFGH) du quadrilatère EFGH.

3. Dans un repère orthonormal, tracer :

– la représentation graphique $\mathscr{D}$ de la fonction f définie par : $x \mapsto 4x$;

– la représentation graphique $\mathscr{D}'$ de la fonction g définie par : $x \mapsto 2x + 3$.

4. a. Calculer l'aire du rectangle ABCD pour $x = 3$.

b. Retrouver ce résultat sur le graphique (on laissera apparents les traits nécessaires).

5. a. Calculer la valeur de x pour que l'aire du quadrilatère EFGH soit égale à 15 cm².

b. Retrouver ce résultat sur le graphique (on laissera apparents les traits nécessaires).

6. a. Résoudre graphiquement l'équation $4x = 2x + 3$.

b. Retrouver ce résultat en résolvant l'équation $4x = 2x + 3$

c. Comment interpréter ce résultat pour le rectangle ABCD et le quadrilatère EFGH ?

Démarrons ensemble

Cet exercice porte sur les fiches 15, 19, 20, 22 et 23 de mathématiques.

1. Multiplie la largeur x par la longueur BC.

2. L'aire du trapèze est égale à $\frac{(B+b)\times h}{2}$.
Applique cette formule en observant que $b = EF = x$ et $B = HG$.

3. Calcule, par exemple, l'image de 0 et de 2 par f, puis par g. Trace deux droites.

4. b. Place 3 sur l'axe des abscisses.

5. a. Résous l'équation $g(x) = 15$.

b. Place 15 sur l'axe des ordonnées.

6. a. Trouve les coordonnées du point d'intersection des deux droites tracées.

c. Compare les aires de ABCD et EFGH.

18 points

7 Programmation avec Scratch

20 min

→ CORRIGÉ P. 565

1. Voici quatre images, représentant les courbes représentatives de quatre fonctions.

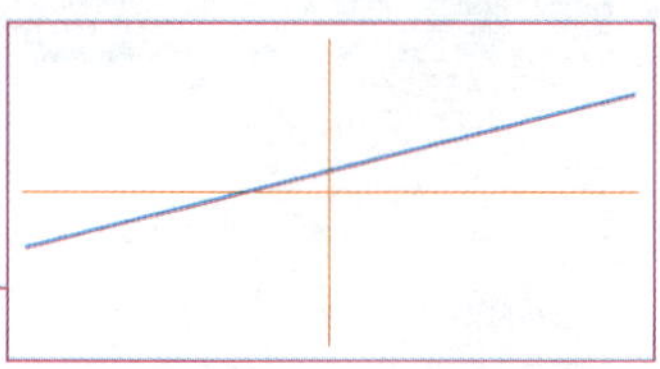
Image 1

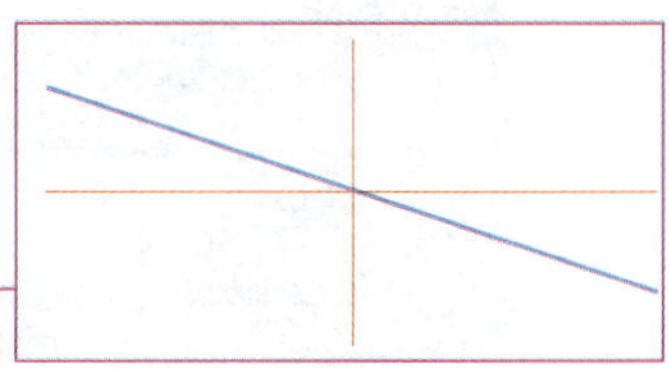
Image 3

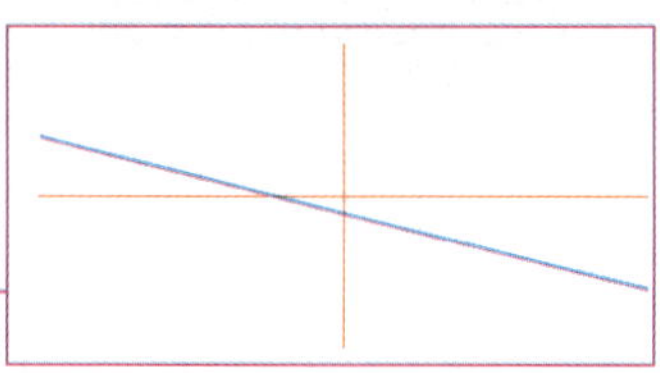
Image 2

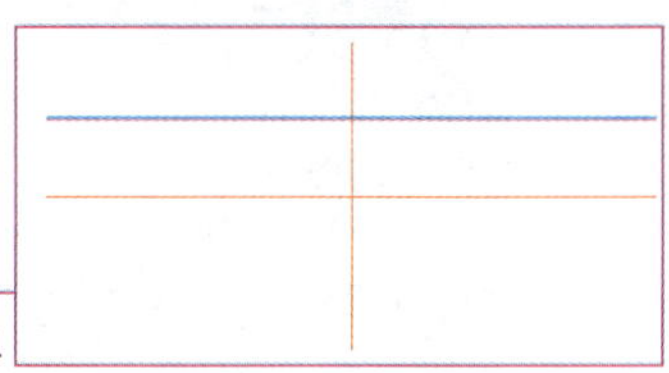
Image 4

Franck a écrit le programme suivant :

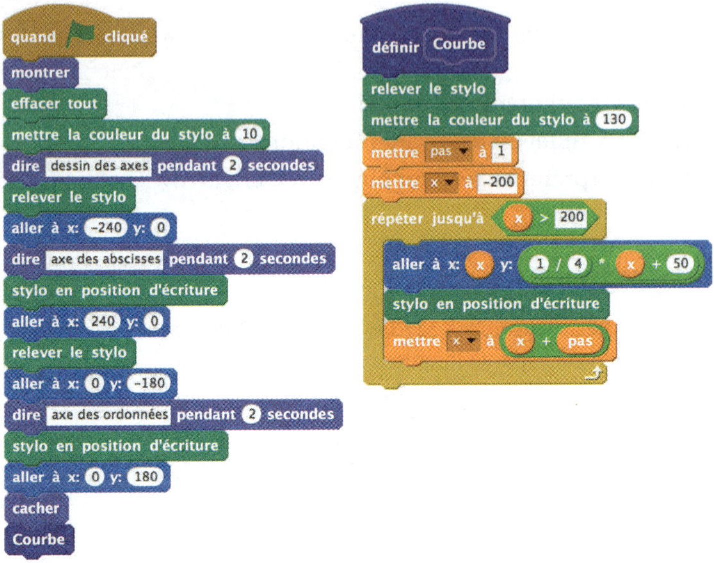

Pas et *x* sont deux variables créées par Franck.

Quelle figure parmi les 4 courbes obtient-on en exécutant le programme de Franck ?

2. Léa a modifié le programme de Franck :

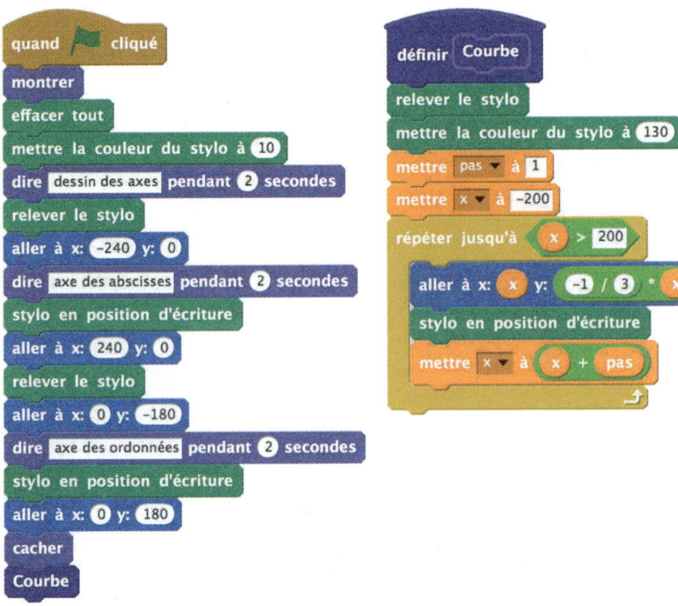

Quelle figure parmi les quatre images de la question 1. obtient-on en exécutant le programme de Léa ?

3. Nicolas souhaite construire le symétrique d'un triangle rectangle, et voudrait obtenir la figure ci-dessous :

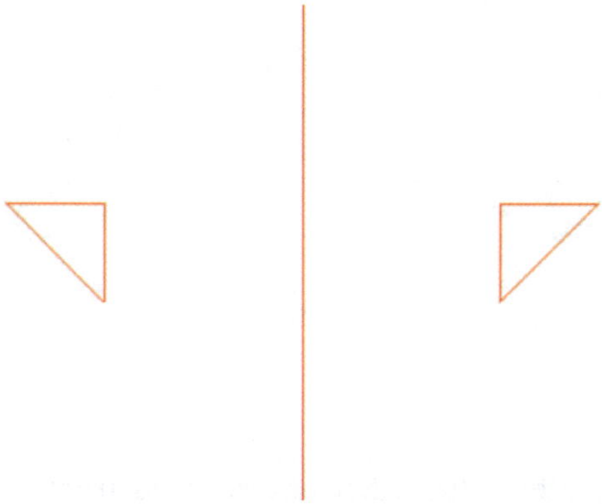

Pour cela il a écrit le programme ci-dessous :

```
quand [drapeau] cliqué
montrer
effacer tout
mettre la couleur du stylo à (10)
relever le stylo
aller à x: (0) y: (-180)
dire [axe des ordonnées] pendant (2) secondes
stylo en position d'écriture
aller à x: (0) y: (180)
cacher
triangle rectangle
relever le stylo
montrer
s'orienter à (90▾)
dire [Construction du symétrique] pendant (2) secondes
cacher
symétrique
```

```
définir triangle rectangle
relever le stylo
s'orienter à (90▾)
aller à x: (-150) y: (20)
stylo en position d'écriture
avancer de (50)
tourner ↻ de (90) degrés
avancer de (50)
tourner ↻ de (135) degrés
avancer de (70.71)
```

```
définir symétrique
relever le stylo
s'orienter à (-90▾)
aller à x: (0) y: (20)
stylo en position d'écriture
avancer de (50)
tourner ↺ de (90) degrés
avancer de (50)
tourner ↺ de (135) degrés
avancer de (70.71)
```

Pourquoi la longueur du troisième côté du triangle rectangle mesure 70,71 ?

Cela ne fonctionne pas comme prévu, le programme de Nicolas dessine la figure ci-dessous :

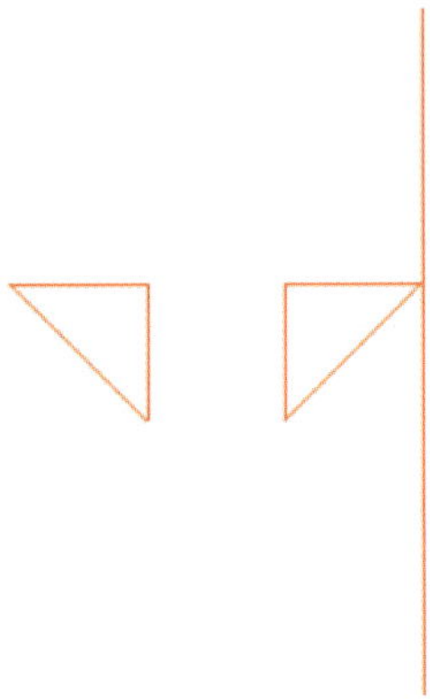

Lana lui dit qu'il suffit de modifier une seule instruction du bloc « symétrique » pour dessiner la figure désirée.

Quelle est cette modification ?

Démarrons ensemble

Cet exercice porte sur les fiches 1 à 4 de mathématiques.

1. Observe la boucle « répéter jusqu'à $x > 200$ ». À l'intérieur de cette boucle, on définit une fonction.

2. Léa a changé l'instruction définissant la fonction.

3. Utilise le théorème de Pythagore pour calculer la longueur de l'hypoténuse du triangle rectangle.

Quel est le symétrique du nombre −150 par rapport à 0 ?

III Histoire-géographie, EMC

Histoire

Exerce-toi en vue du brevet et révise les **fiches d'histoire.**

20 points

1 Analyser et comprendre des documents

45 min

→ CORRIGÉ P. 565

Document **Programme du Conseil national de la Résistance, 15 mars 1944**

Le texte a été diffusé au printemps 1944 dans la clandestinité, par les journaux des mouvements de résistance.

« Née de la volonté ardente des Français de refuser la défaite, la Résistance n'a pas d'autre raison d'être que la lutte quotidienne sans cesse intensifiée.

Cette mission de combat ne doit pas prendre fin à la Libération. [...]

Aussi les représentants des organisations de Résistance, des centrales syndicales et des partis ou tendances politiques groupés au sein du CNR délibérant en assemblée plénière le 15 mars 1944, ont-ils décidé de s'unir sur le programme suivant, qui comporte à la fois un plan d'action immédiate contre l'oppresseur et les mesures destinées à instaurer, dès la libération du territoire, un ordre social plus juste.

I. Plan d'action immédiate

Les représentants des organisations de Résistance des centrales syndicales et des partis ou tendances politiques groupés au sein du CNR [...] proclament leur volonté de délivrer la patrie en collaborant étroitement aux opérations militaires que l'armée française et les armées alliées entreprendront sur le continent, mais aussi de hâter cette libération, d'abréger les souffrances de notre peuple, de sauver l'avenir de la France en intensifiant sans cesse et par tous les moyens la lutte contre l'envahisseur et ses agents, commencée dès 1940. [...]

II. Mesures à appliquer dès la libération du territoire

[...]

4) Afin d'assurer :

– l'établissement de la démocratie la plus large en rendant la parole au peuple français par le rétablissement du suffrage universel ;

– la pleine liberté de pensée, de conscience et d'expression ;

– la liberté de la presse, son honneur et son indépendance à l'égard de l'État, des puissances d'argent et des influences étrangères ;

– la liberté d'association, de réunion et de manifestation [...] ;

– l'égalité absolue de tous les citoyens devant la loi ;

Afin de promouvoir les réformes indispensables : [...]

Sur le plan social :
– le droit au travail et le droit au repos, notamment par le rétablissement et l'amélioration du régime contractuel du travail ;
[…]
– un plan complet de sécurité sociale, visant à assurer à tous les citoyens des moyens d'existence, dans tous les cas où ils sont incapables de se les procurer par le travail […]
– une retraite permettant aux vieux travailleurs de finir dignement leurs jours ;
[…]
En avant donc, dans l'union de tous les Français rassemblés autour du CFLN[1] et de son président, le général de Gaulle ! En avant pour le combat, en avant pour la victoire, afin que vive la France !

1. Comité français de libération nationale, remplacé le 3 juin 1944 par le Gouvernement provisoire de la République française.

1. Identifiez les auteurs du texte.

2. Pourquoi le programme d'action du Comité national de la Résistance daté du 15 mars 1944 a-t-il été adopté dans la clandestinité ? Expliquez la phrase soulignée en quelques lignes en faisant appel à vos connaissances.

3. Comment expliquer que le général de Gaulle soit mentionné dans le dernier paragraphe ?

4. Relevez et classez les réformes prévues par le CNR dans le tableau suivant :

Les projets de réformes du CNR après la libération du territoire	
Sur le plan des droits et des libertés	Sur le plan social

5. À partir de deux exemples précis, relevés dans le texte, montrez que le programme du CNR a été appliqué à partir de 1944.

Démarrons ensemble

Ce document est un programme qui fixe à la fois l'action immédiate et la reconstruction politique et sociale qui devra suivre la fin de la guerre. Il a été adopté à l'unanimité par les membres du CNR le 15 mars 1944. Tu dois donc mobiliser tes connaissances sur deux thèmes du programme : la France défaite et occupée durant la Seconde Guerre mondiale, et la refondation républicaine entre 1944 et 1947.

1. Rappelle ce qu'est le CNR et dans quel but il a été mis en place.
2. Repère la date précise (jour, mois) du document. Quelle est la situation à ce moment-là en France ? Quels événements sont encore à venir ?
5. La réponse n'est pas dans le texte, elle fait appel à tes connaissances sur les grandes réformes adoptées en France dans l'immédiat après-guerre. Tes réponses à la question 4 devraient te mettre sur la piste.

Géographie

Exerce-toi en vue du brevet et révise les **fiches de géographie.**

2 Maîtriser différents langages pour raisonner et se repérer

20 points – 45 min

→ CORRIGÉ P. 566

1. Sous la forme d'un développement construit d'une vingtaine de lignes et en vous appuyant sur un ou des exemples d'aires urbaines étudiés en classe, décrivez les espaces et les dynamiques des villes françaises.

2. Localisez et nommez sur le fond de carte ci-dessous Paris et quatre aires urbaines de votre choix.

Document **Les principales aires urbaines de la France métropolitaine**

Démarrons ensemble

1. Le développement construit est centré sur les **aires urbaines**. On te demande d'abord de **décrire les espaces urbains**. Tu profiteras de cette première partie pour présenter la composition d'une aire urbaine et **définir correctement les différents termes clés** (pôle urbain, couronne périurbaine).
Tu consacreras ta seconde partie à la **description des dynamiques urbaines**, c'est-à-dire les évolutions des villes à différentes échelles. Ici, tu peux te contenter d'une dynamique à l'échelle urbaine (l'étalement) et à l'échelle nationale (la métropolisation).

Enseignement moral et civique

Exerce-toi en vue du brevet et révise les **fiches d'EMC.**

10 points

3 La laïcité et le vivre ensemble

30 min

→ CORRIGÉ P. 568

Document 1 **Affiche 2015 de la commune de Floirac (Gironde)**

« Boulevard des potes » : association de lutte contre les discriminations et d'éducation populaire.
Source : www.ville-floirac33.fr

Document 2 Charte de laïcité à l'École (2013)

Article 3 – La laïcité garantit la liberté de conscience à tous. Chacun est libre de croire ou de ne pas croire [...].

Article 4 – La laïcité permet l'exercice de la citoyenneté, en conciliant la liberté de chacun avec l'égalité et la fraternité de tous dans le souci de l'intérêt général. [...]

Article 8 – La laïcité permet l'exercice de la liberté d'expression des élèves dans la limite du bon fonctionnement de l'École comme du respect des valeurs républicaines et du pluralisme des convictions.

Article 9 – La laïcité implique le rejet de toutes les violences et de toutes les discriminations, garantit l'égalité entre les filles et les garçons et repose sur une culture du respect et de la compréhension de l'autre. [...]

Article 13 – Nul ne peut se prévaloir de son appartenance religieuse pour refuser de se conformer aux règles applicables dans l'École de la République.

1. Citez trois valeurs et deux symboles de la République française présents dans les documents.

2. Expliquez les phrases soulignées dans le document 2 pour montrer que la laïcité garantit les libertés à l'école.

3. Vous êtes chargé de présenter la laïcité à l'école à un correspondant étranger en visite dans votre établissement en vous aidant des documents et de vos connaissances. En quelques lignes, comment lui expliquez-vous que la laïcité favorise le « vivre ensemble » à l'école ?

Démarrons ensemble

Le document 1 est une **affiche** invitant les citoyens à participer à un débat organisé par une **association luttant contre les discriminations**.

Adoptée en 2013, la **Charte de la laïcité** (document 2) doit être affichée dans tous les établissements scolaires et figurer dans les carnets de correspondance des élèves. Elle explique ce qu'est la laïcité et la manière dont elle doit être appliquée à l'école.

3. Tu dois montrer **ce que la laïcité apporte aux élèves** (plus de libertés et plus d'égalité) en donnant des **exemples concrets** (que tu peux puiser dans tes connaissances personnelles).

IV Physique-chimie, sciences de la vie et de la Terre

Physique-chimie

Exerce-toi en vue du brevet et révise les **fiches de physique-chimie.**

1 La production d'énergie électrique à partir des sources renouvelables

25 points — 30 min

→ CORRIGÉ P. 568

L'Islande est à la pointe de la production d'énergie électrique d'origine hydraulique ou géothermique. Ce pays exploite au mieux l'activité volcanique de son sous-sol ainsi que son réseau de rivières afin de ne pas dépendre de l'importation de sources d'énergie fossiles, ce qui lui assure une certaine indépendance énergétique.

1. D'après les documents, citer deux sources d'énergie renouvelables.

2. Dans les documents 1 et 2, quelle est la conversion d'énergie qui s'effectue au niveau de l'alternateur ?

3. Les températures de changement d'état de l'eau étant $T_{\text{fusion}} = 0$ °C et $T_{\text{vaporisation}} = 100$ °C, expliquer pourquoi il jaillit du sol de la vapeur d'eau dans le document 2.

4. En exploitant le document 1, calculer l'énergie potentielle E_{pv} d'une masse de 2,0 kg d'eau prise au niveau de la vanne, puis celle E_{pa} au niveau de l'alternateur.

5. Comment a évolué l'énergie potentielle de l'eau au cours de la chute ? Quelle est la conversion d'énergie qui s'est effectuée ?

6. Sven Gunarsson, habitant de la capitale de l'Islande, Reykjavik, utilise pendant une heure son radiateur électrique dont la puissance P est égale à 5,0 kW.

a. Calculer l'énergie E en joules consommée par le radiateur électrique.

b. Le radiateur électrique peut être assimilé à un conducteur ohmique de résistance R.
La tension U entre ses deux bornes est égale à 230 V et l'intensité du courant électrique I le traversant est égale à 3,0 A.

Calculer la résistance R en ohms.

c. Sven fait fonctionner en même temps son radiateur, sa télévision de puissance $P_1 = 1\,000$ W et trois lampes d'éclairage de puissance $P_2 = 50$ W chacune. Calculer la puissance totale P_{tot} consommée.

Document 1 Le fonctionnement d'une centrale hydraulique

« La construction d'un barrage sur une rivière permet de créer un lac de retenue (A). Une vanne en position ouverte, force l'eau à passer dans un réseau de tuyaux implantés dans la structure du barrage (B). Cette eau est alors amenée jusqu'à la centrale située plus bas (C) où elle entraîne la mise en rotation d'une turbine (D) grâce à l'énergie cinétique qu'elle transporte. Cette turbine est solidaire d'un alternateur (E) qui produit alors un courant électrique. Ce courant est dirigé vers un transformateur "haute tension" qui augmente la tension électrique (F), puis est distribué grâce à un réseau de câbles métalliques (G).

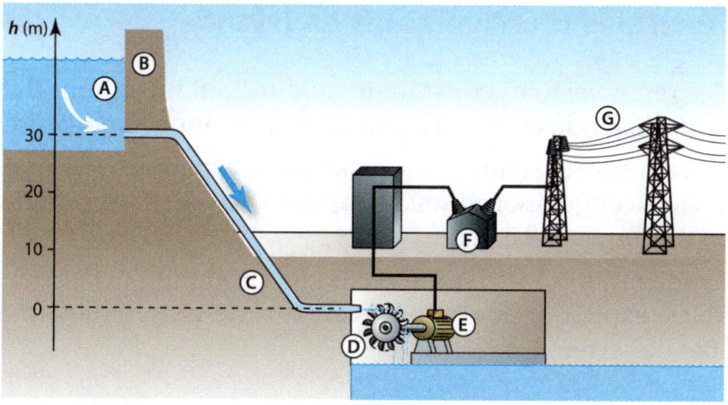

Document 2 La géothermie haute température

« La géothermie permet de récupérer l'énergie thermique contenue naturellement dans le sous-sol afin de l'utiliser soit comme moyen de chauffage (géothermie basse énergie) soit pour produire de l'électricité (géothermie haute énergie). La production d'électricité grâce à des sources hydrothermales profondes est courante en Islande du fait de la forte activité volcanique de l'île : la température augmente de 1 000 °C tous les cent mètres de profondeur au lieu de 3 °C en moyenne dans les autres zones du globe. De la vapeur d'eau à 150 °C et sous pression jaillissant du sol permet de faire tourner une turbine solidaire d'un alternateur grâce à l'énergie cinétique qu'elle transporte.

Document 3 L'énergie potentielle de pesanteur

« L'énergie potentielle de pesanteur d'un corps est liée à la position de celui-ci, par rapport à une référence des hauteurs prise égale à zéro. Si un corps de masse m (en kilogrammes), se trouve à une hauteur h (en mètres) par rapport à la référence, son énergie potentielle E_p, exprimée en joules, a pour expression :

$$E_p = m \times g \times h.$$

g est l'intensité de la pesanteur prise égale à $g = 9{,}8\ \text{N} \cdot \text{kg}^{-1}$.

Démarrons ensemble

Cet exercice porte sur les fiches 1, 3, 21 à 23, 26, 27 et 29 de physique-chimie.

2. Relis bien les documents 1 et 2.

4. Applique la formule donnée dans le document 3.

6. a. Pense à faire des conversions d'unité.

SVT

Exerce-toi en vue du brevet et révise les **fiches de SVT.**

2 Les énergies renouvelables en Islande

25 points – 30 min

→ CORRIGÉ P. 569

Les énergies renouvelables constituent aujourd'hui un secteur de pointe de l'économie de l'Islande et l'un des piliers de sa politique énergétique.

1. En s'appuyant sur l'ensemble des documents, expliquer pourquoi les énergies hydraulique et géothermique occupent une part si importante dans la production d'énergie en Islande.

2. Après avoir indiqué la quantité d'énergie produite par les énergies non renouvelables, expliquer pourquoi l'Islande reste un producteur important de gaz à effet de serre.

Document 1 Activité volcanique et énergie hydraulique en Islande

« L'Islande est une île volcanique située sur la dorsale médio-atlantique. Une partie importante de l'énergie consommée est d'origine géothermique. L'eau qui s'infiltre dans le sous-sol se réchauffe en circulant à proximité du magma présent en profondeur. Une autre part de l'énergie consommée est d'origine hydraulique. La proximité des glaciers et de zones volcaniques entraîne la formation de rivières glaciaires. La construction de barrages sur ces rivières permet la production d'électricité.

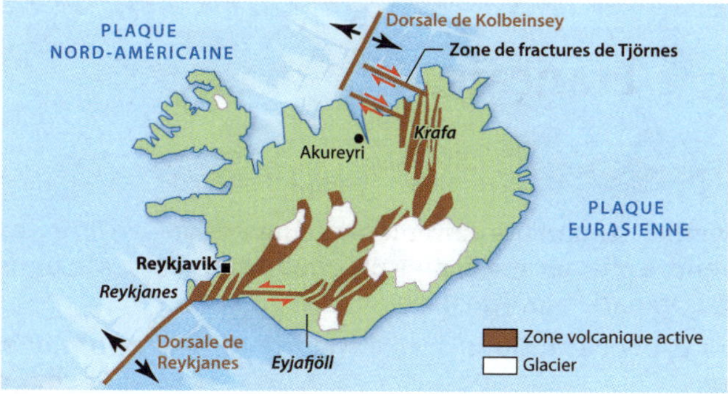

Document 2 Production énergétique et gaz à effet de serre en Islande

« 70 % de l'énergie du pays provient des énergies renouvelables. Plus de 99 % de l'électricité du pays est produite par l'énergie hydraulique et par l'énergie géothermique. Malgré tout, les Islandais émettent 10 tonnes de gaz à effet de serre par an et par habitant, ce qui est plus élevé que les émissions de gaz à effet de serre d'un français (2,30 tonnes en 2002). Cela est dû à l'utilisation de moyens de transport comme l'automobile, l'avion et le bateau. En Islande, il n'existe pas de réseau ferroviaire.

Document 3 Utilisation de l'énergie géothermique

« Il n'y a pas de combustibles fossiles en Islande (hormis un peu de tourbe et de lignite), mais l'activité thermique est prodigieuse : on trouve partout des sources chaudes dont certaines, jaillissantes, sont appelées geysers. L'emploi de l'énergie géothermique pour le chauffage domestique date de fort longtemps en Islande ; ce qui va de soi dans un climat qui exige que les maisons soient chauffées trois cent trente ou trois cent quarante jours par an. Autour de 1925, les sources chaudes furent utilisées pour la culture des légumes en serre. En 1928, des forages aux alentours de Reykjavik fournirent 14 litres à la seconde d'eau chaude à 87 °C. On construisit alors 3 kilomètres de tuyauterie qui permirent de chauffer un quartier pilote de soixante-dix maisons, deux piscines et une école publique.

Démarrons ensemble

Cet exercice porte sur les fiches 27 et 29 de SVT.

1. Recherche dans chaque document pourquoi les Islandais n'utilisent pas ou peu d'énergies non renouvelables et quelles sont les particularités du pays qui incitent les habitants à utiliser les énergies hydraulique et géothermique.
2. Relis attentivement le document 2.

Corrigés

Sujet 1 Français

Travail sur le texte et l'image

1 **1.** Les verbes sont majoritairement conjugués au **présent de l'indicatif**. Il s'agit de rendre plus vivantes, plus proches du lecteur les actions racontées dans le récit. On parle alors de **présent de narration**.

2. a. Le mot est construit par **dérivation** : le **radical** *pharaon* est suivi du **suffixe** – *ique*.

b. « Pharaonique » est un adjectif qui signifie « **gigantesque**, démesuré ».

c. Par l'emploi de cet adjectif, l'auteure rapproche les constructions de la ville de Dubaï des pyramides monumentales construites par les pharaons.

> **Info +**
> La pyramide de Khéops fut ainsi pendant des millénaires le bâtiment le plus haut et le plus massif jamais construit, suscitant, comme les tours de Dubaï chez le Boa, l'étonnement et l'admiration.

3. *Les termes modifiés sont en couleur.*

Ils arrivent à l'hôtel **bouleversés**, les joues rouges et les yeux exorbités, **ils peinent** à s'endormir, la nuit est trop claire, comme filtrée par une gaze chaude, **eux-mêmes** trop **excités**.

2 **4.** Il s'agit avant tout d'une **ville en chantier**, ce dont témoigne le champ lexical de la construction. Cette ville se caractérise également par le **gigantisme** (les centaines de grues, la prolifération des tours, un édifice haut de sept cents mètres), la **lumière permanente** (« le halo blafard » des grues, « une coupole de nuit blanche », les fenêtres sont « aveuglantes », « la nuit est trop claire »), et l'**absence de limites** puisqu'elle s'étend dans le ciel comme sur la mer.

5. Au début, le personnage est **partagé** entre une joie intense et une impression d'accablement (« une sensation ambivalente d'euphorie et d'écrasement »). On retrouve cette ambiguïté dans la suite du texte : la **joie** (« il salive », « émerveillé », « euphorique ») alterne avec la plus grande **stupéfaction** (« éberluent », « se tord le cou », « le sidère », « l'étonnement », « médusé »). Ce choc amène une révélation pour le personnage, convaincu d'avoir trouvé l'inspiration.

6. Les propos tenus dans cette phrase semblent rapportés au **discours direct** : le pronom employé (« nous ») le prouve. Mais, contrairement à l'usage, la **ponctuation attendue n'est pas respectée** : les deux-points et les guillemets sont omis. La limite entre narration et dialogue s'estompe. Le narrateur procède ainsi pour souligner la grande douceur avec laquelle les paroles sont prononcées, qui n'interrompent ni les pensées du personnage ni le fil de la lecture.

7. a. Le Boa est fasciné par ce qu'il vient de découvrir de la ville de Dubaï. C'est un lieu où la maîtrise (le savoir-faire technique) est accompagnée d'audace, c'est-à-dire d'idées nouvelles et courageuses. En effet, **les limites traditionnelles** à l'expansion de la ville **disparaissent** : le ciel et la mer sont devenus constructibles.

b. Il s'agit ici d'une **pensée rapportée**, comme le souligne l'incise « pense-t-il ». Cette précision semble indiquer que le narrateur ne partage pas les réflexions de son personnage.

8. L'extrait pourrait s'intituler : « Une ville au-delà des limites ». Ce titre insiste sur la démesure de la ville visitée par le personnage, où des ouvriers travaillent sans relâche à l'édification de tours toujours plus hautes, où l'on bâtit dans le ciel et sur la mer.

Conseil

Beaucoup de réponses sont possibles, pour peu qu'elles soulignent un aspect important du texte : le gigantisme de l'architecture, l'étonnement du personnage… Seule contrainte : le titre doit prendre la forme d'un groupe nominal.

9. De nombreux éléments sont communs au texte et à l'image, qui s'attachent tous deux à montrer le quotidien de la ville de Dubaï : les gratte-ciel, les grues, la ville en chantier, les ouvriers travaillant à une nouvelle construction.

10. La photographie ne transmet pas une impression de joie : les ouvriers sont dans un trou, surveillés par un contremaître. Les gratte-ciel occupent les deux tiers supérieurs de l'image. Les hommes sont au service d'un projet qui les dépasse, mais ils ne manifestent aucun entrain. Dans le texte, au contraire, le lecteur peut comprendre l'étonnement médusé du personnage. Les impressions ne sont pas comparables : le texte offre une vision d'ensemble du projet, quand l'image montre une réalité moins grandiose, celle du quotidien des travailleurs.

Dictée

3 **1.** Les Parisiens n'ont jamais de leur ville le plaisir qu'en prennent les provinciaux. D'abord, pour eux, Paris se limite à la taille de leurs habitudes et de leurs curiosités. Un Parisien réduit sa ville à quelques quartiers, il ignore tout ce qui est au-delà qui cesse d'être Paris pour lui. Puis il n'y a pas ce sentiment presque continu de se perdre qui est un grand charme. Cette sécurité de ne connaître personne, de ne pouvoir être rencontré par hasard. Il lui arrive d'avoir cette sensation bizarre au contraire dans de toutes petites villes où il est de passage, et le seul à ne pas connaître tous les autres.

déterminants
homophones
verbe et sujet inversés

Rédaction

4 *Voici un exemple de rédaction sur chacun des deux sujets. Attention ! Les indications entre crochets ne doivent pas figurer sur ta copie.*

Sujet A

[Introduction] Tout au long du XXe siècle, les campagnes ont été de plus en plus délaissées au profit des grandes villes : vivre en ville permettait d'améliorer sa situation économique et d'éviter la misère. Mais le bonheur et l'épanouissement individuel sont-ils aujourd'hui possibles dans ces cités modernes, où réside désormais la majorité de la population ?

[La ville moderne offre des avantages et des commodités…] Vivre dans une ville moderne peut procurer certains avantages : il est plus facile d'y trouver un emploi par exemple. La ville moderne offre aussi des facilités qui rendent le quotidien plus agréable : les distractions sont nombreuses, les transports bien développés, les commerces ouverts tous les jours. Et il est certain que l'épanouissement personnel passe aussi par ces commodités.

[… mais elle n'est pas pour autant source de bonheur] Cependant, la vie au sein d'une grande ville présente aussi des inconvénients : les logements sont plus chers et plus petits ; on peut vite se sentir isolé dans un lieu où l'on ne connaît personne ; le bruit et la pollution sont inévitables. Ainsi, de ma chambre en ville, j'entends en permanence les bruits des travaux, du métro et des voitures, même la nuit.

> **Conseil**
> Démarre ta deuxième partie par un **connecteur logique d'opposition**, pour montrer que tu vas maintenant mentionner les arguments « contre ».

[Conclusion] Si la vie au sein de la ville moderne présente des avantages certains, ces avantages ne sont pas forcément source d'épanouissement. Les progrès technologiques rendent de plus en plus ces avantages accessibles partout, même dans des campagnes isolées. Pour ma part, je considère donc que les inconvénients présentés par la vie dans une grande ville sont très nombreux et peuvent dans bien des cas être des obstacles au bonheur.

Sujet B

Frédéric Pirès
14, rue du Stand
75009 Paris

À l'attention des dirigeants d'Utopia
Paris, le 15 septembre 2016

Objet : projet pour la fondation d'une ville idéale Madame, Monsieur,

Cela fait longtemps que j'admire le pays d'Utopia. Architecte de formation, je suis particulièrement sensible au défi que pose aujourd'hui l'édification d'une ville moderne. C'est pourquoi je voudrais vous soumettre mon projet pour la fondation d'une ville idéale, que votre pays pourrait accueillir.

La cité idéale doit essayer de préserver le contact de l'homme avec la nature, en réduisant au maximum les nuisances visuelles et les nuisances sonores liées au trafic permanent. J'ai donc songé à un projet fabuleux pour l'immense vallée qui se trouve au sud d'Utopia. Chaque habitant pourra disposer d'une maison individuelle et d'un jardin. Les équipements de loisirs - parcs, gymnases, plans d'eau - y seront nombreux, afin de favoriser les contacts entre les gens. Pour que le confort de vie soit total, les activités professionnelles seront interdites dans cette zone. C'est seulement dans le centre-ville que le travail sera autorisé, où de hauts édifices seront construits, de manière à concentrer toutes les activités. Il sera interdit aux habitants de se rendre à leur travail en voiture. Ils devront utiliser les transports en commun. Afin de ne pas défigurer l'espace, ces transports seront uniquement souterrains. La surface de la terre sera donc libérée de la pollution que produisent les véhicules motorisés.

> **Remarque**
> Le premier paragraphe rappelle la situation d'énonciation : qui est l'émetteur, à qui s'adresse-t-il et dans quel but ?

Si vous retenez mon projet, les habitants de cette ville pourront à juste titre se sentir les citoyens les plus privilégiés d'Utopia. Dans l'attente de votre réponse, je vous prie d'agréer, Madame, Monsieur, mes sincères salutations.

Frédéric Pirès

Sujet II

Mathématiques

1 **1.** On a $5 - 7 = -2$ et $-2 \times 3 = -6$.

On a $5 - 7 = -2$ et $-2 \times 3 = -6$.

2. On a $-2 \times 2 = -4$ et $-4 + 5 = 1$.

3. a. Appelons x le nombre de départ. Appliquons à x le programme A. On obtient $x \times 2 + 5$.

Le résultat doit être 0, donc on cherche le nombre x tel que $x \times 2 + 5 = 0$. On a :

$x \times 2 + 5 = 0$

$x \times 2 = -5$

$x = -\frac{5}{2}$.

Le nombre choisi au départ est $-\frac{5}{2}$.

b. Appelons x le nombre de départ. Appliquons à x le programme B. On obtient $(x - 7) \times 3$.

Le résultat doit être 9, donc on cherche le nombre x tel que $(x - 7) \times 3 = 9$. On a :

$(x - 7) \times 3 = 9$

$x - 7 = 3$
$x = 10.$
Le nombre choisi au départ est 10.

4. Appelons x le nombre de départ. Pour obtenir le même résultat avec les deux programmes, on cherche la valeur de x telle que :
$x \times 2 + 5 = (x - 7) \times 3.$
Soit : $2x + 5 = 3x - 21$
$5 + 21 = 3x - 2x$
$26 = x.$
Le nombre de départ est 26.

2 **1.** Il y a 4 billets permettant de gagner un lecteur MP3 parmi les 180 billets, donc la probabilité pour un participant de gagner un lecteur MP3 est $\frac{4}{180} = \frac{1}{45}$.

Méthode
Dans une probabilité, le dénominateur est le nombre total d'issues.

2. Il y a 12 billets permettant de gagner une grande peluche et 36 billets permettant de gagner une petite peluche, il y a donc 12 + 36 = 48 billets permettant de gagner une grande ou une petite peluche.
La probabilité pour un participant de gagner une grande ou une petite peluche est $\frac{48}{180} = \frac{4}{15}$.
3. Calculons le nombre de billets gagnants : 4 + 12 + 36 + 68 = 120. Il y a 120 billets gagnants.
On a 180 - 120 = 60. Il y a donc 60 billets perdants.
La probabilité de ne rien gagner est $\frac{60}{180} = \frac{1}{3}$.

3

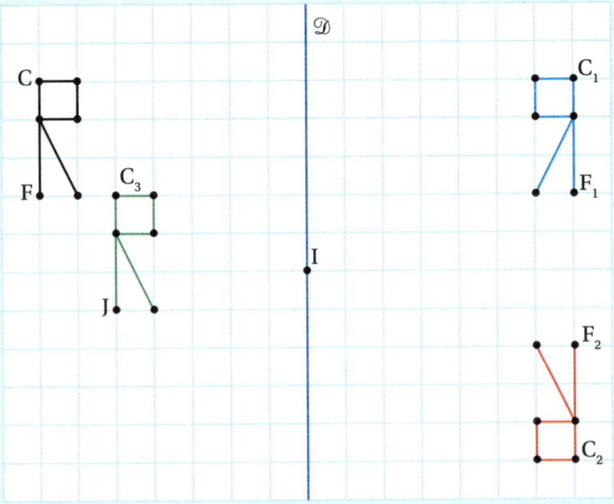

4 **1.** Les droites (AB) et (CD) sont perpendiculaires à une même droite (OC), les droites (AB) et (CD) sont donc parallèles.

2. Les droites (OC) et (OD) sont sécantes en O, les droites (AB) et (CD) sont parallèles. Le point B appartient à la droite (OD) et le point A appartient à la droite (OC). On applique le théorème de Thalès. On a :

$$\frac{OB}{OD}=\frac{AB}{CD}=\frac{OA}{OC}.$$

Le point A appartient au segment [OC], donc OC = OA + AC = 11 + 594 = 605.
On obtient :

$$\frac{1,5}{CD}=\frac{11}{605}$$

$11 \times CD = 1,5 \times 605$

$$CD=\frac{1,5\times 605}{11}$$

soit CD = 82,5.
La hauteur de l'éolienne est 82,5 m.

> **À noter !**
> Souviens-toi que $\frac{a}{b}=\frac{c}{d}$ est équivalent à $a \times d = b \times c$.

5 **1.** Le point R appartient au segment [SF], donc SF = SR + RF.

On obtient : RF = 18 – 1,5, soit RF = 16,5 m.

2. Dans le triangle rectangle FPR, on connaît la longueur du coté opposé RF et celle du côté adjacent à l'angle $\widehat{FPR}$. On a alors :

$$\tan \widehat{FPR}=\frac{RF}{RP}$$

$$\tan \widehat{FPR}=\frac{16,5}{10}=1,65.$$

La calculatrice donne $\widehat{FPR}$ = 59° (valeur arrondie à l'unité).

> **Attention**
> L'arrondi à l'unité est un nombre entier.

3. On applique le théorème de Pythagore au triangle rectangle FPR pour calculer PF. On a :

$PF^2 = RF^2 + RP^2$

$PF^2 = 16,5^2 + 10^2$

$PF^2 = 272,25 + 100$

$PF^2 = 372,25$.

PF est une longueur, donc PF = 19,29 (arrondi au cm près).
L'échelle mesure au maximum 25 m, donc elle sera assez longue pour atteindre la fenêtre F.

6 **1.** Le rectangle ABCD a pour dimensions x cm et 4 cm. On a :
$\mathscr{A}(ABCD) = x \times 4 = 4x$.

2. Le quadrilatère EFGH est un trapèze dont les bases sont [EF] et [HG], et la hauteur [EH]. On a :

$$\mathscr{A}(EFGH)=\frac{(EF+HG)\times EH}{2}.$$

Or EF = x ; HG = $x + 3$ et EH = 2. On obtient :

$\mathscr{A}(\text{EFGH}) = \dfrac{(x+x+3)\times 2}{2} = 2x+3.$

3.

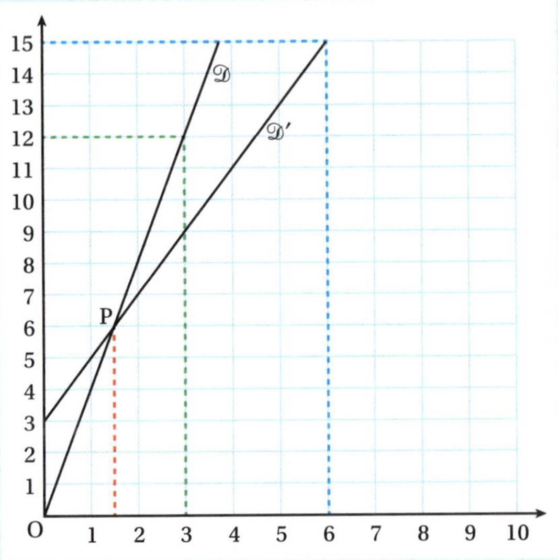

4. a. On a $\mathscr{A}(\text{ABCD}) = f(x)$, donc pour $x = 3$, on calcule $f(3) = 4 \times 3 = 12$.
L'aire du rectangle ABCD est égale à 12 cm² lorsque $x = 3$.

b. Les traits pointillés verts sur le graphique montrent que $f(3) = 12$.

5. a. On a $\mathscr{A}(\text{EFGH}) = g(x)$.
On résout l'équation $g(x) = 15$:
$2x + 3 = 15$
$2x = 15 - 3$
$2x = 12$
$x = 6.$
L'aire du quadrilatère EFGH est égale à 15 cm² lorsque $x = 6$.

Méthode
Sur l'axe des abscisses, on lit les antécédents et sur l'axe des ordonnées, on lit les images.

b. Les traits pointillés bleus sur le graphique montrent que $g(6) = 15$.

6. a. Les deux droites se coupent au point P d'abscisse 1,5.
On a donc $f(1{,}5) = g(1{,}5)$.
L'équation a pour solution $x = 1{,}5$.

b. On résout l'équation :
$4x = 2x + 3$
$4x - 2x = 3$
$2x = 3$
$x = \dfrac{3}{2}.$

c. Pour $x = 1{,}5$, les aires du rectangle ABCD et du quadrilatère EFGH sont égales.

7 **1.** Observe le programme de Franck, x est une variable qui va prendre des valeurs de –200 à 200. La variable y prend alors la valeur $\frac{1}{4}(x + 50)$, il s'agit donc de la courbe représentative d'une fonction affine f tel que $f(x) = \frac{1}{4}x + 12{,}5$.

$\frac{1}{4}$ est positif, donc la droite monte dans le repère.

On obtient donc l'image 1.

2. Observe le programme de Léa, x est une variable qui va prendre des valeurs de –200 à 200.

La variable y prend alors la valeur $-\frac{1}{3}x$, il s'agit donc de la courbe représentative d'une fonction linéaire g tel que $g(x) = -\frac{1}{3}x$.

Cette droite passe par l'origine du repère.

On obtient donc l'image 3.

3. Dans son programme, Nicolas construit un triangle rectangle dont les deux premiers côtés formant l'angle droit mesurent 50.

On applique le théorème de Pythagore pour calculer le troisième côté a.

On obtient :

$a^2 = 50^2 + 50^2$

$a^2 = 5\,000$

$a^2 = \sqrt{5\,000}$

$a \approx 70{,}71$.

On observe que le symétrique de Nicolas est mal placé. Les nombres –150 et 150 sont symétriques par rapport à 0.

On doit donc changer l'instruction `aller à x: 0 y: 20` par l'instruction `aller à x: 150 y: 20`.

Sujet III Histoire-Géographie – EMC

Histoire

1 **1.** Ce texte est extrait du **programme du Conseil national de la Résistance** (CNR). Mis en place grâce à l'action de **Jean Moulin** en mai 1943, le CNR réunit, sous l'autorité du **général de Gaulle**, les représentants des huit grands mouvements de la Résistance intérieure française, toute tendance politique confondue, ainsi que les leaders des deux grands syndicats d'avant-guerre (CGT et CFTC) et des six partis politiques de la IIIe République.

Gagne des points

N'hésite pas à citer quelques noms de **mouvements de résistance**, si tu en connais : Libération Nord, Franc-tireur, Défense de la France…

2. À la date de parution du programme du CNR, le 15 mars 1944, la guerre n'est pas terminée et la France vit toujours sous occupation allemande. Les résistants agissent dans la clandestinité. Leur but premier est de libérer le territoire en appuyant la résistance extérieure, dont les instances ont quitté Londres pour Alger, et les Alliés qui progressent sur tous les fronts, dans l'attente d'un débarquement.

3. La constitution du CNR avait pour but d'unir la Résistance française derrière le général de Gaulle, installé à Londres depuis le 17 juin 1940 et reconnu par les autorités britanniques.

Info +
La constitution du CNR a été lente et difficile, car de nombreux résistants ne souhaitaient pas s'engager derrière **de Gaulle**.

4.

Les projets de réformes du CNR après la libération du territoire	
Sur le plan des droits et des libertés	**Sur le plan social**
Rétablissement du suffrage universel	Droit au travail et au repos
Liberté de pensée, de conscience et d'expression	Établissement d'une Sécurité sociale
Liberté de la presse	Retraite
Liberté de réunion, d'association et de manifestation	
Égalité devant la loi	

5. Une fois le territoire libéré et la légitimité républicaine rétablie, des élections municipales sont organisées les 26 avril et 13 mai 1945. Pour la première fois, les Françaises y participent. Ainsi, conformément au programme du CNR, le **suffrage universel** a été non seulement rétabli, mais aussi élargi aux femmes. Une ordonnance du 4 octobre 1945 institue la **Sécurité sociale**. Dans l'esprit des rédacteurs du programme du CNR, elle vise à « assurer à tous les citoyens des moyens d'existence, dans tous les cas où ils sont incapables de se les procurer par le travail ».

Géographie

2 1. Les villes françaises – en fait les **aires urbaines** – rassemblent aujourd'hui **85 % de la population totale**. Une aire urbaine est constituée d'un **pôle urbain** et de sa **couronne périurbaine**, lesquels s'opposent à l'espace rural environnant. Le pôle urbain peut être divisé en deux espaces de morpho-logies différentes : la **ville-centre**, à l'habitat très dense, et les **banlieues**, moins denses et composées soit d'habitats collectifs, soit d'habitats individuels. Ce pôle urbain rassemble au moins 5 000 emplois. Autour de lui, la couronne périurbaine, qui peut être très étendue, compte des communes qui ne sont pas contiguës, mais dont au moins 40 % des actifs vont travailler dans l'aire urbaine.

C'est la première dynamique manifeste des villes françaises : l'**étalement** des aires urbaines qui entraîne une **explosion des mobilités**, notamment des migrations pendulaires domicile-travail. Une deuxième dynamique, à l'échelle nationale cette fois, est la **métropolisation** : plus une aire urbaine est élevée dans la hiérarchie urbaine nationale, plus elle tend à se renforcer, à concentrer les hommes et les activités. **Paris, ville mondiale**, profite le plus de cette dynamique, suivie par les **autres grandes métropoles de rang national, voire européen** : Lille, Lyon, Marseille, Toulouse notamment. À l'inverse, les villes petites et moyennes, surtout dans les régions les moins dynamiques, connaissent davantage de difficultés.

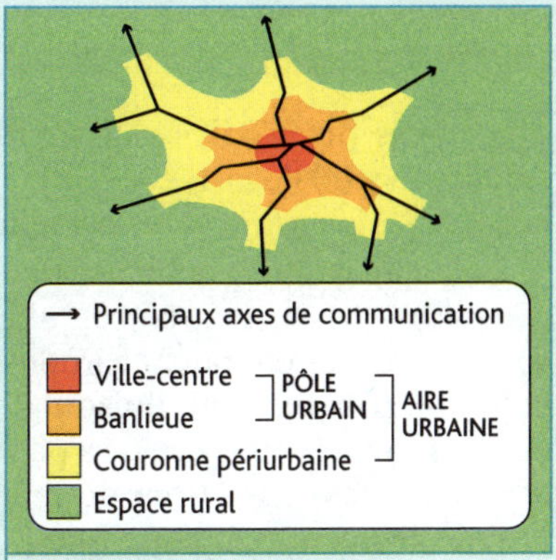

Schéma d'une aire urbaine.

2. *Sur la carte ci-contre, toutes les aires urbaines repérées ont été nommées. Mais, le jour de l'examen, contente-toi de faire ce qui est demandé pour ne pas perdre de temps.*

Conseil
Tu peux illustrer ta réponse à l'aide d'un schéma simple, sur lequel tu porteras le nom de l'aire urbaine étudiée en classe.

Enseignement moral et civique

3 1. Les principales valeurs républicaines figurant dans les documents sont la **liberté**, l'**égalité**, la **fraternité** et la **laïcité**. Les symboles visibles sont la **devise**, **Marianne** et les couleurs du **drapeau** national.

2. La laïcité garantit la liberté de conscience, car **chacun est libre de croire (ou de ne pas croire)** en ce qu'il veut sans subir les pressions d'autres personnes qui chercheraient à imposer leurs croyances. La laïcité renforce aussi la liberté d'expression, puisqu'il n'est pas interdit aux élèves de **parler des religions et des croyances**, à partir du moment où les échanges se font dans le **respect** des convictions de chacun.

3. Les élèves de religions différentes, athées ou sans religion, se côtoient dans les écoles où la laïcité leur permet de travailler sereinement et de mieux « vivre ensemble ». C'est une valeur qui garantit leurs **libertés de conscience et d'expression** et assure **l'égalité entre eux** : quelle que soit leur religion, les élèves sont tous traités de la même façon et aucune discrimination liée aux convictions religieuses n'est tolérée. Les croyances doivent donc rester personnelles ; il est par exemple interdit de porter des signes religieux trop visibles dans les écoles françaises. La laïcité est donc bien une valeur essentielle au bon fonctionnement des établissements scolaires.

Conseil
Commence par rédiger une phrase introductive reprenant les termes du sujet, ici l'expression « vivre ensemble ».

Sujet IV Sciences

Physique-chimie

1 1. D'après les documents, les deux sources d'énergie renouvelable sont l'énergie hydraulique et l'énergie géothermique.

2. Il s'effectue une conversion d'énergie cinétique en énergie électrique au niveau de l'alternateur.

3. Il jaillit du sol de la vapeur d'eau car elle est à une température de 150 °C, donc supérieure à la température de vaporisation de 100 °C.

4. Au niveau de la vanne, d'après le document 1, on a $h = 30$ m.
$E_{pv} = m \times g \times h = 2{,}0 \times 9{,}8 \times 30 = 588$ J.
Au niveau de l'alternateur, on a $h = 0$ m.
$E_{pa} = m \times g \times h = 2{,}0 \times 9{,}8 \times 0 = 0$ J.

5. L'énergie potentielle de l'eau au cours de la chute passe de 588 J à 0 J : elle a donc diminué. Au niveau de l'alternateur, l'eau possède de l'énergie cinétique et n'a plus d'énergie potentielle : il s'effectue une conversion d'énergie potentielle en énergie cinétique.

6. a. Convertissons la puissance P et la durée t :
$P = 5{,}0 \times 10^3$ W et $t = 3600$ s.
Calculons l'énergie E :
$E = P \times t = 5{,}0 \times 10^3 \times 3600 = 1{,}8 \times 10^7$ J.

b. Calculons la résistance R en appliquant la loi d'Ohm.

$$U = R \times I \text{ d'où } R = \frac{U}{I} = \frac{230}{3{,}0} = 77$$

c. Calculons la puissance totale P_{tot} consommée en faisant la somme de toutes les puissances :
$P_{tot} = P + P_1 + 3 \times P_2 = 5{,}0 \times 10^3 + 1000 + 3 \times 50 = 6150$ W.

SVT

2 **1.** Les énergies hydrauliques et géothermiques occupent une part importante dans la production d'énergie en Islande car, d'une part, il n'y a pas d'énergie fossile en Islande (document 3), d'autre part, les contextes géologiques et hydrologiques particuliers de l'Islande (Document 1) sont à l'origine de l'importance de la production d'énergie d'origine géothermique et hydraulique.

L'activité volcanique a pour conséquence de réchauffer les eaux du sous-sol. L'exploitation de ces eaux chaudes permet de chauffer les habitations, de produire des légumes sous serres. L'activité volcanique fait fondre les glaciers et entraîne la formation de rivières glaciaires qui sont utilisées pour produire de l'électricité grâce à des barrages.

> **À noter !**
> À ces contextes, on peut ajouter celui d'un relatif **isolement** géographique de l'Islande, ce qui oblige les Islandais à rechercher des sources d'énergie locales.

2. En Islande, une petite quantité d'énergie est produite à partir d'énergies non renouvelables (30 %) (document 2). Malgré cela, les rejets de gaz à effet de serre sont importants. L'absence de réseau ferroviaire implique des déplacements individuels, responsables de cette production importante de gaz à effet de serre.

INDEX

FRANÇAIS

HISTOIRE-GÉO EMC

MATHS

PHYSIQUE-CHIMIE

SVT

TECHNOLOGIE

Table des crédits photographiques

Achevé d'imprimer par Grafica Veneta à Trebaseleghe - Italie - Dépôt légal n° 04729-7/03 - Juillet 2019